지혜의 법과 생명법학

— 전통법문화에 그물·의약·제방·음악의 비유 —

Law of Wisdom & Jurisprudence of Life

Metaphors of Net, Medicine, Dike, and Music

in East Asian Traditional Legal Culture

不肖를 낳아 길러 가르쳐주신 慈母님과 先親께!

不慧를 일깨우고 이끌어주신 모든 恩師님과 善知識들께!

삼가 이 책 功德을 받들어 바칩니다!

지혜의 법과 생명법학

— 전통법문화에 그물·의약·제방·음악의 비유 —

인쇄 2021년 2월 22일
발행 2021년 2월 26일 (辛丑年 正月 大望 대보름)

글쓴이 연정淵靜 김지수金池洙

펴낸이 정성택
펴낸곳 전남대학교 출판문화원
등록 1981. 5. 21. 제53호
주소 61186 광주광역시 북구 용봉로 77
전화 (062) 530-0571～2 **마케팅** 530-0573
팩스 (062) 530-0579
홈페이지 http://www.cnup.co.kr

전자우편 lotusbud44@daum.net, cnup0571@hanmail.net
글쓴이 블로그 네이버: "天人大同典堂(천인대동전당)" ; 다음: "寶積念佛堂(보적념불당)"
글쓴이 유튜브 "明鏡止水 寶積 명경지수 보적"
https://www.youtube.com/channel/UCJLLMrXSZPfcAni3oY4P4uw

값 27,000원

ISBN 978-89-6849-797-1 (93300)

전통법문화에 그물·의약·제방·음악의 비유

지혜의 법과 생명법학

김지수

전남대학교출판문화원

일러두기 및 연구일지

1. 본서 제4편、제5편은 2008년 정부(교육과학기술부) 재원으로 한국학술진흥재단이 주관한 연구지원에서 기초인문사회과학 3년 과제를 신청해 수행한 연구 성과로,(KRF-2008-327-B00661) 상당히 보충했다. 본서 서론은 당시 신청서를 손질했다.
2. 본서 제6편、제7편은 2014년 정부(교육부) 재원으로 한국연구재단의 1년 연구과제 지원을 받아 수행한 논문이다.(NRF-2014 S1A5A2A01013933) 과제의 원제는 "동양 古典과 佛經에서 죄악을 예방하는 제방으로서 법의 비유와 예방법학"이나, 분량이 많아 두 편으로 나눠 발표했다.
3. 본서 제2편 글은 1996년 11-12월에 서울지방변호사회, 시민과 변호사 제34호(114-126쪽) 및 제35호(114-122쪽)에 발표한 수상隨想 "[법 이야기] 법과 그물의 비유: 법망法網(상, 하)"을 바탕으로 대폭 확대 심화한 연구논문이다.
4. 본서 제1편은 제5편 앞 일부를 분할해 비유 일반론을 보충해 새로 구성했다.
5. 본서 제8편과 제3편은 최근 새로 작성해 발표한 글에 상당히 보충했다.
6. 본서는 당초 발표한 학술론문에서 가독성可讀性을 높이기 위해서 한글漢字 병기 방식을 위주로 나름 심혈을 기울여 가다듬었고, 각주를 대폭 생략하고 원전원문은 열독에 필요하거나 중요한 내용만 최소한도로 남겼다. 필요한 분은 원래 발표론문을 필자의 블로그 "네이버: 천인대동전당天人大同典堂"과 "다음: 보적념불당寶積念佛堂"이나 한국연구재단 연구 성과에서 찾아 확인할 수 있다.
7. 출판부 편집인이 독자들 열독 편의를 위해 '찾아보기(索引)'를 편집하자는 호의적 제안을 해왔으나, 아쉽게도 본인의 정신력과 기력의 한계로 번거로움을 생략한다. 人名·書名·地名 등 고유명사는 너무 방대하게 퍼져있고, 주요 사항 및 주제어는 비교적 상세한 목차를 보면 알 수 있으리라 기대한다. 해량 바란다!

8. 본서 각 편의 원제原題、 출전出典 및 발표 학술지는 다음과 같다.

참고로, 객관적 평가안목을 소개할 겸, 학술론문 심사의견을 맨 뒤에 부록한다.

제2편: "전통법문화에서 법과 그물의 비유-'法網'의 역사유래와 철학정신", 경북대 법학연구원, 법학논고, 제71집(2020.10.), 387-440쪽.

제3편: "불교 대장경에서 법과 그물의 비유-법망法網의 역사 연원과 철학정신을 중심으로", 明知法學, 제19권 제2호(2021.1.), 91-123쪽.

제4편: "전통 中國法文化에서 社會疾病을 治療하는 醫藥으로서 法의 비유와 그 상징 의미", 전남대학교 법학연구소, 법률논총 제30집 제2호(2010.8.), 247-304쪽.

제5편: "佛教 경전에서 정신(마음) 질병을 치료하는 醫藥으로서 法의 비유와 그 상징 의미", 전북대 법학연구, 제36집(2012.9.), 447-496쪽.

제6편: "동양 古典에서 죄악을 예방하는 제방으로서 법의 비유와 예방법학", 아주대 아주법학, 제9권 제2호(2015.8.) 13-45쪽.

제7편: "佛經에서 죄악을 예방하는 제방으로서 법의 비유", 전남대 법학논총, 제35집 제2호(2015.8.), 333-364쪽.

제8편: 전통 법문화에서 禮法과 音樂의 관계, 이화여대 법학논집, 제24권 제3호, 통권69호(2020.3.), 1-50쪽.

목차

서론[1]

1. 연구 목적: 연구에 배경과 필요성

필자가 고대 동아시아 고전古典과 불교佛教 경전經典을 중심으로 '전통법문화에서 법과 비유'라는 주제로 학술연구에 뜻을 품은 지는 줄잡아 40년 가량 된다. 박사학위 논문을 작성하느라 한문 고전을 두루 섭렵하는 과정에서, 우리 전통법문화에서 법을 '그물'이나 '의약이나 '제방'이나 '음악' 등으로 다양하게 비유하는 내용들이 조금씩 눈에 띄었다. 법의 본질과 기능·목적에 대한 동양 전통의 독특한 사유방식을 접하면서, 이를 독립 주제로 연구해 서양 법문화와 대조해보고 싶었다.

그러다가 나중에 불교 법철학사상에도 관심을 가지고 佛經을 열람하면서, 흔히 불법佛法(dharma: 達磨)을 비유하는 다양한 수많은 개념들도 발견하게 되어 더욱 흥미를 느꼈다. 그 가운데 특히 '의약이 두드러진 비중을 차지하는 걸 알게 되었다. 세속 법과 탈속(종교) 법(道, 진

1 이 글은 필자가 "법과 비유" 주제를 본격 연구하기 위하여, 한국학술진흥재단 2008년도 기초연구과제지원(인문사회분야) 3년 과제로 "전통문화에서 사회질병을 치료하는 醫藥으로서 法의 비유와 그 상징 의미-고대 中國의 古典과 佛教 經典을 중심으로-(Simile of Law as Medicine for Social Diseases and Its Symbolic Meanings in Traditional Culture -Concerning Ancient Chinese Classics and Buddhist Scriptures-)"를 신청하면서 제출한 신청서 내용을 바탕으로 적절히 수정 보충한 것임.

리)이 비록 정도와 차원에 차이는 있겠지만, 모두 인간 정신과 사회 질병을 치유하는 의약 기능을 공통으로 지닌다는 본질속성을 알아채게 되었다.

그래서 당시 학술진흥재단에서 지원하는 연구과제에 "전통문화에서 사회질병을 치료하는 의약醫藥으로서 法의 비유와 그 상징 의미"를 공식 연구주제로 처음 신청해 선정되어 오랜 꿈을 이루게 되었다.

'전통법과 비유'라는 주제의식의 연구를 발원한 마음속 씨앗은 쉽게 싹트지는 못했다. 심원心願이란 씨앗(正因)도 적당한 습기와 온도를 머금은 흙(토양) 속에 묻혀 햇볕을 받으며 여러 환경요소들(助緣)과 조화를 이루어야 싹 트고 자라서 꽃 피고 열매 맺는 법이지 않은가?

박사학위를 받은 뒤 전임교수가 되기까지 장장 7년이란 긴 시간이 흐르는 동안 공채에 응모한 횟수만 무려 18회였다. 2001년 전임강사로 교수가 된 후로는 새 환경에 적응하랴 강의에 충실하랴 심신 부담이 큰 탓에 한참동안은 현실상 어려움이 많았다. 한 마디로 새로운 연구주제를 개척해 본격 착수할 정신상 기력 여유가 전혀 없었다. 더구나 부임 후 얼마 지나지 않아 법학전문대학원 도입 논의가 한창 진행 중에는, 학교 나름대로 준비하느라 심신 압력이 더욱 가중하여 더더욱 착수할 겨를이 없었다.

그런데 숙명이나 되는 것처럼, 법전원 막바지 준비과정에서, 우리보다 4-5년 먼저 로스쿨을 도입한 일본에서 새로운 법률가 양성에 중요한 배경목적으로 "사회생활상의 질병을 치료하는 의사"를 명백히 거론한 사실을 발견하게 되었다. 일본을 모방하는 우리는 도입 논의에서 왜 이처럼 중요한 '목적'을 빠뜨렸을까? 필자로서는 너무도 의아했다. 그러던 차에 일본 교토대학 법전원 교수진이 본교에 내방해 친선 학술교류(세미나)를 하는 자리에서, 필자가 일본교수한테 "새로운 법률가 양성에 중요한 목적으로 '사회생활상의 질병을 치료하는 의사'를 명백히 거론한 배경"에 대해 질문했다. 헌데 뜻밖에도 교토대학 법전원장은 전혀 모르고 있었으며, 다만 추진위원회 부위원장이 내세운 '표어'인데 아마도 미국에서 유학한 영향 때문이 아닐까 짐작한다고만 답변했다.

나로서는 정말 '신선한 충격'이었다. 왜냐면 동아시아 한문 고전과 불경에 대해 그토록 박학다식하고 심도 있게 연구·분석해온 일본인들조차도 우리 동아시아 전통법문화에 대해서 잘 모르고 있구나 하는 판단이 섰기 때문이었다. 내가 지금까지 보고 생각해온 주제의식은 정말 누구도 관심 갖지 않고 알아채지도 못한 전인미답前人未踏의 황무지, 요즘 흔한 말로 'blue ocean'이 아닌가? 이제야말로 본격 연구에 착수할 시절인연이 도래하는구나! 학문적 희열과 정신상 환희심이 크게 일렁였다.

마침내 새로 출범하는 법학전문대학원 교육과정에서 '사회 질병을 치료하는 의약'으로서 '법'에 대한 관념과 '의사'로서 '법률가'의 사명을 새롭게 일깨우고 가르쳐서, 명실상부하게 동서고금을 아우르는 온고지신溫故知新으로 새 법문화 창달에 공헌해야 하겠다는 미욱한 소망과 발원에서 본 주제를 학술진흥재단에 연구과제로 신청하게 되었다.

법을 의약으로 비유하는 상징은, 비록 일반상식 수준의 법의식 차원에서는 대개 별 거부감 없이 친숙한 비유로 들릴 것이다. 하지만, 실제 역사철학에 뿌리를 찾아 출전出典이나 고전의 근거를 대자면, 정말 무지에 가까울 만큼 낯선 게 현실이다. 근대화가 이루어지면서 전통법문화와 단절한 지 1세기 남짓한 우리 학계와 사회의 현주소이다. "전통문화의 계승·발전과 민족문화의 창달暢達에 노력"하여야 하는 헌법 제9조의 국가의무에 비추어, 온고지신의 전통법문화 연구는 학술가치와 정책비중 모두 매우 큰 시대사명이라고 여겨진다.

따라서 본 연구주제는 오래된 고전적 전통이면서도 참신하고 독창성이 큰지라, 동서양을 막론하고 현대 법학자들의 전문연구가 거의 없는 형편이다. 그런 까닭에 아직 선행연구를 잘 발견하지 못해서, 본인 나름대로 구상하고 그 밑그림에 따라 초보연구경지를 개척해나가는 소박한 수준에서 시작했다. 물론, 앞으로 이 주제에 대한 연구에 관심을 보이는 분들이 많이 나타난다면, 이 주제에 관한 연구는 더욱 활기를 띠고 확대·심화할 수 있을 것이다.

참고로, 필자가 전임교수로 부임한 뒤 대학원에서 Edger Bodenheimer의 "JURISPRUDENCE: THE PHILOSOPHY AND METHOD OF THE LAW(Revised Edition)"를 원서 강독하면서, 법률가를 '사회적 의사'로 언급한 구절을 본 적이 있다. 본인이 과문寡聞하여 서양 자료는 아직 많이 섭렵하지 못해 자세한 역사와 정황은 잘 알 수 없지만, 인터넷에서 잠깐 검색해 본 결과 주로 인도계 학자 글에 가끔 등장하는 것으로 보아, 불경의 비유와 그 모태가 되었을 고대 힌두문화의 오랜 전통이 자연스럽게 발현하는 뿌리 깊은 유풍이 아닌가 짐작할 뿐이다.

필자가 서양문헌까지 폭넓고 깊이 있게 섭렵하여 비교 연구하기에는 벅찬 게 사실이므로, 본 연구를 바탕으로 관심 있는 유능한 후학들이 향후과제로 계속 확대 발전시켜 나가길 기대한다.

2. 연구 방법

본 연구는 우선, 세속법의 관점에서 동아시아 문사철文史哲(문학·역사·철학) 고전 자료들을 바탕으로 충실한 원전原典 탐구 방식으로, 전통법문화상 법과 그물·의약·제방·음악 비유를 연구한다. 박사학위 논문 작성 시 동아시아 고전원문들을 두루 열람했지만 20년이 넘어 기억도 많이 희미해졌고, 당시 주제의식이 학위논문에 치중하여 법의 여러 비유 관점에서 꼼꼼히 살피지 못한 게 사실이다. 물론 당시 전혀 살펴보지 못한 자료도 꽤 된다. 다행히 그동안 대부분 고전원문이 컴퓨터에 입력된 자료로 누리망(인터넷)에 널리 공개된 까닭에, 이번 기회에 다시 동아시아 고전원문을 주요 검색어로 찾아 관련 자료들을 통독하면서, 그물·의약·제방·음악의 비유에 관한 자료를 발췌해 번역할 뿐만 아니라, 기타 중요한 전통법문화 자료들도 함께 찾아내어, 앞으로 관심 있는 분들의 연구주제를 더욱 확대 심화하는 기초발판이 되고자 한다.

이러한 연구목표에서, 광범위한 원전 검색 및 발췌 번역, 그리고 분석비평까지 충실히 수행하기 위하여 상당히 오랜 기간에 걸쳐 꾸준히 연구를 추진해왔다. 당초 '법과 의약 비유'를 첫 연구 주제로 3년 과제를 신청하여, 약 1년반 가량에 걸쳐 각종 文史哲 원전자료를 통독 열람하면서 관련 자료를 발췌해 한글로 번역하는 기초 작업을 차분히 수행했다. 이어 채집 번역한 자료를 바탕으로, "전통 중국법문화에서 사회질병을 치료하는 醫藥으로서 法의 비유와 그 상징 의미"라는 주제로 논문을 1편 구상해 초고를 작성한 뒤 학술지에 발표해 전반을 대강 마무리했다.

이어 인도에서 전래한 한역漢譯 불경佛經(高麗大藏經)을 기본 자료로 삼아, 불교에서 法(dharma: 達磨)을 의약에 비유하고, 부처님이나 보살을 醫王이나 醫師에 비유하는 종교적 탈속의 법문화를 탐색했다. 물론, 미약하겠지만 비교종교의 관점에서, 기독교 성경상의 진리를 비유하는 개념도 약간 언급하여 공통성을 찾아보고자 했다. 왜냐하면, 예수님 자신도 죄 많은 중생들을 제도하시기 위하여, 수많은 육신상·정신상·심령상 질병을 직접 치유하는 기적을 보이셨기 때문이다.

불교 팔만대장경은 너무도 방대해 원전을 일일이 열람하며 통독하기에는 너무도 긴 시간과 정신력이 필요하므로, 전산화한 자료

CD-ROM을 검색해 전략적 발췌 열독閱讀으로 주요한 최소 자료만 활용할 수밖에 없었다. 우리 불교계에서 널리 독송하는 대승경전들은 다행히도 필자가 상당수 한번 열람한 적이 있거나 더러는 자주 독송하므로, 다시 한 번 통독 열람하여 관련 자료를 찾아 번역하면 되었다. 나머지 부분들은 주제어를 이용해 검색 발췌하는 방법으로 연구 효율성을 높였다. 천행天幸으로 고려(리)대장경연구소에서 오랜 기간에 걸쳐 고리(려)대장경高麗大藏經[1] 전산화 작업을 마무리했고, CD-ROM을 공식 출판하여 검색과 열람에 한결 수월해졌다. 그렇게 1년가량 시간을 들여 불경 원전 자료의 검색 및 발췌 번역 작업을 차분히 수행하고, 그 자료를 바탕으로 "불교 경전의 가르침에서 정신(마음)질병을 치료하는 醫藥으로서 法의 비유와 그 상징 의미"라는 주제로 논문을 1편을 작성해 학술지에 발표해 3년 연구의 후반을 대강 마무리했다.

나중에 보정普淨 서길수 박사가 대만에서 2014년판 '中華電子佛典(CBETA Chinese Electronic Tripiṭaka Collection)' CD-ROM을 1부 구해다 주어 이를 아주 유효 적절히 잘 활용해 큰 도움을 받았다. 이 자리에서 특별한 법연法緣에 감사드린다.

3. 주요 연구 내용

흔히 의학 - 법(철)학 - 신학(종교)은 서양 중세 대학의 창립분과로서, 아직까지도 직복職服(가운)을 입는 최고 인기학문이며, 각각 인간

1 '高麗'는 '麗'가 '鄰知切, 音離, 支韻'으로, 역대 정사正史와 자전에도 독음이 '리'라고 분명히 표기되어 왔는데, 우리는 어인 까닭인지 '고려'로 잘못 읽고 있다. '高句麗'도 마찬가지임. 서길수, "'高句麗'와 '高麗'의 소릿값(音價)에 관한 연구", 高句麗硏究 27집, 2007, 27-105쪽; 서길수, 고구리·고리사 연구1-고구려의 본디 이름 고구리高句麗, 여유당, 2019년 초판 등, 다수 선행 연구에서 상세히 밝히고 있다.

의 육신 - 정신(사회성) - 영혼 상의 질병을 치유하는 관계로 말미암아, 서로 다른 차원의 의약(의사)로서 공통특성을 지니고 있다고 일컬어진다. 이러한 삼자간의 긴밀한 관계에 비추어 본다면, '법과 의약의 비유'뿐만 아니라, '佛法(종교진리, 道)과 의약의 비유'까지 함께 연구한다면, 의약을 매개로 세속 법과 탈속 佛法(종교진리, 道)이 하나로 이어져, 삼자정립三者鼎立 내지 삼위일체의 법철학 또는 법문화의 체계를 구성할 수 있다. 물론 일직선상이나 동일 평면상에서 단순히 비교할 성질은 아니지만, 인간 생명의 각기 다른 세 차원에 맞추어 차례로 대응하는 비유를 통해, 전통 법문화와 철학사상이 전하는, 평이平易하면서도 심오한 지혜정신을 발견할 수 있다고 기대한다.

다른 한편으로, 우리 전통법문화에서는 법을 의약뿐만 아니라, 그물·제방·음악 등으로도 비유하는데, 그물의 비유는 죄인의 색출·격리를 통한 법의 사후 징벌懲罰적 기능을 주로 상징하고, 의약의 비유는 죄인의 사회적 질병을 치유하는 사후 교정矯正적 기능을 주로 상징하여, 특별예방기능까지 포함하는 걸로 이해할 수 있다. 다음으로 제방의 비유는 죄악의 사전 예방 기능을 상징하여, 명실상부하게 법의 일반예방기능을 두드러지게 부각시키는데, 특히 유가의 禮論에서 많이 등장하여 형벌의 사후징벌기능과 대조를 이루는 게 특징이다. 음악의 비유는 화성和聲과 조화調和를 중시하는 음악의 속성에 비유하여, 법의 궁극 목적이 공동체에 평화로운 질서유지임을 상징한다. 이는 우주의 調和(Universal Harmony)와 상통하는 것으로, 궁극에는 자연법의 이념으로 나아간다.

이 가운데 '법과 제방의 비유'는 나중에 학진에 다시 한 번 1년 연구과제로 신청해, 역시 동아시아 고전과 불경에 제방 비유로 나눈 두 주제로 연구해 2편 논문을 나란히 발표하였다. 그리고 '법과 음악의 비유(관계)'는 최근 들어 2019년 겨울에 본격 착수해 방학 동안 1편의 긴

논문을 작성해 발표했다. 이어 '법과 그물의 비유'는 1996년 수상隨想·시론時論 형식으로 가볍게 쓴 수필(에세이)이 있어서, 기존 연구업적을 바탕으로 대폭 확대 심화해 전면 수정 보완한 논문을 구상했다. 역시 분량과 편폭이 방대하여, 동아시아 고전과 불경에 자료를 편의상 나누어 2편 논문을 작성해 최근 올 가을겨울에 각각 발표하기에 이르렀다. 이로써 필자가 장장 30여년에 걸쳐 구상해온 "전통법문화에서 법과 비유"라는 큰 연구주제를 환갑(換甲, 還甲, 環甲) 기념으로 완성해 세상에 한 권 책으로 묶어 내놓게 되었다. 참으로 기쁘고 감개무량하기 그지없다. 전통법문화의 전체 흐름 속에서 법의 그물·의약·제방·음악 비유에 초점을 맞춰 집중 연구한 성과물의 집대성이 본서로 선보이게 되었다.

4. 결과 활용방안 및 향후 기대

본 연구 성과는 학문적·사회적 공헌이 적지 않을 것으로 기대한다. 자화자찬 자랑 같아서 많이 민망하지만, 우선 이 주제에 관하여 우리나라뿐만 아니라 전 세계적으로도 법학계에서 기존의 전문연구가 거의 없는 불모상태로 보인다. 따라서 맨 처음 본격 연구를 시도한 자체만으로도 학문적 의미와 가치는 자못 클 것이다.

그리고 이 주제는 단순히 사변적 이론연구에 그치는 것이 아니라, 법학자뿐만 아니라 법조실무자를 포함한 법률가 전반에 걸쳐 실천적 방향을 제시하는 행동지침으로서 성격도 강하다. 따라서 지행합일知行合一 차원에서 법전원(로스쿨) 도입 목적 및 취지에 부합하게, 이른바 '법조윤리(Legal Ethics)' 의식의 강화와 실천에 적지 않은 동인動因을 제공해 줄 수 있다고 기대한다. 어쩌면 동양식 'noblesse oblige'를 형성할 수 있는 한 원천이 될 수도 있겠다.

특히, 이 주제의식은 동아시아 전통문화와 인도 불교문화에 뿌리 깊은 정신적 전통이므로, 우리 전통법문화에 대한 자긍심을 일깨우고 북돋우며, 근대 서양의 법률문명과 잘 조화를 이루는 방향으로 유도한다면, 온고지신 정신의 변증법적 발전을 통해 21세기 새로운 법문화의 형성과 창달에도 크게 기여할 수 있겠다.

이는 우리가 최근 막대한 사회적 비용을 지출하며 어렵게 합의를 이루고, 바야흐로 새로 도입해 닻을 올리고 출범한 지 10여년이 된 '법학전문대학원(Law School)'의 교육이념과 목적 및 방향에 비추어보아도, 안성맞춤으로 잘 어울리는 주제의식이기도 하다.

따라서 본 연구 결과는 그 자체로도 앞으로 법학전문대학원(Law School)에 교육 자료로 적절히 활용할 수 있으며, 특히 '법조윤리' 교과목과 연계해 법조인의 사회적 사명감과 윤리의식을 고취하고 강화하는 데 크게 공헌할 수 있다고 여겨진다. 의사들한테 히포크라테스의 의료윤리강령이 중요한 전문가행동지침이 되듯이, 법률가들한테도 사회적 질병을 치료하고 예방하는 의사로서 전문가의 사명과 직책을 요청하는 법조윤리를 구성하고 제시한다면, 철학 지혜와 정신 윤리를 겸비하는 아주 유효적절한 교육방침이 되리라고 확신한다.

법을 그물·의약·제방·음악에 비유하는 전통문화는 단순히 의사로서 사명과 책임을 강조하는 데 그치지 않고, 의약 철학과 지혜까지 폭넓게 거론하기 때문에, 동양철학 전반에서 거론하는 형이상학적 법철학 일반론까지 포괄한다. 특히, 철학의 관점에서 세속법의 의약 비유와 종교의 관점에서 탈속법의 의약 비유를 유기적으로 잘 연계하고, 나아가 예방법학 차원으로 확장하고 화음·화성의 조화를 통해 우주적 평화까지 승화한다면, 철학의 뿌리 깊은 전통으로서 종교에 철학을 접목하여 법철학의 폭과 깊이를 훨씬 풍부하게 증대시킬 수 있을 것이다. 따라서 본 연구결과는 동양 법철학의 확대 심화 연구에도 자못 중요한 단초를 제공할 것이다.

또한 본 연구결과를 바탕으로, 이 주제에 관하여 앞으로 서양문헌까지 폭넓고 깊이 있게 섭렵하여 비교연구를 계속 확대 발전시켜 나갈 수 있으며, 앞으로 동서양의 법철학과 법문화를 비교 연구하는 데에도 의미심장한 발판을 마련해 주리라 기대한다. 관심 있고 유능한 후학들의 적극적 탐구정신과 도전의식을 기다린다.

"사람은 그 마음이 같고, 마음은 그 이치가 같다.(人同其心, 心同其理.)"는 명언처럼, 동서고금에 인류가 마음에 느끼고 생각함은 일반보편의 공통성이 크다. 따라서 서양에서도 옛 문헌에서부터 최근까지 각기 다채로운 시각과 양상으로 법을 그물·의약·제방·음악 등에 비유한 철학사상 전통이 다소간 있으리라 확신한다. 예컨대, 최근 누리망(인터넷)을 검색해보면 법률가를 '사회적 의사'로 지적하며 "법과 의약의 비유"에 관한 단편적 기술이 더러 나타나고, 또 법을 그물에 비유한 언급이나 시도 발견된다. 서양문헌에 대해서는 필자가 과문寡聞하고 불민不敏하여, 지금까지 연구과정에서 틈틈이 검색 조회하여 발견한 내용만 최소한 소개한 정도에 지나지 않는다. 그러는 과정에서 문득 떠오른 직감에 의하면, 특히 佛經의 비유와 고대 힌두문화의 오랜 전통이 자연스럽게 발현하여 현대 서양문화에 끼친 영향관계가 적지 않으리라 짐작할 뿐이다.

이상과 같은 여러 차원에서 향후 확대·발전의 방향성과 가능성을 고려한다면, 본 연구 성과는 단지 그 자체 목적성을 지닌 1회성 연구에 그치지 않고, 장래 학문적·사회적 활용가치가 큰 '씨앗연구'로서, 명실상부하게 한국학술진흥재단의 인문사회분야 기초연구과제지원을 받을 만한 자격이 충분했다고 감히 자부한다.

5. 기타사항: 다년과제와 해외방문의 필요성

당초 '법과 의약의 비유'라는 연구주제를 3년 과제로 계획한 이유는 크게 다음 세 가지로 요약할 수 있다.

첫째, 연구주제 범위가 논문 1편으로 마무리하기에는 너무 크다. 둘째, 연구해야 할 관련 참고문헌이 너무 방대하다. 셋째, 한국학술진흥재단의 '인문사회분야 기초연구과제지원' 프로그램의 목적과 성격에 비추어 '기초연구'를 비교적 충실히 수행하기 위함이었다.

우선, 동아시아 고전 중심으로 세속 차원의 전통법문화(철학사상) 관점에서 한 주제를 설정하고, 佛經을 중심으로 탈속 차원의 종교적 법문화 관점에서 한 주제를 설정하여, 최소한 두 편의 논문은 따로 구성하는 게 바람직하다고 여겼다.

다음으로, 선진先秦 및 진한秦漢 시대 주요 고전을 대부분 망라하여 원전을 통독通讀하고 열람하여 관련 내용을 발췌하여 번역하고, 일부이긴 하지만 우리나라 고리(려)사高麗史와 조선왕조실록朝鮮王朝實錄을 포함하는 기타 참고자료를 전산으로 검색하여 발췌 번역하며, 이어 팔만사천 경판經板에 이르는 방대한 高麗大藏經을 전산으로 검색하여 '의약' 관련 기록을 일일이 확인하고 발췌 번역하는 데는, 최소한 3년이라는 절대시간이 필요할 걸로 예상했다.

선진先秦 및 진한秦漢 시대 주요 古典은 각권의 내용이 독립의 철학사상체계를 이루면서 다양한 연구소재를 포함하고 있으므로, 두루 通讀하며 열람할 필요성이 크다. 더구나 '기초연구과제지원'의 특성에 비추어, 전통법문화와 전통 법철학사상을 폭넓고 깊이 있게 연구하기 위한 발판으로도, 다소간 시간상 여유를 가지고 차분하게 꼼꼼히 精讀할 필요와 가치가 크다.

다행히 본인이 박사학위논문 준비과정에서 비교적 많은 고전을 통독한 경험은 있지만, 20년 넘게 긴 시간이 흐르면서 기억이 많이 흐려져 재확인할 필요가 있을 뿐만 아니라, 그동안의 학문적 발전성숙에 따라 새로운 시각에서 다시 한 번 전반적으로 재조명해 볼 필요와 가치가 충분하다고 판단했다.

그렇게 함으로써, 단지 '법과 의약의 비유' 주제에 국한하지 않고, 열람과정에서 자연스럽게 눈에 띄고 생각나는 다양한 주제의식들을 점검해 두고, 장래 연구의 확대발전에 기초토대를 마련해 둔다면, 학진의 '기초연구과제지원' 프로그램의 본래목적과 취지에도 정확히 정합整合하는 연구방향이자, 장기적이고 거시적인 안목에서도 크게 바람직한 학습태도라고 판단했다. 실제로 당초 연구주제 자료를 검색 조사하는 과정에서, 그물이나 제방·음악 등에 관한 자료도 상당수 발견하여 추후 연구진행 과정에 많은 보탬이 되었다.

한편, 전통법문화에 속하는 본 연구주제와 관련하여 꼭 해외연구를 해야 하는 것은 아니지만, 전통법문화나 법의식의 현재 상황을 국가간 비교로 살피고 현지의 연구동향을 직접 살펴보기 위한 단기간의 해외출장은 어느 정도 필요하고 바람직스러울 걸로 생각하여, 당초 해외 방문 계획도 포함했다. 예컨대, 중국 고전문화에 대한 연구가 폭넓고 깊은 中華民國 臺灣을 2주일 내지 1개월 정도 방문해 현지상황을 점검해보고, 또 가능하다면 불교문화와 힌두문화의 유풍을 살펴보기 위하여 인도에 1개월가량 방문해 본다면, 본 주제의 연구에 적잖은 도움이 되리라 기대했다.

심사과정에서 해외방문 필요성도 인정하여 관련 예산을 삭감하지 않고 인정해주었으나, 아쉽게도 본인 사정으로 해외 방문연구 뜻은 이루지 못하고 참고문헌 범위 안에서 성실히 연구를 진행하는 데 그쳤다.

참고로, 당초 "법과 의약의 비유" 연구주제에 관한 심사평을 옮겨 신는다.

“심사의견: 본 심사대상의 연구주제는 그간 국내 학계에서 전혀 논의 된 바가 없는 매우 독창정인 주제라고 생각합니다. 물론 연구의 대상이 언제나 반드시 새롭고 독창적인 주제라야만 되는 것은 아니겠지만 이 주제는 학문적으로 연구해야할 주제임에 틀림없다고 판단됩니다. 동양 고전연구자들이 늘 해왔듯이 관련 고전들을 잘 검토해서 이를 토대로 의약으로서의 법의 비유와 상징에 대한 의미를 추출하여 재구성하는 것으로도 일단 연구는 달성되리라고 봅니다. 결과의 활용방안에서도 연구결과를 통해 법조실무자들의 법조윤리의식을 강화하는 데 이바지 할 수 있다고 하나 반드시 이것 또한 직접적인 견련牽聯 관계가 있다고 볼 필요는 없다고 생각합니다. 신청자 자신도 연구의 이런 특성에 관한 한 매우 솔직하게 말하고 있으며 이를 감안하여 예산편성도 매우 정직한 편이라고 볼 수 있습니다. 대체로 보아 본 연구는 주제의식이 매우 독창적이며 필자의 연구능력 또한 전문성을 갖추고 있다고 판단됩니다. 법학계뿐만 아니라 한국 전통사상에서의 법의 의미와 역할에 대한 인식틀을 심층적으로 해명함으로써 한국 사회의 인문적 교양의 수준을 깊게 할 수 있는 연구라고 판단합니다. 학술진흥재단의 기초연구지원사업에 적합한 연구라고 판단되므로 본 연구에 대한 지원이 반드시 필요하다고 보입니다.”

제1편 비유와 법

1. 법에 무슨 비유?

'법' 하면 누구나 가장 무미건조하고 딱딱하며 삭막한 느낌마저 들 것이다. '법대로 하자!'는 말을 들으면 누구나 소름끼치게 놀라고 심한 혐오감마저 들 것이다. 반면 '법 없이도 살 사람'은 착하고 포근하며 후덕한 호감을 준다. 어쨌든 '법'은 되도록 만나거나 만지지 않음이 최선이라고 여길 것이고, '법망'에 걸려들면 최악의 불운 내지 불행이 될 것이다.

그런데 '법'에 무슨 '비유' 타령인가?

과연 필자가 20년 전인 2000년 가을겨울에 전남대 법대 기초법학 전임교수 공채에 두 번째로 응모해 '전통법문화에 법과 비유'란 주제로 공개강의를 진행할 적에, 심사위원으로 참여한 전남대 철학과 위(魏)교수가 비슷한 어조로 질문을 제기했다. 대강 "법은 가장 논리적이고 무미건조한 냉정한 학문이고, 게다가 법철학은 더더욱 냉철한 이성이 필요한데, 왜 '법'에 두루뭉술한 문학적 비유를 끌어들여 연구 및 강의 주제로 삼았는가?"라는 취지였다. 물론 서양철학 전공교수였고, 아마도 내가 어떻게 답변하는지 떠보려고 던진 심사용 질문이었을 것이다. 주지하듯이, 서영 철학에 효시이자 발원지로 여겨지는 고대 그리스는 순전히 신화가 지배한 문화로 여겨지고, 소크라테스、플라톤、아리스토텔레스 철학도 유명한 비유 투성이다. 고대 로마법 전통도 그 영향을 적지 않게 받았을 테다.

정확히 기억나지는 않아서 여기에 그대로 옮겨 적기는 어렵지만, 나도 나름 소신과 철학을 가지고 제법 무난하게 답변한 듯하다. 사실 본서는 당시 답변을 구체로 자세히 부연 설명한 저술이라고 해도 과언이 아니다. 물론 1-2십년의 긴 발효숙성 기간을 거쳐 대폭 확대심화 보완해 다소 장황한 느낌마저 들 것이다. 이하 그 답변을 한번 들어보시라!

2. 비유의 필요성과 기능

'비유'라고 하면 흔히 문학이나 수사학상의 아름다운 표현기법이 떠오른다. 확실히 사실적 직접 묘사보다는 여러 가지 다채로운 비유를 잘 활용한 말이나 글이 청중이나 독자들 마음에 감동을 주고, 설득력과 호소력을 높이는 효과가 크다. 적절하면서도 참신한 공감적 비유는 문학에 훌륭한 작품성을 높여주기도 한다. 그러나 비유는 문학 전유물은 아니고, 특히 문사철文史哲이 하나로 통합되어 있던 전통시대에는 거의 모든 문장에 비유가 즐겨 쓰였다.

비유(比喩, 譬喩)란? 한 마디로 사물 설명에서 그와 비슷한 다른 사물을 빌어 표현하는 일이다. 사상(생각)의 대상이 다른 사물과 유사성이 있을 때, 다른 사물을 가지고 이 사상의 대상을 빗대 표현하는 수사학적 방법(辭格)이다. 중국 사전에 따르면, 비유(比喩, 譬喩)는 사상(생각)의 대상인 '본체本體', 다른 사물인 '유체喩體', '비유사比喩詞'의 3요소로 이루어지고, 크게 세 종류로 나뉜다.

직유直喩=명유明喩는 본체와 유체 사이에 유사관계를 '(마치)～와 같다, 비슷하다, 닮았다'('似' '若' '象' '如(同)' '好比')로 표명하는 비유법이다. 영어로는 'simile'(←similar)라 하는데, 'like'나 'as'로 소개한다. 예컨대,

"A hart as hard as stone." "돌처럼 굳은(강철처럼 냉랭한) 심장"

은유隱喩는 본체와 유체 관계가 더욱 긴밀해 형식상 상합相合 관계라서, 아예 '~이다'로 표현한다. 은유는 영어로 metaphor라 하는데, "the ship plows the sea."(배가 바다를 쟁기질한다.)처럼, 유사성과 닮음을 문학적으로 표현하는 것이다. 은유로 표현하자면, "컴퓨터는 감각과 기억능력을 지닌다."고 말한다.(using~, we say that computers have senses and a memory.-William Jovanovich) 또 'A hart of stone'(돌심장)이나 'Life is a journey.'(인생은 나그네길) 같은 표현도 은유다.

영어로 analogy(유사, 닮음, 유추, 比論)는 직유와 은유를 합친 비유 전체를 가리킬 듯하다.(Webster's New Collegiate Dictionary, 1979.)

차유借喩는 본체-유체 관계가 은유보다 더 긴밀해서, 본체와 비유사가 없이 유체만 직접 그대로 쓴다. 아마도 우리말로는 대유법일 듯한데, 좋은 실례로 왕안석 "木末" 시구를 든다.

"繰成白雪桑重綠, 누에고치가 흰 눈이 되니 뽕나무가 다시 푸러지고,
割盡黃雲稻正青." 누런 구름 다 베어내니 벼가 바야흐로 파릇파릇!

봄누에 치기를 마쳐 하얀 누에고치에서 흰 명주실을 뽑아낼 무렵 뽕나무 다시 새 닢이 푸르게 우거져 가을누에 칠 준비 하는 시절에, 때마침 누렇게 익어 물결치던 밀과 보리를 다 베어내고, 이모작 벼 모내기를 마쳐 막 파릇파릇 활착하는 모습(景物)을 회화적으로 그린 명시다. '백설白雪'은 명주실을, '황운黃雲'은 밀·보리를 비유한다.

동아시아 고전에는 아주 오랜 유구한 비유 애용 전통이 있을 뿐만 아니라, 시경詩經에 이미 '부賦 비比 흥興'이란 문학이론 체계가 형성되어 '비유'의 중요성을 실감나게 한다. 주례周禮 춘관春官 대사大師에 보면, 왕실이나 사대부 선비한테 가르치는 6시詩 조목이 바로 '풍風 부賦 비比 흥興 아雅 송頌'이다. 이중 풍·아·송은 시의 형식 및 내용에 따른 분류로 시경의 체계를 가리키고, '부·비·흥'은 시의 표현방식과 기교

를 나타내는 문학적 작시법을 뜻한다.

후대 여러 가지 새로운 해석론이 다채롭게 전개되지만, 가장 오래된 권위 있는 유력한 해석은 한漢 정현鄭玄의 시경 주석 견해이다.

부賦란 정치교화 선악을 직설로 진술하는 평서문 방식이다.

비比는, 실정失政을 감히 직접 지칭하면 비방으로 죄를 얻을까 두려워, 비슷한 종류에 빗대 넌지시 말하는 방식이다.

흥興이란, 미정美政 선정善政을 직설하면 아첨·찬양의 혐의를 받을까 저어해, 좋은 일로 권하는 방식이라고 한다.

말하자면, 비比는 풍자이고, 흥興은 찬미가 되는 셈이다.

륙조六朝 시대 문학평론에서는 문학수사방법으로 접근하는데, 종영鍾嶸은 유명한 시품詩品 서序에서, 文이 이미 다했는데 뜻이 남은 경우 흥興이라 부르고, 사물로 인해 의지를 빗댐이 비比라고 풀이한다. 근래 들어서는 '흥'에도 '발단發端'과 함께 '비유' 기능도 함축되어 있다고 분석 해설하기도 한다.[1]

그런가 하면, 비유가 말 잘하는 비법이라는 상당히 구체적 비유론도 등장했다! 설원說苑 선설善說 편에 나오는 내용인데, 특히 전국시대 제자 백가쟁명 유세遊說와 관련된 화술이기도 하다.

한 식객이 량왕梁王한테 말했다.

"혜자惠子가 변설이 좋은 까닭은 바로 일에 대해 말할 때 비유를 잘해서니, 왕이 비유를 못하게 한다면, 말을 할 수 없을 겁니다."

왕이 알았다고 답하고, 이튿날 혜자를 만나 말했다.

"원컨대, 선생은 이야기할 때 직언直言하고, 비유를 쓰지 마시오."

그러자 혜자가 대답했다.

---

1 劉勰 저, 詹鍈 주석, 文心雕龍義証 권8, 比興 제36에 인용한 각종 주석 참조. 上海古蹟出版社, 1989년 제1판, 1329-1333쪽.

"지금 여기에 탄彈을 모르는 사람이 '탄의 모습은 어떻게 생겼나?' 고 묻는데, '탄의 모습은 탄과 같다.'고 응답하면 알아듣겠습니까?"
왕이 "잘 모르겠소!" 라고 답하자, 또 물었다.

"이에 다시 '탄의 모습은 활과 같은데, 대나무로 튕기는 줄을 삼는다.'고 응답하면 알겠습니까?"
왕이 "알겠소!" 라고 답하자, 혜자가 말했다.

"무릇 말이란 진실로 이미 아는 걸 가지고 아직 알지 못하는 것을 비유하여(일깨워) 사람들한테 알려주는 겁니다. 지금 왕이 비유 없이 말하라는 건 불가합니다."
이에 왕이 "훌륭하다"고 답했다.(說苑, 권제11, 善說)

바로 비유의 동기와 필요성을 비유 실례로써 적확히 설파한 것이다. 새로운 낯선 유형의 물건도 모르는 사람한테 알려주기 위해서는 비슷한 물건의 여러 모습을 동원해 종합 설명하는 비유가 필요하거늘, 하물며 눈에 보이지도 않는 무형의 추상적 사실·사리·진리 등 정신적 가치를 모르는 사람한테 처음 설명하려면 얼마나 힘들겠는가?

그래서 순자孫卿도 담론변설에 비유의 중요성을 강조했다.

"무릇 담설談說하는 기술은 장엄하게 입장을 세우고, 단정한 정성으로 대처하며, 강력하게 견지하고, 비유로써 일깨우며, 잘 분별하여 밝히고, 흔쾌히 기뻐하며 때론 격앙하여 전달하면서, 보배처럼 진귀하게 여기며 헤아릴 수 없이 신묘하게 할지니, 이와 같이 말하면 언제든지 통하지 않음이 없게 된다."(說苑, 권제11, 善說)

'순자'도 비유를 아주 즐겨 애용한다. 특히 유명한 것은, 필자가 일찍이 20여년 전에 정치 제언으로 소개한 '군주민수君舟民水' 비유다.[2]

2 졸고, "君舟民水-임금은 배, 백성은 물, 21세기 새로운 지도자 상과 정치관의 정립을 위하여", 월간선택, 1998년 9월호, 104-108쪽.

'임금은 배, 인민은 물'이란 명제는, 맹자의 포군방벌론을 이어받아 저항권의 정당성 및 역성혁명의 당위성에 근거를 간단명료하게 함축하는 상징적 비유로 인구에 회자한다. 당시 필자는 10.26 대통령 시해사건을 념두에 두고 재발을 예방하자고 호소했는데, 애처롭게도 이 시론을 다듬어 실은 졸저 "공자가 들려주는 관계의 미학"을 펴낸 지 한두 달만에 세월호 사건이 터졌고, 그 여파는 끝내 촛불혁명으로 불리는 대통령 탄핵으로 이어졌다.

요컨대, 비유는 논의를 아름답고 장엄하게 이끌어, 듣는 사람한테 믿음이 절로 생겨 기뻐 따르도록 하기 위한 수사 기교이자 미묘한 방편이다. 보이지도 들리지도 만져지지도 않는 추상적 일(事)이나 의식세계를 쉽게 이해시키기 위하여, 눈·귀·코·혀·몸의 오관으로 느낄 수 있는 시청감각적 사물에 빗대어 나타내는 도구이다. 마치 허공 위의 누각에 오르는데 사다리를 이용하면 쉽게 오를 수 있는 것과 비슷한 이치라고 할까? 특히 과학이 덜 발달한 고대에는 동서양을 막론하고 철학 고전이나 종교 경전에서 비유를 많이 애용하였다. 잘 알려진 플라톤의 동굴 비유와 금·은·동의 신분 비유, 이솝우화나 성경에 비유뿐만 아니라, 동양 제자백가나 유불선 경전에도 주옥같은 비유는 다반사로 등장한다. 장자莊子에는 '우언寓言' 편이 있고, 한비자에는 老子를 비유로 풀이한 '유로喩老' 편과 '해로解老' 편이 있으며, 불경에는 비유가 참말 부지기수로 널려있다.

고리(려)대장경高麗大藏經을 검색하면, 제목에 '譬喩'가 들어간 경만도 불설비유경佛說譬喩經、잡비유경雜譬喩經、법구비유경法句譬喩經、오음비유경五陰譬喩經、대집비유왕경大集譬喩王經、천존설아육왕비유경天尊說阿育王譬喩經 등 10개나 된다. '喩經'은 유명한 '백유경百喩經'을 비롯해 무려 38개, '譬經'은 불설마유팔태비인경佛說馬有八態譬人經、불설군우비경佛說群牛譬經이 있다.

高麗大藏經/中華電子佛典에 전체 경문 검색하면, '譬喩' 3,498/9,928번, '譬' 22,902/82,820, '譬如' 16,979/39,277, '譬若' 425/803, 譬諭 80/94, '喩' 13,267/103,357, 比喩 79/259, 比如180/385번이나 된다. '譬'자와 '喩'자를 합치면 '佛'(397,265)의 다른 명호인 '如來'(97,060)나 '世尊'(93,943)의 1/3이 훨씬 넘는다. 특히 부처님 설법을 그 서술형식과 내용에 따라 분류하는 12部經(12分(聖)教)에도 譬喩(梵avadāna, 음역阿波陀那)가 들어있을 정도다![3]

특히 법화경法華經에 비유는 신약성서에도 유사한 내용이 등장해 매우 흥미로운 주목을 끈다. 제3 비유품譬喩品에는 화택火宅 비유에 양거羊車、록거鹿車、우거牛車로 성문승、연각승、보살승을 빗대는 설명이 나온다. 제4 신해품信解品에 궁자窮子 비유는 수보리、마하가섭、마하가전연、마하목건련 4대 성문이 깨달은 기연機緣을 설명하는데, 신약성서에 거지아들 비유의 원전으로 정평이 나있다. 제5 약초유품藥草喩品에는 부처님의 자비로운 감로가 보편 평등함을 비유하고, 제7 화성유품化城喩品에는 3승 가르침이 방편 가설임을 비유한다. 제11 견보탑품見寶塔品에는 불국사에 석가탑-다보탑 출전으로 유명한 다보多寶여래 보탑寶塔 용출湧出이 나온다.

또, 불경에는 그냥 '~와 같다'는 '如~'나 '若~' 같은 직유법 표현이 엄청 많이 등장한다. 금강경에 유명한 "일체 유위법은 꿈·허깨비·물거품·그림자 같고, 이슬 같고 또한 번갯불 같으니, 마땅히 이처럼 보아야 한다.(一切有爲法, 如夢幻泡影, 如露亦如電, 應作如是觀.)"는 사구게四句偈를 비롯해, 대반야경이나 증일아함경 등에 오온이 견실하지 않은 허망한 무상임을 일깨우는 비유로, "물질은 물거품 같고, 느낌은 뜬

3 龍樹菩薩造, 鳩摩羅什譯, 大智度論卷33, 釋初品中見一切佛世界義第51之1 참조. 또한 대만, 불광사전, 344쪽, '十二部經'조; 졸역, 인광대사가언록(화두 놓고 염불하세), 불광출판부, 2012년 초판 9쇄, 44쪽 각주 8) 참조.

물방울(구름) 같으며, 상념은 아지랑이 같고, 의지는 파초 같으며, 인식은 허깨비(마술) 같다."는 내용이 자주 나온다.

한편, 로자老子에는 법에 관한 네 비유가 특히 유명하다.

첫째, 법규범의 존재 형태와 관련해 그물 비유가 나온다. "자연법칙 그물은 텅 빈 듯 몹시 성글고 엉성한데도, 그 법칙성을 피하거나 빠져나가는 사물이 존재하지 않는다."(天網恢恢, 疏而不失. 제73장)

둘째, 법의 항상성(법적 안정성)과 변화성(구체적 타당성)에 관한 생선 요리 비유가 나온다. 국가를 다스리는 구체적 '유위정치有爲政治' 방법으로, "큰 나라를 다스림은 작은 물고기를 요리하는 것과 같다."(治大國若烹小鮮. 제60장)

셋째, 법의 전문성과 독자성을 상징하는 목수의 도끼질 비유가 나온다. 인민 처벌은 독립 사법司法기관이 공평무사하게 전담해야 한다. 통치자가 사리사욕과 자의적 감정으로 사법기관을 대신해 독재·전횡하는 짓은 위험천만하다. 마치 도끼도 잡을 줄 모르는 집주인이 목수를 대신해 도끼를 빼앗아 휘두르다가, 십중팔구 자기 손을 다치게 되는 꼴이 될 것이다.[4]

넷째, 법의 실체적 정의正義를 함축하는 활 잡아당기기 비유가 있다.

> "하늘의 도는 활을 잡아당기는 것과 같을진저! 높으면 누르고 쳐지면 들어올리며, 남으면 들어내고 부족하면 보충해준다. 하늘의 도는 남아도는 것을 덜어내 부족한 곳에 보태어주는데, 인간의 도는 그렇지 않다. 부족한 것을 덜어내어 남아도는 곳에 바친다. 누가 능히 남아도는 것을 가지고 천하에 바칠 것인가? 오직 도를 체득한 자인저!"[5]

4 老子, 제74장: "常有司殺者殺. 夫代司殺者殺, 是謂代大匠斲. 夫代大匠斲者, 希有不傷其手."

5 老子, 제77장: "天之道, 其猶張弓與! 高者抑之, 下者擧之, 有餘者損之, 不足者補之.

이처럼 고대 종교철학 고전에서 비유가 수없이 등장하는 까닭은, 일반 범부중생이 세속 쾌락을 좋아하고 열반이니 해탈 같은 종교철학적 도덕진리를 잘 이해하지도 좋아하지도 않기 때문일지 모른다. 그래서 눈에 보이는 사물로써 보이지 않는 도덕을 쉽게 이해하도록 비유를 애용했을 것이다. 마치 쓴 약은 목구멍에 삼키기가 무척 힘들지만, 겉에 꿀을 발라 놓으면 쉽게 삼킬 수 있는 것과 비슷하리라.[6] 그렇지만 비유는 어리석은 둔근鈍根 중생을 위한 수단방편으로 여기면 오산이다. 성경에도 예수님이 비유의 뜻을 알아듣지 못하는 제자들을 꾸짖은 대목도 나오지만, 사실 비유는 지혜로운 자들을 위하여 설하고, 지혜로운 자라야 비유로써 전달 의사를 적확히 이해할 수 있다.

> "모든 부처님은 대상과 상황에 따라 시의 적절히 설법하지만 그 뜻은 이해하기 어렵다. 왜냐하면 부처님은 무수히 많은 방편을 동원해 온갖 인연 따라 비유의 말로써 모든 법을 설하는데, 사실 이 부처님 법은 의식적 사유로 헤아리고 분별해 이해할 수 있는 성질이 아니라서, 오직 위없는 깨달음을 얻은 부처님 경지에서만 알 수 있다."[7]

이렇듯이 궁극 진리는 너무 심오하여 이해하기 어려울 뿐만 아니라, 말이나 글로 그 의미를 정확히 표현해 전달하기도 매우 어렵다. 그래서 부득이 현상계의 평범한 사물에 빗대어 비유로써 표현하는 것이다. 그러니 비유는 언뜻 쉽게 이해할 수 있고 명료히 전해지는 것 같지만, 결국 그 비유도 진정한 의미를 이해하기는 결코 쉽지 않게 된다.

天之道, 損有餘而補不足 人之道則不然, 損不足以奉有餘. 孰能有餘以奉天下? 唯有道者!"

6 龍樹菩薩造, 鳩摩羅什譯, 大智度論권35, '習相應品의 해석' 참조.

7 妙法蓮華經, 鳩摩羅什譯, 권제1, 方便品제2 참조.

불경에 보면, 부처님이나 보살님이 비유의 필요성과 기능, 그리고 그 한계에 대해 말씀하시는 대목이 자주 나온다. "내가 (그대를 위해) 비유로 이 뜻을 설명하겠다. 모든 지혜로운 자는 비유로써 의미를 (쉽게) 이해한다."는 구절만도 이미 세 곳이나 나온다.[8] 화엄경에 보면, 문수사리보살이 청정한 보리심 수행공덕을 찬탄하기 위해 현수賢首보살한테 설법을 청하자, 현수보살이 게송으로 설하는 가운데, 보살이 중생을 섭수攝受하려고 수행하는 한량없는 공덕과 자유자재로 드나드는 선정삼매禪定三昧는 참으로 알기도 어렵고 생각하기조차 어려워, 시방세계 일체 모든 부처님께서 한량없는 세월(無量劫) 동안 설해도 다함이 없기 때문에, "비유로써 드러내 보이고자 하여도, 이 공덕을 비유할 만한 비유가 결국 없네. 하지만 지혜롭고 총명한 달인들은 모두 비유로 말미암아 그 의미를 이해한다네.…저 모든 보살들의 해탈법문은 어떠한 비유로도 드러낼 수 없지만, 내 지금 이러한 여러 비유를 들어 그들의 자유자재의 법력을 간략히 말하였네." 라고 찬탄한 내용이 나온다.[9]

또 화엄경에 보면, 세존께서 미간眉間 백호상白毫相에서 '여래출현如來出現'이란 이름의 광명을 내뿜어 시방세계를 두루 비춘 뒤 여래성기묘덕如來性起妙德보살 정수리로 들어가고, 다시 입에서 '무애무외無礙無畏(걸림 없고 두려움 없음)'라는 이름의 광명을 내뿜어 시방세계를 두루 비춘 뒤 보현普賢보살 입으로 들어가자, 여래성기묘덕보살이 보현보살한테 무슨 연유로 상서로운 광명이 나타나는지 묻는다. 이에 보현보

8 妙法蓮華經, 鳩摩羅什譯, 권제2, 譬喩品제3: "諸有智者, 以譬喩得解." 또한, 摩訶般若波羅密經, 鳩摩羅什譯, 深奥品제57: "我當爲汝說譬喩. 智者得譬喩, 則於義易解."; 七譬品제85: "今爲汝說譬喩. 智者以譬喩得解."

9 大方廣佛華嚴經, 實叉難陀역, 권제15, 賢首品제12의2, 참조. "欲以譬喩而顯示, 終無有喩能喩此. 然諸智慧聰達人, 因於譬故解其義." …"彼諸菩薩解脫門, 一切譬喩無能顯, 我今以此諸譬喩, 略說於其自在力."

살이 여래출현의 무량공덕을 설하는 가운데, 다음과 같은 해설을 덧붙인다.

"여래출현의 법은 끝없이 미묘하여, 세간에 미혹된 중생이 알 수 없지만, 뭇 중생들을 일깨워주기 위하여, 비유할 수조차 없는 가운데 그 비유를 설하네.…생겨남 없는 속성처럼 부처님은 출현하시고, 사라짐 없는 속성처럼 부처님은 열반에 드시니, 언어 비유가 죄다 끊겨 버리고, 일체 이치를 모두 합쳐도 비길 수가 없네.…佛子여, 여래께서 일체 비유로 온갖 일을 설하시지만, 이 (여래출현) 법을 설할 만한 비유는 전혀 없다네. 왜냐하면, 마음 지혜의 길이 끊겨 생각하거나 헤아릴 수 없기 때문이라네. 모든 부처님과 보살님들은 다만 중생들 마음에 따라 그들이 기뻐하도록 비유로 설할 뿐이지, 그게 궁극 뜻은 아니라네."[10]

주역에 보면, 글은 말을 다 표현하기 어렵고, 말은 뜻을 다 표현하기 어렵기 때문에, 상징적 64괘卦와 계사繫辭로 뜻과 말을 표현하고, 결국 그 풀이는 지혜로운 현인군자에게 맡긴다.[11] 장자莊子도 물고기를 잡으면 통발을 잊고 뜻을 얻으면 말을 잊는다고 하였다.[12] 비유란 말이나 글로 묘사하기 어려운 의미를 전달하고자, 그와 비슷한 어떤 사물의 특징적 속성을 꼬집어 상징으로 표현하는 것이기 때문에, 양자의 완전한 동등성을 따져 시비하는 우愚를 범할 필요는 없다.[13] 우

---

10 大方廣佛華嚴經, 實叉難陀역, 권제50, 如來出現品제37의1; 및 권제52, 如來出現品제37의3 참조. "如來出現法無邊, 世間迷惑莫能知, 爲欲開悟諸含識, 無譬喩中說其喩." …"如無生性佛出興, 如無滅性佛涅槃, 言辭譬喩悉皆斷, 一切義成無與等." … "佛子, 如來以一切譬喩說種種事, 無有譬喩能說此法. 何以故? 心智路絶, 不思議故. 諸佛菩薩但隨衆生心, 令其歡喜爲說譬喩, 非是究竟."

11 周易, 繫辭上傳: "書不盡言, 言不盡意. 聖人立象以盡意, 設卦以盡情僞, 繫辭焉以盡其言."

12 莊子, 雜篇外物第26: "荃者所以在魚, 得魚而忘荃; 言者所以在意, 得意而忘言."

리 속언에 "말이 그렇지 뜻이 그렇나?" 라는 말처럼, 상대방이 비유로 전달하고자 하는 뜻을 이해했으면, 비유의 도구방편에 매달릴 필요는 없는 것이다. 그래서 부처님도 그 유명한 금강경에 뗏목 비유를 즐겨 설하신다.

> "法도 취해서는 안 되고 비법非法도 취해서는 안 된다. 이런 뜻에서 여래는 항상 말한다. '너희 비구들은 내 설법은 뗏목 비유와 같음을 알지어다. 법도 오히려 놓아야 하거늘, 하물며 非法이랴?'"[14]

또 비유는 반드시 서로 비슷하게 견주어야 하는 것도 아니다.

비유는 크게 두 가지로 나뉜다. 실제 사물을 동원하는 경우가 많지만, 더러는 가상으로 설정해 인연 따라 설하기도 한다. 예컨대, 부처님께서 "만약 수목이라 할지라도 내가 설하는 걸 이해한다면, 내 또한 수다원을 얻는다고 수기授記하리라!"고 말씀하셨다. 이는 수목이 설법을 이해할 리가 있다는 뜻이 아니라, 사람들한테 설법을 잘 이해해 깨닫도록 일깨우시기 위해 거론한 가설적 비유다.[15]

한편, 열반경에서는 부처님이 비유를 순유順喩、역유逆喩、현유現喩、비유非喩、선유先喩、후유後喩、선후유先後喩、편유遍喩 등, 여덟 가지로 나누어 설한다.

순유順喩란, 하늘에서 큰비가 내리면, 도랑을 거쳐 작은 구덩이小坑、큰 구덩이大坑、작은 샘小泉、큰 샘大泉、작은 못小池、큰 못大池、작은 시내小河、큰 강大河、큰 바다大海 순서로 점차 물이 흘러내려 간다. 마찬가지로, 여래 법우法雨도 마찬가지로 중생의 계戒、후회하지

---

13 龍樹菩薩造, 鳩摩羅什譯, 大智度論권91, '具足品의 해석' 참조.

14 金剛般若波羅蜜經, 鳩摩羅什譯: "是故不應取法, 不應取非法. 以是義故, 如來常說: '汝等比丘, 知我說法, 如筏喩者. 法尙應捨, 何況非法?'" 자세한 구체 내용은 中阿含經卷第54, 僧伽提婆譯, 大品阿梨吒經第9(第五後誦)에 나옴.

15 龍樹菩薩造, 鳩摩羅什譯, 大智度論권55, '如幻品의 해석' 참조.

않는 마음不悔心、환희歡喜、멀리 떠남遠離、안은安隱、삼매三昧、경지견正知見、염리厭離、가책呵責、해탈解脫、열반涅槃 순서로 점차 채워간다는 비유를 가리킨다.

역유逆喩란, 위 비유에서 거꾸로 근본을 찾아 거슬러 올라가는 소급 방식으로 빗대는 것이다.

현유現喩란, 중생 심성은 마치 원숭이 같으니, 원숭이 성질은 하나를 버리고 하나를 취하는데, 중생 심성도 마찬가지로 색色·성聲·향香·미味·촉觸·법法을 취해 집착하여, 잠시도 머물지 않는다는 비유다.

비유非喩란, 지계 수행으로 보시하면 인천人天 중에 쾌락을 많이 받는다는 설법에, 파사닉왕波斯匿王이 '니구타나무尼拘陁樹도 지계로 보시하면 또한 인간·천상에서 안락을 누립니까?' 라고 묻자, 尼拘陁樹는 지계 보시를 수행할 수 없지만, 만약 수행할 수 있다면 틀림없이 누린다고 답변한 비유다.

선유先喩란, 미묘한 꽃을 탐착하여 꺾으려다가 물에 빠지듯이, 중생도 오욕에 탐닉하여 생사고해에 빠져 표류한다는 비유처럼, 유체喩體를 본체에 앞서 먼저 제시하는 것이다.

후유後喩란, '작은 죄는 재앙이 없을 거라고 가벼이 여기지 말라. 물방울이 비록 가늘지만 점차 모여 큰 그릇을 채운다.'는 비유처럼, 유체喩體를 본체 뒤에 제시하는 것이다.

선후유先後喩란, '파초가 열매를 맺으면 죽듯이, 어리석은 사람도 이익·공양을 얻으면 이와 같다. 마치 로새騾가 새끼를 배면 목숨을 오래 보전하지 못하듯이.'처럼, 유체를 앞뒤에 제시해 강조하는 것이다.

편유遍喩란, 한 사물의 여러 속성을 두루 골고루 차례대로 빗대어 비유하는 것이다.

이어 부처님은 실례를 들어 비유의 기능과 한계를 설명한다.

"비유함에는 반드시 다 취해야 하는 것이 아니다. 더러 조금만 취하고, 더러 많이 취하며, 더러 온전히 취한다. 예컨대, 여래 얼굴이 보름달 같다는 말은 조금 취한 것이다. 어떤 사람이 아직 우유를 보기 전에 다른 사람한테 우유는 어떤 물건이냐고 물으면, 그 사람이 물과 꿀과 조개 같다고 답한다. 물은 축축한 액체 모습이고, 꿀은 달콤한 모습이며, 조개는 빛깔 모습인데, 비록 세 비유를 끌어들였지만 참 우유는 아니다. 또 등불로 중생을 비유한 것도 이와 같다. 물을 떠나서는 강이 없듯이, 중생도 그러하여 오음五陰을 떠나서는 따로 중생이 없다. 마치 상자·몸통·바퀴·축·바퀴살·바퀴테 등을 떠나서는 따로 수레가 없듯이, 중생도 그러하다. 만약 등불 비유에 부합하는 것을 얻고자 한다면, 이제 주의 깊게 잘 듣거라. 심지는 25有를 비유하고, 기름은 애착을 비유하며, 밝음은 지혜를 비유하고, 어둠을 제거함은 무명을 깨뜨림을 비유하며, 따뜻함은 聖道를 비유한다. 등에 기름이 다하면 밝은 불꽃이 사라지듯이, 중생에 애착이 다하면 佛性을 보게 되어, 비록 명색名色이 있어도 얽매일 리 없으며, 비록 25有에 거처하지만 어디에도 오염당하지 않는다."[16]

대지도론에선, 강물에 뜬 나무가 팔난八難을 벗어나면 반드시 바다에 이르는 것처럼, 비구도 온갖 유랑 험난을 벗어나 팔성도八聖道의 물 흐름을 따라가면 열반에 흘러든다는 비유를 든다. 론사論師가 갠지즈 강물이 반드시 바다에 이르는 것과 같다고 말함은, 그처럼 八聖道가 반드시 열반에 이르기에 비유한 것이다. 또, 우유가 조개 같다고 함은 다만 그 빛깔을 취하고 딱딱함이나 부드러움은 취하지 않은 것이며, 얼굴이 달과 같다 함은 다만 둥그렇게 원만함을 취하고 구체 모습은 취하지 않은 것이다.[17]

16 大般涅槃經卷第29, 曇無讖譯, 師子吼菩薩品第11之3 참조.

17 訶梨跋摩造, 鳩摩羅什譯, 成實論卷第14, 後五定具品第184: "譬喩不必令盡相似, 如此木若離八難, 必至大海, 比丘如是離諸流難, 則隨八聖道水, 流入泥洹. …"

냉철히 이성적인 사람은 직설적 이치를 선호하기도 하겠지만, 감성이나 영성이 풍부한 사람은 간접적 비유로 음미하는 데 마음이 더 즐거울 수 있다. 중생의 이런 다양한 성향과 기호를 감안하여, 비유로 진리를 해설하는 경우가 많은 것이다. 이제 이러한 기초개념을 전제로, 앞으로 본론에서 동아시아 고전과 불교대장경에 나오는 다채로운 법의 비유와 사례를 살펴보기로 한다.

3. 국가 '법'의 개념: 禮→(刑)法→律의 역사적 변천

우선 본고에서 다룰 '법'의 개념범주를 좀 명확히 정의하고 시작할 필요가 있겠다. 왜냐하면, 동아시아 전통법문화에서 '법'의 개념은 아무래도 근대 서양법을 계수한 현재 우리 법체계와 상당히 다르기 때문이다. 사실 법을 도덕·관습 등과 엄격히 준별하는 근대 서양법 체계처럼 좁은 의미의 '법' 개념을 고집한다면, 전통법문화를 제대로 이해할 수 없을뿐더러, 아예 연구논의조차 어려울 것이다. 따라서 동아시아 전통법문화의 특성을 고려해, 고대법의 역사(법제사) 및 철학사상 발전을 염두에 두고, 조금 넓은 의미에 법 개념범주를 설정해 탄력적이고 융통성 있는 논의를 진행함이 바람직하다.

주지하듯이, 동아시아 2천여년 율령체계가 확립된 진한秦漢 이전, 이른바 선진先秦 시기에는 하夏·은殷·주周 3대에 걸쳐 禮가 주된 국가사회 기본규범이었다. 周 천자 중심의 봉건제가 제후들의 쟁패각축으로 흔들리기 시작하는 춘추 말엽에 이르러, 정鄭 자산子産이 형정刑鼎을 주조하고 진晉도 형서刑書를 주조했다. 전국 초기에 들어서 위魏 문후文侯(전445-396 재위)가 법경法經을 편찬하였다. 이에 각 제후국들이 서로 다투어 변법개혁으로 부국강병을 꾀하여, 기존의 禮와 성격이 상당히 다른 '刑'-'法'-'律'이 우후죽순으로 등장하기 시작했다. 최후에 진秦 효공孝公(전361-338 재위)이 상앙商鞅을 기용해 과감한 변법을 단행해 법가 법치사상에 근거한 농전農戰 병행으로 부국강병을 이루고, 마침내 秦이 천하를 통일하면서, 秦'律'이 후대 동아시아 봉건왕조 2천여 년에 걸친 '법'의 대명사가 되었다.

따라서 전통법의 역사 범주는 禮→(刑)法→律로 계승 발전하면서, 禮와 法의 역사 변증법적 통합을 거쳐 律令 체제를 확립하게 되었다. 물론 법에는 禮의 규범적 표준성을 보완하는 刑의 강제성이 특히 두드러지고, 禮의 차등성과 획기적으로 구별되는 法의 평등성이 대단히 눈부신 역사발전으로 찬상되지만, 禮나 法이나 律은 모두 국가 기본법의 양대 본질속성인 규범적 표준성과 강제적 수단성이 함께 녹아들어 있다.

또한 철학사상사에서 보아도, 무위자연 도덕을 위주로 하는 老子와 달리, 공자는 도덕을 중시하면서도 인본주의 '仁'을 새로운 핵심가치로 확립했고, 맹자는 공자처럼 인의仁義를 함께 중시하면서도 존재성이 짙은 '仁'에서 한 걸음 내려와 당위성이 짙은 '義'를 더 강조했다. 춘추말기보다 더 혼란스러워진 전국초기 시대상을 반영한 것이다. 공자의 살신성인殺身成仁에 대비해 맹자는 사생취의捨生取義를 역설하기도 했다. 허나 전국 후기 순자에 이르면 인의도 물론 강조하지만, 주안점은 인위적 '위僞'로서 '禮'가 철학사상 및 논의에 핵심주제로 급부상한다. 그리고 순자 제자인 리사李斯와 한비자는 스승의 철학 간판 '禮'를 과감히 내리고 새로운 시대요청에 부응해 단호히 '법'치 사상을 적극 주창한다.

그 결과 老子가 천명한 '道→德→仁→義→禮'가 순자 제자인 법가들에 의해 다시 '→法'으로 내려와, 전통법철학사상에서 道-法 규범원류관規範源流觀이 모습을 드러내게 된다. 요컨대, '禮→法'의 계승발전은 법제사로나 철학사상사로나 모두 명확한 사실이며, 이러한 근거로 본고에서 '법'은 그 선행 규범형식인 '禮'까지 포함하여 광의에 개념범

주로 논의를 진행하기로 한다.[18]

4. 불법佛法의 개념정의와 사성제四聖諦

본서에서 다루는 法은 세속의 실정법으로서 국법뿐만 아니라, 불교에서 말하는 진리로서 부처님 가르침을 가리키는 법(dharma)도 포함한다. 불교의 법에는 모든 존재 사물이란 뜻도 있지만, 본서 주제와 관련한 개념은 크게 셋으로 나뉜다.[19]

첫째, 모든 법 가운데 위없는 최고 진리로서 열반이다.

둘째, 열반을 얻는 기본 방편으로서 四聖諦와 八聖道(八正道)이다.

셋째, 팔성도를 돕는 일체 모든 선법과 진실한 말씀이니, 이른바 팔만사천법문과 12부경과 아함·아비담마·비니·잡장 등 4藏과 마하반야바라밀 등 여러 대승경전을 모두 법이라고 부른다.

물론 앞서 언급한 것처럼, 부처님은 어떠한 법에도 집착하지 않으며, 보살한테도 보시할 때 불법처럼 집착하지 말라고 가르친다.[20]

따라서 불교 '法'은 도가나 유가에서 말하는 '道'의 개념과 자못 비슷한 데가 있다. 즉, 열반의 법은 무위와 공空의 본체로서 도를 가리키며, 팔성도와 만법은 본체인 궁극의 도에 이르는 '길'로서 수행과정에 닦아야 할 선방편의 도를 가리킨다.

이러한 불교 법(dharma)은 세속법의 근원에 깔려있는 '자연법' 개념

---

18 졸저, "전통 중국법에서의 情·理·法에 관한 연구",(1994, 서울대박사학위논문), 12-23쪽; 졸저, 전통 중국법의 정신(전남대출판부, 2011 재판), 47-65쪽.

19 대만, 불광사전, 3336쪽, '法'조 참조. 梵語로는 dharma, 巴利語로는 dhamma인데, 보통 音譯하여 達磨、達摩、馱摩、曇摩、曇無、曇으로 표기한다.

20 龍樹菩薩造, 鳩摩羅什譯, 大智度論釋發趣品第20(卷49): "求法者, 法有三種, 一者, 諸法中無上, 所謂涅槃; 二者, 得涅槃方便, 八聖道; 三者, 一切善語實語, 助八聖道者, 所謂八萬四千法衆, 十二部經, 四藏, 所謂阿含·阿毘曇·毘尼·雜藏, 摩訶般若波羅蜜等,諸摩訶衍經, 皆名爲法."

과 대체로 비슷하다.

> "세상에 스승 법등法燈의 횃불을 밝혀, 모든 어둠과 그늘을 잘 없애며, 自然法을 펼쳐 설하여 중생들한테 두루 들려주시네."[21]

여기서 '자연'이란 '저절로 그러하다'는 로자의 개념과 상통하며, '自然法'은 '저절로 그러한 법'이란 뜻으로 우주 자연법칙인 부처님 가르침을 가리킨다. 여기에는 서양 자연법에서 당연히 포함하는 인간의 최기본 본능으로서 음식과 남녀가 들어가지 않는다. 물론 불교 자연법이 서양법철학에 자연법과 완전히 동일한 개념일 수는 없겠으며, 자세한 내용은 앞으로 좀 더 깊은 비교연구를 통해 밝혀야 할 과제다.

특히 동서고금을 막론하고 우주 자연법칙과 인간의 사회규범을 통틀어 가장 중요한 핵심 법으로 손꼽히는 황금률에 대한 불교 자연법이 눈에 띈다. 예전에 왕사성에 유명한 사냥꾼이 있었는데, 사슴을 많이 잡아 죽여 부처님한테 고기공양을 청했다. 그때 부처님은 청을 받아 가기는 했으나, 여러 중생이 부처님 아들인 라훌라처럼 느껴져 자비심으로 게송을 읊었다.

> "네가 장수하며 오래오래 세상에 머물고 싶거든 마땅히 해치지 않는 법(아힘사)을 받아 지녀라. 여러 부처님처럼 장수하리라."
>
> "일체 만물은 칼과 몽둥이 두려워하며 목숨 아끼지 않음이 없으니, 자기 마음 미루어 알 수 있으니, 살생하거나 몽둥이 휘두르지 말라."[22]

이것이 불교에 황금률인데, 인간에만 통용하는 편협한 '인본주의人本主義'를 크게 초월해, 중생평등 대원칙을 설한 '생본주의生本主義'로

---

21 菩薩念佛三昧經, 功德直譯, 卷第3, 讚如來功德品第6: "世師法燈炬, 善滅一切陰, 宣說自然法, 普聞於衆生." 高麗大藏經에는 '自然法'이 무려 102번이나 나온다.

22 大般涅槃經, 曇無讖譯, 卷第10, 如來性品第4之7: "當令汝長壽, 久久住於世, 受持不害法, 猶如諸佛壽. … 一切畏刀杖, 無不愛壽命, 恕己可爲喩, 勿殺勿行杖."

서, 성경에서 그리는 신세계 모습과 자못 닮아있다. 미래 희망이 될 우주 자연법이다.[23]

이러한 불교의 법은 팔만대장경으로 일컬어진다. 특히 본서 주제의 하나인 의약의 비유와 관련해서는, 소승경전에서는 12연기에 근거해 8정도의 기초가 되는 4성제와, 대승경전에서는 空을 설하는 마하반야바라밀다. 그리고 최후에 설한 열반경의 상락아정 여래장이 가장 중요한 법이다. 반야공과 열반은 뒤에 자세히 나오므로, 여기서는 본론을 전개하는 출발점으로 사성제를 의약에 비유하는 기본 개념과 특히 의유경醫喩經의 내용을 소개하기로 한다.

	소극적 황금률(Negative Golden Rule)	적극적 황금률(Positive Golden Rule)
	법에 범죄 금지(징악懲惡) 원리	도덕에 선행 장려(권선勸善) 원리
공자	기소불욕, 물시어인(己所不欲, 勿施於人). 자기가 바라지 않는 바는 남한테 베풀지 말라.	己欲立而立人, 자기가 서고 싶으면 남도 세워주고, 己欲達而達人. 자기가 통달하려면 남도 통달시켜라
	상윳따니까야 1권 말리까의 경 마음이 세상 어느 곳을 찾아다녀도 자기보다 사랑스러운 사람 찾지 못하듯 다른 사람에게도 그 자신은 사랑스러워 자신을 위해 남을 해쳐서는 안 되리	예수 Do as you would be done by! 너희는 너희 대접받고자 하는 대로 남을 대접하라.
붇다	一切 만물은 칼과 몽둥이를 두려워하며 목숨을 아끼지 않음이 없으니, 자기 마음 미루어보면 알 수 있으니, 살생하거나 몽둥이 휘두르지 말라.	一切 만물이 몽둥이 두려워하진 않으며 일체 만물이 목숨 아끼는 것은 아니나, 자기 마음 미루어보면 알 수 있으니, 부지런히 착한 방편을 지어라.
七佛 通戒	제악막작(諸惡幕作) 어떠한 죄악도 짓지 말고	제선봉행(諸善奉行) 온갖 착함을 받들어 행하라

23 졸저, 채식명상 20년, 전남대출판부, 2009초판, 163-168쪽 참조.

사성제는 사지四智라고도 하는데, 고지苦智、 집지集智、 멸지滅智、 도지道智로 모두 사제四諦이다. 수행자의 法은 마땅히 四諦를 두루 보아야 하니, 마치 良醫가 마땅히 병을 알고 질병원인(病因)과 질병치료(破病)와 병질치료 의약(破病藥)을 알아야 하는 것과 같다. 이처럼 수행자가 온갖 괴로움에서 벗어나고자 하면, 고苦、 고인苦因、 고멸苦滅、 고멸도苦滅道를 알아야 한다.[24] 病苦、 病苦의 원인、 病苦가 소멸(치유)한 건강한 열반、 병고를 소멸(치유)하는 道(8正道)가 병과 의약에 대비한 사성제의 기본개념이다.

특히 468자의 짧은 경문이지만, 송宋 태종과 진종이 그보다 긴 서문을 연이어 적고 널리 유포한 의유경醫喩經에는, 의사가 의약으로 질병을 치료하는 방법에 빗대어 사성제를 설명한다.

세상에 良醫가 병을 알고 약을 아는 법은 넷인데, 만약 모두 갖추면 醫王이라고 부른다.

첫째, 어느 병을 알아보고 어느 약을 써야하는지 아는 자. 이는 병의 모습(증상)을 정확히 진단해 적절한 약으로 대치對治해 안락安樂함을 얻게 하는 자다.

둘째, 병이 생김을 알아채고 그에 따라 약을 쓸 줄 아는 자. 이는 병이 風으로 생기는지, 황달이나 담痰, 음(癊: 가슴병, 멍)으로 생기는지, 또는 골절骨節에 생기는지, 쌓이고 막혀 생기는지, 병이 생기는 곳(원인)을 잘 알아내어 약으로 대치해 안락하게 하는 자다.

셋째, 이미 병이 생긴 뒤에 병을 치료해 내보내는 자. 이는 병을 눈이나 코로 내보내는지, 또는 코에 연기를 쐬거나 물을 부어 내보내는지, 토하거나 설사로 내보내는지, 온몸에 땀을 흠뻑 흘리게 해서 내보

---

24 訶梨跋摩造, 鳩摩羅什譯, 成實論卷第15, 見一諦品第190: "又佛說四智, 苦智集智滅智道智, 皆爲四諦, 故有行者法應遍見四諦, 猶如良醫應知病, 知病因, 破病, 破病藥. 如是行者, 欲脫諸苦, 應知苦苦因苦滅苦滅道."

내는지, 또는 몸의 위아래를 나누어 내보내는지, 이러한 병의 축출처를 잘 알고 약으로 대치해 안락하게 하는 자다.

넷째, 병의 근원을 끊어버려 다시는 생기지 않게 하는 자다. 이는 병의 근원이 어떠한 모습인지 식별하고 어떻게 제거하는지 알고, 부지런히 용감히 눈앞에서 처치해, 병의 뿌리를 영원히 끊어버려 발본색원하는 근치根治다.

이것이 병을 알고 약을 아는 네 가지 법인데, 여래도 마찬가지로 세간에 출현하여 고苦、 집集、 멸滅、 도道의 무상無上 법약을 설한다. 이러한 사제四諦를 부처는 진실하게 알고 중생을 위해 설하여, 生의 法과 고통의 근본을 끊어버리게 한다. 生의 法이 끊어지기 때문에, 로병사老病死와 우비고뇌憂悲苦惱의 온갖 괴로움이 영원히 소멸한다. 여래는 이러한 이익 때문에 無上法藥을 선설宣說하여 중생들이 온갖 괴로움을 벗어나게 한다. 비구들이여! 또 전륜성왕이 4병력四兵을 구족한 까닭에 여의如意하게 자유자재 하듯이, 여래도 또한 사성제를 갖추어 자유자재하다.[25]

4성제의 일반해석으로 볼 때, 네 약과 4성제가 1대1로 정확히 대응하지는 않는 감이 있지만, 전체로 보아 수긍할 만한 비유로 보인다.

특히, 五代 宋 초 고승 영명 연수선사(904-975)는 한의학의 음양오행과 관련하여 사성제와 세간 의약을 연계해 기발한 법문을 전하여 흥미를 끈다.

"욕계欲界는 오근五根을 갖추는데, 五根은 오장五藏과 관련 있고, 五藏은 사대四大와 관련 있으며 사생四生에 대응한다. 란생卵生은 대부분 몸이 가볍게 들려 날릴 수 있기 때문에 풍대風大 성질에 속하

25 佛說醫喩經, 施護譯: "如世良醫, 知病識藥, 有其四種, 若具足者, 得名醫王.…如來…宣說四種無上法藥. 謂苦聖諦, 集聖諦, 滅聖諦, 道聖諦. …宣說如是無上法藥, 令諸衆生, 得離諸苦."

고, 습생濕生은 대부분 습기로 생기기 때문에 수대水大 성질에 속하며, 태생胎生은 대부분 몸이 무겁고 둔하기 때문에 지대地大 성질에 속하고, 화생化生은 대부분 화대火大 성질에 속한다. 이는 불이 몸통은 없으면서 불꽃과 광명이 있기 때문이다. 여래는 三界 四生을 교화하기 위해 사성제、12인연、6바라밀을 설했다. 이 세 법약신단法藥神丹은 모두 중생의 오장五藏、오근五根、오음五陰을 대치對治하기 위해 설한 것이다. 예컨대, 부처님이 설한 일심사제一心四諦 정의로 보자. 集諦는 肝에 대한 것인데, 원인은 초생初生에 속하기 때문이다. 苦諦는 심장에 대한 것인데, 결과는 성취成就이기 때문이다. 道諦는 허파肺에 대한 것인데, 金은 능히 절단하기 때문이다. 滅諦는 콩팥腎에 대한 것인데, 겨울의 저장법은 有를 無로 돌리기 때문이다. 一心은 비脾에 대한 것인데, 四諦를 개통開通하기 때문이다. 12인연과 6바라밀도 여기에 비추어보면 알 수 있다."[26]

26 延壽集, 宗鏡錄卷第24: "如來爲化三界四生故, 說四諦十二因緣六波羅蜜, 當知此三法藥神丹, 悉是對治衆藏五根五陰故說."

제2편 전통법문화에서 법과 그물의 비유

— '法網'의 역사 유래와 철학 정신 – 천리天理와 인정人情의 균형조화

개요

동아시아에는 수천 년이래 '法網'의 비유가 전해온다. 본고는 전통법문화에서 법과 그물의 비유를 탐구하여, 주로 동아시아 고전 및 역사기록에 나타난 '法網'의 역사 유래와 철학정신을 살펴본다. 먼저 그물의 등장과 유래를 밝히고, 민생에 핵심도구로서 정책 현안에 나타난 그물의 중요성도 살펴본다. 이어 목민牧民과 양생養生에서 그물의 비유를 찾아보고, 그물을 매개 고리로 출현한 '法網' 비유와 그 특성을 사색해본다. 특히 법망 비유의 출현 과정과 법치행정의 기강에 비유한 법망, 법치의 객관성 비유 및 그물과 법의 필수 도구성을 음미한다. 이어 중국 정사正史에 나타난 법망 비유의 역사적 전개와 우리나라 역사기록에 보이는 사례를 정리 소개하고, 老子의 天網 비유와 다양한 역사적 함의도 사유해본다. 이를 바탕으로 법망 비유의 철학적 함의와 정신지혜를 성찰하고, 약법삼장과 기강문란에 관한 역대 명언도 살펴본다. 끝으로, 종교적 법(진리·道)의 그물 비유를 짤막히 소개해 법망의 정신지혜를 확대심화하고 본고를 맺는다.

주제어: 그물, 법, 法網, 天網, 전통문화, 비유, 역사철학.

1. 머리글

법과 관련해 일상에서 흔히 쓰는 말에 '法網'이 있다. '법'을 '그물'에 비유했으니, 그리 긍정적 호의적 어감은 아닌 듯하다. 실제로 집단범죄나 나쁜 사람들을 한꺼번에 체포·소탕할 때 '일망타진一網打盡'한다거나, 영리하고 교활한 악인이 법의 허점이나 빈틈을 노릴 때 미꾸라지처럼 '법망을 잘도 빠져 나간다'고 표현한다. 우리 동아시아 전통문화에서 '법' 자체도 그리 호감 받지 못하지만, 게다가 '그물'에 빗댄 '법망'은 왠지 우리 신체를 구속하고 정신까지 옭매려는 올가미처럼 부정적 느낌이 강하다. 그물로 물고기를 건져 올리듯, 죄악 범한 사람을 잡아들인다는 의미상 유사성이, '법망'이라는 흥미로운 비유를 형성한 것이다. 법망에는, 물고기를 그 생존 환경인 물속으로부터 강제 이탈시키듯, 죄인을 인간사회로부터 강제 격리한다는 의미가 담겨 있다. 이는 고대법 일반에 공통된 형법(형벌)의 응징보복 기능에 치중한 사고의식의 반영일 것이다.

'법의 그물(法網)' 비유는 과연 언제부터 어떻게 형성되었으며, 거기에 함축된 구체적 철학사상은 어떠한 것일까? 본고는 동아시아 고전문헌과 역사서를 통해 그 전모를 살펴보고자 한다.

2. 그물의 등장과 유래

원시시대에 인류가 채집으로 식량이 모자라 포획과 사냥에 나서면서 수렵어로가 시작되었을 것이다. 처음에는 맨손으로 하다가 나무나 돌 같은 도구를 이용하고, 어려움과 실패를 거치면서 시행착오에서 싹튼 잔꾀로 창이나 활도 만들고, 물고기 잡는 엉성한 나뭇가지 발도 고안했을 것이다. 나무통발은 원시적 그물로 여겨지고, 오랜 세월을 거치면서 실과 끈이 세련되면서 점차 지금과 같은 그물 형태로 발전하였을 것이다. 그러면 초창기 그물 원형은 어떻게 유래했을까? 동아시아 역사 및 고전문헌에 그에 관한 믿을 만한 기록이 다수 전한다.

그물의 기원에 관해 관윤자關尹子에 참신하고 독특한 견해가 나온다. 聖人이 벌을 본받아 君臣관계를 세웠고, 거미(蜘蛛)를 본받아 그물(網罟)을 만들고, 두더지를 본받아 禮를 제정했고, 전투개미를 본받아 병력을 설치했다. 대중은 현인을 스승 삼고, 현인은 성인을 스승 삼으며, 성인은 만물을 스승 삼는다. 오직 성인만이 만물과 일심동체를 이루어 무아無我 경지에 노닌다.[1]

주역周易 계사전繫辭傳에 구체로 그 성인이 나온다. 상고시대 복희씨(包犧氏)가 王이 되어 천하를 다스릴 적에, 위로 우러러 천문을 관찰하고, 아래로 굽어 조수鳥獸의 무늬(文)를 관찰해 땅에 적합한 법도를 삼았다. 가까이는 사람 몸에서 취하고, 멀리는 여러 사물에서 취했다고 전한다. 주역 팔괘도 이렇게 시작하여, 신명神明의 덕德에 통하고 만물의 정황에 비슷하게 되었다. 그 과정에서 새끼를 엮어(結繩) 그물(網罟)을 만들어 수렵어로에 활용했는데, 離(☲) 괘에서 형상을 취했다.[2] 64괘 중 離卦는 8괘 중 리괘를 중첩한 것으로, 본디 불(火)이나 해(日)와 같은 광명(明)을 상징한다. 이에 대해, 옛날에는 풀섶이나 새끼줄 따위로 서로 중첩되어 엮어진 것이 그물이라고 해석하기도 하고, 또는 리괘가 상징하는 광명은 곧 인간의 눈(目)도 포함하는데, 눈 모양의 그물눈 두 개가 서로 중첩되어 엮어진 것이 그물이라고 해설하기도 한다. 그물은 유래가 결승結繩·설형楔形문자와 동일한 연원임을 알려준다. 離(☲)괘 상징도 사방이 줄로 둘러싸여 속이 빈 그물 모습을

1 關尹子: "三極極者, 尊聖人也. 聖人師蜂立君臣, 師蜘蛛立網罟, 師拱鼠制禮, 師戰蟻置兵. 衆人師賢人, 賢人師聖人, 聖人師萬物. 惟聖人同物, 所以無我."

2 周易 繫辭下傳: "古者, 包犧氏之王天下也, 仰則觀象於天, 俯則觀法於地. …始作八卦, 以通神明之德, 以類萬物之情. 作結繩而爲網罟, 以佃以漁, 蓋取諸離."

본뜬 것임을 알 수 있다. 또 離자 자체도 들러붙다(麗)·만나다(遭)·걸리다(罹)는 뜻이 있어, 그물로 물고기나 짐승을 포획하는 것까지 함축한다. 또 상고上古시대에 새끼줄을 엮어 다스렸는데, 후세 성인이 문서와 법도로 바꾸었다고 전한다.[3] 여기서 결승이란 설형문자일 텐데, 이것이 후대 문물전장文物典章의 전신前身이라는 뜻이다. 이상의 기록을 종합하면, 새끼줄로 엮은 그물이 직접 수렵 어로의 경제활동 수단이 되었을 뿐만 아니라, 간접으로 은연중에 국가통치의 방편제도(禮法)까지 암시함을 느낄 수 있다.

한편, 한서漢書에는 그물의 유래에 관해 태호제역太昊帝易에 "炮犧氏의 王天下"를 인용해, 炮犧씨가 최초 왕으로 그 덕이 나무(木)여서 帝太昊라 부르고, 그물을 만들어 어로수렵을 해서 희생을 취했기에 炮犧氏라 부른다고 전한다.[4] 잠부론潛夫論에는 뢰택雷澤에 출현한 큰 거인(大人) 발자국을 화서華胥가 밟아 복희를 낳았다고 전한다. 그 얼굴 모습이 해뿔(日角)과 같아 태호라 불렀는데, 진陳에 도읍해 그 덕은 나무(木)였다. 龍과 인연이 깊어 龍師가 되어 팔괘를 만들고 새끼줄을 맺어 그물을 만들어 어로수렵을 시작했다.[5]

또 포박자내편抱朴子內篇에는 太昊가 거미줄을 본떠 그물을 만들고, 금천金天이 구호조九戶鳥에 근거해 시간을 정했고, 제헌帝軒이 봉황 울기를 기다려 음률을 조율하고, 당요唐堯가 초명협艸冥莢을 보고 달(月)을 알았다고 전한다.[6] 太昊는 보통 太皞 또는 太皓로 적으며, 동이족 수령으로 성姓은 風이라고 전하는데, 일설에는 복희씨라고 한다.

---

3 周易 繫辭下傳: "上古, 結繩而治, 後世聖人, 易之以書契."

4 漢書 卷21下, 律歷志第1下: "稽之于易, 炮犧、神農、黃帝相繼之世可知. …"

5 潛夫論 五德志第34: "大人迹出雷澤, 華胥履之, 生伏羲. …作八卦, 結繩爲網以漁."

6 抱朴子內篇 對俗卷第3: "故太昊師蜘蛛而結網, 金天據九戶鳥以正時, 帝軒俟鳳鳴以調律,…"

宋代 편찬된 유명한 도교 경전에는, 태상로군太上老君의 개천開天 도통道統을 밝히면서, 복희씨가 음양팔괘를 짓고, 아직 오곡을 모르던 인류 식량을 해결하기 위해, 그물을 만들어 금수를 포획해 먹도록 가르쳤다고 전한다.[7] 점차 문명이 발전하면서 소박한 천성을 잃는 과정은 이렇게 묘사한다.

"神은 본디 道에서 생긴다. 道는 아무것도 없는 청정淸靜인데, 변하여 신명이 되어 광명이 나고 심의心意가 생겨 온갖 지혜가 나온다. 지혜란 오욕육정五欲六情이다. 오욕이란, 귀가 소리를 좇아 미혹되고, 눈이 빛깔을 좇아 음란·발광하며, 코가 향기를 좇아 정신을 분산하고, 입이 맛을 좇아 죄악을 지어 법의 '그물(網羅)'에 빠지며, 마음이 애증愛憎을 좇아 사사로이 치우쳐 평정平正을 잃으니, 이 오욕은 혹란惑亂에 뒤덮임이다. 六情이란 형체와 혼식이 고통과 가려움을 알아 섬세한 원활을 욕망함이니, 귀로 소리를 듣고 눈으로 빛깔을 보고 코로 향기를 맡고 입으로 맛을 보고 몸으로 세활細滑 의복을 입어, 각각 마음으로 좋아하고 기뻐하며, 게다가 좋아하는 걸 얻으면 마음으로 기뻐함이다. 이 六情으로 정신을 잃기에, 六情이 사람을 망친다고 말한다."[8]

오랜 역사 연원을 반영하듯, 시경에 "어망魚網을 설치해 기러기가 걸리는데, 준수한 미남 구해 구부정정 못난 늙은이 얻었네." 라는 비유가 등장한다.[9] 周禮에는 수렵용 그물과 사냥을 담당하는 수인'獸人'

---

7 雲笈七籤卷之2, 混元混洞開闢劫運部, 太上老君開天經: "伏羲方教以張羅網, 捕禽獸而食之."

8 雲笈七籤卷之2, 老君太上虛無自然本起經: "神本從道生, 道者淸靜, 都無所有, 乃變爲神明, 便有光明, 便生心意, 出諸智慧. 智慧者, 謂五欲六情.…坐此六情以喪, 故復名六情喪人."

9 詩經, 邶風, 新臺: "魚網之設, 鴻則離之; 燕婉之求, 得此戚施." 衛 宣公이 아들 伋의 아내(자기 며느리)로 齊 공주를 맞이하느라 황하 가에 새 누대를 지었다.

이란 직책이 나온다. 사냥철에는 그물을 잘 관리하고, 비수기에는 매 같은 사냥새를 우리에 잘 보살핀다.(天官, 冢宰) 대대례기大戴禮記에도 그물(罔罟) 설치를 주관하는 관직 '량梁'이 나온다.(夏小正)

고대 사전인 이아爾雅에 각종 기물 해석을 보면, 그물은 모두 10여 종 분류명칭이 있었다. 요즘 차의 부품명칭이 엄청 세분되듯, 말이 주된 교통수단인 고대에는 말과 마차에 관한 명칭이 엄청 전문화되었고, 고대 주된 생산 활동 어로수렵에 도구인 그물도 놀랍게 세분화한 것이다. 그물의 대표는 종고緵罟로 구역九罭으로도 부르는 어로용 그물(魚罔)이다. 과부의 통발은 류罶고, 새둥지 모양(새둥지 겨냥한) 그물은 산汕이며, 대로 만든 것은 조罩, 나무로 만든 것은 잠涔, 새 그물은 라羅, 토끼그물은 저罝, 사슴 그물은 모罞, 멧돼지 그물은 란羉, 규모가 큰 물고기 그물은 고罛, 수레 위를 덮을 정도로 작은 새 잡는 그물은 동罿 또는 철罬이다.(釋器 第6)

고대 그물의 중요성은 여러 고전 문헌기록에도 다채롭게 나타난다. 장자莊子와 사기史記에는, 어부 그물에 걸려 갇힌 신령스런 거북이 宋元王 꿈에 나타나 풀어달라고 하소연해 살려준 고사가 전한다.[10] 론형論衡에는 공자가 老子를 만난 뒤 불가측의 신비감을 龍으로 비유하면서, '헤엄치는 물고기는 그물질하고 허공을 나는 새는 주살을 쏠 수 있지만, 龍은 풍운을 타고 상승하는지라 알 수 없다!'고 찬탄한 대목이 나온다.[11] 포박자내편(辭義卷第40)은 문체文體를 평론하면서, 영특하고

신부를 맞이해보니 너무 아름다워, 그냥 자기가 가로채 宣姜을 삼았다. 이에 衛 국민들이 신부의 가련한 처지를 동정해 선공을 풍자하는 시를 지었다고 전한다.

10 莊子, 雜篇外物第26; 史記 卷128 龜策列傳: "江使神龜使於河, 至於泉陽, 漁者豫且擧網得而囚之. 置之籠中. 夜半, 龜來見夢於宋元王曰: '我爲江使於河, 而幕網當吾路.'"

11 論衡, 龍虛: "孔子曰: '游者可爲網, 飛者可爲矰. 至於龍也, 吾不知其乘風雲上升! 今

웅굉한 것은 천지 바깥까지 망라하고, 악착같이 얽매임은 새장 안에 갇힌 것 같다고 비유한다. 도교 고전인 포박자내편(勤求卷第14)에는 老子가 장생구시長生久視를 중시한 정신과 함께, 莊周가 차라리 진흙탕 속에서 꼬리를 흔들망정 그물 속에 갇힌 거북이나 비단옷 걸치고 희생으로 끌려가는 소 신세는 되지 않겠다던 기개가 나란히 소개된다. 세설신어世說新語에는 공손도公孫度가 병원邴原을 지목해, 구름 속 백학白鶴은 연작燕雀 그물로 잡을 수 없다고 평한 대목이 나오고(賞譽第8), 제파提婆가 불경인 아비담阿毗曇 강의를 마치자, 동정東亭이 법망도인法岡道人한테 질문했다는 일화가 실려 있다.(文學第4)

3. 민생에 핵심도구로서 중대한 그물 정책

원시 수렵어로 사회에서 그물은 민생에 가장 중요한 핵심도구였다. 농경사회로 들어선 뒤에도 여전히 중요한 어로수렵은, 안정된 생계방편 유지를 위하여 지도자의 각별한 관심 사안이었다.

우선 공자는 낚시질은 했지만 그물질은 하지 않고, 주살을 쓰더라도 밤에 잠든 새를 쏘지 않았다는 기록이 나온다.(論語, 述而) 공자가 빈천해 봉양과 제사를 위해 더러 부득이 낚시질과 주살로 어렵을 하긴 했어도, 큰 새끼줄로 엮어 시냇물을 가로질러 물고기를 모조리 잡는 그물질은 어진 사람의 本心에 어긋나 차마 하지 않은 것이다. 개인의 어짊(仁) 수행 관점에서 공자의 그물질 원천 배제는, 맹자에 이르면 공동체 민생경제 안정 관점에서 그물질의 적절한 제한으로 바뀐다.

맹자는 왕도정치에 핵심 요건으로, 농사 때를 어기지 않아 곡식을 넉넉히 거두고, 촘촘한 그물을 던지지 않아 물고기와 자라가 넉넉히 번식하며, 숲에 때 맞춰 벌목해 나무가 무성한, 민생경제 풍요를 으뜸

日見老子, 其猶龍乎?"'

으로 내세운다. 또, 제선왕이 천하 패권을 꿈꾸며 제환공과 진문공의 패업에 대해 묻자, 맹자가 仁政과 王道에 핵심으로 일정한 직업생산(恒産)을 강조하면서, 일반 인민이 항산恒産이 없어 항심恒心을 지니지 못하고 방벽放辟 사치해져 죄악의 함정에 빠진 다음에 형벌로 다스리면, 이는 인민을 그물질(罔民)하는 것이라고 힐난한다.(梁惠王上)

그물눈이 너무 촘촘하면 새끼 물고기까지 잡아 씨를 말려 어자원이 고갈되므로 예로부터 엄격히 절제했다. 그물눈은 반드시 네 치(四寸) 이상으로 정해, 한 자(尺) 미만 물고기는 시장에서 팔 수도 없었다. 반드시 월척越尺만 잡아먹는 원칙이다. 순자에도 비슷한 내용이 나온다.

> "聖王의 제도에는 초목이 무성히 자랄 적에는 산림에 들어가 도끼로 요절내지 않고, 자라나 물고기 미꾸라지 등이 산란할 적에는 그물이나 독약을 연못에 넣어 요절내지 않는다. 춘경春耕·하운夏耘·추수秋收·동장冬藏의 四時를 놓치지 않아 오곡이 끊이지 않으면 백성들 식량이 남아돌고, 연못이나 냇물에 그물질 시한을 엄금해 물고기가 넉넉하면 백성들 식용이 남아돌며, 수풀의 간벌 시한을 잘 지켜 조림을 잘하면 백성들 집 지을 재목이 넉넉해진다."(王制篇第9)

춘추 시대 로魯 선공宣公이 사연泗淵에서 남획했는데, 리혁里革이 그물을 잘라 내버린 사건으로 아주 유명하다. 예로부터 추위가 닥치면 산천에 어로수렵을 엄금해 짐승과 물고기 번식을 도왔는데, 지금 군주가 물고기 산란 즈음에 그물질함은 씨를 말리는 지나친 탐욕이라고 엄중히 훈계했다. 그나마 좀 현명한 선공은 "내 잘못을 里革이 바로잡아주어 훌륭하지 않은가?!" 라고 감탄하며, 찢겨 버려진 그물이 훌륭한 교훈을 일깨워주어 아주 '좋은 그물(良罟)'이니, 잊지 않도록 잘 보관하라고 명했다. 그러자 옆에 있던 악사樂師 존存이 "그물을 보관하느니, 里革을 곁에 두고 충간을 들으며 잊지 않음이 더욱 좋겠다."고 말했다.[12] 여기에도 수많은 고대 그물 명칭들이 등장하고 그에 대한 주석들이 뒤따라, 이아爾雅에 내용을 방증하기도 한다.

제 환공을 보필해 춘추 첫 패업을 이룬 관중과 그 전통을 계승한 전국시대 제나라 직하학파의 실용 목민학을 집대성한 '관자管子' 서에는, 민생안정과 풍요균부를 위한 방책이 무수하다. 여러 토지 형태에 따라 사농공상의 생산력 균배를 도모한 구체 방안에 보면, 시냇물이나 연못에 그물질할 물고기가 있으면 5무畝를 일반 농경지 1무로 환산한다는 토지균배(地均)법이 나온다.(乘馬第5) 또 천재지변으로 인한 흉년이나 뜻밖에 전쟁 같은 비상시에 인민을 굶주리지 않도록 도모하는 식량비축 방안에도 그물 제한이 나온다. 강·연못·바다가 제아무리 넓고 물고기·자라가 제아무리 많아도, 그물은 반드시 담당관리(올바른 규격)가 있다. 물고기나 초목을 사사로이 아껴서가 아니라, 배와 그물 한 가지 생업만으로는 살 수 없어서, 인민들이 곡식생산을 전폐하지 않도록 산림천택에 제한을 가한 것이다.(八觀第13) 주식 생산비축을 확보하려는 독특한 그물질 제한규정이다.

려씨춘추呂氏春秋에도 만물이 소생하는 봄철(季春, 음3월)에 사공司空 직무로, 각종 어로수렵용 그물·사냥도구·독약 등은 아홉 성문(九門) 밖으로 나가지 못하게 막는 사명이 나온다.(季春紀第3, 季春) 또 농업생산성 향상을 위해 각종 제한규제가 나오는데, 사시四時의 금지로 산림재목 벌채 금지와 사냥도구-수렵용 그물의 성문 밖 반출 및 어로용 투망금지 등이 포함된다.[13]

한편, 빈한貧寒곤궁의 극치로서 '그물 짜기'가 나와 눈길을 끈다. 呂氏春秋에는 불우한 때 극한 빈궁의 상징으로 그물이 등장한다. 순舜은 손수 밭 갈고 물고기 잡을 적에도 그 현명함이 천자 때와 똑같았지만,

---

12 國語 卷第4, 魯語上 里革斷宣公罟而棄之.

13 呂氏春秋, 士容論第6, 上農: 淮南子 권9, 主術訓.

아직 때를 만나지 못해 가솔들과 땅 파고 물 대며 방석과 자리 엮고 그물 짜며 손발 쉴 틈도 없이 부지런히 일해 겨우 추위와 굶주림의 환난을 모면했다. 설원說苑에도 원대한 포부를 안고 사소한 것을 잊은 영웅호걸 사례로서, "강태공은 농사에서는 종자도 못 건지고, 어로에서는 그물 값도 못 벌었으나, 천하를 다스리는 지혜는 넉넉히 남아돌았다."는 흥미로운 비유가 나온다. 포박자외편에도 강태공이 지극한 도덕군자이만 농사에 씨앗도 못 건지고, 순임금(重華)이 위대한 성인이지만 고기잡이에 그물 값도 못 건졌다는 일화가 나온다.[14]

또 한말 삼국정립 초기에 은둔한 안빈락도 처사의 우활함을 힐난하면서, '어망을 험준한 산봉우리에 펼치고, 낚시 줄을 큰 나무 꼭대기에 드리우는' 격이라는 비유가 나온다.[15]

한편, 려씨춘추에는 학업에 관해 제자의 기본 도리로 '스승 존경(尊師)'을 강조하면서, 스승 섬기는 방법으로 생전 봉양과 사후 제사에 자원 마련을 위해 몸소 채전 가꾸고 나무 심으며 신발 엮고 그물과 방석 돗자리를 짜며 논밭에 경운耕耘도 하여 오곡을 생산하고 산림과 천택에 들어가 물고기와 짐승도 잡는다는 구체 내용이 나온다.(孟夏紀第4, 尊師) 군사부 일체 사상에서 '하루 스승이면 종신 아버지'라는 정신을 강조한 것이다. 안자춘추에는 그물 짜고 짚신 엮어 어머니를 봉양하던 북곽소北郭騷란 현인이 너무 곤궁해 안자한테 노모 봉양 식량을 구걸한 일화가 나온다.

晏子가 쌀과 金을 보내주자, 쌀만 받고 金은 사양했다. 나중에 晏子가 경공景公한테 의심을 사서 망명하면서 북곽소 집을 지나다가 대화한 뒤, 자신이 어진 선비를 알아보지 못해 조정에서 쫓겨나도 싸다고

14 呂氏春秋, 孝行覽第2, 愼人(一作順人); 說苑 卷17, 雜言; 抱朴子外篇 守堉卷第35.
15 抱朴子外篇, 安貧卷第36: "張魚網於峻極之巔, 施鈞緡於修木之末."

크게 탄식했다. 북곽자北郭子는 안자의 인의에 보답하고자, 의관을 정제하고 벗한테 칼과 바구니를 들려 조정에 나아가 군주 비서장한테 말했다. "안자는 천하 현인인데 지금 제나라를 떠났으니, 제齊는 반드시 침공을 당할 것이오. 나라가 침공 당하는 꼴을 보느니, 차라니 죽는 게 낫소. 내 머리를 갖다 안자께 바치시오." 그가 자결하자, 그 벗도 "북곽자가 나라를 위해 죽었으니, 나는 북곽자를 위해 죽겠소." 라고 말한 뒤 자결했다. 경공이 이 소식을 듣고 크게 놀라, 얼른 마차를 보내 안자를 쫓아가 다시 모셔오게 했다. 북곽자와 그 벗의 자결 소식을 들은 안자도 현자를 알아보지 못한 자신의 무지를 더욱 크게 탄식했다.16

옷감과 종이도 기본상 그물 짜기 원리를 확장한 소치라는 흥미로운 기록도 나온다. 회남자淮南子에 보면, 의복도 그물 원리를 이용한 듯하다. 당초 백여伯余(黃帝 신하 또는 황제 자신)가 처음으로 옷을 만들 적에는, 삼 껍질을 가늘게 찢어 올을 길게 잇고, 손으로 씨줄을 만들고 손가락으로 날줄을 걸쳐 완성된 모습이, 마치 그물(網羅) 같았다고 한다. 물론 후세에 이를 발전시켜 베틀과 북을 만들어 좌우로 왕복하며 베를 짜도록 편리를 도모했으며, 그 덕택에 인민들이 몸을 가리고 추위를 막게 되었다.(氾論訓)

호화사치 상징으로 등장하는 그물도 있다! 呂氏春秋에는, 제환공이 즉위해 3년간 세 말만 하여 천하가 어질다고 칭송하고 군신이 모두 기뻐했는데, 고기 먹는 짐승을 제거하고, 쌀 먹는 새를 제거하며, 비단으로 짠 그물을 제거했다고 전한다.17 후대 생산력 향상과 교역 증진으로 눈부신 경제발전과 함께 각종 호화사치가 극성을 부리면서, 이

16 晏子春秋, 晏子乞北郭騷米以養母騷殺身以明晏子之賢第27 참조.

17 呂氏春秋, 似順論第5, 愼小; 淮南子권9, 主術訓.

러한 그물도 눈부신 발전을 해서, 唐宋 이후 正史에는 '주사락망硃絲絡網' 같은 용어가 아주 빈번히 등장한다. 일찍이 초사(楚辭, 九歌 湘夫人)에는 벽려(薜荔: Ficus pumila)를 엮어 휘장을 만든다는 시구가 나오는데, 포박자외편에는 붉게 물들인 망사網紗 휘장이 나온다.(博喩卷第38) 당송 이후 호화사치 망사의 출현은 더욱 보편적이었다.

조금 독특한 그물망 용례로, 환관 채륜蔡倫이 필기도구를 혁신해 종이를 발명한 사례다. 고래로 쓰이던 죽간竹簡은 무겁고 번거로우며, 비단은 가벼운 지紙로 너무 비싸서 인민한테 불편했다. 채륜이 창의력을 발휘해 나무껍질、삼껍질、헌 베、어망 등을 혼합해 새로운 종이(紙)를 만들어, 원흥元興 元年(105) 헌상했다. 황제가 훌륭하다고 재능을 칭찬했고, 이후로 천하가 모두 애용하며 '채후지蔡侯紙'로 불렀다.(後漢書 卷78, 宦者列傳)

거미줄 모습에서 그물이 발명되고, 그물을 촘촘히 짜서 베가 되어 옷감으로 의복 혁명을 일으켰으며, 다시 다양한 재료를 분쇄 혼합해 더욱 촘촘한 조밀도로 압축해 종이가 탄생한 셈이다. 여기에 헌 그물도 재료로 혼입되었지만, 기교방식과 원리상으로도 거미줄→그물→베(옷감, 의복)→종이로 더욱 정교하고 조밀하게 압축 발전된 과정을 상상할 수 있다.

4. 목민牧民과 양생養生에서 그물의 비유

물고기와 짐승을 잡아먹는 사냥도구 그물은, 사람 입장에선 확실히 아주 지혜롭고 교묘한 문명의 이기다. 하지만 거꾸로 물고기나 짐승 입장에서는, 자기들 눈을 속여 생명을 위협하는 함정으로서, 최고 최대로 적대시할 것이 분명하다. 이런 역지사지 관점은 영리한 인류가 三代 때부터 통찰했다. 국어國語(卷第2, 周語中)에 보면, 주周나라에 '짐승은 그물을 싫어하고, 인민은 군주를 싫어한다.(獸惡其網, 民惡其上.)'는 속담諺이 널리 퍼졌다. 물론 이 대비적 비유는, 인민을 괴롭히고 가혹하게 착취·수탈하는 군주를 비방하기 위해, 짐승 심리를 감정이입 화법으로 의인화해 풍자함에 초점이 있다.

또 관중이 천하민심을 얻기 위한 선덕후형先德後刑의 방도로서 문무겸비를 논하면서, 달리는 짐승을 포획하기 위한 그물망 매복 방법의 양면성을 예시한 비유가 눈에 띈다.[18] 특히 국가정치에 근본으로 天時와 人心을 얻는 일이 핵심이고, 그 바탕 위에서 구체적 통치방도로서 '법령을 기강으로 삼고 관리官吏를 그물로 삼으며, 십오什伍를 행렬行列로 삼고 상벌을 문무文武로 삼는다.'는 비유가 주목할 만하다.[19] 법가의 선구자답게 법치관료를 통치의 그물과 벼리로 비유한 것이다. '법망'이 상당히 구체화한 느낌이다.

목민행정의 상징으로서 '그물질'에 관한 전설적 비유명언은 '탕湯의 고사'가 압권이다. 바로 은殷 시조 탕湯이 사냥꾼의 수렵 그물 3면을 제거한 일화다. 탕 임금이 들에 나갔다가, 한 사냥꾼이 그물을 사면으로 빙 둘러치고 축원하는 말을 들었다.

> "하늘에서 떨어지는 자나, 땅에서 솟아오르는 자나, 사방에서 몰려드는 자나 할 것 없이, 모두 내 그물에 걸리게 하소서!"

이 말을 들은 탕 임금은, "어허! 모든 짐승을 다 잡을 셈이군! 걸桀이 아니면 누가 이런 짓을 한담?!"이라 탄식했다. 그리고 손수 삼면三面 그물을 거두고 한쪽 그물만 남긴 뒤, 축원을 바꾸어 가르쳐주었다.

> "예로부터 거미가 그물(거미줄) 만드는 걸 보고, 사람이 그걸 배워 그물을 엮어 쓰나니, 왼쪽으로 피해갈 자는 왼쪽으로 가고, 오

---

18 管子, 勢第42: "獸厭走而有伏網罟, 一偃一側, 不然不得."

19 管子, 禁藏第53: "夫爲國之本, 得天之時而爲經, 得人之心而爲紀. 法令爲維綱, 吏爲網罟, 什伍以爲行列, 賞誅爲文武."

른쪽으로 피해갈 자는 오른쪽으로 가며, 아래로 빠져나갈 자는 아래로 가라! 이 명 따르지 않고 스스로 그물에 걸려든 자만 나는 포획하리라."

어느 제후가 이 말을 듣고, "탕 임금 덕이 짐승까지 미치는구나!"라고 감탄하자, 금세 소문이 퍼져 천하 40여 제후가 귀순했다. 사냥꾼은 사방으로 그물을 둘러쳐도 반드시 새(짐승)를 잡는 것은 아닐 텐데, 탕 임금은 세 그물을 거두고 한 쪽만 남겨두어, 40여 제후국을 그물질(網羅, 포섭)했으니, 어찌 단지 짐승만 그물질(사냥)한 것에 비하리요?[20]

려씨춘추 저자는, 같은 그물인데도 걸桀·주紂가 사용하면 자신과 국가를 모두 패망시키는데, 湯이나 武王은 이를 사용해 천하민심을 얻어 군왕이 된 역사적 사실을 들며, 사용법(마음씀)에 따라 결과가 완전히 상반됨을 지적한다. 탕이 그물을 풀어준 고사에서 '해망解網'이라는 용어가 생겼는데, '약법約法'과 함께 군주의 도덕교화와 왕도王道인정仁政을 칭송하는 대명사로 후대 널리 쓰이게 되었다. 설원說苑에는 탕의 고사를 인용해 현인존경을 이렇게 강조한다.

"나라는 크기보다는 민심 얻음에 힘쓰고, 보좌진은 많기보다는 현명한 준재 얻기에 힘써야 한다. 민심을 얻으면 인민이 따르고, 현명한 보좌가 있으면 선비들이 모여든다. 文王은 (紂한테) 포락형炮烙刑 제거를 요청해 은殷 인민이 그를 따랐고, 湯은 사냥꾼 그물의 三面을 제거해 하夏 인민이 따랐고, 월왕越王은 옛 무덤을 훼손하지 않아 오吳 인민이 복종했다. 그들 행위가 민심에 순응했기 때문이다. 소리(진동 주파수)가 같으면 떨어져있어도 서로 공명해 감응하고, 덕이 부합하면 만나지 않아도 서로 친근해지며, 현인이 조정에 있으

20 呂氏春秋, 孟冬紀第10, 異用; 大戴禮記 保傅; 新序 卷5, 雜事; 史記 卷3, 殷本紀 참조.

면 천하호걸이 서로 다투어 나아간다."(卷8, 尊賢)

또, 설원說苑에는 시냇물이 졸졸 흘러 강하를 이루고, 실(줄)이 끊임없이 이어지면 그물과 비단을 이룬다는 격언과 함께, 공자가 그물로 새를 잡는 걸 보고 제자들을 일깨운 대목이 나온다. 왜 새끼만 다 잡고 어미는 못 잡았냐는 물음에, 사냥꾼이 어미로 새끼는 잡을 수 없지만, 어미는 새끼로 잡을 수 있다고 답하자, 공자는 제자들을 훈계했다.

> "군자는 누굴 따를지 신중해야 하니, 사람을 잘못 만나면 그물에 걸릴 우환이 있다.(君子愼所從! 不得其人, 則有羅網之患.)"(卷10, 敬愼)

여기서 그물은 크게는 병난부터 작게는 국법형벌까지 자기 생명과 집안을 망치는 환난이니, '法=網' 관계를 함축 암시하는 비유다.

한편, 군주가 사냥에 미쳐 목민행정을 돌보지 않은 안일해태를 꼬집는 그물 비유도 있다.

진晉 문공文公이 사냥 나가 짐승을 쫓다가 큰 늪에 빠져 헤어나지 못하자, 옆에 어부를 보고 자기가 군주인데 빠져나갈 길을 안내해주면 후사厚賜하겠다고 말했다. 어부가 도리어 바칠 게 있다고 답하자, 문공은 늪을 빠져나와 감사하며 가르침을 받겠다고 자청했다. 이에 어부가 말했다.

> "큰 고니가 하해河海 가운데 노닒이 싫증나 조그만 연못으로 이사하면, 반드시 주살 맞을 우려가 커지고; 자라·거북이 심연深淵에 잠김이 싫증나 얕은 물가로 나가면, 반드시 그물질이나 작살 맞을 우려가 커집니다. 지금 군주께서 짐승을 쫓다가 이 늪까지 빠져들었으니, 어찌 이리 멀리도 행차하셨소?"

文公이 훌륭하다고 칭찬하며, 시종한테 어부 이름을 기록해두라고 명했다. 그러나 어부는 후사는 사양한 채, 군주의 대의명분이 천지를 높이 받들고 사직社稷을 공경하며 제후국을 위무하고 만민을 사랑해 어진 민생정치를 베풂에 있음을 상기시키고, 군주한테 얼른 귀국하라

고 권하며 자신도 일터로 돌아갔다.(新序, 雜事第2)

齊 경공景公이 사냥 나가 17일이나 돌아오지 않자, 안자晏子가 찾아가 "물고기는 심연이 싫증나 얕은 물에 나와 낚시나 그물에 잡히고, 금수는 심산에서 나와 사냥 당한다."는 말로 간언한 내용도 아주 유명하다.(韓詩外傳 卷10)

齊 정곽군靖郭君이 인민을 동원해 설薛에 성곽을 쌓으려 하면서, 빈객들 간언을 엄금한 고사도 널리 전한다. 한 제인齊人이 딱 한 마디만 하겠다며, 어기면 삶아죽이라고 장담했다.

"바다 큰 물고기(海大魚)!"

정곽군靖郭君이 무슨 말인지 궁금해 더 말해보라고 종용하자, 죽음 갖고 농담할 수 없다고 사양하던 객이 마지못해 말했다.

"군주께서는 유독 바다 큰 물고기만 듣지 못하셨나요? 그물로도 포획할 수 없고 작살로도 끌어낼 수 없지만, 한번 물을 잃고 뭍에 올라오면 개미들이 득의양양 하는 이치를! 齊는 군주에 물입니다. 군주께서 이미 齊를 갖고 계신데, 어찌 설薛을 욕심내십니까? 齊가 없으면 薛 성곽도 무익합니다."

이에 靖郭君이 크게 기뻐하고 인민을 동원하려는 축성 공사를 그만 두었다.[21]

장자에는 사납고 약삭빠른 여우나 들고양이가 대들보를 날렵하게 건너뛰며 낮게 매복해 쥐나 가축을 노리지만, 결국 덫과 올무에 걸리거나 그물에 얽혀 죽는다는 일화가 등장한다. 너무 커서 무용無用한 걸 진짜 크게 쓰라는 '無用之用'의 역설을 비유하면서!(逍遙遊)

무위자연과 허정虛靜을 귀히 숭상하는 老子 도덕경에서 비롯한 병

21 韓非子, 說林下第23; 新序 卷2 雜事第2; 戰國策 齊策8; 淮南子 卷18, 人間訓 등 참조.

법의 용병술 원리에도 그물이 비유로 등장한다. 회남자淮南子에 허虛로 실實에 대응하는 병법전략 원리가 나온다. 호랑이·표범이 움직이지 않으면 함정에 빠지지 않고, 사슴이나 새가 움직이지 않으면 그물에 걸리지 않으며, 물고기가 움직이지 않으면 낚시나 미끼에 걸리지 않기 때문이다. 만물은 움직여 제압을 당하니, 성인이 허정虛靜을 귀히 여긴다. 병법은 도리道理로 승리를 제압하는 것이지, 사람의 현명한 재주로 이기는 게 아니다. 그래서 사슴이나 물고기를 잡으려면 그물을 치고, 기러기를 잡으려면 주살을 쏜다.(卷15. 兵略訓)

황석공삼략黃石公三略 병법에도 네 그물 망라網羅 전술이 나온다.

한편, 법가의 집대성자 韓非子는 老子의 양생법을 풀이하면서, 천도자연법을 상징하는 그물 비유를 들어 눈길을 끈다. 사람이 태어나 움직이면 모두 사지死地로 가므로, 聖人은 정신을 아끼고 고요히 머묾을 귀히 여긴다. 움직임이 무소·호랑이 같은 맹수보다 더 해롭기 때문이다. 맹수는 활동구역과 출몰시간이 있어서, 그 구역과 시간을 피하면 피해를 면할 수 있다. 헌데, 인민은 맹수한테 발톱과 뿔이 있는 줄만 알지, 모든 만물에 죄다 나름 발톱과 뿔이 있는 줄은 몰라서, 만물의 해악을 모면하지 못한다. 예컨대, 세찬 비가 쏟아지는 한적한 광야에 어두운 저녁·새벽에 쏘다니면 비바람·이슬의 발톱과 뿔(風露之爪角)이 해치고, 군주에 불충하고 금령禁令을 가벼이 범하면 형법의 발톱과 뿔이 해치며, 향리에서 처신이 무절제하고 애증이 정도에 지나치면 시비투쟁의 발톱과 뿔이 해치고, 무한한 기호욕망으로 동정動靜이 무절제하면 등창이나 종기 같은 질병의 발톱과 뿔이 해치며, 사사로이 잔꾀 쓰기를 좋아해 道理를 저버리면 그물이나 올무의 발톱과 뿔(網羅之爪角)이 해친다. 맹수에 출몰 구역이 있듯이, 만물의 해악도 각기 근원이 있으니, 구역을 피하고 근원을 막으면 모든 피해를 모면할 수 있다. 이것이 바로 성인이 만물 해악을 피하는 양생비법이다. 그래서 老子가

'외뿔소가 뿔을 들이받을 곳이 없고, 호랑이가 발톱을 할퀼 곳이 없으며, 장병이 칼날 겨눌 곳이 없다.'고 말한다. 특별히 방비하지 않아도 결코 해가 없으니, 천지 道理에 순응하기 때문이다. 天地의 道를 체득해, 움직임에 사지死地가 없으므로, '섭생(양생)을 잘한다(善攝生)'고 말한다.(解老第20)

여기서 '형법의 발톱과 뿔'에 상응하는 '그물이나 올무의 발톱과 뿔(網羅之爪角)'은 老子의 '天網'에 해당하는 천도의 자연법망임이 분명하고, 나아가 그 자연법을 실정화한 국법의 그물일 수도 있겠다.

5. 법 그물 비유의 출현과 법망의 특성

(1) 법 그물 비유는 어떻게 출현했는가?

주역의 리離괘가 실제로 그물을 본떠 만들어져 활용되었다 할지라도, 계사전은 공자가 썼다는 게 최고最古 견해이므로, 이는 춘추 말엽 이후 사상을 반영하는 셈이다. 그런데 늦어도 周 초기에 기록된 상서尙書(書經)에는, 상商 반경盤庚이 은殷으로 천도하며 반발하는 민심을 설득하고, 한마음으로 천도해 새로운 중흥을 이루자고 역설하면서, "그물(網)에 벼리(綱)가 있으면 그물눈이 조리 있게 펼쳐져 뒤엉키지 않고, 농부가(농사에) 논밭을 잘 다스리고 힘써 경작하면 가을에 풍성한 수확을 얻는다."는 비유로 훈계한 장면이 나온다.[22] 여기에 '법'은 직접 보이지 않지만, 그물 바깥 둘레에 그물을 정착시킨 굵은 밧줄(벼리, 紀綱)과 조리정연의 개념이 나오고, 전후 문맥상 통치명령의 내용을 보면 그물로써 법령을 직접 비유한 것이 분명하다.

묵자墨子에는, 법과 그물의 비유적 연결이 더욱 직접 구체화한다.

"옛날에 성왕이 다섯 형벌을 만들어 백성을 다스렸다. 비유하면,

22 書經(商書), 盤庚上: "若網在綱, 有條而不紊. 若農服田力穡, 乃亦有秋."

마치 실오라기에 끝매듭이 있고 그물에 벼리가 있는 것과 같아서, 군주에 동조하지 않는 천하 백성들을 모조리 거두어들이는 방편이었다."[23]

여기서는 형(법)이 그물과 함께 실타래(옷감)에 비유되면서, 그 핵심은 여전히 벼리(紀綱)에 주어짐이 확인된다. 특히 법을 준수하지 않고 명령에 불복하는 자들을 그물질하는 형(법)의 목적기능이 직접 구체화한 게 눈에 띈다.

조금 후대에 법가 철학사상을 집대성해 진秦의 천하통일에 이념기초를 제공한 한비자도, 형법과 그물을 개념적 비유로 연결시키는데, 오히려 간접 은유의 방법을 택하고 있다. 전술한 것처럼, 한비자는 '일반 백성들이 외뿔소·호랑이에게만 날카로운 뿔이나 발톱이 있는 줄로 알고, 천하 만물에 모두 나름대로 예리한 뿔과 발톱이 있는 줄은 모른다.'고 탄식하며, 구체 실례를 여러 가지 열거한다. 그중에 '임금을 섬김이 충성스럽지 못하고 금지된 명령을 가벼이 범하면, 형법의 발톱과 뿔로 해치고; 자신의 사사로운 잔꾀 쓰기를 좋아하고 공적인 도리를 저버리면, 그물의 발톱과 뿔로 해친다.'는 두 구절의 병렬이 주목된다.(解老篇) 준수할 명령과 도리, 응분의 형법과 그물이 각기 동등한 위상에서 대비됨을 알 수 있다.

또, 한비자는 참새 한 마리가 천하 명사수 예羿 앞을 지날 때마다, 예가 반드시 활을 쏘아 잡는다고 말하면 거짓말이지만, '천하 자체로 그물을 삼으면 그 그물을 벗어날 참새가 한 마리도 없다.'(以天下爲之羅, 則雀不失矣.)는 宋나라 속담을 인용한다.(難三) 이 구절은 莊子(庚桑楚)에도 등장하나, 그물(羅) 대신 새장(籠)으로 표기하고, 비유도 법이 아니

23 墨子, 尙同上: "古者, 聖王爲五刑, 以治其民; 譬如絲縷之有紀, 罔罟之有綱, 所以連收天下之百姓不尙同其上者也."

라 군주가 현명한 신하를 얻어 등용하는 내용이다.

어쨌든, 한비자는 간사함을 알아차려 처벌함에도 거대한 그물(大羅)이 있으니, 道로부터 비롯한 일관된 법술法術이라고 주장한다. 공정한 이치를 정비하지 않고 군주나 대신大臣의 개인적 억측의 활과 화살로써 잡으려고 한다면 거짓말이 될 것이기 때문이다. 한비자는 성현에 의지한 주관적 인치人治를 반대하고, 어리석은 포군暴君도 잘 통치할 수 있는 객관 법치法治를 강조했다. 그가 죄악을 다스리는 法術의 도리를 구체적 그물로 비유하면서, 그 실질 의미에서는 천하라는 그물을 통해 궁극에는 추상적 근원적 자연의 도에 복귀한 것이다.

(2) 벼리와 그물눈 관계를 법치행정의 기강에 비유하다!

그물의 바깥에 둘러친 굵은 밧줄이 벼리(綱)인데, 어부는 굵은 벼리를 잡아 그물눈(網)을 조리정연하게 펼치고 거둔다. 그래서, 법을 비롯한 사회규범의 핵심근간(중추)을 '기강紀綱'이라 부르고, 오륜삼강五倫三綱도 모든 윤리도덕에 핵심근간이라는 뜻을 취한 비유적 표현이다. 과연 법가의 집대성자 한비자도 국법질서 근본기강을 그물의 벼리에 빗댄 명쾌한 설명을 펼쳤고, 기실 '삼강三綱'도 법치사상 영향으로 한대漢代 등장한 개념이었다.[24]

한비자는 현명한 군주가 인민을 직접 다스리지 않고 관리官吏만 잘 다스리면 되는 이유로, 나무에 뿌리를 흔들고 그물에 벼리를 잡아당기는(引網之綱) 비유를 거론한다. 나뭇잎을 낱낱이 흔들려면 얼마나 수고롭고 힘들겠는가? 그 밑둥을 붙잡아 통째로 흔들면 모든 잎이 흔들

24 '三綱' 출현의 역사적 배경은, 졸저, "전통 중국법에서의 情·理·法에 관한 연구", 1994, 서울대박사논문, 151-4쪽; 졸저, 전통 중국법의 정신, 전남대출판부, 2011 재판, 268-270쪽; 졸저, 공자가 들려주는 관계의 미학, 너울북, 2014, 59-73쪽 참조.

리고, 깃든 새도 놀라 날아가고 주변 연못에 물고기도 두려워 깊이 숨는다. 마찬가지로 그물을 잘 펴는 자도 그 벼리를 잡아당길 뿐, 모든 그물눈을 낱낱이 추슬러 펼 필요가 없다. 벼리를 잡아당길 적에 물고기는 이미 그물 안에 갇혀 있다. 고로 관리는 인민에 뿌리이자 벼리인 셈이고, 성인은 관리만 다스리지 인민을 직접 다스리진 않는다.(韓非子, 外儲說右下第35)

법가의 관리 중심 법치주의 원리를 간명히 보여주는 비유로, 근대 관료주의 행정원리에 전혀 손색없는 전통 목민행정에 근간이다.

(3) 법치의 객관성 비유!

한편, 법치와 인치의 대비 관계에서, 법의 객관적 공평무사를 강조해 인정사정없는 몰인정을 찬탄하는 비유에도 그물이 등장하여, '법-망' 대비 개념을 상징한다.

사람 감정이란 시비是非에 주체요 리해利害에 근본이다. 是非와 利害는 상대적 개념이라 극명히 갈리기 때문에 원망·불평이 뒤따르기 마련이다. 인정(감정)이 있는 곳에 물의와 의심이 뒤따른다. 예컨대, 물고기가 그물은 두려워하지 않으나 사다(물총)새는 두려워하고, 복수를 노리는 자는 막아鏌鋣검을 원망하지 않고 자기를 해친 사람을 원망한다. 그물은 무심하나 새는 감정이 있고, 칼은 무정하나 사람은 마음이 있기 때문이다. 그래서 믿을 만한 사람이 재산을 분배해주는 것보다 추첨하는 게 훨씬 낫다. 有心한 공평이 無心한 불공평만 못하기 때문이다.(有心之於平, 不若無心之不平也.) 사람이 호추를 평하면 반드시 혐오·원망이 뒤따르지만, 스스로 밝은 거울에 비춰보면 속으로 부끄러워할 뿐 원망할 수 없다. 두 사람이 다투면 제3자한테 판단을 구하는 이치도 같다. 제3자가 반드시 공평한 것도 아니고, 분쟁 당사자가 반드시 편협할 리도 없건만, 다투는 마음엔 이기려는 감정이 끼어 있기 때문이다. 그래서 성인은 지혜를 버리고 자신을 온전히 지키며, 인정을 내려놓고 허심탄회하게 만물을 접한다.(劉子, 去情第3)

'물고기는 그물을 두려워하지 않으나 사다(물총)새를 두려워한다.(魚不畏網而畏鵜)'는 말은 장자에 나온다.(雜篇, 外物第26) 로장老莊의 도가철학을 바탕으로 법가 법치사상이 연역된 한 단면을 명확히 보여주는 비유다. 사정私情을 완전히 배제하는 도의 완전무결성이 법의 철저한 독립성과 자율성으로 펼쳐지는, 도-법 철학사상의 원류源流다. 天道(天理)와 人情의 균형조화를 지향하는 유가의 현세적 실용적 인본주의와 달리, 극단적 無情함과 지나친 각박함으로 법가에 치명적 흠결 약점이 되기도 한다. 하지만 어쨌든 도-법의 객관적 자율성과 독립성을 바탕으로 법치사상의 확립에 획기적 공헌을 한, 그래서 법가에 매우 중요한 지표임이 분명하다.

(4) 그물과 법은 필수 도구

흥미로운 내용은, 한 무제 때 대유학자 동중서가 변법경장을 건의하면서 인용한 古人의 격언으로, '연못에 가서 물고기를 선망하느니 귀가해 그물 엮음만 못하다.'는 비유다. 이 격언은 양웅이 문장을 지을 적에도 인용된다.[25] 포박자내편에는 불로장생 신선술이 없다고 부정하는 속인들의 어리석은 비방 심리를 날카롭게 꼬집는 대목이 나온다. 즉, 그들도 정작 신선이 되길 원하지만, 마치 연못가에서 물고기를 잡고 싶으면서도 그물이 없어 잡을 수 없는 자들이, 물속에 물고기가 없다가 비난하는 것과 같은 책임전가라고 힐난한다.[26] 또 배움의 필요성을 역설하면서, 배우지 않고 알려고 하는 것은, 물고기를 원하면서도

25 漢書 卷22, 礼樂志 및 卷56, 董仲舒傳: 古人有言 : "臨淵羨魚, 不如歸而結网."; 漢書 卷87上, 揚雄傳: "臨川羨魚, 不如歸而結网."

26 抱朴子內篇, 釋滯卷第8: "彼之求仙, 猶臨河羨魚而無網罟, 非河中之無魚也."

그물이 없는 것처럼, 마음으로 아무리 애써도 수확이 없다고 비유한다.[27] '연목구어緣木求魚'와 같은 뜻으로 '원어무망願魚無網' 성어가 탄생한 것이다. 포박자외편에는 형법 적용의 중요성을 칼날에 빗대면서, 또한 그물 벼리에 비유해 천리(자연법)와 연결한다.

"형刑은 칼날과 같아서 정교한 사람이 쓰면 저절로 성공하지만, 졸렬한 자는 스스로 다친다. 나라를 다스림에 도덕을 갖추고 刑(법, 벌)을 보조수단으로 선용하면, 간특한 허위가 일어나지 않고 흉악한 무리가 마음을 고쳐먹는다. 하지만 만약 그 기강이 끊어지고 그물망이 헝클어져 뒤엉킨다면, 하늘에 죄를 얻고 형벌 적용이 천리에 어긋나, 틀림없이 위태로움을 신속히 자초한다. 형과 법은 또한 물불과 같아서, 사람을 살릴 수도 있고 죽일 수도 있으니, 잘 활용하는지 못하는지에 달렸다."(用刑卷第14)

불교에서 같은 물도 소가 마시면 우유를 짜지만, 뱀이 먹으면 독을 뿜는다는 비유와 같은 맥락이다. 칼날 비유는 요즘 의사가 잡으면 사람을 살리고 도둑이 잡으면 사람을 해친다는 표현으로 고칠 수 있다.

한편, 抱朴子는 세밀한 법망과 준엄한 형벌의 불가피성을 강조하며, 작은 범죄라도 사면 없이 형륙刑戮에 처하고, 대악은 아홉 번 정벌해서 응징해야 한다고 역설한다. 흉인이 득지하면 군자가 실망하므로, 법망이 너무 성글어도 빠져나가는 자가 많은데, 하물며 법망이 아예 없을 수 있겠느냐고 반문한다. 거미는 그물을 쳐서 살고 이와 벼룩도 굶주리지 않거늘, 만물을 부리고 이용할 교묘한 지혜를 타고난 인류가, 단지 입에 풀칠하고 몸에 옷을 걸치기 위해 그토록 극렬한 죄악을 저지를 수 있느냐고 힐난한다. 그래서 성인은 흉악한 자들이 있을 수밖에 없고 우매한 대중은 교화하기 어려운 현실을 인정하고, 야한 치

27 抱朴子外篇, 勖學卷第3: "夫不學而求知, 猶願魚而無網焉, 心雖勤而無獲矣."

장이 음란을 꾀고 태만한 갈무리가 도둑을 부르는 환경적 요인을 감안하여, 주역의 감坎괘를 본받아 죄악이 싹트기 전에 예방하는 대비책으로 법과 형벌을 제정했다. 외뿔소의 뿔과 봉황의 발톱은 하늘(자연)이 진실로 부여한 생존무기지만, 반드시 매일 쓸 필요는 없다. 또 벌과 전갈은 毒을 지녀 자신을 호위하고, 지혜로운 새는 갈대를 부리에 물어 거미줄을 피할 줄 안다. 마찬가지로, 인류 공동체도 생존과 사회질서 유지를 위해, 타고난 지혜로 법망과 형벌 제도를 고안해 시행한다는 비유적 해설이 자못 흥미롭다.(抱朴子外篇, 詰鮑卷第48)

6. 법 그물 비유의 역사적 전개

사기史記에는 법을 '그물'로 비유한 표현이 여럿 등장한다. 또 '법망'을 가리키는 듯한 '문망文罔'이 나오지만, 아직 '법망法網'이나 '금망禁網' 같은 합성어는 보이지 않는다. 예컨대, 사마천은 당시 (국법) 그물이 성글고 인민이 부유하다고 전한다.[28] 또 혹리렬전酷吏列傳 평론에서는 옛날 秦 때 천하 그물이 빽빽했지만, 간사허위가 싹터 극도에 달하자 위아래 모두 달아나 숨었는바, 漢이 발흥해 질박을 되찾아, 배를 삼킬 큰 물고기도 빠뜨릴 만큼 그물이 성글었으나, 장탕張湯이 죽은 뒤에 그물이 세밀해지고 삼엄해졌다고 회고한다. 법령이란 통치에 도구수단일 뿐, 통치에 청탁을 좌우하는 근원은 아니라는 근본 인식이 깔려 있다.[29]

후한 반고班固가 편찬한 漢書에는, (국법) 그물의 소밀疏密에 관한 사기史記 내용을 답습하면서, 한 단계 발전한 기록이 나타난다. 식화지食

28 史記 卷30, 平準書: "當此之時, 網疏而民富, 役財驕溢.

29 史記 卷122 酷吏列傳: "法令者治之具, 而非制治淸濁之源也.…昔天下之網嘗密矣, 然奸僞萌起, 其極也, 上下相遁.…漢興, 破觚而爲圜, 斲雕而爲樸, 網漏於呑舟之魚."

貨志(평준서平準書)와 혹리전酷吏傳의 내용은 거의 그대로 답습했다. 주진周秦의 폐해는 (법)罔이 조밀하고 조문이 준엄하며 형벌이 가혹했으나, 漢이 번잡한 걸 모두 소제해 인민을 휴식케 했다고 전한다.

특기할 점은, 한서에는 그물망을 '罔'자로 표기하는데, '법망'이나 '형망'은 아직 나타나지 않지만, '금망禁罔'이 처음 등장해 '罔'과 함께 쓰이는 것이다. 예컨대, 유협전游俠傳과 순리전循吏傳에는 漢初에 秦의 폐해를 고쳐 만사에 간편함을 꾀해 禁罔이 소활疏闊했다고 전한다. 또 사기에 없던 형법지刑法志에는, 한고조의 약법삼장을 '배를 삼킬 물고기가 빠져나갈 엉성한 그물(网漏呑舟之魚)'로 비유하면서, 서한 형법 변화를 대강 이렇게 기술한다.

효문제 때 금망禁罔이 소활疏闊하고 장석지張釋之를 정위廷尉에 임명해, 죄가 의심스런 경우 민의에 맡겨 형벌이 크게 줄고 형벌이 거의 사라진 기풍이 되었다. 효무제가 즉위해 사방으로 원정을 강행하면서, 백성이 빈궁해져 범법이 잦고, 장탕張湯과 조우趙禹 같은 혹리를 임명해 禁罔이 점차 엄밀해졌다. 그 결과 문제文帝가 본디 인민을 살리고자 육형肉刑을 제거한 것이 가혹한 매질로 죽게 되니, 도리어 사死형으로 인민을 그물질한 셈이 되었다. 그물은 촘촘해지나 간사함을 막을 수 없고, 형벌은 번잡해지나 인민은 더욱 태만해졌다.(漢書 卷23, 刑法志)

이러한 현상은 무제 때 강직한 신하 급암汲黯이 지적했듯이, "칼과 붓을 쥔 옥리가 오로지 법조문을 깊이 천착해 교묘한 농단으로 인민을 그물(罔)에 빠뜨려 자기 공적으로 자랑한" 때문이었다.(卷50, 汲黯傳)

한서 원문에 '法罔'이 딱 1번 나온다. '太常失法罔上, 祠不如令'으로, '태상이 법을 어겨 주상을 기망하고 제사를 슉대로 지내지 않았다.'는 뜻이니, '法罔'이란 단어로 쓰인 게 아니다.30 '罔上'은 실권자에 빌붙거나 국가를 미혹하여 주상을 기망한다는 뜻이다. 그리고 한서 注에 '法

罔'이 딱 1번 나오는데, 후한 때 인물 복건服虔의 글을 인용해, 서한 때 용어는 아닌 게 분명하다.(卷16, 高惠高后文功臣表)

후한서에는 한서에 등장한 '禁罔'이 '禁網'으로 나타나면서, '法網'이 2회나 처음 등장하는 게 특기할 만한 변화다. 왕망이 찬탈한 전한 황실을 광무제가 되찾아 중흥을 도모하는 후한 초기에는 '禁網'이 제법 소활했다는 기록이 자주 나온다. 나중에 북방 흉노와 선비가 강성해지고 변방수비가 느슨해지면서 '禁網'에 구멍이 많이 뚫려 金과 鐵이 대부분 도적소유가 되었다고 한다.

안제 원초元初2年(115) 방참龐參이 강羌에 패하여 질병을 이유로 귀환해 하옥되자, 교서랑중校書郎中 마융馬融(79-166)이 글을 올려 예전 사례를 들며, 패전 장수로 '法網'에 빠져 감옥에 갇힌 龐參과 량근梁慬을 관유寬宥하도록 주청해 사면되었다.(後漢書 卷51, 龐參列傳)

또, 후한 말 환제桓帝 유모이자 중관귀인中官貴人의 외척인 장자금張子禁이 권귀세도를 믿고 '法網'을 무시하자, 공조功曹 잠질岑晊이 그녀를 체포 투옥해 곤장을 쳐서 죽이도록 권했다는 기록이 나온다.(後漢書 卷67, 黨錮列傳) 허나 이 '法網'은 후한 때 기록을 직접 인용한 것인지, 아니면 후한서를 편찬한 남조南朝 宋에 범엽范曄이 당시 언어로 기술한 건지는 불분명하다. 후한서에는 老子의 '天網'에 관한 기록도 6회 가량 나온다.

그밖에 실질상 법망을 가리키는 독특한 '(羅)網' 용례도 보인다. 화희등황후和熹鄧皇后는 태후太后가 되어, 和帝 아우와 하간왕河間王의 자녀 5세 이상 40여인과 등씨鄧氏 근친 자손 30여인을 불러 모아, 경서를 가르치고 친히 문덕文德으로 감시監試하여, 스스로 절제하여 (법)망에

---

30 漢書 卷18, 外戚恩澤侯表: "天漢元年, 坐爲太常失法罔上, 祠不如令, 完爲城旦." 漢書에 '誣罔'(무고기망) 15회, '罔上' 22회 나온다.

저촉되지 않게 훈도했다고 한다.(後漢書 卷10上, 皇后紀)

환제 때 시중을 지내고 총애를 받다가 음해를 당해 망명 다니던 구영寇榮은 상소문을 올려 이렇게 호소했다.

"자사 장경張敬은 아첨하고 기발한 법망(機網)을 설치하기 좋아하며 황제의 벽력 진노를 곧잘 유발"하여, 직접 출두해 진정하고자 해도, "구중궁궐에 걸음마다 함정이 설치되어, 발을 들 적마다 그물(罘罝)에 저촉되고 움직일 적마다 그물(羅網)에 걸릴 지경이라, 영원히 알현할 인연이 없을 지경이다."(後漢書 卷16, 鄧寇列傳)

삼국지三國志에는 '형망'과 '천망'이 각 2회씩 나오는데, '罪網'과 '國網'이 나와 눈길을 끈다. 특히 '天網'은 비운의 대문호 진사왕陳思王 조식曹植이 즐겨 애용했다. 그는 문제4년(223) 옹구왕雍丘王으로 쫓겨난 뒤 올린 상소문에서, "진실로 天罔에 거듭 걸릴 수 없고, 성은聖恩은 다시 기대하기 어렵다."고 전전긍긍 송구한 마음을 표현했다. 또, 말미에 붙인 헌시獻詩에서 황제 당부로, '그대 내 어린애여, 은총을 믿고 교만에 넘쳐, 손발 들면 시망時網에 걸리고 움직이면 국경國經을 어지럽히는구나!' 라고 자책하기도 했다. 文帝를 애도하는 뢰誄문에서는, "높이 날아 아득히 쉬고 싶으나, 天網이 멀리까지 감싸니 두렵고, 멀찌감치 산자락에 뼈를 던지고 싶어도, 조정에서 양육해준 은혜 갚아야 하네."라며, 윤리도덕과 법망에 걸려 옴짝달싹 못하는 자신의 부자유를 은근히 탄식하였다.[31] 또 그 전에 양진楊震의 현손 양수楊脩의 호감을 사기 위해 보낸 서한에서는, 건안建安 당시 대문호들을 찬상하면서, 이들이 모두 위魏에 있음을 자랑하여, "우리 왕이 天網을 펼쳐 이들을 망라하고 팔굉八紘을 떨쳐 이들을 껴안았다."고 적었다.(魏書19, 任城

31 三國志卷2, 魏書2文帝紀: "欲高飛而遙憩兮, 憚天網之遠經, 遙投骨於山足兮, 報恩養於下庭."

陳蕭王傳)

조조 4촌 아우 조홍曹洪은 부유했으나 인색했다. 文帝는 젊어서 비단 1백필을 빌리자고 요청해 거절당하자 앙심을 품었다. 나중에 그가 범법犯法해 사형에 걸리자, 어느 측근도 구할 수 없었다. 변태후卞太后가 곽후郭后한테, "가령 조홍曹洪이 오늘 죽는다면, 내 明日 황제한테 너를 廢后하도록 명하겠다."고 말했다. 곽후가 문제한테 울며불며 졸라, 조홍은 가까스로 죽음만 모면하고 관작官爵을 모조리 삭탈했다. 재산까지 몰수했으나, 태후 명으로 돌려주었다. 죽을 줄 안 조홍은 기사회생해, 문제한테 사죄 서신을 올려 감지덕지했다.

> "혼미한 늙은이가 탐욕에 눈이 어두워, 國網을 저촉해 삼천 죄악은 도저히 사면될 수 없어 저자에 끌려가 주륙을 당해 마땅하나, 다행히 천은天恩을 입어 골육이 갱생하게 되었습니다."(魏書9, 諸夏侯曹傳)

한편, 吳에서는 무창武昌 좌부독左部督 설영薛瑩이 억울하게 하옥되자, 승상 륙손陸遜 아들이자 손책孫策 외손인 륙항抗이 상소했다. 국가에 선량한 보배이자 사직에 귀중한 자산인 준재를 아끼고 보호해야 한다며, 주례周禮와 춘추春秋에 선현善賢 사면 정신과, 서경에 '무고한 사람 죽이느니 차라니 무도한 놓치는 편이 낫다'는 법언까지 원용했다. 설영의 죄를 사면하고 형옥을 애긍히 여겨 형망刑網을 청정히 시행하면, 천하가 몹시 다행이겠다고!(吳書13, 陸遜傳) 유사가 사안을 자세히 살피지 않아 갇혔는데, 만약 주륙한다면 인민들이 더욱 실망할 거라며, 공평하고 정의로운 형법그물로 깨끗이 정화하라는 취지다.

또, 승상 륙손陸遜 족자族子인 륙개陸凱는 손호孫皓의 무도함을 간언했다. 그는 상소문에서, '인민은 국가에 근본이라, 그 음식을 중히 여기고 그 생명을 보호해야 한다.'면서, 잦은 출병으로 인민고통이 극에 달했으니, 애긍히 여겨 백성들 마음을 진정시키라고 주청했다. 그러면 마치 물고기와 자라가 독살 위험이 가득한 연못에서 벗어나고, 새와 짐승이 그물망에서 벗어나는 것과 같으니, 사방 인민이 포대기를 업고 모여들 것이라고 비유했다.(吳書16, 陸凱傳)

한편, 손책孫策이 남방에 세력을 확장하며 회계태수 왕랑王朗을 성토하자, 왕랑은 포로를 자칭하며 사죄했다.

"보잘것없는 재주로 사사로이 조정에 잘못 불려,
관작을 받고 사양하지 않아 죄망罪網을 범했습니다."32

진서晉書에도 여러 용례가 골고루 출현한다. 형법지에는 전대에 '과망科網이 본디 조밀했다'는 지적이 나오고, 함희咸熙2년(265) 5월에는 여러 번잡한 '禁網'과 불편한 법식法式을 제거했다. '형망준급刑網峻急' '루망탄주漏網呑舟' '망밀網密' '준법峻法' '관망寬網' 등도 자주 나오고, '위망威網'이나 '진망秦網'이나 '진망塵網' 등의 용례도 눈에 띈다. 이밖에 명인 문장에 '天網'이 즐겨 애용된다.

그 뒤로 남조南朝 송서宋書에도 '천망'이 2회, '형망'이 1회 나온다. 하혜문何慧文이 역모에 가담했다가 특별 사면을 받았는데, 스스로 참괴하며 음독하려 했다.

"손수 충의忠義를 해친 역모에 빠졌으니, 비록 天網이 더없이 텅텅 비어 빠져나갈지라도, 무슨 면목으로 천하 선비를 대한단 말인가?"

문하생이 사발을 엎자, 그는 끝내 단식으로 죽었다.(宋書 卷84)

장창張暢은 사촌아우 영永한테 위안 서한을 보내 말했다.

"근자에 모두 네가 刑網에 원인을 믿고 이해하니, 비록 감옥에 갇혀있지만, 복심腹心에 전혀 부끄러움 없다 할 것이다."(宋書 卷53,

---

32 三國志 卷13, 魏書13, 王朗傳 注: 獻帝春秋: "朗以瑣才, 誤竊朝私, 受爵不讓, 以遘罪網."

張茂度傳)

특기할 점은, 송서에 '법망'이 4회나 나오고, '國網'이 3회, 그리고 '헌망憲網'도 1회나 출현한 사실이다.

宋 明帝가 태시泰始3년(467) 춘정월에 내린 조서에, "法網의 적용은 세상을 봐서 시행하고, 관대한 은혜의 도리도 시기에 따라 베푼다."고 밝혔다.(宋書 卷8, 明帝本紀) 환현桓玄이 진晉 조정을 보필하며 육형肉刑 부활을 의론할 적에, 채곽蔡廓은 반대의론을 이렇게 개진하였다.

"말세에 인심이 각박하고 허위가 판을 쳐서, 法網이 더욱 조밀해져도, 교활한 모리배가 날로 득세합니다. 수치심이나 경외감이 갈수록 희박해져, 종신 극렬한 노역을 부과해도 간사함을 그치게 할 수 없습니다. 하물며 얼굴에 먹물을 새기거나 코 좀 벤다고, 쉽사리 개과천선을 기대할 수 있겠습니까? 단지 처참하고 고통스런 비명소리만 드높일 뿐, 다스림과 교화에 무슨 보탬이 되겠습니까?"(宋書 卷57, 蔡廓傳)

문제文帝의 열둘째 아들 시안왕始安王 휴인休仁이 역모죄로 사약을 받고 죽은 사건에 대해서, 무제는 자위하는 조서를 내렸다.

"조정이나 시장에서 공개처형으로 國刑을 엄명히 신칙해야 하나, 法網을 가하지 않고 스스로 목숨을 끊도록 배려했다."

한편으로는 민심이 동요할까 염려해, 休仁이 죽은 사안의 시말을 경들이 잘 모르니 지금 상세히 공시한다고 전제한 뒤, 文帝의 열셋째 아들 진평자왕晉平刺王 "휴우休祐도 탐욕과 방자로 정치를 비방하여, 法網이 용납하지 않는다."는 조서를 내린 뒤 곧 죽였다.(宋書 卷72, 文九王傳) 골육상잔 권력투쟁에서 승자가 패자를 반역죄로 처단하면서 '법망'이란 용어를 들먹임은, 동서고금에 공통된 '文化武力(文民化를 빙자한 무력)'인가 보다.

한편, 환현桓玄이 육형부활을 의론할 적에, 공림지孔琳之는 서경에

'형벌은 가벼운 세상도 있고 무거운 세상도 있다.'는 말이 시대에 따른 변화를 뜻한다고 풀이하면서, 삼대에는 풍속이 순후하고 사건이 간단해 '형벽刑辟'을 밟는 일이 드물었지만, 말세에는 습속이 교활하고 번잡함에 힘써 걸핏하면 '헌망憲網'에 빠진다고 대조해 평했다. 그는 근래 형벌의 가중 경향을 지적하며, 당시 기시棄市형을 본래대로 오른쪽 발뒤꿈치를 자르는 형벌로 대체해, 목숨을 살려주는 어진 공덕도 작지는 않다고 건의했다.(宋書 卷56, 本傳)

'國網'은 장군 류면劉勔이 진평자왕晉平剌王 휴우休祐의 반역에 가담한 은염殷琰한테 투항을 은근히 설득하는 서한에 2회 연거푸 나온다.

"현명한 당신 형님은 장사長史로서 청백리 반열에 오르고, 현명한 당신 아들도 참군參軍으로 또한 국망國網을 보임하고 있소!"

> "바야흐로 지금 國網은 소락疏略(관대)하여 단지 큰 기강만 들어 보일 뿐이니, 근래 서로 말을 주고받아 잘 알고 있으리라 생각하오. 족하足下의 복심腹心과 손발톱 부하들도 모두 손을 맞잡고 무기를 버리는 까닭은, (족하한테) 무슨 원한이 있어서가 아니라, 일이 성공할 수 없어서 재앙과 해악이 이미 닥친 줄 알기 때문이오."(宋書 卷87, 殷琰傳)

그밖에 주요 그물망으로는, "網은 성글어서 행해지고, 法은 은혜 때문에 휴식한다."는 '망-법'의 대비나, "지금 머슴이 많은 자는 王憲에 오만하고, 노복이 없는 자는 時網에 두려워한다."는 '헌-망'의 대조, 려산廬山에 깊이 은거 수행하는 적법사翟法賜를 "王憲으로 핍박하고 엄과嚴科로 구속하려" 사냥하듯 뒤진다면, 뜻밖에 투신을 초래해 교화를 손상할 수 있다는 '헌-과' 대비, 폐해를 제거해 인민을 구하려면, 반드시 간명한 용서로 '그물망을 놓고 벼리를 수선해야' 번잡해도 쉽게 처리할 수 있다는 '網-綱'의 대조 등이 눈에 띈다.33

특히 악지樂志에 종묘 송덕가에는, 복희황제 초 천지개벽 직후 "그물을 엮어 금수를 잡아 군중민생이 안정"된 그물 유래와, 천지에 순응하고 음양이 조화 이루는 가운데 "제망帝網을 펼치고 황강皇綱을 바로잡아, 어진 풍속을 퍼뜨리고 은혜로운 평강을 이룬다."는 대조, "그물을 끊어 기린을 풀어주고, 올무를 늦춰 봉황을 놓아준다."는 어짊, "하夏 걸桀이 무도해 조밀한 그물을 산하에 펼치고, 혹독한 축원으로 섬세한 그물을 떨칠 적에, 참새는 과연 어떠했을까? 은殷 탕湯이 天德을 숭상해 그물 삼면을 제거하니, 뭇 새들이 소요하며 날아와 화창하게 지저귀었네."라는 표현까지 다채롭게 등장한다.(宋書 卷20, 志第10, 樂2; 卷22, 志第12, 樂4.)

그 이후 사서史書에도 다소간 출입이 있지만 대체로 비슷한 용례가 출현한다. 이하 특히 주목할 몇 표현과 발전양상만 간략히 소개한다.

명사明史에는 사방팔방도 모자라 "시방을 모두 그물 쳐서(十面張網)" 물샐 뜸 없이 모조리 망라 포획하는 대책이 여러 차례 나온다. 이와 함께 요즘 우리가 흔히 쓰는 '일망타진一網打盡' 용례가 역사상 처음 출현한 점이 특별히 눈에 띈다. 줄여서 '一網'이라 쓰기도 하는데, 무려 6회나 나온다. '十面'과 '一網'은 언뜻 보면 판이하게 달리 느껴지지만, 실질 내용과 의도는 완전히 일치한다. 양 극단이 상통하는 이치랄까, '하나가 일체고 일체가 하나'라는 화엄경 도리와도 같은 원리다. 한번 그물을 던져 모조리 잡아들이려면, 새어나갈 틈이 없이 모든 면을 완벽히 망라해야 한다는 취지다. 물론 어감에서 느끼듯이, 매우 삼엄하고 가혹한 분위가 지배한다.

명말 좌량옥左良玉(1599-1645)이 상소문에서, 자랑慈烺 태자 구원 명분으로 간신 마사영馬士英의 온갖 살륙 죄악을 이렇게 성토했다.

"더욱이 심지어 세 사안을 빌미로 평생 자기 뜻에 불쾌한 사람은

33 宋書 卷44, 謝晦전 史臣 평론; 卷42, 王弘전; 卷93, 隱逸전; 卷2, 本紀第2, 武帝中.

일망타진해, 천하 사민士民이 몹시 두려워 떨며 혼비백산했다."(明史 卷308, 列傳 第196 奸臣)

여산余珊은 가정嘉靖4년(1525) 조서에 부응한 십점十漸 대책 중 아홉 번째로, "정덕正德 때 大禮 의론이 인 뒤, 황제 뜻에 거슬리는 자는 유배하거나 채찍으로 쳐서 내쫓아, 반드시 一網으로 다한 뒤에 그쳤다." 고 지적한다. 또 위충현魏忠賢의 비위에 거슬리는 자들은, "魏忠賢의 독한 화염을 빌려 一網에 모조리 제거하고 살륙하거나 금고에 처해, 선량한 부류는 하나도 없게 되었다."는 만력 말기 붕당 폐해도 나온다. 이에 주종건周宗建도 魏忠賢이 정신廷臣 수십인 성명을 1책(살생부, 블랙리스트)으로 작성에 一網에 적중하고, 익명투서로 50여명도 엮어 들였다고 직공直攻했다. 만조천滿朝薦과 모우건毛羽健 등도 '一網' 타진을 강력히 규탄하는 상소를 올렸다.[34]

명사明史에 단 한번 나오는 '一網打盡'은, 명실록明實錄을 검색하니 목종4년(1570) 10월25일 기사에 실린 장도찰원사掌都察院事 大學士 조정길趙貞吉 상소에 처음 나온다. 명사 기록보다 무려 6-7십년 앞선 용례고, 명실록 전체로는 11건이며 청실록에는 1번 나온다. 헌데, 오히려 조선왕조실록에 더 일찍 등장해 눈길을 끈다. 성종9년(1478) '一網盡打'가 처음 나오고, '一網打盡'은 성종24년 8월 10일 임신(1493년 명 弘治 6년)에 처음 등장해 실록 전체에 무려 136회나 나온다. '一網'은 명실록에는 헌종 성화22년(1486) 처음 등장한 이래 모두 39회(청실록은 5회) 검색되는데, 조선왕조실록은 모두 196번이나 나온다.(~打去, ~盡去, ~盡之, ~殆盡, 打盡~ 등 비슷한 용례가 다수 등장.)[35] 따라서 기록상으로

---

34 明史 卷208, 余珊전; 卷231, 顧憲成전; 卷245, 周宗建전; 明史 卷246, 滿朝薦전; 卷258, 毛羽健전.

35 세 왕조실록 자료는 국사편찬위원 '한국사데이터베이스' 검색.(2020. 9.26.) http://sillok.history.go.kr/search/searchResultList.do

는 조선에서 명보다 시기로도 훨씬 일찍부터, 빈도수도 훨씬 많이 사용했음을 알 수 있다.

이밖에 특이한 용어로, 곽등郭登이 창의로 개발한 무기로, '땅을 휘젓는 용(교지룡攪地龍)'과 '하늘을 나는 그물(비천망飛天網)'이란 명칭이 눈에 띈다. 깊은 참호를 파서 토목으로 위를 덮어 평지처럼 위장해, 적진에 몰래 들어가 기계를 발사해, 적군이 서로 충격해 경각에 함락하게 되었다. 일종의 땅굴과 쇠뇌 발사를 가리키는 듯하다. 비슷하게 류정지劉定之가 자형紫荊、거용居庸 두 관새關塞에 고안한 전술무기로, 뭍에 종횡으로 판 참호 '지망地網'과 물에 깊이 판 도랑 '수거水柜'도 눈에 띈다. 여기서 '地網'은 남송 명장 오린吳璘(1102-1167)이 항금투쟁 시 천수天水를 지키면서, 적군 기마병이 범접하지 못하도록 유효적절하게 활용한 전술에서 이미 명명한 걸로 확인된다.[36]

그밖에, 명사에는 선비들 머리에 쓰는 간편한 갓인 망건網巾이 9회나 나오는데, '망건'이 명대에 처음 창안된 건지는 불분명하다. 조선시대 선비들도 널리 애용한 '망건'이 청사고에는 전혀 안 보인다.

이상에서, 법과 그물의 비유는 처음에는 상징적 의미를 통해 간접으로 연결될 뿐, 결합된 단어는 아직 등장하지 않았으며, 단어도 인간 법망보다는 자연법칙 그물인 '천망'이 일찍 문자 기록으로 남아 있음을 확인할 수 있다. 漢 이후 正史 기록에 법과 그물이 결합한 비유적 용어가 점차 등장하는데, '法網'보다는 '禁網'이나 '刑網'이 먼저 출현했다. 전통법에 중요한 본질속성이 금지명령과 형벌제재로 특징 지워지는 점을 감안하면, 자연스러운 역사 추이로 여겨진다. 또, 사마천의 史記(游俠列傳)에서는 法網을 포함하는 '文罔'(文網, 문자그물) 표현도 등장하여, 성문법 체계의 정립을 암시한다.(실제로 현재 중국에선 '文罔'이 '법

36 明史 卷173, 郭登전; 卷176, 劉定之전; 明史 卷275, 解學龍전.

망' 별칭으로 쓰인다.)

7. 우리나라 역사기록에 법 그물 비유

우리나라 역사에서 그물망에 관한 기록을 대강 살펴보자. 먼저 '신라新羅' 명칭이 "新은 덕업德業이 날로 새로워지고, 羅는(비단 본의보다는) 사방을 망라網羅한다는 뜻을 취한 국호國號" 라고 한다.(三國史記 卷第4, 新羅本紀 第4) 본디 그 뜻을 취한 건지, 나중에 삼국 반쪽 통일을 염두에 두고 김부식이 그렇게 갖다 붙인 해석인지는 알 수 없으나, '그물로 에워쌈'이란 뜻이다.

진평왕眞平王 51년(建福46년, 629) 추8월에 신라가 고구리(려)高句麗 낭비성娘臂城을 침공할 적에, 군세軍勢가 불리해 군사들이 싸울 마음이 없자, 부장군副將軍 김유신이 "옷깃을 떨치면 갖옷이 바르게 되고 벼리를 치켜들면 그물눈이 쫙 펴진다."는 속담을 인용하며, 자신이 벼리와 옷깃이 되겠다고 자청해 적진을 세 번이나 곧장 돌격해 승세를 잡았다고 전한다.[37]

高句麗 영양왕嬰陽王 23년(612) 춘정월, 황제가 보낸 조서에 高句麗를 꾸짖으며, "天道는 음란함에 화를 내려 망조亡兆가 이미 드러나고, 예전 정벌에서 이미 天網을 새어나갔다"고는 말이 나온다.(三國史記 卷第20, 高句麗本紀 第8)

한편, 라당羅唐 연합군이 백제百濟를 침공해(660) 다급해지자, 의자왕義慈王은 당시 죄를 얻어 고마강지현古馬彊知縣에 귀양가 있던 좌평佐平 흥수興首한테 사람을 보내 어찌하면 좋을지 물었다. 興首는 충정으로 답변했다.

"당 병력이 많고 군률이 엄명하며 신라군사까지 합쳐서, 평원광

37 三國史記 卷第4, 新羅本紀 第4, 眞平王51年 秋8月; 卷第41, 列傳 第1, 金庾信上.

야에서 대치하면 승패가 불확실합니다. 1당 만萬이 가능한 백마강과 탄현炭峴 두 요로要路에 용사勇士를 뽑아 보내, 唐兵이 백마강에 진입하지 못하고 신라는 탄현을 넘지 못하게 지켜야 합니다. 성문을 굳게 닫고 사수하다가, 적군 식량이 바닥나고 사졸이 피곤하길 기다려 분격하면, 반드시 격파할 것입니다."

허나 조정 대신들은 시기심이 아직도 강렬했던지, 그럴듯한 비유로 왕을 현혹했다.

"興首는 오래 감옥에 갇혀 군주를 원망하고 나라를 사랑하지 않을 테니, 그 말을 믿을 수 없습니다. 唐兵이 白江에 진입하면 배가 나란히 올 수 없고, 신라군이 탄현에 올라서면 말이 나란히 오기 어려우니, 그때 병력으로 공격함만 못합니다. 그러면 적군은 마치 우리에 갇힌 닭과 그물에 걸린 물고기를 죽이듯 쉽게 처치할 수 있습니다."

그 결과, 의자왕은 생포되어 당으로 끌려가고, 백제는 멸망했다.[38]

高麗史에는 인종仁宗·신종神宗 때 각각 金에 사절을 보내 올린 表문에, "황제 폐하의 깊은 인자함으로 (天)網을 풀어 감싸준다."는 어조의 문구가 실려 있다. 약소국으로서 사대외교 예의상 쓰인 관용구지만, 그리 썩 유쾌하진 못하다. 그런가 하면, 충렬왕忠烈王 때는 원 대신 홀자알忽剌歹 등이 침탈 점령한 논밭과 인민을, 모두 본래 주인에게 돌려주도록 조치해 억울함을 풀어달라고 청한 표表문에서, "폐하가 빠뜨림 없는 그물을 펼치고 공평무사한 문을 열어, 공도公道에 의해 분명히 추궁해 달라."고 적었다.(高麗史32卷, 世家32, 忠烈王5)

高麗말 공양왕恭讓王 때 김백흥金伯興이 옥사하자, 왕은 옥관이 엄형

38 三國史記 卷第28, 百濟本紀 第6, 義慈王 20年 春2月: "譬汝殺在籠之鷄, 離網之魚也."

으로 치사한 줄 의심했다. 지경연사知經筵事 정몽주鄭夢周가 아뢰었다.

"죄수 국문은 마땅히 정황을 서서히 관찰해야 합니다. 지금 순라군이 법률에 의하지 않고 참독慘毒한 고문으로 무고하게 죽어도 몹시 가련합니다. 하물며 재상이 설령 중죄를 지었다 할지라도, 사사賜死하면 그만이지, 한번 죄망罪網에 걸렸다고 함부로 고문을 가해, 더러 옥사하거나 더러 시장에서 처참한다면, 이 얼마나 나쁜 일입니까? 오늘 또 그러시렵니까?"

이에 원상元庠이 풀려났다.(高麗史45卷, 世家45, 恭讓王1)

공양왕 때 리성계가 질병을 핑계로 사직서를 제출하면서, "후한 광무제光武帝가 중흥 군주로서 호걸을 망라網羅해 한실漢室을 바로잡고, 공신功臣들을 잘 대우해 끝까지 잘 보전하여, 후세인들이 모두 그 공덕을 찬미한다."고 말했다.(高麗史46卷, 世家46, 恭讓王2)

高麗史 刑法지는 이렇게 전한다.

"刑으로 사후에 징벌하고 法으로 미연에 방지하니, 사후 징벌로 사람들을 두렵게 하느니, 미연에 방지해 미리 피할 줄 알게 함이 훨씬 낫다. 그러나 형벌이 아니면 법이 시행되지 못하니, 선왕이 어느 하나를 폐지하지 못하고 함께 병용한 까닭이다. 高麗 제도와 형법은 대개 당을 본받아, 唐律을 채용해 고려 사정을 참작해 시의 적절히 적용했다. …허나 그 폐해는 禁網이 제대로 펼쳐지지 못하여, 형벌을 완화하고 사면을 자주 내려, 간흉姦兇한 무리들이 (금망을) 빠져나가 방자히 굴어도, 제대로 금지 제어하지 못한 점이다. 말기에는 폐해가 극도에 달해, 元 의형이람議刑易覽이나 대명률大明律을 함께 시행하고 지정조격至正條格도 채용하자는 건의로 편집본이 바쳐졌다. 비록 당시 폐해를 구제하려는 마음이 간절했으나, 그 대강大綱이 이미 타락하고 국세國勢가 이미 기울었는데 어찌하랴?"(高麗史84卷, 志38, 刑法1)

현종顯宗 원년 거란契丹이 강조康兆 토벌을 명분으로 침공해와 화살로 서한을 쏘아 보내오자, 부사副使 장작주부將作注簿 리수화李守和 등이 약간 빈정대는 어조로 답변한 표表문을 보냈다.

"민정民情을 굽어 살피고 예지를 발휘하소서! 天網을 크게 열어젖혀, 어찌 참새 따위가 먼저 투항하길 바라나이까?"

이에 거란契丹이 비단옷과 銀 기물을 보내 다시 회유하자, 수화守和는 다시 表문을 회신했다.

"신들은 어제 조서를 받들고 철석같은 마음을 아뢰나니, 죄를 울부짖는 은혜를 하사하고 그물을 푸는 어짊을 베풀길 간절히 기원하나이다. 설상가상일지라도 백성 마음을 평안히 하고, 분골쇄신해도 천년의 성군을 영원히 받들리라!"

契丹은 항복하지 않을 줄 알고 포위를 풀었다. 나중에 대판 싸워 상당한 전사자가 났지만, 대승으로 물리쳤다.(高麗史94卷, 列傳7, 楊規)

민지閔漬가 충숙忠肅왕 10년에 元에 가서 충선忠宣왕 귀환을 요청하는 表문에서, "소국은 上國에 의지하는데, 태조황제가 발흥할 적에 契丹이 天網을 빠져나와 우리 강토에 침입했는데, 조정에서 두 원수元帥를 보내 토벌했다."고 적었다.(高麗史107卷, 列傳20, 閔漬)

高麗 정세운鄭世雲은 11년 경성을 포위해 도적을 평정한 뒤, 왕한테 부장들을 보내 보고하면서 자화자찬했다.

"천하에 제압할 수 없는 적을 제압하고, 세상에 주륙할 수 없는 자를 주륙했으니, 물고기가 솥 안에서 쉴 수는 있으나, 토끼가 그물을 벗어나기는 어렵다."(高麗史113卷, 列傳26, 鄭世雲)

高麗말 충신 리색李穡은 공민恭愍왕 원년 상소문에서, 중국 고전 명언을 인용해 변법개혁을 건의했다.

"물고기를 선망함은 그물을 엮음만 못하나니, 기러기발을 아교로 붙이고서 어떻게 거문고를 조율할 수 있겠습니까? 법을 바꾸지 않으면 적폐를 제거하기 어렵습니다."[39]

공양왕 때 무고한 이초彝初 옥안이 일어 헌사憲司가 대역大逆으로 탄핵하자, 좌상시左常侍 김진양金震陽이 우상시右常侍 리확李擴、우사의右司議 리래李來、좌헌납左獻納 리감李敢、우헌납右獻納 권홍權弘、좌정언左正言 류기柳沂 등과 함께, 조준趙浚·정도전鄭道傳 일당의 전횡을 규탄하는 상소문을 올렸다.

"남은南誾·남재南在 등이 혼란을 선동하는 날개가 되고, 윤소종尹紹宗·조박趙璞 등이 말을 꾸며대는 후설喉舌로 수창 화답하며, 罪網을 널리 확장해 처형해서는 안 될 사람을 처형하고, 본디 죄가 없는 곳에서 죄를 찾아내, 대중 인심이 몹시 위태롭게 두려워하며 모두 원망과 탄식을 자아내, 한편으론 천지만물에 화기를 해치고, 한편으론 전하의 호생지덕好生之德을 손상합니다."(高麗史117卷, 列傳30, 金震陽)

충숙왕이 元에 체류할 적에, 심왕瀋王 고暠가 王位를 빼앗으려 모의하고 간신과 결탁하자, 왕이 박인평朴仁平을 재상한테 보내 말했다.

"옛날 소광대小廣大가 대광대大廣大를 따라 물을 건너는데, 배가 없자 大廣大에게 말했다. '나는 작아서 깊이를 알기 어렵고, 그대들은 키가 크니 먼저 건너면서 깊이 좀 헤아려보소.' 모두 그렇게 여겨 물속에 들어가 전부 익사하고, 오직 小廣大만 죽음을 면했다. 지금 우리나라에도 두 小廣大가 있으니, 전영보全英甫와 박허중朴虛中이다. 나를 재앙 그물(禍網)에 넣어두고 평안히 좌시하고 있으니, 어찌 이와 다르랴?"(高麗史124卷, 列傳37, 嬖幸2, 全英甫)

이밖에도, 간신과 반역자가 법망을 교묘히 빠져나간 걸 '루망漏網'으로 탄식하는 기사가 두 번 나온다.(高麗史126卷, 列傳39, 姦臣2, 李仁任)

39 高麗史115卷, 列傳28, 李穡: "羨魚不如結網, 膠柱何能調瑟? 不更其法, 難去其弊."

조선왕조실록에는 '法網' 관련 용례가 아래 도표처럼 다수 등장한다.

	網	禁網	法網	刑網	天網	罪網	憲網	漏網	一網	一網打盡
조선왕조실록	**583/ 1,719**	30/ 56	50/ 155	1/ 2	49/ 90	51/ 66	0/ 1	4/ 242	196/ 88	136/(원문) 87(국역)
명실록	**581**	4	41	4	12	0	4	151	39	12
청실록	**2,791**	6	287	7	22	3	6	2,219	5	1

'법망'은 번역문엔 태조1년부터 등장하고, 원문엔 태종9년 처음 등장해 각 왕대에 골고루 나타난다. 전술했듯이, '一網打盡'은 성종24년 8월10일 임신(1493년 명 弘治 6년)에 처음 등장해 실록 전체에 무려 136회나 나오는데, 성종9년(1478) '一網盡打'가 처음 나오는 등, '一網'이 모두 196번 나온다.(～打去, ～盡去, ～盡之, ～殆盡, 打盡～ 등 비슷한 용례가 다수 등장.) 따라서 '一網打盡'은 기록상 조선에서 명보다 시기로도 훨씬 일찍부터, 빈도수도 훨씬 많이 사용했음을 알 수 있다.

8. 老子의 天網 비유와 다양한 역사적 함의

"사람은 땅을 법삼고, 땅은 하늘을 법삼으며, 하늘은 도를 법삼고, 도는 자연을 법삼는다.(人法地, 地法天, 天法道, 道法自然.)"

이 유명한 명제는, 인간의 실정법이 천지의 무위자연법無爲自然法에 근거해야 함을 강조한 老子의 대표 사상이다. 그런 老子가 자연법칙을 '하늘그물'로 비유한 명언을 남겼다.

> "하늘(자연)의 道는 다투지 않으면서 잘 승리하고, 말없이 잘 호응하며, 부르지 않아도 저절로 오고, 묵묵히 잘 도모한다. 하늘의 그물(눈)은 텅텅 빈 듯 몹시 성글어도 빠져나가는 게 없다."[40]

40 老子 제73장: "天之道, 不爭而善勝, 不言而善應, 不召而自來, 墠然而善謀, 天網恢恢, 疏而不失." '墠然'은 판본에 따라 천(繟), 탄(坦), 묵(默), 암(黯)으로 표기.

인간의 법망은 교묘하게 빠져나갈지라도, 자연법칙은 요행히 모면할 수 없다는, 철저하고 삼엄한 인과율을 기막힌 역설적 비유로 묘사한 것이다.

여기서 '하늘그물'이란, 말할 것도 없이 천체운행과 자연의 因果법칙을 총칭한다. 이 명제의 이면을 음미하고 뒤집어 해석하면, '그런데 인간의 그물은 틈이 보이지 않을 정도로 빽빽한데도, 온갖 모순과 결함투성이구나' 라는 탄식조소가 감지된다. '법령이 불어나고 드날릴수록, 도적도 더욱 많아진다.(法令滋彰, 盜賊多有.)'는 명제가 이를 반증하며, '天網'과 표리관계를 이룬다.

'天網' 비유는 형식상 지금까지 언급한 어떠한 법그물 비유보다도, 고도로 추상적 함축적 은유와 풍자가 넘치는 문학적 표현이다. 그러나 실질 비유 내용에서 철학사상적 의미는 더더욱 심오하고 중대하다. 인간의 의지적 행함이 없이 다스리는 '무위이치無爲而治'와, 인위적 행함이 없으면서도 행하지 않음이 없는 '無爲而無不爲' 법사상이다. 법의 존재형태와 관련해, 인위적 성문법전 중심의 실정법 만능주의(법실증주의)의 한계와 허점을 간파하고, 무위적 자연법주의를 궁극 이상으로 지향한다. 한낱 공허한 환상과 관념적 복고주의일까? 자연의 존재법칙 세계를 정확히 인식하는 통찰력과, 천의무봉天衣無縫처럼 완전무결성에 합치하고자 하는 간절한 소망일 것이다.

老子가 규범 생성 연원 및 단계를 통찰한 '道-德-仁-義-禮'의 규범원류관에 따르면, 도와 덕은 순수한 무위자연적 비실정 규범으로서 天網에 해당한다. 이는 존재存在(Sein)적 자연법칙으로, 콩 심은 데 콩 나고 팥 심은 데 팥 나는, 예외 없는 인과법칙도 포함한다. 유가적 仁義에 내려오면, 비록 성문의 실정규범은 아닐지라도, 자연법의 영역으로부터 이미 상당히 벗어난다. 仁은 그나마 비교적 도와 덕에 가까운 人道로서 존재법칙성이 강한 것으로 인정받지만, 義는 사람으로서 '마땅히' 해야 할 道義나 義理 같은 윤리적 의무 관념이 강하기 때문에, 당위當爲(Sollen)규범으로 변한다. 다시 禮로 내려오면, 당위성이 더욱 부각되고 상당 부분 문물전장文物典章으로 실정화하여, 부분적으로 국가의 형벌 강제가 직접 수반된다.

老子의 규범 생성 단계는 바로 이러한 예에 이르러 그치고 있다. (역사상 老子 생존 무렵인 춘추 말 전국 초에 이르러 주례周禮가 각 제후국에서 '형'과 '법'으로 대체되는 대규모 변법개혁 운동이 전개되었다. 또 제자백가 철학사상에서는 순자의 禮論이 그 제자 리사李斯와 한비자 등에 의해 法治이론으로 계승 발전되어, 진시황의 천하통일에 사상적 원동력을 제공했다.) '천망' 명제와 연관시켜 음미하면, 인간의 법은 천지자연의 도를 본받아 도로부터 직접 연원하여야 하며, 열악한 '禮'의 꼬리로부터 다시 파생되는 비극이 없어야 한다는, 철학적 이상과 당위성을 함축하지 않을까? 완전을 추구해 복잡 정치精緻한 이론체계를 갖추어 갈수록, 불완전한 흠결과 모순투성이인 인위적 실정법망의 현실이, 존재하지도 않는 듯 엉성하기만 하면서도 빈틈은커녕 매듭조차 찾아볼 수 없는, 천의무봉 무위자연의 존재법칙에 대한 이상적 동경을 불러일으킨 것이리라. 天網 비유는 이러한 법철학적 이상에 대한 상징성을 은밀히 함축하고 있다.

도교 수행 경전 포박자내편抱朴子內篇에는, 장생지도에 시급한 금기禁忌는 자신의 정신과 남의 생명을 손상하지 않는 계율인데, 만물에 가장 큰 천지에도 도리상 정신精神이 있고, 그 정신이 상선벌악賞善罰惡을 시행하기 때문이라는 내용이 나온다. 다만 인간의 선악에 대한 상벌은 그(하늘법, 자연법) 본체가 워낙 크고 그물눈이 몹시 성글어, 인과응보가 반드시 기계작동처럼 즉시 발동해 메아리치듯 호응하는 것은 아니라고 한다.(微旨 卷第6) 이는 老子의 天網 비유를 그대로 계승해 부연 해석한 것으로, 도교의 인과응보 원리를 간명히 보여준다.

또 세간에 온갖 교활한 악인들의 죄업을 탄식하면서, 천하를 기만하여 권세와 이익을 도모하는 자들은, 더디고 빠름은 다르겠지만 조만간 모두 천벌재앙을 받을 거라며, 天網이 비록 성글지만 끝내 빠져나갈 수 없다고 단언한다.(勤求 卷第14)

포박자외편에도 天網을 그대로 계승한다.

> "하늘은 높은 데서 낮게 비춰보므로, 그 그물은 비록 성글지만 빠뜨리지 않는다. 神은 총명하고 정직하여, 그 道는 진실을 상주고 허위를 벌한다."(廣譬 卷第39)

또 세상 군주가 현인군자를 초빙하지 않아 은둔하게 버려둔 결과, 옛 성왕의 교화와 영명한 통치가 흥성하지 않고, 현명함과 선량함을 칭송하는 노래가 불리지 않으며, 천하를 망라하는 天網이 제대로 펼쳐지지 못한다는 지적이 나온다. 현인군자들이 란鸞새처럼 그물에 걸리지 않고 기린처럼 함정에 빠지지 않으려고, 환난을 피해 숨어버리기 때문이다.(抱朴子外篇, 喜遁 卷第1)

운급칠첨雲笈七籤에서도 선진경仙眞經과 비결을 인용해 자연의 인과법칙을 거듭 천망으로 표현한다.(卷之59, 諸家氣法, 延陵君修養大略)

> "사람들은 죽음에 닥쳐서 비로소 자신을 애석히 아끼고, 죄가 결정된 후에 善해지길 사념하며, 질병이 도진 다음에 의약을 간절히 바란다. 허나 천망에 이미 걸렸으니, 어찌 달아날 수 있으랴?"

후회막급이니, 평소 착하게 자율 자강하라는 권선이다.

도교 찬송가讚頌歌에는 '天羅'('天網'의 압운상 표현)와 함께 '地網'과 '世網'까지 나란히 등장해 눈길을 끈다. 여기서 '世網'은 불경에 자주 나오는데, 인간세상 홍진 번뇌의 얽매임(속박)을 가리킨다.(雲笈七籤 卷之96, 太上智慧徊玄經頌一章; 卷之105, 淸靈眞人裵君傳.)

역사기록에서도 앞서 소개한 실례 외에 자주 원용된다. 후한後漢 대유학자 마융馬融과 대문호 채옹蔡邕이 각각 '天網'을 '팔굉八紘'이나 '인굉人紘'과 나란히 병칭해 눈길을 끈다. '八紘'은 하늘(우주)의 8유維이고, '人紘'은 사람의 갓끈이다.(後漢書 卷60上, 馬融列傳; 卷60下, 蔡邕列傳.)

후한 순제 때 랑의郎顗는 천재지변 대책 상소문에, "큰 그물은 성글고 작은 그물은 촘촘하다."는 속담과, 老子의 "하늘 그물은 텅텅 빈 듯 성글지만 빠뜨림이 없다."는 명언을 인용한다.(後漢書 卷30下, 郎顗列傳)

주휘朱暉 손자 주목朱穆은 5세부터 지극한 효성으로 칭송이 자자했다. 환제 영흥永興 원년(153) 황하 범람으로 수십만호가 피해로 유랑하고 도적이 횡행하던 때, 그는 기주자사冀州刺史로 발탁되어 부임했다. 얼마나 엄명했던지, 당시 중상시로 있던 기주 출신 환관 3인이 격문을 보내 주목 알현을 요청했으나 사절했다. 부임소식이 전해지자, 40여인이 관직을 스스로 사퇴하고 자살자도 있었다. 물론 도적은 말끔히 평정했다. 환관 조충趙忠이 부친상으로 귀향 장례를 치름에 참람하게 온갖 사치품을 부장附葬하자, 그는 이 소식을 듣고 수사를 지시했다. 관리는 그 엄명함을 경외해, 매장한 분묘를 파 棺을 열어 시신을 점검하고, 사실을 확인해 가족들을 체포했다. 황제가 듣고 대노해, 주목을 정위廷尉에 회부해 수작좌교輸作左校 형벌에 처했다. 그러자 태학서생太學書生 류도劉陶 등 수천인이 대궐에 나가, 주목을 변호하는 상소문을 올렸다.

> "엎드려 아뢰건대, 수형자 주목朱穆은 공직에서 우국충정이 남달라, 부임하는 날 간악 숙청에 뜻이 굳었습니다. 중상시 권귀총애를 믿고, 그 부형자제들이 주군州郡에 포진해 다투어 호랑이처럼 서민소인들을 뜯어먹었는데, 주목이 천망天網을 활짝 펼쳐, 헤진 그물눈을 기워 엮어 잔인한 화근괴수를 망라해, 천의天意에 부응했습니다. 이에 내시들이 모두 분노해, 그를 질시해 비방과 아첨으로 선동하고, 극형으로 수작좌교輸作左校에 처했습니다. 천하에 식자라면 누구나, 주목이 우禹、직稷처럼 부지런히 공을 세우고, 공共、곤鯀처럼

재앙을 당한 줄 압니다. 만약 죽은 자가 지각이 있다면, 당요唐堯가 숭산崇山에서 진노하고, 중화重華(舜)가 창묘蒼墓에서 분격할 것입니다. 현금에 중관中官들이 총애를 믿고, 국병國柄을 훔쳐 왕작王爵을 장악하고 입으로 천헌天憲을 머금어, 상주고 싶으면 굶주린 노예도 계손季孫보다 부유하게 만들고, 심술을 부리면 이윤이나 안회도 걸桀이나 도척으로 둔갑시킵니다. 오직 목穆만이 우뚝 서서 신명을 돌보지 않고 대항했습니다. 영예를 싫어하고 모욕을 좋아하며, 살기를 싫어하고 죽기를 좋아해서가 결코 아닙니다. 단지 왕(법)의 기강(王綱)이 바로 서지 못함을 개탄하고, 천망天網이 오래토록 상실됨을 두려워해, 우환의식에서 마음을 다해 주상을 위해 심원한 계책을 도모한 것입니다. 원하옵건대, 신하들이 얼굴에 먹물을 새기고 발에 차꼬를 차며, 주목朱穆 대신 교작校作 형벌을 달게 받겠습니다."

황제가 주청한 글을 열람하고 이내 사면했다.(後漢書 卷43, 朱暉列傳)

여기서 자연법에 부합하는 정의로운 법을 '천망'으로 비유한 여러 가지 기막힌 표현들이, 정의를 실현하고자 하는 정신 기개와 어우러져 진한 감동과 전율을 선사한다.

원소袁紹는 공손찬公孫瓚한테 보낸 회유 서한에서, "足下는 초연히 안일하고 거짓 위세를 자랑하면서, 天罔을 삼킬 수 있고 호걸영웅을 멸망시킬 수 있다고 장담하는가?" 라고 반문하고, 지금 옛 수도를 수복하고 天罔을 다시 기워, 죄인은 죽고 충신들이 날개를 떨치는 시운에 적극 호응하라고 설득한다. 또, 후한 령제靈帝 중평中平 원년(184), 차기장군 황보숭皇甫嵩이 황건적을 격파해 위세가 천하를 진동하자, 염충閻忠이 절호의 시기時機를 놓치지 말라고 간언했다. "天網을 높이 치켜들어 경도京都를 모두 에워싸, 환관의 죄를 주륙하고 군중의 원한과 쌓인 분노를 제거하며, 오래 위태롭게 거꾸로

매달린 생명을 풀어주시라." 嵩이 말을 듣지 않자, 염충은 이내 도망갔다.[41]

천문 점성학 관점에서 좀 독특한 천망도 등장한다. 달(月)이 필畢성에 들어가는 경우, 비가 엄청 쏟아진다고 한다.[42] 畢성은 天網에 해당해, 無道한 군주를 망라網羅함을 상징하는지라, 武王이 주紂를 정벌할 적에 하늘 畢성에 제사를 지내 천우신조를 기원했다고 전한다.(後漢書 卷30上, 蘇竟列傳) 또 한서에는 老子의 '天罔'과 함께 '聖人之罔'을 언급해 눈길을 끈다.(漢書 卷100上, 叙傳)

9. 법망 비유의 철학적 함의와 정신지혜

법을 그물에 비유한 '法網'에는 과연 어떤 철학적 의미와 정신지혜가 담겨 있을까? 머리글에서 밝혔듯이, 추상적 법망 비유는 구체적 그물이 물고기나 짐승을 포획하는 속성기능을 취한 것이다. 이 구체적 그물도 본래 자연물은 아니고, 인류가 지혜로 고안해낸 인공 발명품으로서 원시 과학기술문명의 소산이다. 이 그물은 어떻게 만들었을까? 성인이 천지자연에서 만물형상을 본떠 팔괘를 만들고, 이를 바탕으로 각종 문명의 이기를 고안했다는 주역 설명은, 인간이 천지자연의 도를 법 삼는다는 老子 명제처럼, 지극히 평범하고 너무 소략한 일반론이다. 새끼줄을 엮어 그물을 만들고, 수렵·어로 활동을 했다는 내용도, 누구나 육안으로 확인하는 재료와 방법·용도를 단순히 사실대로 기록한 초보 역사에 불과하다. 그것을 離괘로부터 취했다는 해석은, 고도로 추상적 義理를 함축하는 철학사상으로, 다분히 주관적 관념적 성향이 짙다.

41 三國志 卷8, 魏書8, 公孫瓚傳 注 漢晋春秋; 三國志 卷10, 魏書10, 賈詡傳, 九州春秋.
42 詩, 小雅, 漸漸之石: "有豕白蹢, 烝涉波矣. 月離于畢, 俾滂沱矣. 武人東征, 不遑他矣."

좀 더 사실적 합리적 그물 창안 원리는 없을까? 누구나 수긍할 만큼 설득력 있는, 구체적 원리적 그물 원형이 자연물에 있다! 관윤자關尹子에 나오듯, 중생은 현인을, 현인은 성인을, 성인은 만물을 각각 스승 삼는데, 성인이 만물과 하나 되어 무아지경에 이르러, 거미를 스승 삼아 거미줄을 모방해 그물을 고안한 것이다. 거미줄에 곤충이 걸려 거미 먹이가 됨을 관찰한 지혜로운 인간이, 그 원리와 방법을 궁구해 어로수렵용 그물을 만들어 쓰고, 나중에 국가 법제가 등장하면서 그 속성기능의 유사성을 발견한 文人이 법을 그물에 비유했을 것이다.

한 구심점을 중심으로 방사형의 몇 가닥 씨줄(經線)을 걸치고, 안에서부터 바깥을 향하여 일정한 간격의 날줄(緯線)을 원형으로 펼쳐 나와, 규칙적 기하학적 무늬를 이루는 정교하고 섬세한 거미줄! 그물은 인간 편리에 맞춰 가로세로 고른 간격을 지닌 사각형으로 짜임이 거미줄과 좀 다를 뿐이다.(물론 둥근 돗자리나 바구니 같은 기물은 거미줄과 흡사한 형식구조를 지닌다.) 거미줄과 그물에 공통 기본원리는, 유형의 물질적 실이 일정한 간격으로 배열되어, 무형의 공허한 눈(目: 공간)을 이루고, 이 눈(공간)의 크기를 조절함으로써 포획대상(곤충·짐승·어류)의 대소 기준이 결정되는 점이다. 유형의 실이 있기에 먹이가 직접 부딪쳐 걸리게 되지만, 만약 무형의 눈(공간)이 없다면 거미줄이나 그물은 소기의 기능과 목적을 발휘할 수 없게 된다. 바람(공기)과 물이 거의 아무런 저항이나 마찰을 받지 않고 통과해야, 사냥 목표물인 동물만 크기 제한에 걸려 자연스레 포획할 수 있기 때문이다. 공허한 눈(공간)이 없거나 지나치게 작으면, 바람과 물이 통과하지 못하고 저항을 일으켜, 그 흐름 속에 물고기나 곤충이 감지하고 얼른 흐름 밖으로 빠져나갈 것이다. 파리채에 구멍 뚫린 그물 형상을 생각하면 그 원리가 쉽게 분명해진다. 빈 눈 없이 밀폐된 판자라면, 파리를 향해 휘두르는 동안 공기압력이 높아지고, 그 저항으로 바람이 일어 파리채보다 앞서 파리에게 접촉되므로, 파리가 도망간다.

老子가 말한 대로, "유형의 물질구조(hardware)가 이롭고, 무형의 텅 빈 공간(software)이 쓸모가 있다." 유명한 명제다. 방이나 그릇·수레 등 모든 기물이 물질적 외형 뼈대가 있어 문명의 '利'器가 되지만, 정작 인간이 유익하게 使'用'하는 것은 유형 뼈대로 형성되는 무형 공간이다.[43] 老子는 일반인이 눈에 보이는 것에 정신 팔려 자칫 소홀하기 쉬운 평범한 진리를 예리한 혜안慧眼으로 통찰해, 사람들 심안心眼을 일깨워 준 것이다. 거미줄과 그물의 구조기능에서도 예외가 아니다. 거미는 생존을 위해 선천으로 '有無'의 조화로운 배합 원리를 '利用'할 본능지혜를 타고났다. 인간은 거미와는 좀 다른 방식으로, 다른 동물이나 사물의 합리적 본능적 자연현상을 관찰하고, 그 원리를 궁구해 자신의 육체적 부족을 보충할 이성지혜를 부여받았다.

이러한 원리를 터득하여, 인간은 빈틈 있는 그물로써 수렵·어로 활동을 하면서, 나아가 그 빈틈 크기를 조절함으로써 자원고갈로 인한 식생활 궁핍도 예방할 줄 알게 되었다. 너무 촘촘한 그물눈을 사용하면, 새끼고기(치어稚魚)까지 모조리 긁어 씨를 말리게 되고, 그 파급효과는 곧바로 인간 자신에게 나타나기 때문이다. 전술했듯이, 고대부터 남획 방지는 민생과 직결된 중요정책 사항이었다. 촘촘한 그물(촉고數罟)을 연못에 던지지 않아 물고기와 자라 씨를 보존하도록, 훌륭한 그물(良罟) 규제법을 잘 시행한 것이다.

그러면 거미줄과 그물의 원리가 추상적 법망에는 어떻게 발현될까? 예로부터 동아시아 전통법에서는 정情·리理·법法 삼위일체 이상을 곧잘 거론한다. 가장 흔한 용어법은 천리天理·인정人情·국법國法의 균형

43 老子 제11장: "三十輻共一轂, 當其無, 有車之用; 埏埴以爲器, 當其無, 有器之用; 鑿戶牖以爲室, 當其無, 有室之用. 故有之以爲利, 無之以爲用."

조화로 나타난다. 천리란 무위자연의 도에서 비롯한 객관적 공평한 이치를 뜻하고, 인정이란 인간의 본능적 감정욕망에서 비롯하는 주관적 개별 사정을 가리킨다. 천리는 일반 대원칙이고 인정은 특수 예외를 의미하는데, 국법이란 이 양자의 긴장대립과 모순갈등을 균형 있게 조화시켜 실정화한 중용 제도이어야 한다. 이것이 전통법에 궁극 이상이다.[44]

법의 그물이란 관점에서 해석하자면, 국법은 천리라는 理法(法理)의 실(絲)로 인정이라는 빈틈의 눈(目)을 듬성듬성 가지도록 정교한 체계로 짠 무형(추상)의 그물이다. 천리라는 합리적 공평한 실로 짜이기에, 그를 위반해 걸린 죄인도 불평이나 원망 없이 승복할 수 있는 정당성이 확보된다. 누구에게나 보편적인 본능 감정욕망으로서 인지상정人之常情을 텅 빈 그물눈 틈으로 통과시켜 주어야, 백성의 불만·원성·저항을 야기하지 않으면서, 법 그물로서 원만한 기능목적을 달성할 것이다. 여기서 천리는 合理性을, 인정은 合情性을 각기 대표한다.

전통법은 천리와 인정의 배합비율에 지대한 관심을 가져왔다. 이는 법 자체의 도덕적 정당성뿐만 아니라 현실적 실효성에도 직접 관련되기 때문이다. 사람이 수효도 적고 심성도 순박했던 고대사회에는, 법이라는 유형 그물이 가시적으로 짜이지(實定化) 않고도, 무형 천리인 도덕 자체로 충분히 규율했을 것이다. 老子가 말한 '天網'도 그러한 이상을 동경하는 개념이리라. 그러나 국가가 형성되고 권력에 의한 지배복종 관계가 나타나고, 특히 사유재산제가 출현해 서로 財富를 다투게 되면서, 인간 심성은 탐욕과 분노에 물들어 죄악이 싹트기 시작하고, 마침내 천리라는 실올이 한두 가닥씩 허공에 쳐져, 원시적 법 그물

44 졸저, "전통 중국법에서의 情·理·法에 관한 연구", 1994, 서울대박사학위논문, 1-73쪽; 졸저, 전통 중국법의 정신, 전남대출판부, 2011 재판, 27-145쪽.

이 짜이지 않았을까? 그렇게 살인·상해·절도의 기본 죄악을 규정하는 약법삼장約法三章이 등장했으리라. 세 직선으로 이루어지는 삼각형이 최초 기본 평면을 형성하듯, 거미줄도 세 가닥의 외곽선부터 시작하고, 법의 그물도 생명·신체·재산을 보호하는 세 조목 천리로부터 출발한 것이다. 그러다가 사회가 복잡해지고, 인간 심성이 다양하게 간사해지면서, 고조선古朝鮮 팔조법금八條法禁이나 당唐 고조高祖의 약법 12조가 등장하고, 거기서 파생하는 법조문 수량이나 법망의 촘촘함은 가히 기하급수로 늘어났다. 이렇듯 눈덩이처럼 불어나기만 한 법이, 인류가 자랑하는 문명발달의 역사인 셈이다.

기자조선箕子朝鮮 말엽에 60여조로 불어난 것이나, 高麗 초기에 唐律 중 핵심내용 71조를 간추려 적용한 것은, 그래도 약법約法 수준이었는지 모른다. 통치 권력의 절대성을 지향하는 전제군주에 의해서나, 논리 체계의 완전무결을 추구하는 법치만능의 지식계층에 의해서, 또는 인심의 간사와 도덕타락에 따른 죄악 급증 등 사회적 요청에 의해서, 가지치기를 재촉하는 법망의 현실은 그물의 원리와 꼭 마찬가지다. 즉, 법이 지나치게 촘촘해지면, 본래 제 목적을 달성하기는커녕, 오히려 부작용과 역기능만 발휘하여, 되레 그 해악을 자신이 입기 마련이었다. 老子가 예리하게 꼬집은바, '법령이 불어날수록 도적이 많아지는' 역설이다. 은殷에 주紂를 비롯하여, 역대 말세 군주의 잔인무도하고 가혹한 법과 형벌의 사례史例가 비일비재하다.

특히, 법가의 절대군주제로 천하통일을 이룬 진秦이, 소털(牛毛)처럼 촘촘하고 엉긴 기름(凝脂)처럼 빈틈없는 법망으로 불과 2代 30년만에 멸망을 자초하고, 약법삼장 기치를 내건 한고조한테 대권을 고스란히 물려준 사실은, 참으로 역사적 역설(아이러니)이다.

이를 두고 역사가는 혹평했다.(鹽鐵論, 刑德篇; 魏書, 刑罰志)

"법이 가을 피풀 이삭보다 번잡하고, 法繁於秋荼

그물이 엉긴 기름보다 빽빽하다."　　　網密於凝脂.

시성詩聖 두보杜甫도 힐난했다.(述古三首)

"진나라 때 상앙에 맡겼더니　　　秦時任商鞅

법령이 소 터럭과 같았다."　　　法令如牛毛.

그 결과, 간사한 죄악이 앞 다투어 치성하고, 수의囚衣가 길거리를 메우며, 감옥마다 초만원으로 시장을 이루어, 마침내 천하민심이 십중팔구 원망으로 리반離叛하였다. 문자 그대로 '전 인민의 죄수화'와 '전 국토의 감옥화'가 이루어진 셈이다. 법망이 그물처럼 사람 잡아들이는 유용한 위력적 도구인 줄만 알았지, 그 법망의 실(天理)이 튼튼하지(正當·合理) 못하고 그 눈(人情)의 크기가 지나치게 촘촘하면 과연 어떻게 되는지, 그 본질원리와 활용방법(정신)까지는 전혀 염두에 두지 않았던 것이다.

한편, 법 그물 비유에서 법망이 거미줄이나 그물과는 본질상 판이한 독특성이 있음을 주의해야 한다. 거미줄과 그물은 포획 대상에게 보이거나 감지되지 않는 은밀한 방법으로 펼쳐지지만, 법망은 그 적용 대상인 인간에게 객관으로 명확히 공포되어 누구나 그 존재와 내용을 주지해야 한다. 거미줄과 그물은 텅 빈 듯 속임수로 함정 같은 기능도 발휘한다. 그물 '網'은 본자本字는 그물 형상을 본뜬 '网'인데, 여기에 '亡'자가 더해져 '罔'이 되고, 나중에 복잡한 파생을 거치면서 실로 짠다는 재료를 더해 '網'이 되었다. 罔에서 '亡'은 음도 표시하지만, '없다'는 의미까지 동시에 함축한다. 즉, 그물은 텅 비어서, 없는 듯이 포획 목표물을 속이는 함정과 같은 존재라는 개념이다. 그래서 속임수를 기망欺罔이라고 한다.

그런데 우매하고 포악한 통치자들이 법 그물 '비유'를 법과 그물의 완전일치 '규정'으로 오해하거나 악용하여, 법을 국민에게 공포해 사전에 충분히 주지시키지 않은 채, 조령모개朝令暮改 식으로 백성을 그물질하는 권력남용이 많았다. 주례周禮에도 매년 춘정월에 성문 밖에 법령을 공포하는 절차가 엄격히 규정 시행되었다. 이는 법망의 사전 일반예방기능을 충분히 발휘하기 위한 법망 특유의 성격을 반영한다. 그래서 공자는 가르치지 않은 백성으로 전쟁하면 백성을 내버리는 것이고,(論語, 子路篇) 백성에게 가르쳐주지 않고 살륙(처형)하는 것은 포학이라고 단언했다.(堯曰篇) 또 맹자는 가르치지 않은 백성을 부림은 백성을 재앙에 빠뜨리는 것이라고 말했다.(告子下) 또 전술했듯이, 백성이 일정한 직업 없이 항심恒心을 지니지 못해 방탕하고 간사해져 죄악에 빠진 다음 처형하는 것은 '백성을 그물질하는 것'이라고 거듭 역설했다. 공자나 맹자는 인의仁義와 덕례德禮에 의한 교화를 강조한 것이다. 도덕교화란 법령시행에 사전 定地 작업이고, 또 도덕적 정언명제가 법률조문에 대전제로 잠복한 점을 감안한다면, '가르침(教化)'에 법망의 존재와 형식·내용 등의 사전 주지 과정이 포함될 것은 지극히 당연하리라.

지금까지, 법과 그물 사이에 간접적 상징비유를 '法網' 단어 중심으로 살펴보았다. 그런데 사실, 법망이라는 말보다 더 시원始原적 직접 비유가, 법과 관련된 문자 속에 고유하게 내재한다. 바로 '죄罪'와 '벌罰'이다. 罪와 罰에 공통 부수部首가 바로 그물 '망(网)'자의 변형인 '罒'이라는 사실만으로도, 법과 그물 사이에 상징적 긴밀성은 쉽게 알아차릴 수 있다. 한漢대 사전辭典인 설문해자說文解字에 의하면, '罪'는 본디 물고기를 잡는 통발이고, 지금 죄악을 의미하는 '죄'자는 '辠'였는데, 천하 통일한 진시황秦始皇이 '辠'자가 '皇'자와 비슷해 오인될 수 있다(현재 글자체字體로도 비슷하지만, 당시 통용된 전서篆書 형체는 더욱 유사하다)는 이유로, 발음이 같고 의미상 상호 연관성이 높은 '罪'자로 대체했다고 한다. 그 결과 '辠'자는 사용이 폐지되었다.(죄악에 관한 글자로는 '辛' 부수에 죄 '고辜'자와 법(죄) '벽辟'자가 있어, 죄와 벌의 맵고 고통스러운 속성을 반영한다.) '죄'가 본래부터 그물과 관련이 있었던 것은 아니지만, 적어도 진한秦漢 이후로 '罪'자가 통용되면서, 잘못(非理)을 범하는 자에 대해 그물로 체포·처벌한다는 상징 의미가 부여된 사실은 분명하다. 그렇지만 '罰'은 본래 글자인데, 단지 칼(刀)을 들고 위협하거나 폭언·욕설(詈)하는 비교적 작은 죄로서, 그에 대한 응분의 처벌까지 함축한다. '리詈'는 '매罵'와 마찬가지로, 본디 '网' 부수에 속하는 글자로서, 똑같이 폭언·욕설의 언어 관련 범죄를 뜻한다.(전자는 정면으로 대해 지칭하고, 후자는 측면으로부터 언급한다고 구분하기도 한다.) 그러나 '网'자가 '言'에만 관련하든 '刀'까지 상관하든 간에, 죄악이 될 만한 폭행을 규제한다는 상징 의미는 변함없다.

한편, 현대에는 그물이 도로망·통신망·정보망·신경(세포)망 등 체계적 조직에 대한 비유개념으로 널리 사용되는데, 전통 법망 비유에도 그물의 체계적 조직성은 기본으로 내재한다. 특히 주목할 점은, 원元 이후 명明·청淸 시대에는 보통법인 律의 하위 법형식으로 '조례條例'가 널리 시행된 사실이다. 條例는 현대 법체계에서 지방자치단체가 제정하는 자치입법인 조례와는 판이한 역사적 개념으로, 구체 사안에 대한 황제의 최종 판결 중에서, 비교적 의미심장하고 비중이 높아 일반 법규범으로 적용할 가치가 있는 것을 정선精選하여, 律 체계에 맞춰 편제한 법형식이다. 일목요연하고 조리정연條理井然한 판례判例 또는 선례先例라는 의미에서 '條例'라고 명명했다. 여기서 그물 개념은 직접 나오지 않지만, 조직적 법체계라는 의미에서 법망 비유와 밀접히 관련해 사유할 만하다.

한편, 전통 역사 기록법 중에 '강목체綱目體'가 있는데, 그물의 큰 벼리와 작은 눈을 구분하여 조리 정연한 체계로 기술하는 상징적 비유 개념이다.

10. 약법삼장과 기강문란: 해망解網과 루망漏網

이제 법망 비유 역사기록 가운데 자주 등장하는 특별한 평론 몇 가지를 살펴보자.

우선 天網 비유와 관련해, 약법삼장 같은 엉성한 법망 체계를 이상으로 제시한 평론이다. 한초漢初 가혹한 진률을 대신해 약법삼장과 구장률 제정한 걸 '성근 그물'로 표현한 것이 대표다.(後漢書 卷27, 杜林列傳)

세설신어世說新語에는, 현명한 재상이 임금을 보필함에는, 차라리 엉성한 법망으로 배를 집어삼킬 큰 물고기도 빠뜨릴망정, 풍문을 듣고 찰찰察察한 정치를 해서는 안 된다고 도량을 평한다.(規箴第10)

포박자抱朴子는 후장厚葬과 번잡한 예의를 힐난한 묵자墨子를 긍정 평론하면서도, 다만 너무 준엄한 '刑網'을 펼쳐 살벌하고 각박한 길을 열어, 유가처럼 人事에 흡족한 王道를 펼치지 못한 점이 아쉽다고 비판한다.(外篇, 省煩卷第31)

흥미로운 사실은, 나중에 혹리로 악명을 떨친 장창張敞이 공조功曹 시절에, 왕창王暢이 남양태수南陽太守로 권귀토호들 죄악을 아주 엄명히 다스려 토호들이 전전긍긍 벌벌 떨자, 역사상 수많은 성왕현군의 사례를 실례로 인용하면서 곡진히 간언한 점이다.

> "인현仁賢의 정치는 후세까지 전해지고, 명철한 군주는 (법)망이 배를 삼킬 물고기도 빠뜨려도, 하늘에서 일월성신이 밝게 빛나고 땅에서 사람과 사물이 기뻐한다."

'인민교화는 德에 있지 형벌에 있지 않다.'는 그 말을 왕창이 깊이 받아들여, 관대한 정치로 형벌을 신중히 절제해, 교화가 크게 행해졌다고 전한다.(後漢書 卷56, 王龔列傳)

후한 말 혼란이 극심해져, 가혹한 정치와 번쇄한 법령으로 '손만 들어도 법그물에 걸리고, 발만 움직여도 덫과 함정에 걸린다.'는 비유가 나오고, 조조가 권병을 농단하면서 한도漢道가 무너져 기강이 풀리고 그물이 끊어졌다는 표현도 보인다.(後漢書 卷74上, 袁紹劉表列傳)

삼국지에서 원홍(굉)袁宏은 민심과 형벌 관계를 이렇게 평론한다.

"진실로 민심을 교화하지 못하고 오로지 형벌에만 맡겨, 인민이 정의로운 방도를 잃고 걸핏하면 刑網에 걸린다면, 세상에 아름다운 평화휴식을 어떻게 얻을 수 있겠는가?"(三國志 卷13, 魏書13, 鍾繇傳)

三國志 주에 손성孫盛의 평론에는, "군주는 멀리 선왕이 간사함을 막은 도덕을 살피고, 가까이 교활하고 방자히 사리를 꾀한 흉악한 심보를 귀감삼아, 그물을 풀어주는 仁으로 승리하고, 인명을 살리는 은혜로 불러들이는" 왕도를 실행해야 한다고 강조한다.(魏書24, 高柔傳)

'법망'이나 '禁網'과 같은 뜻으로, 중흥 이후에 '과망科網'이 조금 조밀해졌다.(後漢書 卷77, 酷吏列傳) 금과옥조金科玉條처럼 법의 과조科條도 후한 말부터 삼국시대 전후에 법의 대명사로 쓰였다.45

이와 상반되게, 기강문란은 혼란의 괴수라는 비판과 경종도 자주 나온다! 대학자 중장통仲長統이 저술한 창언昌言 34편 십여만자 중 손익편損益篇에는, 망금網禁이 지나치게 소활함을 지적하며, 태평太平의 기강紀綱을 새로 펼치기 위해서 정전井田법 회복 실시를 주창한다.(後漢書 卷49, 仲長統列傳)

촉蜀 후주後主는 제갈량 출정에 내린 조서에서, "天地의 道는 仁을 복주고 음란에 재앙 내리니, 선을 쌓으면 창성하고 악을 쌓으면 망하는 게 고금에 항상적 운수다."고 말하면서, "漢말에 국운이 쇠미해져, (법) 그물이 흉악하고 간특한 죄인을 거르지 못하고 빠져나가게 놓쳤

45 졸고, 중국 삼국시대 '科' 입법과 그 법적 특징, 인하대 법학연구, 2019.3. 121-163쪽 참조.

다"고 탄식했다.(三國志 卷33, 蜀書3, 後主傳에 인용한 禪三月下詔)

포박자도 탄식한다. "후한 말 환桓·령靈 시대에 권병이 제실帝室을 떠나 간신 손아귀에 들어가, 법 그물이 줄줄 새고 제방이 무너져 풍속이 쇠퇴하고 교화가 무너졌다."(外篇, 審擧卷第15)

특히 음란함이 극성해, 금지가 엉성하니 상궁上宮에도 담장 뚫는 남자가 있고, 법망이 줄줄 새니 뽕밭에 바람난 부녀가 줄 짓는다. 마치 맹렬한 불길이 구름까지 치솟고, 저수지 물이 만길 아래로 떨어지는 기세니, 어찌 빗자루로 끄고 막을 수 있으랴?!(外篇, 疾謬卷第25)

또 인간 사회규범인 道-禮를 물고기에 물과 같다고 비유한다. 물고기가 물을 잃으면 잠시 숨을 헐떡일 수는 있으나 머지않아 반드시 말라죽듯이, 사람이 禮를 저버리면 비록 뻔뻔한 낯으로 볼 수는 있으나 화근과 낭패에 계단이 된다. 근래 정치교화가 쇠퇴해 서민이 도덕기강 문란을 당함은, 마치 물고기가 안전한 물속 그물을 벗어나고, 맹수가 뭍에 그물을 뛰쳐나온 것과 같다고 경고한다.(外篇, 譏惑卷第26)

특히 정위로서 명망이 높았던 류송劉頌의 평론이 눈길을 끈다.

> "선정善政이란 그물 벼리는 높이 쳐들되 그물망은 성근 법이다. 벼리를 높이 쳐들면 광범위하게 망라하고, 그물망이 성글면 작은 건 다 빠져나간다. 광범위하게 망라하면서 가혹하지 않음이 위정爲政에 요령이다. …진실로 정치에 해가 되지 않는 건 모두 天網이 통과시켜주고, 범죄가 심히 중대해야 왕법으로 주륙한다면, 죄악의 경중을 대강 잘 분간하는 셈이다."(晉書 卷46, 列傳 第16, 劉頌)

'루망漏網'은 '해망解網'과 달리, 그물 자체에 결함이나 구멍이 있어, 물고기들이 빠져나가는 것을 의미한다. 나중에는 너무 엉성하거나 흠결투성이 법망을 비유하는 개념으로 쓰이고, 특히 권세가나 간사한 무리들이 법망 구멍을 찾아 빠져나가는 요행을 비판할 적에 등장한다. 중국에서는 법(망) 흠결을 '루동漏洞(새는 구멍)'으로 표현한다.

한편, 법망에 걸리는 것도 우연한 불운이라는 냉소적 현실비판도 보인다. 莊子에는 사람들 세속생활이 활 잘 쏘는 명사수 예羿의 과녁 한가운데 노니는 격인데, 적중되는 것도 운명이고 비켜나가는 것도 운명이라는 내용이 나온다. 주注에 보면, 예羿의 과녁은 刑網을 비유하여, 사람들 모두 刑網 속에 동거하는 격인데, 누가 자신은 전혀 잘못이 없다고 자신自信할 수 있을까? 형벌에 걸리는 것도 운명의 우연한 장난이라는 해석이다.(莊子集解卷2, 內篇德充符第5)

론형論衡에는 孔子의 春秋 저술을 권선징악과 발란반정撥亂反正의 원대한 도모로 칭송하면서, 제방이 터졌는데 잘 보수하지 않으면 홍수범람 피해가 생기고, 그물이 풀렸는데 잘 때우지 않으면 짐승을 잃을 우려가 있다는 비유로 사전예방을 강조하기도 한다.(論衡, 對作)

또 우연한 행운을 논하면서, 공자가 어진 수제자 안회顔回의 요절과 백우伯牛의 질병을 불행하다고 탄식한 내용을 실마리로 삼아, '성현聖賢의 道를 따라 仁義를 수행한 현인이 마땅히 하늘의 복과 보우를 받아야 할 텐데, 어찌 장수하지 못했는가?'라는 세간의 회의에 해답을 제시한다. 이른바 동서고금에 공통된 종교철학상의 난제다! 개미가 땅위를 기어 다니다가 사람들 발에 밟혀 죽는데 밟히지 않으면 살고, 거미가 친 줄(그물)에 날벌레들이 지나다가 더러 벗어나고 더러 걸리며, 사냥꾼이 친 그물에 짐승들이 쏘다니다 더러 잡히고 더러 빠져나가며, 어부가 친 그물에도 江湖에 물고기가 더러 걸리고 더러 안 걸리며, 더러 사형에 해당하는 살인강도가 들키지 않는가 하면, 조그만 죄를 짓고도 발각되어 처벌받기도 한다.(論衡, 幸偶)

이 모두 우연한 행운일 뿐, 필연의 인과는 아니라는 논조다. 거미줄과 어로수렵용 그물이 국법형벌과 나란히 병렬관계로 등장해 '法=網'의 비유 관계를 상징함이 눈에 띈다. 국법형벌의 적용·집행상 불공평·불합리·不正義를 꼬집고 비판하는 자위自慰적·자조自嘲적 냉소다.

관련해 흥미로운 일화 한 토막 소개한다. 모용보慕容寶의 서장자庶長子 모용성慕容盛은 부견苻堅의 위협을 피해 모용충慕容沖한테 의탁했는데, 충沖이 무도해 죽임을 당하자 어린 나이에 숙부 모용유慕容柔한테 말했다.

> "지금 시퍼런 칼날과 의심의 눈초리 사이에 기구한 운명으로, 어리석자니 남들이 의구심을 품을 테고, 지혜롭자니 장막 위 새둥지보다 위태롭습니다. 마땅히 기러기 고니처럼 높이 올라 단번에 만리를 날아가야지, 이렇게 앉은 채로 그물을 기다려서는 안 됩니다."

그렇게 동으로 모용수慕容垂를 찾아가던 길에 도적을 만나자, 성盛은 호언했다.

> "내 6척 몸은 물에 들어가도 빠지지 않고, 불에 들어가도 타지 않는데, 너희가 내 칼날을 감당할 텐가? 니 수중 화살을 백보 밖에 세워라. 내가 만약 맞히면 니 목숨을 신중히 보살필 것이며, 맞히지 못한다면 내 몸을 묶어 너희한테 바치겠다."

도적이 화살을 세워 성盛이 단발에 명중하자, 도적은 기세가 꺾여 "귀인 자제 같아 한번 시험해봤다."며 사과했다.(晉書 卷124, 載記第24, 慕容盛)

11. 종교적 법(진리·道)의 그물 비유

법망과 관련하여 흥미로운 사항은, 세속법의 근원으로서 도덕-종교윤리규범에 나타나는 그물 비유다. 성속聖俗 차이와 함께, 법과 윤리도덕이 똑같은 인간사회규범으로서 공유하는 동질성을 상호 대비함은, 법과 인류의 역사를 거슬러 탐사함에 유익할 것이다. 종교와 세속, 도덕과 법률이 구분되지 않던 제정일치祭政一致 고대사회를 상정하면, 종교 계율(율법)과 사회 법(율령)이 본질상 크게 다르지 않을 것이다.

죄악의 본질과 인과응보 형벌 개념, 법의 기능목적 등은, 현세 국가제도를 통하느냐? 아니면 전생·내생까지 확장된 윤회관 아래 무형의 천지자연 법칙을 말미암느냐? 라는 방법과 절차상 차이를 제외하면, 종교와 법은 동질일 수밖에 없다. 어쩌면 종교상 죄업罪業(原罪)과 지옥(煉獄)의 이론체계로부터, 인간사회의 죄와 벌의 법제가 유래했다고 보는 견해가 더 설득력 있을지 모른다. 실제로 능지처사나 포락형炮烙刑 등 각종 잔인하고 혹독한 형벌이, 佛經에 지옥관地獄觀으로부터 모방된 인간생지옥人間生地獄이라는 역사기록도 있다.46

따라서 천지자연법칙을 위배하는 인간에게 천벌天罰의 그물이 씌워질 비유를 종교 경전에서 기대하는 것도 크게 무리는 아니다. 실제로 지장경(地藏菩薩本願經)에는, 아직 해탈을 얻지 못한 중생이 심성과 의식을 안정시키지 못해, 선행과 죄악을 지어 업장과 과보를 맺고, 환경에 따라 六道를 윤회하면서, 무수한 세월이 지나도록 잠시도 휴식하지 못하는 모습을, 물고기가 물살에 따라 헤엄치다가 그물에 걸리는 상황으로 비유한다. 특히 생사윤회의 장구한 물살 속에서, 잠시 해탈하는 듯싶다가도 다시 타락하는 중생의 죄악 습성을, 물고기가 한번 걸린 그물을 요행히 잘 빠져 나갔다가, 곧 다시 그물에 걸려드는 악순환으로 표현해 참 인상적이다.(實叉難陀譯, 閻浮衆生業感品第四)

老子의 天網도 이러한 천지자연의 인과법칙으로 이해할 수 있다. 장자莊子는 쇠와 나무(金木) 형구로 시행하는 세속 형벌을 외형外刑·인형人刑이라고 부르고, 음양陰陽의 질병으로 나타나는 자연 징벌을 내형內刑·천형天刑이라고 명명하였다.47

---

46 졸고, 동아시아 법률용어에 끼쳐진 불교 영향 - 十惡·陵遲處死·契約·相續·調停을 중심으로 -, 외대 외법논집 제42권 제2호, 2018.5. 89-124쪽 참조.

47 졸고, 莊子의 法哲學, 건국대 일감법학 제21호, 2012.2. 353-4쪽; 졸저, 선진법사상사, 전남대출판부, 2014, 349 및 370쪽 참조.

종교에서 그물의 비유는 세속 법망과 유사함보다는, 오히려 이질적 독특성이 부각된다. 신약성경에는 예수가 시몬과 안드레 형제 등 4인의 어부를 제자로 불러들이면서, '사람을 낚는 어부'가 되게 가르쳐 주겠다고 말한 유명한 구절이 거듭 나온다.[48]

흥미롭게도, 불교 화엄경에도 이와 흡사하면서 더욱 멋진 문학적 비유가 등장한다. 선재동자善財童子가 선지식을 찾아 천하를 편력하여 19번째로 방문한 부동不動 우바이優婆夷는, 만 가지 삼매광명三昧光明을 나타내 보이면서 보살과 선지식의 각종 지위와 기능을 비유로 설명해 준다. 그중 하나는 "마치 능숙한 어부가 정법(진리)의 그물을 가지고 생사고해에 들어가, 애욕의 물속으로부터 중생을 건져 올리는 것과 같다."는 표현이다.[49] 얼마나 기막히게 감동적인 비유인가?

또, 선재동자가 50번째로 덕생동자德生童子와 유덕동녀有德童女를 만나, 그들의 설법을 들은 뒤 깨달음을 얻고, 스스로 선지식의 공덕을 여러 비유로 칭송하는 가운데, '중생이 바다에 침몰해 온갖 근심고통을 받을 때, 법의 배(法船)로 구출하여 잘 제도하는 자이고; 중생이 미혹의 바다에 빠져있을 때, 미묘한 보리심菩提心을 발해 그 바다 가운데 들어가 건져 구해 주는 훌륭한 어부다.'고 묘사한 대목도 있다.[50]

이러한 의미맥락에서라면, 금강경金剛經 같은 불경에서 생사고해의 차안此岸에서 열반해탈의 피안彼岸으로 건네주는 선방편善方便으로 자주 거론하는 뗏목(正法) 비유도 그물과 다를 바 없다. 전술했듯이, 어

---

48 성경, 마태복음 4:12-22; 마가복음 1:16-20; 누가복음 5:1-11 참조.

49 大方廣佛華嚴經卷第66, 實叉難陀譯, 入法界品第39之7; 般若譯, 卷第14, 入不思議解脫境界普賢行願品.

50 大方廣佛華嚴經卷第77, 實叉難陀譯, 入法界品第39之18: "又如漁師, 持正法網, 入生死海, 於愛水中, 漉諸衆生." 般若譯, 卷第34, 入不思議解脫境界普賢行願品에도 같은 내용.

망은 재수 없는 물고기를 그 생존 터전으로부터 낚아 올리고, 세속 법망은 죄 지은 사람을 생활영역인 사회로부터 격리하는 박탈기능을 각기 수행한다. 이와는 상반되게, 종교적 진리(正法)의 그물 비유는, 본래 선한 천성의 중생을 죄악의 수렁과 생사윤회의 고해로부터 건져내 안락한 해탈경지에 들게 한다는 부여賦與목적을 지향한다.

한편 관점을 다소 심화시켜, 세속법도 본래 종교 윤리도덕으로부터 파생했다는 역사성과, 법의 본래목적이 죄인을 처형하기보다는 죄악을 두절 방지함에 있다는 철학정신을 동시에 고려한다면, 법망의 비유도 반드시 세속적 견해처럼 사회로부터 범법자를 솎아내는 방향으로만 해석할 필요는 없으리라. 오히려 종교적 정법正法의 그물처럼, 인간을 죄악의 수렁으로부터 건져내어, 선량한 천성을 보호해 주는 예방·교정 의미를 상징하는, 더 심오한 비유로 이해함이 바람직스럽다. 법과 형벌은 본디 일반예방과 함께 특별예방의 기능목적도 지닌다. 비유에서 비유하는 사물(그물)과 비유되는 대상(법)의 모든 속성이 완전히 일치할 필요는 없으며, 일정한 개념적 징표만 공유하는 것으로도 충분하기 때문이다. 법망의 비유를 배태胚胎한 동아시아 역사문화 속에서 보더라도, 탕湯이나 무왕武王이 포군을 정벌한 역성혁명도, 백성을 물과 불에서 건져내는 王道로 비유함이, 맹자를 비롯한 유가 주류 정치사상이다. 그러니, 법에 의한 일반 통치도, 백성을 죄악에서 건져내는 민본民本적 인정仁政으로 이해함이 당연한 사리가 아닐까? 포악무도한 군주와 사리사욕의 통치계층에 의해, 법망의 비유가 아전인수로 왜곡·오해된 역사현실이 있었다고 하여, 그 본질의미와 이상이 퇴색하거나 변질된 것은 결코 아니다.

12. 맺음말

지금까지 동방의 전통법문화에 나타난 法網의 비유를 두루 살펴보았다. 서방 법문화의 역사철학에서도 이와 유사한 비유 개념이 등장할까? 서방 법문화에 문외한이라 자신 있게 구체로 할 말이 없다. 다만 기본상식 관점에서 보자면, 로마법이 사법私法 위주로 발달한 이래, 근대 대륙법과 영미법도 자유·권리의 보장을 주목적으로 삼고, 구속적·규제적 성격에는 그리 친근하지 않기 때문인지, 서방 법문화에서는 우리만큼 법을 그물에 비유하는 개념이 널리 쓰이지는 않는 듯하다. 대개 미국에서 'dragnet'(曳引網)이라는 용어가 범인 체포, 특히 일제 소탕을 위한 수사망(법망)의 비유로 빈번히 쓰인다고 한다. 사전辭典 용어로는 'the meshes of law(법의 그물눈들)'가 법망에 걸려들거나(be caught in~) 법망을 회피한다(escape from~)는 숙어로 발견되며, 또 'net of justice(정의의 그물)'라는 독특한 표현도 눈에 띈다. 또 최근 인터넷을 검색해보면, 우리 동방의 '法網' 비유를 번역한 것인지는 잘 모르겠으나, 'the net of law'가 제법 등장한다. 특히 아일랜드 출신 시인 James Jeffrey Roche(1847.5.31.-1908.4.3.)의 시詩가 유명한 듯 자주 검색된다.

The net of law is spread so wide,

법의 그물이 매우 넓게 펼쳐져

No sinner from its sweep may hide.

어느 죄인도 그 그물눈 피해 숨을 수 없지

Its meshes are so fine and strong,

그 그물눈은 매우 정교하고 강인해

They take in every child of wrong.

모든 나쁜 녀석들을 모조리 거두네.

O wondrous web of mystery!

오, 경이로운 신비의 그물망이여!

Big fish alone escape from thee!

오직 큰 물고기만 그를 빠져 도망치네![51]

하지만 고전문헌이나 실제 언어생활에서 어떠한 의미맥락으로 얼마나 비중 있게 쓰이는지는 알 수 없다. 앞으로 관심 있는 전공학자의 훌륭한 현신설법現身說法을 기대해 마지않는다.

우리 현실사회의 법망은 어떠한가? 벌써 근대 서방 법학을 시작한 지 백주년이 지났다고 하지만, 전반세기는 일제 식민지 법망에 갇혀 지냈고, 후반세기는 일제가 쓰다가 버리고 간 낡은 법망에 미군정과 독재군사정권의 교체 및 짜깁기 작업이 수시로 진행되어 온 느낌이다. 이제 법망의 분량과 밀도는 상상을 초월할 지경이다. 과연 법만능주의 법실증주의로 대표되는 법치주의를 구가하는 지금, 현행 법령집은 아마도 달구지에 실으면 소가 진땀을 뻘뻘 흘리고, 서가에 진열하면 천장 대들보까지 차올라, '한우충동汗牛充棟'이라는 고사성어가 실감날 형편이다.

이러한 법망이 과연 그물로서 얼마나 조리 정연하고 견실한 사용가치가 있을까? 전근대적이라는 구실로, 수천 년간 친숙히 써 오던 전통 법망 체계를 하루아침에 통째로 헌신짝처럼 내버린 지 어언 한 세기, 분단 반세기를 넘기고 민족의 재통일을 눈앞에 학수고대하는 21세기 새 시대에, 우리는 지금 쓰는 근대법망 체계를 천리天理와 인정人情의 조화라는 전통 법망의 목적이념에 비추어 성찰하고 동도서기東道西器

51 "The Net Of Law", The V-A-S-E & Other Bric-a-Brac (published by Richard G. Badger Company, Boston, 1900) (검색일. 2020.9.20.)
https://en.wikiquote.org/wiki/James_Jeffrey_Roche
http://motd.ambians.com/quotes.php/name/linux_songs_poems/toc_id/1-1-31/s/535

관점에서 새롭게 통합 정비하는 획기적 대전환을 이뤄야 하지 않을까? 대한민국 헌법 제9조에는, "국가는 전통문화의 계승발전과 민족문화의 창달에 노력하여야 한다."고 규정한다. 단지 국가만이 아니라 국민도 함께 노력할 의무가 있다. 전통법문화에서 '法網' 비유가 함축하는 정신지혜만큼 계승발전하고 창달할 문화유산도 드물 것이다. 아무쪼록 우리 법의 과거현재를 반성하고 미래를 준비함에, 법망 비유가 함축하는 상징의미와 정신지혜가 귀중한 각성과 '대인호변大人虎變' '군자표변君子豹變'의 계기가 되길 기원한다.

제3편 불교 대장경에서 법과 그물의 비유

— 법망法網의 역사 연원과 철학정신을 중심으로[1]

개요

본고는 불교 대장경에 다양한 법과 그물의 비유를 살펴보면서, 동아시아 국법에 삼투한 '법망法網'의 역사연원과 철학정신을 집중 탐구한다. 연구에 기본방법은 한역 불전 원문을 해독하고 역사적 문헌자료 분석비평을 통해 논지를 추론하는 귀납적 방법이다. 따라서 논문 구성 및 전개가 일부 비슷한 내용의 단조로운 나열현상을 띠는바, 무미건조한 사료史料에 무궁무진한 함의를 해석 음미하는 자세가 필요하겠다.

본론에 앞서, 우선 불교 대장경에 다양한 그물 비유 개황을 도표로 정리 소개하고, 이어 한역 불경 본문, 경률經律 주석, 고승 법문 및 어록에 나타난 '법망'을 차례로 살펴본다. 다음으로 '범망梵網'에 주석을 통해 '법망'의 함의를 고찰하고, 무량수경 본문과 주석에 보이는 극락정토 '법망'을 집중 분석한다. 아울러 법망의 별칭 대명사인 '교망敎網'과 '승망僧網', 그밖에 주요한 그물 비유들도 간추려 소개한다.

---

1 본고는 주제가 '法網'이지만 '불교경전'을 연구한 글이라, 세속 국법 중심의 주류 법학 풍조에 부합하지 않아, 외대、이화여대、전북대 법학술지에서 '심사불가'로 謝絶해 시간을 제법 허비했고, 가천법학에서는 심사했으나 3인 중 1인이 '게재불가'로 판정해 퇴짜 맞았다. 다행히 '명지법학'에서 세 분 심사위원 모두 열린 마음으로, 독창성과 성실성을 긍정하며 흔쾌히 질정과 격려를 아끼지 않았다. 1년 남짓 지속된 CORVID-19와 수십년만에 몰아닥친 엄동혹한에 자상한 심사위원과 편집 관계자께 심심한 존경과 감사를 바친다.

본고에 가장 큰 수확은, 일반 국법의 그물 비유에 담긴 편협한 함의를 풍부하게 확대·심화하는 불전의 '법망' 해석론을 새롭게 발굴 소개함과, 그 결과 동아시아 전통법문화에서 '법망'의 철학정신이 훨씬 고상하고 우아한 이상경지로 앙양 승화되는 성과라 할 것이다.

주제어: 불교 대장경, 법, 그물, 비유, 법망法網, 범망梵網, 역사 연원, 철학정신.

1. 머리글

우리는 흔히 '법망法網'이란 말을 잘 쓴다. 전통법의 역사철학을 전공하며 박사학위 론문을 준비하느라 동아시아 고전문헌과 역사자료를 두루 섭렵하면서, 법을 그물에 비유한 사례가 유난히도 많이 나와, '법망'이란 용어개념의 역사연원이 궁금해져 한번 종합 정리하고 싶었다. 유불선 삼교경전 및 제자백가 역사서 등 방대한 문헌자료를 섭렵해 직간접 관련 문구를 발췌 번역해 글로 정리해 하다 보니, 내용도 다채로울 뿐만 아니라 편폭도 제법 길어졌다. 사실 로자老子에 자연의 인과법칙을 상징하는 '천망天網'이란 개념이 일찌감치 등장해 눈길을 끌었던 까닭에 사전 기대도 컸었다. 그러나 '법망'의 역사연원을 동아시아 고전문헌에서 탐구하다 보니, '국법'을 '그물'에 비유한 개념 가운데 가장 먼저 나타난 용어는, 비록 사기史記(卷124, 游俠列傳 第64)에 국법을 가리키는 듯한 '문망(文罔=文網)'이 1회 나오지만, 명확한 건 한서漢書에 나오는 '금망禁罔'이고, 후한서에 비로소 '법망'이 등장함을 발견하여 다소 의아했다.

그러다가 나중에 불교대장경을 열람하면서, 뜻밖에도 동아시아 고전 및 사료 못지않게, 아니 훨씬 더 많은 다양한 형태의 '그물' 비유를 발견하고, 참신한 충격과 환희에 사로잡혔다. 그래서 '법망' 용어 자체가 불교 전래와 함께 한역漢譯 불전佛典에서 직접 유래했거나 차용되었을 가능성도 살펴보기로 했다. 말하자면, 후한 때 공식 전래한 불교의 한역漢譯 경전에 '법망法網'이 직간접으로 동아시아 법문화에 삼투해 강력한 영향력을 끼쳤을지 모른다는 직감이 들었다. 즉, 후한서는 남조南朝 송宋에 범엽范曄이 편찬한 것인데, 후한 때 기록(사료)을 직접 인용한 것인지, 아니면 범엽이 당시 언어로 기술한 건지는 불분명하므로, '법망' 자체가 '후한' 때 쓰인 용어라는 확증은 없다. 그리고 후한 삼국시대 한역 불경에 이미 '법망'에 관한 개념 용어가 등장해, 남북조 시대에는 아주 보편으로 쓰인 역사기록에 비추어보면, '법망' 자체는 불교경전에서 유래했을 가능성이 농후하게 느껴지는 것이다. 사실 동아시아 전통 및 현대 법률용어는, 예컨대 십악十惡·릉지처사陵遲處死·계약契約·상속相續·조정調停처럼 직간접으로 불교 영향을 강하게 받았음이 확인된다.

이에 본고는 불교 대장경에 나타나는 다양한 법과 그물의 비유를 대강 살펴보면서, 특히 동아시아 국법에 삼투한 '법망'의 역사연원과 철학정신을 집중 탐구하고자 한다. 기본 연구방법이 대장경 원문을 해독하고 역사적 문헌자료의 분석비평(corpus analysis)을 통해 논지를 추론하는 귀납적 방법인[1] 관계로, 론문 구성·전개에서 일부 비슷한 내용의 문헌자료들이 다소 단조롭고 지루하게 열거되는 현상이 나타나는바, 독자 제위께서는 조금 따분하게 느껴지더라도 무미건조한 사료史料에 무궁무진한 함의를 해석 음미하는 마음으로 읽어주시면 감사하겠다. 물론 뜻밖에 횡재도 있으려니, 일반 국법의 그물 비유에 담긴 편협한 함의를 아주 풍부하게 확대·심화하는, 불전의 '법망' 해

1 심사위원 중 한 분이, 본고의 "연구방법론으로 '귀납법'을 명시하고 있으나, 그보다는 오히려 언어학계에서 활용하는 코퍼스 분석(corpus analysis)이 시도된 것으로 볼 수 있"다고 지적해주셨다. 자상한 질정에 감사한다.

석론도 새롭게 발굴해 소개할 것이다. 그 결과 동아시아 전통법문화에서 '법망'의 철학정신이 훨씬 고상하고 우아한 이상경지로 앙양 승화됨을 느낄 것이다.

2. 불교 대장경에 다양한 그물 비유 개황

불교 대장경에는 동아시아 고전보다 훨씬 다양한 그물 비유들이 자주 나온다. 고리(려)대장경高麗大藏經/중화전자불전中華電子佛典을 검색하면, 기본 그물 개념으로 '망網'은 6,115/23,259번, '망罔-网'은 684-46/7,198-73번, '어망魚(漁)網'은 15(3)/54(14)번, '법망法網(罔)'은 142(2)/133(19)번 나온다. 불교에 독특한 그물 비유로 '법망'과 상통하는 '범망梵網'이 182/2,513번, '계망戒網'이 7/21번 나온다.

한편, 장엄의 의미를 지닌 개념으로, 찬란한 빛을 상징하는 '광망光網'이 91/241번, '광명망光明網'이 141/435번, '明網' 232/459번(이 가운데 '무명망無明網' 25/40번은 제외) 나오고, 불꽃으로 '화망火網' 1/3번, '염망焰網' 18/33번, '염망炎網' 1/1번 나오며, 꽃으로 '화망華網' 51/146번, '화망花網' 7/5번 나온다. 제석천 '제망帝網-인드라망因陁(陀)羅網'이 144-95(47)/1,390-10(594)번, 천상극락에 '라망羅網' 814/2,059번, '보라망寶羅網' 71/139번, '보망寶網' 499/1,154번, '주망珠網' 98/342번 나온다.

반면, 죄악에 걸려든 속박의 의미로, '형망刑網' 6/22번, '죄망罪網' 5/22번, '악망惡網' 2/12번, '업망業網' 31/81번, '의망疑網' 645/1,533번, '치망癡網' 44/72번, '욕망欲網' 46/82번, '애망愛網' 106/319번, 생(사)망(生)死網 (10)15/(19)25번, '마(라)망魔(羅)網' 88(28)/268(64)번, '사망邪網'38/135번, '사견망邪見網' 30/61번, '번뇌망煩惱網' 24/67번이 나온다. 이러한 다양한 그물 비유개념의 검색결과를 도표로 정리하면 다음의 표와 같다.

	網(罔,綱	梵網	法網	法律	正法	見網	邪見網
高麗藏 KT	6,115 684罔 848綱	182 2罔 4綱	142 2罔 31綱	1,565	15,144 28政法	118 (88) 3罔	30
중화전자불전 CBETA	23,259 7,198罔 9,022綱	2,513 2罔 9綱	133 19罔 92綱	2,886	36,768 69政法	435 (374) 20罔 7綱	61

비고: '网'은 KT에 46회, CBETA에 73회, '法網'은 經에 15회, '刑網'은 唐 이후 중국서에만 나옴.

	天網	帝網	因陀羅網	因陁羅網	寶網	寶羅網	羅網	珠網
高麗藏 KT	30 6罔 2綱	144 2罔 5綱	47	95 (142)	499 3罔	71	814 1罔	98 3罔 1綱
中華電子佛典 CBETA	501 156罔 21綱	1,390 6罔 8綱	594	10 (604)	1154 6罔	139	2,059 3罔	342 18罔 7綱

	愛網	欲網	魔(羅)網	鐵網	疑網	惑網
高麗藏 KT	106	46 /1慾	88 (28)	90	645 1罔 6綱	28 4罔
中華電子佛典 CBETA	319	82 /5慾	268 (64)	296	1,533 8罔 8綱	83 6罔 2綱

3. '불법佛法'의 개념과 한역 불경에 '법망法網'

우선, '불법'은 세속 국'법'이 아니라서 법학에 포함되지 않는 걸로 여기는 경향이 강하다. 물론 불법은 부처님 가르침을 가리키는 법(dharma)으로 실정법은 아니다. 전술했듯이, 불교의 법은, 첫째 모든 법 중 최고 진리로서 열반, 둘째 열반을 얻는 기본 방편으로서 사성

	僧網	戒網	教網	憲網	世網	禁網	刑網	俗網
高麗藏 KT	3 3罔 7綱	7	69 7罔	39	16 1綱	1	6 1罔	19
중화전자불전 CBETA	65 70綱	21	378 48罔	13	148 15綱	12 2罔	22 3罔	63

	光網	光明網	明網	華網	花網	焰網	智網	衆網
高麗藏 KT	91 1罔 1綱	141 3罔	232	51	7	18 1火 1炎	2 2知網 3慧網	16 3綱
中華電子佛典 CBETA	241 65罔 5綱	435 20罔 7綱	459	146	5	33 3火 1炎	10 4知網 慧網5	72 35綱

	邪網	邪見網	無明網	癡網	業網	(生)死網	煩惱網
高麗藏 KT	38	30	25	44	31	15 (10)	24
中華電子佛典 CBETA	145	61	40	72	81	25 (19)	67

제四聖諦와 팔정도八正道, 셋째 팔정도를 돕는 모든 선법과 진실한 말씀을 포괄한다. 이는 도가나 유가에 '道'의 개념과 상통한다. 열반의 법은 무위와 空의 본체로서 도이고, 팔정도와 만법은 궁극의 도에 다가가는 '길'로서 수행에 선방편인 도이다. 따라서 불법(dharma)은 세속법의 근원인 '자연법' 개념과 비슷한 측면이 있다. 불교 경전에 '자연

법自然法' 개념도 다수 등장한다. '자연'이란 '저절로 그러하다'는 로자 개념과 상통하며, '자연법'은 '저절로 그러한 법'이란 뜻으로 우주자연 법칙으로서 부처님 가르침이다. 특히 동서고금에 우주자연법칙과 인간 사회규범에 공통핵심으로 꼽히는 황금률에도 불교 자연법이 강조된다. 불교 황금률은 편협한 '인본人本주의'를 벗어나, 중생평등 원칙의 '생본生本주의'로서 미래 희망이 될 우주 자연법이라 할 것이다. 따라서 본고에서 탐구하는 불교 '법망'도 크게 봐서 로자의 '천망天網'에 상응하며, 국법(실정법)의 원천으로서 '자연법' 차원에서 법철학에서 다룰 가치와 필요가 충분하다고 여겨진다.

그러면 본고 연구주제에 가장 핵심인 '법망'부터 살펴보기로 하자. 물론 이 '법망'은 산스끄리뜨어(梵語) Dharma-jāla, 빨리어 Dhamma-jāla의 의역으로, 국법 체계를 상징하는 세속적 '법망'과 상통하는 속성이 있으나, 근본연원은 다른 게 사실이다. 오히려 로자가 말한 '천망'에 더 가깝고 친숙할 것이다. 그러나 현재까지 우리가 흔히 쓰는 '법망' 용어의 어원유래일 가능성이 매우 높은 까닭에, 본고에서 경전-주석-법문어록으로 나눠 우선 집중 검토하고자 한다.

현전하는 한역 불교경전에서 가장 오래된 '법망' 용어는, 아마도 삼국시대 오吳에서 지겸支謙이 번역한 불설범망륙십이견경佛說梵網六十二見經에 등장하는 듯하다. 생사윤회를 벗어나는 심오한 청정범행 가르침을 '梵網'경(Brahma-jāla sutra)이라 명명하며, 과거 구루진불拘樓秦佛 때는 '법망'경이라 부르고, 가섭불迦葉佛 때는 '견망見網'經이라 불렀다고 한다. 여기에 '그물 網'으로 비유한 연유도 나온다. 노련한 어부가 촘촘한 그물을 작은 연못에 던지면, 모든 물고기가 그물 안에 걸려들어 빠져나갈 수 없듯이, 외도異道人도 62사견邪見의 그물 안에서 머물며 왕래하여 생사윤회를 벗어날 수 없다고 비유한다. 즉, 사견邪見 자체가 수행자를 얽매어 옥죄는 그물이 되고, 따라서 생사윤회 자체도 그물로 비유된다.

거꾸로, 생사윤회를 벗어날 수 있는 부처님의 올바른 견해는 청정한 가르침 그물로서, '범망=법망=(정)견망'이란 등식의 전통을 지닌다. 남전南傳(빨리어) 梵網經에도 그 다른 명칭으로 '의망義網' '법망' '梵網' '견망見網' '무상전승無上戰勝'이 나온다.(長部經典, 通妙역)

그 뒤 동진東晉 때 번역된 60권 화엄경華嚴經에는 보살이 무량무수겁 동안 무량佛을 공양하고 무량중생을 제도하며 닦는 온갖 고행 가운데, 비구 모습으로 나타나 청정계율로 육근을 조복하기도 하고, "더러 자재왕自在王으로 법망에 들어가는 모습을 나타내기도 한다."는 묘사가 나온다.(佛馱跋陀羅譯, 離世間品第33之8)

그보다 앞서 서진西晉 원강元康 원년(291)에 한역된, 같은 내용의 선행 이역본에도 비슷한 내용이 나온다. "홀로 떠돌며 거니는 비구로서 마음 고요하고, 더러 국가군주가 되어 법망의 지혜로운 세계에 들기도 한다."(度世品經卷第6, 竺法護譯)

두 번역본을 대조해보면, 국가를 다스리는 군주로서 정의로운 법의 그물에 스스로 들어가, 그 법망으로 인민을 잘 다스린다는 취지임을 알 수 있다. 제정일치, 천인합일, 범아일여의 고대에 지혜로운 내성외왕이 청정한 자연법에 합치하는 정의로운 국법으로 나라 백성을 다스리니, 여기 '법망'은 성속을 겸비한 개념이 되겠다.

또, 60권 화엄경에는 선재善財동자가 순방하는 선지식 중 묘덕수호제성야천妙德守護諸城夜天이 아주 오랜 옛날 리구광명離垢光明겁 때 법계묘덕운法界妙德雲세계에서 출현한 수미산須彌山 티끌 수만큼의 무수佛을 시봉했는데, 최초에 법해뢰음광명왕불法海雷音光明王佛이 출현한 뒤 차례로 이어져 27번째로 법망각묘덕월여래法網覺妙德月如來가 출현했다고 설한다.[2] 또 수隋 때 번역된 오천오백불명신주제장멸죄경五千五百佛名神呪除障滅罪經에는 "나무법망청정공덕월여래南無法網清淨功德月

如來"가 나온다.(闍那崛譯, 卷第一)

당唐 때 번역된 80권 화엄경에는, 선재동자가 순방한 선지식 중 부동우바이不動優婆夷가 자신이 구해 얻은 일체법무염족삼매광명一切法無厭足三昧光明으로 일체 중생을 기쁘게 미묘한 法을 설하는 걸, 마치 금시조金翅鳥가 허공을 자유자재로 날아다니다가 중생대해衆生大海에서 선근이 성숙한 자만 콕 물어 보리안菩提岸(피안)에 내려놓는 것에 비유한다. 또 능숙 능란한 어부가 正法網을 지니고 생사의 바다에 들어가, 애욕의 물에 허우적거리는 여러 중생을 건져내는 것에 비유한다.[3] 여기서 법망은 죄지은 중생을 포박 구속하는 의미에서 훨씬 더 나아가, 죄악의 바다에서 구출하는 제도·구원의 의미를 함축한다.

참고로, 유불선 삼교경전을 통달하고 화엄경과 역대 주요 경론 및 주석을 종합 망라해 '신화엄경합론'을 번역 출간한, 우리나라 현대 고승 탄허呑虛스님도, 화엄경에 친숙한 인연인지 불교 수행법문을 고기잡이 그물로 비유해 눈길을 끈다. 상근기를 위한 참선법은 고래잡이 그물로, 중근기를 위한 관법-정관(靜觀: 空)·환관(幻觀: 假)·적관(寂觀·中) 三觀은 대구·명태잡이 그물로, 하근기를 위한 염불·비밀(주문)법문은 새우·멸치잡이 그물로 각각 대비한다.[4]

한편, 당唐 때 번역된 법신찬法身讚에도, 부처님이 무량 유정有情을 조복시켜 단박에 청정하게 하는 교화를 찬탄하여, "삼계 바다에 조복

---

2 大方廣佛華嚴經卷第54, 佛馱跋陀羅譯, 入法界品第34之11. 모두 99번째 여래 명호까지 열거한 뒤, 최후 佛 명호는 法界城明淨智燈여래인데, 唐 般若譯 이역본(40권본) 卷第22, 入不思議解脫境界普賢行願品에는 "次有佛興, 名法網覺勝月"이라 번역.

3 大方廣佛華嚴經卷第66, 實叉難陀譯, 入法界品第39之7. 般若譯 이역본(40권본) 卷第14, 入不思議解脫境界普賢行願品: "又如漁師有具足力, 持正法網, 入生死海, 漉諸衆生."

4 탄허, 탄허록呑虛錄, 휴, 2012년 초판, 138-140, 185-6쪽 참조.

망調伏網을 던져 묘법망妙法網을 펼치고 (중생을) 두루 성숙시키나니, 조복망으로 두루 성숙시켜 바다 물살에 표류하는 자들을 두루 건져낸다."고 비유한다.(百千頌大集經地藏菩薩請問法身讚, 不空譯)

량梁 때 월파수나月婆首那가 번역한 대승정왕경大乘頂王經에는, 선사유善思惟동자가 부처님을 찬탄하는 게송에서, "세존 무상사無上師께서 저를 위해 출세하시어 설법하심에, 온갖 마장의 그물(魔網)을 영원히 끊고 정법 그물을 드러내신다."고 비유한다.

비슷한 시기 번역된 대승보운경大乘寶雲經에도 부처님께 귀의하는 게송에서, 본래 생멸이 없고 자연스런 법성法性을 체득해 중생들한테 사자후로 법륜을 굴리시며, 적시에 정도正道를 설해 중생들이 진여眞如를 통달해 열반에 들도록 기별記別을 주시며, 세 근기를 훤히 통달하고 시기時機를 꿰뚫어 교화한 중생들이 법망에 여의원만하다고 찬탄한다.(卷第1, 序品第1)

'마망魔網↔법망'의 대조가 특히 눈에 띈다.

북위 때 번역된 정법념처경正法念處經에는 야마천夜摩天을 묘사하면서, "만약 자신을 스스로 잘 관찰하여 항상 부정不淨한 줄 알며, 법망을 알아 갖가지 법망의 지식으로 생사를 좋아하지 않게 된다면 천상에 생겨난다."고 설한다.(卷第41, 觀天品之20) 또 동진 때 번역된 경전에는 관세음보살이 대다라니를 설하고, "여법히 수행하면, 앞에 법망처럼 즉시 증험경지를 얻으리라!"는 표현이 나온다.

이상이 현전하는 한역 불경 본문에 나타나는 '법망'의 주요 사례이자 함의이다.

4. 경률經律 주석에 등장하는 '법망法網'

이러한 경문상 '법망'의 함의에 근거해, 이후 여러 고승대덕이 경률을 강의 해설한 각종 주석서에도 다채로운 '법망'이 자주 등장한다. 유마경(淨名經) 불국품佛國品에 나오는 보살 명호 해설에 보면, '제망帝網'은 환술경幻術經에 나오는 帝網처럼 대사大士(보살)의 신통변화가 환술마냥 자유자재 함을 비유적으로 함축하고, 또 교화가 제왕의 법망 같아서 붙인 명칭이라는 구마라집 주석이 눈에 띈다. '명망明網'은 부처님 32상 중 하나인 손바닥 망만網縵이 광명을 방출해서 취한 명칭이고, '梵網'보살은 범천에 4범행(梵行, 무량심)인 자비희사慈悲喜捨를 그물눈처럼 많이 행함을 가리킨다고 한다.(淨名經集解關中疏卷上, 道液集)

더러 '제망帝網'보살은 제왕 법망처럼 무량무수 法 그물로 일체 번뇌와 중생을 망라함을 뜻하고, '明網'보살은 사익경思益經에서처럼 밝은 광명을 법망으로 삼음을 뜻하며, '梵網'보살은 梵이 청정이니 청정 법망을 올바르게 관조해 내외 일체 중생을 망라한다고 풀이한다.(智顗, 維摩羅詰經文疏卷第4)

또, 수隋 장안章安 관정灌頂 법사는 대반열반경소大般涅槃經疏에서 불교의 '慈'를 설명하며 국헌國憲과 불법佛法을 비교하는바, "국가의 엄형은 혹독함이 근본인데, 불교의 법망은 자비가 종지로서, 그름을 들어 옳음을 드러낸다."고 대비한다.(卷第7, 長壽品)

한편, 불교 계율 중 중요한 사분률四分律 주석서에 '범망=법망' 관련 내용이 다수 나온다. 우선 당唐대 유명한 도선道宣 율사는 '승망대강僧網大綱' 편에서, 승려들이 범하기 쉬운 여러 잘못들을 열거해 모두 부처님 종지가 아니라고 판단한 뒤, 진실로 벼리(綱維)가 법망에 의지하지 않아 부화뇌동해 일어난다고 설명한다. 말법시대에 중생 악업이 몹시 중해 회개할 줄 모르고 청정 비구도 적기 때문이다. 그래서 유나維那 상좌는 시비를 잘 분간하고 청정계율을 설해 승중僧衆을 올바르게 인도하여, 비법非法을 저지르지 못하도록 사명감과 책임감을 지녀야 하며, 고개 숙이고 눈을 감은 채 법망을 모른 채 해서는 안 된다고 강조한다. 또 당唐 지홍志鴻스님은 '중망유지衆網維持'란 결계結界·설계說戒·자자自恣·갈마羯磨 등 법에 모두 승가대중이 법망을 유지하는 거라고 풀이한다.

唐 대각大覺스님은 사분률 주석에서 '법망'을 특히 많이 애용한다. 우선 행의行儀 현양에서 '끊어진 현강玄綱을 묶어 매는 것'을 이렇게 비유한다.

"마치 그물에 벼리가 있어 그물눈들을 정돈하듯, 불법의 그물은 계戒를 벼리로 삼으니, 만약 지계持戒를 저버리면 그 벼리가 끊어짐이요, 벼리가 끊어지는 즉시 불법망佛法網은 어지러워진다. 만약 어떤 사람이 교망敎網을 유지하여 불법이 단멸하지 않게 할 수 있다면, 그것이 바로 끊어진 현강玄綱을 묶어 맴이다."

또 '중망유지衆網維持'에서 衆은 僧衆이고, 網은 법망이며, 유지는 연결해 묶는 것이니, 승중의 강망綱網을 유지함이라고 해설한다. 수욕시비受欲是非에서는 도선율사처럼, 비법非法의 일로 衆網 가운데 걸려들어 곤장 처벌을 받는 승려 사례들은 모두 부처님의 거룩한 뜻이 아니며, 진실로 강유綱維가 법망에 의지하지 않기 때문이라고 본다. 특히 '승망대강僧網大綱'에 대한 상세한 해제解題가 눈에 띈다.

"僧網大綱이란 세간 그물에 벼리가 그물눈을 바르게 정돈함을 차용한 비유로, 이편은 승가 법망에 기강이다. 주지住持에 대요大要를 綱이라 하고, 세세한 행위에 의궤儀軌를 網이라 하니, 僧衆 그물눈(網目)에 강령이라 할 수 있다. 설문說文에 '그물을 유지하는 큰 밧줄을 綱이라 한다.' 승법僧法도 만약 어기면(어그러지면), 문란해서 실마리를 잃게 되니, 이편을 들어 올리면 정돈되지 않을 법이 없어서, 위 서문에서도 '이미 끊어진 현강玄綱을 묶어 맨다.'고 한 뜻이다. 대중의 주지도 삼강三綱이 있어 승망僧網을 취하니, 망網은 강綱으로 말미암는다. 網은 곧 衆僧이니, 대중주지가 승중을 유지함은, 마치 벼리가 그물을 유지하는 것과 같다."

따라서 "스스로 당시 그물에 혼미하면, 죄와 복을 일깨워주는 말을 이해하지 못하고 시의時宜를 제대로 인식하지 못해, 법망을 쓸 줄 모른다. 이는 세속감정과 홍진에 오염되어 교법敎法에 혼미함이니, 요즘 사승師僧들이 색·성·향·미·촉·법 등 6진塵에 빌붙어 오염된 탓에, 거룩한 가르침을 분명히 해오하지 못해 법망에 혼미한 것이다." 뭇 법을 잘 수행해 성취하려면, 이러한 대중 법망을 받아들이는 의리를 잘 알아야 한다.

또 파계승이 충간忠諫을 어김에서도, 網은 법이고 諫은 법망인 까닭에, '망생網生'이란 승잔죄행僧殘罪行이 교망敎網으로부터 생김을 뜻한다. 악행자는 반드시 교망을 어기는데, 이미 (금계를 명한) 교망을 선포한 까닭에 죄를 얻게 되어, 죄가 그물로 말미암아 생긴다. 이는 국법체계에서 "법률 없이 범죄 없고, 범죄 없이 형벌 없다."는 죄형법정주의에 상응하는 불교 계율법망 원리다. 부처님이 처음 법륜을 굴려 제자들을 가르칠 초기에는 본디 계율이 없었다. 나중에 승가대중이 많아지면서 뜻하지 않는 엉뚱한 짓과 사고가 생기기 시작하고, 이러한 일탈을 방지하기 위해 '의사이제(議事以制: case by case)' 임기응변 방식으로 필요한 계를 하나씩 제정하면서 불교 '법망'이 형성되었는데, 이러한 계율 법망이 생긴 뒤에 파계 범죄가 비로소 등장한 것이다. 이렇듯 법망을 뚫고 빠져나가는 짓을 '탈루심망脫漏深網'이라 부르는데, 수행승으로서 검소한 자기절제(儉約)가 없이 불교법망을 어기고 빠져나가 법망 안에 머물지 않기에 '샐 漏'로 표현한다.

송宋 원조元照스님은 "해서는 안 되는 일을 하거나, 해야 하는 일을 하지 않는 것은, 둘 다 법망에 어긋나 모두 똑같은 죄를 얻는다."고 말한다. 여기서 "둘 다 법망에 어긋난다는 말은, 전자는 부처님이 통제한 의도에, 후자는 부처님이 열어준 의도에 각각 어긋나, 모두 동일한 범죄가 된다."고 풀이한다. 이상에서 僧網=敎網=法網의 등식관계로 호용됨을 알 수 있다.

5. 고승 법문 및 어록에 나타난 '법망法網'

역대 고승대덕의 법문이나 어록에도 다채로운 '법망'이 애용된다. 천태종 교리를 완성한 수隋 지자智者 대사는, 법망에 숱한 그물눈을 펼치는 원리를 명쾌히 설명해 눈길을 끈다. 그는 명저 마하지관摩訶止觀에서 안심법문을 총 512문으로 분류하며, 세간 의사가 치료한 병은 재발할 수 있지만, 의왕인 여래의 치료는 재발이 없는 궁극 안심安心법문인데, 다만 중생 심행心行이 각각 달라 대치법도 다양하게 달라질 수밖에 없다고 설명한다. 부처님 8만4천 법문 원리와 같다. 만약 1구절 진리에 마음이 평안해지면 더할 나위 없이 만족하지만, 만약 불안하다면 정교한 방편으로 마음을 평안케 함이 긴요하다. 이는 마치 새가 걸려 붙잡히는 그물눈은 단 하나뿐이지만, 그물눈 하나만으로는 새를 잡을 수 없기에, 모름지기 수많은 그물눈을 지닌 법망을 넓게 펼쳐, 중생 심행心行(탐진치 삼독의 번뇌망상)의 새를 잡아야 한다는 것이다.

얼마나 기막힌 비유인가?! 이 비유는 五代 송 초 유명한 고승 영명永明 연수延壽 선사도 명저 종경록宗鏡錄(권제44)에서 그대로 인용하는데, 비슷한 발상은 이미 전국시대 장자莊子가 창안했다. 혜자惠子가 莊子의 '무용無用'론을 힐난하자, 장자가 반문한다. "無用의 원리를 알아야 비로소 用을 말할 수 있소. 무릇 대지가 무척 광대하지만, 사람이 쓰는 것은 발 딛는 땅이면 족하오. 그렇다고 발 바깥을 파내려가 황천에 이른다면, 그래도 사람이 그 땅을 (안심하고) 쓰겠소?" 惠子가 '無用'이라고 답하자, 莊子는 "그래서 無用이 유용한 게 분명하다."고 빙그레 웃는다.(雜篇, 外物第26)(참고로, 예전 남사당패나 영화 '하늘을 걷는 남자(Man on wire)'에 '허공 외줄 타기'도 있으나, 그 가녀린 줄도 양쪽에 강인한 버팀목이나 빌딩이 받쳐주고, 또 잠시 목숨 건 곡예일 뿐이다.)

이는 물레로 유형의 그릇을 만들어도 우리가 정작 쓰는 곳은 그릇 안쪽에 텅 빈 공간이고, 여러 유형의 골격으로 구성된 집도 빈 방을 사용하므로, 有가 이롭지만 無가 쓰인다고 老子가 지적한 원리와 상통한다.(老子 제11장)

현대 국법체계에도 이 논리를 그대로 적용하기는 어렵지만, 조금 변용해 해석한다면, 범죄가 항상 발생해 법망이 필요한 것은 아니지만, 언제 어디서 발생할지 모르는 한두 죄악을 미연에 방지하기 위해 법망을 펼쳐둘 필요가 있다고 풀이할 수 있지 않을까?

宋 이후 어록에는 고승대덕의 수행력 및 교화력을 송축하는 시문으로 자주 등장한다. 지례知禮 스님을 찬탄하는 게송을 보자.

> "십법十法의 큰 수레 운행함은 불지佛地에 이르길 기약함이오,
> 팔교八教 法網을 펼침은 사람 물고기 건져 올림 귀히 여김이라!"

불조佛祖 전통을 기술하면서, 계戒·정定·혜慧 삼학으로 요약할 수 있는 불교는, 부처님(法王) 당시에는 일도一道로 청정하고, 일음一音으로 연설해도 누구나 근기에 맞게 감화를 얻었지만, "학림鶴林이 사라지고 법망이 흩어짐에 이르러, 신족통이 숨고 종파의 길이 달라졌다."고 비유한다.

일찍이 唐 고종은 대자은사大慈恩寺 현장玄藏법사 역경을 보고 친히 쓴 '술성기述聖記'에서, 정교正教를 현양顯揚하는 지혜와 미언微言을 천명하는 현명함을 칭송하면서, "법망의 기강을 열어 6도度의 정교正教를 홍양해, 중생을 도탄에서 건지고 삼장의 비밀스런 빗장을 푼다."고 역경공덕을 찬탄했다. 송 태종도 신역삼장성교新譯三藏聖教에 친히 쓴 서문에서 불교의 위대함을 극찬하며, "의리義理는 유현幽玄하고 진공眞空은 측량할 수 없으며, 만상萬象을 포괄하되 비유는 무한하다. 법망의 기강을 장악하여 무제無際의 정교正教를 펼치니, 사생四生을 고

해에서 건져내고 삼장을 비언祕言에서 풀어낸다."고 비유했다.

당唐 리통현李通玄 장자長者는 신화엄경론新華嚴經論에서 대비인과大悲因果를 설명하면서, "여래 대자비를 원인으로 여래 궁전의 열매果 맺으며, 또 보살의 십바라밀행으로 大悲가 생겨나 열 가지 열매果 맺는데, 여섯째 지혜바라밀의 大悲行 인과는 불가사의한 마니보왕摩尼寶王으로, 그물을 만듦에 지혜로 간택해 여러 법망을 이루고, 또 불가사의한 음보망音寶網으로 궁전을 장엄한다."고 비유한다. 또 문수사리보살의 복덕 원광圓光은, 청정심이 항상 방출하는 광명으로 보는 사람을 기쁘게 하는데, "光網이란 법망이 원만하여 가르침의 빛(教光)을 밝게 비춤이다."고 설명한다.

고승전에는 지둔支遁스님이 축잠竺潛(法深)스님의 도덕을 칭송하며, "예전에 경읍京邑에서 법망을 유지해, 안팎에서 모두 홍도의 거장으로 우러른다."고 말했다.

동진 안제 륭안隆安 원년(397)에 승가제파僧伽提婆가 경사京師에서 왕공王公 및 풍류명사들이 운집한 가운데 불경을 번역하고 정법을 펼치는데, 위군衛軍 동정후東亭侯 왕순王珣이 '法網道人'한테 '아자阿字(阿彌)로 얻는 게 무엇인지?' 질문했다고 나온다. 문맥상 '법망도인은 별도의 고유명사라기보다는, 주인공 승가제파의 명예로운 별칭으로 여겨진다.

정림靜琳선사는 "상법시대 불교가 동으로 전래해 법망이 비록 장엄하나, 승가 위의와 정도正度는 아직 빛나게 선양되지 못함을 안타깝게 여겨, 염부제를 두루 유람해 부처님의 신령스런 자취를 모두 살펴보고자 했다."

속고승전을 편찬한 도선道宣율사는 호법護法편 말미에, "대저 경론과 도업은 청심淸心에 힘쓰고, 법망의 선양 보호는 돈독하고 원대한 의지다. 의지가 원대하면 환난과 모욕을 무릅쓰고, 마음이 청정하면 엄형중벌도 두려워하지 않는다."는 종합평론을 덧붙인다. 또 자신이 편찬한 광홍명집廣弘明集의 목적을 밝히면서, "廣弘明이란 법망을 홍양 보호하여 식자에게 열어 밝힌다."고 제목을 풀이했다. 거기에 출가 승려도 속가 부모한테 절하라는 황제 조서에 대한 반론이 실렸는데, 그 상소문에는 출가수행이 재가와 판이해서, "마음으로 불계佛戒를 받고 몸으로 부처님 위의를 갖추어, 법망이 현격히 다르고 공경이 완전히 구별된다."고 적었다.

경덕전등록景德傳燈錄에 실린 향엄香嚴 습등襲燈대사 지한송智閑頌에는, "법망은 성글고 신령스런 불꽃은 미세한데, 유월에 누워 옷과 이불 없앴네."라는 시구가 보인다.[5] 속전등록에는 온총蘊聰 자조慈照선사가 "실오라기 하나 걸치지 않고 법망은 끝없는데, 어찌 도리어 미혹과 깨달음이 있습니까?" 라는 질문에, "두 통을 하나로 묶어 함께 짊어진다."고 답변한 선문답이 나온다.

唐 고종 룡삭龍朔 원년(661)에 서화관西華觀 도사道士 곽행진郭行眞은, "부처님이 법망을 드리우시니, 이는 유형에 뱃사공과 같은지라, 경전 핵심을 통괄하지 않고서야, 누가 능히 (이 법망을) 가벼이 들어 올릴 수 있으랴?"고 찬탄했다. 불법의 현허하고 심오한 종지를 아무나 쉽게 이해하기 어렵고, 그 법을 펼침은 더더욱 어렵다는 뜻이다.

대당내전록大唐內典錄에는, 서진西晉 때 불경의 전래 및 번역이 가장 활발했는데, "법망의 홍양 보호가 그로부터 크게 일었다."고 전한다. 참고로, 축법망竺法網이 석혜림釋慧林과 서신 왕래한 기록이 나오는데, 다른 전적에는 '축법강竺法綱'으로 나와 오자로 보인다. 또, 대승입도차제개결大乘入道次第開決은, 불교가 너무 방대하고 심오해서 "초학자들

5 景德傳燈錄卷第29, 宋 道原찬, 讚頌偈詩, 香嚴襲燈大師智閑頌一十九首: "授指:…法網疎靈焰細, 六月臥去衣被." 禪門諸祖師偈頌下之上(송 釋如祐錄)에도 동일 내용이 실림!

이 광대한 법해法海를 바라보고 망연자실하며, 심오한 의산義山을 우러러 영원히 물러날까 저어하여, 드디어 대교大教의 핵심(樞要)을 간추리고 법망의 대강을 들어 올려, 한 모퉁이나마 보여주고자 이 의기義記를 짓는다."고 적었다.

한편, 호국경전으로 고리(려)高麗 때 법회를 자주 가진 인왕경에 대한 서문에 보면, "파사닉왕의 질문을 단서로 끌어내, 오인五忍의 법망을 높이 펼쳤다."고 칭송한 구절이 눈에 띈다. 파사닉왕이 국왕으로서 국민을 통치하는 보살행을 묻자, 부처님이 복인伏忍·신인信忍·순인順忍·무생인無生忍·적멸인寂滅忍의 5忍으로 선정을 베풀라고 가르친 대목을 가리킨다. 천태조사전승기에는 룡수龍樹부터 형계荊谿까지 9대(世)동안 법통이 잘 전승되다가, "荊谿가 입적한 뒤 법망이 점차 흩어지고 적통전승이 끊겨, 후대인은 강의만 할 따름이다."는 탄식도 나온다.

고승어록에, "우리 스승 부처님 세존께서 돈점頓漸 2교를 베풀어, 칠취七趣에 빠져 헤매는 중생 구제하시고, 법망을 크게 펼쳐 유위의 복혜福慧 문을 열고, 직상원상直相圓常을 곧게 도와 무상無相의 열반영역에 들게 하시며, 이제二諦 삼승三乘의 법을 연설하여 중생을 제도하고, 8만4천 법문을 열어 특별히 모든 등급을 거두셨네."

선종 5종 중 조동종曹洞宗에 대한 평론에, "말세에 한번 깨달으면 모두 끝났다고 착각하는 마인魔人들을 슬퍼해, 사람들이 건혜乾慧가 많은 까닭에 장래 3루漏를 모두 끊어야 하는 법망을 내보였다. 깨달은 뒤에도 습기가 남은 혼탁한 지혜는 근기와 과위에 직결된다."

명 영각永覺화상의 철산鐵山경瓊선사 찬시贊詩에, "땅 불살라 하늘 연기 자욱해 숨을 곳 없고, 법망이 하늘에 가득한데 바다 밖이 열렸네." 라고 말한다.

당 도선율사에 대한 찬시에, '남산에 법망을 펼쳐, 서국西國에 진규眞規를 닦았네.'란 구절도 눈에 띈다. 청정계율로서 '범망'을 뜻한다.

명 천계天界 각랑覺浪 도성道盛선사는 리태재李太宰한테 보낸 답신에서, 요즘 문자선文字禪에 빠져 많은 불자를 생사윤회에 잘못 타락시키는 세태를, 마치 조괄趙括이 부친 조사趙奢의 병법서만 읽고서 자만에 빠져 40만 대군을 몰살시킨 사례에 빗대며, 만약 진정으로 부처나 조사 심법心法을 깨닫는다면, 종횡으로 기민하게 활용하여, 누구도 그 예봉을 감당할 수 없다고 탄식한다. 이어 4종 탐욕에 대해 응병시약應病施藥하는 대기법문은 이독공독以毒攻毒, 이병치병以病治病의 원리임을 강조한다. 천하가 모두 탐욕의 늪에 빠졌으니, 먼저 욕망으로 꾀어 불지佛智에 이끄는 방편이 필요하다고 역설한다. 오히려 탐욕이 없는 사람은 마치 볶은 씨앗이나 썩은 종자처럼 싹틀 기미가 없어, 부처님도 제도할 수 없다고 비유하며, 탐욕 중생을 그 정욕情欲에 따라 미끼 던져 낚으면, 누가 이 법망에서 빠져나갈 수 있겠느냐고 반문한다.

참 기이한 인연에 화엄경 법문을 인용해 비유한 설법도 눈에 띈다. 감주淦州 판관 리제천李濟川은 대대로 요饒에 살았다. 전에 흰 비단에 그려 모신 관음보살상이 비바람에 휩쓸려 잃었는바, 20년 뒤 어부가 그물질하다 건져 올렸는데, 조금도 손괴되지 않고 온전했다. 몹시 탄복한 리제천이 새로 장식해 찬贊을 청해, 해인海印화상이 쓴 글이다.

> "관음觀音: '보살어부가 正法 그물을 지니고 생사고해에 들어가 여러 중생을 건져 대각大覺 언덕에 올린다.' 전에 화엄법문에서 곧잘 읊조린 말인데, 이제 제천거사가 물속에서 건져 올린 관음화상畵像을 보니 그게 사실임을 증험했다. 이로써 법력 감응교화가 말씀이나 형상이나 모두 진실함을 알 수 있다. 틀림없이 청정심 바다에 들어 금강처럼 굳센 신심을 지닌 자임은 말할 필요도 없다. 게송에 이르길,
>
> 펼치기도 하고 말기도 하며 고금에 유통하니, 舒卷流通亘古今
> 가장 소멸하기 어려운 게 대비심이네. 最難消是大悲心,

온전한 몸 물에 들어가 온전한 몸 나오거늘, 全身入水全身出,
저 중생들 업장고해 어찌 그리 깊을꼬?" 奈彼衆生業海深.

국법을 직접 지칭한 법망도 있다. 오역죄나 불법비방죄는 극락왕생할 수 없다는 해설이다.

"오역 중죄는 (국법상 반드시 처형될 운명인데) 요행히 법망을 도피할지라도, 임종에 지옥 형상이 나타나 고통이 핍진하면, 살려달라고 울부짖으며 틀림없이 스스로 죄악을 진술할 것이다. 그래야 좋은 벗이 그 사실을 알고 설법으로 위안을 줄 수 있다. 만약 범죄가 발각되어 일찌감치 왕난王難을 당한다면, 또 누가 곡진히 비호해 병으로 죽도록 놔두겠는가?"

재앙 해소 발원문 가운데 관재수로부터 평안을 기도하는 글에도 보인다.(禪林疏語考證卷之2, 元賢편, 弭災門, 橫遭官事祈安)

"슬프도다! 법망이여, 경각에 달아나 살아나기 어렵겠고,
측은하다 형벌위엄이여, 수유간에 죽음에 놓이기 쉽네!
구금 우환도 무겁거니와, 선물비용도 가볍지 않네.
슬프게도 하소연할 길도 없는데, 다행히 귀의할 부처님 계시네!
엎드려 바라옵건대,
소송문서에 농간 없고, 형벌판결에 참람 없길!
정직함 들어 굽은 걸 물리쳐, 영원히 잘못 그르칠 우려 없길!
적선에 길상을 내리시고, 온전히 비호해 주시길 바랍니다!"

특히 흥미로운 일화도 전한다. 원말 명초 시문을 잘한 수인守仁(字一初)스님은 청아하고 간명하며 원대한 뜻을 담은 시로 유명해 양렴부楊廉夫가 극찬했는데, 명 태조한테 발탁되어 승록우선세僧錄右善世를 맡았다. 때마침 남방에서 비취翡翠 공물이 당도하자, 일초一初가 선뜻 詩 한 수를 지었다.(補續高僧傳卷第25, 明河撰, 雜科篇)

"염주炎州서 진상한 취의翠衣를 보고 들으니, 見說炎州進翠衣

하루 내내 동서로 온통 그물질했겠네! 網羅一日遍東西
깃과 털조차 자신한테 누가 되기 족하니, 羽毛亦足爲身累,
어찌 가을숲 고요한 곳서 날아다닐 수 있으리?" 那得秋林靜處飛.
명 태조가 시를 보고 노해 꾸짖었다.
"너는 나한테 벼슬하고 싶지 않아서, 汝不欲仕我,
내 법망이 촘촘하다고 말하느냐?" 謂我法網密耶?

한편, 중화전자불전에 '헌망憲網'이 모두 39회 나온다. 이는 '법망'과 같은 말로 대개 세속 국법을 가리킨다. 자비수참慈悲水懺에 '몸이 헌망憲網에 걸리다.'는 말은 자신이 왕법에 저촉되어 감옥에 들어감을 가리킨다. 마치 새나 물고기가 그물에 걸려 벗어나지 못함과 같아 법망에 걸린다고 비유한 것이다.(智證錄, 隨聞錄, 卷中)

6. '범망梵網' 주석으로 본 '법망法網'의 함의

앞서 '범망=법망=(정)견망'의 전통을 소개했다. '梵網'(Brahma-jāla)은 고리(려)대장경/중화전자불전中華電子佛典에 모두 182/2,513번, '梵網經'은 127/1,144번, '梵網菩薩'은 4/30번 나온다. 이제 불법계율에 비중이 큰 범망경 주석서에 나타난 '범망'의 해설로 불교 '법망'관을 살펴보자.

수隋 천태 지자대사는 경전제목에 대해, 대범천왕大梵天王의 인드라망因陀羅網이 천겹으로 문채文綵가 서로 걸림 없이 펼쳐지듯, 무량세계가 그 그물눈처럼 낱낱이 각각 다르고, 불교법문도 마찬가지로 장엄한 범신梵身처럼 서로 막힘없이 통해, 비유로 범왕梵王 그물 같다는 뜻을 취했다고 풀이한다.(菩薩戒經義疏卷上)

이에 대해 명 4대 고승인 련지蓮池(주굉袾宏)대사는 이렇게 부연한다. 범망은 비유로, 인드라는 '天帝' 또는 '천적주天赤珠'로 대범천왕의 적주라망赤珠羅網을 가리키는데, 붉은 빛 보배색이 서로 교차해 찬란히 비쳐, 문채가 천겹으로 전혀 걸림이나 막힘이 없어서, 시방무량세계의 안립安立과 시방제불의 교화법문 시행과 시방제보살의 수행증득도 그와 같음을 비유한다. 범신梵身은 제불의 본원청정심체本源淸淨心體인데, 펼치면 무량세계가 되고, 열면 무량법문이 되며, 교화인도하면 무량 수행증득이 되어, 이 범신을 장엄함이 마치 범왕이 구슬 달린 그물(珠網)로 화려한 장식을 한 것과 같다.(梵網經心地品菩薩戒義疏發隱卷第2)

또, 도교에서 불교를 본떠 도계道戒≒불계佛戒, 금과金科≒범망梵網, 청률靑律≒길라吉羅 등의 체계를 설정했다. 련지蓮池대사는 이에 대해서, 道戒는 세속 율령과 판이한 것 같지만 실은 같고, 佛律은 비슷해 보이지만 다르다고 하면서, 道戒는 권선징악으로 정양靜養해 신선이 되어 구천에 날아오름을 궁극으로 삼지만, 佛戒는 삼계를 초월한다고 설명한다. 혹자가 왕난王難 형벌이 지옥보다 맹렬하고, 현재 과보가 내생 과보보다 신속한데, 대명률령 외에 따로 불계를 두느냐고 질문하자, 현세 과보는 금생에 재앙이고 색신의 참혹함이지만, 래생의 윤회고통은 끝없고 지옥은 지혜·정신생명(慧命)까지 침몰해, 비교할 수 없이 끔찍하다고 답변한다.(菩薩戒問辯)

신라 의적義寂스님은 좀 구체로 해석한다. 부처님이 보시기에 梵王이 공양한 범망은 제석천의 인드라망처럼 구멍(그물눈)은 무수하지만 그물(벼리)은 하나로 통일 체계를 갖추었듯이, 부처님 법문도 중생근기에 따라 무한히 다채롭게 펼쳐지지만 그 이치는 통일되어 梵網으로 비유한 명칭이다. 법왕法王의 계법戒法도 마찬가지로, 사안에 따라 경중이 다양하게 달라지지만, 청정한 시라尸羅는 끝내 일도一道로 귀결하기에 梵網으로 비유한다. 또 戒는 梵行이고 법망이라서 梵網이라 부르니, 마치 老子가 '천망은 텅텅 빈 듯 성글지만 빠뜨림이 없다'고 말했듯, 戒法도 여러 중생을 섭수해 생사윤회에 빠뜨리지 않기 때문이다. 경전에 '큰 교망敎網을 생사 강물에 펼쳐 사람과 천룡중생을 건져 열반언덕에 놓는다.'고 한 말이다."(菩薩戒本疏卷上)

원효스님은 網으로 비유한 뜻을 세 가지로 본다. 첫째는 佛法을, 둘째는 경의 제목, 셋째는 부처님 설법은 지관止觀 두 문을 벗어나지 않는다. 세목은 구별되지만 그물(網: 벼리)로 세목을 포섭함까지 함축한다.(梵網經菩薩戒本私記卷上) 명 4대 고승인 지욱智旭스님 주석은 너무 현허 심오한 방대한 교학이론이고, 그밖에도 비슷한 취지의 주석들이 많은데 대동소이해 생략한다.

무엇보다도 독특하고 중요한 주석은 당唐 전오傳奧스님의 梵網經記이다. 梵王(梵覽摩)이 청정한 천당망天幢網을 지니고 부처님 법회에 참석해 공양을 올리자, 때마침 부처님이 보고 즉흥 영감으로 비유 설법한 것인데, 대범왕 망라당網羅幢에 그물눈 하나하나가 무량세계 및 불교법문의 전개와 흡사한 점은 앞선 주석과 공통된 내용이다. 주목할 독특한 개별 분석은, 범망을 보살의 삼취정계三聚淨戒에 비유한 점이다.

첫째 섭률의계攝律儀戒는 나무나 곡식에 그물(網羅)을 둘러치면 금수나 잡것이 침범하지 못하는 비유고, 둘째 섭선법계攝善法戒는 나무가 그물 덕분에 꽃과 열매가 무성히 번영하는 비유며, 셋째 섭중생계攝衆生戒는 강에 그물을 치면 물고기를 건져 언덕에 올리는 비유란다.[6] 청정계율의 핵심효능을 심도 있게 분석한 상당히 중요한 풀이다.

이는 바로 세속 국가법망의 목적기능에도 그대로 상응해 연역할 수 있는 핵심내용이다. 즉, 국가 법망도 보살의 삼취정계에 빗대면, 첫째 律儀 포섭 관점에서 범죄나 분쟁이 침범하지 못하게 막고(일반예방),

---

6 梵網經記卷上(序), 唐 傳奧述: "別者, 諭菩薩三聚淨戒, 一諭攝律儀戒, 如網羅樹禽穢不侵; 二諭攝善法戒, 如樹得羅網, 華果繁實, 此二相資; 三諭攝衆生戒, 如張網在河, 撈魚出岸."

둘째 善法 포섭 관점에서 국가사회와 선량한 국민이 법망 덕분에 안전한 평화질서 속에서 번영하며, 셋째 衆生 포섭 차원에서 죄인을 법망으로 건져 올려 교정(교화)치유로 구제(특별예방)하는 비유다.

여기서 참고로 삼취정계를 간단히 살펴본다.

경전(大乘本生心地觀經)에서는, 보살수행자가 중생한테 대비심을 일으켜 대보리를 수행하기 위해서, 무시이래 생사윤회하며 지은 죄악과 번뇌업장을 세척해 육근을 정화하기 위해서, 부처님 열반 후 청정한 신심으로 참회하기 위해서, 부모·국왕 등 네 은혜에 두루 보답하기 위해서라도, 마땅히 청정한 보리심을 내어 삼세 여래가 호념하는 보살 삼취계를 받아 지녀야한다고 거듭 당부한다. 그런데 여기서는 일체 유정을 유익하게 하는 계와 일체 선법을 닦는 계가 일체 율의를 지니는 계보다 앞서 언급해 눈길을 끈다.(般若譯, 卷第3, 報恩品第2之下)

이에 대해, 이 경전이 4은에 대한 보은심이 간절하고 이타행이 급선무라서, 순서를 바꿔 특별히 강조한 거라고 풀이한다.(來舟 淺註)

달마대사 파상론破相論 법문에는, 해탈을 구하는 자는 탐진치 삼독을 삼취정계로 전환하고, 여섯 감각기관인 6근=6적賊을 6바라밀로 전환하기만 하면, 자연히 일체 모든 고통번뇌를 영원히 여의게 된다고 설한다. 그런데 실은, 삼취정계가 바로 삼독심을 제어하여, 무량 선법이 두루 마음에 모이게 하므로 붙여진 이름이다. 6바라밀도 6근을 청정히 순화해 6진塵=6경境에 물들지 않음으로써, 번뇌 강물을 건너 진리 언덕(피안)에 도달하게 하므로 붙여진 이름이란다.

경전에는 삼취정계가 일체 악을 끊고 일체 선을 닦으며 일체 중생을 제도하는 서원으로 표현되는바, 여기서 말하는 삼독심 통제와 어떻게 상관될까? 실은 부처님이 과거 전생에 보살로 수행할 적에 삼독을 대치對治하려고 3대 서원을 세웠다. 일체 청정계를 지켜 탐독貪毒을 다스리며, 일체 악을 끊고 항상 일체 선을 닦아 진독瞋毒을 다스리며,

일체 중생을 제도하려는 서원으로 항상 지혜를 닦아 치독癡毒을 다스렸다. 이렇듯 계정혜 세 청정법으로 삼독을 초월해 佛道를 성취한 것이다. 모든 악이 소멸하게 끊고, 모든 선이 갖춰지게 닦아, 삼취정계로 보살 육도만행을 성취하고 자타 모두 이롭게 중생을 두루 제도하니, 그게 바로 해탈이요 성불이라는 것이다. 지계수행은 마음을 벗어나지 않으니, 자기 마음이 청정하면 일체 불국토가 모두 청정하다. 그래서 경전에 '마음이 더러우면 중생도 더럽고, 마음이 깨끗하면 중생도 깨끗하다.'고 한다, 하여 불국토를 얻고자 하면, 마땅히 자기 마음을 청정히 닦아야 한다. 자기 마음이 청정하면, 불국토도 청정하고 삼취정계도 자연히 성취한다.

또, 6도度 중 계바라밀을 삼취정계로 정의하기도 한다. 먼저 일체 계행은 모두 攝律儀 소관인데, 지계로 신구의 삼업청정의 과보를 획득해 청정법신 비로자나여래의 본체에 상응하고, 죄악을 끊기에 단덕斷德이라 부른다. 攝善法戒는 일체 善法을 포함하며 지덕智德이라 부르는데, 비로자나여래의 원만보신에 상응한다. 攝衆生戒는 유정을 유익하게 제도 교화하는 석가모니여래의 화신에 상응하고 은덕恩德이라 부른다.(金剛頂瑜伽略述三十七尊心要, 大廣智三藏和上)

한편, 무착보살은 보살이 항상 수호해야할 삼취계 중, 첫째 律儀戒는 소극적 엄금방지가 요체고, 둘째 攝善法戒와 셋째 攝衆生戒는 근면 용감한 적극 실천이 요체라고 지적한다.(大乘莊嚴經論卷第8, 度攝品第17之2)

또, 천태 지자대사는 보살계 주석에서, 律儀가 수행인을 도량형 규범에 맞춰 道에 들어가게 하는 도구라고 해설하며, 재밌는 비유를 든다. 즉, 律이란 낮은 담·둑(렬埒)과 같아서, 예컨대 말을 곧바로 달리게 조련하는 마렬馬埒처럼, 律도 수행인을 올곧게 조련해 죄악을 짓지 못하게 막는 둑·담이라는 것이다. 보살의 서원은 권선징악일 뿐이니,

만약 몸과 입을 움직이지 않으면 죄악이 그치므로, 계율로 움직임을 잘 방호해 움직이지 않음이 바로 律儀戒가 된다. 만약 몸과 입을 움직여야 한다면, 바로 선행을 일으켜서 중생을 교화하고 만선을 닦아 성불을 지향하니, 攝善계와 섭중생계에 해당한다. 律儀는 내적 수양(內德)을 주로 하고, 섭중생은 대외 교화를 주로 하며, 섭선계는 안팎을 겸한다.[7]

여기서 '埒'은 독음이 '렬劣'로, 뜻은 둑·담(堤)인데, 길가에 나지막하게 쌓아올린 봉도封道를 가리킨다. 두 렬埒을 나란히 쌓아 궤도처럼 만들어, 말이 그 가운데를 곧게 달리며 옆이나 밖으로 뛰쳐나가지 못하게 막는 조련용 시설이라고 한다. 그래서 律儀로 몸과 입의 비행죄악을 그치게 하고 방일을 막는다는 뜻을 비유한다.[8]

7. 무량수경 본문과 주석을 통해 본 극락정토 '법망法網'

앞서 현전 한역 불경 본문에 '법망'이 처음 등장하는 것은, 삼국시대 오吳에서 번역한 '불설범망륙십이견경佛說梵網六十二見經'이라고 소개했다. 이제 '법망'의 출현 시기를 좀 더 소급할 만한 단서를 찾을 겸, 극락정토와 천당에 보편적인 '보라망寶羅網'을 중심으로, 관련 번역 용어 개념에 대해 살펴보고자 한다. 삼국시대 조위曹魏에서 강승개康僧鎧가 한역한 무량수경에는, 비록 '법망'이란 단어는 나오지 않지만, 모두 7-8회나 출현하는 '網' 字가 여러 가지 의미로 다채롭게 쓰이며, 특히 '법망'을 가리키는 용례가 눈에 띄기 때문이다.

---

7 菩薩戒義疏卷上, 隋 智者大師說, 門人灌頂記: "次三聚戒體者. …律者, 埒也. 如此馬埒, 令馬調直, 律亦如是, 調直行人, 不令作惡. 大士誓心, 不過止惡興善. 若不動身口, 卽是止惡, 發戒防動, 不動卽是律儀戒. 若應動身口, 卽是興善."

8 梵網菩薩戒經疏註, 與咸 註, 梵網經菩薩心地品戒疏卷上之2: "埒(音劣), 堤也. 封道曰埒, 以二埒相軌, 馬於中行, 則不顚躍也. 律儀制止身口, 不作衆非, 卽止惡義."

첫째, 법회에 참석한 대보살들의 수행경지 묘사에서 사망邪網·마망魔網과 불법이 명확히 대비된다. "邪網을 찢어버려 온갖 사견邪見을 소멸시키고, 홍진에 수고로움을 흩고 욕망의 구덩이를 파괴해, 법성法城을 삼엄히 수호하고 법문을 열어 펼치며, 더러운 때를 씻어내고 청백淸白을 널리 드러내며, 불법을 빛나게 융합해 올바른 교화를 크게 퍼뜨린다.… 법성法性과 중생상에 통달하여 여러 불국토에 부처님께 공양하고, 번갯빛처럼 자신을 나타내며 환법幻法에 통달해 자유자재로, 마망魔網을 찢어버려 온갖 속박을 풀어주며, 중생들이 청하지 않아도 좋은 벗이 되어, 여래의 심오한 법장法藏을 받아 지녀 불성종자가 끊기지 않도록 보호하며, 대비심으로 중생을 불쌍히 여겨 자애로운 변재로 법안法眼을 심어주며, 삼악도를 봉쇄하고 착한 길을 활짝 열어, 청하지도 않은 법을 아낌없이 보시한다."

전술했듯이, 불경에서 '魔網↔法網'의 대조가 특히 두드러진 점에 주목할 만하다.

둘째, 극락정토 무량수불 도량에 몹시 높고 큰 보배나무들이 아름답게 장엄된 가운데, 그 위에 진기하고 미묘한 보배그물(寶網)이 둘러쳐 있어, 미풍이 서서히 불면 미묘한 법음을 내어 설법하고, 법음을 듣는 자는 심오한 법인法忍을 얻고 불퇴전의 경지에 들어 불도를 성취하기에 이른다. 또 온갖 진기한 보배로 미묘히 장엄된 무량 보배그물(寶網)이 부처님 위에 펼쳐지고 사면에 보령寶鈴이 둘러 드리워져, 조화로운 자연 덕풍德風이 서서히 미동해 보배그물과 보수寶樹에 불면, 무량한 미묘법음을 연발해, 듣는 자는 홍진의 때와 습기를 깨끗이 씻은 듯 잊고, 아라한의 멸진삼매와 같은 지극한 쾌락을 느낀다.

아미타경에도 비슷한 내용이 나온다. 극락국토에는 7겹 란순欄楯、7겹 보라망寶羅網、7겹 항수行樹가 모두 네 보배장식으로 둘러싸여 극락이라 부르는데, 미풍微風이 건듯 불면 여러 보배나무와 보라망이 마치 백천 가지 악기로 동시에 연주하는 황홀한 교향악처럼 미묘한 음향을 내어, 그 소리를 듣는 자는 모두 자연히 념불念佛、념법念法、념승念僧의 마음이 인다. 또 아미따불이 법음을 연출하려 조화를 부려 만든 온갖 기묘한 새들이 밤낮으로 조화롭고 우아한 소리를 지저귀는데, 그 소리가 오근五根、오력五力、칠보리분七菩提分、팔성도八聖道 등의 법을 연설하여, 극락국토 중생들이 그 소리를 듣고도 모두 念佛、念法、念僧한다. 그러니 이 '보라망'은 사실상 설법하는 '법망'이다.

셋째, 극락왕생하는 보살들은 항상 지혜에 수순해 정법을 선설宣說하며, 법을 좋아하고 기뻐하며 즐기는 마음으로 오안五眼을 갖추어, 불법 변재로 중생 번뇌를 제거해준다, 즉, 의혹그물(疑網)을 결단코 찢어버려, 지혜가 마음에서 솟아나 불교법문을 빠짐없이 망라해, 바다 같은 지혜와 태산 같은 삼매를 성취한다. 물론 부처님도 경법經法을 연설해 도교(道教: 도덕교화)를 선포하여 중생들 온갖 의혹그물(疑網)을 끊어주고, 애욕의 뿌리를 뽑고 모든 죄악의 원천을 막아준다. 여기서 '疑網'을 찢는 불법 지혜가 대비된다.

넷째, 끝으로 부처님이 권선징악 염불왕생을 설하는 경종에서, 중생이 오악五惡을 지어 온갖 고통을 자초하는 현실을 안타까워하며, "天道(천망)가 펼쳐지면 자연히 죄악을 건져 올리게 되는데, 벼리(綱紀)와 그물눈(羅網)이 위아래서 조리정연하게 빈틈없이 상응해, 악업 중생은 외롭고 두려운 마음으로 저절로 그 안에 들어가게 된다."고 비통하게 상심하며 호소한다. 여기서 바로 老子가 말한 자연법으로서 '천망'이 인과법칙으로 등장해 그물(벼리와 눈)로 비유됨을 확인할 수 있다. 비록 '법망'이란 단어는 아니지만, 바로 '법망'을 가리킨다.

그리고 이보다 앞서 후한 때 번역된 이역본과 삼국시대 吳에서 한역된 이역본에는, 바로 이 대목을 "왕법王法이 베풀어지면 자연히 죄악을 건져 올리게 되는데, 그물눈(羅網)과 벼리(綱紀)가 위아래서 조리

정연하게 빈틈없이 상응하여, 악업 중생은 외롭고 두려운 마음으로 저절로 그 안에 들어가게 된다."고 표현한다.[9] '天道'='王法'의 일체성, 자연법에 상응하는 정의로운 왕법을 나타낸다. 이러한 의미맥락은 역대 주석에서 더욱 뚜렷이 부각된다.

수隋 때 려산廬山서 백련결사로 대중과 함께 왕생한 혜원스님은 의소義疏에서 이렇게 풀이한다. "무릇 세간에 천하 도리는 자연히 베풀어 세워지니 '천도시장天道施張'이라 하고, 죄악을 지으면 반드시 드러나니 '자연규거自然糺擧'하며, 자신이 몸소 법망을 감당하니 '강기라망綱紀羅網'이라 하고, 귀천상하를 막론하고 법에 복종하니 '상하상응上下相應'이며, 죄악자가 돌아가는 곳에 누구도 따라갈 수 없으니 '경종당입기중煢忪當入其中'이라 한다."(無量壽經義疏下卷) 신라 경흥璟興스님도 무량수경 련의술문찬連義述文贊에서 대체로 이 해석을 따른다.

따라서 후한 및 삼국시대 위魏·오吳에서 한역된 무량수경에 이미 '법망'을 명확히 지칭하는 용어개념이 등장했고, 불경이 당시 최고 지식인 계층에 들불처럼 급속히 보급된 시대상황을 감안하면, 이미 후한 때 '법망'이란 단어가 불교 신자 및 식자층에 등장해 통용되었을 가능성이 매우 높다고 여겨진다. 따라서 중국 고전 및 정사正史에서 후한 때 비로소 처음 나타나는 '法網'이란 용어개념은, 바로 불교 경전에서 비롯했다고 보아도 괜찮을 것이다. 왜냐하면, 한서 이전에는 '法網'이란 용어가 전혀 보이지 않고, 한서 注에 인용된 후한 대 복건服虔 글에 딱 1번 나오며 후한서에 2번 나오는데, '법망'이란 단어는 삼국 때 한역 경전에 등장하지만, 후한 대 한역 불전에 이미 '법'-

9 佛說無量清淨平等覺經卷第4, 支婁迦讖譯: "王法施張, 自然糺擧, 上下相應; 羅網綱紀, 煢煢忪忪, 當入其中, 古今有是, 痛哉, 可傷!"; 佛說阿彌陀經卷下, 支謙譯: "王法施張, 自然糺擧上下相應, 羅網綱紀, 煢煢忪忪, 當入其中, 古今有是, 痛哉可傷, 都無義理, 不知正道."

'망'이란 밀접한 비유가 명백히 표현되었기 때문이다.

게다가 한서 주에 인용된 복건服虔 글에 '법망'이 반드시 직접 인용이란 보장이 없거니와, 후한서에 나오는 '법망' 2회도 후한 원문을 직접 그대로 수록한 것인지, 아니면 후한서를 편찬한 남조南朝 송宋에 범엽范曄이 당시 언어로 기술한 건지는 불분명하다. 또 주요 사서에 나오는 '법망' 관련 용어를 대략 검색한 결과, 아래 표에서 보듯이, 주로 유생들이 기록한 사서에는 '법망'보다는 '금망' '형망' '천망'이 대개 많은 편인데, 유독 송서宋書에만 '법망'이 가장 많이 등장한다. 따라서 남조 송 때 각별히 '법망'이 즐겨 애용된 느낌이다.

	網	禁網	法網	科網	刑網	天網	罪網	憲網	漏網	國網
史記	14	0	0	0	0	0	0	0	0	0
漢書		4	0	0	0	1	0	0	0	0
後漢書	46	4	2	1	0	6	0	0	0	0
三國志	23	0	0	0	2	3	1	0	0	1
晉書	52	1	1	1	1	7	0			
宋書	46	0	4	0	2	2	0	1	2	3
南齊書	17	0	0	1	2	1	0	0	1	0
梁書	21	1	0	0	0	2	0	0	0	0
陳書	17	1	0	0	0	7	0	0	1	0
魏書	45	4	1	0	5	6	0	3	0	0
隋書	52	5	2	0	3	7	0	1	1	0
唐書	63	0	2	0	8	3	0	1	1	0

8. 법망法網의 별칭 대명사: 교망敎網과 승망僧網

'법망'은 부처님 가르침 체계란 뜻으로 '교망敎網'이라 표현되기도 한다. 앞서 僧網=敎網=法網의 등식관계로 호용됨을 살폈는데, 여기서

몇몇 중요한 '敎網'과 '僧網' 사례를 소개한다.

부처님 당시, 5백 어부가 승혜하勝慧河에서 큰 어망 두 개로 물고기를 잡아 생계를 유지하였다. 한번은 바닷속 마갈대어摩竭大魚가 조류를 타고 勝慧河에 떠밀려 그물에 걸려 뭍에 끌려 나왔는데, 그 모습은 하도 기이하게 18두와 36안眼을 지녔다. 세존은 액난을 당한 이 摩竭魚가 가섭불 때 선근을 심어 제도할 인연이 된 줄 알고, 몸소 현장을 찾아가 대교망大敎網을 베풀었다. 5백 어부한테 다른 물고기를 방생하도록 교화한 뒤, 마갈어와 법담을 나누어 전생 잘못과 현생 인과를 깨우쳐, 목숨을 거두고 사천왕천에 생겨나게 제도했다.[10]

한편, 부처님이 중생을 제도하는 설법의 방편에 관하여 멋진 비유가 나온다. 모든 부처님은 지극히 청정해 모든 업장을 여읜 까닭에, 법성의 몸과 적멸의 입으로 대자비심에서 敎網을 흘려 내보내 중생을 인접引接하는데, 마치 큰 구렁이가 입을 크게 벌려 침을 흘려 온갖 생물을 먹이로 흡인하는 것과 같다고 비유한다.[11]

화엄경에는, 선재동자가 미륵보살한테 경례하고 어떻게 보살행을 배우고 보살도를 닦는지 물으면서, 생사 광야에 바른 길을 잃은 자한테 정도를 보여주고, 번뇌질환은 량의良醫로서 치료하며, 생사고해에 허우적거리는 자를 제도하기 위해 大敎網을 펼쳐 건져 올리는 도사導師로 찬탄하는 대목이 나온다.(佛馱跋陀羅譯, 卷第58, 入法界品第34之15)

부처님은 삼계를 초월한 대법왕으로 중생 제도를 위해 세간에 출현하신바, 감로지혜법문에 들어 3종 법요法要 방편력으로 중생을 교화함에, 敎網을 생사 바다에 던져 그들을 안락한 인천人天에 건져 올린다.

"일체 중생이 아견我見의 깃발을 높이 세우고 무명無明의 돛을 펼

---

10 根本說一切有部毘奈耶卷第9, 義淨譯, 妄說自得上人法學處第4.

11 大乘莊嚴經論卷第6, 無著菩薩造, 唐 波羅頗蜜多羅譯, 弘法品第13.

쳐 번뇌의 바람에 내맡긴 채 생사고해를 위험천만하게 표류하는데, 부처님은 대자비심에서 大教網을 펼쳐 천상인간 중생을 건져 열반 언덕에 올려놓는다."

唐 때 리통현李通玄 장자는 특히 '教網'을 즐겨 썼다.

"이 세계가 사천하 미진수微塵數의 향마니수미산망중香摩尼須彌山網中에 거주한다 함은, 삼공묘혜三空妙慧가 여래의 4무애변재의 향중香中에 거주해, 수미산 미진수의 教網을 갖춤이다. …마니보망摩尼寶網이 그 위를 덮음은, 무공無功의 지혜로 항상 教網을 베풀기 때문이다." "미묘한 보장寶藏은 자비로 양육한 과보로 생기고, 마니 잎은 무구無垢를 행한 과보로 생기며, 광명보왕光明寶王의 누대는 근본지根本智가 드러나 관조 사용이 자유자재한 과보로 생기고, 온갖 색향色香의 보배 수염은 계·정·혜·해탈·해탈지견향의 과보로 생기며, 무수한 寶網이 그 위를 덮음은 教網을 능히 베푼 과보로 생기고, 위에 루관樓觀이 있음은 차별지差別智의 과보로 생기며, 시방법계장藏을 두루 포용함은 대지혜로 教網을 두루 펼쳐 뒤덮은 과보로 생기고, 기묘한 보배장식은 미묘한 수행과보로 장엄함이며, 금강 대지는 법신 과보로 생긴다."

"금선망의좌金線網衣座란, 선線은 꿰뚫는다는 뜻이고, 망網은 教網이며, 의衣는 덮어 감싼다는 뜻이니, 선善으로 教網을 잘 꿰뚫어(통달하여) 중생을 덮어 감싸 보호한 과보로 이 자리에 앉는다." "법계 국토에 두루 나타나 마니보망摩尼寶網으로 그 위를 뒤덮음은, 근본지根本智를 잘 통달하여 시방국토에 가는 곳마다 일체 중생을 교화함이니, 모든 教網은 죄다 근본지로부터 차별지差別智를 드러내, 무한한 教網을 베풀어 중생을 건져 올린 공덕 과보로 이루어진다."

이밖에 수행집단인 승가대중이 지켜야할 계율체계란 뜻으로 쓰인 '승망僧網'도 대체로 '계망戒網'과 같은데, 앞서 상세히 살폈듯이 사분률四分律에 승망대강僧網大綱편이 나온다.

"僧網大綱이란 세간 그물에 벼리가 그물눈을 가지런히 정돈함에 빗댄 이유다. 이편은 승가 법망에 기강이다. 승가대중을 주지住持하는 대요가 벼리(綱)고, 세세한 행위 의궤儀軌가 그물눈(網)이니, 승중망목網目에 강령이다. 설문說文에 그물 지탱하는 큰 밧줄을 벼리(綱)라 한다. 승법僧法이 어그러지면 문란해져 두서를 잃나니, 이 한 편을 치켜 올리면 정돈되지 않을 법이 없다. 더러 중주삼강衆主三綱도 승망僧網을 취하는데, 망網은 강綱으로 말미암으니, 網은 곧 중승衆僧이라고 해석한다. 주지(衆主)가 승가대중(衆僧)을 유지함은, 벼리(綱)가 그물(網)을 유지함과 같기 때문이다."(四分律鈔批卷第4末, 大覺撰)

9. 기타 주요한 그물 비유들

앞서 불경에 나오는 다양한 그물의 비유 개황을 대강 소개했다. 그냥 '그물(網)'이라 쓸 때는 어망魚網 또는 어망漁網을 가리킬 것이다. 은유로 쓰여 장엄을 찬탄하는 '그물'에는 찬란히 밝은 빛(불광)을 가리키는 光網、光明網、明網、염망焰網 등이 있고, 제석천의 인드라망因陁(陀)羅網, 천당 극락에 온갖 화려한 보배장식그물인 라망羅網、보라망寶羅網、寶網、주망珠網 등이 빈번히 나온다. 반면 부정적 의미에서 죄악에 걸려든 속박을 상징하는 그물로 죄망罪網、악망惡網、업망業網、의망疑網、치망癡網、무명망無明網、욕망欲網、애망愛網、생(사)망生(死)網、마망魔網、사(견)망邪(見)網 등이 보인다.

그중 특이한 그물 비유 개념을 몇 가지만 대표로 소개한다. 우선, 약사경藥師琉璃光如來本願功德經에 약사여래가 보살도를 수행할 때 12서원을 세웠는데, 그중 자신이 득도성불할 때에 몸이 유리처럼 안팎으로 청정무구하고 광명이 광대무변하며, 그 '불꽃그물(焰網)'이 해와 달보다 장엄하게 중생세계를 훤히 비춰주는 제2서원이 있다. 그리고 모든 중생이 '악마그물(魔網)'에서 벗어나(解脫) 정견正見에 안주하고 보살도를 실행하도록 인도한다는 제9서원이 있다. 여기서 염망焰網↔마망魔網의 상이相異한 대비구조가 눈에 띈다. 악마(마귀)그물은 곧 죄악의 함정을 뜻하니 세속 법망에 가깝다. 반면, 불꽃그물은 광명방사를 뜻하므로, 종교 진리나 도덕·정법의 그물 비유와 상통한다. 앞서 무량수경 등에서도 나왔듯이, 한 경전에서 동일한 내용 단락에 완전 상반 의미를 똑같은 '그물' 비유로 형상화한 부처님 법문이 경이롭기만 하다. 비유 수법상 추상적 악마그물은 올가미 개념으로 비교적 쉽게 연상되지만, 구체적 불꽃그물이 오히려 난해한 비유로 느껴진다. 현대어에 불꽃그물과 비슷한 의미로 '화망火網'이 있는데, 이는 탄도彈道가 종횡으로 교차해 밀집된 화력이 형성하는 무늬를 뜻한다고 한다. 밤에 불꽃놀이 때 빛나는 모습을 떠올리면 되겠다. 참고로, 제석천에 인드라망과 천당극락에 온갖 화려한 보배장식 그물인 보라망寶羅網 등은 현대 크리스마스트리를 연상하면 좋을 것이다.

후한 삼국시대 번역된 경전에 '의망疑網' '마(라)망' 등이 압도로 많이 나온다. 별역잡아함경別譯雜阿含經에는 파사닉왕의 사유 질문에 부처님이 마망魔網을 어망에 비유한 법문이 나온다. 세계에 많은 대중은 봉록을 얻어 교만방자하게 탐욕으로 중생을 괴롭히는 어리석음 때문에, 고통을 받고 죽은 뒤 반드시 지옥에 들어간다. 비유하자면, 어부가 물고기 잡는 법에 능숙해 교묘한 선방편으로 세밀한 그물을 냇물에 가로질러 치면, 수족 물고기들이 그물에 걸려들어 죄다 어부 손에 넘어가고, 어부 뜻에 따라 처분되는 것과 같다. 마찬가지로, 세간에 교만방자하고 탐욕스런 어리석은 중생들도 마망魔網에 들어가 붙잡혀, 모든 거동이 죄다 마군 짓이 된다고 비유한다.(卷第3, 初誦第3)

불교 전래 초기인 후한 때 번역된 반주삼매경般舟三昧經에도, 악마의 손아귀를 그물에 비유한 '마라망魔羅網'이 여러 번 나와 눈길을 끈다. "항상 경전을 즐기고 많이 배우며, 음욕、진에、우치를 버리고 魔羅網을 벗어나라! …탐음심貪婬心을 따르지 말고 진에瞋恚와 우치愚癡를 버려, 魔羅網에 떨어지지 말아야 하나니, 삼매를 구하면 마땅히 이래야 한다."(四輩品第6) "음일한 뜻을 제어하고 집착을 버려, 진에심도 없고 아첨도 저버려, 끝내 다시는 마라망에 떨어지지 않으리니, 이 삼매를 지니면 이러하느니라!"(授決品第7)

삼국 오吳에서 번역된 경전(惟日雜難經一卷)에는, 싯달타 태자가 밤중에 궁성을 넘어 출가하며 마부한테 회포와 결의를 다짐하는 대목이 나온다. 생로병사우비고뇌로 가득한 세간 삶은 죄수가 감옥에 갇힌 것과 같은데, 누가 감옥을 좋아해 벗어나지 않으려 하겠는가? 또 사냥꾼 그물에 걸린 토끼가 다행히 벗어났는데, 어찌 다시 그 그물 속에 되돌아가려고 하겠는가? 별주부전(수궁가)에서 자라 꾐에 넘어가 죽을 뻔했던 토끼처럼, 일단 그물을 벗어나면 끝내 되돌아보지도 않고 달아나듯이, 자신도 재가 시에 오래 품어오고 무수겁이래로 지녀온 출가의지를 결코 되돌리지 않겠다는 결연한 서원이었다.

이러한 결연한 출가정신은, "숲속에 왕 사자가 어떤 소리에도 놀라지 않고, 그물에 걸리지 않는 바람처럼, 흙탕물에 젖지 않는 연꽃처럼, 세속에 혼탁한 법에도 오염되지 않고, 물소의 뿔처럼 우뚝 홀로 당당히 나아간다."는 명구로 널리 회자한다.[12] 여기서 그물이란 중생 마음과 정신을 옭매어 집착케 하는 온갖 애욕과 사견邪見의 그물을 가리키는데, "愛網에 속박됨이 물고기가 그물에 간힌 꼴이기(愛網所縛, 如魚在網)" 때문이다. 그래서 화엄경(入法界品, 普賢行願品)에는 "마땅히 중생

---

12 小義釋, 犀角經之義釋 37: "師子諸聲不戰慄, **如同諸風不著網**, 如蓮不塗著於水, 應可獨行如犀角."; 佛本行集經卷第53, 隋 闍那崛多譯, 優陀夷因緣品下: "不畏他聲如師子, **如風繩所不能羈, 亦如蓮華不著水**, 吾在世法濁不汚."

愛網을 끊고 중생 見網을 찢어, 마땅히 중생 苦網을 구제해 마땅히 이 願網을 성취하라!"고 변증법적 그물 법문을 설한다.

지장경(地藏經, 閻浮衆生業感品第4)에는, 아직 해탈하지 못한 중생이 선행과 죄악을 지어 업장과보를 맺고, 무수한 세월동안 휴식하지 못하며 환경 따라 육도 윤회하는 모습을, 물고기가 물살 따라 헤엄치다가 그물에 갇히는 꼴로 비유한다. 장구한 생사윤회 강물 속에서 잠시 벗어나다가 다시 타락하는 중생 습성은, 마치 물고기가 한번 걸린 그물을 요행히 빠져나갔다가 이내 다시 그물에 붙잡히는 악순환 같다는 비유가 퍽 인상 깊다.("如魚遊網, 將是長流, 脫入暫出, 又復遭網.")

한편, 불교 전래 초기 후한 때 번역된 수십선계경受十善戒經에 '철망鐵網'도 주목할 만하다. 염라왕이 지극히 중대한 인과응보 법률에 따라 밤낮으로 항상 설하는 살생과보로 10대지옥고가 나온다. 첫째 도산염치刀山焰熾지옥, 둘째 검림劍林지옥, 셋째 확탕鑊湯지옥, 넷째 철상鐵床지옥, 다섯째 철산鐵山지옥, 여섯째 철망鐵網지옥, 일곱째 적련화赤蓮花지옥, 여덟째 오사오활五死五活지옥, 아홉째 독사림毒蛇林지옥, 열째 철계가쇄鐵械枷鎖지옥이다.

이중 넷째 철상지옥에는 넓은 철상 위에 사방에서 쇠날이 발사되어 심장에 꽂히고, 대철망거大鐵網車가 톱처럼 정수리부터 발끝까지 온몸을 갈라 내려온다. 여섯째 철망지옥은 큰 철산에 끓는 쇳물이 가득하며 위에 철망이 덮는데, 쇠그물눈마다 날카로운 쇠부리에서 흉칙한 벌레들이 무수히 나와 정수리로 들어와 골수를 관통해 발바닥으로 뚫고 나온다. 열째 철계가쇄지옥에는 12유순 철산이 차꼬로 손발을 묶고, 60유순 철주화망鐵柱火網이 항쇄로 목 조르며, 80유순 철구鐵狗가 불을 내뿜고 허공에서 쇠화살이 발사되어 심장에 꽂히며, 차꼬 항쇄에서 저절로 동환銅丸이 생겨 눈으로 들어가 온몸을 관통해 발바닥으로 나온다. 사견邪見의 죄악 과보에도 '철망'이 나온다.

10. 맺음말

지금까지 불교대장경에 나오는 '법망'과 그에 관련된 다양한 비유 사례를 통해, 동아시아 '법망' 비유개념의 역사적 연원 및 철학정신을 살펴보았다. 고대 동아시아 고전문헌에서 그물로 법을 지칭한 은유가 다수 등장한 다음, -老子의 '천망天網'을 제외하면 특별히 합성단어로 쓰인 사례가 거의 없다가-, 史記에 '文罔'과 한서에 '금망禁罔' 개념이 비로소 출현하고, 후한서에 이르러 비로소 '법망法網'과 '형망刑網' 등이 나타난다. 이러한 사실을 고려하면, 확정 단언할 수는 없지만 확률 개연성으로 말하자면, 동아시아 법문화에서 '법망'의 비유개념(용어)은 불교 전래 이후 한역 불교경전의 보급전파와 밀접불가분의 관계 속에서 태동·형성·확산되었다고 보아도 좋을 것이다. 필자는 한역 불전을 '법망'의 직접 연원으로 판단하는바, 적어도 불교 영향을 크게 받은 사실로 미루어 막강한 간접 연원이 되었음은 부인할 수 없을 것이다.

또 한 가지 중요한 수확이 있다. '법망'이 지니는 통상적 응징·격리 개념에, 불교 보살의 삼취정계三聚淨戒에 대한 해석의 관점에서 보호 유지 및 구출·제도濟度 개념을 원용해 확장 융합하는 것이다. 이로써 '법망' 비유의 함의가 더욱 풍성하게 확대심화한 점이다. 그밖에도 고승대덕의 기발한 창안 해설·강의로 전통 법문화의 철학정신을 더욱 생기발랄하게 해석할 여지를 확보한 점도 크나큰 결실이라 할 것이다. 이러한 초보 연구해석이 앞으로 관심 있는 유능한 후학들의 확대심화 연구에 유의미한 발판으로 작용하길 기대해마지 않는다.

제4편 전통법문화에서 법과 醫藥의 비유

개요

일본에서 법학전문대학원을 도입할 때 '사회적 질병을 치료하는 의사로서 법률가' 상을 주요 이념의 하나로 내세웠는데, 우리는 그 강령을 빠뜨렸다. '사회적 질병을 치료하는 의약으로서 법'의 비유는 전통법문화에서 3천 년 이상 유구한 역사연원을 지니는데, 본고는 고대 동아시아 경전·제자백가·역사서 등 고전문헌을 바탕으로 법과 의약의 비유를 탐구하며 그 상징 의미를 살펴보고자 한다.

의약과 법은 인간생활에 없어서는 안 될 필수품이면서, 적잖은 부작용이 따르는 불충분한 도구인 점이 공통이다. 또한 상당한 고통비용을 치러야 함에도 의약과 법이 필요하고 쓰이는 것은, 고락과 이해득실을 비교형량하면 의약과 법의 효험이 훨씬 크기 때문이다. 바로 法家가 공리주의 입장에서 法治를 주장하는 까닭이다. 의약은 질병의 증상뿐만 아니라 병의 원인과 환자 체질에 따라 처방과 치료가 달라져야 하듯이, 법도 시대상황과 사회여건 변화에 따라 적절히 바뀌어 적응해야 한다. 또 의약과 법은 고도로 전문성을 띠기 때문에, 의사와 법률가도 고도로 전문성을 갖추어야 하고, 전문직의 독립성을 인정해야 한다. 그래야 질병과 사회 혼란을 발본색원하는 근치根治를 꾀할 수 있다. 그러기 위해서는 훌륭한 전문가인 醫師와 法師를 믿고 존경하며 질병의 치료를 맡겨야 한다.

그러나 의약과 법으로 육신 및 사회 질병을 치료함에 무엇보다도 가장 중요한 점은, 치료의 한계선을 넘지 않고 제때 치료하는 시의성과, 나아가서 아프기 전에 아프지 않도록 미리 건강을 유지하게 돌보는 사전예방이다. 제아무리 영험한 신의神醫라도 죽은 사람은 살릴 수 없고, 제아무리 훌륭한 聖人이라도 망한 나라는 되살릴 수 없기 때문이다. 또한 아무리 잘 치료하더라도 치료비용은 예방 비용보다 훨씬 크며, 설사 완치할지라도 아프지 않은 것만은 못하기 때문이다. 서양 속담처럼, '예방은 치료보다 훨씬 낫다(Prevention is better than cure.)'는 진리를 의사와 법률가는 함께 깊이 명심해야 하리라.

주제어: 사회질병社會疾病, 치료, 醫藥, 法, 醫師, 法律家, 예방, 비유

1. 머리글

필자가 法과 醫藥의 비유를 연구주제로 구상한 지는 꽤나 오래 된다. 박사학위 논문을 준비하느라 중국의 고전문헌을 두루 섭렵할 적에, 우리 전통철학사상에서 법을 그물(法網)이나 제방이나 醫藥으로 비유하는 구절이 자주 눈에 띄었다. 법의 사후 응징처벌 및 사전 일반예방 기능, 그리고 법의 사후 치유·교정矯正 및 특별예방 기능을 상징하는 法文化가 근대 서양의 (刑)法이론과 크게 다르지 않음을 느꼈다. 이에 동서고금을 막론한 인간사유의 일반보편성을 확인하고, 전통 法文化의 우수성을 발굴해 널리 알리고 싶은 마음이 그때 이미 강하게 일었다. 박사학위를 받은 뒤 몇 년 안 되어 '法과 그물의 비유'는 대강 정리하여 법조계 잡지에 발표하였고, 法과 제방의 비유는 法의 예방기능과 관련해 아주 소략疏略하나마 큰 줄거리를 소개한 적이 있다. 그리고 '法과 비유'라는 사유思惟의 큰 틀을 전남대 기초법학 전임교수 공개채용 시 공개강의 주제로 발표하기도 했다.

그러다가 교수가 된 뒤 얼마 안 되어 법학전문대학원 도입 논의가

다시 본격화하면서, 그 준비과정에서 우리보다 몇 년 앞서 도입한 일본에서 법학교육체계 개혁의 목표로 '社會的 疾病을 治療하는 醫師로서 法律家의 養成'이란 강령綱領을 내세운 사실이 특히 눈에 띄었다.[1] 나중에 우리 법학전문대학원 도입 목표에서는 유독 이 강령만 빠져 몹시 아쉬웠지만, 필자의 오랜 염원이던 연구주제가 21세기 현대법학교육에 새로운 이념으로 높이 부상한 사실은 참으로 고무적이었다.

그런데 본교를 친선 방문한 일본 교토京都대학 교수들한테 그 유래를 질문했더니 뜻밖에도 잘 모르고, 아마도 사법개혁을 추진해 법학전문대학원을 도입하는 부위원장인가가 이 취지를 내세웠는데, 그분이 미국에서 유학한 분이라 거기서 배워 온 게 아닌가 짐작할 뿐이라고 답변하여, 고소苦笑와 실망을 금치 못했다. 우리 동아시아 오랜 전통法文化가 서양식으로 근대화하는 과정에서, 우리뿐만 아니라 역사전통을 꽤나 폭넓게 깊이 연구한다는 일본 지식인조차도 전통을 깡그리 망각하고 있으며, 동아시아 전 인민의 몰이해와 몰지각으로 말미암아 '法과 醫藥의 비유' 같은 우수한 전통 法文化가 역사의 대해大海에 파묻혀 사장死藏되어 가는 판이라는 느낌과 우려에서, 이를 얼른 일깨워 되살리고 널리 선양해야 하겠다는 법사학자法史學者의 사명감이 새삼스레 크게 진작하였다.

이에 오랜 숙원이자 과제이던 '法과 醫藥'의 비유를 새로운 법학교육 및 법조 개혁의 밑거름으로 뿌리고자, 구 한국학술진흥재단(현 한국연구재단)에 연구과제로 신청해 지원을 받아 3년간 연구에 본격 착수하였고, 2년 가까운 천착의 결과로 이 글을 정리 발표하게 되었다.

1 누리망(인터넷)에서 '國民の社會生活上の医師'로 검색, "司法制度改革において示された在るべき法曹像について-司法制度改革審議會意見書(平成13年6月12日)(抜粋)" (http://www.moj.go.jp/content/000080255.pdf) 등 관련자료 나옴.

2. 法과 醫藥의 근친 관계

法과 의약, 법률가와 醫(藥)師는 어떤 관계일까? 또 학문이나 직업 계통상 얼마나 유사한 근친성을 띠며, 촌수로 따진다면 몇 촌쯤 될까?

춘추시대 역사서인 국어(國語, 晉語八)에는, "醫師가 국가를 치료할 수 있느냐?"는 질문에, 의미심장한 답변이 나온다.

> "최상 의사는 나라 병을 치료하고, 그 다음 의사는 사람 질병을 치료하는데, 이게 참된 의사에 직책이다.(上醫醫國, 其次疾人, 固醫官也.)"

한대漢代 잠부론潛夫論에는 좀 더 자세한 부연 설명이 나온다.

> "최상 醫師는 나라 질병을 치료하고, 그 다음 아래 의사는 몸 질병을 치료한다. 무릇 사람이 나라를 다스림은 진실로 몸을 다스리는 모습과 비슷하다. 질병이란 몸에 병이고, 혼란(어지러움)은 나라에 병이다. 몸에 병은 의사를 기다려 낫고, 나라에 혼란은 어진 이를 기다려 다스린다."[2]

여기서 병든 사람을 치료하는 뒤에 의사가 육신적 醫師(physical physician)라면, 나라에 혼란을 치료하는 앞에 의사는 사회적 醫師(social physician)를 가리킨다.

실제로, 2004년에 한완상韓完相 대한적십자사 총재는 전남대를 방문해 종교신앙을 주제로 특별강연을 하는 자리에서, 의사 출신인 강정채 전남대 총장한테 다소 미안한 마음을 표시하면서, 자신이 의사의 꿈을 접고 사회학을 전공하게 된 주요 동기가 바로, 의사는 한정된 일부 개별 환자들의 질병밖에 치료할 수 없어서, 사회 전체의 구조적 질병을 치료하기 위한 학문이 없나 모색한 끝에, 당시 바야흐로 발흥하던 최신 학문인 사회학을 선택하게 되었노라고 회고한 적이 있었다.

---

2 潛夫論 思賢第八: "上醫醫國, 其次下醫醫疾. 夫人治國, 固治身之象. 疾者, 身之病; 亂者, 國之病也. 身之病, 待醫而愈; 國之亂, 待賢而治."

아마도 정치나 정치학을 선택하는 사람들도 비슷한 논조의 명분을 내세울 것이다. 물론 어느 직업과 학문 분과가 진정으로 "나라 질병을 치료하"는 "최상 醫師"인지 그 정통성 다툼에 여지는 없지 않을 것이다. 하지만, 비록 사회적 질병을 치료하고 예방하는 구체 방법과 정도는 法과 法學이 사회학이나 정치(학)와는 좀 다를지라도, 기본 정신과 목적은 적어도 대의명분상 모두 비슷하게 상통하는 측면이 있다.

사실 전통시대 '法' 개념은 아래서 인용하는 문헌기록에서 잘 나타나듯이, '정치' 그 자체와 하나로 어우러져 서로 구분할 수 없을 정도로 밀접한 관련성을 지녔던지라, 전통 法文化를 연구하는 경우 근대서양에 지나치게 분석적 개념이나 방법론을 조금은 지양止揚할 필요가 있다. 따라서 본서에서 다루는 '法'도 '禮'를 포함함은 물론, 때로는 仁義道德 같은 정치덕목을 함께 아울러 언급하게 될 것이다.

醫藥은 인간의 육체 건강과 생명을 보전 유지하기 위해 질병을 치료 예방함이 주목적이고, 法은 인간 사회에 평화 질서를 보호 유지하기 위해 범죄라는 사회적 질병을 치유(교정) 예방하는 일이 주목적이다. 서로 비슷한 기능이다. 醫師는 병에 걸린 환자를 상대하고, 법조인(律師)은 다투거나 죄악罪惡을 지은 죄인을 상대한다. 훌륭한 의사 문전에는 온갖 기괴한 난치병 환자가 나아달라고 찾아오고, 훌륭한 목수 일터에는 온갖 기괴한 원목原木이 다듬어달라고 쌓여든다.(荀子, 法行편) 마찬가지로 훌륭한 律師와 法師(法官) 앞에는 온갖 흉포한 罪惡과 난해한 사안이 풀어 주고 살려 달라고 모여든다.

그런데 질병감염(감염병)에 3요소는 병균(침입)과 숙주(허약체질)와 감수성(환자의 주관적 심리적 수용성)이고, 罪惡(범죄)에 3요소는 범죄의 목적으로서 욕심 및 분노의 대상, 빈궁한 상황, 자신의 심성수양 부족을 들 수 있다. 따라서 그러한 환자를 늘 대해야 하는 의사는 병리病理와 生理에 관한 전문 의술을 노련히 터득해야 함은 물론, 어떠한 환자들의 질병에도 감염당하지 않을 만큼 강건한 체력과 저항력을 갖추어야 한다. 마찬가지로 소송이나 범죄를 늘 다루어야 할 律師와 法師는 범죄와 法에 관한 전문지식을 해박하게 습득함은 물론, 어떠한 죄악과 흉포한 기운에도 감염 또는 압도되지 않을 만큼 강인한 정신력과 기백을 지녀야 한다. 醫師와 法師 모두 지인용智仁勇 삼달덕三達德을 갖추고 호연정기浩然正氣에 충만해야 본연의 직책과 사명을 원만히 수행할 수 있다는 점도 공통이다.

학문분과로 따지면, 法學과 醫(藥)學은 文科(인문계)와 理科(자연계)의 차이는 있지만, 똑같이 응용학문으로서 실용성이 아주 높고, 우리 인간의 삶과 바로 밀접 불가분의 관계에 놓여 있다. 그래서 전통적으로 줄곧 최고절정의 인기를 누려온 사실까지도 매우 흡사하다. 촌수로 따진다면, 둘은 아마도 4寸(從) 내지 6寸(再從) 형제쯤 되지 않을까?

중세 유럽에서 대학이 처음 설립될 때도, 신학(철학)、법학、의(약)학이 맨 처음 시작되었다. 이 세 분야는 지금까지 모두 최고 박학다식한 전문직업(the learned professions)으로 일컬어지면서, 아직도 직복(가운)을 입는 성직聖職으로 세간에 추앙과 선망을 받는다. 역사적으로 성직자·醫師·법조인의 셋으로 출발한 전문직(Profession)이란 단어는 라틴어 '고백하다(professionem)'에서 나왔고, 신 앞에서 엄숙하게 고백하는 공식 선언으로서 서약의 통과의례를 뜻한다고 한다. 즉, 'profess'는 종교적 서약하다는 뜻이고, 'Profession'은 신부나 수녀처럼 종교 성직에 입문할 때 필수로 하는 서약과 관련이 있다. 중세 말엽에는 종교적 맹세를 하지 않았던 개업 변호사와 醫師가 있었지만, 자신이 선택한 직업의 이상에 헌신하는 엄숙한 전문직업인으로 나타났다고 한다.[3]

3 Joseph G. Allegretti, 심동섭·전재중 옮김, 法曹人의 소명, 1999 초판, 54쪽; 김재원, 미국의 법학교육과 변호사 윤리, 도서출판 정법, 2007 초판, 105쪽.

현대까지도 신부와 수녀는 물론, 醫師한테는 仁術을 펼치기로 다짐하는 그 유명한 '히포크라테스 선서'가 있고, 간호원한테는 백의 천시를 다짐하는 '나이팅게일 선서'가 있다. 미국에서는 각 주마다 이러한 역사 전통을 이어받아, 法官과 검찰, 律師도 대체로 비슷한 취지의 율사맹서律師盟誓(Oath of Attorney)를 한다고 한다.[4] '盟誓'는 본디 춘추시대 천자 명의名義로 제후들이 모여 동'맹'할 때 함께 지키기로 '서'약하는 걸 가리킨다. 律師도 律師협회라는 전문가동맹에 가입하면서 규약을 함께 지키겠다고 다짐하는 서약이므로, '盟誓'라 번역해도 적절할 듯하다. 미국 律師協會(ABA)는 '律師의 전문직선서(Lawyer's Pledge of Professionalism)'를 두고 있다. 최근 중국에서도 이를 본받아 律師 대열에 합류하기 위해 필수통과의례로 '집업선서執業宣誓'를 시행하고 있다. 우리나라도 연수원 졸업시 일률 선서를 하며, 法官과 검사는 별도로 취임선서가 있다.

한편, 우리 동아시아 전통에서는 둘은 신분이 모두 中人으로, 비록 최고 대우는 못 받았더라도,[5] 그 사회적 처지는 또한 매우 비슷한 점이 나타난다. 더구나 특별히 눈에 띄는 점이 또 있다. 진시황 때 천하를 통일한 뒤 사상까지 획일화하고 어지러운 의론과 비방을 금지하기 위해, 모든 문학시서文學詩書와 제자백가의 말글과 유생선비를 말살하려고 분서갱유焚書坑儒를 단행했음은 주지의 사실이다. 헌데 그때도 가까스로 살아남은 두어 가지 서적이 있는데, 바로 법도法度를 밝히는 律令 및 그 집행 관리와 함께, 醫藥과 농사 및 점복占卜 관련 서적들이

4 이는 미국 뉴욕주의 변호사 자격증을 따고 거기서 여러 해 동안 변호사실무 활동을 하고 온 전남대학교 法專院 문기석 교수한테 직접 들은 증언이다.

5 醫師 직업의 비천함은 論語, 子路편: "人而無恒, 不可以作巫醫. 善夫!"의 注에도 잘 나타난다. "巫所以交鬼神, 醫所以寄死生. 故雖賤役, 而尤不可以無常, 孔子稱其言而善之."

었다.(史記 卷87, 李斯列傳)

이 얼마나 흥미로운 역사사실인가?! 통치 권력의 막강하고 유용한 지배수단인 法令과, 생로병사에 꼭 없어서는 안 될 醫藥과 농사 및 점복占卜 서적이, 본질속성상 공유하는 정치중립의 전문기술로서 공통특징을 여실히 보여주는 증거다.

이러한 근친성 때문일까? 우리 동아시아 전통 法文化에서는 法을 醫藥으로 비유하는 철학사상 전통이 아주 유구한 편이다. 서양에서도 고대부터 法을 醫藥에, 법률가를 醫師에 직접 비유한 철학사상이 존재했는지 여부는, 필자가 서양고전문헌에 대한 견문지식이 거의 없어 선불리 판단하기 어렵다. 다만, 법률가를 "사회적 醫師(social physician)"로 부른 게 20세기 초엽에 들어 처음 발견된다는 연구보고가 있다.[6] 우리 동아시아의 "法과 醫藥의 비유"는 서양보다 무려 2-3천년 앞서는 전통을 가지는 셈이 되겠다.

3. 法을 醫藥에 비유하는 역사 전통의 연원

정치에 주요 수단인 法을 醫藥에 비유하는 전통은 역사기록상 연원이 자못 유구하다.

서경(尙書)에 보면, 주공周公(또는 武王)이 강숙康叔을 봉封하면서 훈계하는데, 임금은 백성 범죄를 자기 질병으로 여겨 다스려야 한다고 비유한다.

> "疾病이 있는 듯 여기면(다스리면), 백성들은 그 허물과 罪惡을 다 내버릴 것이며; 갓난아기 보살피듯 다스리면, 백성들은 평안히 다스

6 Edger Bodenheimer, JURISPRUDENCE : THE PHILOSOPHY AND METHOD OF THE LAW(Revised Edition), PART Ⅲ, THE SOURCES AND TECHNIQUES OF THE LAW, 401쪽, HARVARD UNIVERSITY PRESS, 1981년, 제4쇄 참조.

려질 것이다."(周書, 康誥 편)

武王이 서거하자, 은殷 유민遺民을 감독하던 삼감三監(三叔)이 오히려 인민을 선동하여 반역을 일으켰다. 어린 成王을 섭정攝政하던 周公이 토벌하러 나서면서 포고한 대고大誥 편에도 비슷한 표현이 나온다.

"하늘도 우리 백성을 아끼고 위로함이 마치 疾病에 걸린 듯 여기니, 내 어찌 감히 선인의 아름다운 천명을 완성하지 않을 수 있으리?"

물론 이는 周公이 관숙管叔·채숙蔡叔·곽숙霍叔·무경武庚 등 4인을 토벌하며, 백성을 설득하기 위해 동정東征의 정당성 확보 차원에서 내세운 정치적 대의명분일 것이다. 어쨌든 정치사회적 혼란을 백성의 疾病에 비유하며, 병형兵刑을 동원해 이를 고쳐 낫게 한다는 상징적 의미를 함축한다. 그때가 기원전 11세기경인 주초周初니, 대략 3천년 전 일이다.

사실 포학무도한 군주의 가렴주구苛斂誅求와 혹독한 형벌을, 백성들이 '疾' '病'으로 여겨 싫어하고 불평불만하며 괴로워한다는 표현은, 역사의 전시기에 걸쳐 끊임없이 되풀이하는 명문기록으로 나타난다. '疾'이나 '病' 자체가 '싫어하다', '괴로워하다', '고통스럽다'는 동사 의미를 파생·함축한 것은, 바로 인간관계상 불평불만, 특히 국가왕권에 대한 백성의 원망·원한을 직접 가리키며, 이것이 바로 국가의 정치사회적 疾病인 것이다. 예컨대, 漢代 국가 독점경제인 염철鹽鐵을 둘러싼 조야朝野 격론에서, 文學 현량賢良 선비들은 이렇게 주장하며 반대했다.

"옛날에 근본에 힘써 곡식과 수목이 번성하고 때맞춰 경작해 옷과 음식이 넉넉할 때는, 비록 흉년이 거듭 이어져도 인민들이 병으로 여기(궁핍하)지 않았다."(力耕第二)

"염철이 몹시 번거롭고 수고로워 百姓들이 질病苦통으로 여긴다. 어리석은 제 생각엔, 한 관직이 千里(人民)를 손상시킨다."(禁耕第五)

"자주 전쟁하면 백성이 피로하고, 오래 군대를 동원하면 병력이 피폐하니, 이것이 백성이 疾病苦痛으로 여기는 바이며, 고루한 유생이 근심하는 바이다."(復古第六)

즉, 백성의 '疾' '病'을 어루만져 고쳐주는 게 王道·仁政이라는 취지다. 피치자인 백성이나 범부중생과 달리, 성현과 성왕은 인정으로 백성을 널리 이롭지 못할까 염려하여, 그러한 능력부족을 질병으로 여긴다.

예컨대, 자공子貢이 백성들한테 널리 베풀고 중생을 제도할 수 있으면 어질다(仁)고 할 만하냐고 묻자, 孔子는 그런 분은 틀림없이 聖人이라며, '요순임금도 오히려 病으로 여겼다'고 답한다.(論語, 雍也)

또, 子路가 君子에 대해 묻자, 공자는 '자기를 닦아 백성을 평안하게 하는 것은, 요순임금도 오히려 病으로 여겼다'고 답한다.(憲問편)

또, 군자는 자신의 무능을 병으로 여기지, 남이 자기를 알아주지 않는 걸 병으로 여기지 않으며, 죽을 때까지 평생 덕망으로 인한 명성이 일컬어지지 않음을 싫어(부끄러워)한다고 공자는 일깨운다.(衛靈公편)

禮記에 유행儒行 편을 보아도, "유가 선비는 비록 일상기거가 위태로울지라도, 끝내 그 뜻은 믿음을 지키면서, 오히려 백성들 疾病을 잊지 않고, 나라와 겨레를 염려한다."

왜냐하면, 인민 질병고통이 극도에 이른 경우, '民心은 天心'에 기초한 '天命'에 따라 획기적 역성혁명易姓革命이 이루어지기 때문이다.

그런가 하면, 그보다 수백년 더 거슬러 올라가면, 殷나라 중엽 반경盤庚이 천도遷都할 때 백성을 설득하고 경고한 글에는, 罪惡과 疾病을 아예 동일시하여 '罪疾'이란 단어로 함께 일컬은 비유법도 보인다.

"(盤庚이) 실정失政하여 (천도하지 않고) 여기에 오래 머물러 (백성을 괴롭히면), 先王(湯)이 이내 나한테 죄와 疾病을 내리면서, '어찌 짐의 백성들을 학대하는고?' 책망하실 것이다. 거꾸로 너희들 만민이 삶을 즐겁게 누리며 나 한 사람한테 한마음으로 협조하(여 천도하)지 않는다면, 先王께서 이내 너희들한테 죄와 疾病을 내리면서, '어찌 짐의 어린 후손한테 친근하게 따르지 않는고?' 책망하실 것이다. 그래서 너희가 덕을 잃어 위로부터 너희를 벌하리니, 너희는 피할 수가 없으리라."(書經, 商書, 盤庚中)

한편, 周나라 목왕穆王 때 형벌의 남용으로 혼란스러워지면서, 재상에 등용된 려후呂侯가 개혁한 유명한 려형呂刑편에는 의미 깊은 구절이 나온다.

"벌금으로 허물 징계하는 건 사형만큼 무거운 건 아니지만, 사람들은 (벌금 내는 걸) 지극한 疾病으로 여긴다.(罰懲非死, 人極于病.)"

백성의 罪惡 자체가 아니라, 그 罪惡을 징계하는 형벌이 수형자受刑者들한테 '지극한 疾病(極病)'으로 여겨진다는 의미는, 국가사회에 객관적 질병인 죄악을 다스리기 위해 더 크고 무거운 인과응보의 주관적 疾病을 부과하여, 일종의 위혁(하)威嚇적 일반예방 기능을 발휘하는 이열치열以熱治熱 내지 이독공독以毒攻毒 원리를 암시한다.

이는 수천년 전통 法文化를 지배해온 유가 법철학사상의 핵심으로, "刑(法)은 刑(法)이 (필요) 없는 사회를 기약한다."는 유명한 '형기무형刑期無刑'(古文尙書 虞書 大禹謨) 명제의 구체 실증이다. 후대 法家에서 내세우는 "이형거형以刑去刑(刑以止刑)"이나 "이살거살以殺去殺(殺以止殺)"과도 상통하는 법형法刑의 추상 이념 및 공통기능이라고 하겠다. 다만, 두 철학사상의 성향을 대비해보면, 유교 경전에 "刑期無刑"이 수단보다는 목적을 우선한 반면, 法家에 "以刑去刑(刑以止刑)"이나 "以殺去殺(殺以止殺)"은 목적보다는 현실적 수단성을 좀 더 중시한 점이 다르다.

그리고 서주西周 말기 난세를 맞이하여 려왕厲王의 학정虐政을 풍자하며 간언諫言한 걸로 풀이되는 판板이라는 詩에는, 호랑이보다 더 흉맹凶猛한 가혹정치로 포학한 죄악을 많이 지으면, 어떠한 약으로도 구제할 수 없다는 은근한 비유가 나온다.

"하늘이 바야흐로 재난을 내려 학대하니,	天之方虐,
그대 그렇게 희희낙락하지 말게나.	無然謔謔;
이 늙은이(詩人)는 마음이 애절하건만,	老夫灌灌,
젊은이(권력자)는 우쭐거리며 뽐내는구나.	小子蹻蹻;
내가 늙어 말이 어지러운 건 아닌데,	匪我言耄,
너희는 농담이나 해학으로 여기는구나.	爾用憂謔;
불길처럼 맹렬한 罪惡을 많이 저지르면,	多將熇熇,
약으로도 구할 수 없으리라."[7]	不可救藥.

춘추전국 시대에 이르면, 뒤에서 자세히 살펴볼 바와 같이, 정치의 주요 도구인 法과 聖賢의 道德仁義禮智를 醫藥으로 비유하는 언론사상이, 左傳·國語 같은 역사서뿐만 아니라 유가 경전을 비롯한 제자백가서에 두루 걸쳐 더욱 많이 등장한다.

예컨대, 묵자墨子는 행도行道를 행약行藥(醫藥 처방 시행)에, 정법政法

---

7 詩經, 大雅, 生民之什, 板. 이 풀이는 毛傳에 바탕을 둔 鄭箋(東漢 말 鄭康成)의 毛詩 전통을 따른 것이다. 王先謙, 詩三家義集疏, 中華書局, 1987 초판, 916-7쪽. 嚴粲도 李氏의 풀이를 인용해, "熇熇는 불이 뜨거운 모습인데, 罪惡을 더욱 많이 쌓을수록 더욱 뜨겁게 불길이 치열해져, 구제할 수도 없고 약으로도 治療할 수 없다"고 적는다. 金啓華, 詩經全譯, 江蘇古籍出版社, 1984 초판, 714쪽 참조. 한편, 현대에는 특이한 새로운 풀이도 나타난다. "간언을 많이 하여 발끈 진노하게 하면, 약으로도 구할 수 없으리라."(屈萬里, 詩經釋義, 中國文化大學出版部, 1980 신1판, 358쪽 참조) "내가 늙어 말이 어지러운 건 아닌데, 너희는 학질에 앓는 듯하구나. 학질이 크게 발작하여 열병이 치성하면, 약으로도 구할 수 없으리라." (高亨, 詩經今注, 上海古籍出版社, 1982 초판2쇄, 427쪽 참조) 한편, 마지막 두 구절은 說苑 辨物편에 '혼란한 임금의 다스림은 약으로도 가라앉힐 수 없다'는 평론의 실증으로 인용한 것을 비롯하여, 韓詩外傳, 烈女傳 등 후대 여러 고전 및 典籍에서 약방의 감초처럼 즐겨 인용하고 있다.

을 醫藥에 각기 비유한다. 또, 순자荀子는 싸움을 미혹한 질병에 비유하여, 싸움을 못하도록 처벌하는 刑法을 疾病을 치유하는 醫藥으로 은근히 암시한다.

"싸움(鬪)은 제 몸을 잊는 거고, 제 어버이를 잊는 거며, 임금(나라)을 잊는 거다. 잠깐 동안의 노여움을 터뜨려 종신 몸을 잃는데도 싸우니 제 몸을 잊는 거고, 집안이 곧장 부서지고 친척들이 형벌을 면하지 못하는데도 싸우니 제 어버이를 잊는 거며, 임금이 싫어하고 형법에서 크게 금하는데도 싸우니 임금을 잊는 거다. 개돼지 같은 짐승도 어버이 곁을 떠나지 않고 잊지 않는데, 사람이 제 몸도 잊고 어버이와 임금을 잊는다면, 이는 짐승만도 못한 것이다. 무릇 싸우는 놈들은 반드시 자기가 옳고 남이 그르다고 여긴다. 자기는 진실로 옳으니 군자고, 남은 정말 그르니 소인이라고 여겨, 군자와 소인이 서로 해치니, 어찌 지나치게 심하지 않으리? 이 사람은 이른바 호부(狐父)의 창으로 소 화살(牛矢)을 찌르는 격이다.(귀한 물건을 천한 데 쓴다는 당시 비유로 풀이함.) 그러고도 지혜롭다고 할 텐가? 어리석음이 막대하다. 이롭게 여기는가? 손해가 막대하다. 영예로울 줄 아는가? 모욕이 막대하다. 평안하리라 기대하는가? 위태롭기 짝이 없다. 그런데도 사람이 싸우는 건 왜일까? 미치고 미혹된 疾病에 비할까? 아니야, 성왕이 또 처형하잖아! 그러면 새나 쥐 같은 금수에 속할까? 아니야, 그 모습은 엄연히 사람이고, 좋아하고 싫어하는 건 대부분 똑같잖아! 사람이 싸우는 건 왜일까? 나는 몹시 더럽게 여긴다."(荀子, 榮辱; 說苑, 貴德)

이 순자 사상은 특히 그 제자인 한비자가 法家사상을 집대성해 진秦의 부국강병과 천하통일에 사상적 원동력을 제공하면서, 후술할 바와 같이 法治의 필요성을 강조하는 논거로 활용해 눈길을 끈다.

진한秦漢시대에 전대前代 및 당대當代의 사상담론을 집대성한 여러 총서叢書류가 등장한다. 그 대표적인 려씨춘추呂氏春秋, 회남자淮南子, 설원說苑, 잠부론潛夫論 같은 고전에도, 법과 의약의 비유는 꾸준히 즐겨 나온다. 呂氏春秋, 찰현察賢 편에는 현자의 치세治世를 良醫의 질병 치료에 비유한다. 說苑이나 한시외전韓詩外傳에 보면, 로魯 애공哀公이 공자한테 지혜로운 자가 장수하는지 묻자, 공자가 사람 스스로 부르는 비명횡사非命橫死를 세 가지 언급한다. 그 중, 과로와 무절제로 인한 질병사疾病死, 탐욕과 반역으로 인한 형벌사刑罰死, 포악무도로 인한 병란사兵亂死를 나란히 열거하는 게 눈에 띈다.[8]

한편, 說苑(卷第16 談叢 편)에서는 백성의 다섯 가지 죽음 가운데, 聖人이 굶주림과 목마름으로 죽거나 추위로 얼어 죽거나 다섯 가지 兵難으로 죽는 건 없앨 수 있지만, 수명이 다해 죽거나 등창(癰疽)으로 죽는 건 어쩔 수 없다고 한다. 兵難(刑罰)으로 죽는 건 德이 충실하지 않은 탓이고, 수명이 다해 죽는 건 살 햇수가 다한 거며, 등창(癰疽: 疾病)으로 죽는 건 혈기가 곤궁한 탓이란다.

특히 주목할 만한 문헌은, 서한西漢 소제昭帝 때 당시의 '민간질고民間疾苦'를 주제로 개최하여, 정치·경제·군사·법률·문화 등 모든 방면에 걸쳐 조야朝野간에 허심탄회하면서도 진지하고 치열하게 벌인 '염철회의鹽鐵會議'인데, 이 토론을 생생하게 사실대로 기록한 것이 염철론鹽鐵論이다. 물론 사기史記를 비롯한 역사에도 이따금씩 등장하며, 우리나라 高麗史에도 의미 있는 언론이 나온다.

4. 法과 醫藥의 필요성

제행무상諸行無常이며 생자필멸生者必滅이다. 사람도 태어나기에 죽기 마련이고, 그 사이에 노쇠와 질병을 필수로 거치면서 생로병사의

8 說苑 卷第17 雜言편 및 韓詩外傳, 白虎通 五刑편 肉刑 참조.

무상함을 피할 수 없다. 부처님도 깨달은 뒤에 육신 생명이 존속하는 동안, 배고프면 먹고 피곤하면 눕고 추우면 옷 껴입고 아프면 醫藥을 복용했다. 흔히 의식주는 생명 유지를 위한 민생의 3대 필수요소라고 하지만, 부처님은 여기에 醫藥을 하나 덧보탰다. 그래서 불교에선 飮食·衣服·방사房舍(와구臥具)에 醫藥(탕약湯藥)을 보태 4사공양四事供養이라고 부른다. 즉 인간의 물질적 육신생명이 존속하는 한, 지地·수水·화火·풍風 사대四大의 균형 조화가 깨지면 언제든지 질병이 생길 수 있으며, 의약 치유는 불가피한 선택이 된다.

마찬가지로, 사회적 동물인 인간이 모여 사는 사회라는 유기체가 형성되는 한, 질서와 평화가 깨어지는 분쟁과 혼란의 질병 상태가 항시 발생할 수 있다. 따라서 그 혼란의 주요 원인인 사회적 부도덕과 비윤리를 罪惡으로 규정하고, 정도가 심한 경우 범인을 격리·교정·제재하기 위해서 형벌과 법이 필요하게 된다. 그래서 "사회 있는 곳에 법이 있다"는 법언法諺이 오랜 전통을 자랑하며 면면히 전승해 오고, 형벌 또한 필요악必要惡으로서 존재할 수밖에 없는 것이다.

"고름이 살 안 된다"는 속담이 있다. 때론 건강한 피와 살로 회복할 수 없을 정도로 부패한 환부는, 과감히 외과수술로 도려내고 새로운 살이 돋아나도록, 극한 치료법을 써야하는 상황을 말한다. 더욱이 전염성이나 전이도轉移度가 큰 질병의 경우, 생명과 전신全身을 구하기 위해서 지체肢體나 장기臟器를 잘라내기도 한다. 마찬가지로 교정치유로 사회화와 정상복귀가 불가능해 보이는 흉악한 범죄자는, 사회 전체의 건강과 평화질서를 위해 사회로부터 영원히 격리 제거하는 극한 형벌의 가능성을 상징하기도 한다. 사형死刑이나 종신형終身刑의 당위성을 뒷받침하는 근거가 된다. 대아大我의 정의와 형평을 위해서 개별 소아小我(ego)의 희생을 인용忍容해야 할 때도 있다.

또, "좋은 약은 입에 쓰나 병(건강)에 이롭고, 좋은 말은 귀에 거슬리나 (몸)행동에 이롭다.(良藥苦於口, 利於病; 忠言逆於耳, 利於行.)"는 격언이 있다. 이는 공자 말이라고 전해진다. 공자는 여기에 이런 평론도 덧붙였단다.

"임금한테 곧은 말을 하는 신하가 없고, 아비한테 곧은 말을 하는 아들이 없으며, 형한테 곧은 말을 하는 아우가 없고, 지아비한테 곧은 말을 하는 아내가 없으며, 선비한테 곧은 말을 하는 벗이 없으면, 머지않아 망하는 걸 볼 수 있다."(說苑 卷第9, 正諫)

근데 韓非子도 비슷한 말을 전한다.

"무릇 좋은 약은 입에 쓰나, 지혜로운 이는 기꺼이 마신다. 그게 입에 들어가면 자기 병을 그치게 할 줄 알기 때문이다. 충고하는 말은 귀에 거슬리나 현명한 임금은 듣는다. 그게 공功을 이룰 줄 알기 때문이다."(外儲說左上 第32, 說1)

여기서 물론 孔子가 말하는 충고 말은 성현聖賢의 인의도덕 가르침이고, 韓非子가 말하는 충고 말은 법치명령法治命令을 가리킨다. 良藥과 忠言이 나란히 대구로 비유를 이루는데, 유가의 종주宗主와 法家의 집대성자가 각각 인정仁政과 法治의 주체로서 군주의 자세를 논하면서, 자기 주장의 설득력을 강화하는 근거로 나란히 이 격언을 내세운 것이다. 聖賢의 인의도덕 말씀이나 法家의 법치명령이나, '良藥'과 대등한 위상에서 똑같이 '忠言'으로 표현할 수 있다. 실질 내용이 철학사상의 관점에 따라 달라지긴 하지만, 어쨌든 禮法과 刑法을 포괄하는 넓은 의미에서 좋은 法은, 몸에 귀찮고 마음에 거리끼나 정신 건강(罪惡)에는 이롭다고 말할 수 있으리라.

한편 呂氏春秋(蕩兵)에 보면, "정의로운 병력은 천하에 좋은 약이다. 좋은 약을 얻으면 사람을 살리고, 나쁜 약을 얻으면 사람을 죽인다.(義兵爲天下良藥也. 得良藥則活人, 得惡藥則殺人.)"는 명언이 나온다.

어디 약 뿐인가? 法도 마찬가지다. 정의로운 法을 제정하면 만백성을 평화롭게 다스리고, 의롭지 못한 惡法으로 백성을 억압하면 천하가 도탄에 빠지고 혼란스러워진다. 지금도 그러한 일면이 있지만, 특히 고대에는 합법화한 폭력으로서 국가 권력의 상징인 무력武力은 본디 하나였다. 평화시에는 대내적 치안을 유지하는 刑罰(경찰)로서 쓰이고, 유사시에는 대외적 국가안보를 지키는 병력(군대)으로서 작용한다. 본질상 한 뿌리에서 나와 기능상 서로 전환 가능한 병형일치兵刑一致 사상에서 보면, 여기서 말하는 '兵'은 '刑(法)'과 같아진다. 따라서 '兵'을 중간매개 개념으로 삼아, 正法(義刑)은 良藥에 비유하고, 악법惡法(酷刑)은 악약惡藥(毒藥)에 비유해도 틀리지 않는다.

잠부론潛夫論에는 병자가 의약으로 치료하지 않는 迷信을 통탄한다.

"의약을 내버리고 무당을 찾아가 귀신을 섬긴 까닭에 죽음에 이르렀는데, 무당한테 속임을 당한 잘못은 알아차리지 못하고, 도리어 무당을 찾아와 섬김이 늦은 걸 한탄하니, 이는 어리석은 백성의 미혹이 몹시도 심한 것이다."(浮侈第12)

마찬가지로, 우리는 여기서 醫藥이 정법正法의 상징적 비유를 암시하는 다음 같은 문맥을 읽을 수 있다.

"민본民本주의에 바탕을 둔 正法으로 다스림을 저버리고, 권세와 술수에만 의지해 가혹한 형벌로 억압한 까닭에 나라가 망하고 왕권을 잃었다. 그런데도 권세와 술수의 독재에 빠져 스스로 속고 농락당한 줄은 알아차리지 못하고, 도리어 권력의 억압이 약했음을 한탄하는구나! 이야말로 몹시 어리석은 포군暴君의 미혹이 아닌가?!"

포박자외편抱朴子外篇, 용형用刑편에서는 法과 刑罰의 필요성을 의약의 필요성과 견주어 아주 잘 정리하고 있다.

"비유하건대, 그윽한 태식胎息(모태에서 태아가 쉬는 숨으로, 코와 입을 통하지 않는 폐기閉氣 상태의 숨)을 지니고 호흡하고 토납吐納하며, 빛을 머금고 안을 주시하며, 곰이 나무 타듯 새가 지저귀듯 함은,

불로장생의 비결이다. 그러나 몹시 어렵고도 또한 더디기 때문에, 배워 행하는 자가 몹시 적고, 성공하는 자는 만에 하나나 될까 말까 한다. 그런데 질병이 중하고 고통이 심하여, 몸이 말을 안 듣고 목숨이 위태로운 상태가 되면, 침과 뜸돌을 가지고 시술하여, 독하고 강렬히 치료하지 않을 수 없다. 만약 진화秦和와 편작扁鵲의 의약 처방을 내팽개치고, 적송자赤松子와 왕교王喬 같은 (전설적 神仙) 道만 그리워한다면, 죽는 자가 많을 것이다. 仁으로 정치를 행함이 아름답지 않은 것은 아니지만, 평범한 서민들은 교묘히 속이고 이끗만 좇아 의리를 저버리는데, 이들을 위엄으로써 다스리고 형벌로써 바로잡지 않고서, 멀리 상고上古 시대 복희씨伏羲氏와 신농씨神農氏의 도덕기풍만 부러워한다면, 혼란은 피할 수 없고 그로 인한 화禍는 막대할 것이다. 사형死刑으로써 살인을 막는 刑法을 어찌 즐겨하겠는가? … 무릇 대목이 먹줄과 먹통을 놓지 않기에, 곧게 다듬어지지 않는 나무가 없고; 현명한 군주가 형벌을 폐지하지 않기에, 질서 없는 어지러운 정치가 없다."

한편, 송宋 때 도조都曹인 옹언심翁彦深의 상소上疏는 法治와 藥治의 현실적 필요성을 아주 적절히 지적하고 있다.

"평안히 다스림은 원기를 회복함과 같고, 백성들이 나쁜 짓 못하도록 형벌로 막는 것은 약으로 질병을 고치는 것과 같습니다.(致治, 猶元氣也; 刑之禁民爲非, 猶藥疾也.) 형법을 (시행할 필요가 없어) 놓아버렸다는 헛된 명예를 위해, 공평한 형법 시행을 애써 외면하는 현실의 문제는, 옛날 명의名醫들이 처방도 없이 병을 고쳤다는 전설적 치료를 흠모한 나머지 醫藥 처방을 아예 없애버려, 질병으로 죽어 나자빠진 백성들이 구덩이를 가득 채우도록 내버려두는 것과 같습니다."(元 馬端臨, 文獻通考 卷167, 刑六)

전통 法文化에서도 제자백가의 철학사상 입장에 따라 강약의 정도 차이는 있지만, 醫藥과 法의 필요성은 어느 누구도 완전히 부정하기는 어려운 현실 요청이다. 문제는 사람 건강과 행복을 위하여 정확한 藥治와 法治의 중요성을 잘 인식하고 제대로 실행하는 것이다.

5. 法과 醫藥의 불충분한 도구성

醫藥과 法이 제아무리 필요하고 긴요한 인생 필수품이라고 해도, 그것은 어디까지나 건강하고 행복한 삶을 위한 수단방편일 뿐이며, 필요조건이지 충분조건은 아니라는 점을 인식하여, 유효적절하게 善用하고 부득이한 최소한도에 그쳐야 한다.

예로부터 한의학에서는 음식·의약·독약이 본디 하나라는, 食藥毒 삼위일체의 醫藥철학을 강조했다. 서양 의학에 아버지라고 일컬어지는 고대 그리스 히포크라테스도 2500여년 전에 이미 "음식으로 고치지 못하는 질병은 의약으로도 못 고친다!"는 명언을 남겼단다. 우리 속담에도 "밥보다 더 좋은 보약이 없다"는 명언이 있다. 또 "독으로 독을 공격한(다스린)다(以毒攻毒)"는 속담도 있듯이, 毒藥도 때에 따라서는 특효약이 된다. 반면 음식이나 의약도 함부로 쓰거나(濫用) 잘못 쓰면(誤用) 치명적 독약이 될 수도 있다. 그러나 독약은 말할 것도 없거니와, 아무리 좋은 약이라 할지라도 밥 대신 먹을 수는 결코 없다. 그래서 "약 모르고 오용 말고, 약 좋다고 남용 말자."는 명언이 인구에 회자한다. 더구나 의사가 환자 밉다고 일부러 약을 잘못 처방해 惡用한다면, 그보다 더 큰 罪惡은 없을 것이다.

이에 상응하여, 禮義·法律·刑罰이 본디 하나라는 禮法刑 삼위일체의 법철학을 제시할 수 있겠다. 사실 예의보다 더 좋은 법률은 없다. 예의로 안 듣는 자는 법으로 경고하고, 법으로도 안 듣는 자는 마침내 형벌로 다스린다. 그러나 법률이나 형벌로 모든 예의를 대신해 강제

규율할 수는 결코 없다. 그래서 "법 모르고 오용 말고, 법 좋다고 남용 말자."는 잠언을 마음에 새김직하다. 법관이나 임금이 '법치'라는 미명 아래, 백성이 밉다고 일부로 惡法을 만들거나 법을 잘못 해석하여 악용한다면, 그보다 더 큰 죄악은 없을 것이다.

특기할 만한 사상으로, 춘추전국시대 공격전쟁으로 부국강병과 겸병천하를 강조한 병가兵家나 法家, 종횡가縱橫家 등의 주장에 정면으로 반박하며, 법가의 공리주의와는 정반대로 실리적 효율성 관점에서 비공론非攻論을 적극 펼친, 묵자墨子의 비유적 논증 설법이 눈에 띈다.

"비록 네댓 나라가 공격전쟁으로 이익을 얻었지만, 오히려 행할 수 없는 도(非行道)라고 말해야 옳다. 비유하자면, 의사가 약으로 사람 질병을 치료하는 것과 같다. 지금 여기 의사가 질병을 고치겠다고 축원하는 약을 조제해 천하 병자들한테 치료하라고 주었는데, 1만명이 이를 먹어 고작 네댓 명만 효험을 보아 낫는다면, 이는 오히려 처방할 수 없는 약(非行藥)이라고 해야 옳다. 孝子는 이런 약을 자기 부모님께 드리지 않고, 忠臣은 이런 약을 자기 임금한테 바치지 않는다. 옛날 천하에 봉해진 나라로서, 멀리는 귀로 전해 듣고 가까이는 눈으로 몸소 지켜본 바로, 공격전쟁(攻戰)으로 멸망한 나라는 그 수를 이루 다 헤아릴 수 없다.… 예로부터 王公大人은 얻으려 하고 잃는 걸 싫어하며, 평안하려 하고 위태로운 걸 싫어하는 게 인지상정이다. 그래서 공격전쟁에 대해서 비난하지 않을 수 없다." (非攻中 第18)

전쟁론자들이 묵자 말에 자꾸 토를 다는 것은, 그 근본 이치를 알지 못하기 때문이다.

"옛날 天子가 처음 제후를 봉할 때는 1만여 나라였으나, 지금까지 겸병전쟁을 계속 치른 까닭에 1만여 나라가 모두 멸망하고, 오직 네 나라만 남아 독립해 있으니, 비유하자면 마치 의사가 약으로 1만여 사람을 치료해 오직 4人만 나은 꼴이니, 훌륭한 의사(良醫)라고 말할 수 없는 것과 같다."(非攻下 第19)

비록 법이나 형벌을 직접 거론하지는 않았지만, 앞서 말한 대로 고대 병형일치兵刑一致 사상 관점에서 보면, 대규모 병력을 동원한 참혹한 공격전쟁은 잔인한 형법을 확대함과 같다. 결국 포학무도한 惡法과 혹형으로 인민을 억압하고 살륙하여 권력을 유지하거나, 또는 2-3%에 불과한 지배층의 부귀를 위해 97-8% 국민을 착취하고 못살게 구는 정책은, 역사경험에 비추어 1만명 환자에 투여하여 오직 4명만 가까스로 고치는 약과 의사만큼이나 형편없이 비효율적이고 나쁜 정치라는 비유로 풀이할 수 있는 문맥이 틀림없다.

과유불급過猶不及이란 격언이 있다. 약이건 법이건, 아무리 좋다고 해도 지나치게 남용하면, 오히려 해악害惡이 될 것이다. 진리의 경험법칙상 명백하다. 그래서 회남자淮南子(卷2 俶眞訓)도 경고한다.

"무릇 침목(梣木)이 녹내장(青翳)을 낫게 하고, 소라(蠃)가 와환(蝸睆)을 낫게 한다. 이들은 모두 눈병을 고치는 약이지만, 사람이 까닭없이 이 물건을 구해 쓴다면, 반드시 시력을 잃는 자가 있을 것이다. 聖人이 천하를 놀라게 하는 방법(인의도덕)도 眞人은 일찍이 쓰지 않으며, 賢人이 세속을 바로잡는 수단(法令刑罰)도 聖人은 일찍이 보지 않는다."

聖人 경지에서 보면 賢人이 통치도구로 쓰는 法과 刑罰이 하찮고, 眞人 경지에서는 聖人이 교화 방편으로 쓰는 인의도덕까지도 부질없다는 道家식 발상이다. 하지만, 어쨌든 이들을 의약에 견주어, 원인 없이 지나치게 잘못 쓰면 도리어 화근이 됨을 유효적절하게 비유하고 있다.

한편, 잠부론潛夫論에서는 국가에 질병을 치료하기 위해서는 현명한 인재를 구해 잘 다스려야 함을 강조한다. 특히 '악화惡貨가 良貨를 구축驅逐'하듯이, 현인을 배제하는 무능한 선발과 천거의 폐단을 통렬히 탄식한다. 가짜 약이 판을 치는 탓에 질병을 제대로 고치지 못하고, 그 결과 의약에 대한 불신이 깊어져 아예 도외시하는 현실! 이를 우려 깊게 안타까워하는 비유가 매우 흥미롭게 눈에 띈다.

"무릇 세상을 다스림에 참 현인을 얻지 못함은, 비유하자면 질병을 치료함에 훌륭한 의사(참 醫藥)를 얻지 못함과 같다. 질병을 치료함에 마땅히 인삼을 얻어야 하는데 도리어 지라복(支羅服: 蘿菔根, 무뿌리)을 얻고, 마땅히 맥문동을 얻어야 하는데 도리어 찐 광맥(烝穬麥)을 얻는다면 어찌될까? 자기가 참 약을 알아보지 못하고 잘못 조제해 복용하면, 질병이 도리어 극심해질 것이다. 그런데 남한테 속은 줄은 스스로 알지 못한 채, 도리어 처방이 진실하지 않고 약이 질병치료에 전혀 도움이 안 된다고 푸념하는 꼴이다. 그로 말미암아 나중에 참 약을 내팽개치고 마시려 하지 않으면서, 이내 곧 무당을 찾아가 낫기를 바라니, 그런 자는 죽어도 오히려 싸다. 임금이 어진 이를 구하는데 아래서 비루한 자를 바치고, 정직한 이를 구하는데 굽은 자를 바친다면 어찌 될까? 자기가 참을 알아 끌어들이지 못하고, 친한 측근의 아첨을 받아 관직을 맡기면, 나라는 더욱 어지러워질 것이다. 그런데 아랫사람한테 속은 줄은 스스로 알지 못한 채, 도리어 경전이 진실하지 않고 현인이 혼란구제에 전혀 도움이 안 된다고 푸념하는 꼴이다. 그로 말미암아 이제는 참 현인을 내팽개치고, 다시는 등용하려 구하지 않으면서, 이내 곧 속된 아전한테 내맡기니, 그런 나라와 군주는 비록 멸망해도 오히려 싸다. 하·은·주 三代 이후로는 모두 지라복과 찐 광맥으로 약을 조제해 먹은 꼴이니, 질병이 점점 극심해져 마침내 죽은 셈이다."

현인을 생각하여 이 편장篇章을 썼는데, "임금이 선비를 선발함에는 모두 현명하고 유능한 이를 구하건만, 뭇 유사有司가 공거貢擧 추천함에는 다투어 하등 인재를 들이민다. 오로지 착취와 수탈을 일삼으니, 어느 관직을 제대로 다스릴 수 있겠는가? 약을 구해 산 것이 가짜니, 질병을 치료하기 어렵도다. 그래서 사현思賢 제8편을 서술했다."

가령, 질병에 딱 알맞은 아주 좋은 약을 얻어 정확히 처방한다고 할지라도, 의약 자체의 부작용과 폐단이 없지 않으므로, 더욱이 절제된 중용의 적정성이 요긴하다. 사실, 질병을 치료하자면 아무리 좋은 약이라고 해도 부작용과 해독을 수반하기 쉽다. 특히 요즘에는 화학물질을 합성해 만든 양약을 먹으면, 몸 안에 혈액을 오염시키고 다른 장기를 손상시키기 쉬우며, 외과적 수술도 흉터를 남기고 만다. 또한 병원균의 약물에 대한 저항력(耐藥性)을 크게 증대시켜, 약성을 강화시켜야 하는 악순환이 계속되어 질병의 근치根治를 어렵게 한다.

마찬가지로, 죄악을 법과 형벌로 교정하는데, 아무리 객관적 공정성과 형평성을 엄격히 유지한다고 해도, 죄인의 저항반발과 수형자의 원한감정을 초래하기 쉽다. 중형엄벌일수록 일시적 효과는 괜찮을지 몰라도, 죄인의 반사회적 저항과 형벌에 대한 내성耐性을 크게 증대시켜, 정신을 순화하고 심성을 함양하여 사회에 복귀시키는 근본교화는 점점 더 거리가 멀어진다.

한편, 침이나 뜸돌은 자극적 충격요법을 통해 몸 안에 기혈氣血(신경물질?)을 환부患部에 한순간 집중시킴으로써, 백혈구의 항균투병(食菌) 작용을 강화시켜 신체의 자율 치유회복 기능을 유도하는 병리病理다. 뜸은 환부에 약쑥 연소열과 쑥 향기를 쐬어 氣血을 보충하는 기능이 있다. 허나, 특히 침은 몸 안에 경락經絡을 통해 원기를 집중 소모시키기 때문에, 시술 후에 보온과 안정휴식이 절대 필요하다고 한다. 따라서 침은 자주 사용하면 잘 듣지 않고 심각한 부작용을 초래할 수도 있으며, 상습 시술은 절대 금물이다. 급체 소화불량이나 감기몸살 등에 독한 술이나 고춧가루 탄 소주 등을 마시는 민간요법 처방도 비슷한 이치다. 상용하면 위장 등 오장육부를 상할 수 있다.

생물학에서 실무율 법칙에 따라, 반응에 필요한 최소한 자극치가 계속 상승하므로, 약을 오래 쓸수록 보통 약이나 침으로는 아예 반응이 거의 없어지기 마련이다. 형벌집행에서는 노역이나 봉사·기술습득 등은 뜸돌 처방에 해당하고, 감금이나 곤장 따위는 침술 요법에 상응한다고 볼 수 있다. 따라서 행형行刑에서 자비慈悲·인애仁愛의 보온과 교정감화의 안정이 절대 필요하다고 하겠다.

항생제를 비롯한 대부분 화학물질 양약洋藥이 병원균의 내약성耐藥性을 증대시켜, 더 이상 약효가 서지 않는 것처럼, 특히 독재자나 포군暴君의 엄형중벌도 처음에는 위협(하) 공포 기능을 반짝 보이다가, 나중에는 이내 습관화되어 아무리 가중해도 무서워하지 않고 더욱 흉포한 범죄를 자행하는 경우도 많다. 老子가 "사람들이 처형을 두려워하지 않게 되면, 더 이상 무엇으로 겁줄 것인가?(人不畏殺, 何以懼之?)" 라고 탄식한 경고도 같은 맥락이다.

실제로 明 태조가 원말元末 이래 극도로 문란해진 사회기강을 바로잡기 위해, 극형極刑 위주의 대고大誥를 시행했다가, 이와 비슷한 체험을 하였다. 이러한 역사경험을 바탕으로 明律을 제정하면서 立法에 아주 중요한 기본정신을 훈시하였다.

> "인의란 백성을 양육하는 기름진 양식이고, 형벌이란 죄악을 징계하는 약과 뜸돌이다. 인의를 저버리고 오직 형벌만 쓴다면, 이는 약과 뜸돌로만 사람을 기르려는 것과 같으니, 어찌 훌륭한 다스림이 될 수 있겠는가?"[9]

사실, 질병의 치유에 환자 자신의 정신과 의지가 약물 자체의 효험

---

9 明史 卷94, 志第70 刑法二: "仁義者, 養民之膏粱也; 刑罰者, 懲惡之藥石也. 舍仁義而專用刑罰, 是以藥石養人, 豈得爲善治乎?" 이 구절은 明實錄에도 나옴.

보다 훨씬 중요하고 강력하듯이, 죄악의 교정에도 범인 자신의 자아 반성과 회개가 형벌의 응징 제재보다 더욱 요긴하고 절실하다. 그래서 질병치료에는 자연스런 식이요법과 운동 및 정신자세가 더욱 근본적이고 효과적이다. 마찬가지로, 죄악 치유교정에는 정서적 감동과 노동교화 및 인의도덕의 감화가 훨씬 근원적이고 효과적이다. 법률만능주의나 醫藥만능주의에 빠져 지나치게 법과 의약에 의지하여, 인간의 주관적 의지와 능동성을 망각하면, 인간의 존엄성을 스스로 망가뜨리고 물질과 제도의 노예로 전락하여, 목적과 수단이 뒤바뀐 본말전도의 역설을 초래하기 쉽다.

그래서 老子는 "법령이 불어날수록 도적이 많아진다.(法令滋彰, 盜賊多有.)"고 역설적 정치현실을 힐난했다. 사마천司馬遷이 일찍이 적확히 도 지적했듯이, "법령이란 정치에 도구·방편일 따름이지, 결코 정치에 청탁淸濁과 선악善惡을 가져오는 근본 원천은 아니다."[10] 그런데 요즘 첨단과학 시대를 가만히 살펴보면, 온갖 기괴한 문명병과 성인병이 창궐하여, "의약이 발달할수록 질병이 고치기 어렵다(醫藥發達, 疾病難治.)"는 역설적 탄식이 나옴직하다.

후한後漢 때 최인崔駰의 손자 최식崔寔이 펼친 정론政論은, 역대 군주가 마땅히 한 통을 필사해 두고 좌우명으로 삼아야 한다고 극찬을 받은 바 있다. 실제로 明 太祖가 明律 제정 과정에서 직접 원용하여 훈시해 더욱 유명해진, 법과 의약의 비유가 거기에 나온다. 통치자는 그 명언을 명심銘心해야 한다.

> "대저 나라를 다스리는 법은 몸을 다스리는 법과 비슷하여서, 평안할 때는 잘 양생養生하면 되지만, 질병이 생기면 공격해 치료해야 합니다. 무릇 형벌이란 혼란을 다스리는 약과 뜸돌이며, 도덕교화

10 史記 卷122, 酷吏列傳 第62 : "法令者, 治之具, 而非制(致)治淸濁之源也."

(정치)는 평안을 유지하는 곡식과 고기입니다. 무릇 도덕교화로 잔인함을 제거하려는 것은, 곡식과 고기로 질병을 다스리려는 것과 같으며; 형벌로 평안한 세상을 다스리려 함은, 의약과 뜸돌로 일상 음식을 삼으려 함과 같습니다."[11]

6. 法과 醫藥의 고통비용: 공리주의 이해득실 비교형량

한편, 환자가 병을 낫기 위해서는 의약의 쓴맛과 역겨움을 감내해야 하듯이, 법으로 사회적 질병을 치료하기 위해서는 범죄자나 그 가족이 형벌로 인한 고통을 감내해야 한다. 사람 생명이나 국가사회 존립의 차원에서 이해득실을 비교 형량하여, 이른바 의약과 법형의 경제비용과 고통비용 및 사회비용을 기꺼이 감당해야 한다는 공리주의 철학사상이 法家를 중심으로 강하게 두드러진다. 물론, 이는 앞서 언급한 유명한 격언 '良藥苦口利於病'과 '忠言逆耳利於行'의 대비를 좀 더 넓게 펼친 추론이다.

일찍이 서경書經에는 그 유명한 명현瞑眩 현상을 들어 정치현실을 비유하며 경종을 울리는 교훈이 나온다. 이 비유는 역대 수많은 제자백가 경사자집經史子集에서 약방에 감초처럼 즐겨 인용하는 잠언이다.

"만약 약을 먹어 눈이 돌 정도로 어지럽지 않다면, 그 질병이 낫지 않는다. 만약 발을 내디디며 땅을 살피지 않으면, 그 발이 다친다."[12]

일찍이 공자와 맹자도 이러한 瞑眩 현상을 염두에 두고, 오랫동안

---

11 後漢書, 권52, 崔駰列傳(孫寔); 文獻通考 권164, 刑三 참조. "夫刑罰者, 治亂之藥石; 德敎(政)者, 興平之粱肉也. 夫以德敎除殘, 是以粱肉治疾也; 以刑罰治平, 是藥石供養也."

12 書經, 說命上편: "若藥弗瞑眩, 厥疾弗瘳. 若跣弗視地, 厥足用傷." 國語 楚語, 孟子 滕文公章句上, 潛夫論 五德志편 등에 보인다.

어지럽고 잔혹한 정치현실을 仁政과 王道로 바로잡기 위해서는, 선량한 임금이나 성왕이 참으로 인의도덕에 뜻을 두고 1백년이나 적어도 1세대(30년) 이상 꾸준히 치료해야 완전히 나아질 수 있다고 말한다. 말하자면, 적지 않은 고통비용을 감내해야 한다는 강조다.

"착한 사람이 나라를 백년간 다스리면, 또한 잔인한 포악暴惡과 가혹한 형살刑殺을 없앨 수 있다더니, 이 말은 참으로 진실하도다."

"만약 왕도를 행하는 임금이 있다면, 반드시 한 세대를 다스린 다음에야 어질어질 것이다."(論語, 子路편)

"지금 천하에 왕이 되고자 하는 자는, 비유하자면 마치 7년 묵은 병에 3년 약쑥을 구하는 격이다. 진실로 애써 축적하지 않는다면, 종신토록 얻을 수 없다. 마찬가지로 진실로 인에 뜻을 두지 않으면, 종신토록 우환과 모욕을 겪고 끝내 죽음에 빠질 것이다."(孟子, 離婁上)

이는 착하고 어진 임금 한 사람뿐만 아니라, 서너 명이 대를 이어 1백년간 꾸준히 선정善政을 베풀어야, 비로소 잔인하고 포악한 놈들이 죄악을 그만 짓고, 백성들이 날로 개과천선해 서로 죽이거나 다치는 일이 없어지고, 형벌이나 살륙殺戮(死刑)이 더 이상 쓸 필요가 없어 사라지는, '형조刑措'의 이상사회가 도래할 수 있다는 뜻이다.(朱子集註)

한편, 春秋左傳에는 사랑의 해악과 싫어함의 이로움을 대비하는 공리적 이해타산이 나온다. 로魯에 맹손이 죽자, 장손臧孫이 조문 가서 몹시 슬프게 울며 통곡해 눈물이 흥건히 흐르자, 그 마부가 물었다.

"맹손이 당신을 혐오했는데도 이토록 슬퍼하니, 만약 당신을 총애하는 계손이 죽으면 또 얼마나 더 하시겠소?"

그러자 장손臧孫이 이렇게 대답했다.

"계손季孫이 나를 총애함은 열병이고, 맹손孟孫이 나를 혐오함은 약과 뜸돌藥石일세. 고통 없는 아름다운 열병이라도 고통스런 나쁜 약과 뜸돌藥石만 못한 법이네. 약석은 오히려 나를 살리지만, 열병은 제아무리 아름다워 봤자, 그 해독이 갈수록 무성히 많아질 뿐이지. 맹손이 죽었으니, 내 망할 날은 머지않았네."(春秋左傳, 襄公23年)

과연 얼마 안 지나 장손은 끝내 주륙을 피해 급히 망명하고 말았다. 法家의 공리주의 사상이 비롯한 발원지發源地로 여겨질 만하다. 실제로 법가를 집대성한 韓非子는 유가의 '瞑眩 현상'을 끌어다가 '이해득실'의 현실타산으로 바꾸어, 법치의 불가피성과 중요성을 역설하는 논거로서 둔갑시켜 장광설長廣舌을 토해 낸다.

"듣건대, 옛날 편작扁鵲이 질병을 치료함에는 칼로 뼈를 긁어냈고, 聖人이 위태로운 나라를 구함에는 충간忠諫으로 임금의 귀를 거슬렀다. 뼈를 긁어내면 몸에는 작은 아픔이 따르지만 생명에 크게 이롭고, 귀에 거슬리면 마음에는 조금 언짢겠지만 나라에 큰 복이 된다. 그러므로 몹시 앓는 병자는 아픔을 참는 게 이롭고, 굳세고 씩씩한 임금은 귀에 거슬림을 복으로 받아들인다. 아픔을 참아야 편작이 정교하게 치료하고, 귀에 거슬려야 오자서를 잃지 않으니, 이게 바로 장수하고 평안한 기술이다. 병들었는데 아픔을 참지 못하면 편작의 정교한 치료를 잃고, 위태로운데도 귀에 거슬림이 싫으면 聖人의 뜻을 잃으니, 이러하면 큰 이익이 길이 드리워지지 못하고 공적과 명성이 오래 서지 못한다."(安危 第25)

어찌 보면 고진감래苦盡甘來와 전화위복轉禍爲福의 평범한 진리인데, 보통 사람들은 당장 눈앞 작은 이해에 눈이 멀어 올바른 판단을 제대로 내리지 못한다. 그래서 한비자는 약술과 충언은 현명한 임금과 거룩한 군주만이 홀로 안다고 탄식하면서, 공리功利와 해악害惡을 정확히 저울질하는 지혜로운 '권능權能'을 누누이 강조한다.(外儲說左上 第32, 經1) '權'은 본디 저울대로서, 이해득실을 저울질하고 비교 형량衡量하여 판단 결정하는 힘을 뜻한다.

한비자는 '군주가 질병으로 죽는 것은 절반도 안 된다.'는 도좌춘추桃左春秋 말을 인용한다. 후비나 부인·태자조차 당파를 이루어 군주가 죽길 바라는데, 이는 군주가 죽지 않으면 자신의 권세가 크지 않기 때문이라고 한다. 마치 의사가 남의 종기를 기꺼이 잘 빨아 피고름을 입에 머금는 까닭은, 골육 친척이라 그런 게 아니라, 이익이 주어지기 때문이다. 그래서 수레 만드는 사람이 수레를 완성하면 남이 부귀해지길 바라고, 관 만드는 사람이 관을 완성하면 남이 일찍 죽길 바라는 것과 똑같은 이해타산이다. 같은 목수인데 수레 목수가 어질고 관 목수는 도적이라 그런 게 아니다. 남이 부귀하지 않으면 수레가 팔리지 않고, 남이 안 죽으면 관이 팔리지 않기 때문이다. 진정으로 남을 미워하는 게 아니라, 이익이 남의 죽음에 있기 때문이다. 그래서 군주는 잘 살피고 관찰하며 법에 따라 군중을 다스려, 신상필벌로 죄인을 사면하지 말고, 간사한 자들이 사욕을 부리지 못하도록 철저히 막아야 한다.(備內 第17)

이러한 대비는 사실 맹자가 어진 마음(仁心)과 어질지 못한 마음(不仁心)이 갈라지는 직업심리에서 적확히 날카롭게 지적한 비유다. 일찍이 맹자는 활과 방패, 무당과 장의사를 대비해 거론하여, 환경과 직업이 사람 심리와 성격에 결정적 영향을 끼친다고 설파했다.

활 만드는 사람이 방패 만드는 사람보다 본래 덜 어진 것은 아니로되, 활 만드는 사람은 자기가 만든 활이 어떠한 방패와 갑옷도 꿰뚫도록 날카롭고 견고히 만들며, 반대로 방패 만드는 사람은 자기가 만든 방패가 어떠한 창칼과 화살도 모조리 막아낼 수 있도록 튼튼히 만들 것이다. 한 사람은 살기등등한 심성이 쌓여 발전하고, 한 사람은 인자한 심성을 점차 함양하게 된다. 마찬가지로, 무당은 비록 자기 굿이 항상 효험을 내는 것은 아니지만, 사람 질병과 액운을 쫓고자 마음을 다할 것이다. 반면, 장의사는 자기 생계와 이익을 위해서, 은근히 다른 사람 죽기를 바라는 심리가 싹틀 것이다. 어질고 선량한 심성을 수양하려면, 후천 직업과 환경의 선택이 매우 중요하다.(公孫丑上)

인격수양에 직업선택이 얼마나 요긴한지, 매우 적확한 비유다.

또 한비자는 '정치는 머리감기와 같다. 비록 머리카락이 조금 빠지지만 반드시 감는다.'는 속담을 인용한다. 머리카락 빠지는 비용만 아낄 줄 알고, 머리카락 잘 기르는 이로움을 잊으면, 저울질(비교형량)을 모르는 자라고 힐난하는 비유다. 淮南子에도 비슷한 언론이 나온다.

> "나라를 다스림은 논밭에 김을 매는 것과 같아서, 농작물에 해로운 잡초를 제거할 따름이다. 지금 머리를 감는 자가, 머리카락이 빠지는 줄 알면서도 오히려 그만두지 않고 계속 하는 것은, 빠지는 게 적고 이로움이 많기 때문이다."

회남자(권16 說山訓)에도 비슷한 언론이 나온다.

> "나라를 다스림은 논밭에 김을 매는 것과 같아서, 농작물에 해로운 잡초를 제거할 따름이다. 지금 머리를 감는 자가 머리카락이 빠지는 줄 알면서도 오히려 그만두지 않고 계속 하는 것은, 빠지는 게 적고 이로움이 많기 때문이다."

한비자는 또 종기를 째면 아프고 약을 마시면 쓰지만, 쓰고 아프다는 이유로 종기를 째지 않고 약을 마시지 않으면, 몸이 살 수 없고 병이 낫지 않는다는 비유를 든다. 법과 형벌의 고통도 나라에 혼란이란 질병을 다스려 낫는 데 필요한 의약이라는 뜻이다. 그래서 聖人이 다스림에는 법금法禁을 잘 살핀다. 法禁이 잘 밝혀지면 관리가 잘 다스리고, 상벌을 굽히지 않고 반드시 행하면 백성들이 제대로 일한다. 백성이 일하고 관리가 다스리면 나라가 부유해지고, 나라가 부유하면 병력이 강해져 패왕의 업적을 이룰 수 있다. 패왕은 군주에 큰 이익이고, 부귀는 신하에 큰 이익이다. 그러므로 군주와 신하가 각각 자기 이익을 꾀해 다스리고 섬기는 게 당연하다. 그렇지 못해, 군주가 어질

지 않고 신하가 충성스럽지 않으면, 패왕을 이룰 수 없다.(六反 第46)

춘추시대 정鄭 재상 자산子産이 임종에 유길游吉한테 당부했다.

"내가 죽은 뒤 그대가 반드시 정나라를 다스릴 테니, 반드시 사람들한테 엄하게 대하라. 무릇 불은 모습이 엄하기에 데는 사람이 적지만, 물은 모습이 부드러워 빠져 죽는 사람이 많다. 그대는 반드시 그대 모습을 엄하게 하고, 그대 부드러운 모습으로 사람들을 빠져 죽게 하지 말지어다."(外儲說左上 第32)

이 유언은 법치의 현실적 유용성과 대중적 공리를 적절히 상징하는 비유로서, 특히 법치 위정에 기본원칙으로 깊이 음미할 만하다.

과연 한비자는, 이와 비슷한 맥락과 논조로, 세간에 전해오는 '애비 없는 호로(홀어미) 자식'이란 속언의 단면을 들어, 차마 결단하는 법치의 공리성功利性을 더욱 부각시킨다.

"법은 일을 통제하는 수단이고, 일은 공명功名을 이루는 수단이다. 법을 세움에는 어려움이 있기 마련이나, 그 어려움을 저울질하여 일이 이루어지겠으면 세운다. 일이 이루어짐에는 해로움이 있기 마련이나, 그 해로움을 저울질하여 공이 많겠으면 행한다. 어려움이 없는 법과 해로움이 없는 공명은 천하에 있지 않다.

"자애로운 어머니는 어린 아들에게 사랑을 앞세우면 안 된다. 어린 아들한테 못된 행실이 있으면 스승을 따라 배우게 하며, 나쁜 병이 있으면 의사한테 맡겨 고쳐야 한다. 스승을 따르지 않으면 형벌에 빠지고, 의사를 찾지 않으면 죽을 수 있다. 자모慈母가 비록 아무리 사랑한다 하더라도, 형벌을 면하고 죽음에서 구하는 데 도움이 안 되니, 아들을 살리는 건 사랑이 아니다. 어머니 본성은 사랑이고, 군주 권세는 채찍이다. 어머니가 사랑으로 집안을 꾸릴 수 없는데, 군주가 어떻게 사랑으로 나라를 지탱할 수 있겠는가? 현명한 군주는 부강(方法)에 통하면, 욕망을 얻을 수 있다. 근데 삼가 조심히 듣고 다스리는 게 부강 방법이다. 법금法禁을 밝히고 계모計謀를 살핀다. 법이 밝으면 안으로 변란의 우환이 없고, 꾀를 얻으면 밖으로 죽거나 포로가 되는 화가 없다. 그러므로 나라를 지키는 것은 인의가 아니다. 어짊이란 자혜慈惠로워 재물을 가벼이 여기는 것이고, 포악함은 마음이 억세 쉽게 처형하는 것이다. 慈惠로우면 차마하지 못하여 죄악이 많아도 사면해 버리고, 재물을 가벼이 여기면 쉽게 베풀어 공로가 없어도 상이 넘친다. 마음이 억세면 아래로부터 증오를 당해 원한이 쌓이고, 쉽게 처형하면 사람을 함부로 죽여 백성들이 장차 배반하게 된다. 그래서 어진 자가 임금이 되면, 아래서 제멋대로 굴어 禁法을 가벼이 범하고 위로 요행만 바라게 된다. 반면 포악한 자가 임금이 되면, 법령이 망령되고 군신 사이가 벌어지며, 백성들이 원망하여 반란의 마음이 인다. 그러므로 어짊과 포악함은 모두 나라를 망치는 것이다."(八說 第47)

이렇듯, 한비자도 집권자가 지나치게 仁愛에 치우쳐 유약하고 무능에 빠지는 것과 지나치게 포학무도하여 잔혹한 형벌을 남용하는 것을 모두 비판했다. 양극단에 치우치지 않고 철저히 중도실리中道實利의 법치에 충실하라고 역설했음을 알 수 있다.

그런데 현실 집권자는 유가나 도가의 성현 말씀이든 법가의 법치사상이든 가리지 않고, 오로지 자기 기분에 맞은 말만 골라 듣기 마련이다. 자기 비위에 거슬리는 말은 잘라내 버리고, 완전히 아전인수我田引水식으로 단장취의斷章取義하고 견강부회牽强附會로 짜깁기해, 중앙집권적 황제 절대권력 우상화에만 골몰해 끝내 몰락하고 만다. 진秦이 가혹한 법치로 쓰라린 경험을 한 뒤에도, 현실에서 법은 의약과 마찬가지로 고통비용보다 치료효과가 더 큰 필요악의 방편으로 여전히 인정받는다. 道家 기풍이 강한 포박자외편(用刑편)에서 이렇게 말한다.

"한 명을 처형하여 만인을 경고함은, 적은 걸 덜어내어 많은 걸 성취함이다. 이는 용병술에서 머리카락을 깎는 것처럼, 이익 보는 바가 많음에 견줄 수 있다. 또한 醫術에서 종기를 도려내는 것 같이, 온전히 살리는 바가 큼에 비길 수 있다. 그래서 침과 뜸돌이 참혹하고 고통스럽지만 그만둘 수 없는 것은 질병을 치료하기 때문이다. 마찬가지로 형벌과 법령이 흉악하고 지저분하지만 내버릴 수 없는 것은 폐해를 구제하기 때문이다."

한편, 법과 의약의 비유에서 고통비용을 감수하는 공통원리와 관련하여, 근대 형법학에 이른바 위법성 조각사유阻却事由에 해당하는 흥미로운 역사실록이 전해져 소개한다.

당 高宗 의봉儀鳳3년(678)에 황제가 머리에 현기증이 심하면서 눈에 아무것도 안보이게 되었다. 시의侍醫인 장문중張文仲과 진명학秦鳴鶴이 진찰하고 아뢰었다.

"풍기가 위로 역행한 탓인데, 머리에 침을 놓아 피를 내면 나을 수 있습니다."

이때 측천무후는 황제가 위태로우면 자기가 專權을 휘두를 수 있다고 혼자 내심 기뻐하던 참에, 이 말을 듣고는 짐짓 노해서 고함쳤다.

"이놈들 목을 쳐야겠네! 황제 몸에 어디 침을 찔러 피를 낸단 말이냐?"

이에 시의들이 머리를 조아리며 분부대로 따르겠다고 아뢰자, 황제가 바로 점잖게 말하였다.

"의사가 질병치료를 의론하는데 무슨 죄가 된단 말인가? 지금 내 현기증이 참을 수 없을 정도니, 그리 하도록 하라!"

그래서 侍醫가 한두 번 침으로 찌르자, 황제가 편안히 말했다.

"내 눈이 밝아졌다!"

그 말이 채 끝나기도 전에 무후가 곧장 주렴 건너편에서 두 번 절하면서, "하늘이 내 스승을 내려 주셨네!" 라고 찬사하고, 몸소 비단보물

을 지고 나와 선물로 주었다.(新唐書 卷76, 后妃上)

카멜론보다 더 재빨리 변색하고 구미호보다 더 요사한 기회주의 변덕심리를 극적으로 보여주는 일화다.

근대 형법학 이론에 따르면, 환자에 대한 의료행위는 엄청난 경비와 고통을 수반하지만, 환자나 가족이 동의 승낙하면 정당한 행위로 인정하여, 위법성이 조각되어 범죄를 구성하지 아니한다. 한편, 불의의 죄악을 행한 범죄자나 일탈자에 대한 법과 형벌의 강제제재조치는, 주권자 전체의 합의에 기초한 사회계약이론을 따르든, 집권자의 강제명령에 기초한 실력설을 따르든, 국민의 국가에 대한 묵시적 준법서약의사에 의해 집행되는 정당행위로서 역시 위법성이 조각되고, 형벌집행이나 민사강제집행은 불법행위를 구성하지 아니한다.

그러나 엄밀히 따지자면, 의료행위가 위법성이 조각되는 본질상의 심층 이유는, 법가가 주장한 공리주의적 이해득실 형량에서 찾을 수 있다. 즉, 大我를 위해 小我를 희생하고, 좀 더 큰 가치와 법익을 위해 좀 더 작은 가치와 법익을 희생하고 양보하는 비교형량에 기초하여, 해악보다 이익이 많은 쪽을 선택하는 상대우위에서 찾아야 할 것이다. 환자의 동의나 승낙은, 비록 최소한 기본구비요건으로서 중요하긴 하지만, 어쩌면 형식상 피상 이유에 불과하다. 우선, 환자 자신이 치료 당시 고통과 치료 후 건강행복을 주관적으로 비교 형량한 결과, 사후 행복이 더 크다고 판단해 치료에 동의할 것은 자명하다.

한편, 안락사나 자살방조는 비록 본인 동의·승낙이나 요청에 의한 것이지만, 위법성이 조각되지 아니한다. 보통 일반적으로 공인된 사회상규常規 내지 미풍양속에 어긋나기 때문이라고 설명한다. 그런데 '어긋나는' 이유는 희생된 가치(생명)가 추구하는 가치(고통경감)보다 훨씬 크고, 게다가 사회전반에 부정적 파급효과도 작지 않기 때문인 점을 유념할 필요가 있다.

법이나 형벌 집행이 위법성이 조각되어 정당한 행위로 공인 받는 이유도 마찬가지로 이해할 수 있다. 추상적으로 의제된 사회계약설이나 실력설(강제명령)에 의한 묵시적 준법서약遵法誓約은, 정말로 형식적 피상 논리에 불과하다. 본질상 실질 이유는, 역시 대아(다수)를 위해 소아(소수)를 희생한다는 법익 비교형량에 기초한 상대우위 및 양보이론에서 그 정당성의 근거를 구해야 한다. 개개인과 국가사회 전체 차원에서 암묵적으로 전제했음직한 맥락을 추정하여 음미해 본다면, 전통 철학사상과 법문화에서 법을 의약에 비유한 공통 매개 고리로서, 우리는 아마도 이해·고락의 비교형량에 근거한 공리주의적 위법성 조각사유론을 하나 덧보탤 수 있을 것이다.

7. 법과 의약의 변화성과 시중時中

시대의 요청에 따라 禮法이 변화 적응해 가는 역사철학적 필연성은, 일찍이 孔子 이전부터 진리의 일반보편성으로 두루 확인할 수 있다.

주역은 "곤궁하면 변화하고, 변화하면 통달하며, 통달하면 항구로워진다.(窮則變, 變則通, 通則久)"는 유명한 보편적 변역성變易性을 철학사상에 핵심원리로 삼는다. 老子는 道의 운동으로서 왕래 반복성을 강조하면서, "큰 나라 政治는 조그만 생선 굽는 것과 같다.(治大國者, 若烹小鮮.)"는 유명한 비유를 들고 있다.

게다가, 공자는 아주 유명한 역사발전관과 경장론을 피력했다.

"은殷나라는 하례夏禮를 바탕으로 손익損益을 가했으며, 주周나라는 은례殷禮를 바탕으로 손익損益을 가했다. 앞으로 주周나라 뒤를 이을 나라도, 비록 百世 뒤라도 미루어 알 수 있다."(論語, 爲政)

"긴장만 하고 이완하지 않는 일은, 文王·武王 같은 聖人도 할 수 없고; 이완만 하고 긴장하지 않는 일은, 文王·武王과 같은 聖人이

행하지 않았다. 한번 긴장하고 한번 이완하는 반복이 곧 文王과 武王의 道다."[13]

이장론弛張論(경장론更張論)을 문무도통文武道統에 근본정신으로 숭앙하는데, 바로 중용에서 말하는 '시중時中'을 뜻한다.

법적 안정성과 구체적 타당성, 항상성과 변화성이라는 상호대립의 法理念이 시대상황을 비롯한 제반 주객관 여건에 따라 다채롭게 펼쳐진다. 道에 가장 가깝다는 물도 오래 고이면 썩기 마련이고, 지나치게 흐르면 흐려지기 쉽다. 썩지 않고 흐려지지도 않으면서, 언제나 청정淸淨함을 간직하고자 하는 상변평형常變平衡이야말로, 道와 禮法에 궁극이념이리라.[14]

따라서 법도 시대변화에 따라 달라질 것은 자명하고 당연한 이치다. 전국시대 중기 변법개혁 운동을 선도한 상앙商鞅부터 후기 法治사상을 집대성한 한비자에 이르기까지, 비록 정도 차이는 있지만 '變法'은 법가사상에 공통 핵심내용의 하나다. 특히 전국시대 부국강병과 겸병천하의 사상적 무기로서 아주 유용한 도구가 된 개혁운동 핵심에는, 시대요청에 부응하는 변법이 필수로 자리하고 있다.

상군서商君書는 첫 편 이름이 아예 '경법更法'이다. 진秦 효공孝公이 세 대부와 함께 세상사 변화를 사려하여, 正法의 근본을 토론해 백성 다스리는 道를 구하였다. 變法으로 나라를 통치하고, 경례更禮로 백성을 교화하려고 말문을 텄다. 감룡甘龍과 두지杜摯가 거세게 반대했다.

"이익이 백배가 안 되면 법을 바꾸지 않고, 공이 십배가 안 되면 그릇을 바꾸지 않는다.(利不百, 不變法; 功不十, 不易器.)"

그러나 상앙은 '나라를 부강하게 만들고 백성을 이롭게 한다면, 군

13 禮記, 雜記: "張而不弛, 文武弗能也; 弛而不張, 文武弗爲也. 一張一弛, 文武之道也."

14 傳統法에 恒常性과 變化性 관련 철학사상은, 졸저, 傳統法과 光州反正, 전남대학교출판부, 2006 초판, 50-60쪽 참조.

이 옛 禮法을 따르지 않는다.'는 聖人의 정신을 내세워 변법을 강행한다. 하은주 三代가 서로 다른 禮로 왕이 되었고, 오패五霸가 서로 다른 법으로 패권을 차지한 사례史例를 든다. 지혜롭고 어진 자만이 법을 만들고 禮를 바꿀 수 있으며, 어리석고 못난 자는 법과 禮에 얽매어 변법 대사를 토론할 수 없다는 논거로, 두 대부의 강한 반대를 무시하고, 강력한 변법론變法論을 주창한 것이다.

"각각 시대에 합당하게 立法하고, 政事에 순응하여 제례制禮한다. 禮法은 때에 맞게 정하고, 제령制令은 편의에 좇아 시행한다. 병갑兵甲이나 기물器物은 각각 사용에 편하면 된다."(商君書, 更法第一)

한비자도 시대 추이에 따라 법이 유연하게 변화해야 하는 임기응변 융통성을 강조한다.

"법령으로 다스리고자 하면서 옛 禮法을 바꾸기 어려우면, 인민이 혼란에 빠져 틀림없이 다스려질 수 없다. 그래서 인민을 다스림에는 일정한 방법이 없으며(덧없으며), 오직 법만이 다스릴 수 있다. 법이 시대에 맞춰 굴러가면 다스려지고, 다스림이 세상에 알맞으면 공이 세워진다. 인민이 순박하면 명분으로 금해도 다스려지지만, 세상 사람이 많이 알면 형벌로써 유지해야 복종한다. 시대가 흐르는데 다스림이 바뀌지 않으면 어지러워지고, 능력이 대중을 다스릴 만해도 금지명령이 변하지 않으면 나라가 날로 줄어든다. 그래서 성인이 인민을 다스림에는, 법을 시대에 맞춰 바꾸어 가고, 금지명령을 능력에 맞춰 변해 간다."(心度 第54)

그러나 유감스럽게도 선진先秦시대 유가 경전이나 법가 문헌에는, 變法과 직접 관련하여 禮나 법을 의약에 비유해 연결하는 언론은 잘 보이지 않는다. 의약과 직접 연결하여 법의 시대적 변화성을 강조하는 비유는, 역사상 漢代 문헌에 이르러 비로소 나타나는 듯하다.

먼저 呂氏春秋에는, 질병의 원인과 증상에 따라 처방이 달라지듯이,

시간이 흘러 사회 여건(疾病)이 바뀌면 그를 다스릴 법도 달라져야 한다고 변법의 필요성과 당위성을 간명하게 밝힌다.

"세상이 바뀌고 시간이 흘러가면 법도 변해야 마땅하다. 비유하건대, 훌륭한 의사는 질병이 만 가지로 변하면, 약도 만 가지로 다양하게 처방하는데, 변법의 이치도 이와 같다. 질병이 변하는데 약이 변하지 않으면, 전에 장수한 백성들이 지금은 요절하게 된다."[15]

이어 後漢 최식崔寔은 정론政論에서, 법과 의약의 비유를 통해 시대 변화에 따른 적절한 임기응변의 시중時中 변법變法을 적확히 꿰뚫어보면서, 제법 자상하고 세밀하게 설파한다.

"(대저 천하를 다스림에) 최상 도덕을 갖춘 이가 아니라면, (백성을) 엄격히 대해야 잘 다스려지고, 너그럽게 대하면 어지러워지는 법입니다. … 옛날 공자께서 제齊 환공桓公을 칭송하고, 진晉 문공文公을 옳다고 평가하며, 관중管仲의 공로를 찬탄하셨습니다. 이 어찌 文王과 武王의 도덕을 아름답게 여기지 않아서겠습니까? 진실로 임기응변 권의權宜로 폐단을 구제하는 이치에 통달하신 까닭입니다. 聖人은 세상 변화에 따라 더불어 변화하실 수 있는데, 속된 선비들은 고루하여 변할 줄 모릅니다. 그저 새끼매듭(結繩)의 간단한 약속으로 혼란한 秦나라 정국을 다스려 바로잡을 수 있고, 우禹임금의 방패와 도끼(干戚) 춤으로 漢高祖가 흉노匈奴한테 평성平城에서 포위당한 위기를 풀 수 있다고 믿습니다. 무릇 곰이 나무 타듯 새가 지저귀듯 함은, 비록 불로장생 비결이긴 하지만, 추위와 바람으로 말미암는 질병을 고치는 방법은 아닙니다. 또 그윽한 태식胎息으로 호흡하고 토납吐納함은, 비록 선단仙丹을 단련하는 도술이긴 하지만, 부러진

15 呂氏春秋, 審應覽 第6, 卷第18, 察今 : "世易時移, 變法宜矣. 譬之若良醫, 病萬變, 藥亦萬變. 病變而藥不變, 嚮之壽民, 今爲殤子矣."

뼈를 이어주는 고약은 아닙니다.

"대저 나라를 다스리는 법은, 몸을 다스리는 법과 비슷합니다. 평안할 때는 잘 양생하면 되지만, 질병이 생기면 공격해 치료해야 합니다. 무릇 형벌이란 혼란을 다스리는 약과 뜸돌이며, 도덕교화(정치)는 평안을 유지하는 곡식과 고기입니다. 무릇 도덕교화로 잔인함을 제거하려는 것은, 곡식과 고기로 질병을 다스리려는 것과 같으며; 형벌로 평안한 세상을 다스리려 함은, 의약과 뜸돌로 일상음식을 삼으려 함과 같습니다."[16]

남조南朝 량梁나라 때 류협劉勰이 쓴 걸로 알려진 류자劉子에는, 당시 유가와 법가의 고집불통 같은 어리석음을 각주구검刻舟求劍이나 수주대토守株待兎 같은 유명한 고사를 들어 통렬히 비판하는 논설이 펼쳐진다.

"현명한 군주는 그 법제에 순응하기 힘쓰면서 시대 변화에 따라 적절히 개정한다. 진실로 사람한테 이롭다면 반드시 옛 법을 본받을 필요가 없으며, 틀림없이 일에 해가 된다면 옛 관례를 따를 수 없다. 하夏나라와 상商나라는 말기에 변법을 하지 않아 망했고, 하은주夏殷周 삼대가 흥성할 때는 앞 왕조 禮法을 답습하지 않고서 왕조를 열었다. 요堯임금과 순舜임금은 서로 道가 달랐지만, 다 같이 덕망이 천하를 뒤덮었고; 湯임금과 武王은 통치가 달랐지만, 다 같이 명예가 후대까지 뻗친다. 이러한 이치로 본다면, 법은 마땅히 시의 적절히 변동해야 하며, 한결같이 대물림해선 안 된다.

"지금 法家들은 옛 율령에 빠져 있고, 유가들은 옛 禮制에 얽매여 있다. 둘 다 시대사정이 바뀌어 법도 마땅히 변해야 함을 인식하지

---

16 後漢書, 권52, 崔駰列傳(孫寔); 文獻通考 권164, 刑三: "蓋爲國之法, 有似理身, 平則致養, 疾則攻焉. 夫刑罰者, 治亂之藥石; 德教(政)者, 興平之粱肉也. 夫以德教除殘, 是以粱肉治疾也; 以刑罰治平, 是藥石供養也."

못하고 있다. 이들은 더불어 법이나 지키고 禮敎나 시행할 자들이지, 함께 법을 논하고 禮敎를 세울 만한 위인이 못된다. 그러므로 지혜로운 이는 법을 제정하고, 어리석은 자는 법의 지배를 받으며; 현명한 이는 禮를 변경하고, 불초한 자는 禮에 구애된다. 禮에 구애되는 자한테는 일을 말하기 어렵고, 법의 지배를 받는 자한테는 이치를 논하기 어렵다. 만약 한 세대 법을 붙잡고서 백 세대 후손들한테 전해주려 한다면, 마치 한 벌 옷으로 추위와 더위를 모두 가리려 하고, 또 한 가지 약 처방으로 피부 종기와 내장 막힘을 함께 치료함과 같다. 만약 한 시대 禮法을 가지고서 무궁무진한 풍속을 훈계하려 한다면, 이는 운항 중인 뱃전에 표시를 새겼다가 물속에 떨어진 칼을 찾으려는 각주구검이며, 또한 우연히 토끼가 부딪쳐 죽은 나무 아래서 또 다른 토끼를 기다리는 수주대토 격이다.

"그러므로 法이란 다스림에 방편도구이지, 다스림에 근본목적은 아니며; 禮란 교화를 이루는 으뜸 방법일 따름이지, 교화를 이루는 근본 목적은 아니다. 교화를 이루는 종지宗旨는 때에 따라 순응함에 있으며, 다스림을 펼치는 근본은 시대에 말미암아 적응함에 있다. 시대에 말미암아 적응하지 않고서 다스려지고, 때에 따라 순응하지 않고서 교화가 이루어지는 경우는 결코 없다. 이렇게 정치를 행하면 중용의 도가 아니다."(劉子, 法術 第14)

당송8대가인 소식蘇軾은 의약과 법의 시행상 임기응변 時中을 다시금 간명하게 정리한다.

"옛 사람들이 법을 시행 적용함은, 마치 의사가 약 처방을 쓰는 것과 같았다. 대개 법이란 성문 규정으로 한정되기 마련인데 범죄란 일정한 유형이 없듯이, 의약 처방전 또한 일정한 한계가 있는데 질병은 일정한 증상이 없기 때문이다.(古人之用法, 如醫者之用藥. 蓋法有定而罪無定, 藥有定而病無定也.)"

법과 의약은 둘 다 모두 최소한도 비용과 부작용으로 육체적·사회적 질병을 효과적으로 치유하기 위하여, 주객관 상황에 따라 임기응변 융통성을 발휘할 수 있어야 한다. 현대 서양의학에서는 주로 질병의 증상만을 진단하여, 같은 증상에는 같은 처방을 하는 획일성이 주종을 이룬다. 하지만 전통 한의학에서는 설사 외부로 드러난 결과적 증상이 같거나 비슷할지라도, 질병 원인을 진단하고 게다가 환자의 허실 및 사상四象 체질까지 변별하여 음양오행의 균형조화를 통한 중용의 치료를 최선으로 여기므로, 특히 의사의 기술능력과 임상경험 및 지혜통찰력이 더욱 중요했다.

마찬가지로, 법도 거시적으로는 객관적 시대상황과 사회민심 전반의 분위기를 살펴 법과 형벌의 경중 수준을 조절하여야 한다. 또한 미시적으로는 개별 안건의 법률사실과 수범자受範者인 범죄자나 피의자, 또는 사건 당사자들의 여러 주관적 구체 정황을 잘 참작하여야 한다. 따라서 똑같은 행위나 비슷한 결과에 대해서도, 때로는 판이한 법과 형벌을 적용하는 재판의 융통성이 필요하다. 현대로 말하면, 검찰과 법관의 정상참작에 따른 자유재량권 문제이다.

근데 전통 율령시대에는 구성요건은 물론 정상참작 사유와 요건까지도 律文이 개별구체로 아주 세분화하여 명확히 규정하여, 오히려 법관의 자유재량 폭이 아주 비좁아진 느낌도 강하다. 하지만, 춘추절옥春秋折獄 정신을 바탕으로 행위 동기인 마음을 살펴 죄를 결정하는 원심정죄原心定罪 법원칙을 확고히 유지하였다. 天理 뿐만 아니라 人情도 비중 있게 중시하여, 법 밖에 人情을 상당히 수용하고 인정하는 법문화를 이루었다. 특히 법관은 智慧뿐만 아니라 인애仁愛와 용기勇氣까지 삼위일체로 겸비하는 삼달덕三達德의 중용이 이상형이었다.[17] 이

17 학술진흥재단에 동서양학술명저번역총서로 발간한 宋 鄭克편저, 졸역, 折獄

는 전통시대 인재선발에 기본원칙으로 확립한 '신언서판身言書判'으로 나타나기도 하였다.

8. 법과 의약의 전문성과 독립성 및 근치根治

한편, 임기응변 융통성은 전문기술로서 법과 의약을 다루는 의사와 법관의 전문성 및 독립성 문제로 발전한다. 서양 중세 때 삼두마차로 출범한 대학 세 분과(신학, 의학, 법학)가 한결같이 고도로 전문성과 독립성, 자율성을 두드러지게 요구하고 강조함은 주지의 사실이다. 허나 우리 동양 전통 法文化에서도 법과 의약의 비유를 통해 법과 의술의 전문성 및 독립성을 결코 서양에 손색없이 강조한다.

일찍이 법의 전문성과 독자성을 간단명료한 '목수의 도끼질'에 비유한 老子의 통찰력은 참으로 탄복할 만하다. 老子는 법의 집행으로서 '집법執法', 즉 넓은 의미에서 '사법司法'의 독립성 문제를 함축적 비유로 강조하였다. 법령이 통치 권력을 비호하는 시녀로서 합법적 폭력으로 전락하는 정치사회적 현실을 비판하며, 집권자의 자의와 전횡을 넌지시 경고한 것이다.

만약 인민이 죽음도 두려워하지 않을 정도로 정치권력이 포악무도하면, 집권자는 죽임(사형)으로써도 그들을 위협 통제할 수 없다. 하지만 집권자가 도덕성과 정당성을 지닌 법령을 시행할 경우에는, 어느 누구도 감히 거역하거나 죄악을 범하지 못할 것이다. 인민이 죽음(刑罰)을 두려워하는 정상적 규범질서가 유지되면, 통치 권력이 사악한 범죄자를 체포·처형하는 司法은 당연한 통치행위가 된다. 그래서 老子도 범죄자를 처단하는 司法기관(司殺者)을 인정한다.

다만, 중요한 조건이 붙는다. 老子는 이때에도 "항상 처형을 전담하

龜鑑, 소명출판, 2001 초판에 실린 전통시대 명판례에 잘 나타나 있다.

는 기구(관리)가 있어 처형할 것"을 필수로 요구한다. 만약 그러한 전담기구를 두지 않거나 또는 유명무실한 허수아비로 만들고, 통치 권력자가 자의로 그를 대신해 법을 집행하고 범법자를 처형한다면, 이는 바로 전문기술자인 "목수를 대신하는 도끼질"과 같아진다. 도끼도 잡을 줄 모르는 문외한이 집주인이라고 해서 목수 도끼를 가로채서 스스로 휘두른다면, 제 손발을 다치기 쉽다.(老子 제74장)

목수가 주인 지시라고 먹줄을 굽힐 수 없듯이, 오형五刑에 해당하는 죄가 3천 조목에 이르지만, 司法기관이 형벌을 집행함에 군주라도 간섭하지 못한다. 바로 올곧은(正直한) 선線과 정의正義로운 法을 폐지할 수 없기 때문이다. 먹줄이 굽으면 간사한 죄악이 싹트고, 법이 폐지되면 혼란과 재앙이 불어난다.(抱朴子外篇, 用刑篇)

법도 제대로 모르는 통치자가 자기 권력만 믿고 법령을 자의로 발하고 형벌을 기분대로 시행한다면, 반드시 남용 오용으로 무고한 인민의 억울함과 원한을 초래한다. 이러한 부정당과 不法상태가 지속해 축적되면, 급기야 인민의 저항이나 혁명으로 이어질 수도 있다. 老子가 도적의 괴수라고 규정한 통치자들이 '날카로운 칼을 허리에 차고'(帶利劍) 다니는 모습은, 바로 그러한 우려를 자아낸다. 물론 목수가 제집 짓듯이, 도를 통달한 聖人이 천하인민을 다스리는, 이른바 '내성외왕內聖外王'의 이상적 상황이라면, 그런 염려를 하지 않아도 될 것이다. 그러나 인간 현실사회에 그러한 聖王이 어디 그렇게 흔한가? 老子도 사회를 포악무도한 통치 권력의 자의에 내맡겨 둘 수만은 없어서, 권력의 전단독재專斷獨裁를 상징적 비유로써 엄중히 경고해 놓은 것이다. 法의 전문성과 司法의 독립성을 명확히 인식하고 강조할 만큼, 老子는 道의 본질과 정치권력의 현실 모두에 균형 있는 통찰력과 열정 어린 관심을 지녔던 것이다.

무릇 법이란 동서고금을 막론하고 고도로 전문성을 요구하는 기술이다. 法의 정당성에 근원, 체계적 논리성, 내용상 균형성, 집행상 공평성 등, 제반 문제가 고도로 세심한 이론과 엄격한 실제를 요망한다. 그것은 법이 바로 인민의 생명과 재산에 직접 영향을 주는 중대한 사회 규범제도이기 때문이다. 사실 老子가 인간의 法規範이 천지의 道, 無爲自然 法則을 본받아야 한다고 주장한 것은, 법이 궁극에는 道에 연원淵源해야 함을 뜻한다. 이는 법이 이상적 차원에서 객관적 법칙으로서 道에 철저히 근거해야 하며, 현실적으로 통치자의 주관적 자의적 정치권력에 의지해서는 안 된다는 의미다. 그러한 맥락에서 법은 自然法으로서 無爲의 道에 종속하고, 인간사회의 有爲적 권력으로부터는 자유롭게 독립하여야 한다.

실제로, 老子의 상당부분을 해석과 비유로 설명하는 한비자는, 그의 道論을 발전시켜 법치이론체계를 수립하고 법가사상을 집대성하였다. 그는 법의 공평무사성公平無私性을 핵심 본질로 강조하며, 통치 권력의 자의적 간섭을 철저히 배격한다. 특히 법의 독자성과 전문성을 현저히 부각하는데, 이는 단순히 전문 지식인이나 기술적 관료로서 法家집단이 자신의 신분 지위와 권익을 확보하기 위한 계급논리라기보다는, 오히려 법의 성격과 그 궁극연원으로서 道가 지니는 본질속성으로부터 말미암는 필연적 귀결로 이해된다. 특히 한비자는 老子에서 한 걸음 더 나아가, 법치관리의 전문성을 '목수'뿐만 아니라 '의사'까지 함께 거론하며 비유한다.

지금 나라에 "적의 목을 베는 사람은 의사나 목수를 시켜 준다."는 법이 있다면, 집이 지어지지 않고 질병이 낫지 않을 것이다. 무릇 목수는 손기술이 정교한 사람이고, 의사는 약을 잘 알아 조제하는 사람인데, 만약 적의 목을 벤 공으로 시킨다면, 그 재능기술을 감당할 수 없다. 지금 나라를 다스리는 관리는 법술法術의 지혜 능력을 갖춘 사람이고, 적의 머리 벤 자는 용맹스런 힘이 뛰어난 자다. 그런데 용맹스런 힘을 가졌다고 지혜로운 능력이 필요한 관직을 맡아 다스리게 한다면, 이는 머리 벤 공으로 의사나 목수를 시키는 것과 같다. 그래서 신불해申不害와 상앙商鞅 두 사람이 법술法術에 대해 완전히 통달하지는 못했다고 한비자(定法 第43)는 말한다.

얼마나 명석하고 통쾌한 통찰력인가?! 일찍이 박정희와 전두환 군부독재 때, 예비역 군인을 정치, 외교, 행정 등 주요관직에 대거 임명하여, 나라 행정의 전문성과 독립성 및 자율성을 크게 저해하고, 효율성과 기능성을 크게 떨어뜨렸다.

사실, '목수의 비유'는 老子 고유의 독특한 사상이라기보다는, 춘추시대에 이미 보편화한 사유思惟로 보인다. 좌전左傳에도 비슷한 비유가 나오기 때문이다. 춘추시대 정鄭나라 실권자이던 자피子皮가 자신이 총애하는 애숭이 윤하尹何에게 자기 봉읍封邑을 다스리게 맡기려 했다. 이에 자산子産이 윤하가 너무 어린데 가능하겠느냐고 염려했다. 子皮는 尹何가 아주 신중해서 자기가 사랑하고, 자기를 결코 배반하지 않을 것이며, 정치란 가서 다스리면서 배우는 것이니, 차츰 다스리는 법을 더욱 잘 알게 될 것이라고 낙관했다. 그러자 子産은 정치의 고도 전문성을 지적하며 만류했다.

"안 되오. 사람이 남을 사랑하는 것은 그를 이롭게 하길 바라는 법이오. 지금 당신이 남을 사랑해 정치를 맡기는 것은, 마치 칼을 잡을 줄도 모르는데 칼을 주어 자르게 하는 격이니, 다침이 정말 많을 것이오. 당신이 남을 사랑함은 그를 다치게 할 뿐이니, 그 누가 감히 당신에게 사랑을 구하겠소? 당신은 鄭나라 동량인데, 동량이 부러지면 서까래들은 무너지기 마련이오. 그러면 나(僑)도 또한 장차 깔려 눌릴 테니, 어찌 감히 말을 다하지 않을 수 있겠소? 예컨대, 당신한테 아름다운 비단(美錦)이 있다면, 사람들한테 그걸 가지고 옷 재단을 배우도록 내맡기진 않을 것이오. 대관大官 대읍大邑은 정말 자신을 비호하는 큰 버팀목이오. 어떻게 그걸 이제 정치를 배우는 남한테 재단裁斷하도록 내맡기겠다는 것이오? 그것이 아름다운 비단보다 가치가 훨씬 크지 않단 말이오? 내가 듣건대, 배운 다음에 관직에 들어가 정치하는 것이지, 정치하러 들어가 비로소 배운다는 얘긴 일찍이 듣지 못했소. 만약 과연 이같이 행한다면, 반드시 큰 해가 있을 것이오. 비유하자면, 사냥을 하는데 활쏘기와 말몰이를 능숙 능란하게 통달한 다음에 짐승을 잡을 수 있는 것과 마찬가지요. 만약 일찍이 마차에 올라 활쏘기와 말몰이 한 적도 없다면, 마차가 뒤집힐까 두려워 염려하는 판에, 어느 겨를에 짐승 잡을 생각을 하겠소?"

이에 子皮는 子產이 아주 충성스럽다고 찬탄하며, 자기 불찰을 인정하고 그 충고를 따랐다. 나아가 그한테 정치를 맡겨, 마침내 子產이 鄭나라를 다스릴 수 있게 되었다.(春秋左傳, 襄公31年)

정치에 핵심수단이 法術임을 고려하면, 정치의 전문성은 곧 法治의 전문성을 의미한다. 이러한 자산의 비유는 한대漢代 잠부론潛夫論에서도 현인의 전문가 정치를 역설하는 유력한 논거로 인용하고 있다.

鄭나라 子產이 말하기를, "칼을 잡을 줄도 모르는데 칼을 주어 자르게 하면, 다침이 정말 많다."고 했다. 마찬가지로, 세상에 임금이 귀족 친척을 대함에, 친근하고 귀여운 아첨의 아름다움만 사랑하여, 그 재능을 헤아리지 않고 관직을 수여하며, 공훈을 세워 스스로 백성들한테 신임 받게 하지 않고서, 구차하게 그 작위를 높여주고 상을 후하게 하사하기에 힘쓴다면, 과연 어찌 되겠는가? 아래 백성들이 원한을 품도록 죄악만 높이 걸어 올리는 꼴이니, 허물이 쌓일 대로 쌓여 지나치면, 어찌 무너져 떨어지지 않으리? 이것이 바로 "그대가 사람을 사랑함은 그를 다치게 할 따름이다"는 말인가?!(潛夫論 思賢第八)

조금 관점을 달리하여, 일찍부터 상현尙賢의 필요성과 당위성을 도덕정치의 전문성으로 역설한 사상가는 묵자墨子다. 묵자는 요堯순舜우禹탕湯문文무武의 도道와 같은 상현尙賢으로 통치의 전문성을 이루어야 천하가 잘 다스려진다고, 아주 상세하고 정교하게 이론적 체계를 갖춘다. 묵자는 아예 독립된 '尙賢' 편을 두어, 尙賢의 필요성과 당위성을 역설한다. 정치가 '의사'나 재봉사보다 훨씬 고도로 중요한 전문직임을 평이한 비유로써 설명한다.

"天下에 王公大人은 모두 그 국가가 부강하고 인민이 많으며 형법이 잘 다스려지길 바란다. 그런데도 '尙賢'으로 어진 이를 숭상하여 그 국가백성을 다스릴 줄 모르나니, 王公大人이 본디 尙賢이 정치에 근본임을 상실한 것이다."

정말로 王公大人이 정치에 근본인 尙賢을 상실한 구체 실례로, 묵자는 여러 사물을 제시한다. 예컨대, 王公大人이 한 마리 소나 양(牛羊)을 희생으로 바치고자 한다면, 차마 그냥 죽이지 못하고, 반드시 훌륭한 도살자(良宰)를 찾을 것이다. 또 한 벌 의상衣裳 옷감을 가지고 옷을 만들려고 한다면, 차마 그냥 재단하지 못하고, 반드시 훌륭한 재단사(良工)를 찾을 것이다. 王公大人이 이런 일에는, 비록 골육지친骨肉之親이나 부귀권세가나 얼굴 잘생긴 미인이 있다 할지라도, 그가 그런 일을 하지 못하는 줄 안다면, 결코 일을 맡기지 않을 것이다. 왜냐하면, 그 재물을 망칠까봐 염려해서다. 또 王公大人이 여기 비루먹은 말(罷馬) 한 필을 다스릴 수 없는 경우에는, 반드시 훌륭한 수의사獸醫師를 찾아 고치고; 한 자루 늘어진 활(危弓)을 잡아당길 수 없는 경우에는, 반드시 훌륭한 기술자(良工)를 찾아 고칠 것이다. 王公大人이 이런 일에는 어진 이를 숭상(尙賢)하고 유능한 이를 부릴(使能) 줄 안다. 그러면서 정작 비교할 수 없이 훨씬 크고 중요한 일인 천하 통치는, 전문가를 찾지 않고 자신이 혼자 전횡하려 한다. 이 얼마나 어처구니없는 본말전도 모순인가? 물론 천하에 사군자士君子는 평소 일상 거동언어에 모두 尙賢을 내세운다. 하지만 그들이 민중을 대하며 정치명령을 내려 다스리는 걸 보면, 어진 이를 숭상하고 유능한 이를 부릴 줄 모른다. 이거야말로 천하에 士君子가 작은 것만 훤히 알면서, 정말 큰 것은 밝히 알지 못하는 것이다. 비유하자면, 벙어리를 길라잡이 시키고 귀머거리(聾者)를 악사樂師 시키는 것과 같다.(尙賢下第十)

나아가 묵자는, 聖賢의 도덕으로 천하를 다스려야 할 필요성과 당위성을 의사의 환자 치료에 비유하면서, 특히 발본색원의 근원처방을 강조한다.

> "성인은 천하 다스림을 일삼는 분이라서, 반드시 혼란이 생기는 원인을 알아서 이를 다스릴 줄 안다. 만약 혼란이 생기는 원인을 알지 못하면 이를 다스릴 수 없다. 비유하자면, 마치 의사가 환자 질병을 다스려 치료하는 것과 같다. 반드시 질병이 생기는 원인을 알아야 이내 다스릴 수 있지, 질병이 생기는 원인을 모르면 결코 다스릴 수 없다. 혼란 다스림(治亂)만 어찌 그러하지 않겠는가? 반드시 혼란이 생기는 원인을 알아야 이를 다스릴 수 있지, 만약 혼란이 생기는 원인을 알지 못하면 이를 다스릴 수 없다."(兼愛上第十四)

말하자면, 성현의 도덕을 국가사회에 질병원인을 치료하는 의약으로 비유한 것이다. 질병치료의 전문성과 근원대치根源對治는 漢 왕부王符가 잠부론(潛夫論, 述赦第16)에서 좀 더 자세히 부연해 비유한다.

> "무릇 질병을 다스리는 사람은, 반드시 먼저 맥의 허실虛實과 기가 맺힌 곳을 알아야 한다. 그런 뒤에 처방을 내려야, 질병을 고치고 수명을 늘릴 수 있다. 나라를 다스리는 사람은 반드시 먼저 백성들 고충과 재난이 일어나는 화근을 알아야 한다. 그런 다음에 그에 맞춰 금지령을 내려야 간사한 죄악을 막고 나라를 편안히 다스릴 수 있다."

淮南子(泰族訓)에도 전문가의 근원처방이 중요함을 강조한다.

"편작扁鵲을 귀하게 여기는 까닭은, 그가 질병 증상에 따라 약을 잘 조제해서가 아니라, 기식氣息을 살피고 맥박을 잘 짚어 질병이 생긴 원인을 알아내기 때문이다. 聖人을 귀하게 여기는 까닭은, 그가 죄악의 결과에 따라 형벌을 잘 비추어 판단해서가 아니라, 혼란이 일어나는 원인을 알아내기 때문이다. 만약 풍속을 잘 순화하지 않고서 음란하게 방종한 다음에 법으로 잡아들여 형벌에 처한다면, 법이 비록 천하를 다 해친다고 할지라도 끝내 금할 수 없다."

한편, 설원說苑(卷第18 辨物篇)에서는 유명한 扁鵲 고사를 인용하면서, 어지러운 정치를 치료할 묘약이 없음을 탄식하는 비유가 나온다. 조왕趙王의 태자가 갑자기 아파 죽었는데, 편작이 살리겠다고 나서자, 문지기가 上古의 묘부苗父와 中古의 유부兪柎를 들먹이며, 그런 신령스런 의술을 가졌냐고 힐난한다. 편작이 살릴 수 있는 이치를 말하자, 문지기 전갈을 받고 왕이 맨발로 뛰쳐나와 살려달라고 간원했다. 편작이 진찰하고 제자들과 함께 침과 탕약을 준비해 치료하자 기적처럼 되살아났다. 이에 천하 사람들이 "편작이 죽은 사람을 되살린다."고 칭찬했다. 편작은 사양하며 겸손하게 말했다.

"저는 죽은 사람을 되살릴 수 있는 게 아니라, 단지 마땅히 살 사람을 살린 것뿐입니다. 무릇 죽은 자는 결코 약으로 되살릴 수 없습니다."

이 고사를 빗대어 說苑 작자는(扁鵲 자신은) 이렇게 탄식한다.

"아, 슬프도다! 포악한 임금의 어지러운 다스림이여, 어떠한 약으로도 가라앉힐 수가 없구나. 詩(經)에 '엄청 뜨겁게도 열나네, 약으로 치료할 수 없이!'라고 읊었으니, 지독히도 심히 풍자한 말이다."

질병을 뿌리째 뽑아 완치하려면, 훌륭한 의사 처방과 치료가 필요하다. 마찬가지로, 사회 질병을 철저히 고쳐 태평성대를 이루려면, 훌륭한 성현이 도덕과 禮法으로 잘 다스려야 한다. 이것이 유가와 묵가를 비롯한 전통 철학사상에 일관된 法文化라고 할 수 있다.

9. 法과 醫藥에 대한 존경심과 신뢰성

예수도 믿음 없는 사람의 질병은 고치지 못했고, 부처도 인연 없는 중생은 제도하지 못했다고 한다. 이는 질병과 범죄의 치유교정에 한계가 있음을 시사하며, 주체와 객체의 상호감응이 전제되어야 함을 뜻한다. 사기(史記 卷105, 扁鵲列傳 第45)에 보면, 제아무리 훌륭한 명의名醫라도, 환자가 무당을 믿고 의사를 믿지 않으면, 질병을 고칠 수 없다는 명언이 나온다. 뒤에 나올 유명한 제齊 환후桓侯 고사처럼, 부귀를 믿고 교만하고 재물을 아끼느라 의사 진단처방(病理)를 따르지 않고 약과 침을 기꺼이 받아들이지 않으면, 편작이나 화타華陀 같은 신의神醫도 속수무책일 수밖에 없다.

西漢 륙가陸賈가 지은 신어新語 자질資質 편에도 비슷한 고사가 나온다. 위衛나라 사람이 병들어 곧 죽게 생겼는데, 편작이 그 집에 가서 치료해 주려고 했다. 그러나 병자 아버지가 그를 물리치고, 영험하다는 무당을 시켜 복을 구하고 목숨을 청하여, 병자는 끝내 죽었다는 이야기다. 그리고 력대歷代 정사正史에 보면, 편벽한 지방에 무당을 숭배하고 의약을 쓰지 않는 풍습에 관한 기록이 무수히 나온다. 특히, 훌륭한 관리가 그러한 미신악습을 혁신하도록 잘 교화한 치적이 많다.

그래서 중의中醫에 고전명저인 소문素問에도 비슷한 명언이 나온다.

> "귀신에 붙들려(구애되어) 있는 자는 지극한 덕을 더불어 이야기할 수 없고, 침과 뜸돌을 싫어하는 자는 지극한 교묘함을 더불어 이야기할 수 없으며, 병을 고치도록 내맡기지(허락하지) 않는 자는 병을 결코 고칠 수 없다."(五臟別論)

우수마발牛溲馬勃도 질병을 고치는 약이 될 수 있으며, 약으로서 감사와 존중과 신뢰를 품어야 약효가 제대로 나온다. 요즘 흔히 말하는 플라시보 효과를 생각해 보라. 설탕이나 비타민제 같은 가짜약도 정말로 믿고 먹으면 약효가 난다는 것이다. 거꾸로 진짜 약도 믿지 않고 의심하면 약효가 전혀 없거나 현저히 떨어진다. 따라서 의사를 전폭 신뢰하고 그 처방에 따라 약을 먹어야 질병을 제대로 고칠 수 있다. 마찬가지로, 나라 혼란 같은 사회 질병도, 聖賢을 믿고 존경하며, 그 도덕 가르침에 따라 正法으로 다스려야, 제대로 고칠 수 있다.

聖賢의 도덕정치를 역설한 묵자가 멋진 비유를 든다. 묵자가 초楚 헌혜왕獻惠王을 만나 유세하려 했으나, 獻惠王은 노쇠하다는 핑계로 사양하고, 목하穆賀한테 묵자를 접견하라고 시켰다. 묵자가 목하에게 온 뜻을 설명하자, 목하가 크게 기뻐하면서도 은근히 비꼬며 힐난했다.

"당신 말씀은 진실로 착하고 훌륭하지만, 천하 대왕이 '비천한 사람이 하는 말'이라고 말하며 쓰지 않는 걸 어쩌겠소?"

이에 묵자는 이렇게 말한다.

"오직 그게 행할 만한지 봐야 한다. 비유하자면 약과 같다. 천자가 약을 먹어 그 질병에 차도가 있다면, 어찌 '한낱 풀뿌리(一草之本)'에 지나지 않는다고 내치며 먹지 않을 리가 있겠소? 지금 농부가 농사를 지어 그 곡식을 大人한테 조세로 납부하면, 大人은 그걸로 술을 담그고 제기祭器에 가득 담아 상제上帝와 귀신한테 제사 올릴 텐데, 어찌 '비천한 사람이 농사지은 거'라고 내치며 흠향하지 않을 리 있겠소? 그러므로 비록 비천한 사람이라도, 위로는 농부에 비하고, 아래로는 약에 비할지니, 어찌 일찍이 '한낱 풀뿌리'만도 못하다고 하겠소?"

이렇게 기막힌 비유에다, 墨子는 탕湯임금 고사까지 곁들여 인용한다. 옛날 湯임금이 이윤伊尹을 만나러 가려고 팽씨彭氏 아들한테 말을 몰도록 했다. 팽씨 아들이 중도에 탕임금한테 어딜 가시냐고 묻자, 탕임금이 이윤을 만나러 간다고 답했다. 그러자 팽씨 아들은 伊尹이 천하에 비천한 사람이니, 만약 임금이 만나려고 한다면, 사람을 시켜 부르기만 해도 될 거라고 말했다. 이에 탕임금이 이렇게 꾸짖었다.

"이는 니가 알 바 아니다. 지금 여기에 훌륭한 약이 있다. 이 약을 먹어 귀도 더욱 밝아지고 눈도 더욱 밝아진다면, 내가 반드시 기뻐하며 일부러 먹을 것이다. 지금 저 伊尹은 비유하자면 우리나라(정치)에 훌륭한 의사요 좋은 약(良醫善藥)과 같은 존재시다. 그런데 그대가 나한테 伊尹을 만나지 말라고 가로막는 것은, 그대가 내 선정善政을 바라지 않는 것이나 다름없다."

그리고는 팽씨 아들을 마차에서 내리게 하고, 더 이상 말을 몰지 못하게 했다. 바로 저 湯임금처럼 성현의 도덕을 믿고 존중해야 비로소 나라(혼란)를 잘 다스릴 수 있다고 묵자는 역설한다.(貴義第47)

그러한 대표적 전형이 바로 인구에 널리 회자하는 류비劉備의 삼고초려三顧草廬 정성이다. 천하를 삼분三分해 정립대치鼎立對峙 중인 난세를 다스리기 위해서, 초야에 묻힌 와룡臥龍 선생을 지극 정성으로 찾아가 알현한 현덕玄德이, 국가혼란 질병을 치료하려는 군주가 지녀야 할 기본 마음가짐인 셈이다.

설령 의사가 제 병을 제대로 못 고친다고 해도, 남의 질병을 잘 고칠 수 있다. 마찬가지로, 설사 성현이 더러 제 몸이나 가족도 제대로 다스리지 못하고 사회경제적 곤궁에 처해 있다고 할지라도, 천하 인민을 위해서 혼란 질병을 다스릴 수 있음을 강조하는 언론도 있다.

사물에는 진실로, 자신은 올바르지 않으면서 남을 바로잡을 수 있는 게 있고, 자신은 날카롭지 않지만 남을 날카롭게 만드는 게 있다. 예컨대, 숫돌은 날카롭지 않지만 쇠를 날카롭게 갈 수 있으며, 활잡이는 바르지 않지만 활을 바로잡을 수 있다. 나라를 다스림은 논밭에 김을 매는 것과 같아서, 농작물에 해로운 잡초를 제거할 따름이다. 지금 머리를 감는 자가 머리카락이 빠지는 줄 알면서도, 오히려 그만두지 않고 계속하는 것은, 빠지는 게 적고 이로움이 많기 때문이다. 공자가 일찍이 진陳나라와 채蔡나라 사이에서 곤궁을 당했다는 핑계로, 유교 경전인 륙예六藝를 덮어 버린다면, 이는 크나큰 미혹이다. 의사가 스스로 제 질병을 못 고친다는 이유로, 심한 질병에 걸려서도 의사 진료를 받지 않는다면 정말 몽매하다.(淮南子 卷16, 說山訓)

속담에 '점쟁이가 자기 죽을 날은 모른다.'고 하지만, 남의 운세는 알아맞힐 수 있다. 또 '아버지가 도둑이라도 자식한테는 도둑질하지 말라고 가르친다.'는 속담도 있다. 하물며, 성현이 중생을 가르침은 오죽 하랴? 환자가 질병을 낫기 위해서는, 의사한테 질병에 원인이 되었음직한 행위와 증상을 숨김없이 솔직히 다 드러내면서, 의사를 믿고 자신을 의사한테 내맡겨야 한다. 그래서 속담에도 '병은 자랑해야 한다'고 말한다. 질병을 숨기면 좋은 약과 훌륭한 의사를 얻지 못해 병을 고치기 어렵기 때문이다.

마찬가지로, 군자의 수신修身이나 임금의 치국治國도, 자기 잘못이나 결점을 적나라하게 드러내고, 충고를 기꺼이 귀담아 들어야 한다. 불치하문不恥下問의 솔직하고 허심탄회虛心坦懷한 자세로 임해야만, 훌륭한 성현 가르침을 얻어 잘 다스릴 수 있다. 孔子 제자 子路는, 남들이 잘못을 지적해주면 몹시 기뻐했다고 한다. 이러한 마음가짐은 후대 선비들한테 수신에 귀감으로 높이 널리 선양되었다.(孟子, 公孫丑上)

또 漢代에 거유巨儒 동중서董仲舒는 玉을 존귀하게 여기는 이유로 군자와 비슷한 투명한 성품을 든다.

> "질병을 숨기는 자는 훌륭한 의사를 얻지 못하고, 묻기를 부끄러워하는(羞問) 자는 聖人이 떠나간다. 功을 멀리하고 재앙을 가까이하는 짓이라, 옳음이 없다고 여기기 때문이다. 玉은 지극히 맑아 자기

나쁜 점(惡)을 감추지 않아서, 안에 흠이나 티가 있으면 반드시 밖으로 드러난다. 군자는 자기 단점을 숨기지 않고, 모르는 건 묻고 못하는 것은 배운다. 바로 玉의 성품에 빗댈 만하다."(春秋繁露 卷第16, 執贄第72)

염철론鹽鐵論에서는, 훌륭한 醫藥과 聖賢의 가르침에 대한 존경심과 겸허한 수용이 절대 필요한 당위성을 종합적으로 펼친다. 즉, 文學 측에서는, 聖賢의 도덕 가르침을 의사가 처방하는 良藥처럼 믿고 따라야 한다며, 다음과 같이 말했다.

"공자가 말하기를, '詩人은 싫어하면(疾之) 잠자코 침묵할 수 없으며, 나(丘)는 싫어하면 잠자코 엎드려 있을 수 없다.'고 했다. … 우虞나라는 백리해百里奚의 꾀를 쓰지 않아 멸망했고, 진秦 목공穆公은 그 꾀를 써서 천하에 패권을 차지했다. 무릇 현인을 쓰지 않으면 나라가 망하는 판인데, 어떻게 영토를 빼앗겨 줄어들지 않을 수 있겠는가? 쌀이 있어도 먹지 않으면 배고픔에 전혀 보탬이 되지 않고, 聖賢을 보고도 쓰지 않으면 나라 쇠약에 전혀 도움이 안 된다. 주紂임금 때 안으로 미자微子·기자箕子 두 현인이 있었고, 밖으로 교격膠鬲·극자棘子 두 충신이 있었지만, 그들을 쓰지 않아서 끝내 나라를 보존할 수 없었다. 무릇 말을 해도 쓰지 않고, 간언을 해도 듣지 않으면, 비록 제아무리 훌륭한 성현이라도 어찌 다스림에 도움이 될 수 있겠는가? … 편작이라도 침과 약을 받지 않으려는 환자의 질병은 치료할 수 없고, 성현이라도 충성스런 간쟁諫諍을 들어먹지 않는 군주의 행실은 바로잡을 수 없다. 걸桀임금한테 관룡봉關龍逢이 있었지만 하夏나라가 망했고, 주紂임금한테 箕子·微子·比干 같은 어진 사람이 있었지만 상商나라는 망했다. 따라서 유여由余나 자장子臧의 논쟁이 없음을 근심할 게 아니라, 제 환공이나 진秦 목공穆公 같이 들어줄 군주 없음을 걱정할 따름이다. 이런 까닭에, 공자는 동서로 주유周遊했지만 알아주는 군주를 만나지 못(不遇)했고, 굴원屈原은 초楚나라에서 쫓겨나 방랑했다. 그래서 (柳下惠가) '정직한 道로 자기를 굽히지 않고 남을 섬기면, 어디에 간들 세 번씩 쫓겨나지 않으며; 道를 굽혀 자신을 낮춰 남을 섬기자면, 어찌 꼭 부모님의 나라를 떠난단 말인가?' 라고 말했다. 이는 바로 말을 해도 따르지 않고, 덕행이 있어도 맞이하지 않는 세태를 나타낸다."(相刺 第20)

이에 승상사丞相史가 현량賢良과 文學을 가리켜, 겸손하게 사양함이 없이 '악착같이 강직하게 변론쟁송을 한다(辯訟愕愕然)'고 비난하자, 賢良·文學이 모두 자리를 뜨며 다시 한 번 항변했다.

"비천한 사람들이 고루하게도 크나큰 조정 의론에 끼어들었(간섭)으니, 미친 말(狂言)들이 대부분 품격에 어울리지 않고 고관(執事)들 뜻만 거슬렀군요. 무릇 약주藥酒는 입에 쓰나 질병에 이롭고, 忠言은 귀에 거슬리나 행실에는 이롭다. 악착같이 강직함은 복이고, 유들유들 천박함은 도적이다. 숲속에는 빠른 바람疾風이 많고, 부귀에는 아부하는 말이 많다. 만리萬里의 조정에 날마다 예, 예 굽실거리는 소리만 듣다가, 오랜만에 모처럼 여러 유생들의 악착같이 강직한 말(愕愕)을 들으니, 이는 곧 公卿 대부에 良藥이요 針과 뜸돌이다."(國疾 第28)

그렇다! 부뚜막에 소금도 집어넣어야 짜듯이, 명의名醫의 묘약妙藥도 먹어야 병이 낫고, 성현 가르침도 들어야 다스려진다. 그러하려면 의사와 성현에 대한 존경과 신뢰가 꼭 필요하다. 이는 나라를 다스리는 정치와 법령이 성현의 도덕 가르침에 따라 선량한 내용으로 제정되어, 정당한 절차에 따라 시행되어야 함을 뜻한다.

특히 주의할 점이 있다. 주지하듯이, 법가에서는 한결같이 법의 존엄성을 바탕으로 임금과 대신을 비롯한 온 인민의 준법을 요구하며 엄격한 법치를 강조한다. 물론 그 기본전제로 법이 正道에 근거해야 한다. 그런데 역대 권력자들은 법가의 법치사상을 권력 입맛에 맞춰 단장취의斷章取義하여, 법치의 바탕에 깔린 근본정신과 법의 정당성 및 도덕성은 무시한 채, 겉으로 드러난 법의 존엄성과 인민의 일방적 준법만을 내세우는 형식적 법치에 골몰해 왔다. 법가의 법치사상에도, 근대 서구에 법실증주의가 자칫 범하기 쉬운 법률만능주의라는 오류와 비슷하게, 독단적 궤변으로 변질할 위험성이 도사리고 있다. 그리고 간사하고 교활한 권력자들은 어김없이 이를 남용하고 악용해 온 사실도 간과해서는 안 된다.

10. 法과 醫藥의 시의성과 예방의 중요성

아무리 훌륭한 의사가 신약神藥을 처방한다 해도, 사후약방문死後藥方文이 되면 전혀 쓸모없다. 모든 것은 때가 있다. 편작 같은 신의神醫도 죽은 사람은 못 살리는 법! 나라에 혼란도 마찬가지다. 제때 손을 쓰지 않으면 끝내 망하고 만다. 바로 시의적절함이 의약과 법에 공통으로 중요한 마지막 요소다. 공자는 '時中'의 道를 펼쳤고, 주역周易도 '時'와 '中正'의 道라고 볼 수 있다. 禮記 악기樂記 편에서는 자연에 때와 정치에 때가 알맞지 않으면, 육체적 사회적 질병을 일으킨다고 일깨우며, 때에 맞는 정치교화로 질병을 예방해야 한다고 강조한다.

> "천지자연의 이치(道)는 추위와 더위가 때에 맞지 않으면 질병이 돌고, 비바람이 순조롭지 않으면 기근이 돈다. 정치교화는 백성들한테 추위와 더위에 해당하니, 교화가 때에 알맞지 않으면 세상인민을 상하게(병들게) 한다. 나랏일은 백성에 비바람이니, 나랏일이 절제되지 않으면 공로가 없이 헛수고가 된다. 그런 즉 先王이 음악을 연주함은 다스림에 법도法度니, 다스림이 좋으면 공덕이 저절로 드

러난다.”

따라서 良醫와 聖賢은 질병과 혼란이 밖으로 드러나 크게 번지기 전에 미리 손쓰는 예방을 중시한다. 요즘 크게 대두하는 예방의학과 예방법학의 중요성이다. 일찍이 묵자는 공맹자公孟子와 토론을 벌이면서, ‘나라가 다스려지면 禮樂을 시행하고, 혼란해지면 다스리겠다’는 公孟子의 말에 대해 통렬히 비판하였다. 이는 목이 말라 탄 다음에 우물을 파고, 죽은 다음에 의사를 구하는 것과 같다는 비유로!(公孟第48)

또, 老子는 혼란과 분쟁이 아예 발생하지 않도록 교화하는 무위이치無爲而治를 이상으로 삼으면서 사전 예방을 각별히 중시했다.

> “어려운 일은 쉬울 때에 도모하고, 큰일은 미세할 때 행해야 한다. 천하에 아무리 어려운 일이라도 반드시 쉬운 데에서 생기고, 천하에 어떠한 큰일이라도 반드시 미세한 데서 생기기 때문이다. 이러한 이치를 아는 聖人은 결코 큰일을 하는 법이 없으며, 또한 할 필요도 없으면서 항상 위대한 일을 이룰 수 있게 된다.”(제63장)

> “무릇 세상만사는 평안할 때는 쉽게 유지할 수 있고, 조짐이 나타나기 전에는 쉽게 도모할 수 있으며, 취약할 때는 쉽게 가를 수 있고, 미세할 때는 쉽게 분산시킬 수 있다. 따라서 만사는 조짐이 드러나기 전에 행하고, 어지러워지기 전에 다스려야 한다. 아름드리나무도 터럭 끝만큼 미세한 싹에서 성장한 것이고, 9층 루대樓臺(빌딩)도 기초다짐부터 세워졌으며, 천리 길도 한 걸음부터 시작한다.”(제64장)

한비자는 老子의 철학 명제를 비유로 해설하는 유로喩老 편에서, 老子의 예방철학 사상을 계승해 예방의학 및 예방법학으로 발전시킨다. 한비자는 형체가 있는 물건은 반드시 작은 데서 큰 것이 생기고, 수명이 오래 가는 사물은 반드시 적은 데서 많은 것이 생긴다고 전제한다. 따라서 천 길 제방도 개미집으로 말미암아 무너지고, 백 척 저택도 틈

새로 새어나온 연기에 불타버리기 때문에, 물난리를 막으려면 개미집 구멍을 잘 막고, 화재를 막으려면 틈새를 잘 막아야 한다고 강조한다. 평범하면서도 심오한 사실적 진리를 설파한다. 쉬운 때 조심해서 어려움을 피하고, 미세할 때 공경해서 원대함에 이르는 지혜를 재천명하면서, 유명한 편작 고사를 인용한다.

편작扁鵲이 채蔡(史記에는 제齊)나라 환후桓侯를 알현했는데, 잠시 서서 쳐다보고는 아뢰었다.

"임금님 질병이 살갗(주리腠理)에 있는데, 지금 치료하지 않으면 점차 깊어질까 두렵습니다."

그러자 桓侯는 "과인은 아무 탈이 없소." 라고 답하더니, 편작이 나가자 혼자 비웃었다.

"의사들은 돈 벌기를 좋아하여, 병도 없는데 치료해 공을 세우려 한단 말이야! 흥~"

열흘이 지난 뒤, 편작이 다시 보고는 정중히 여쭈었다.

"임금님 질병은 이제 살 속에 파고들었는데, 당장 치료하지 않으면 더욱 깊어질 것입니다."

桓侯는 대꾸도 하지 아니하였으나, 편작이 나가자 기분이 썩 좋지 않았다. 다시 열흘 뒤 편작이 또 桓侯를 보고는 간언하였다.

"임금님 질병이 창자와 위까지 퍼졌는데, 그래도 치료하지 않으면 더더욱 깊어질 것입니다."

편작이 나가자, 桓侯는 더욱 언짢았다. 그런데 또다시 열흘이 지난 뒤, 편작이 환후를 쳐다보더니 뒤돌아서 달아나 버렸다. 이에 환후가 궁금하여 얼른 사람을 뒤좇아 보내 그 까닭을 묻게 했다. 그러자 편작은 이렇게 답변했다.

"질병이 살갗에 있을 때는 뜨거운 물 적신 헝겊으로도 낫고, 살 속에 있을 때는 침이나 뜸돌로 고칠 수 있으며, 창자와 위에 있을 때는 뜨거운 탕약으로 치료할 수 있습니다. 허나 골수에까지 뻗치면 수명 담당하는 귀신 소관이라, 어찌할 수가 없습니다. 지금 임금님 질병이 골수에 있어, 신이 달리 청하지 않고 그냥 물러 나온 것입니다."

닷새가 지난 뒤 桓侯는 몸에 통증을 느끼고 사람을 보내 편작을 찾게 했으나, 이미 진秦나라로 도망한 뒤였다. 그래서 桓侯는 마침내 죽었다. 그래서 韓非子는 말한다.

"훌륭한 의사는 질병이 살갗에 있을 때 치료한다."(韓非子, 喩老)

이런 결론 아래, 한비자는 모든 일에 화복禍福도 그처럼 살갗에 생길 때 미리 예방해야 한다며, 성현들 예방의학을 전개한 것이다.

이 대목에서 불현듯 떠오르는 여담余談 한 토막 곁들일까 한다.

필자의 전주고 동기동창이자 서울대 중문학과 동학인 고우故友 김종섭金鍾燮 교수는 전북 남원 산동 출신으로, 특히 한문에 박학다식할 뿐만 아니라 해석에 자유자재로 통달通達 무애無礙했다. 대만 유학을 다녀와 어느 정도 한문해독에 통했다고 자부한 필자도, 그 한문해석을 보면 탄복하지 않을 수 없었다. 더구나 엄청난 체력과 자혜로운 포용력을 겸비한 그의 도량度量은 타의 추종을 불허하는 불가사의 자체였다. 그는 후배들을 자상히 지도해주는 친화력으로 추종과 존경을 한 몸에 받았다. 또, 저녁 회식에 2-3차까지 술을 마셔 만취한 상태에서도, 귀가하면 컴퓨터 앞에서 멀쩡한 정신으로 밤새 연구 작업을 해서 가히 경탄과 선망에 대상이었다. 그한테 유일무이한 결점은 지나친 과음과 우아하지 못한 취후 주정酒酊이었나 보다. 똑똑한 고위직 세인들은 자기보다 유능하면서 공손하지 못한 위인을 경외하고 기탄忌憚하기 마련이다. 동서고금을 막론하고 인류 공통 심리이자 일반 보편 세태다.

그래서 당시 전국 대학에 중문학과가 우후죽순으로 생겨나던 황금

시기에도, 그는 경향 각지에 명망 있는 대학에 자리를 얻지 못하고, 끝내 동신대학에 부임했다. 나보다 2-3년 앞선 취직이었다.

2001년 내가 전남대 부임해 오랜만에 고우를 만나 무등산을 한 바퀴 돌면서, 벗한테 이제 술도 좀 절제하고 나랑 같이 무등산도 오르내리면서, 자연과 친화하고 호연지기를 함양하자고 권청했다. 허나 날카로운 송곳은 호주머니에 넣어도 저절로 뚫고 나온다고, 워낙 출중하게 유능한 그를 세상과 학교는 그냥 묵히지 않았나 보다. 나중에 안 이야기인데, 학교 입학 부처장인가 맡아 전국 고교에 신입생 유치하러 순회 다니며 접대하면서, 좋아하는 술을 더욱 과음하는 환경 분위기가 계속 된 모양이다. 워낙 바쁜 그를 다시 만나지는 못한 채, 은사이신 황적인 선생님이 청하신 황씨 집안 방대한 족보族譜의 한글 번역을 대신 주선했고, 전주 서예학과 석사과정에 입학한 5촌 당질녀의 한문자료 해석을 지도해주라고 부탁한 게, 그와 연락한 전부였다.

나중에 갑자기 간경화 투병 소식을 듣고 찾아가 만났을 적엔, 이미 예전처럼 건장한 그가 아니었다. 위로 및 격려와 함께, 나름 효험 있을 만한 방법을 권하긴 했으나, 각자 인연과 업력業力이 다른지라 적확히 부합하게 수용되지 못하였다. 병세는 갈수록 악화 일로를 치달아, 2006년 가을 47세 한창 나이에 세상을 하직하고 말았다. 마지막 투병 기간에 자택과 병원을 자주 찾아가 조그만 도움이라도 되고자 노력했으나, 끝내 부질없는 무위로 돌아갔다.

나는 안타까움과 비통이 너무도 커서 장례식에는 참석하지도 못하고, 사후에 아는 스님한테 자비로 천도재를 부탁해 지내주었다. 49재 날 가족들을 계룡산에 데려갔는데, 재를 마친 뒤 미망인이 마음이 너무 평안해졌다고 고마워했다. 나중에 업무상 과로로 인한 산재 신청이 받아들여지지 않자, 미망인은 소송을 원했다. 나는 가능성이 낮아

시간과 비용만 낭비할 수 있으니 재고하라고 자제를 권했으나, 끝내 제소해 1심에서 패소했다. 이에 보고 말 수 없어서, 법관 및 변호사 출신인 옆 방 고故 김동호 교수한테 부탁해서, 헌신적 무료 상담조력으로 항소를 진행했으나, 역시 패소해 거금 7-8백만원만 날렸다.

가장 인상 깊어 잊을 수 없는 사연은, 여기 주제 문맥과 밀접한 관련성이 있는 일화다. 임종 직전에 병원 중환자실 앞에서 어느 여 수행자(역술인?)를 만나게 되었다. 아마도 고우와 질병 치료 초기에 한번 인연이 있었는데, 막판에 다급하니 부인이 다시 연락해 청한 모양이다. 그분이 나한테 그간 있었던 속내를 털어놓았다. 당초 그분이 상황을 통찰 직시하고 나름 치유 대책을 제시했는데, 고우가 믿지 못하고 듣지 않아 치료 적기를 놓쳤다는 것이다. 그 과정에서 고우 언사가 그분 심기에 거슬리게 좀 불손해 서운함을 느낀 모양이었다. 그런데 막판에 다급해서 지푸라기라도 잡는 심정으로 다시 청해 와서 보았는데, 이미 항문 괄약근이 풀려 귀신 소관이라 더 이상 손을 쓸 수 없어서 체념 포기할 수밖에 없다고 토로했다.

세상에 탁월한 천부적 재능을 타고난 천재나 기인들은 곧잘 요절하거나 단명한 운명을 타고나는가 보다. 공자에 최고 수제자 안회顔回나 염백우가 그랬고, 공자는 천재 제자 잃은 슬픔을 '천상天喪'이라 부르짖으며 지극한 비애로 통탄했다. 지음知音 종자기鍾子期가 죽자, 백아伯牙는 거문고 줄을 끊고 평생 거문고를 타지 않았다. 고우故友 김종섭은 세상에 진정한 '知音'이 없음을 통한해, 스스로 일찍 회귀자연回歸自然했는지도 모른다! 세상에 모든 존재는 존재 이유가 있다는데, 고우는 더 이상 이 세간에 존재할 이유나 필요를 느끼지 못한 게 아닐까?

각설하고 본론으로 되돌아와서, 한비자가 펼친 예방의학사상은 군주 통치술에 예방법학을 도입 발전시키기 위한 비유적 발판이다. 군주가 신하를 분명히 알면, 신하 농간을 미세할 때 미리 금지하고 두절해, 간사한 짓이 크게 불어나거나 패거리 짓는 일이 없어진다.(難三篇) 그러면 公과 私가 분명해지고 당파가 해산되어, 군주 절대 통치권에 걸림돌이 없을 것은 자명하다. 여기에 나라를 다스리는 상벌 법규범의 일반예방기능까지 강화하면, 법가 특유의 강력한 절대군주 법치론에 큰 골격이 갖추어진다.

"무릇 백성들 성질은 혼란을 좋아하고 법을 친근히 여기지 않는다. 그래서 현명한 군주는 나라를 다스림에 포상을 분명히 하여 백성들이 앞 다투어 공을 세우도록 장려하고, 형벌을 엄격히 하여 백성들이 법을 가까이 믿고 지키도록 독려한다. 공 세우기에 힘쓰면 국가 일을 범하지 않고, 법을 가까이 믿고 지키면 간사한 죄악이 싹트지 아니한다. 그래서 백성을 다스리는 자는 간사한 죄악이 싹트기 전에 예방하고, 병력을 동원하는 자는 백성들이 마음으로 전쟁에 나서도록 장려한다. 죄악 근본을 미리 금지하면 잘 다스려지고, 장병들이 마음에서 기꺼이 참전하면 승리한다."(心度 第54)

즉, 한비자는 老子의 예방철학을 의약의 사전예방 기능으로 연계하여 비유한 뒤, 다시 법의 일반예방 기능으로 발전시키면서, 시대추이에 따른 법의 변화를 강조한 것이다. 법과 의약에 주된 공통 기능이 비록 사후 치유교정이긴 하지만, 범죄와 질병에 대한 사전 일반예방 기능도 본디 지니고 있다. 따라서 현명한 군주 통치와 훌륭한 醫師 醫術에서는, 예방이 치유보다 낫다는 철학사상이 공통으로 부각됨을 확인할 수 있다.

사실 예방의학에 관한 명언은 전통 의학고전인 소문(素問, 四氣調神大論)에도 일찍부터 나온다.

> "聖人은 이미 병든 뒤 치료하지 않고 아직 병들기 전에 미리 치료하며, 이미 어지러워진 뒤에 다스리지 않고 아직 어지러워지기

전에 미리 다스린다."

이러한 예방의학 사상은 漢代 여러 고전에서 자주 인용한다.

淮南子: "훌륭한 의사란 항상 질병이 없는(없을 때 미리) 질병을 다스리므로 질병이 없으며, 聖人이란 항상 근심이 없는(없을 때 미리) 근심을 다스리므로 근심이 없다."(卷16 說山訓)

抱朴子: "질병을 치료하는 의술에 밝은 자는 아직 생기지 않은 질병을 미리 막으며, 혼란을 다스리는 요령에 통달한 자는 장차 다가올 환난을 미리 막는다."(抱朴子外篇, 用刑)

잠부론潛夫論은 老子의 예방의학을 인용하며, 나라가 어지러워지기 전에 현인을 등용하여 다스려야 영원한 태평을 이룰 수 있다고 통치秘法을 종합하여 다음과 같이 요약한다.

"무릇 죽은 사람과 같은 질병에 걸린 자는 살 수 없고, 망한 나라와 행실이 같은 나라는 존립할 수가 없다. 이 어찌 빈말이겠는가? 어떻게 사람이 질병에 걸릴 줄 알겠는가? 그가 음식을 좋아하지 않는 걸 보면 안다. 어떻게 나라가 어지러워질 줄 알겠는가? 임금이 어진 이를 좋아하지 않는 걸 보면 안다. 병든 사람 집 주방에 아름다운 음식이 없는 건 아닌데, 그 사람이 먹을 수 없기 때문에 마침내 죽음에 이른다. 마찬가지로 어지러운 나라 관직에 어진 이가 없는 건 아닌데, 임금이 그를 믿고 맡겨 쓸 수 없어서 마침내 망하게 된다. 무릇 멥쌀이나 수수(고량)의 오곡밥과 기름진 술이나 단 막걸리는 살아가기 위한 양생에 밑천인데, 병든 환자가 콩 보리나 지게미의 맑은 것만 못하다고 여겨 먹지 않으려고 싫어하니, 이는 머지않아 죽으려는 징후다. 어진 이를 존경하고 유능한 이를 임용하여 충성을 믿고 간언을 받아들이는 것은 나라가 평안해지는 길인데, 어리석은 임금이 간사하고 번지르르한 아첨과 아부의 말발림보다 못하다고 여겨 듣기 싫어하니, 이는 머지않아 망하려는 조짐이다. 老子가 말하기를, 무릇 오직 질병을 질병으로 여기기에 질병에 걸리지 않는다고 했다. 周易(否卦 九五 卦辭)에는 '(大人이 꽉 막힌 궁지에서도) 아, 내가 망하는가? 내가 망하는가? 라고 두려워 하며 경계하여, 오히려 무성한 뽕나무처럼 견고해진다.'고 읊는다. 이러한 까닭에 양생을 잘해 장수하는 선비는 질병에 걸리기 전에 약을 쓰고, 세상을 잘 다스리는 임금은 혼란해지기 전에 어진 이를 등용한다. 그래서 몸이 늘 평안하고 나라가 길이 태평하다."(思賢第八)

당唐 헌종憲宗 때 태의太醫인 류공작柳公綽은 헌종이 자주 사냥을 즐기며 쏘다니고 병력동원을 즐겨하자, 적당한 사연을 계기로 은근히 풍간諷諫하는 '태의잠太醫箴'을 지어 바쳤는데, 그 내용은 다음 같았다.

"하늘이 추위와 더위를 펼침에 특정 개인을 차별하지 않고, 인류 품질이 동일한즉 고르게 높이 존숭하네. 오직 기호애착을 근신해야 자신을 보전할 수 있고, 흠 없이 청정해야 휘황한 빛 날로 새롭네. 추위와 더위 천지간에 충만하여 바깥에서 살과 피부에 스며들고, 기호와 애착이 눈과 귀 앞에 넘쳐나 안에서 마음과 지각을 유혹하네. 청결로 제방을 삼아도 활 쏘고 쏘다니면 오히려 실패하고, 혈기 운행에 특별한 무늬 없지만 틈은 꽉 커서 문제가 아닐세. 슬기롭고 거룩한 자태는 청명淸明하니 세속을 초탈하고, 마음은 올발라 간사함 없으니 뜻 높고 욕심 적네. 하늘이 높다지만 나쁜 공기 뒤덮어 흐려지고, 땅이 두텁다지만 거센 물살이 흘러 무너뜨리지. 거룩한 (황제) 덕은 이들을 훨씬 초월해 만방이 그 은덕을 입네. 음식은 몸을 지탱하는 밑천이나 지나치면 우환이 생기고, 의복은 덕을 뒷받침하는 장식이지만 사치하면 교만이 일어나네. 오직 지나치고 사치하면 마음이 반드시 뒤따르고, 氣와 마음이 흘러나가면 질병이 틈을 엿보지. 거룩한(황제) 마음이 미혹하지 않으면, 누가 감히 움직일 수 있을까? 사냥질 쏘다니며 쾌락 즐기고, 흐물흐물 감정과 방탕한 뜻으로 치닫고 쏘다녀 형체 피로하여, 혀를 차고 슬프게 원기 손상하네. 오직 하늘처럼 지중한 보체 날짐승 좇아 피로 누적하네. 바깥 외물 양육은 선현들 수양에 절대 금기! 거룩한(황제) 마음이 아니라 여기면, 누가 감히 그 뜻을 어기리? 사람은 원기를 얻어야 살고 기호욕망으로 싹트니, 원기가 흩어지면 우환 생기고, 원기가 엉기면 성취가 있지. 기교는 반드시 참(眞)을 상실하고, 지혜는 반드시 감정을 유혹하니, 그 번잡한 사려 제거하고 이 정성스런 현명 간직하세. 최상 의사는 미연에 다스리네. 우환은 사려하지 못한 결과니, 예방은 사전에 대처해야지. 마음 고요하고 즐거움 누려야 몸이 평화롭고 道가 온전해지며, 그런 연후에 능히 덕을 만물에 베풀고 억년을 누릴 수 있네. 거룩한 임금 위에 계셔 각자 제 자리 얻고, 모든 행정에 담당 관리와 뭇 기술 담당 부서 있어, 소신은 태의太醫를 맡은지라, 감히 여러 대신들께 고하네."

이에 헌종이 가상히 여겨 특별 포상하고 곧 승진시켰다.(唐書 卷165, 列傳 第115: 柳公綽전)

한편, 송宋 때 하송夏竦이 추밀사樞密使에서 파면되고 한기韓琦와 범중엄范仲淹이 등용되자, 채양蔡襄은 황제한테 조정에 사대부나 길가 서민들도 모두 칭송하며 노래 부른다고 경하하면서, 의약 비유를 언급했다. 즉, 1사邪인을 내치고 1현賢인을 등용하는 걸로는 천하 안정이 어려우며, 1사邪인과 함께 그 부류가 모두 퇴장하고, 1현인과 함께 그 부류가 승진해야 해내海內 태평을 이룰 수 있다며, 천하 통치를 의사의 질병 치료에 비유했다.

"천하대세는 비유하면 병자病者와 같습니다. 폐하께서 일단 良醫를 얻었으면, 의심 없이 신임信任함이 중요하니, 그러면 단지 질병을 나을 뿐만 아니라, 인민을 장수하게 합니다. 의사가 비록 훌륭한 의술을 지녔어도 온전히 다 쓸 수 없다면, 질병은 날로 깊어져, 비록 화타나 편작이라도 치료효과를 내기 어렵습니다."(宋史 卷320, 列傳第79 蔡襄전)

또, 원元 대에는 법과 의약 비유를 나라 통치에 빗대 마지막 우국충정을 유언으로 통촉한 역사상 위인으로, 元 세조를 보필한 렴희헌(廉希憲: 1231-1280)이 있다. 지원 12년(1275) 원이 남송을 정벌해 영토를 확장하자, 세조는 새로 편입된 형남荊南행성 민심을 회유·무마하기 위해, 덕망 높은 희헌한테 간곡히 당부하며 맡겼다. 희헌의 감화로 통치는 빠르게 안정되어 갔으나, 남쪽 무덥고 풍습이 심한 기후에 희헌은 질병이 심해져, 치료를 위해 2년만에 조정에 소환되었다. 황제가 조서로 양주揚州 명의 왕중명王仲明을 불러 희헌 질병을 진찰 치료하도록 명해 조금 차도가 있자, 황제는 기뻐하며 희헌에게 말했다.

"경은 훌륭한 명의를 만났으니 질병이 낫겠소."

그러자 희헌이 대답했다.

"의사가 좋은 약 처방으로 신하 질병을 치료하고 있으니, 정말 제가 조심하고 신중히 요양하면, 진실로 폐하 말씀대로 낫겠지요. 가령 제가 제멋대로 굴거나 게을러 부응하지 않는다면, 훌륭한 명의의 비방(秘方)인들 무슨 보탬이 되겠습니까?"

의사 약 처방 치료로 정치를 빗대어 황제한테 풍간諷諫한 것이다.

조정에서 문하성門下省 신설을 의론하자, 황제가 희헌한테 시중侍中을 맡기려 하고 태자도 적극 지원했으나, 간신배 저지로 무산되었다. 희헌 질병이 위독해져 황태자가 시신侍臣을 보내 문병하며 치도治道를 묻자, 희헌이 말했다.

"천하에 군주로 다스림은 인재등용에 있습니다. 군자를 등용하면 잘 다스려지고, 소인을 기용하면 어지러워집니다. 신하는 질병이 비록 매우 극렬하지만, 모두 하늘에 맡깁니다. 가장 근심하는 우려는 크나큰 간신이 정치를 전횡하고, 여러 간사한 소인배들이 빌붙어 아첨하여, 나라를 잘못 이끌고 백성을 해치는 것이니, 이것이 가장 큰 질병입니다. 전하께서 마땅히 거룩한 뜻을 적극 개진하여, 한시 바삐 시급히 이들을 제거해야 합니다. 그렇지 않으면 날로 질병이 악화되어 더 이상 의약을 쓸 수 없게 됩니다."

그리고 희헌은 아들들한테 훈계했다.

"장부는 정의를 보면 용감히 행해야 한다. 화와 복은 자기와 전혀 상관없이 초연해야 한다. 고요、기夔、후직、설契、이윤、부열、주공、소공 같은 성현들을 자기가 따라갈 수 없다고 말하면, 이는 바로 자포자기다. 천하일에 진실로 간사한 견제만 없다면, 하은주 삼대도 다시 실현할 수 있다."

지원 17년(1280) 동짓달 밤에 큰 별이 정침正寢 곁에 떨어져, 흐르는 별빛이 땅을 오래토록 훤히 비추면서 희헌은 50세로 서거했다.[18]

11. 염철론鹽鐵論에 펼쳐진 법과 의약의 비유

서한西漢 소제昭帝 때 정치현실에 '민간질고民間疾苦'를 주제로 조야朝野간에 염철 독점을 둘러싼 정치·경제·군사·법률·문화 등 다방면에 걸친 문제를 치열하게 토론했다. 앞서 소개하기도 했듯이, 이때 벌인 '염철회의'에서 법과 의약의 비유가 생생한 토론 소재로 자주 등장해 눈길을 끈다. 여기서는 법과 의약의 비유를 중심으로 염철론에 흥미진진하게 펼쳐진 법치法治와 덕치德治, 의치醫治와 약치藥治 논점들을 순서대로 대강 정리해 본다.

18 졸저, "하늘이 알고 신이 알며 내가 알고 니가 안다(四知)", 마로니에, 2020 초판, 445-473쪽 참조.

염철독점론에 대한 문학文學·현량賢良의 정책비판은 상앙商鞅의 法治를 비판하는 데서 시작한다. 우선 상앙이 엄중한 형벌과 준엄한 법(峭法)으로 진秦나라 터를 다져 2세世만에 잃고 만 사실을 지적한다. 마치 사람이 물이 넘쳐 골치(病)를 앓고 있는데 물을 더하면 질병이 심해지듯이, 상앙은 秦나라를 위해 황제 창업을 꾀할 줄만 알았지, 그게 秦나라를 재빨리 망하게 하는 길인 줄은 미처 몰랐다. 편작 같은 신의神醫라도 백골에 살이 돋아 부활하게 할 수는 없으며, 미자微子·기자箕子 같은 聖人이라도 망한 나라를 부흥시킬 수는 없는 노릇!(非鞅第七)

"편작은 기식氣息과 맥박을 짚어 질병이 생긴 원인을 알아낸다. 양기陽氣가 치성하면 陽氣를 덜어내고 음기陰氣로 조절하며, 한기寒氣가 무성하면 寒氣를 덜어내고 陽氣로 조절한다. 그리하여 기맥氣脈이 조화로워 사기邪氣가 머물지 못한다. 그런데 졸렬한 의사는 살갗 결에 따른 맥박 이치와 혈기血氣 구분을 알지 못하고, 망령되이 함부로 침을 찔러 질병에 전혀 도움이 되지 않을뿐더러, 살과 피부만 손상시키고 만다. 지금 남아도는 걸 덜어내어 모자라는 데 보태고자 하면서, 도리어 부자는 더욱 부유해지고 빈자는 더욱 빈곤해진다. 엄중한 법과 무거운 형벌에 맡겨 포악하고 간사함을 금지하고자 하지만, 도리어 간사함이 더욱 그치지 않는다. 그래서 염철 정책이 편작의 침과 뜸돌 사용법이 아니라서, 대중인민이 각자 마땅한 직책을 얻지 못한 것으로 여겨진다."(輕重第14)

이에 어사대부御使大夫는 치속도위治粟都尉와 함께 대사농大司農 일을 관장해 대꾸한다. 막히고 엉긴 곳을 뜸질하고 침놓아서 모든 氣脈을 순리대로 뚫어, 만물이 류통流通하고 현관縣官이 부유하게 꽉 찼다고 자부한다. 사방으로 정벌해 포획한 상을 합치면 넉넉하게 남아돌 것이니, 이는 모두 편작의 능력이요, 염철의 복福이라고 주장한다.

그러자 文學은 中國이 요역과 부역으로 곤궁하고, 변방 인민은 국경 수비에 고통스러워, 중국과 변방이 안팎으로 모두 공허空虛한 판인데, 편작이 무슨 능력을 발휘하고, 염철이 무슨 福이 되냐고 반문한다.(輕重第14) '정치가 너그러우면 백성들이 그를 위해 죽고, 정치가 조급하면 부자父子도 흩어지'므로, 백성 다스리는(牧民) 방도는 그들이 싫어하는(疾病으로 여기는) 걸 제거하고, 그들이 편안히 여기는 걸 해주는 것이다.(未通第15)

이어 文學은 聖王의 관직임명 원칙이 오로지 賢能에 있다고 밝히며, 정의로운 존귀함은 아무리 높아도 지나침이 없고, 정의로운 부유함(취득)은 아무리 많아도 지나침이 없으나, 직분에 마땅한 인재가 아니라면 도시락밥과 나물국이라도 오히려 백성 피를 빨아먹는 것이라고 힐난한다. 태산에 솔개(올빼미)가 연못 구석이나 그윽한 골짜기에서 썩은 쥐를 쪼아 먹는 것은 사람한테 전혀 해악이 안 되지만, 지금 관리(有司)들은 군주(나라, 人民)에 재정을 훔쳐서 버젓이 형법 곁에서 처먹고 있는 꼴이라는 것이다. 법망法網 기관에 발각되어 걸릴 줄은 모르고서, 게다가 인민들을 위협하고 있으니, 그 환난이 어찌 태산에 솔개와 같겠느냐고 탄식한다.(毁學第18)

그리고 文學은 聖賢의 도덕 가르침을 의사가 처방하는 良藥처럼 믿고 따라야 한다며, 훌륭한 醫藥과 聖賢의 가르침에 대한 존경심과 겸허한 수용이 필요하다고 당위성을 강조한다.

> "쌀이 있어도 먹지 않으면 배고픔에 전혀 보탬이 되지 않고, 성현을 보고도 쓰지 않으면 나라 쇠약에 전혀 도움이 안 된다.…무릇 말을 해도 쓰지 않고, 간언해도 듣지 않으면, 비록 제아무리 훌륭한 성현이라도 어찌 다스림에 도움이 될 수 있겠는가?… 편작이라도 침과 약을 받지 않으려는 환자 질병은 치료할 수 없고, 성현이라도 충성스런 간쟁을 들어먹지 않으려는 군주 행실은 바로잡을 수 없

다.”(相剌第20)

“비천한 사람들이 고루하게도 크나큰 조정 의론에 간섭했으니, 미친 말(狂言)들이 대부분 품격에 어울리지 않고 고관(執事)들 뜻만 거슬렸군요. 무릇 약주藥酒는 입에 쓰나 질병에 이롭고, 忠言은 귀에 거슬리나 항실에는 이롭다. 그러므로 악착같이 강직함(愕愕)은 복福이고, 유들유들 천박함(諓諓)은 적賊이다. …만리萬里 조정에 날마다 예, 예 굽실거리는 소리만 듣다가, 오랜만에 모처럼 여러 유생들의 악착같이 강직한 말(愕愕)을 들으니, 이는 곧 공경公卿대부에 良藥이요 침과 뜸돌이다.”(國疾第28)

그리고 나라에 엄하고 급한 정벌과 징용이 있으면, 곧 재정축적을 분산해 궁핍해지는 질병이 생길 것이며, 나라가 병들었는데 재정 축적이 부족하면 정치가 위태로워지고, 사람이 병들었는데 재산축적이 부족하면 몸이 위태롭다고 경고한다.(國疾第28)

이에 승상이 나라에 축적 부족을 어떻게 다스려야 할지 물었다. 賢良은 고관대작 지도층이 질박과 절검으로 솔선수범하여, 안팎으로 특별한 일없이 농부가 농사일을 제대로 하고, 女工이 베 짜기를 제대로 하도록 해야, 비로소 혈기의 맥이 화평하여 축적부족의 질병은 없을 것이라고 답변한다. 반대로 고관대작들이 교만하게 굴며 선비를 무례하게 대하고, 염치가 무너져 앞을 다투어 이끗만 좇으며 횡포를 일삼으면, 이는 참으로 치유하기 어렵고 교묘한 기술로도 손질할 수 없다고 경고한다.(散不足第29)

궁색해진 승상이 변론에 허점과 폐단을 지적하며, 현관縣官이 천거한 賢良·文學도 백성을 몸소 다스리는 벼슬아치가 된다면, 자기네와 마찬가지로 영험한 침과 뜸돌(箴石)로 백성 질병을 치료하지는 못할 것이라고 힐난한다.

이에 賢良은 ‘다섯 도적이 한 良人을 붙잡고, 굽은 나무는 곧은 먹줄을 싫어한다.'는 속담을 인용하여, 간언이 얼마나 어려운지 실토한다. 침과 뜸돌을 놓아 막힌 관절을 통하게 하고자 하면, 자칫 죽음이나 환난을 당할까 두려우며; 침과 뜸쑥을 거두어 품안에 감추자니, 기술 없는 무능한 자라고 불명예를 뒤집어쓸 것이라고 탄식한다.(箴石第31)

마침내 大夫가 의사로서 너무 졸렬하면서 보답만 많이도 바랐고, 관리가 되어 엄청 불량하면서도 백성들을 침탈했다고 시인했다. 그러자 賢良이 그림자가 똑바르길 바라거든 막대기를 올바로 세우고, 아랫사람이 청렴하길 바라거든 먼저 자신이 솔선수범해야 한다고 당부한다. 탐욕(貪鄙)은 통솔하는 자에 있지 아랫사람에게 있지 않으며, 가르침(教訓)은 위정자한테 있지 인민한테 있지 않기 때문이다.(疾貪第33)

이어 賢良이 말했다.

"말은 할 줄 아는데 행할 수 없는 자는 나라에 보배고, 행할 줄은 아는데 말할 수 없는 자는 나라에 쓸모(用)다. 두 가지를 겸하는 자는 군자이고, 하나도 없는 자는 목동牧童이나 떠꺼머리蓬頭이다. 약주藥酒는 질병에 이롭고, 바른말(正言)은 다스림(治)에 약이다."(能言第40)

이제 大夫가 화제를 국방으로 돌려, 중국과 변방 관계를 팔다리(支體)와 몸통(腹心)의 유기체 관계로 비유하여 토론한다. 살과 살갗이 밖에서 추위를 타면 배와 마음(腹心)이 안에서 질병을 앓게 되고, 지체支體가 손상되면 마음이 비참해지듯이, 변경邊境이 없으면 내국內國이 위험해질 것은 당연한 순망치한脣亡齒寒 이치다. 漢나라 북방에 있는 흉노는, 마치 나무에 좀 벌레가 들끓고 사람한테 질병이 걸린 것과 같아서, 치료하지 않으면 점차 깊어지고 악화한다는 국방안보론을 내세워, 강력한 법치와 염철 독점정책을 강변한 것이다.(誅秦第44)

이어 어사御史는 法家의 논리를 빌어, 법치가 비록 불완전하지만 현실 수요의 시급성을 강조한다.

"주공周公을 기다려서 비로소 재상이 되겠다면, 세상에는 여러 제후나라가 없을 것이며; 孔子를 기다린 다음에야 배우겠다면, 세상에는 유생이나 묵자墨者가 없을 것이다. 무릇 옷이 조금 헤졌다면, 헌비단 조각을 잘라 기울 수 있거늘, 반드시 온전한 1필匹의 베를 가지고 바꿔야 한단 말인가? 정치가 조금 어그러졌다면, 법령으로 기워 막을 수 있거늘, 반드시 (詩經) 아雅·송頌을 기다려서 다스려야 한단 말인가? 이는 마치 이웃에 있는 의사는 거들떠보지도 않고 내버리면서, 반드시 유부兪跗나 편작 같은 명의名醫를 구한 다음에 질병을 치료하겠다고 떼쓰는 격이다. 또한 가까운 웅덩이에 물을 내버리고, 반드시 강과 바다에 물을 기다린 다음에야 불을 끄겠다고 고집부리는 것과 같다. 무릇 정치를 잘하는 자는, 닳아 헤지면 깁고, 터지면 막는다. 그래서 오자吳子는 법으로 초楚·위魏를 다스리고, 신불해申不害와 상앙商鞅은 법으로 진秦·한韓을 강국으로 키웠다."(申韓第56)

튼튼한 쟁기와 날카로운 호미는 오곡에는 이롭고 잡초에는 해롭다. 밝은 이치와 바른 법은 간사한 자들이 싫어하나 선량한 백성한테는 복이다. 그래서 굽은 나무는 먹줄을 싫어하고, 간사한 자는 바른 법을 싫어한다. 물은 불을 끄기 위해 준비하는 것이고, 법은 간사함을 멈추게 금지하는 것이다. 법과 위세가 없다면 비록 현인이라도 다스릴 수 없으며, 갑옷과 병기가 없다면 비록 손자나 오자라도 적을 제압할 수 없다는 법가 논리다.(申韓第56)

이에 文學은 유가의 례교덕화禮敎德化로 반박한다. 법은 어디까지나 수단도구이고, 근본 주체는 역시 사람이라고!

"법은 사람을 형벌에 처할 수 있지만 청렴하게 만들 수는 없으며,

사람을 죽일 수는 있지만 어질게 만들 수는 없다. 훌륭한 의사를 귀하게 여기는 것은, 그가 몸 안에 소식消息을 살펴 사기邪氣를 물리치는 걸 귀하게 여기지, 그가 침과 뜸돌을 놓고 살과 살갗을 뚫는 걸 귀히 여기는 게 아니다. 어진 관리(良吏)를 귀하게 여기는 것은, 그가 죄악이 싹트기 전에 미리 끊어버려 백성들이 잘못을 저지르지 않도록 예방함을 귀하게 여기지, 그가 백성을 붙잡아 감옥에 가두고 처형하는 걸 귀히 여기는 게 아니다. 지금 세속에서 량리良吏라고 하는 자들은, 문자에 천착하여 농간을 부려 그 백성에 화禍를 씌우고, 강한 권력을 휘둘러 아랫사람을 사납게 괴롭히며, 법이 생겨난 근본정신을 살피지 않고 오로지 잔인한 자기 마음에 맡긴다. 문자 해석을 농락하고 법령 조문을 끌어대어, 무고한 사람을 빠뜨리고 죄 없는 이를 엮어 들여, 아들로 아버지를 연좌시키고, 아우로 형을 연좌시킨다. 한 사람이 죄를 지으면, 온 마을과 고을이 죄다 깜짝 놀라 열 가구 주민들이 모두 달아나 숨어버린다. 이는 마치 등창(癰疽)이 진창 터져 번지고, 여색의 음란함이 서로 이어 전염하며, 한 마디가 움직이면 백 가지가 함께 흔들리는 것과 같다. 시경에도 이르듯이,

'저 죄 있는 놈은 놓아주어 이미 제 죄를 감추어 숨어버리고,
이 죄 없는 이들만 억울하게 빠져들어 고통을 당하네.'

이는 죄 없이 걸려드는 억울함을 상심하고 통탄하는 시다. 쟁기나 호미가 날카롭지 않음을 근심할 게 아니라, 풀은 놔두고 곡식 싹을 갈아엎는 걸 근심하라! 수준기와 먹줄이 평평하고 곧지 않음을 걱정할 게 아니라, 굽은 나무는 놔두고 곧은 나무를 깎아내는 걸 걱정한다. 친근한 사람은 잘못해도 반드시 처벌하지는 않으니, 이는 호미를 아예 쓰지도 않는 격이다. 거꾸로 소원疏遠한 사람은 공功을 세워도, 반드시 상을 주지는 않으니, 이는 싹을 잘 가꾸지 않음이다.

그러므로 세상에 법이 없음을 근심할 게 아니라, 반드시 시행하는 법이 없음(법을 반드시 시행하지 않음)을 근심한다."(申韓第56)

관리는 죄인 재판을 많이 하는 걸 훌륭하게 여기지 않고, 의사는 침을 많이 꽂는 걸 영험하게 여기지 않는다. 자산子産이 두 사람을 형벌에 처하고 한 사람을 죽이자, 길에 떨어진 물건을 줍는 자가 없어지고, 백성들은 모함하는 마음(誣心)이 없어졌다. 백성의 父母된 자(목민관)는 병든 자식을 부양하며 은혜를 두텁게 베풀 따름이다.(周秦第57)

하지만 마지막까지 大夫는 시대 변화를 내세우며 법치法治 필요성만 강변한다.

"지금 세속은 요堯·순舜(당唐·우虞)임금의 태평시대가 아니며, 세상 사람은 허유許由의 순박한 백성이 아니다. 그런데도 법을 폐기하고 다스리려 함은, 마치 은괄隱括과 도끼를 쓰지 않고서 나무를 둥글게 굽히거나 굽은 나무를 곧게 펴려고 하는 것과 같다. 그러므로 정치를 하는 사람은 스스로 선량한 백성을 기다리지 않으며, 바퀴를 만드는 사람은 저절로 굽은 나무를 기다리지 않는다. …비로소 禮를 내세워 명분을 수식하기 시작한 것은, 마치 궁한 의사가 서툰 침술로 고약한 악창종기를 치료하고, 공구孔丘가 禮를 가지고 도척盜跖을 달래려고 하는 것과 비슷하다."(大論第59)

그러나 文學도 지지 않고, 聖人의 도덕으로 자질에 따른 교화를 펼쳐 혼란의 낌새를 발본색원해야 한다고 역설한다. 법과 의약의 사후 치료가 필요 없는, 사전 예방의 중요성을 강조한 것이다.

"재목을 깎아 망쳐 집 짓는 자는 훌륭한 목수가 아니고, 인민 성품을 해쳐 다스리는 자는 훌륭한 관리가 아니다. 공수자公輸子는 재목 생김에 따라 알맞게 쓰고, 聖人은 인민 성품에 따라 교화한다. 그래서 도끼를 되도록 쓰지 않고 형벌에 맡기지 않으면서도, 정치가 제대로 서고 교화가 잘 이루어진다. 편작은 병의 낌새가 살결에 있을 때 손을 써서 사기邪氣를 끊어버리는 까닭에, 악창종기(癰疽)가 눈에 띄게 생기지 못한다. 聖人은 일이 생기기 전에 미리 마음을 써서, 혼란의 원인이 아예 생겨날 수가 없다. 그래서 침과 뜸돌을 쓸 필요가 없어 거두어 넣고, 법령은 세워져 있어도 쓰지 아니한다. 이미 생긴 뒤에 끊고 이미 피어난 뒤에 찌르고 뚫는 자는 범인凡人이고, 모습이 드러나기 전에 다스리고 싹트기 전에 알아보는 이는 君子다."(大論第59)

12. 우리 역사에 나타난 법과 의약 비유

우선 삼국사기三國史記에 보이는 몇 사례를 소개한다. 공교롭게도 三國 각국에 한 사례씩 나와 공평한 느낌이다.

하나! 고구리(려)高句麗 대조대왕大祖大王 94년(146) 7월에 후사로 정해진 수성遂成(나중에 次大王)이 왜산倭山에 사냥 나가 좌우를 둘러보며 말했다.

"대왕이 늙어 죽지 않아, 나도 나이가 곧 저물어 가는지라, 더 기다릴 수 없다. 원컨대 좌우에서 나를 위해 알아서 도모해주기 바란다." 좌우에서 모두 "삼가 명령에 복종하겠습니다." 라고 호응하자, 한 사람이 홀로 진언했다.

"방금 왕자께서 상서롭지 못한(不祥) 말을 하셨는데, 좌우에서 직간하지 못하고 모두 명령에 복종하겠다고 말하니, 정말 간사한 아첨이라 하겠습니다. 제가 직언하고자 하는데, 존자 의향은 어떠신지 모르겠습니다."

수성遂成이 "그대가 직언할 수 있으면 이는 약석藥石인데, 무슨 의심이 있겠는가?" 라고 말하자, 그 사람이 대답했다.

"지금 대왕께서 현명하시고 안팎에서 다른 마음 없는데, 왕자께서 비록 공훈이 있지만 이런 간사한 아첨배 무리들을 거느려 현명한 주상을 폐위하려 꾀하시니, 이는 한 오라기 홑실로 만균萬鈞의 묵직한 물건을 묶어 거꾸로 끌어당기려는 짓과 다를 바가 있겠습니까? 비록 제아무리 어리석은 자라도 오히려 불가한 줄 알 텐데, 만약 왕자께서 마음을 고쳐먹고 사려를 바꾸어 주상을 효성으로 모셔 순종한다면, 대왕께서 왕자의 선량함을 깊이 알아 반드시 선양하시려는 마음을 내실 것입니다. 그렇지 않으면 곧바로 화가 들이닥칠 것입니다."

이 말을 듣고 수성遂成이 유쾌하지 못하자, 좌우에서 그 정직함을 질투해 모함하는 말을 바쳤다.

"대왕께서 연로하여 왕자께서 국운의 위기를 우려해 후사를 도모하고자 하시는데, 이 사람이 이런 망언을 하다니, 저희들은 오직 기밀이 새어나가 후환을 초래할까 두렵습니다. 마땅히 이놈을 죽여 입을 막아야겠습니다."

이에 遂成이 그 말을 따랐다. 그해 시월 우보右輔 고복장高福章이 대왕한테 遂成이 곧 모반할 테니 먼저 주륙해야 한다고 주청했다. 당시 1백세인 대왕이 선양 의사를 밝히자, 그는 遂成이 잔인해 대왕 자손까지 해칠 거라며 만류했다. 허나 12월에 대왕은 끝내 선양하고 별궁으로 물러났다.(三國史記 卷第15, 高句麗本紀 第3)

둘! 백제百濟 동성왕東城王은 담력이 출중하고 활을 잘 쏘아 백발백중했다. 재위 21년(499) 여름, 대 한발로 인민이 굶주려 서로 잡아먹고 도적이 크게 일어, 신하들이 곡창을 열어 구휼하자고 간청했으나, 듣지 않았다. 겨울에 대 역병까지 돌았다. 이듬해(22년, 500) 봄, 왕은 궁궐 동쪽 강가에 강물을 굽어보는 5장丈 높이 루각臨流閣을 세우고, 연못을 파 기이한 금수를 사육했다. 신하들이 간언하여 항소했으나 듣지 않고, 또 간언하는 자가 있을까 두려워 아예 궁문을 닫고 걸어 잠갔다.

이에 대해 삼국사기 편자 김부식은 이렇게 평론한다.

"좋은 약은 입에 쓰나 병에 이롭고, 충직한 말은 귀에 거슬리나 행실에 이롭다. 그래서 옛날 현명한 군주는 자기를 비우고 정치를 자문해, 온화한 얼굴로 충간을 받아들이며; 사람들이 말하지 않을까 오히려 저어해, 감히 간언하는 북을 내걸고, 비방해도 좋은 나무를 세우기도 했다. 지금 대왕은 간언이 올라와도 살피지도 않고, 게다가 문까지 걸어 잠가 거절한다. 장자(莊子, 雜篇, 漁父第31)가 말하길 '허물을 보고도 고치지 않고, 간언을 듣고도 더욱 심한 것을 패려궂을 흔很이라 한다.'고 했는데, 바로 대왕을 두고 한 말인가!"

그해 왕은 계속 방탕한 음주연회와 사냥을 무리하게 강행하다가, 왕의 강요에 반발한 신하의 자객한테 그해 12월 죽임을 당했다.(三國史記 卷第26, 百濟本紀 第4, 東城王)

셋! 신라 록진祿眞은 헌덕왕憲德王10년(818) 집사시랑執事侍郎이 되었는데, 14년 왕자가 없어 아우 수종秀宗이 후계자가 되자, 월지궁月池宮에 따라 들어갔다. 당시 충공각간忠恭角干이 상대등上大等으로 정사당政事堂에서 내외內外 관직 임명으로 골머리를 앓다가 질병을 얻었다. 국의國醫가 진맥하고, "병이 심장에 있으니, 룡치탕龍齒湯을 먹고 푹 쉬라."고 처방했다. 이에 21일 휴가를 내고 두문불출하며, 어떤 빈객도 받지 않았다. 록진祿眞이 찾아가 알현을 청했다. 문지기가 가로막자 祿眞이 말했다.

"상공相公께서 질병으로 빈객을 사절하심을 하관下官이 모르는 바는 아니나, 반드시 옆에서 한 말씀 여쭤 답답하고 우울한 심려를 풀어드리려 왔습니다. 뵙지 않고서는 감히 물러나지 않겠습니다."

문지기가 재삼 전달해 가까스로 뵙게 되자, 祿眞이 진언했다.

"엎드려 듣건대, 보체寶體가 조화롭지 못하다던데, 혹여 새벽같이 출근해 밤늦게 퇴청하느라 찬바람과 이슬을 쐬어, 영위榮衛의 화기를 손상하고 지체支體에 평안을 잃으신 건 아닙니까?"

각간이 말했다.

"그렇게 심한 것은 아니고, 다만 어질어질 침침하고 정신이 상쾌하지 못할 따름이오."

祿眞이 말했다.

"그러면 공公의 질병은 약석藥石도 필요치 않고, 침과 뜸돌도 필요치 않습니다. 그저 지극한 고담준론으로 단번에 공파攻破할 수 있는데, 공께서 한번 들어보시겠습니까?"

각간이 답했다.

"그대가 멀리서 나를 버리지 않고 은혜롭게 광림光臨하였으니, 원컨대 옥음玉音을 들어 내 흉금을 후련히 씻고 싶소!"

祿眞이 말했다.

"저 대목(梓人)이 집을 지을 적에, 큰 재목은 동량이나 기둥을 삼고, 작은 나무는 서까래나 잔 재목으로 쓰며, 곧고 굽은 걸 각각 적재적소에 배치해 큰 저택을 완성합니다. 옛날 현명한 재상의 위정은 또 이와 무엇이 다르겠습니까? 거대한 인재는 높은 자리에 두고, 작은 인재는 가벼운 직임을 줍니다. 안으로 륙관六官과 만조백관부터, 밖으로 방백方伯 이하 련솔連率 군수郡守 현령縣令에 이르기까지, 조정에 빈자리 없고 지위에 알맞지 않은 사람 없어서, 상하가 안정되고 현불초賢不肖가 제대로 나뉘어 王政이 완성됩니다. 지금은 그렇지 못하니, 사사로운 정실에 따라 공정을 해치고, 특정인을 위해 관직을 선택합니다. 총애하면 비록 재목이 안 되어도 하늘까지 높이 승진시키고, 증오하면 제아무리 현능해도 구덩이에 빠뜨리려 도모합니다. 취사取捨에 마음이 혼잡하고 시비是非에 의지가 어지러워지니, 단지 국사만 혼탁한 게 아니라 위정자도 또한 피로하고 병이

납니다. 만약 관직에 청백하고 집무에 공경하여, 재화뇌물의 문을 두절하고 청탁의 허물을 멀리하며, 승진과 좌천을 오직 능력과 현명으로 판단하고 상벌여탈을 애증으로 자행하지 않아서, 마치 저울처럼 경중을 왜곡하지 않고, 먹줄처럼 곡직을 속이지 않는다면, 형정刑政이 미덥고 화목하며 국가가 화평하여, 비록 공손홍公孫弘의 곁문을 열어주고 조참曹參의 술자리를 벌여, 붕우朋友나 옛 지인들과 담소하며 스스로 즐겨도 좋을 것입니다. 어찌 꼭 구구하게 탕약 복용과 요양 명분으로 부질없이 세월만 허비하고 국사를 폐할 필요가 있겠습니까?"

이에 정신이 번쩍 난 각간角干은 의관醫官을 사양하고 물리친 다음, 곧바로 수레를 불러 왕실조정으로 출근했다. 왕이 깜짝 놀라 물었다.

"경한테 약을 복용하고 며칠 푹 쉬라고 했더니, 왜 조정에 나왔소?"

각간이 답변했다.

"신하가 들은 祿眞의 말은 약석藥石과 같은지라, 어찌 룡치탕龍齒湯을 마신 데 그치겠습니까?"

그리고 왕한테 저간에 사정을 낱낱이 차분히 아뢰자, 왕도 크게 기뻐하면 말했다.

"과인이 군주가 되고 경이 재상이 되어, 이렇듯 직언하는 사람이 있으니, 이런 기쁜 일이 또 어데 있겠소? 후계자(儲君)도 몰라서는 안 되니, 바로 월지궁月池宮에 가서 알리시오."

후계자(儲君)가 전해 듣고 조정에 들어와 경하했다.

"일찍이 듣잡건대, 군주가 현명하고 신하가 정직하면, 이 또한 국가에 아름다운 일입니다!"

나중에 웅천주熊川州 도독 헌창憲昌이 반란을 일으켜, 왕이 병력을 이끌고 토벌하는데, 祿眞도 따라가 공을 세웠다. 왕이 대아찬大阿湌을

수여했으나, 사양하고 받지 않았다.(三國史記 卷第45, 列傳 第5 祿眞)

이상 세 사례를 기록 액면 그대로 믿는다면, 백제와 고구리가 신라한테 멸망할 수밖에 없었던 정신의식 상태를 반영한다고 볼 수도 있다. 다만, 편수자 김부식이 승자 관점에 치우쳐 신라 중심 사관史觀에서 부지불식간에 주관적 선입견이나 편견이 투영되었을 가능성도 배제할 수 없겠다.

다음으로 高麗史에서 의약 관련 중요 기사를 살펴본다.

우선, 성종成宗8년(989) 봄에 의약 하사 교지를 내리는 등, 신하와 백성들 질병 치료에 각별한 구휼 인정을 시행한 사실이 자주 나온다.

> "듣건대, 조야에 사대부와 서민들은 질병이 있어도, 의사 진찰도 받을 수 없고 약물도 없어서 낫지 못하는 자가 많다고 한다. 짐은 두루 의약을 하사하고픈 마음 간절하나, 예전에 의약을 널리 베푼 문헌 근거가 없구나. 앞으로 내외 문관5품 및 무관4품 이상이 질병에 걸리면, 본사本司가 자세한 기록을 보고하도록 해, 시어의侍御醫·상약직장尙藥直長·대의의정大醫醫正 등한테 약을 갖고 가서 치료해 주도록 하라."

이에 군신群臣이 표문을 올려 감사했다.(高麗史3卷, 世家3, 成宗)

관련 기사는 高麗 말까지 계속 이어진다. 대표로, 충선왕忠宣王3년(1311)과 충숙왕忠肅王12년(1325)에 각각 혜민국惠民局·제위보濟危寶와 함께 설치된 동서대비원東西大悲院이 질병 치료를 위한 것이니, 수리하여 본래 목적에 맞게 빈민들 질병요양에 활성화하라는 하교가 있었다. 또 忠肅王 후後8년(1339) 5월 감찰사監察司가 방牓을 내건 금령禁令에, 노비 질병 치료를 포함해 눈길을 끈다.

> "하나. 각 가호에서 노비를 몹시 고통스럽게 사역해 시급히 긍휼矜恤할 일이다. 더러 질병에 걸려도 의약으로 치료하기는커녕 도로에 내버리고, 죽어도 묻어주지 않고 서로 끌어다 내버려 개들한

테 먹으라고 주니, 진실로 가련하다. 앞으론 엄중한 법으로 치죄하라."(高麗史85卷, 志39, 刑法2, 禁令)

공민왕恭愍王20년(1371) 12월에는 여기다 특별히 의약의 사명을 구체로 적시 강조해 눈길을 끈다.

"의약으로 사람을 살림은 仁政에 급선무라, 개국 초에 군현마다 모두 醫師를 두어 인민이 불행히 요절하는 일이 없게 했다. 앞으로 수령은 몸소 의원을 방문해 藥物을 갖추어 조제해 인민생명을 구제하도록 하라."(高麗史80卷, 志34, 食貨3, 賑恤)

또, 高麗 멸망 석달 전 헌사憲司가 상소한 시무대책에 의관醫官의 중책을 엄명해 눈길을 끈다.

"醫官 설치는 본디 民生을 위해서다. 근래 의술 직업인은 관직을 맡아 국록을 먹으면서, 자기 임무를 돌보지 않고 과대망상 자존심으로 출입에 오만하다. 인민이 질병을 하소연하면 비록 불러서라도 구제해야 하거늘, 부귀호족 집안이 아니면 친히 가서 구제하지 않으니, 이는 先王께서 의관 직책을 맡긴 본의가 아니다. 앞으로 모든 질병환자는 누구나 의사한테 달려가 구제를 요청할 수 있으며, 만약 醫官이 여전히 자존심으로 거드름 피우며 즉시 달려가 구제하지 않으면, 누구라도 관가에 신고하도록 해 엄중히 법대로 시행한다."(高麗史85卷, 志39, 刑法2, 禁令)

최근 전대미문의 전세계적 코로나19(CORVID) 대유행이 한창 중에 우리나라 의료계에서 집단파업과 진료거부를 감행한 미증유 사태에 특히 가슴에 와 닿는 기사다. 의술은 인술이라는데~~~!

한편, 문종文宗은 만년(1079)에 노쇠해져 풍비風痺를 앓자, 송에 본국 "의사들 의술이 모자라 효험이 더디고 약도 영험하지 못해 치료가 시원찮다."며 좋은 의술과 의약을 구하는 표문을 올려, 송 신종이 특별히 사신을 보내 의약을 하사했다.(高麗史9卷, 世家9, 文宗3)

또, 선종을 이은 헌종은, 건강이 워낙 좋지 않았는지 숙종한테 선양했는데, 숙종 즉위 후(1095) 료遼에 사신을 보내 사정을 알리는 표문에서 스스로 한탄한 기록이 보인다.

"어찌해 의사는 온전한 신묘함이 없어 구경에 자상한 진찰을 하지 못하고, 약은 백품百品의 영험이 모자라 오히려 흐릿하니 어지러워, 아침에 저녁을 기약하기 어렵고, 아무리해도 나을 기미가 없다."(高麗史11卷, 世家11, 肅宗)

그 뒤 의종毅宗도 만년에 노병으로 왕위를 물려주고, 금金에 사신을 보내 알린 표表문에서 이렇게 하소연했다.

"자신이 오래 질병을 앓아 점차 쇠약해져 가슴과 정신이 혼미하고 기력이 소진해 우울한데, 의사가 뜸뜨고 치료해도 효험 없고 탕약 복용해 명현瞑眩 현상이 일어도 낫지 않으니, 병마가 고황에 자리 잡아 하늘이 혼백을 빼앗는가 보다."(高麗史19卷, 世家19, 明宗1)

그런가 하면, 선종宣宗은 재위 9년(1092)에 국정(萬機) 살핌에 우려와 피로가 쌓여 건강이 예사롭지 않자, 문덕전文德殿으로 옮겨 내의內醫한테 양성방약養性方藥을 들이라 명했다. 그리고 불현듯 영감이 떠올라 장편시를 지었는데, 마지막 구절은 아주 초탈한 심경을 드러냈다.

"藥效得否何敢慮, 약효를 볼지 어찌 감히 기대하랴?
浮生有始豈無終, 뜬구름 인생 태어났으니 어찌 마침 없으리?
唯應愿切修諸善, 오직 소원은 마땅히 간절히 온갖 선행 닦아서
淨域超昇禮梵雄." 청정 불국토에 초연히 올라 부처님께 예배하고자!

왕의 춘추가 한창 왕성한 나이에 이런 시를 짓다니, 보는 자마다 놀라 괴이하게 여겼다. 그 뒤 왕은 3년이 채 안 되어 서거했다.(高麗史10卷, 世家10, 宣宗9년)

또, 명종明宗은 재위 28년째 최충헌 형제 핍박으로 유폐되고. 태자마저 폐위되었다. 명종이 신종神宗5년(1202) 9월 이질을 앓자, 神宗은

의사를 보내 약을 올리겠다고 누가 적합한지 물었다. 허나 명종은 "나는 28년 재위에 나이도 72인데, 어찌 더 살길 바라겠느냐?"고 의약을 사절하고, 두 달 뒤 서거했다.(高麗史20卷, 世家20, 明宗2)

덧붙여, 의약치료와 관련해 재미있는 사례도 몇 소개한다.

숙종肅宗8년(1103)에는 동녀진東女眞 태사太師 영가盈歌가 사신을 보내왔다. 그때 질병을 잘 치료하는 高麗 의사로 완안부完顔部에 거주하던 자가, 영가盈歌 부탁을 받고 그 친척 질병을 낫게 해준 공으로 풀려나(?), 사신을 따라 귀국했다. 그는 왕한테 강성한 흑수黑水 녀진女眞 정황을 보고하며, 서로 교류하게 했다.(高麗史12卷, 世家12, 肅宗2)

특별히 감동적인 사례가 눈길을 끈다.

몽고(元) 지배 초기 원종元宗12년(1271)에, 사실상 총독 격인 다루하치(達魯花赤: 진압자, 제재자, 날인자) 탈타아脫朶兒가 죽었다. 脫朶兒는 성품이 자못 관대하고 중후해, 高麗 인민을 잘 다스리고 심리판단이 명백해, 법을 굽힌 적이 없었다. 왕도 몹시 존중하던 터라, 그가 질병이 나자, 친히 국의國醫를 보내 탕약을 바쳤다. 脫朶兒는 사양하며 말했다.

> "내 병은 나을 가망이 거의 없소. 만약 이 약을 먹고 죽으면, 그대 나라를 모함하는 무리들이, 틀림없이 '高麗가 독살했다.'고 헛소문을 퍼뜨릴 것이오."

끝내 약을 마시지 않고 죽어, 국민들이 몹시 안타까워 애도했다.(高麗史27卷, 世家27, 元宗3)

법(치)과 관련한 의약 비유로 가장 으뜸으로 손꼽히는 백미는 고리사 형법지에 보인다. 高麗 말 신돈의 국정 농단이 막을 내리고 창왕이 즉위하자, 점차 기우는 국운을 만회해 안정을 되찾고자 헌사憲司가 올린 충정어린 상소문에 나온다. 법치와 의약의 비유가 휘황찬란하게 등장해, 마치 꺼지기 직전 마지막 치열하게 타오르는 불꽃처럼, 망국의 비운을 미리 엿보인 느낌마저 들어, 서글픈 탄식을 자아낸다.

"옛날 국가를 다스림에는 반드시 먼저 기강紀綱을 세웠습니다. 국가에 紀綱이 있음은 마치 사람 몸에 혈맥血脉이 있음과 같습니다. 몸에 혈맥이 없으면 기氣가 통하지 못하듯, 국가에 기강이 없으면 법령이 시행되지 못합니다. 법령이 시행되지 못하면, 국가는 더 이상 국가가 아닙니다. 전하께서 즉위해 언로言路를 크게 여시니, 재상대신과 헌신憲臣들이 각기 시무時務를 개진했습니다. 그 결과 구폐舊弊는 크게 혁파했으나, 신법新法은 아직 시행하지 못해, 원한과 비방이 크게 일어 기강이 문란합니다. 질병이 혈맥에서 고황까지 번지면, 비록 편작扁鵲이라도 끝내 치료하기 어렵습니다. 원컨대 지금부터 판결법제는 판각으로 간행해, 금석처럼 견고하고 사시四時처럼 확실하게 시행하십시오. 만약 감히 법을 침범하고 금령을 어기는 자가 있다면, 한결같이 헌사憲司에 회부해 엄히 치죄하십시오."(高麗史84, 志권제38, 刑法1)

왜 조금 일찍 이런 정책이 건의되고 실행되지 못했는지 안타까울 뿐이다. 이밖에 크고 작은 의약치료 일화를 소개한다.

1. 고려 문종文宗 아들 조선공朝鮮公 도燾의 3남 온溫의 맏아들 영瑛의 아들 면沔은 문종에 현손玄孫으로, 의종毅宗 딸 화순궁주和順宮主의 부군이다. 면은 성품이 순후純厚하고 침착하며, 필찰筆札에 정교하고 다재다능했다. 특히, 의술醫術에 정통해 藥을 비축해 사람 살리는 일에 주력했다. 수중다리 병자들이 모두 그 집을 찾아가도, 전혀 꺼리거나 싫은 기색이 전혀 없이 다 받아들여 치료해주어, 사람들이 모두 몹시 탄복했다.(高麗史90卷, 列傳3, 宗室1, 朝鮮公燾)
2. 高麗 때 조인규趙仁規는 원 세조世祖한테 임기응변 시의적절한 문답으로 뛰어난 외교수완을 발휘해, 국가 위난을 많이 해소하고 큰 공훈을 세웠다. 그가 고희를 지나 병환에 눕게 되자, 아들사위

가 의원을 모셔 진찰하려 했는데, 그는 부드럽게 거절했다.

"내 평민 병졸 출신으로 관직이 지극한 품계에까지 이르고 나이도 칠순이 넘었다. 사생死生에 수명이 있거늘, 어찌 의원(의약)을 쓴단 말이냐?"

당시 다른 아들은 모두 元에 가 있고, 오직 련璉만 시중들었는데, 이렇게 훈계했다.

"너희 형제자매 9인은 서로 다퉈 남들 비웃음을 사는 짓은 절대 하지 말라. 네 형제가 다 돌아오거들랑 잘 타일러 영구히 가법家法으로 삼아라."(高麗史105卷, 列傳18, 趙仁規)

3. 조간趙簡은 늙어서 커다란 악성 종기가 나서, 등과 목이 구분이 안 될 정도였다. 한 승려의사(醫僧)가 보고 진단했다.

"종기 뿌리가 뼈까지 뻗쳐, 뼈가 반쯤 썩었소. 파 긁어내지 않으면, 치료할 수 없소. 다만 당신이 참을 수 없을까 두렵소!"

이에 조간이 "죽은 거나 같으니 한번 시도해보시라."고 승낙했다. 승려의사가 날카로운 칼날로 째서 파보니, 뼈가 과연 썩어서 긁어내고 약을 발랐다. 기절해 눈을 감은 지 이틀이 지나 비로소 깨어났다. (高麗史106卷, 列傳19, 趙簡)

4. 高麗 말 박의중朴宜中은 신우辛禑 때 문하사인門下舍人에서 좌사의대부左司議大夫로 승진해, 정리鄭釐와 함께 상소문을 올려 시폐時弊를 지적해 혁신을 건의했다. 옛날 하夏에 대강大康이 안일에 빠져, 그 아우 5인이 대우大禹의 훈계로 노래를 지어 경종을 울렸음에도, 듣지 않아 망한 사실이 있었다. 또, 상商에 대갑大甲이 방종했다가, 이윤伊尹의 훈계를 받아들여 왕정을 회복한 사실도 있다. 박의중은 이 두 사례를 나란히 거론하며, 선유先儒들이 존중한 좌우명을 곁들여 지극히 간언했다.

"이 두 교훈을 좌우座隅에 걸고 영석楹席에 새겨,

옛 聖人이 엄연히 앞에 강림하신 것처럼 공경히 근신한다면, 보국保國에 금탕金湯이요 전생全生에 약석藥石이다."(高麗史112卷, 列傳25, 朴宜中)

5. 공민왕8년(1359) 홍두적紅頭賊이 침입해오면서 보낸 문서에도 비슷한 비유를 들어 대의명분을 내세워 눈길을 끈다.

자기네는 "민생혼란을 보다 못해 의병義兵을 일으켜, 중원을 회복하고 동서남북으로 세력을 확장함에, 인민들이 모두 성심껏 환영했다. 마치 굶주린 자가 고량을 얻고, 병자가 藥石을 만난 듯 기뻐했다!"

그들은 高麗가 귀화하면 위무하지만, 거역하면 죄를 묻겠다고 위협한 것이다.(高麗史113卷, 列傳26, 安祐)

6. 高麗말 명장 최영崔瑩 장군은 노구에 해도도통사海道都統使를 겸하게 되었다. 동서강東西江에 주둔해 왜군을 방비하다가, 심한 질병을 얻었다. 부장들이 염려하고 의사가 약을 올리자, 그는 단호히 물리치며 대답했다.

"장군이 병력을 거느려 출정했는데, 어찌 질병을 괘념한단 말인가? 내 이미 늙었고 사생死生에 수명이 있거늘, 어찌 꼭 탕약을 복용해 살길 바란단 말인가?"(高麗史113卷, 列傳26, 崔瑩)

7. 高麗 멸망 직전 해(1391)에 리성계가 위화도 회군 후, 조야에서 거세게 일어난 비방과 질병을 핑계로 사직서를 올리자, 공양왕은 대신을 시켜 반려하며 저택을 하사하고 이렇게 위로했다.

"국가 안위는 매우 중대한 문제니, 대신 거취는 경솔히 처신할 수 없소. 어찌 꼭 참을 경계해 절개를 드높이지 않고서, 오로지 일신만 돌보느라 사퇴를 구하는가? … 비방이 일면 사리로 해소하고, 질병이 심하면 의약으로 치료해야지! 꼭 자리를 내놓고 한거해야만 정신 편히 잘 보양할 수 있단 말인가? 이미 세 번 사양했으니, 오직 조금 평안하길 바란다."

허나 리성계는 중책을 감당하기 어렵고 질병이 교대로 공격해 醫藥을 복용해 스스로 보양하겠다고 답하고 나가지 않았다.(高麗史46卷, 世家46, 恭讓王2)

13. 결론: 법과 의약에 한계 및 최후 보루

예로부터 동양 한의학에서는 의사의 환자 진료를 세 부류로 나눈다. 낯빛을 보고 대번에 아는 시진視診이 최상이고, 환자한테 증상을 물어 그 답변을 들어서 아는 문진問診이 차선이며, 환자 손목을 잡고 맥박을 짚은 다음에 알아내는 맥진脈診은 최하 용렬한 의사라고 전해진다.

이에 대응해 동양 전통 수사심리학에서도, 법관이 범죄 용의자를 심리하는 수준도 3분된다. 먼저 낯빛(顔色, 色)을 살피고, 다음에 말(言辭, 辭)을 살피며, 마지막으로 정황(상황, 증거, 情)을 살펴야 한다. 진찰과 심리의 방법도 서로 비슷하게 대응함을 알 수 있다.

공자가 제자들과 함께 진陳나라와 채蔡나라 국경에서, 며칠간 식량이 떨어져 굶주리며 고난을 당했다. 이에 자로子路가 볼멘소리로 따지자, 공자가 거문고를 타며 노래 부르고 나서 말했다.

"속담에 '세 번 팔이 부러져 훌륭한 의사가 된다'고 하지 않던가?! 陳나라와 蔡나라 국경에 고난은 구丘한테 행운이고, 나를 따른 제자도 모두 행운의 인물이다. 내 듣건대, 임금이 곤궁을 당하지 않으면 훌륭한 왕이 되지 못하고, 뭇 선비는 곤궁을 당하지 않으면 덕행을 이루지 못한다. 주역에도 '곤궁(困)은 형통하고 곧으니, 대인은 길하고 허물이 없다. 말이 있어도 믿지 못한다.'고 했으니, 聖人만 즐길 수 있다."(說苑卷第17 雜言)

요즘 흔히 말하는 "피할 수 없으면 즐기라!"는 격언에 원조다.

명의名醫는 수많은 오진誤診이라는 임상 시행착오를 거쳐 탄생한다.

그래서 흔히 名醫 집 문 앞에는 誤診으로 죽은 원혼이 운집한다는 말도 있다. 과연 예로부터 속담에 "붓글씨를 배우면 종이를 소비하게 되고, 의술을 배우면 사람을 소비하게 된다.(學書者紙費, 學醫者人費.)"는 명언이 전해온다.[19] 당송팔대가로 유명한 소동파도 자신에 고향 蜀 지방에 속담이라며 인용한 걸로 보아, 숱한 경험지혜를 담아 오랜 전통을 지닌 명언임을 알 수 있다. 의술을 배우며 임상실습하고 신약을 개발해 동물 및 인체 실험을 거치는 과정에, 자신과 남한테 알게 모르게 끼치는 손상과 고통비용이 얼마나 될까? 가만히 사유해보면 자명한 이치다.

명판관도 오판誤判이라는 시행착오를 거쳐 원숙한 법리法理를 이루며, 재판 과정에는 으레 원기怨氣와 원한이 따르고, 판결 뒤에도 억울함과 원통을 호소하는 경우가 적지 않다. 따라서 의사의 진료와 법관의 심리는 아무리 신중을 기해도 지나침이 없다고 한다. 醫藥을 인술仁術이라고 하는 것은, 돈이나 명예 또는 그밖에 무엇보다도 생명을 사랑하는 어진 마음을 핵심 밑바탕으로 삼아야 함을 뜻한다. 법률도 인간의 생명과 신체와 재산을 좌우하는 것이기에, 자고로 억울함과 원통이 없도록 흠휼欽恤과 인정仁政을 특히 강조하여 왔다. 그래서 서경에 "무고無辜한 자를 처벌할 바에는 차라리 무도無道한 자를 놓치는 편이 낫다.(與其殺不辜, 寧失不經.)"는 법언法諺이 실려 수천년 동안 전통 법문화의 핵심정수로 전해온다.(尙書, 大禹謨)

또, 려씨춘추(呂氏春秋, 蕩兵)에도 나오듯이, "정의로운 병력은 천하에 좋은 약이다. 좋은 약을 얻으면 사람을 살리고, 나쁜 약을 얻으면 사람을 죽인다.(義兵爲天下良藥也. 得良藥則活人, 得惡藥則殺人.)" 어디 약뿐인가? 법도 마찬가지다. 정의로운 법을 제정해 잘 시행하면 만백성

19 中國俗語大辭典, 上海辭書出版社, 1989년 제1판1쇄, 988쪽 참조.

을 평화롭게 다스리고, 의롭지 못한 악법惡法으로 백성을 억압하면 천하가 도탄에 빠지고 혼란스러워진다.

병을 고치다가 죽는 사람과 같은 병에 걸리면 훌륭한 의사가 되기 어렵고, 망하는 나라와 같은 길(道)을 따르면 훌륭한 지도자로서 함께 더불어 꾀하기가 어렵다.(淮南子 卷17, 說林訓)

그러나 의약이나 법 자체의 좋고 나쁨 못지않게, 누가 어떻게 그 약을 처방하고 법을 집행하는지도, 질병 치료와 범죄 치유에 매우 중요한 작용을 한다. 같은 물도 소가 마시면 우유가 되어 나오지만, 뱀이 마시면 독이 되어 나온다. 또 같은 칼이라도 의사가 잡아 수술하면 사람을 살리지만, 도둑이 쥐고 휘두르면 사람을 해치는 흉기가 된다. 마찬가지로, 아무리 좋은 법도 현명한 통치자가 선용하고 명판관이 잘 적용하면 정의로운 선방편이 되지만, 거꾸로 제아무리 좋은 법이라도 독재자가 악용하고 어리석은 법관이 오판하면 포악무도하고 불공평한 수단으로 전락하고 만다. 의약 처방도 마찬가지다. 독도 잘 쓰면 良藥이 되고, 비방秘方도 잘못 쓰면 독약毒藥이 될 것은 당연한 이치다. 法治와 약치藥治의 밑바탕에 인간의 주동적 자율성을 지닌 人治와 醫治가 깔려 있음을 상징한다.

잠부론潛夫論 사현思賢 편에는 의술醫術 처방과 법술法術 경전을 시행하는 사람의 근본적 중요성을 이렇게 적는다.

> "몸을 다스림에는 황제黃帝의 의술醫術이 있고, 세상을 다스림에는 공자의 경전이 있다. 그런데도 질병이 낫지 않고 혼란이 다스려지지 않는 까닭은, 침과 뜸돌 치료법(醫術)이 그릇되고 오경五經 말씀이 거짓된 때문이 아니다. 바로 그러한 법과 경전을 제대로 쓸 만한 사람이 아니기 때문이다. 진실로 제대로 사람을 만나지 못하면, 컴퍼스로도 원을 그리지 못하고, 직각자로도 사각형을 긋지 못하며, 먹줄로도 직선을 긋지 못하고, 수준기로도 수평을 잡지 못하며, 부

싯돌을 비벼도 불을 얻지 못하고, 풀무질로 광석을 녹여도 금을 내리지 못하며, 말을 몰아도 빨리 달리지 못하고, 배를 띄워도 강을 건너지 못한다. 이 여덟 가지는 하늘(자연)이 도를 펼쳐 모습이 있고 눈에 보이는 구체 현상인데도, 진실로 제대로 (기술을 터득한) 사람을 만나지 못하면, 오히려 아무런 공로도 없이 헛수고만 한다. 하물며, 모습도 없고 눈에 보이지도 않는 도술道術을 품고, (감정과 생각이 복잡한) 뭇 백성들을 어루만져 다스리며, 여섯 룡을 타고 날아올라 하늘의 마음을 통어統御하고 운용하는 자야, 말할 나위가 있겠는가?"

그래서 훌륭한 의사 문간에는 온갖 기괴한 난치병 환자가 많이 몰려들고, 훌륭한 목수 일터에는 온갖 기괴한 굽은 나무들이 많이 쌓이기 마련이다.(荀子, 法行)

일찍이 동곽東郭 자혜子惠가 자공子貢한테 물었다.

"당신 스승(孔子) 문중은 왜 그리도 잡다한 사람들이 다 모이오?"

자공이 대답했다.

"휨을 바로잡는 도지개(檃括) 옆에는 온갖 굽은 나무들이 쌓이고, 훌륭한 의사 문 앞에는 온갖 질병 환자가 몰려들며, 좋은 숫돌 옆에는 갖가지 무딘 연장들이 놓이는 법이오. 스승님이 도를 닦아 천하를 기다리시니, 찾아오는 사람이 끊이지 않아서 잡다할 수밖에 없소. 위대한 분 곁에는 받아들이지 않는 게 없다오."(說苑 卷第17, 雜言)

그러나 물론 의술醫術과 법술法術이 제아무리 뛰어난 신의神醫나 聖人도, 끝내 다스리지 못하는 한계는 있기 마련이다. "의사는 네 가지 환자를 두려워한다.(醫家怕四子)"는 전래 속담도 있다. 속에 불이 든 홧병(울화병: 비자痞子), 비관염세가 심해 살기를 바라지 않는 환자(돈자頓子), 정신착란병자(전자癲子), 부귀권세가 출신 환자(市子, 世子)라고 한다.[20]

당근, 편작 같은 신의神醫라도 백골白骨에 살이 돋아 부활하게 할 수는 없으며, 미자微子·기자箕子 같은 聖人이라도 망한 나라를 부흥시킬 수는 없다.[21] 결국 醫師나 法師(법률가, 정치가)나 정성껏 진인사盡人事하고 겸허하게 대천명待天命할 따름이다.

또 한 가지 명심할 것은, 만병통치약萬病通治藥을 만들어 모든 질병을 고치는 것보다는, 환자 없는 세상을 만드는 게 훨씬 낫다. 마찬가지로, 만사통치법萬事通治法을 만들어 모든 범죄자를 잡아들이는 것보다는, 사람들이 죄를 짓지 않고 살아가도록 교화하는 것이 더욱 바람직한 진선미묘眞善美妙다!

20 中國俗語大辭典, 上海辭書出版社, 1989년 제1판1쇄, 1091쪽 참조.

21 鹽鐵論, 非鞅第七: "故扁鵲不能肉白骨, 微箕不能存亡國也."

제5편 佛法과 醫藥의 비유-法藥

개요

본고는 생로병사의 근심걱정과 고통을 근본에서 해결하고, 참된 즐거움과 영원한 행복을 찾는 여정의 한 길잡이라 할 수 있다. 불법佛法(Dharma)은 정신적(마음의) 질병을 치료하는 의약으로 빗대고, 부처님이나 보살은 세간의 의사보다 훨씬 훌륭한 醫王으로 일컫는 비유에 초점을 맞춘다. 법약法藥에 관한 高麗大藏經의 여러 법문들을 간추려 뽑아, 비유의 여러 측면을 깊이 탐구하고 그 상징 의미를 음미한다. 긴장과 스트레스로 인한 현대인의 몸과 마음의 건강 회복을 위해, 온고지신의 치료약을 새로이 발견하고자 한다.

본론의 전개를 위한 기초 전제로서, 먼저 불경에 나오는 비유의 필요성과 기능, 본고에 핵심 용어인 불교의 법과 사성제의 개념정의는, 앞서 서론서 살펴본 바와 같다. 다른 고대 종교철학 고전과 마찬가지로, 아니 그들보다도 훨씬 더 자주, 더 정교하게 불경은 비유의 가치를 직접 설한다.

우선, 여러 가지 의약의 필요성을 간단히 언급한다. 불교에서는 민생에 3대 필수품인 의식주에다 의약을 보태 4사공양四事供養으로 부른다. 의약은 地水火風 4대의 불균형으로 말미암는 육신 질병을 고치고, 건강과 생명을 유지하는 도구다. 반면, 국법은 마음과 정신의 부조화로 빚어지는 대인對人적 공격성과 대사회對社會적 파괴성을 바로잡고 사회적 질병을 고쳐, 건강하고 평화로운 사회적 생명(질서)을 유지하는 수단이다. 그리고 불법佛法은 마음과 정신의 질병을 고쳐, 개인과 사회의 행복한 삶을 유지하는 선방편善方便으로서 영혼에 의약이다. 의약과 국법과 佛法은 서로 유기적으로 긴밀히 이어진 우주자연법의 체계로서, 우주 생명의 종합 안전망이다. 특히 佛法은 물질적 몸의 질병과 정신적 마음의 질병을 함께 고치고 치료하는 良藥이다. 그래서 부처님 가르침은 마음 질병을 고치는 法藥(dharma medicine)으로 부르고, 부처님은 몸과 마음의 질병을 모두 치유하는 大醫王이라고 비유한다.

본론에 들어가서는, 첫째, 보리菩提의 법약 비유와 법약의 수승함, 대기설법對機說法 및 특이 체질에 대한 특별 처방을 포함하여, 다양한 법약의 비유와 기능에 대해 탐구한다. 육신 질병이나 사회적 질병인 범죄도, 결국엔 마음 질병인 탐진치 3독에서 비롯한다. 부처님은 처음에는 탐욕 질병엔 부정관不淨觀을, 분노 질병엔 자비관慈悲觀을, 어리석음 질병엔 연기관緣起觀을, 각각 대치對治 특효약으로 처방했다. 나중에는 제법무아諸法無我의 반야공般若空과 상락아정常樂我淨의 여래장如來藏 법약法藥으로, 대승 보살수행을 강조하는 적극적 불성광명을 일깨웠다.

둘째, 정신(마음) 질병이 낫기 위한 필요조건으로서 법약의 약효 전반을 탐구한다. 의왕인 불보살님이 수행 발원한 공덕, 법약을 복용하고 수행하는 이유, 법약의 본질속성과 약효 원리, 법약 복용 수행자의 법약 및 의왕에 대한 존경심과 귀의歸依, 법약의 고행 비용과 지계와 선행의 인과법 등을 살펴본다.

셋째, 법약의 불충분한 수단방편성과 약독藥毒의 위험성, 그리고 약과 독의 동시공존과 수행의 능동적 전환을 살펴본다. 넷째, 법약의 평등무차별성, 무아無我의 보시普施를 강조한다. 다섯째, 법약의 궁극 이상으로서 법약이 필요 없는 세상을 실현하기 위한 예방법학, 法治(약치藥治)와 人治(의치醫治)의 통일 조화를 역설한다.

아무쪼록, 이 글이 개개인의 고통과 상처를 이해하고 치유하는 데 희미한 빛을 보태고, 우리 법률문화의 자성 및 혁신발전에도 기여하며, 특히 탐욕부패와 폭력전쟁으로 얼룩진 인류의 만성고질병, 그 후유증으로 빚어지는 양극화 및 기후변화, 생태환경 파괴 등 심각한 상처를 치유하는 특효약 발견에도 조그만 도움이 되길 바란다.

주제어: 불경, 정신질병, 醫王, 비유, 法藥(dharma medicine).

1. 머리글

인생은 도처에 온갖 고통이 가득하다. 예나 지금이나 동서양을 막론하고 모든 생명은 괴로움을 피하고 행복을 누리고 싶다. 인류 스승이신 성현들은 한결같이 사람들한테 괴로움을 벗어나 영원한 행복의 길을 가리켜준다. 삶의 본질이 괴로움(苦)인 줄 알게 된 싯달타는 왕위를 버리고 출가해 6년 고행 끝에, 괴로움에 근본원인(集)을 통찰하고 괴로움이 다한 열반(滅)에 들어 무상정각을 이룬 다음, 사람들에게 열반에 이르는 길(道)을 가르쳤다. 이것이 불교 사성제四聖諦다. 부처님은 고통이 생기는 근본원인을 무명無明→행行→식識→명색名色→륙입六入→촉觸→수受→애愛→취取→유有→생生→로老·병病·사死·우憂·비悲·고苦·뇌惱의 12연기緣起로 꿰뚫어보았다. 그래서 생로병사 우비고뇌를 발본색원하려면, 無明부터 사라져서 순차로 연기 사슬이 풀어져야 한다고 설파했다.

생로병사의 근심걱정과 고통을 근본에서 해결하고 참된 즐거움과 영원한 행복을 찾는 여정에 한 길잡이로서, 부처님 가르침 가운데 특히 佛法(Dharma)은 정신(마음) 질병을 치료하는 의약으로 빗대고, 불보살님은 세간 의사보다 훨씬 훌륭한 醫王으로 여기는 비유에 초점을 맞춘다. 전편에 '전통 법문화에서 사회질병을 치료하는 의약으로서 법의 비유'를 확대 심화하는 연장선상에서, 동양 전통사회에서 세속법의 종교철학적 뿌리로서 막강한 정신적 영향력을 끼쳐온 불교의 자연법사상을 탐구하는 수미일관 작업이다. 몸과 마음에 괴로움과 아픔을 치유하고 건강하고 행복한 삶을 누리고자하는 모든 생명을 위해서, 우주에 보편적 인과법칙을 확인하는 과정이다.

2. 종교 수행과 佛法에서 보는 의약의 필요성

왜 의약이 필요할까?

불교에서는 고대인도 전통에 따라 우리 몸이 地水火風 4大요소가 인연 따라 신비스럽게 어우러져 생명을 이룬다고 여긴다. 우리 몸은 4대가 균형조화를 이룰 때 건강하고, 어느 한 요소가 두드러지게 많거나 강해져서 조화나 평형이 깨지면 질병이 생겨 아프다. 유가에서도 몸 안의 氣가 평형을 잃으면 질병이 되고, 타고난 기가 편협하게 쏠려도 질병이라고 부른다.[1] 어느 한계를 넘어 조화가 완전히 깨져 4대가 더 이상 결합을 유지하지 못해 뿔뿔이 흩어져 자연으로 돌아가면 죽는다. 그래서 우리도 '죽음'을 '(자연으로) 돌아가셨다'고 말한다.

불교에서는 민생 3대 필수품인 의식주에다 의약을 보태 4事供養이라고 부른다. 바로 몸을 구성하는 4대의 균형조화를 지켜 건강과 생명을 유지하기 위한 필수도구이기 때문이다. 특히 의약은 4대의 균형조화가 깨져 아픈 때, 짧은 시간 안에 얼른 균형조화를 되찾아, 고통을 멈추고 건강을 회복하는 긴급한 비상조치수단으로서 특별한 존재의미가 있다.

전술했듯이, 의약은 사람 몸에 질병을 고치는 도구로서 건강과 생명을 유지하는 중요한 기능을 지니고, 세속법은 인간 사회에 질병을 고쳐 건강하고 평화로운 사회적 생명(질서)을 유지하는 수단으로서 중요한 기능을 지닌다. 이에 상응해, 종교철학의 도덕진리는 인간 마음

1 論語 陽貨 第十七장 註 "氣失其平則爲疾, 故氣稟之偏者, 亦謂之疾."

과 영혼에 정신 질병을 고쳐 개인과 사회의 행복한 삶을 유지하기 위한 선방편으로서 심신心神에 의약이요 법(dharma)이다.

그런데 사회적 질병으로서 범죄는 사람 마음에 쌓인 탐진치 3독이라는 邪氣가 터져 나와 저질러진다. 마찬가지로, 몸의 질병도 일체유심조 원리에 따라 결국엔 탐진치 3독에 스스로 감염되어 터지는 것이다. 따라서 사회적 비행으로서 범죄도 육신 4대의 심한 불균형과 부조화로부터 직접 말미암는 심리적 왜곡과 정신적 일탈의 결과인 경우가 많다. 건강한 몸에 건강한 정신이 깃들고, 마음이 건강해야 몸도 건강하기 때문이다. 물질(육신)이 곧 마음(정신)인 색즉시공色卽是空이요, 마음(정신)이 곧 물질(육신)인 공즉시색空卽是色이다.

결국, 우리 생명은 4대의 균형조화로 이루어지는 유형의 몸이, 눈에 보이지 않는 무형의 마음과 다시 신비스럽게 균형조화를 이루어야, 비로소 건강하며 평화롭고 행복한 삶을 누릴 수 있다. 의약이 몸을 이루는 4대의 균형조화가 깨진 경우 이를 되찾아 유지하는 도구라면, 법은 마음과 정신의 부조화로 빚어지는 대인對人적 대사회對社會적 공격성과 파괴성을 바로잡는 의약이다. 그리고 종교철학의 도덕진리란, 마음뿐만 아니라 몸까지 포함하여 생명 전체의 온전하고 원만한 균형조화를 지키며, 개인과 사회뿐만 아니라 우주 전체의 평화질서까지 유지함을 궁극 목적과 사명으로 여기는 의약이다.

불교에선 404질병을 말하는데, 크게 두 가지로 나눈다. 하나는 전생(先世)에 남을 채찍질하거나 감금·고문 등으로 괴롭힌 악행의 인연으로 현세(금생)에 얻는 업보성業報性 질병, 즉 선천성 질병이다. 다른 하나는 현세(금생)에 몸 관리를 잘못하고 음식과 수면을 규칙적으로 적당히 조절하지 못해 추위(冷)·더위(熱)·바람(風) 등 인연으로 얻는 현세의 후천성 질병이다. 현세 질병은 다시, 오장육부의 자율조절 기능이 떨어져 막히거나 엉기어 생기는 내(연)병內(緣)病과, 말에서 낙상

하거나 병기에 다치는 외(연)병外(緣)病으로 나뉜다.[2]

이러한 질병은 육신色身이 있는 한 면할 수 없는 고통인지라, 무상정각을 얻은 부처님도 다소간 겪을 수밖에 없다. 다만 성인은 몸이 고통에 근본이고, 병이 전혀 없는 때가 잠시도 없는 줄 여실히 알기 때문에, 병으로 괴로워하거나 질병 치유에 집착하지 않으며, 병고에도 아랑곳 않는 초연한 정신 해탈을 누리는 게 일반 범부중생과 다를 뿐이다. 지수화풍 4대 요소가 화합해서 몸을 이루는데, 네 요소 성질이 각각 달라 서로 대립 긴장하고 해치기 때문에, 항상 조화로운 건강을 유지하기란 애초부터 기대하기 어려운 법이다. 예컨대, 종기가 곪으면 잠시도 아프지 않은 때가 없으며, 약을 바르더라도 약간 통증을 가라앉힐 뿐 완전히 낫게 하지는 못한다. 사람 몸도 전체로 보아 항상 질병으로 시달리면서, 그 질병을 치료하지 않으면 죽기 때문에 수시로 그 병고를 치료하며 살아가는 것이지, 완전한 무병건강은 잠시도 불가능한 것이다.[3]

그래서 시방 세계 모든 부처님도 서로 문안할 때, "고뇌가 적고 병환도 적으시며, 기거에 가뿐하며 기력도 안락하십니까?" 라고 인사한다.[4] 불교에서 일반 민생 필수품인 의식주에다 질병치유를 위해 의약을 덧보태 4事供養이라 일컫는 연유이다.

이러한 큰 틀에서 보면, 의약과 법과 도덕진리는 서로 유기적으로 긴밀히 이어진 하나의 체계(그물)로서, 우주 생명에 종합 안전망이라고 할 수 있다. 따라서 佛法과 복음의 도덕진리는 육신 질병과 정신적 마음 질병을 함께 아울러 고치고 치료하는 종합의약인 셈이다. 예수

---

2 龍樹菩薩造, 鳩摩羅什역, 大智度論권8, '初品 중 放光의 나머지 해석' 참조.

3 龍樹菩薩造, 鳩摩羅什역, 大智度論권10, '初品 중 시방제보살 내방의 나머지 해석'.

4 摩訶般若波羅密經, 鳩摩羅什역, 初品 참조. "少惱少患, 興居輕利, 氣力安樂不?"

님이 수많은 난치병 불치병 환자를 낫게 하는 기적을 보이고, 부처님이 몸과 마음 질병을 모두 치유하는 대의왕大醫王이라고 일컬어지는 이유다. 생명 본질이요 우주 실상이 본디 그러한 것이다.

동양 전통 의학과 철학에서는 음식과 의약의 상관성을 중시해, 음식·의약·독을 하나의 연관성에서 이해하여, 음식을 약으로 사유하고 먹으라고 권한다. 불교에서도 음식을 의약으로 사유하는 수행을 자못 강조한다.

> "보살이 열 가지 法을 갖추면, 一食의 묘행공덕妙行功德을 원만히 성취한다. 첫째, 식사할 때 탐욕심으로 구하지 않는다. 둘째, 식사할 때 마음에 오염집착이 없다. 셋째, 음식을 얻을 때 늘 만족해 그칠 줄 안다. 넷째, 늘 때맞춰 식사한다. 다섯째, 만약 이익공양利養을 위한 거라면 먹지 않는다. 여섯째, 만약 감미甘美를 얻으면 먹지 않는다. 일곱째, 남이 먹는 걸 보더라도 성내지 않는다. 여덟째, 남이 먹는 걸 보더라도 인색하게 질투하지 않는다. 아홉째, 목숨이 다하도록 항상 一食을 지킨다. 열째, 음식을 먹을 때 마땅히 藥이라는 생각을 일으켜야 한다."[5]

나아가 네 가지 음식에 대한 부정관을 바탕으로 음식을 약으로 사유하고 먹어야 한다.

> "지자智者는 몸이 음식으로 인해 자라고 버티지만, 내가 지금 출가해 수계受戒 수도修道함은 몸을 버리고자 함인데, 음식을 탐착하면 어떻게 몸을 버릴 수 있을지 마땅히 사유해야 한다. 이렇게 사유하고서, 비록 음식을 받더라도, 광야에서 자식 살을 먹는 것처럼 여기면, 아주 혐오스럽고 전혀 즐겁지 않게 된다. 이와 같이 췌식揣食(단식摶食)의 허물을 깊이 관찰한다. 다음으로 촉식觸食은 소가죽을 벗

5 大方廣佛華嚴經, 般若譯, 卷第34, 入不思議解脫境界普賢行願品.

긴 뒤 속살을 수없는 벌레들이 뜯어먹는 것처럼 관찰한다. 사식思食은 큰 불길처럼 관찰하고, 식식識食은 3백 송곳과 창끝처럼 관찰한다. 지자智者는 이같이 사식四食을 관찰한 뒤, 음식에 대해 끝내 탐착이나 즐거운 생각을 내지 않는다. 만약 그래도 탐욕이 인다면, 마땅히 부정不淨한 것으로 관찰해야 한다. 음식 애착을 벗어나기 위하여, 일체 음식에 부정한 생각을 잘 분별하여, 다른 온갖 不淨과 비슷하게 여긴다. 이같이 관찰하고서, 좋은 음식을 얻든 나쁜 음식을 얻든, 받을 때 종기에 약을 바르듯 여기면, 끝내 탐욕애착심이 일지 않고서, 음식을 싫어해 멀리하는 생각이 성취된다."[6]

그래서 절에는 지금까지 스님들 공양게가 전해진다.

"이 음식은 어디서 왔는가? 내 덕행으로는 받기가 부끄럽네. 마음에 온갖 욕심을 버리고, 몸을 지탱하는 약으로 알아, 도업을 이루고자 이 공양을 받습니다."[7]

일반인도 이러한 마음으로 음식을 먹는다면, 음식은 질병을 치료할 뿐만 아니라 예방하는 훌륭한 의약이 될 것이다.

3. 법약의 비유

(1) 예수의 복음도 의약!

법과 의약의 비유에서는, 세속 법뿐만 아니라 종교철학의 진리, 탈속 佛法(dharma)까지 의약에 비유하는 유사성이 나타난다. 이러한 연관성은 인간 세속법이 본디 자연 존재법칙에 근거하고, 궁극에는 종교철학 진리나 道(德)에 연원하며, 국법 또한 진리나 道(德)에 일치함

6 大般涅槃經, 曇無讖譯, 卷第38, 迦葉菩薩品第12之6.

7 "計功多少, 量彼來處, 忖己德行, 全缺應供, 放心離過貪等爲宗, 正思良藥, 爲療形枯, 爲成道業, 應受此食."

을 이상으로 삼기 때문에 말미암는 당연한 귀결이다.

성경에 보면, 예수께서 세리稅吏 및 죄인들과 함께 음식 먹는 모습을 본 바리사이파 율법학자들이 못마땅하게 여겨, 예수 제자들한테 따지며 트집을 잡는 대목이 나온다. 예수께서 이 말을 듣고는, "건강한 (성한) 사람에게는 의사가 필요치 않으나 병자에게는 필요하다. 나는 의인(선인)을 부르러 온 게 아니라, 죄인을 부르러(회개시키러) 왔다."고 대답하신다. 여기서 예수는 당신 스스로 죄인 심령상 질병을 치유하러 온 영적 의사임을 분명한 비유로써 암시하고 있다. 이는 길 잃은 양의 비유와도 상통하는 뜻을 지닌다. 양 백 마리를 가진 양치기는, 그 중 한 마리가 길을 잃으면, 아흔아홉 마리를 산에 놔둔 채, 길 잃은 한 마리를 찾아 나선다. 마침내 그 한 마리를 찾으면, 길 잃지 않은 아흔아홉 마리보다 더 기뻐한다는 것이다. 마찬가지로 하늘(님)과 그 아들인 예수께서는 회개할 것 없는 아흔아홉 의인보다 죄인 한 사람이 회개하는 것을 더 기뻐하며, 예수 자신은 그런 죄인 하나를 찾아 회개(치유)시키기 위해서 왔다는 비유를 암시한 것이다. 이 비유도 "예수가 세리와 죄인들을 환영하고 그들과 음식까지 나누고 있다"고 못마땅해 하는 바리사이파와 율법학자들한테 대꾸하신 내용이다.(마태복음, 18:10-14; 루가복음, 15:1-7) 또, 그 유명한 돌아온 탕자蕩子 비유도 같은 맥락에서 이해된다.(루가복음, 15:11-32) '蕩子' 비유는 법화경妙法蓮華經, 신해품信解品에 '궁자窮子' 비유로 나온다. 마하가섭 등 제자들이 부처님께 자신들 처지로 비유한다. 진리의 일반보편성(萬法歸一)을 알려주는 한 징표다.

따라서 예수가 의사라면, 예수가 전하는 복음과 진리는 '의약'임이 저절로 분명해진다. 성경 기록에 의하면, 예수는 실제로도 수많은 난치병과 불치병을 고쳐주고, 심지어 소경 눈을 띄워주고 앉은뱅이를 일어나게 하는 등, 숱한 불가사의 기적을 행하였다. 영적 질병을 치유해 죄악을 회개시키는 진리의 의사이기도 하지만, 그와 동시에 육신 질병과 불구도 치유시키는 세간의 의사로서도 최고 경지에 있었던 것이다. 성경에서 예수한테는 복음과 진리가 의약으로 비유될 뿐만 아니라, 아예 하나로 합쳐지는 법의합일法醫合一 차원이었다.

(2) 불경에 법약과 의왕 비유

불경에서는 부처님과 보살님을 아예 의사로 비유하고, 佛法을 의약으로 비유해, 도처에서 중생의 몸과 마음 질병을 치료하는 모습을 생생히 그리고 있다. 부처님은 모든 육체적 정신적 질병을 치료하는 완벽한 의사의 화신이라고 말하는 편이 더 적절할 것이다. 부처님은 흔히 '法王'이라고 부르지만, 아예 '의왕醫王'이라고도 표현한다. "의사 중에 최고으뜸 의사"라는 뜻이다.

화엄경에 보면 '약왕藥王'佛 비유가 나오고, 아예 '의왕불醫王佛'이란 고유명칭도 등장한다. 섭처攝處라는 세계에서는 醫王佛이 약왕보살을 위해서, 그리고 상동常動이라는 세계에서는 藥王佛이 대비장엄大悲莊嚴보살을 위해서 각각 지금 무상도無上道를 수기授記하신다.[8]

고리(려)대장경을 검색하면, '藥'자가 17,611개 나오는데, 야차의 異譯인 '藥叉' 2,386개를 제외하면 1만5천 가량 된다. 이중 '藥師'여래가 333, '藥王'보살이 790, '藥上'보살이 341이며, 일반 '藥'자는 대략 1만3천 남짓이다. 그중 일반 '약의 뜻에서 쓰인 듯한 '醫藥' 1,250, '독약毒藥' 836, '탕약湯藥' 737, '大藥' 734, '藥草' 622, '良藥' 397이 나온다. 주로 부처님 법의 비유로 쓰인 용어로는, '法藥' 252, '妙藥' 291, '甘露藥' 60, '智藥' 50, '知藥' 33, '혜약慧藥' 30(그중 智慧藥 26), '智慧大藥' 11 등

8 佛說華手經(亦名攝諸善根經), 鳩摩羅什譯, 卷第4, 上淸淨品第15; 卷第5, 衆相品第17.

이다. 그밖에도 '신약神藥' 93, '上藥' 69, '好藥' 66, '악약惡藥' 32, '폐약弊藥' 5가 있다. 한편, '醫'자는 모두 4,697개가 나온다. '의약' 1,250을 빼면, 일반 의사를 나타내는 용어로, '良醫' 676, '醫師' 265, '世醫' 28, '名醫' 27, '明醫' 37, '命醫' 16이 나온다. 주로 부처님을 가리키는 '醫王'은 568인데, 그중 '대의왕'도 211이나 되고, '무상의無上醫' 32('上醫' 47), '法醫' 14가 나온다. 얼마나 엄청난 빈도수와 분량인지 알 수 있다.(참고로 '法王'은 2,567번 나온다.)

이제 구체 실례를 들어 의왕과 법약의 일반론을 살펴보자.

불보살님이 질병에 따라 약을 주어 늙어죽지 않으리니, 감로법약을 성취하기 때문이다.[9] 진짜 정도正道의 법약이 삼계 질병을 치료한다.[10] 지혜로운 자는 중생들 욕구를 알고, 번뇌질병이 돌아갈 곳 없이 치성하여 온갖 죄악 허물과 환난이 세간을 괴롭힘을 보며, 법약으로 그것들을 쫃아내도록 처방해 그들을 위해 법대로 치료한다.[11]

석가모니불은 전생에 보살도를 행할 때, 한번은 직접 대의왕이 되어 어떠한 명예나 이익을 구함이 없이, 오직 중생을 불쌍히 연민하여 모든 질병을 치료해 중생을 구제하겠다는 서원을 실천궁행했다. 헌데, 병자는 너무 많고 혼자 능력으로는 자기 뜻대로 두루 구제할 수 없음을 안타까이 여긴 나머지, 근심걱정으로 죽고 말았다. 이어 바로 도리천에 생겨났는데, 복만 탕진한다고 생각하고는, 천상을 버리고 용왕에 태자로 생겨났다. 다시 사바세계 대국왕에 '능시能施'라는 태자로 태어나, 모든 사람이 원하는 대로 베풀기 위해, 온갖 험난한 역경을 무릅쓰고 전생 용궁에 부왕을 찾아가 여의주를 얻어와 보시했다.[12]

9 大方等大集經, 智嚴共寶雲譯, 卷第27, 無盡意菩薩品第12之1.

10 賢劫經, 竺法護譯, 卷第8, 歎古品第23.

11 月燈三昧經, 那連提耶舍譯, 卷第9.

12 龍樹菩薩造, 鳩摩羅什역, 大智度論권12, '初品 중 檀波羅密 法施의 나머지 해석'.

특히 대승불경에 보면, 부처님께서 법회를 시작하기 전 선정삼매에서 나와서 빙그레 미소와 함께 온갖 광명을 방출하시면, 삼천대천세계가 여섯 가지로 진동하면서 육도 중생이 부처님 지혜자비광명의 가피로 각자 근기에 따라 온갖 이익을 얻는 인연이 곧잘 나온다. 이때 지옥·아귀·축생 삼악도三惡道와 팔난처八難處에 죄악 중생들까지 해탈을 얻는다.

"삼천대천세계 중생 가운데 소경은 보게 되고, 귀머거리는 듣게 되며, 벙어리는 말할 수 있게 되고, 미친 자는 제 정신이 들며, 산란한 자는 선정을 얻고, 헐벗은 자는 옷을 얻으며, 배고프고 목마른 자는 배불러지고, 병든 자는 치유되며, 불구자는 몸이 성해진다."

정말 엄청난 대 기적이 이루어진다. 이와 함께 일체 중생은 모두 마치 부모나 형제자매 대하듯 서로 평등한 마음으로 바라보게 된다.[13]

이와 아주 흡사한 기적이 또 나온다. 아난과 대중들이 아미따불을 친견하려고 서쪽을 향해 공경 정례頂禮하며, '나모아미따불' 명호를 칭념稱念하자마자, 아미따불이 나타나 광명을 방출했다. 순간 천상 인간부터 꿈틀거리는 벌레에 이르기까지, 이 광명을 본 일체 중생은 모든 질병고통이 그치고 일체 근심번뇌를 해탈한다.[14]

그리고 화엄경에 보면, 세존께서 미간眉間 백호상白毫相에서 '여래출현如來出現'이란 광명을 내뿜어, 시방세계를 두루 비춘 뒤 여래성기묘덕如來性起妙德보살의 정수리로 들어간다. 다시 입에서 걸림 없고 두려움 없는 '무애무외無礙無畏'라는 광명을 내뿜어, 시방세계를 두루 비춘 뒤 보현보살 입으로 들어간다. 이에 如來性起妙德보살이 보현보살한테 무슨 연유로 상서로운 광명이 나타나는지 묻는다. 이에 보현보살

---

13 摩訶般若波羅密經, 鳩摩羅什역, 初品.

14 佛說阿彌陁三耶三佛薩樓佛檀過度人道經, 支謙譯, 卷下.

이 여래출현의 무량 공덕을 설하는 가운데, 여래를 보고 듣고 가까이 하는 공덕을 약왕수藥王樹의 공덕에 비유한다.

"불자여! 비유하건대, 설산雪山에 '선견善見'이란 藥王樹가 있다. 만약 중생이 이 나무를 보면 눈이 청정해지고, 귀로 들으면 귀가 청정해진다. 냄새 맡으면 코가 청정해지고, 맛을 보면 혀가 청정해지며, 만지면 온몸이 청정해진다. 또 만약 중생이 그 나무가 자라는 땅에 흙만 가져도, 온갖 질병을 제거하는 이익을 얻을 수 있다. 불자여! 정등각正等覺을 깨달아 성취한 '여래'라는 위없는 약왕도, 또한 이와 마찬가지로 중생을 이롭게 하는 모든 것을 행할 수 있다. 만약 중생이 여래의 색신色身을 보면 눈이 청정해지고, 귀로 여래의 명호를 들으면 귀가 청정해지면, 여래의 청정한 계율 향기(戒香)을 냄새 맡으면 코가 청정해진다. 여래의 진리 맛(法味)을 맛보면 혀가 청정해지며, 크고 넓은 혀(廣長舌)를 갖추어 언어로 설해지는 법문을 이해한다. 또 여래의 광명을 접촉하면 온몸이 청정해지고, 궁극에는 위없는 진리 몸(法身)을 획득한다. 여래한테 생각이나 그리움을 품으면 청정한 염불삼매를 얻는다. 만약 중생이 여래께서 지나가신 토지나 탑·사찰에 공양만 올려도, 또한 선근을 갖추어 일체 모든 번뇌근심을 소멸시키고 성현의 즐거움을 얻는다. 불자여! 내 이제 그대에게 알리노니, 설사 중생이 부처님을 뵙거나 듣고서도, 업장에 뒤덮이고 얽매인 탓에 믿음과 기쁨을 내지 못하더라도, 또한 결코 헛되이 지나지 않고, 반드시 선근을 심게 되며, 필경 열반에 이르게 된다."[15]

'희견喜見'이라는 약나무藥樹도 '선견善見'의 별칭 같은데, 능히 중생의 백천 질병을 치료한다.[16] 실제로 부처님 열반 직전에 마지막 공양

15 大方廣佛華嚴經, 實叉難陀역, 권제52, 如來出現品제37의3 참조.

을 올린 춘다純陁는 그 공덕으로 아주 드문 기특한 광경을 친견한다.

"앞서 본 무수한 부처님은 32상相 80호好로 장엄한 모습인데, 지금 다 보는 보살의 신체 모습은 아주 특이하게 아름답고 미묘하다. 부처님 신체는 마치 약나무藥樹처럼 보이고, 여러 보살들에 둘러싸여 있다."[17]

또 화엄경에 보면, 선재동자가 법계에 들어 선지식을 참방하는 도중에, 38번째로 일체 중생을 구호하는 주야신(救護一切衆生主夜神)을 만나는데, 그 主夜神이 전생에 태자로서 보살도를 행한 인연담을 설하는 대목이 나온다. 당시 죄악을 범해 감옥에 갇힌 죄수들을 사면해주도록 태자가 부왕께 간청할 때, 500대신들이 나라를 망치는 언동이라고 태자를 처형하라고 주청하였다. 그 500대신이 금생에 석가모니 부처님을 해치려던 제바달다 도당이지만, 이들도 수미산 티끌 수만큼 겁이 지난 뒤 차례로 성불해, 최후에 성불하는 부처님이 '醫王'佛이라고 수기하신다.[18]

(3) 화엄신중에 주약신主藥神

그리고 불교에는 우선 의약을 전문으로 담당하는 主藥神들이 존재한다. 예컨대, 화엄경에 보면, 맨 처음 보리도량 법회가 시작하기 직전 수많은 대중이 운집하는 가운데, 한량없는 주약신도 함께 등장한다. 그 대표(上首)로 열 분이 나온다. 첫째, 길상吉祥주약신은 일체 중생의 마음을 두루 관찰하여 부지런히 포섭하는 해탈법문을 얻었다. 둘째, 전단림栴檀林주약신은 광명으로 중생을 포섭해, 그 광명을 보는 자는 결코 헛되게 지나치지 않는 해탈법문을 얻었다. 셋째, 티끌 벗어난 광

---

16 佛說華手經, 鳩摩羅什譯, 卷第4, 散華品第16: "如有藥樹名喜見, 能療衆生百千病."

17 大般涅槃經, 曇無讖譯, 卷第10, 如來性品第4之7: "唯見佛身, 喩如藥樹."

18 大方廣佛華嚴經, 實叉難陀역, 권제73, 入法界品제39의14 참조.

명(離塵光明)주약신은 청정 방편으로 일체 중생의 번뇌를 소멸시키는 해탈법문을 얻었다. 넷째, 명성 두루 자자한(名稱普聞)주약신은 위대한 명망으로 가없는 선근善根 바다를 증장시키는 해탈법문을 얻었다. 다섯째, 털구멍에서 빛을 내뿜는(毛孔現光)주약신은 대자비 깃발을 치켜세우고 재빨리 일체 질병 경계(장소)에 나아가 치료하는 해탈법문을 얻었다. 여섯째, 암흑 깨뜨리는 청정(破暗淸淨)주약신은 일체 눈먼 중생을 치료해 지혜의 눈을 청정히 열어주는 해탈법문을 얻었다. 일곱째, 우렁찬 소리를 두루 발하는(普發吼聲)주약신은 부처님 음성을 연출해, 모든 법의 차별 의미를 설하는 해탈법문을 얻었다. 여덟째, 햇빛 덮어버리는 깃발(蔽日光幢)주약신은 일체 중생의 선지식이 되어, 그를 보는 자마다 모두 선근이 생겨나게 하는 해탈법문을 얻었다. 아홉째, 시방세계를 훤히 보는(明見十方)주약신은 청정한 대비장大悲藏으로 방편을 써서, 중생한테 믿음과 이해를 생기게 하는 해탈법문을 얻었다. 열째, 위엄 있는 광명을 두루 발하는(普發威光)주약신은 방편력으로 염불을 시켜, 일체 중생의 질병을 소멸시키는 해탈법문을 얻었다.[19]

여기서 약을 주관(담당)하는 신들이 무수히 많으며, 그 전문 분야와 특기에 따라 명칭과 기능이 천차만별임을 알 수 있다. 대표로 든 열 분 주약신의 명호와 능력만 보아도, 의약으로 비유하는 佛法 진리의 광대무변한 속성을 짐작할 수 있겠다. 현장에 전문 의사인 主藥神이 이러하거늘, 하물며 그보다 훨씬 높은 경지에 있는 大藥王보살이나 궁극 경지에 오른 부처님이야 새삼 무슨 말이 더 필요하겠는가?!

(4) 약왕보살과 약상보살

화엄경에 보면, 선재동자가 법계에 들어 선지식을 참방하는 도중에,

---

19 大方廣佛華嚴經, 實叉難陀역, 권제1, 世主妙嚴品제1의1; 권제4, 世主妙嚴品제1의4.

16번째로 보안普眼 장자長者를 만나 보살도 수행을 묻는 대목이 나온다. 보살행을 닦고 있는 普眼장자는 이렇게 대답한다.

자신이 중생의 모든 질병을 잘 알고, 열·염증·바람·물·불·귀신·독충 등으로 인한 일체 증상을 치료하는 방편을 잘 안다. 자기를 찾아오는 모든 환자를 깨끗이 치유한 다음, 향수로 목욕시키고 장엄한 의복을 입히며, 맛있는 음식을 공양하고 부족한 게 없이 보시한다. 그리고 각자 근기와 인연 따라 각종 법문을 설하여, 번뇌질병을 고쳐준다. 일체 중생은 그 법문을 듣고 모든 부처님의 환희를 두루 보고 알 뿐이다. 그리고 大藥王보살 같은 분이라야, 중생들이 보거나 듣거나 기억하고 생각하거나, 함께 있거나 함께 따라가거나 또는 그 명호를 부르기만 하여도, 모두 이익을 얻는다. 또 잠시만 마주치거나 지나쳐도, 반드시 일체 번뇌를 소멸시키고, 일체 생로병사 고뇌와 공포를 영원히 벗어나며, 두려움 없는 일체 지혜의 불법에 들어, 평등 적멸의 즐거움에 안주하게 된다. 그런데 자기가 감히 그런 공덕수행을 어떻게 알고 설할 수 있겠느냐고 겸허히 사양한다.[20]

약왕보살에 관해서는 수릉엄경에 간단한 언급이 있다. 세존께서 아난의 미혹을 일깨우며, 이미 무학의 성인 경지에 오른 25 대보살 및 아라한한테 분부한다.

> "각자 최초에 보리심을 발해서 18계界를 깨달은 인연 가운데, 어느 방편법문으로 삼마지에 들어갔으며, 어느 방법이 원통圓通한지 각자 일러보라!"

이에 넷째로 약왕藥王·약상藥上 두 법왕자 형제 보살이 나서서 답변을 여쭙는다.

> "저희가 시작도 없는 과거 오랜 세월 동안 세상에 良醫가 되어,

20 大方廣佛華嚴經, 實叉難陀역, 권제66, 入法界品제39의7 참조.

이 사바세계에 10만8천 가지 초목과 금석金石 맛을 입으로 보아, 쓰고 시고 짜고 달고 맵고 담백한 맛을 죄다 분간하고, 이들을 그냥 그대로 쓰거나 화합 조제해 쓰거나 가공해 쓰는 법을 터득하였으며, 찬 성질인지 뜨거운 성질인지 독이 있는지 없는지도 두루 압니다. 그런데 여래를 받들어 모시면서 맛의 성품(味性)이란 게 텅 빈 것도 아니고 있는 것도 아니며, 몸과 마음에 달린 것도 아니고 몸과 마음을 떠난 것도 아닌 줄 알게 되었습니다. 맛의 원인(味因)을 분별하다가 마침내 활짝 깨닫게 되고, 우리 형제는 부처님의 인가를 받잡고 藥王·藥上이라는 보살 명칭까지 얻게 되었습니다."[21]

본 주제의 큰 흐름에서 약간 벗어난 감은 없지 않지만, 약왕·약상 두 보살이 약을 통해 중생 질병을 고치겠다고 보리심을 내고, 약의 맛을 통해 보리도를 깨달았으며, 다시 그 약을 통해 중생을 구제하는 보살행을 하고 있는 인연은, 佛道·佛法과 의약의 비유관계를 이해하는 데에 적지 않은 도움을 준다.

약왕·약상보살은 전생에 장자 형제로 가리륵呵梨勒 설산에 뛰어난 약을 스님들한테 보시하였다. 이 약의 효력은 먹으면 몸에 4大 부조화 질병과 마음에 번뇌 진애가 사라지고, 보리심을 내어 청정한 수행을 잘하게 된다. 수행자가 더러 꿈속에서 약왕보살이 법약을 주는 걸 받아먹으면, 과거 무량겁 이전의 숙명을 기억하게 된다. 약상보살은 대중이 자기 공덕을 찬탄하는 소리를 듣고, 자신이 후세에 열 가지 청정한 능력을 얻으면 최상 법약으로 일체 중생한테 보시하여, 자기 이름을 듣거나 부르거나, 자기 모습을 보거나 예경하는 중생은 모두 치성한 번뇌 불길이 즉시 소멸하고 미묘한 불사의 해탈 감로법약을 얻도록 하겠다고 발원했다.[22]

---

21 首楞嚴經, 般刺密諦역, 권5 참조.

경(佛說大集會正法經)에서 藥王(軍)보살은 스스로 게송을 읊어 밝힌다.

"내 이름 글자를 아시는가? 藥王軍이라고 부르는 줄!
묘약妙藥으로 중생을 구제하기에 그 명호를 얻었다네.
모든 종류 중생은 온갖 병에 뒤얽혀 시름하니
내 갖은 방편법문으로 중생 질병에 맞춰 구제한다네.
탐욕의 병이 가장 커서 세간에 고뇌와 해악을 끼치지.
이 병을 원인으로 온갖 잘못과 허물 생겨나네.
성냄의 병은 큰 불길 같아 적정寂靜한 마음 다 태워버리지.
오직 감로甘露 법약만이 온갖 고뇌를 제거할 수 있다네.
어리석음 병도 몹시 두렵지, 지혜 마음을 온통 뒤덮어버려
죽어서 악도에 떨어져 정법正法을 들을 수 없도록 만드니.
이 세 가지 병을 뿌리로 온갖 질병 다발처럼 생겨나네.
더욱 어리석고 어두운 놈한테도 나는 모두 法藥 베풀어주네.
누구나 잘못과 허물 벗어나 일체 업장에 원인을 소멸하고
고뇌가 생기지 않게 식혀서 영원히 온갖 두려움 끊으라고!
일단 온갖 병을 벗어난 다음 한시 빨리 정각正覺 세존 뵙도록
나는 미묘한 의왕으로서 중생들 질병에 맞춰 약을 준다네.
모든 종류 유정 중생들은 항상 불길에 타고 있네.
치열하게 식을 줄 모르고 타서 온갖 고뇌가 파생하지.
탐욕이 무거운 짐으로 억눌러 해탈할 날이 없지.
성냄과 어리석음의 法도 그러하여 갈수록 과실이 커가지.
늘 무거운 짐 짊어지면서도 해탈 법문 구할 줄도 모르고
게다가 덧없음도 생각지 않아 벗어날 길을 찾지도 않네.
번뇌 업장이 늘 따라붙는데 고뇌조차 알아차리지 못해

22 佛說觀藥王藥上二菩薩經, 畺良耶舍<宋言時稱>譯.

뭇 병이 몸에 바짝 달라붙는데도 미묘한 약 구할 줄도 모르네.
무명無明을 원인으로 온갖 행위가 곧장 따라 생기고
행위 등 연기법이 일어나면 탐욕과 애착이 過失을 일으키네.
모든 행위는 구경究竟이 아니고 일체 法도 모두 텅 비었거늘
지혜 없으니 알 수가 있나? 정념正念이 생길 리 만무하지.
적정寂靜 수행 닦지 않으니 인식 소멸하고 고뇌만 늘어나
무수한 겁을 거치도록 벗어날 기약 없다네.
부처님이 세상에 출현하사 그들 위해 천인사天人師 되시니
마치 부모가 자식 사랑하듯 정각正覺의 길 열어 보여주시네.
게다가 크나큰 법보法寶 비 오듯 뿌려, 온갖 중생 두루 구제하시네.
오직 정법을 받아들이지 않는 사악하고 간교한 사람만 빼고.
보리菩提를 구하려고 마음 낸 사람은 정법의 문에 평안히 들어가
일체 행위 텅 빔을 통달하고 텅 빈 공空에도 또한 걸림 없다네.
만약 모두 텅 비고 나 없는 줄 알아 일체 의지할 바 없음 통달하면,
온갖 번뇌도 또한 텅 비어 모든 과실過失을 멀리 여의리라!"[23]

이 경(佛說大集會正法經)의 이역본인 승가타경僧伽咤經에 보면, 藥上보살은 자기 이름이 중생 질병을 치료하는 의약 가운데 최상이라는 뜻을 밝힌다. 세간에 탐욕、성냄、어리석음은 중생이 고통을 받고 지옥·축생·아귀를 윤회하는 큰 병인데, 자신이 중생을 위해 설법하여 일체 세계에 병고를 소멸시켜 주겠다는 포부를 편다. 미묘한 법을 들은 여러 젊은이는 온갖 고난을 벗어나, 악업을 벗어나고 악도의 두려움이 없어진다고 감탄하며, 얼른 여래를 뵙고 일체 질병을 구제하자고 나선다.

23 佛說大集會正法經, 施護譯, 卷第5: "當知我名字 號爲藥王軍, 妙藥救衆生,…瞋病如大火, 焚燒寂靜心, 唯甘露法藥, 能除諸苦惱,…我皆施法藥, 普令離過失,…因我妙醫王, 應病而授藥."

"의왕께서 약을 베풀어 모든 고뇌(衆苦)를 치료하시니, 인자仁者는 얼른 가서 여래께 례경禮敬 올리고, 저희 말씀을 세존께 드리기 바랍니다. 세존께서는 저희 병을 제거하고 번뇌의 불을 끄실 수 있습니다. 욕망의 불길이 몸을 사르는데 끌 수 없어서, 저희는 몹시도 괴로우니, 원컨대 부처님께서 저희를 련민憐愍하소서. …우리 중생들은 지혜가 없어 법약을 모르니, 원컨대 세존께서 저희를 위해 설법하사, 생사 고통을 멀리 떠나게 하소서. 나는 곳마다 부처님을 뵈길 원합니다."

"여우나 이리 까막까치들이 이 내 몸을 뜯어 먹으리니
이 몸뚱아리 기르고 보양해봤자 온갖 벌레들 먹이가 되리.
삶과 죽음이 이 몸으로 말미암아 중생들은 곧 삶이 있으니
이같이 약을 주어 고난 벗어날 수 있게 해야 하네.
세속 의사는 치료할 수 없고 구제할 사람조차 없으니,
오늘 법약을 처방해 주어 번뇌 질병을 소멸시키려 하네.
온갖 방법으로 이 몸 보양해봤자 반드시 죽음으로 돌아가리니
세간에 위없는 세존께서 모든 중생을 구제해 건지시네.
적멸寂滅에 이른 여러 아라한 불자佛子들도 중생 구제할 수 있으니
온갖 미묘한 법약 베풀어 생사를 멀리 떠나게 하시네.
고기 먹어 이 몸 자라게 하지만 온갖 고통의 과보는 알지 못하네.
이 몸 가꾸고 보양해봤자 이익이라곤 조금도 없다네."[24]

24 僧伽吒經, 月婆首那譯, 卷第4: "我名藥上治衆生病藥中最上.…速見如來, 救一切病, 醫王施藥, 療治衆苦. 仁者速去, 禮敬如來."…"狐狼烏鵲等, 食我此身肉, 長養此身體, 爲諸虫所食, 生死因此身, 衆生則有生, 應如是授藥, 令得離此難, 世醫不能治, 無人救濟者, 今日授法藥, 令滅煩惱病, 種種養此身, 會必歸於死, 世間無上尊, 救度諸衆生, 寂滅諸佛子, 亦能救衆生, 施諸妙法藥, 令遠離生死, 食肉長此身, 不知諸苦報, 長養於此身, 無有少利益."

(5) 법약과 의왕의 총대명사 약사여래藥師如來

이러한 부처님 법과 의약의 비유는, 마침내 '약사여래'에 의해 종합 집대성된다고 보아도 좋겠다. 심지어는 약사경藥師如來本願經에 의거하여 약사여래藥師琉璃光如來佛를 모시는 약사신앙이 보편화할 정도이다. 약사여래께서 부처님이 되기 위해 보살도를 행하면서 세운 12대 서원은 '부처님 = 의왕'의 비유를 가장 명확히 각인시킨다.

제1 대원은 정각을 이룬 자신의 모습처럼 모든 중생이 닮아지길 바람이고, 제2 대원은 자신의 청정광명을 비춰 중생을 유익케 함이다. 제3 대원은 무한한 지혜방편으로 중생을 유익케 함이고, 제4 대원은 이단 외도들을 正道로 이끌고 성문·벽지불의 소승 수행자를 대승 보살도로 이끎이다. 제5 대원은 불법 정도의 청정범행을 수행하는 중생들이 계율을 어기거나 파계해 악도에 떨어짐이 없게 함이다.

여기까지는 진리전파와 중생교화에 가장 기본인 일반보편론이다. 그 다음이 약사여래 특유의 서원인데, 의왕으로서 부처님의 모습과 성격을 가장 여실히 잘 나타낸다.

> "제6 대원은, 내가 내세에 보리菩提(진리, 정각)를 이룰 때, 만약 벙어리·소경·귀머거리·절름발이·꼽추·문둥병·정신병·백치 따위와 같이, 몸이 열악하거나 불구거나 고질병에 걸린 중생이 있거들랑, 내 명호를 듣는 대로 바로 모든 신체기관이 갖추어지고 온전해지게 하소서!"
>
> "제7 대원은, 내가 내세에 보리菩提를 이룰 때, 만약 온갖 병환에 시달리면서도 의지하거나 거처할 데도 없고 보살펴주는 이도 없으며, 먹거리나 의약도 없고 가까운 친족도 없어서, 몹시 불쌍한 가난뱅이 중생이 있거들랑, 내 명호를 듣는 대로 바로 모든 질환이 말끔히 사라지고, 마침내 위없는 보리菩提에 이르게 하소서!"

(이역본인 관정경灌頂經에는 제7원이 "가사 내가 태어날 來世에 시방세계에,

만약 고뇌에 시달리는데 구호 받지 못하는 중생이 있거들랑, 내가 그들을 위해 大法藥을 베풀어, 모든 질병이 다 나아 더 이상 고환苦患이 없이 佛道를 얻게 하겠나이다."로 되어 있다.[25]

제8 대원은 여인이 부녀자로서 고통을 받아 여자 몸을 싫어한다면 대장부상으로 바뀌게 함이고, 제9 대원은 모든 중생이 악마의 그물(올무)과 이단 외도의 邪見에서 벗어나 정견正見에 안주케 함이다. 그 다음이 또 사회적 질병으로 해방시키는 의사의 비유로 계속된다.

> "제10 대원은, 내가 내세에 보리菩提를 이룰 때, 만약 온갖 국법에 걸려 묶이거나 채찍질 당하거나 감옥에 갇히거나 심지어 사형 당할 운명에 처해, 한없는 재앙과 우환으로 몸과 마음이 고통과 비애를 겪는 중생이 있거들랑, 내 복덕의 힘으로 모두가 바로 모든 고뇌로부터 벗어나게 하소서!"
>
> "제11 대원은, 내가 내세에 보리菩提를 이룰 때, 만약 목마름과 굶주림의 불길로 온몸이 바싹 타고 음식을 구하고자 온갖 죄악을 저지르는 중생이 있거들랑, 내가 그들한테 먼저 가장 미묘한 빛깔과 향기와 최고 맛을 지닌 음식으로 베풀어, 그들을 배불리 먹인 다음에 다시 진리의 맛(法味)을 보시하여, 필경 안락한 정도에 올려놓게 하소서!"

마지막 제12 대원은, 의복이 없어 추위나 모기 따위에 밤낮으로 시달리는 중생한테, 그들이 원하는 대로 온갖 장엄한 의복과 장식을 베풀어 만족시킨다는 내용이다.[26]

이는 부처님이 열반경에서 설한 서원과도 부합한다.

---

25 佛說灌頂拔除過罪生死得度經, 帛尸梨蜜多羅譯, 卷第12: "第七願者, 使我來世, 十方世界, 若有苦惱無救護者, 我爲此等設大法藥, 令諸疾病皆得除愈, 無復苦患至得佛道."

26 佛說藥師如來本願功德經, 達摩笈多譯; 藥師琉璃光如來本願功德經, 玄奘譯 참조.

"염부제閻浮提에 역병疫病 겁劫이 시작해 수많은 중생이 질병으로 고뇌할 때, 먼저 의약을 보시한 다음 미묘한 정법을 설해 무상보리無上菩提에 안주케 하리라. 모든 사람이 모두 병겁病劫이라 말하리라.…만약 중생이 삼계에 탐착하면 곧 그에게 설법해 여기를 벗어나게 하리라. 중생을 제도하기 위해 무상미묘법약을 설하고, 일체 번뇌수煩惱樹를 끊기 위해 무상법약無上法藥의 나무를 심으며, 여러 외도를 뽑아내 제도하기 위해 정법을 설한다."[27]

이상 내용을 종합해 보면, 약사여래를 비롯한 모든 부처님과 보살님들은 중생의 선천적·후천적 질병을 모두 말끔히 치유시켜 주신다. 뿐만 아니라, 의식주 재물 궁핍을 재財보시로 채워준다. 윤리적·법률적 범죄로 사회적 질병에 걸려 형벌을 당할 중생들한테는, 무외無畏보시로 그들을 고난과 두려움에서 해방시켜 준다. 이단과 외도 및 악마의 사견에 빠져 날뛰는 종교적·진리적 질병에 걸린 중생한테는, 법보시法布施로 구제해 해탈시킨다. 말하자면, 正法과 正道에 안주시키는 삼위일체의 醫王이신 셈이다. 성경에 예수의 신분 지위와 별반 다를 바가 없어 보인다.

요컨대, 종교적 진리의 道와 法도 세속적 법과 마찬가지로 의약으로 비유되어 온 전통이 보편 존재함을 알 수 있다. 몸의 질병은 의사가 의약으로 다스려 치유하고, 사회에 정신적 질병인 범법 죄악은 사회적 의사인 법관이 법과 형벌이라는 사회적 의약으로 다스려 치유한다. 마찬가지로, 영적인 질병인 악마의 사도邪道와 사견邪見은, 영적인 의사인 부처님이나 예수님 같은 성현들께서, 영적인 의약인 眞理와 正道와 正法으로 다스려 교정·치유하는 것이다.

---

27 大般涅槃經, 曇無讖譯, 卷第4, 如來性品第4之1: "疫病劫起, 多有衆生爲病所惱, 先施醫藥, 然後爲說微妙正法, 令其安住無上菩提.…若有衆生貪著三界, 卽爲說法, 令離是處, 度衆生故, 爲說無上微妙法藥, 爲斷一切煩惱樹故, 種植無上法藥之樹."

이상이 육신 생명과 사회 생명과 정신 생명이라는 세 차원에서 펼쳐지는 질병과 의약과 의사의 상호관계이며, 또한 법과 의약의 삼위일체 상징 비유라고 결론지을 수 있겠다.

4. 의왕이신 부처님

(1) 싯달타 태자가 의왕 되어 법약 베푼 일대사一代事 인연

싯달타 태자의 아버지 정반왕은, 태자가 출가하지 못하도록 온갖 기쁨과 즐거움을 갖춰주었다. 하지만 제행무상이라, 아무리 좋은 것도 오래 되풀이하면 물리고 싫증나는 법이다. 태자는 마침내 바깥세상이 궁금해져 왕 몰래 네 성문 바깥에 민정民情을 살펴보러 나갔다. 바로 사문유행四門遊行 시 생·로·병·사의 생생한 모습을 보고, 그때까지 배운 경전내용을 생각하며 깊은 연민에 잠겨, 시방 중생을 "마땅히 법약으로 꼭 치료하리라"고 서원을 품었다.[28]

마침내 싯달타 태자는 오욕락에 심한 싫증을 느끼고 출가를 결심하자, 공중에서 천자가 크게 기뻐하며 게송으로 찬탄하고 권청하였다.

"중생들 대부분 번뇌질환에 시달리니, 어진이 마땅히 大醫師 되고
온갖 미묘 法藥 설하는 왕이 되어, 얼른 열반언덕에 인도하소서."[29]

싯달타는 온갖 고행을 겪고 마지막에 중도 수행으로 새벽 샛별을 보고 깨달아 부처님이 되었다. 그 과정에서 중생을 제도하기 위한 법약을 모두 통달하고 조제했는데, 그 인연을 불본행경佛本行經에서는 이렇게 적고 있다.

"生死윤회 부지런한 괴로움 즐거워 일찍이 휴식할 줄 모르네.

28 普曜經, 竺法護譯, 卷第3, 四出觀品第11: "思惟經典, 愍念十方, 宜以法藥, 必療治之."

29 佛本行集經, 闍那崛多譯, 卷第14, 空聲勸厭品第15: "衆生多有煩惱患, 仁當爲作大醫師, 說妙種種法藥王, 速疾將向涅槃岸."

만족할 줄 모르는 뜻으로 오욕五欲에 홀려 취하였네.
여덟 탕약湯藥(八正道)을 잘 和合해 몹시 신묘하고 우량하니,
甘露味를 순순히 복용해, 홀려 취한 정신 이내 번쩍 깨어나기를!…
중생은 오래 전부터 줄곧 생로병사에 빨려 들어가,
良藥 보고 듣는 걸 좋아하지 않고, 오히려 의사 욕하고 비방한다네.
의사가 37조도품 화합하여, 약 지어 신묘 우량한 고약 처방하시니,
마땅히 좋은 방편 구해 부지런히 복용해 병환 제거할지라."[30]
"여러 天人들이 소문을 들었지.
海水 밑바닥에 不死藥 있는데, 바다 大龍王이 수미산 휘감았다고!
여러 천인들과 아수라들이 바다 속을 천년이나 살펴보고서,
약간 방편을 마련해 몹시 힘들게 부지런히 진력했지.
만 가지 藥의 정수를 끌어내 물 위에서 응축시켜
不死藥이라고 만들어 금병金甁에 가득 담았네.
하지만 복용한 자도 영원히 장수 못하고 老病死 벗어나지 못하니,
神藥 가지려는 헛된 의지만 쳇바퀴 돌듯 끝없이 굴러다녔지.
부처님께서 칠각의七覺意와 지혜의 힘으로 大海를 두루 살펴보며,
멸진정으로 휘감아 싸고 精進力으로 이끌어, 甘露藥 만들어내시니,
老病 소멸시켜 영원히 평안하며 온갖 고통 식히는 최고 즐거움!
복용하는 자마다 생사윤회를 벗어난다네."[31]

그러나 부처님은 성도 후 자기 깨달음을 믿을 자가 없음을 알고, 스스로 탄식하며 열반에 들려고 하였다. 그러자 梵天이 만류하며 법륜을 굴리라고 적극 권청하였다.

"본디 괴로운 사람을 위하기로 발원하고

---

30 佛本行經(一名佛本行讚傳), 寶雲譯, 卷第1, 因緣品第1: "樂生死勤苦, 未曾得休息, 以無厭足意, 迷醉於五欲. 八種之湯藥, 和合甚神良, 順服甘露味, 迷醉尋醒悟.…"

31 佛本行經, 寶雲譯, 卷第1, 稱歎如來品第2.

수고와 겸허로 복덕 쌓아 행원 이미 이루었으니
無明 속에 생로병사 헤매는 중생 슬프지 않소?
마땅히 法藥 베풀어 뭇 질병고통 구제해야 하리다!"[32]

"세존은 과거 무수겁 이래로 항상 중생 위해 法藥 채집하며,
심지어 일게一偈를 위해 자신이나 처자식 바쳐 구하였는데,
어찌하여 이를 생각하지 않고 외롭게 저버리려 하시는가?"[33]

어쨌든, 범천의 청을 받아들여 부처님은 중생들 질병에 따라 법약을 주어 음욕、분노、치암을 소멸시키는 교화를 펴기 시작했다.[34]

"正法의 약으로 탐욕의 병을 치료 제거해
한시바삐 모든 속박을 벗어나버리지.…
보리심菩提心 공덕은 뛰어나고 미묘한 良藥,
일체 질병을 치료해 有情에게 안락을 베푸네.…
이 보리행菩提行을 닦아 용맹스런 醫王이 되셨네."[35]

상대적 현상세계에서는 태어남이 있으면 죽음이 있는지라, 부처님도 열반이 곧 다가옴을 알고, 자신을 낳고 이레 만에 돌아가신 어머님을 위해 설법하러 도리천에 올라갔다. 이에 중생들도 부처님이 세상에 머물 시간이 길지 않음을 직감하고, 한시바삐 내려와 법약을 베풀어 달라고 간청한다.[36] 특히 임종에 제자들이 열반에 들지 마시라고 간청하는 애절한 읍소가 감명 깊다.

"조어調御장부께 머리 숙여 예경하며 저희들 지금 권청勸請합니다.

---

32 佛說太子瑞應本起經, 支謙譯, 卷下: "當施法藥救諸病痛."

33 賢愚經, 慧覺譯, 卷第1, 梵天請法六事品第1: "恒爲衆生採集法藥, 乃至一偈, …"

34 佛說黑氏梵志經, 支謙譯: '應病與藥', '應病授法藥', '應病授法滅婬怒癡' 등 구절.

35 佛說無畏授所問大乘經, 施護等譯, 卷下: "正法藥治貪病除, 速疾出離諸纏縛. …菩提心功德, 是勝妙良藥, 一切病能治, 施有情安樂. …修此菩提行, 爲勇猛醫王"

36 摩訶摩耶經, 曇景譯, 卷上(一名佛昇忉利天爲母說法).

인선人仙을 멀리 떠나보내니 영원히 구호救護받지 못할지어다.
지금 부처님 열반 뵈니 저희들 고해에 빠져 슬픈 우수번뇌 잠기네.
마치 어미 잃은 송아지나 구호 받지 못하는 가난뱅이 같고,
마치 곤궁한 병자가 의사 없이 자기 멋대로 먹지 않을 음식 먹듯!
중생은 번뇌질병에 걸려 항상 온갖 사견에 해침 당하니,
법의사法醫師(王) 멀리 떠나 사악한 독약을 먹는 꼴이네.
그러니 佛세존께서 저희를 버리고 떠나지 마소서.
세존도 그러하니, 저희들 위해 온갖 고행 닦으시고서,
저희가 지금 아직 생사生死 고뇌를 벗어나지 못했는데,
어이 여래께서 안락을 누리실 수 있나이까?
세존이시여! 비유컨대,
醫王이 藥처방 잘 아는데, 아들만 편애해 비방秘方 가르쳐주고
그밖에 바깥 수학자受學者는 안 가르쳐주는 것과 같습니다.
여래도 그렇듯 오직 심오한 비밀장秘密藏을 文殊만 가르쳐주고
저희는 거들떠보지 않고 버리시나이까? 여래는 法에 아낌없어야죠!
세간 醫王이 자식만 편애해 가르치고 바깥 受學者 외면하는 건,
승부勝負 감정을 품어 감추고 아끼기 때문입니다.
여래 마음은 끝내 승부 감정 없는데,
어찌 저희를 가르치지 않고 버리십니까?
오직 반열반般涅槃에 들지 말고 오래 머무시길 간청합니다."
"세존이시여! 비유컨대, 취객이 스스로 깨닫지 못한 채
인사불성으로 친소親疏도 분간 못하고 모녀자매도 모른 채
혼미하고 음란한 말로 방일하다가 똥 두엄자리에 누웠는데,
선량한 의사가 약을 주어 먹은 뒤 술을 토하고
제 정신 들어 몹시 부끄러운 마음에 스스로 깊이 책망하며,
술이 모든 불선不善과 죄악에 근본이니

만약 술을 끊어버린다면 모든 죄악을 멀리하리라 깨닫습니다.
세존이시여! 저희도 마찬가지로
예로부터 生死윤회하며 정색情色에 취해 오욕 탐닉하여,
어머니와 누이와 딸이 아닌데 어머니와 누이와 딸로 생각하고,
중생이 아닌데 중생으로 생각하여,
마치 저 통속에 누운 취객처럼 윤회하며 生死苦를 받았는데,
여래께서 지금 法藥 베풀어 저희가 번뇌 악주惡酒 토해야 하거늘,
저희가 아직 제 정신이 깨어나지 않았는데,
어찌 저희를 내버리고 열반에 드신단 말입니까?"

그러나 시절인연은 다하여, 마침내 부처님은 열반에 들면서 비구들에게 당부한다.

"대지 산야에 온갖 약초는 중생을 위해 쓰이(존재하)는데, 내 法도 또한 그러하여, 미묘하고 착한 감로법미甘露法味를 내어 중생의 온갖 번뇌질병을 위한 良藥이다. 내 지금 마땅히 일체 중생과 사부대중이 모두 비밀스런 여래장에 안주케 하고, 나 또한 이 가운데 안주해 열반에 들리라."[37]

부처님이 열반에 들자, 여러 아라한 제자들도 기다렸다는 듯 뒤따라 열반에 드니, 天人들이 더욱 크게 안타까워 탄식한다.

"뭇 중생들이 온갖 탐진치婬怒癡 삼독 질병을 앓고 있는데,
法藥師들도 빨리 멸도滅度하시니, 이제 누가 치료해주실까?"[38]

37 大般涅槃經, 曇無讖譯, 卷第2, 壽命品第1之2: "猶如困病人, 無醫隨自心, 食所不應食, 衆生煩惱病, 常爲諸見害, 遠離法醫師, 服食邪毒藥. …譬如醫王善解方藥, 偏以秘方教授其子."…"如來今當施我法藥, 令我還吐煩惱惡酒, 而我未得醒寤之心, 云何如來便欲放捨, 入於涅槃?" …"譬如大地諸山藥草, 爲衆生用, 我法亦爾, 出生妙善甘露法味, 而爲衆生種種煩惱病之良藥."

38 龍樹菩薩造, 鳩摩羅什譯, 大智度初品摠說如是我聞釋論第2卷第2.

(2) 열반하는 도리(이유)

부처님 법신은 상주하여, 언제 어디서나 존재하지 않음이 없는데, 굳이 화신불化身佛로서 생사와 고행의 모습을 나타내는 까닭은, 기독교에서 하느님이 육화肉化하여 강림한 이치와 크게 다르지 않을 것이다. 불교에서는 특히 오탁악세에서 근기가 열악하고 번뇌업장이 두터운 중생을 위하여, 출가고행의 과정을 거쳐 성불의 모습을 보이고, 마침내 열반의 모습을 보임으로써, 중생한테 제행무상 가르침을 절실하게 일깨우고 수행정진을 격려하기 위함이라고 말한다.

그래서 부처님은 열반에 임하여 특별히 제자들에게 해탈과 지계의 중요성을 간곡히 당부하신다.

> "사람이 감로 良藥 얻으면 질환이 낫듯, 참 해탈자도 그러하다.
> 감로 良藥은 참 해탈의 비유며, 참 해탈자는 곧 여래다.…
> 해탈은 미묘美妙하니, 온갖 약을 가리륵呵梨勒에 섞으면 맛이 쓴데,
> 해탈은 그렇지 않고 맛이 감로 같다.
> 감로 맛이 참 해탈의 비유며, 참 해탈자는 곧 여래다.
> 또 해탈이란 온갖 번뇌를 제거하니,
> 마치 良醫가 여러 약을 화합·조제해 온갖 병을 잘 치료하듯,
> 해탈도 또한 그러하여 능히 번뇌를 제거하니,
> 번뇌를 제거함이 곧 참 해탈이고, 참 해탈자는 곧 여래다.…
> 또 해탈이란 오락하지 않음이니,
> 탐욕·진에·우치 삼독을 토해내기 때문이다.
> 사람이 사독蛇毒 잘못 마시면 독을 제거하려 곧 토약吐藥 먹는데,
> 토하고 나면 독이 제거되어 몸이 안락하게 낫게 되니,
> 해탈도 마음 결박하는 온갖 번뇌 독 토해내 심신이 안락해진다."[39]

---

39 大般涅槃經, 曇無讖譯, 卷第5, 如來性品第4之2: "是人若得甘露良藥, 所患得除, 甘

"또, 선남자여, 良醫가 아들에게 醫方의 근본을 부지런히 가르치는 것과 같다. '이것은 뿌리약根藥이고, 이것은 줄기약莖藥이며, 이것은 색약色藥이니, 온갖 모습을 너는 잘 알아야 한다.' 아들은 아버지 분부를 공경스럽게 받들어 학습에 정근精勤하여 여러 약을 잘 이해했다. 이 의사가 나중에 수명이 다할 때 임종에 아들이 부르짖었다. '아버지가 본디 나한테 근약根藥은 이러하고 경약莖藥은 이러하며, 화약花藥은 이러하고 색상色相은 이러하다고 가르치셨다.' 여래도 또한 그러하니, 중생을 교화하기 위해 계율을 제정해 마땅히 잘 받아 지키고, 오역죄五逆罪와 정법비방 및 일천제一闡提는 범하지 말라고 타일렀으니, 미래세를 위해 미리 계율을 일으킨 것이다. 그래서 의사가 아들에게 일깨우듯, 비구들에게 부처님 열반 후 '이것은 계경契經의 심오한 뜻이고, 이것은 계율의 경중 모습이며, 이것은 아비담阿毘曇의 분별법구分別法句임'을 알도록 일깨운 것이다."40

그리고 부처님은 이 사바고해에만 오래 머물 수 없는 인연을 말씀하신다. 부처님이 열반할 수밖에 없는 우주적 도리라고 볼 수 있다.

"열반이라 말하는 것은 어떤 창우瘡疣도 없다. 선남자여, 비유컨대, 어떤 사람이 독화살에 맞아 큰 고통을 겪는데, 良醫가 보고 독화살을 뽑고 묘약을 발라, 고통을 벗어나 안락을 누리게 했다. 그 다음 의사는 곧 다른 성읍城邑이나 취락에 다니며, 병고나 창우瘡疣가 있는 곳을 찾아가 중생의 고통을 치료한다. 선남자여, 여래도 또한 그러하니, 등정각等正覺을 이루어 大醫王이 되어보니, 염부제에 고

露良藥, 喩眞解脫, 眞解脫者, 卽是如來.…又解脫者, 除諸煩惱, 譬如良醫和合諸藥, 善療衆病, 解脫亦爾, 能除煩惱, 除煩惱者, 卽眞解脫, 眞解脫者, 卽是如來.… 喩如有人誤飮蛇毒, 爲除毒故, 卽服吐藥, 旣得吐已, 毒卽除愈, 身得安樂, 解脫亦爾, 吐於煩惱諸結縛毒, 身得安樂."

40 大般涅槃經, 曇無讖譯, 卷第9, 如來性品第4之6: "如來亦爾, 爲化衆生, 示現制戒."

뇌중생이 무량겁중에 탐진치婬怒癡 번뇌 독화살에 맞아 큰 고통을 당하는구나. 이들을 위해 대승경전 감로법약을 설해 치료한 다음, 다시 다른 번뇌 독화살이 박힌 곳을 찾아가 성불해 그들을 치료하련다. 그래서 대반열반이라 부른다. 대반열반이란 해탈처라, 조복시킬 중생이 있는 곳마다 여래가 가서 현신하니, 이러한 진실한 심오한 뜻 때문에 대열반이라 부른다."

그러자 가섭迦葉보살이 다시 부처님께 여쭈었다.

"세존! 세간 의사가 일체 중생의 질병을 죄다 치료할 수 있습니까?"

"선남자여, 세간 질병은 무릇 두 종류니, 하나는 치료할 수 있고, 다른 하나는 치료할 수 없다. 치료할 수 있는 병은 의사가 치료할 수 있지만, 치료할 수 없는 병은 치료할 수 없다."

가섭보살이 말했다.

"부처님 말씀대로 여래께서 염부제 중생을 치료하기 위해서 출현하셨다면, 치료를 다 마친 다음 이 중생들 중에 어찌 열반을 얻지 못하는 자가 있으며, 만약 다 얻지 못한다면 어찌하여 여래께서 다 치료한 다음 다른 곳에 찾아가신다고 말씀하십니까?"

"선남자여, 염부제 중생은 두 가지니, 하나는 믿음이 있고, 다른 하나는 믿음이 없다. 믿음이 있는 사람은 치료할 수 있으니, 반드시 열반을 얻어 질병이 없기 때문에, 내가 염부제 중생을 치료했다고 말한다. 믿음이 없는 사람은 일천제라고 부르며, 치료할 수 없기 때문이다. 일천제를 제외하면 나머지는 모두 치료하므로, 열반은 질병 허물이 없다고 부른다."[41]

즉, 부처님은 사바고해에 의왕으로 출현하여, 인연 있고 믿음 있는

41 大般涅槃經, 曇無讖譯, 卷第5, 如來性品第4之2: "如來亦爾, 成等正覺, 爲大醫王, …."

병자는 모두 다 완치하여, 의사로서 자기 임무를 원만히 완성하고, 다음 인연에 부임하기 위해 이곳을 떠나신다는 것이다. 아무리 자비로운 인술을 베푸는 명의라도, 환자가 청하지도 찾지도 않는데 억지로 치료할 수는 없다. 인연과 믿음이 없는 중생은 부처님도 어찌할 수 없으며, 열반 후 남겨진 법약이 부처님을 대신해 다시 믿음 있고 인연 있는 중생의 번뇌질병을 계속 고쳐나갈 것이다.

(3) 대의왕 여래 세존에 대한 찬탄

중생의 위대한 의지처로 량족존兩足尊 묘약妙藥이신[42] 부처님만이 홀로 존귀한 대의왕으로서 법약을 온화하게 조제해 중생의 괴로움을 구제하여,[43] 그에 대한 찬탄은 도처에서 쏟아진다.

> "항상 중생의 병고에 맞는 의약을 베풀어
> 세간에서 부처님을 大醫王이라 일컫네."[44]
> "마치 여러 의약 중 제호醍醐가 제일이듯,
> 여래도 또한 중생 중에 수명이 제일이다."[45]

일체 중생은 항상 온갖 번뇌 망상 질병에 시달리는데, 제불여래는 법약과 미묘한 주술을 베풀어 그 독화살(毒箭)을 뽑아내고 살갗의 고통을 제거할 수 있다. 여래세존은 위대한 良醫인데, 문제는 여래醫王이 주문을 설하고 약을 주어 병고를 치료하게 권청하는 것이다.[46]

---

42 般涅槃經, 曇無讖譯, 卷第3, 壽命品第1之3: "衆生大依止, 兩足尊妙藥."

43 方廣大莊嚴經, 地婆訶羅譯,卷第8,詣菩提場品第19: "唯佛獨尊爲大醫王,調和法藥,救衆生苦."

44 大般涅槃經, 曇無讖譯, 卷第32, 師子吼菩薩品第11之6: "常施衆生病苦藥 是故世稱大醫王."

45 北涼天竺三藏曇無讖譯, 大般涅槃經卷第三, 壽命品第一之三: "譬如諸藥, 醍醐第一, 如來亦爾, 於衆生中, 壽命第一."

46 大方等無想經, 曇無讖譯, 卷第1, 大雲初分大衆健度第1: "一切衆生, 常爲諸結煩惱

여래는 본래서원력으로 열 가지 불륜佛輪을 성취해 오탁악세에 중생을 제도한다. 그 가운데 일곱째는, 불안佛眼으로 유정 중생들 탐진치 등 번뇌질병을 여실히 알아보고, 무한한 용맹정진 방편력으로 중생 근기에 맞춰 각자 선정을 닦아, 번뇌질병을 제거할 수 있는 갖가지 법약을 주는 것이다. 이러한 법약으로 말미암아 중생들은 마장이나 원한에 얽히지 않고, 인간이나 천상을 벗어나 삼악도에 빠져들지 않으며, 여래의 위없는 법안法眼과 삼보의 종자가 사라지지 않게 된다.[47]

마치 용솟음치는 샘물이 밖으로 흘러넘쳐 연못을 이루고 만물을 모두 깨끗이 씻어주듯이, 여래의 법수法水도 중생의 일체 얽매임과 허물을 제거해 항상 평안하게 해준다. 또 醫王이 중생의 온갖 질환을 잘 치료하듯이, 여래의 法藥도 중생의 생사중병을 잘 치료해 모두 영원히 사라지게 해준다. 크게 지혜로운 뛰어난 의왕이 마치 용솟음쳐 흐르는 샘물처럼, 法藥으로 중생의 질병 낫게 하고 온갖 즐거움을 널리 베푸신다.[48]

부처님의 길상덕吉祥德을 찬탄하는 경전에는 이런 게송도 있다.

"부처님이 중생 위해 한 藥을 설해, 身病과 心病이 두루 평안해지네.
필경 지극한 고통도 제거하니, 妙藥을 잘 설한 분께 머리 조아리네.
순일純一 진실한 결정적 수행, 온전히 純善한 무염無染의 세존이여!
결코 오염된 법 다시 생기지 않고, 한결같이 남 위해 잘 長養하고,
자기 이익 아닌 남 이익 구하고, 자기가 얻을 즐거움 죄다 내버리네.

所病, 諸佛如來, 能施法藥以妙呪術, 拔其毒箭, 除其膚翳." "如來醫王, 說呪授藥, 療其所苦?"

47 大乘大集地藏十輪經, 玄奘譯, 卷第2, 十輪品第2.

48 菩薩念佛三昧經, 功德直譯, 卷第3, 讚如來功德品第6: "譬如醫王, 善療衆生, 種種疾患, 如來法藥, 能消衆生, 生死重病, 皆使永除.大智勝醫王, 猶如涌流泉, 法藥消衆病, 能施一切樂."

시의時宜에 맞는 방편 자비연민으로, 확실히 중생 질병 조복시키네.
중생이 마땅히 조복할 때를, 여래는 놓치지 않고 잘 알아서
중생이 청하지 않아도 좋은 벗 되어, 두루 제도하는 자비심 베푸네.
능인能仁께서 *妙法藥* 잘 설해, 나고 죽는 법의 고통 근원 치료하고,
중생의 과거현재 몸을 밝히 비추어, 가없는 번뇌 속성 훤히 아네.
중생 번뇌병 말끔히 제거할 때를, 부처님은 조금도 어김없이 알아,
어느 병에 어느 약이 잘 들을지, 세존은 알맞은 약을 설하시네."[49]

특히 열반경에 보면, 오직 중생을 위해 오랜 겁劫 동안 고행으로 무상정각도無上正覺道를 성취하여, 온 중생을 한 자식처럼 평등하게 대하면서, 최상 法藥을 베풀어 가장 훌륭한 의사가 되신 부처님이 나온다.[50] 가섭보살이 부처님을 찬탄함은 참으로 지극하다.

"세존이시여! 여래는 일체 중생을 연민하여,
조복하지 않은 자를 능히 조복시키고 不淨한 자를 능히 정화하며,
귀의할 데 없는 자에게 귀의처가 되고, 해탈 못한 자를 해탈시키며,
여덟 自在를 얻어 대의사가 되고 대약왕이 되셨습니다."[51]
"대자비로 중생을 불쌍히 여기시니, 나로 하여금 귀의케 하시네.
중생의 독화살을 잘 뽑으시니, 대의왕이라 일컬어지네.
세간 의사가 치료하면, 비록 차도가 있어도 재발하지만,
여래께서 치료하시면, 필경에 다시 발병하지 않네.

---

49 尊者寂友造, 施護譯, 佛吉祥德讚卷中: "佛爲衆生說一藥, 身病心病普令安, 畢竟極苦亦蠲除, 稽首善說妙藥者,…隨宜方便悲愍心, 決定調伏衆生病,…能仁善說妙法藥, 治彼生法苦根源.…"

50 大般涅槃經後分, 若那跋陁羅譯, 卷上, 遺教品第一: "如來歷劫行苦行, 普爲我等群生故, 得成無上正覺道, 等育衆生如一子, 施法藥中爲上藥, 療病醫中爲勝醫."

51 大般涅槃經, 曇無讖譯, 卷第33, 迦葉菩薩品第12之1: "如來憐愍一切衆生, 不調能調, 不淨能淨, 無歸依者, 能作歸依, 未解脫者, 能令解脫, 得八自在, 爲大醫師, 作大藥王."

세존께서 감로약甘露藥으로 여러 중생에게 베푸시니,
중생이 복용하고 나서 죽지도 않고 나지도 않네.
여래께서 지금 나를 위해 대열반을 연설하시니,
중생이 비장秘藏을 듣고 나지도 죽지도 않음을 얻네."[52]

여래는 만나기 어려운 대의왕이다. 일체 번뇌질병을 제거하므로 재보시가 아니며, 탐진치 삼독을 소멸시키는 중대한 양약이다. 그래서 무량공덕의 법약보시를 칭송하여 여래공덕을 널리 드러내 찬탄하는 것이다.[53] 실로 인간보다 천상에서 기대와 찬탄이 더욱 지극하였다.

"두려워 말라! 마니장무구천자摩尼藏無垢天子여, 천인사天人師요 무상사無上士인 불세존께서 세상에 출현해, 法藥으로 능히 생로병사 및 번뇌를 구제하며, 지옥과 일체 악도를 벗어나도록 쳐부숴 부모님처럼 그대 구제하시리."[54]

송 태종도 직접 어제비장전御製秘藏詮을 편찬해 의왕 공덕을 극구 칭송하였다.

"항상 질병에 의약을 베푸는 것 같다. 부처님은 의사시고, 삼법三法은 良藥이니, 중생 번뇌질병을 치료하여 안락하게 만들므로, 유마경에 '대의왕처럼 모든 질병을 잘 치료하신다.'고 하였다.… 대성大聖께서 풀어 쉼(消息)에 능하시다. 大聖은 곧 여래고, 나머지는 小聖이다. 중생 질병에 따라 근기 따라 의약을 베푸시니, 정명경淨名經

---

52 大般涅槃經, 曇無讖譯, 卷第17, 梵行品第8之3: "大慈愍衆生, 故令我歸依, 善拔衆毒箭, 故稱大醫王, 世醫所療治, 雖差還復生, 如來所治者, 畢竟不復發, 世尊甘露藥, 以施諸衆生, 衆生旣服已, 不死亦不生, 如來今爲我, 演說大涅槃, 衆生聞秘藏, 卽得不生滅"

53 月燈三昧經, 那連提耶舍譯, 卷第十: "爲大醫王難可得故; 云何名非財施, 所謂能除一切煩惱病故. 云何名病患良藥, 所謂滅貪瞋癡患故.…云何名讚顯如來功德, 稱言施無量功德法藥故."

54 佛頂放無垢光明入普門觀察一切如來心陁羅尼經, 施護譯, 卷上 참조.

(유마경)에 이르기를 '중생 질병이 나으니, 보살도 또한 낫는다.'고 하였다. 이것이 풀어 쉼(消息)에 능하심이다."[55]

(4) 법약 치료의 구체 실례

부처님은 미묘한 법약으로 중생의 탐진치 삼독 번뇌질병을 이루 다 셀 수 없이 많이 치료하셨다. 무루無漏 계정혜戒定慧의 미묘한 향香에 훈습 수행하여, 온갖 작위가 결코 헛되지 않고, 여러 중생을 위해 法의 요점을 설해, 모든 번뇌를 벗어나게 하여 중생을 기쁘게 하였다. 겁파수劫波樹가 유연한 꽃을 피우듯, 최상 법약으로 마음의 때(心垢)를 씻어냈다. 특히 여래는 대비심에 상응하여 일체 외도를 잘 항복시켰다. 여래 특유의 열 가지 수승한 지력智力을 두루 갖춰, 온갖 외도를 감화하여 제자를 삼고, 불지계佛智戒에 깊은 즐거움을 생기게 했다.

최초에 증성證聖한 교진여는 우둔하고 암담한 장막을 쳐부수었고, 正法 중에 가장 특수한 마하가섭과 우루빈라가섭은 범지梵志 중에 으뜸이다. 부처님 法藥을 복용해 번뇌질병이 나은 존자 사리자는 지혜 갈고리(智鉤)로 마음의 미친 코끼리를 제어했고, 대신통력을 지닌 대목건련은 수승한 수행을 갖춰 정법의 사다리를 올랐다. 청정해탈 누각에 평안히 머문 아누루타、빈두로파라타사、마하구치라、아난타 등이 있고, 또 빈비사라왕을 교화 제도해 불법 중에 깊은 신해信解와 존중 공경심을 일으켜 불제자가 되게 했다. 이러한 여러 성인들은 모두 지혜의 도끼(智斧)로 연분 얽힌 나무(緣生樹)를 찍어내, 온갖 망념을 벗어나 일체지를 추구해, 외도의 사견을 버리고 아만을 조복시켜 모두 일체 공덕을 성취할 수 있었다.[56] 이것이 부처님이 법약을 처방해

---

55 御製秘藏詮卷第13: "常如病施藥<佛是醫, 三法名良藥, 療衆生煩惱病, 令得安藥. 維摩經云如大醫王, 善療衆病.>"… "大聖能消息<大聖卽如來, 簡餘小聖, 隨衆生病, 應機設藥. 淨名經云, 衆生病愈, 菩薩亦愈, 是能消息.>"

치료한 실례로 단연 으뜸이다.

그밖에 경전에 전하는 유명한 법약 치료 구체 사례를 몇 소개한다.

① 바라내성波羅柰城에 마하사나달다摩訶斯那達多라는 청신녀는, 이미 과거 무량 부처님께 온갖 선근을 심었는데, 하안거 90일간 승가대중에 의약보시를 자청했다. 이때 대중 가운데 한 비구가 몸에 중병이 들어, 良醫가 진찰하니 모름지기 육약肉藥을 먹어야 한다고 처방했다. 만약 고기를 얻으면 병이 나을 수 있지만, 얻지 못하면 목숨이 위태로웠다. 청신녀가 의사 말을 듣고 곧 황금을 가지고 시장에 두루 돌며, 누가 고기를 팔면 자기가 황금으로 사는데 무게를 독같이 주겠다고 외쳤다. 온 성안을 두루 다녀 찾아도 얻지 못하자, 청신녀는 칼로 자기 허벅지 살을 도려내어 썰어 갖은 양념 향료를 넣어 국을 끓인 다음 병든 비구한테 보냈다. 비구가 먹고 병이 나았는데, 청신녀는 상처가 곪아 참을 수 없는 고통에 연신 신음하며, '나모붇다南無佛陁, 南無佛陁' 라고 소리쳤다. 부처님이 그때 사위성에서 그 소리를 듣고 이 여인한테 대자심大慈心심을 내자, 이 여인은 곧바로 부처님이 良藥을 가지고 자기 상처에 발라주어 상처가 바로 아물어 원상회복하는 모습을 보았다. 부처님이 곧 그를 위해 여러 가지 설법하자, 그는 법을 듣고 환희심에 아누다라삼막삼보리심을 내었다. 부처님은 그때 실은 바라내성波羅柰城에 약을 갖고 가서 이 청신녀 상처에 발라준 게 아니었다. 이 모든 치유는 여인의 자비로운 보시와 염불, 그리고 부처님의 자선근력慈善根力으로 말미암아 그 여인이 이러한 일을 본 것이라고 부처님은 설한다.[57]

---

56 龍樹菩薩集, 日稱等譯, 福蓋正行所集經卷第1: "又諸如來大悲相應, 善能降伏一切外道.…最上法藥, 蠲除心垢.…服佛法藥愈煩惱病, 日尊者舍利子, 能以智鉤制心狂象."

② 류리琉璃 태자가 몹시 어리석어, 부왕父王을 폐하고 스스로 임금이 되었다. 그는 묵은 원한을 생각해내, 석가족 1만2천 여인을 잡아 코와 귀를 베고 손발을 잘라 큰 구덩이에 넣었다. 이 여인들이 몹시 심한 고통에 '나모붇다南無佛陁, 南無佛陁! 저희는 지금 구해줄 사람이 없습니다.' 라고 외치며 크게 통곡했다. 이 여인들은 이미 과거 전생부터 부처님께 온갖 선근을 심은 공덕이 있었다. 부처님이 그때 죽림정사에서 그 소리를 듣고 크게 자비심을 일으키셨다. 이 여인들은 바로 부처님이 가비라성迦毘羅城에 와서 물로 상처를 씻고 약을 발라주는 모습을 보고는, 고통이 금방 사라지고 코와 귀와 손발이 원래대로 붙었다. 이에 부처님이 법의 요점을 간추려 설해주었다. 이들은 모두 아누다라삼막삼보리심을 내고, 부처님을 길러준 이모인 대애도大愛道 비구니한테 가서 출가해 구족계를 받았다. 부처님은 그때 실로 가비라성에 가서 물로 상처를 씻고 약을 발라 고통을 그치게 한 적이 없다. 이는 모두 여인들의 간절한 염불과 부처님의 자선근력慈善根力으로 인해, 그 여인들이 이러한 기적을 보고 비희悲喜심을 느낀 것이라고 부처님은 설한다. 이러한 뜻에서 보살마하살의 자비관慈悲觀 수행은 진실하며 결코 허망하지 않다.[58]

③ 마가타국 왕사성에 아사세는, 본디 성질이 포학하고 살륙을 좋아했다. 입의 네 죄악과 탐진치 삼독심이 치성하여, 오직 현재만 볼 뿐 미래는 생각지 않았다. 순전히 악인들만 똘마니로 거느리고 현세 오욕락에 탐착했다. 그래서 얼른 왕권을 차지할 조급한 마음에 무고한 부왕을 거역하여 시해하였다. 부왕을 해친

57 大般涅槃經, 曇無讖譯, 卷第16, 梵行品第8之2 참조.

58 大般涅槃經, 曇無讖譯, 卷第16, 梵行品第8之2 참조.

뒤 마음에 회한이 밀려들며, 뜨거운 열병이 퍼졌다. 온몸에 온갖 종기와 악창惡瘡이 생겨 몹시 더럽고 악취가 진동하니, 사람이 가까이 다가갈 수도 없을 지경이었다. 이에 아사세는 모든 명의를 다 불러 치료시켜 보았으나 백약이 무효인지라, 스스로 악역죄惡逆罪의 업보인 줄 알고 포기했다. 이제 자기한테는 법약을 연설해 자기 병고를 없애줄 무상대의無上大醫가 없다고 한탄하였다.[59] 이에 현명한 대신 기파耆婆가 간곡히 타일렀다.

"대왕, 여래세존은 여러 병자를 보고 항상 법약을 베푸시는데, 병자가 복용하지 않으면 여래의 허물이 아닙니다.… 오직 良醫를 구해야 합니다. 왕은 지금 병이 중대하니, 부처님이라는 良醫를 구하십시오. 따로 좋은 일시를 가릴 때가 아닙니다."[60]

마침내 부처님을 찾아가 깊이 참회하며 애걸하자, 세존께서 대자비로 감로 미묘법약을 베풀어 악창을 씻어주시니, 극악한 중죄가 소멸하고 병이 나아 궁전으로 돌아갔다.[61]

④ 병든 비구 간호 인연

한때 부처님께서 사바제국舍婆提國에 계실 적에, 한 거사가 부처님과 제자들한테 음식공양을 청했다. 부처님은 그 집에 가지 않고 정사精舍에서 음식을 공양 받았다. 그리고 여러 비구들 방을 돌아보다가, 한 비구가 악창농혈로 병고에 시달리는 모습을 보셨다. 혼자 허름한 외진 곳에 버려져 아무도 돌보는 사람이 없이, 일어나지도 못하고서 대소변도 누운 채 보고 있는 것이었다. 부처님이 그 비구한테 물었다.

---

59 大般涅槃經, 曇無讖譯, 卷第19, 梵行品第8之5: "今我又無無上大醫, 演說法藥, 除我病苦."

60 大般涅槃經, 曇無讖譯, 卷第20, 梵行品第8之6: "如來世尊見諸病者, 常施法藥, 病者不服, 非如來咎. … 惟求良醫, 王今病重, 求佛良醫."

61 大般涅槃經後分, 若那跋陁羅譯, 卷下, 機感茶毘品第3.

"그대는 어디가 아픈데, 돌보는 사람도 없이 혼자인가?"

비구가 대답했다.

"대덕이시여! 저는 본성이 게을러, 남이 아플 때 애당초 찾아가 보지도 않았습니다. 그래서 제가 아프니 남들도 와보지 않습니다."

부처님께서 "선남자여! 내가 그대를 돌보아 주리라."고 말하고, 손으로 그 몸을 어루만지며, 석제 천인이 바치는 감로수로 몸을 씻어주고 자비광명을 비춰주었다. 이에 그 비구는 몸과 마음에 모든 질병이 깨끗이 나아, 곧바로 일체 고통이 말끔히 사라지고 몸과 마음이 편안해졌다. 이에 세존이 이 비구를 평안하면서도 서서히 부축해 일으켜 세우고, 방 밖으로 데리고 나가 깨끗이 목욕시켜 새 옷을 갈아입혔다. 다시 천천히 데리고 방안에 들어와 이부자리를 깔고 앉힌 다음, 병든 비구한테 이렇게 말씀하셨다.

"그대는 오랜 세월 동안, 얻지 못하고 이르지 못하고 알지 못하는 일들을 얻고 이르고 알려는 노력을 게을리 하여, 이처럼 온갖 병고를 겪는데, 이 상태로는 더 큰 고통을 당하리라!"

비구가 듣고는 마음속으로 생각했다.

"부처님 은혜 가없고, 위신력은 끝없으니, 손으로 어루만져 주시기만 해도 이처럼 고통이 즉시 사라지고 몸과 마음이 안락하구나!"[62]

병든 비구가 환희심에 "나모석가모니南無釋迦牟尼, 나모대자비부南無大慈悲父, 나모무상최승의왕南無無上最勝醫王"이라고 부르짖었다. 여래께서 자기를 연민하사 法藥을 베풀어, 신심에 모든 중환이 말끔히 나았다고 외치고, 그 자리서 곧바로 아라한과를 얻어 3명6통과 8해탈을 이루었다. 이에 부처님께서 비구한테 '전생에 자네가 나한테 베푼 큰

62 龍樹菩薩造, 鳩摩羅什역, 大智度論권8, '初品 중 放光의 나머지 해석' 참조.

은혜를 생각하고 갚는 것이다.'고 말했다. 이에 석제 천인이 의아해하니, 부처님께서는 이렇게 설명했다.

아주 오랜 과거세에 병든 비구가 옥리일 때, 포악한 왕의 명령으로 법망에 걸려든 백성들을 혹독하게 고문했는데, 자신이 걸려들자 선량하다고 고초 없이 풀어준 은혜가 있어서, 그 은혜에 보답하고자 금생에 간병을 하고 치료해주며 아라한과를 얻도록 이끌었다고!

그리고 네 가지 지은知恩과 보은報恩 수행을 설하셨다.

첫째, 악한 중생을 보면 마음에 연민을 느껴 자慈를 수행하는 인연으로 여긴다. 둘째, 고통 받는 중생을 보면 잠시도 눈을 떼지 않고 측은히 여겨 비悲를 일으키는 인연으로 삼는다. 셋째, 스승이나 부모님과 德 있는 어른을 보면 진심으로 기뻐하여 희喜를 일으키는 인연으로 여긴다. 넷째, 원한 있는 중생을 보면 마음에 성내지 않고 사捨를 수행하는 인연으로 삼는다.[63] 바로 자비희사 4무량심 수행이다.

부처님은 병든 비구를 몸소 간병하고 나서, 제자들한테 간병 공덕 및 중요성과 함께, 그 순서 및 방법을 간곡히 설하셨다.

> "너희는 똑같은 청정 수행인인데, 질병고통을 서로 돌봐주지 않는다면, 누가 마땅히 간병하겠는가? 너희 각각은 다른 성씨와 집안 출신으로, 믿는 집안이든 아니든 집을 버리고 출가하여 모두 한결같이 사문 釋子로 동성이 되었다. 똑같은 청정 수행인인데, 서로 돌봐주지 않는다면, 누가 마땅히 간병하겠는가?"

만약 비구가 병들면, 화상和上이 간병하고, 화상이 없으면 동화상同和上이 간병한다. 만약 아사리阿闍梨가 있으면 아사리가, 아사리가 없으면 동아사리同阿闍梨가 간병해야 한다. 만약 동방同房이 있으면 同房

63 大方便佛報恩經, 失譯人名, 卷第7, 親近品第9: "南無釋迦牟尼, 南無大慈悲父, 南無無上最勝醫王, 而我今日, 身病除愈, 唯有心病, 如來今者, 爲憐愍故, 施我法藥, 除我身心所有重患."

이, 同房이 없으면 옆방(比房)이, 옆방이 없으면 병자가 필요한 수만큼 다른 스님을 파견해 간병해야 한다. 만약 그렇지 않으면 모두 계율(毘尼)을 어기는 죄가 된다. 반면, "병든 지계持戒 비구를 간호하면, 부처님을 간병하는 거나 다름없다."고 말씀하셨다.

또, 다른 곳에서 여러 비구가 부처님을 친견하러 오는 도중에, 일행이 병이 나는 일이 있었다. 다른 비구가 병든 비구를 내버리거나, 다른 거사한테 남겨 놓거나, 심지어 길가에 아픈 다른 비구를 보지 않으려고, 일부러 피해 길을 우회하여 혼자 친견하러 온 것이었다. 부처님은 이들을 모두 간파하고, 이들 비구들을 '나쁜 짓(惡事)'이라고 꾸짖었다. 어서 되돌아가 간병하라고 내쫓으며, 이렇게 설하셨다.

> "만약 비구 마음이 방일하고 해태하여 정진하지 않거나, 마음을 붙잡지 못하고 감각기관이 온갖 욕망을 좇아 밖으로 내달으면, 비록 내 앞에 있더라도 나를 보지 못하고, 나도 그를 보지 않는다. 만약 비구가 감각기관을 잘 붙잡아 방심하지 않고 오로지 道에 전념하면, 비록 나한테 멀리 떨어져 있더라도, 곧 나를 친견하며 나도 또한 그를 본다. 왜냐하면 여래의 法身에 수순隨順하여, 온갖 죄악을 파괴하고 탐욕을 멀리하며, 적정寂靜을 닦기 때문이다."[64]

⑤ 어느 비구의 착한 제자가 요절하자, 그 비구가 몹시 슬퍼했다. 이에 부처님이 요절해 천상에 생겨난 제자한테 사성제를 설해 깨닫게 해주고, 그 인연을 비구한테 말해 그 근심걱정을 풀어주었다. 그 사실을 전해들은 부처님 제자들이 모여 부처님 자비공덕을 찬탄했다.

64 摩訶僧祇律, 佛陁跋陁羅共法顯譯, 卷第28, 明雜誦跋渠法之6: "病比丘法者. …汝等同梵行人, 病痛不相看視, 誰當看者? …汝還看病比丘去!…看持戒病比丘, 如看我無異."

"大聖 세존께서 無上 법약으로 이 비구의 우비고뇌 치료하셨네.
거룩하신 세존 공덕 무량하사, 건너지 못한 자 건네주시고,
벗어나지 못한 자 구제하며, 고뇌에 시달리는 자 소멸시켜 주시네.
일체 婬怒癡 치료하는 無上 의사, 법약으로 온갖 心病 치료하시네."[65]

⑥ 부라나富羅那의 제자 시리국다尸利鞠多가 佛子인 처남 수제가樹提伽와 더불어, 각자 자기 스승이 최고 일체지라고 논쟁하였다. 樹提伽가 부라나를 시험하기 위해 그를 초청해 국 위에 밥을 얹어 주었다. 부라나가 그걸 알아차리지 못하자, 일체지가 아니라고 창피 주었다. 이에 단단히 화가 난 시리국다가 원한을 보복하려고, 부처님을 초청해 독을 타서 죽이려 했다. 부처님은 그 독을 자비로 풀어버리고 아무 탈 없이 드신 다음, 시리국다를 제도하고 그 인연에 대해 설법하였다.

"내가 중생을 생각함은 자비로운 부모보다 더한데, 어찌하여 나한테 해칠 마음을 낸단 말인가? 오늘 시절인연이 닿았을 뿐, 모든 부처님의 항상 불변의 법처럼, 중생을 진실로 건지는 일은 의사가 병자를 구하려고 함과 같다. 온갖 욕설과 비방을 퍼부어도 오히려 참는 마음을 내나니, 내 지금 의사와 같이 그의 집에 가도다. 어이하여 가는가? 대비심에 떠밀리기 때문에! 마치 귀신들린 병자는 마음과 뜻에 자유롭지 못하여 주술사를 오히려 욕하고 비방하지만, 귀신들린 병을 치료하기 위해 병자를 책망하지 않는다. 지금 이 중생들은 번뇌의 악귀가 마음에 깃들어 어리석은 몽매로 사리분별을

65 生經, 竺法護譯, 卷第3, 佛說弟子過命經第29: "大聖世尊, 以無上藥, 療此比丘憂惱之患.聖尊無量, 度諸未度, 濟諸未脫, 滅諸未滅, 療治一切婬怒癡患, 爲無上醫, 常以法藥, 療諸心病."

못하니, 함부로 나를 해치려 하는구나. 내 지금 또한 이와 같이 단지 번뇌의 악귀를 제거할 뿐, 저 사람을 탓하지 않으리라."[66]

죄는 미워하더라도 죄인은 미워하지 않듯이, 질병은 내쫓더라도 병자는 연민하듯이, 중생의 악업번뇌는 법약으로 고치더라도 중생은 불쌍히 여기시는 대자대비가 감명 깊다.

⑦ 부처님 제자들도 부처님한테 전해 받은 법약으로 중생을 널리 치료하였다.

"석가모니의 여러 뛰어난 제자들도 이러한 第一義를 훤히 통달해
스스로 三毒의 때 조복 해소한 뒤 다른 중독자 보고 法藥 베푸네.
八正道 큰 배와 뗏목으로 중생 실어 날라 有의 바다 벗어나고
諸法이 본래 공함을 알고 온갖 이론異論과 망상분별 그치게 하네.
현인은 사견 버리고 正道에 돌아오니 숙세에 닦은 善根 덕분이라,
法의 體性 본래 공함을 깨달아 마음에 집착 없이 곧장 해탈하네.
만약 法性이 부처님 같은 줄 깨달으면 이 사람이 곧 大智 那羅延!"[67]

⑧ 사문이 바다에 들어가 용왕이 공양 청하여 마니주摩尼珠 얻다.

옛날 한 사문이 상인을 따라 바다를 건너는데, 항로를 반쯤 가서 배가 제자리서 빙빙 돌고 앞으로 나가질 못하자, 대중이 모두 한결같이 말하였다. "배 안에 틀림없이 정결淨潔하지 못한 자가 있으니, 산가지로 찾아내자." 그 결과 道人이 세 번이나 산가지를 뽑게 되자, 스스로

66 馬鳴菩薩造, 鳩摩羅什譯, 大莊嚴論經卷第13: "我念諸衆生, 過於慈父母, 云何於我所, 而生殘害心? …諸佛之常法, 爲衆生眞濟, 如醫欲救病. 種種加毀罵, 猶故生忍心, 我今亦如醫, 往詣於彼家, …大悲之所逼, 如人得鬼病, 心意不自在, 加毀罵呪師, 爲治鬼病故, 亦不責病者."

67 父子合集經, 日稱等譯, 卷第10, 光音天授記品第21: "旣自消伏三毒垢, 見餘毒者施法藥.…"

바다에 뛰어들었다. 이에 龍王이 곧바로 칠보련화七寶蓮華로 받들어 바다로 들어가니, 이내 龍宮에 이르러 보배로 된 아름다운 루각樓閣과 전당殿堂이 보였다. 龍王이 들어오시라고 청한 뒤, 머리를 조아려 사문 발에 예를 올리며 말하였다.

"내 두통을 앓은 지 6백여년이 되어 道人을 구해 찾았더니, 오늘사 겨우 얻었습니다. 道人께서는 제 병을 치료해 주십시오."

道人: "나는 醫藥을 모르는데 어떻게 치료한단 말이오?"

용왕: "여기 우리 바다 속에는 신약神藥이 수없이 많지만, 내 병을 낫게 하지 못하는데, 오직 法藥만 아직 얻지 못하였습니다."

道人이 설법하자, 순식간에 龍王은 머리 아픈 게 사라짐을 스스로 느꼈다. 용왕은 크게 기뻐하여 道人을 90일간 공양한 뒤 아뢰었다.

"오래 동안 머물게 붙잡아서 피로하고 힘드실 것 같습니다. 지난 번 배가 이제 방금 되돌아가는 길이니, 이제 돌려보내드리겠습니다. 龍王은 마니주摩尼珠 셋을 골라, 하나는 부처님께 올리고, 또 하나는 승가 대중께 보시하며, 나머지 하나는 道人께 드린다고 말했다. 神을 시켜 보내드리게 하니 홀연히 배에 당도했다. 뱃사람들이 모두 깜짝 놀라며, 몹시 기뻐해 함께 모시고 본토로 돌아왔다. 衆人이 모두 道人을 따라 부처님께 나아가자, 부처님이 그들을 위해 설법하시니, 모두 구도심을 내어 무수한 중생을 제도하였다.(出譬喩經第九卷)[68]

⑨ 마명보살(100-160년경)은 몸과 마음의 병을 치유함은 오직 부처님 말씀뿐이니, 마땅히 부지런히 설법을 경청해야 한다고 강조하면서, 기적 같은 실례를 든다.

---

68 經律異相, 僧旻寶唱等集, 卷第19<聲聞不測淺深僧部第8>, 沙門入海龍請供養得摩尼珠19 : "道人曰: '吾不知醫藥, 以何相療?' 龍王曰: '吾此海中, 多有神藥, 不愈我病, 唯未得法藥.' 道人說法, 須臾之頃, 龍王自覺除愈."

한지漢地에 한 왕자가 눈에 장막이 덮여 실명하자, 왕이 백방으로 의사를 찾아 치료했으나 낫지 않았다. 축차시라국竺叉尸羅國에서 상인이 오자, 왕은 치료할 방도가 있는지 물었다. 상인이 외국에 구사瞿沙라는 비구가 치료할 수 있다고 답하자, 왕이 후한 예물을 갖춰 사절과 함께 왕자를 보냈다. 왕자가 존자를 뵙고 간청했다.

"오직 저를 불쌍히 연민하사, 제 눈을 치료해주소서!"

구사瞿沙 존자가 허락하고, 대중들한테 구리 잔을 나눠주면서, 자신이 설법하는 12인연법을 듣고 흘리는 눈물을 받으라고 당부했다. 그렇게 받은 눈물을 한 데 모아서 축원의 게송을 읊은 뒤, 그 눈물로 왕자 눈을 씻게 하자, 눈이 말끔히 나아 광명을 회복하였다. 이에 존자는 여래께서 과거 천억겁 동안 고행을 수행한 공덕으로 이 12인연 法藥을 이루었기에, 이 법을 듣는 자로 하여금 자비심에 감읍하여 눈물이 흐르게 하고, 의약으로 치료할 수 없는 눈병을 눈물로 씻어 깨끗이 낫게 한 것이라고, 법약 효능의 근거와 원리를 설법하였다. 그러자 왕자는 부처님 법을 듣고서는, 눈병이 말끔히 나은 것처럼 육안과 함께 혜안도 청정해져, 눈을 치료하는 최상 의사는 부처님밖에 없음을 저절로 깨달았다. 이에 일체지혜의 보약으로 자기 육안과 혜안을 청정히 열어주신 부처님께, 모든 의사 중 최고 수승한 의왕이라고 찬탄하며 고개 숙여 예배하였다.[69]

바로 위 두 실례를 보면, 심청전에서 심청이 부처님께 대한 지극한 믿음과 아버지께 대한 지극한 효성으로 몸을 팔아 인당수에 뛰어들어 용궁에 갔다가, 용왕이 띄운 연꽃에 올라앉아 귀환하여 아버지 눈을 뜨게 한 고사도, 순전히 허구만은 아님을 느낄 수 있다.[70]

---

69 馬鳴菩薩造, 鳩摩羅什譯, 大莊嚴論經卷第8: "治身心病, 唯有佛語, 是故應勤聽於說法.…如來往昔億千劫中, 修行苦行, 以是功德, 集此十二因緣法藥, 能令聞者, 悲感垂淚. … 我今稽首禮, 衆醫中最勝, 以一智寶藥, 開我二眼淨."

(5) 법약의 필요성, 특히 말글로 베푸는 교화의 필요성

세상에 왜 부처와 보살, 예수가 나타나는가? 자기 잘난 체하기 위해서인가? 아니다. 가엾은 중생을 돌보고 보살피기 위해서라고 모든 고등 종교 경전은 이구동성으로 말한다. 일체 중생은 사생四生(태胎·란卵·습濕·화생化生)으로 나는데, 성법聖法을 얻은 다음에는 본래 같은 란생卵生·습생濕生을 얻지 못한다. 겁초劫初에는 중생이 모두 化生으로 나는데, 그때는 부처님이 세상에 나오지 않았다. 만약 중생이 병고에 걸리면 의약이 필요하다. 劫初에는 중생이 化生으로 나므로, 비록 번뇌가 있지만 병이 생기지 않았다. 즉, 중생의 신심身心이 법약을 요구하는 그릇(器)이 아니라서, 여래가 그때는 세상에 나오지 않았다.[71] 거꾸로 말하면, 중생이 있으니까 불보살이 존재하고, 중생이 없다면 불보살도 없다. 화엄경 보현행원품에서 설하듯, 중생은 불보살의 존재근거이기도 한다.

특히 불립문자 선종과 대장경에 근거한 교종의 우열대립이 오랜 역사논쟁이 되었듯이, 과연 "道는 유언有言에서 나올까, 무언無言에서 나올까?" 보지普智보살의 궁금한 질문에, 부처님은 이렇게 답했다.

"有言에서도 나오고, 無言에서도 나온다. 중생이 오취五趣의 생사윤회에 떨어져 5음陰 6쇠衰에 시달리고, 보는 것마다 얽매여 12인연과 62견見에 어수선하게 불안하니, 더러 12해海에 허우적거리며 피안에 이르지 못하는구나. 이러한 여러 사업邪業으로 백천 가지 병에 시달린다. 그래서 부처님이 가르침을 열어 法藥을 베푼다. 계·정·혜·해탈·해탈지견 5분향, 4등等 4은恩, 37조도품助道品, 6도度 무극無

70 졸고, "심청전의 주제의식과 근원설화에 대한 관조: 전통 효윤리를 중심으로", 한국종교문화학회 종교문화학보 10, 2013.12. 35-78쪽 참조.

71 大般涅槃經, 曇無讖譯, 卷第32, 師子吼菩薩品第11之6: "善男子, 若有衆生, 遇病苦時, 須醫須藥, 劫初之時, 衆生化生, 雖有煩惱, 其病未發, 是故如來不出其世."

> 極, 12부경部經, 공空·무상無想·무원無願, 사제四諦·삼해탈三解脫, 및 삼보三寶의 법약으로, 이러한 여러 더러운 병을 치료한다. 약은 병을 위해서(때문에) 베푸니, 병이 없으면 약도 (필요)없다. 三毒의 온갖 더러움은 모두 중병이니, 정진혜正眞慧에 이르러야 병이 없다고 말한다. (중생이) 인연에 얽매여 道를 알지 못하므로, 부처님이 그를 위해 말과 글로 널리 효유曉喩하고, 거품聚沫、물방울水泡、파초芭蕉、아지랑이野馬、그림자影、메아리嚮、허깨비幻化、꿈속 달夢月、황홀荒忽 등의 비유를 설한다. 그 뜻을 잘 이해하면, 이러한 일들은 모두 허망하여, 인연 따라 더러 생기는 줄 알게 된다. 그러면 세속에 탐착하지 않고, 道를 닦고 6바라밀六度·4등等·4은恩 등의 法藥을 익힐 것이니, 이러한 정업淨業을 봉행하면 道에 이를 수 있다. 여러 언교言教를 이해하자면, 본디 모두 무언無言이니, 더러 불국토 가운데는 5음陰·6쇠衰·3독毒의 인연 속박이 없어서 문자언설도 없다. 몸도 없고 말도 없이 허정虛靜 적막寂寞하여, 삼계가 없음을 이해한다. 유위有爲에도 머물지 않고, 무위無爲에도 거처하지 않으며, 중간에도 거처하지 않는다. 그래서 무언無言에서 나온다."72

'중생이 아프니까 보살이 앓는다.'는 대승정신으로 유명한 유마경에는 더욱 생생한 이유가 나온다. 보살은 복덕을 갖추고 크게 자비로워, 소극적 무위의 空에 안주하지 않고, 지혜를 갖추고 본래 서원을 가득 채우려고 적극적 유위의 보살행-선행을 끝없이 행하며, 법약을 모으고 중생 질병을 알기 위해 무위에 머무르지 않고, 중생한테 질병 따라 법약을 주어 질병을 소멸시키려고 유위를 그만두지 않는다.73

72 度世品經,竺法護譯, 第六 참조.

73 維摩詰所說經, 鳩摩羅什譯, 卷下, 菩薩行品第11: "具福德故, 不住無爲; 具智慧故, 不盡有爲; 大慈悲故, 不住無爲; 滿本願故, 不盡有爲; 集法藥故, 不住無爲; 隨授藥故, 不盡有爲; 知衆生病故, 不住無爲; 滅衆生病故, 不盡有爲." 說無垢稱經, 玄奘譯,

특히 눈에 띄는 대목이 있다. 외도들은 부처님 법력을 시기하여, 부처님 자신이 법력과 공덕을 스스로 중생한테 알리는 것은 교만한 자화자찬 선전이라고 비난하기도 하였다. 그래서 지개止蓋보살이 부처님한테 자화자찬은 正人군자의 법도가 아니라며, 중생의 의구심을 풀어달라고 질문했다. 그러자 부처님은 바로 '싸구려 약장사'가 아니라, 자비로운 良醫의 어진 마음에 비유하여 답변한다.

이 사바세계 중생은 신근信根이 박약하고 지력智力이 비열해, 여래의 공덕과 위력을 모르기 때문에, 부득이 알려주기 위해 자찬한다고 답하며, 의사의 비유를 든다. 예컨대, 의사가 약 처방을 잘 알고 질병 치료에 능한데, 질병은 많고 환자를 치료할 다른 의사가 없다. 그런데 사람들은 질병으로 고통당하면서도 良藥도 모르고, 누가 자기 질병을 낫게 할 의사인 줄도 모른다. 이때 의사가 중생을 불쌍히 여겨, 몸소 병자 앞에 가서 자기가 질병과 약을 잘 알아 치료할 수 있다고 자랑(自讚)하면, 환자들이 비로소 그가 良醫인 줄 알고 존경심과 신심을 깊이 내어, 그 말에 의지해 요양하고 모든 병고가 말끔히 낫게 된다. 이 경우 과연 의사가 자화자찬한 걸까?

지개止蓋보살이 아니라고 답하자, 부처님은 마찬가지라고 설한다.

제불여래도 위없는 大醫王으로서, 有情 중생의 번뇌질병 원인을 잘 알고 法藥을 처방할 수 있는데, 중생들이 그런 줄 잘 몰라, 할 수 없이 부처님이 방편으로 자신의 공덕과 위력을 스스로 찬탄하여 알린다. 중생들이 듣고 여래께 깊은 존경심과 신심을 내어 귀의함으로써 번뇌질병을 제거하도록 설한다. 여래는 大醫王으로서 大法藥을 베풀어 번뇌질병을 치료해 모두 없애는데, 大法藥이란 부정관不淨觀과 자비관慈悲觀과 12연기緣起 등이다. 이러한 인연으로 여래가 수승한 공덕을 자

卷第5, 菩薩行品第11.

화자찬하는 것처럼 보인다.[74]

만약 불교의 제법실상諸法實相이 필경 공空이라면, 보살이 서원을 발해도 무방하지만, 서원을 발하지 않고 안주해도 역시 무방할 것이다, 그런데 왜 굳이 중생을 제도하겠다고 발원해 온갖 고통을 스스로 사서 당하는 것일까? 보살행의 서원은 갖가지 인연이 있지만, 주된 사연은 이렇다. 즉, 친족과 지인들이 이 제법실상諸法實相을 알지도 듣지도 못해, 금생뿐만 아니라 내생에도 온갖 고통을 겪을 것인데, 보살은 다행히 이 진리를 알고, 또 이들을 온갖 고초에서 벗어나게 할 수 있는 법력을 가지게 되었다. 그러니 어찌 이들 친지들을 나 몰라라 내팽개치고 법을 전하지 않을 수 있겠는가? 비유컨대, 어떤 사람이 양약을 얻었다면, 가까운 친지가 병으로 고통을 겪고 있는데도, 약을 건네주지 않고 수수방관하겠는가?[75]

(6) 의왕의 평등한 법약 보시普施

세속에 법관이나 검찰도 '법 앞에(아래) 만인 평등'을 가장 고귀한 이상의 하나로 삼아 정의를 실현해야 하며, 의사나 약사도 환자의 빈부귀천을 가리지 않고 누구든지 질병을 치료하여 고통을 벗어나게 해야 한다. 하물며, 우주 자연법을 깨달아 法王이라 불리고 大醫王이라 비유되는 부처님이 법약을 베풂에 중생을 차별할 리가 있겠는가? 인도는 지금까지도 사실상 네 계급 차별이 엄연히 작용한다고 한다. 실제로 석가모니는 이미 2,500 내지 3천년 전에, "이 법은 평등하여 위아래가 없다.(是法平等, 無有高下.)"고 선언하며, 최하층 불가촉천민까지 출가를 허락하고 제자로 받아들여 아라한도 성취를 이끌었다. 부처님은

74 佛說寶雨經, 達摩流支譯, 卷第7. 이역본: 寶雲經, 曼陁羅仙譯, 卷第3; 佛說除蓋障菩薩所問經, 惟淨等譯, 卷第11에도 같은 내용이 비슷한 줄거리로 나옴.

75 龍樹菩薩造, 鳩摩羅什역, 大智度論권87, '3次第學品의 해석' 참조.

도처에서 수시로 모든 중생을 자기 친생 외아들인 라훌라처럼 여긴다고 말한다.

모든 여래는 대자비심으로 일체 중생을 연민하시니, 마치 세간에 醫王이 능히 良藥으로 세간에 풍風·랭冷·담痰·음癊 등 각종 질병을 잘 치료해 나아버리게 함과 같다. 여래도 또한 마찬가지로 法藥을 잘 설해, 능히 중생의 근본번뇌와 부수번뇌를 제거해 해탈하게 만든다. 그러나 有情들이 선근종자가 없고 자량資糧이 없으며, 용맹심을 내어 해탈을 구하지도 않고, 삼독의 고질병에 단단히 얽매어 있으니, 이러한 사람은 교화 제도하기가 몹시 어렵다. 그래서 여래는 평등한 대자비심으로 원수나 친척을 구분하지 않고, 똑같이 法藥을 베풀어주어 복용하고 수행하도록 한다. 누구나 보시지계 등을 수행하며 항상 몹시 심오한 경전을 수지受持하도록 설법한다. 그래서 '평등한 法藥을 베풀어 탐진치 질병을 낫게 하시네.'라는 찬탄이 끊이지 않는다.[76]

> "의사가 병을 진찰하고 질환에 따라 良藥을 지어주어 낫게 함에 신분계급을 따지지 않듯이, 여래도 평등하게 마음의 강유剛柔를 관찰하여, 신분계급이나 부귀명망을 따지지 않고 약을 주어 번뇌를 가라앉힌다. 귀천은 달라도 자질이나 기품이 같고 모두 부정한 데서 나온 것이듯, 도과를 성취함은 모든 신분계급이 조금도 다름없이 평등하다."[77]

---

76 龍樹菩薩集, 日稱等譯, 福蓋正行所集經卷第2: "如來大悲憐愍一切衆生, 如世醫王, 能以良藥, 善療世間諸疾, 使令除愈. 如來亦爾, 善說法藥, 能祛衆生根隨煩惱, 令得解脫.…如來平等大悲, 無冤親想, 授與法藥, 使之服行,…施平等法藥, 愈貪恚癡病."

77 馬鳴菩薩造, 鳩摩羅什譯, 大莊嚴論經卷第7: "佛不觀種姓, 富貴及名聞, 猶如醫占病, 亦不觀種姓, 但授諸良藥, 令其病得愈, 貴賤資氣同, 皆出於不淨, 成就得道果, 等同無差別, 一切種姓同, 證果都無異."

5. 보살과 선지식의 의왕 수행

(1) 보살과 선지식도 법약을 베푸는 의왕

꼭 약왕·약사보살이 아니더라도, 병든 중생을 치료하고 돌봄은 보살도 수행에 기본 덕목이다. 화엄경에 대미를 장식하는 보현보살의 십대 행원行願을 보자.

아홉 번째, "항상 중생을 따라주는(恒順衆生)" 원력수행에는, "모든 병고를 겪는 이에게 훌륭한 의사가 되는(於諸病苦, 爲作良醫.)" 보살행으로, 일체 중생한테 평등하게 이익을 베푸는 덕목이 나온다.[78] 물론 일체 중생에는 지옥·아귀·축생 삼악도도 포함한다. 보살은 축생들한테도 편견에서 벗어나, 자비희사로 평등하게 법약을 베풀어 생각의 때를 제거하는 게 보살의 청정한 성품이다.[79]

또 화엄경에 보면, 문수사리보살이 청정한 보리심 수행공덕을 찬탄하기 위해 현수賢首보살한테 설법을 청하자, 현수보살이 게송으로 설하는 대목이 나온다. 보살이 중생을 섭수攝受하려고 자신의 수행공덕으로 한량없는 방편법을 베풀어 유도한다는 내용이다.

> "뭇 중생 질병이 각기 다르니, 모두 진리(法) 약으로 대응 치유하고,
> 뭇 중생 마음이 즐기는 바대로, 모두 방편법으로 만족시켜 주네.…
> '따라 즐긴다'는 이름의 미묘한 삼매가 있어,…
> 중생들 마음 즐기는 바에 따라 법문을 설하네.
> 팔만 사천 모든 법문으로 모든 부처님께서 중생 제도하셨듯이,
> 보살도 천차만별 법문으로 세상에 시의 적절히 교화 제도하네."[80]

---

78 大方廣佛華嚴經, 般若譯, 入不思議解脫境界普賢行願品 참조.

79 持心梵天所問經, 竺法護譯, 卷第2, 問談品第6: "又在畜生所生之處, 則離諸見, 慈悲喜護, 等與法藥, 除意瑕穢, 是則菩薩種姓淸淨." 이역본인 思益梵天所問經, 鳩摩羅什譯; 勝思惟梵天所問經, 菩提流支譯 참조.

80 大方廣佛華嚴經, 實叉難陀역, 권제14, 賢首品제12의1, 참조. "隨諸衆生病不同, 悉

무량수경에는 맨 처음에, 법회에 참석한 보살들을 열거하면서, 그들이 정각을 성취해 가는 과정에 중생을 제도하는 보살행을 설한다. 그 가운데, "온갖 진리(法)의 약으로 중생의 세 가지 고통을 치료해 구제한다."는 대목이 나온다.[81] 여기서 三苦란, 괴로운 일이 이루어져 고뇌가 생기는 고고苦苦, 즐거운 일이 사라져 고뇌가 생기는 괴고壞苦, 일체 만물이 덧없이 흘러 변화함으로써 고뇌가 생기는 행고行苦를 가리킨다. 삼계三界 중 우리가 사는 욕계欲界에는 삼고三苦가 다 존재하고, 색계色界에는 괴고壞苦와 행고行苦가 있으며, 무색계無色界에는 오직 행고行苦만 존재한다.[82]

확실히 보살은 중생을 교화하는 무량 법문에 통달하여 법약을 적절히 잘 베풀어주는 大醫王이다.[83] 보살은 온갖 번뇌 질병을 다 알고, 온갖 미묘한 법약을 모아서 좋은 방편으로 중생이 얽매인 번뇌 질병을 치료한다.[84] 보살은 수승한 선정에 들어 수승한 신통을 얻어, 중생의 마음과 행동의 차별을 알았다. 근기에 따라 법약을 설해주고, 삼악도와 생사고통에서 벗어나도록 한다.[85] 또한 보살은 무량 미진수微塵數 불국토에 들어가, 모든 여래 한 분 한 분께 法藥을 수여받아, 일체 유

以法藥而對治. 隨諸衆生心所樂, 悉以方便而滿足.…有妙三昧名隨樂,…隨其心樂爲說法. 八萬四千諸法門, 諸佛以此度衆生, 彼亦如其差別法,隨世所宜而化度."

81 無量壽經, 康僧鎧역: "以諸法藥, 救療三苦."

82 實用佛學辭典, 浙江古籍出版社, 1986년 影印本, 224-225쪽 참조.

83 大般若波羅蜜多經, 玄奘譯, 卷第570, 第六分現相品第8: "通達無量化有情法, … 善施法藥爲大醫王" 勝天王般若波羅蜜經, 月婆首那譯, 卷第4, 現相品第7七에 비슷한 내용 나옴.

84 大方廣佛華嚴經, 佛馱跋陀羅譯, 卷第58, 入法界品第34之15: "了知無量諸煩惱病, 積集無量諸妙法藥, 以善方便療衆結病." 實叉難陀譯 이역본 卷第77, 入法界品第39之18 참조.

85 大般若波羅蜜多經, 玄奘譯, 卷第585, 第12淨戒波羅蜜多: "說授法藥, 令脫惡趣生死衆苦."

정을 차례로 교화 제도한다. 모든 보살들이 법을 전해 사람을 제도하면서, 일체 중생에게 法藥을 널리 베풀게 한다. 이를 곧 大法師라 부르고, 또한 대도사大導師라고 부른다. 네 마장을 파괴하여 법신으로 교화하여 부처님 경계에 들게 한다.[86]

보살에게 대묘약大妙藥이란 무엇인가? 대지 세간에 모든 약초가 다 땅에 의지해 생장하여, 각종 병고를 치료한다. 보살도 마찬가지로 大法藥을 나타내어, 세간 일체 유정의 온갖 번뇌질병을 치료하는데, 이것이 보살의 大法藥이다.[87] 만약 보살이 수승한 출리出離다라니를 수행해 잘 익히면, 바다 같은 지혜가 자라나, 중생들 어두운 무명을 깨뜨려 없애는 광대한 法藥을 주어, 무시무종 생사번뇌 및 고통의 독화살을 뽑아낼 수 있다.[88] 보살이 보시바라밀을 끝없이 수행하여 무량보시를 행하는 가운데, 질병에 따라 약을 보시하는 것은, 늙고 죽음이 없는 감로법약을 성취하기 위함이다.[89]

보살의 다른 이름인 선지식도, 법약으로 중생의 질병을 고침은 물론이다. 화엄경에 보면 장광설로 기막힌 선지식 타령이 나온다.

"선지식은 곧 雪山이다. 밝고 맑은 지혜 藥을 길러주기 때문에!"

110선지식을 거치며 보살행을 물은 선재동자를 보고, 미륵보살은 아주 크게 칭찬한다.

"이 커다란 애욕의 강에 지혜의 다리를 놓고, 어리석음의 어둠 속

---

86 大乘瑜伽金剛性海曼殊室利千臂千鉢大敎王經, 不空譯, 卷第9: "於一一如來前, 諮授法藥,…與一切衆生,而以法藥廣施之. 是名爲大法師,亦得名爲大導師. 破壞四魔, 法身化化, 入佛境界."

87 佛說除蓋障菩薩所問經, 惟淨等譯, 卷第六: "菩薩現大法藥, 普療世間一切有情諸煩惱病,…."

88 大寶積經, 菩提流志譯, 卷第六, 第二無邊莊嚴會出離陀羅尼品第二: "我授汝廣大法藥, 破滅汝等無明黑闇, 拔除汝等無始無終生死煩惱憂苦毒箭."

89 無盡意菩薩經, 智嚴共寶雲譯, 卷第二: "…隨病施藥, 得無老死甘露法藥, 悉成就故."

에 지혜의 등불을 켜며, 생사生死의 갈림길에 正道를 보여주어, 번뇌의 병자한테 法藥을 복용하게 하고, 생로병사의 중생한테 감로법甘露法을 부어주었다!"

그러자 선재동자는 미륵보살을 보고 찬탄으로 화답한다.

"중생의 번뇌 질환을 보고 지혜 약을 모아 쌓는
자비심 넘치는 醫王께서 이 법당에 안주하시네!"
이에 미륵보살도 다시 선재동자를 보고 칭찬한다.
"생로병사의 중생한테 無上의 훌륭한 醫王이자
중생의 제석천처럼 감로 법약을 뿌려준다."[90]

열반경에도 불보살이 최고 제일의 진실한 선지식이라고 찬탄한다. 왜냐면, 늘 아주 부드러운 말(畢竟軟語)、아주 엄한 꾸짖음(畢竟呵責)、부드러운 말과 꾸짖음(軟語呵責)의 세 가지로 잘 조어調御하기 때문이다. 또 제불보살은 병과 약을 잘 알고, 병에 맞게 약을 처방하는 대의왕이기에 선지식이라 부른다. 良醫는 여덟 가지 의술에 능통하여 먼저 병의 세 증상인 풍風·열熱·수水를 관찰한다. 풍병風病에는 소유蘇油를 주고, 열병熱病에는 꿀石蜜을 주며, 수병水病에는 생강탕을 준다. 병의 근원을 알아 약을 처방해 병이 낫기 때문에 良醫라 부른다. 불보살도 마찬가지로 범부의 탐진치 세 병을 잘 알아, 탐욕병에는 해골관을 가르치고, 진에병에는 자비관을 가르치며, 우치병에는 12인연관을 가르치는 최고 선지식이다. 설산은 온갖 미묘한 상약上藥이 자라는 바탕이듯, 불보살도 일체 善의 근본바탕이므로 선지식이라 부른다. 설산에 사가娑呵라는 상향약上香藥이 있는데, 약효가 워낙 강력하다. 사람이

---

90 大方廣佛華嚴經, 馱跋陀羅譯, 卷第58, 入法界品第34之15: "善知識者則爲雪山, 長養明淨智慧藥故."; "於大愛河, 造智慧橋, 愚癡闇中, 然智慧燈, 於生死路, 示以正道, 煩惱病者, 令服法藥, 生老死者, 授甘露法."; "見衆生結患, 積集智慧藥, 悲心醫王者, 安住此法堂."; "生老病死者, 無上良醫王, 衆生之釋天, 雨甘露法藥."

보면 무병장수하고, 네 사악한 毒에도 중독당하지 않으며, 이 약을 만지면 수명이 120까지 늘어나고, 사념하면 숙명지宿命智를 얻는다. 제불보살도 마찬가지로, 만약 친견하는 자는 곧 일체 번뇌를 끊어버린다. 비록 네 악마라도 농간이나 장난을 부리지 못한다. 만약 접촉하여 불보살 주변에서 미묘 법문을 경청하면, 수명이 요절하지 않으며, 나지 않고 죽지 않고, 후퇴하지 않고 침몰하지 않게 된다. 뿐만 아니라, 사념(念佛)하는 자는 아누다라삼막삼보리를 얻는다. 그래서 제불보살은 선지식이라 부른다.91

역대 전등 조사들도 보살행을 펼쳐 왔다.

후한 명제明帝는 천축국에 사신을 보내 가섭마등迦葉摩騰과 축법란竺法蘭 두 분을 초청해온 뒤, 道士들을 백마사白馬寺에 모이게 하고, 마등법사摩騰法師에게 法藥을 열어 불법의 위신력을 보여 달라고 간청했다.92 동아시아에 처음 불교가 전래해 법약을 베풀어 포교를 시작한 인연이다.

선종에서 정통 법맥의 전승으로 꼽는 제28조로, 중국 선종을 창시한 초조 보리달마菩提達摩 화상和尙은 스승인 반야다라般若多羅로부터 법을 얻었다. 스승이 자기 입멸 후 67년이 지난 뒤에, 보리달마가 중국(震旦)에 가서 크게 法藥을 베풀어, 득도자가 쌀이나 깨처럼 헤아릴 수 없이 많이 나올 거라는 계시를 내렸다.93

선가에서는 선문답의 할이 제불여래의 法藥으로서 일체 중생의 병을 치료할 수 있고, 여러 조사의 비관秘關으로 보살의 단도직입적 요도要道가 될 수 있으며, 납승衲僧이 해탈하는 대도량大道場으로 참선자의 안심입명처가 될 수 있다고 말하기도 한다.94

---

91 大般涅槃經, 曇無讖譯, 卷第25, 光明遍照高貴德王菩薩品第10之5 참조.

92 智昇撰, 續集古今佛道論衡一卷, 西域天竺國事(出後漢書列傳七十八) 참조.

93 淨修禪師文僜述, 祖堂集卷第2: “待吾滅後六十七年, 當往震旦, 大施法藥.”

(2) 보살 수행자의 발원

보살이 중생의 번뇌질병을 치료할 법약을 갖춘 의왕이 되려면, 먼저 수행이 상당한 지위에 이르러야 하며, 그때까지는 처음 보살행을 발심할 때부터 중생을 구제하겠다는 자비로운 발원을 마음에 품고 간직해야 한다. 일체유심조라서, 수행한 공덕을 자신이 이루고자 하는 목표에 회향하여 마음으로 간절한 서원을 지녀야 그에 따라 이루어지기 때문이다. 그래서 불경에는 보살수행자의 발원을 수시로 도처에서 일깨운다.

> "중생의 대 구호자가 되어 법약을 보시해, 법약 복용하는 자는 일체 번뇌질병이 사라지고, 생로병사 모든 고통을 벗어나게 하리라!"[95]

보살계를 받을 때는 "부처님 한 분 한 분한테 법의 가르침을 자문받아 법약을 일체 중생한테 베푼다."고 발원한다.[96]

보살은 대장엄大莊嚴을 발하여 모든 중생의 온갖 질환에 따라 법약을 베풀기에 大醫王이다.[97] 의왕이 병에 따라 약을 복용하도록 처방하여 풍風·한寒·열병熱病이 즉시 낫도록 하듯이, 보살도 마찬가지로 부처님 法藥으로 음婬·노怒·치癡 삼독 번뇌질병을 남김없이 치료한다.[98]

---

94 海東曹溪山修禪社無衣子, 禪門拈頌集卷第28: "此三轉語. 有一轉語. 可以作諸佛如來之法藥, 治一切衆生病, 有一轉語, 可以作諸祖之秘關, 菩薩直截之要道, 有一轉語, 可以作衲僧解脫大道場, 是禪者放身命處."

95 佛說羅摩伽經, 聖堅譯, 卷中 참조.

96 梵網經盧舍那佛說菩薩心地戒品第十, 鳩摩羅什譯, 卷上: "一一佛前, 諮受法轉法度, 與一切衆生, 而以法藥施一切衆生."

97 大方廣寶篋經卷中, 求那跋陁羅譯: "菩薩爲大醫王,發大莊嚴, 隨諸衆生所有疾患,施法藥相故."

98 西晉淸信士聶承遠譯, 佛說超日明三昧經卷上: "譬如醫王, 持若干藥, 各以應病而令服食, 風寒熱病, 即使瘳愈. 菩薩如是, 以佛法藥, 療治婬怒癡病, 使無有餘."

화수경華手經에 보면, 보살은 많은 중생을 몹시 이롭게 하려고, 대승심을 내어 대장엄을 발하고 이렇게 사념한다.

"일체 중생이 탐욕·진에·우치가 치성하여, 선행은 하나도 짓지 않고 부질없이 죽어 큰 구덩이에 빠지니, 구할 만한 자가 적도다. 내 이제 이러한 중생들을 위해서 위대한 지혜의 약을 닦아 모아서, 이들을 구하고 치료해 삼계를 벗어나게 하리라. 중생들이 청하지 않아도 그들의 스승이 되어, 원만한 상호를 얻고 열반에 이르도록 하리라!"

또, 법약으로 비유한 일련의 보살 발원이 나온다. 비유컨대, 어떤 사람이 약나무藥樹를 심어 수시로 물을 주고 바람과 햇볕을 막아 이 약나무가 점차 무성히 성장하면, 중생의 온갖 질병을 소멸시켜주어, 노인과 병자들이 보고 좋아하게 된다. 보살도 이와 마찬가지로 아누다라삼막삼보리심을 발하여, 온갖 선근을 심고 불지佛智를 위해 一心으로 法을 구하여, 온갖 마장魔障과 번뇌를 막고, 佛法 가운데서 청정한 業을 닦아 점차 증장增長하게 하면, 무량무수 중생의 온갖 번뇌질병을 소멸시킬 수 있다. 또 무량 아승기 중생을 위해 지혜 약을 닦아 모아 성불하게 되면, 때(번뇌)가 있건 없건 일체 중생이 모두 다 보고 좋아한다. 일체 세간에 天人과 아수라 중에서 가장 존귀하다.

마치 설산왕雪山王이 처음 생기기 시작할 때, 곧바로 온갖 약초목藥草木이 의지해 자라는 품이 되듯이, 보살도 마찬가지로 처음 생길(발심할) 때 곧바로 무량무수 중생을 위해 온갖 法藥을 익히고 닦아 번뇌질병을 소멸시키게 된다.

따라서 만약 어떤 사람이 보살심을 가로막거나 파괴하면 끝없는 죄를 짓는다. 예컨대, 무가지보 주옥을 파괴하면 무량 재리財利를 잃듯이, 마찬가지로 보살심을 파괴하거나 어지럽히면 무량 法寶를 훼손하고 소멸시킨다. 또 약나무를 심었는데 누가 이를 잘라버려 자라지 못하게 한다면, 이 사람은 무량 중생의 질병 치료방법을 파괴하여, 수많은 중생들이 질병에 고통을 받게 한다. 이와 마찬가지로, 만약 보살심、대안락심大安樂心、무량 중생의 고뇌병환을 소멸시키는 대지약심大智藥心을 파괴하려는 사람이 있다면, 바로 무량무수 중생들로 하여금 온갖 탐욕·성냄·어리석음·교만·인색·질투·아첨·몰염치·뻔뻔함 등의 온갖 번뇌질병의 침해를 받아 시달리게 하며, 또한 무량 아승기 중생으로 하여금 열반안락의 거주처를 잃게 하는 것이다.

보살은 잠든 자에게는 각오覺悟가 되고, 방일한 자에게는 근면정진이 되며, 미혹한 미치광이에게는 항상 정념正念을 닦고, 소경에게는 항상 밝은 해가 되며, 병자에게는 大醫藥이 되고, 사견邪見에 빠진 자에게는 正道를 보여주며, 아직 선법善法을 일으키지 못한 중생에게는 善法을 일으키고, 아직 善法을 증장하지 못하는 중생에게는 善法을 증장시킨다. 요컨대, 중생을 위해 이밖에 다른 귀의처와 구제救濟자와 구경究竟에 道가 될 사람은 전혀 없다. 오직 모든 부처님뿐이며, 佛法과 여래법如來法과 自然法은 다른 데서 나오는 게 아니라, 모두 다 보살도에서 생긴다.[99]

특히 보살은 질병이 도는 세상에 병고로 시달리는 환자를 보면, 이렇게 발원한다.

> "마치 약수왕藥樹王은 병자가 보고 뿌리나 줄기나 가지나 잎이나 꽃이나 열매나 껍질이나 살을 취해 써도 모두 병이 낫듯이, 이 내 몸도 마찬가지로 병자가 소리를 듣거나 몸을 만지거나 혈육血肉이나 골수骨髓를 먹거나 모두 병이 낫기를 원합니다. 여러 중생이 내 살을 먹을 때, 자식 살을 먹는 것 같은 악심이 생기지 않고, 내가

99 佛說華手經, 鳩摩羅什譯, 卷第5, 求法品第20: "我今當爲此等衆生, 集大智藥, 以救療之, 令出三界." 및 驗行品第22; 卷第7, 歎教品第25; 毁壞品第26; 卷第8, 衆妙品第28 참조.

병을 다 치료한 다음 항상 설법하여, 그가 믿고 받아들여(信受) 깊이 사유하며, 다른 사람한테 가르침을 전해주길 원합니다."[100]

실제로 부처님 당시에 목건련의 교화로 외도에서 부처님께 귀의한 한 장자長者는, 부처님과 제자들께 정성껏 공양 올리고 부처님을 칭송한 뒤, 신실한 말로 성심껏 보살행의 큰 서원을 발했다.

"제가 닦은 선근공덕善根功德으로 미래세에 佛道를 성취하여, 세존처럼 32상 80호를 온전히 갖추고, 걸림 없는 지혜와 위없는 法藥으로, 능히 중생의 탐진치 질병을 치료하겠습니다. 친척이 없는 자에게는 든든한 주재主宰가 되고, 암흑에 갇힌 자에게는 밝은 조명照明이 되며, 조복하지 못한 자는 잘 조복시키고, 신해信解가 없는 자는 信解가 생기게 하며, 안온하지 못한 자는 안온을 얻게 하고, 열반에 이르지 못한 자는 열반을 얻게 하여, 필경에 생로병사 우비고뇌를 벗어나 모두 다 천상에 생겨나 미묘한 쾌락을 누리게 하겠습니다!"[101]

또, 부처님 열반 후 대가섭존자한테 佛法을 전해 받은 아난이 다시 상나화수商那和修에게 전할 때, 商那和修는 법보장法寶藏을 받들며 이렇게 발원했다.

"미묘한 법을 옹호하여 일체 중생을 위해 큰 밝은 횃불로 전하며, 無上 法藥으로 번뇌 질병을 치료해 중생을 제도하겠습니다!"[102]

100 大般涅槃經, 曇無讖譯, 卷第32, 師子吼菩薩品第11之6: "菩薩於疾疫世, 見病苦者, 作是思惟: '如藥樹王, 若有病者,…悉得愈病. 願我此身,…若有病者, 聞聲觸身, 服食血肉乃至骨髓, 病悉除愈. 願諸衆生, 食我肉時, 不生惡心, 如食子肉, 我治病已,常爲說法,願彼信受思惟轉教."

101 龍樹菩薩集, 日稱等譯, 福蓋正行所集經卷第十: "願未來世, 得成佛道, 亦如세존, 具足成就三十二相八十種好, 以無礙智, 無上法藥, 能愈衆生, 貪恚癡病."

102 吉迦夜共曇曜譯, 付法藏因緣傳卷第2: "奉敎! 我當擁護如斯妙法, 普爲一切作大明炬, 於是次宣無上法藥, 療煩惱病, 濟度群生."

보살의 참회문에도 법약의 발원은 빠지지 않는다.

"원컨대, 法藥을 베풀어 온갖 질병고통을 구제하고, 법우法雨가 널리 뿌려져 빠짝 마른 중생들이 도를 또렷이 알게 하소서."[103]

량무제가 죽은 황후를 위해 친히 편찬한 자비도량참법慈悲道場懺法 발원문에도 보면, 근기에 따라 질병에 맞춰 法藥을 베풀어주어, 보고 듣는 중생 모두가 다 함께 해탈하기를 염원한다.[104]

보살이 성취할 열 가지 대지 같은 법 가운데, 여덟째로 큰 약기(藥器)가 등장한다. 모든 약이 대지에 의지해 출현하여 세간에 일체 모든 질병을 제거하듯이, 모든 큰 법약들도 보살에 의지해 출현하여 세간에 번뇌 질병을 소멸시킨다.[105] 보살의 발원과 수행이 없으면 법약도 성불도 존재할 수 없기 때문이다.

(3) 보살의 바라밀 수행과 발원

보살행에 기본은 6바라밀(度)을 닦으며 발원함이다. 보살은 맨 먼저 보시바라밀을 행할 때, 만약 사탕·꿀이나 향긋한 과일 등을 보시한다면, 여래 입안에 네 치아를 얻어 모든 음식 및 독약까지도 이 치아에 닿으면 감로로 변화하길 염원한다. 만약 의약을 보시하면, 일체 중생이 6바라밀 藥을 얻어 생사 질병을 치료해 말끔히 낫고 열반락을 얻길 염원한다. 만약 탕약을 보시하면, 일체 중생에게 法藥을 보시해 번뇌 질병을 제거하길 염원한다. 만약 시종(僕使)을 보시하면, 일체 중생이 모두 아난처럼 여래를 시봉하길 염원한다. 만약 갇힌 죄수가 풀려나

103 失譯人名, 菩薩五法懺悔文: "願設法藥, 救諸疾苦, 法雨流布, 枯槁衆生, 得道明了."

104 梁武帝集, 慈悲道場懺法, 發願第五: "隨根應病, 授以法藥, 一切見聞, 同得解脫."

105 佛說寶雨經, 達摩流支譯, 卷第3: "譬如大地, 一切諸藥依之出現, 能除世間一切諸病. 菩薩如是,諸大法藥依之而出, 所現法藥, 能滅世間煩惱諸病, 是名菩薩如大藥器." 寶雲經卷第2참조.

도록 구제하면, 중생들이 일체 번뇌죄수의 결박에서 멀리 벗어나, 참된 해탈을 얻어 法王의 자리에 안주하길 염원한다.[106]

청정계율을 수행할 때도 항상 중생을 배려하고 호념하는 마음을 잊지 않는다. 뜻으로 짓는 불선업不善業인 탐진치를 벗어남이 지계다. 성냄과 해침(瞋害)을 벗어나기 위해, 만약 보살이 여러 유정한테 온갖 나쁜 무고、비방、까닭 없는 구타、욕설、팔다리 훼손을 당한다면, 보살은 그에게 성내거나 해칠 마음을 내지 않고 이렇게 사유한다.

"내 이미 모든 유정에게 진해瞋害심을 내지 않기로 발원하였거늘, 어찌 오늘 이런 마음을 낸단 말인가? 내가 예전에 항상 法藥으로 유정들의 진해瞋害 질병을 제거하기로 발원했는데, 만약 중생한테 瞋害심을 일으킨다면, 자기 질병도 구제할 수 없거늘, 하물며 다른 일체 유정을 구제할 수 있겠는가?"

또, 만약 다른 유정이 보살한테 성낼 때는, 보살은 깊이 자신을 책망하며 이렇게 사유한다.

"내가 허물이 있고 복덕이 모자라, 남이 나한테 성내게 만드는구나. 만약 내가 허물이 없다면, 저 사람은 결코 성내지 않을 것이다."

또, 보살은 만약 두 유정이 서로 성내고 원한을 품어 풀리지 않는 걸 보면, 보살은 자비와 연민을 마음에 품고 이렇게 사념한다.

"이 유정들이 성냄과 원한을 풀지 않으면, 지옥에 떨어져 몸이 불길에 휩싸여 타며 막대한 고뇌를 당할 텐데, 이는 내 허물이다. 내 마땅히 法藥을 가지고 이 성냄의 병을 치료하리라. 내가 예전에 일체 중생의 진에 질병을 제거해주기로 서원하였거늘, 어찌 지금 제거하지 못한단 말인가? 그래서 이 중생들이 항상 진에 마귀에 붙잡

106 大乘理趣六波羅蜜多經, 般若譯, 卷第4, 布施波羅蜜多品第5: "若施醫藥, 願與一切衆生, 得六度藥, 療生死病, 悉得痊除, 獲涅槃樂.…若施湯藥, 願與一切衆生, 施以法藥, 除煩惱病."

혀서 스스로 알아차리지 못하고, 맹렬한 큰 불길에 휩싸여 타는구나! 이미 마귀에 붙들려 있다면, 설사 날카로운 칼날을 들고 와서 나를 살해할지라도, 나는 마귀를 잘 아니 성을 내지 말고, 이 사람한테 대비심을 내어 연민해야지!"[107]

이는 마치 석가모니불이 전생에 인욕선인仙人으로 수행한 모습을 그린 듯하다. 이처럼 지계수행에는 이미 인욕이 함께 닦이고 있다. 한편 6바라밀 해설 가운데는, 브라만이 의약을 부지런히 베풀어 중생 질병을 치료하고, 아울러 法藥을 보여주며 지덕至德을 찬탄하여, 중생들이 천상에 나게 하는 걸 인욕이라고 부르기도 한다.[108]

보살이 정진바라밀을 불퇴전不退轉으로 정진·수행할 때는, 특히 모든 유정을 구제하려고 발원한다. 일체 유정은 천상、인간、지옥、아귀、축생、아수라를 막론하고, 모두 탐진치 세 병에 항상 불타는구나. 내 마땅히 부처님 正法을 모아 화합하여 大良藥을 조제해, 모든 유정의 이러한 탐진치 열뇌질병을 치료하리라. 일체 유정은 삼독질병이 무시로 증장하여 늘 열뇌가 인다. 세 질병은 세간 약으로는 치료할 수 없고, 오직 大法身을 얻어 大醫王이신 여래만이 삼독열뇌 중병을 치료할 수 있다. 여러 보살도 몸소 법약으로 대의왕이 되어 일체 유정의 삼독열뇌를 치료해 소멸시킬 수 있다. 세간에 각종 의약은 삼독 질병을 끝내 치료할 수 없고, 오직 여래와 대보살만이 大醫王으로 유정에게 大法藥을 베풀어 삼독열뇌를 모두 식혀버릴 수 있다. 삼천대천세계에 모든 유정들이 죄다 사람이 되어, 설사 이런 사람들이 모두 활

---

107 大乘理趣六波羅蜜多經, 般若譯, 卷第5, 淨戒波羅蜜多品第6: "又我昔願, 常以法藥, 蠲除有情瞋害之病, 若於衆生, 起瞋害者, 自疾不能救, 何能救彼一切有情? …應持法藥, 療此瞋病."

108 賢劫經, 竺法護譯, 卷第4, 順時品第12: "又其梵志, 勤設醫藥, 以治衆病, 加示法藥, 咨嗟至德, 悉使衆生, 得生天上, 是曰忍辱."

명活命 의왕처럼 온갖 질병을 잘 치료할지라도, 1인의 탐진치 삼독 열뇌질병도 끝내 치료할 수 없다. 또 온갖 최대 良藥을 수미산만큼 잘 조제해도, 1인의 탐진치 질병조차 낫게 할 수 없다. 설사 모두 活命 의왕으로 각각 세간 수명을 1겁이나 살며 모두 극도로 피곤할 정도로 애써 찧고 체로 거르고 화합해 온갖 大良藥을 수미산만큼 조제할지라도, 1인의 탐진치 질병을 조금도 낫게 할 수 없다. 오직 여래만이 온갖 방편을 두루 갖춰 청정법약으로 삼독 질병을 알맞게 치료한다. 탐욕 열뇌병은 부정관법 약으로, 진에 열뇌병은 대자비법 약으로, 우치 열뇌병은 12연기법 약으로 각각 치료할 수 있다. 더구나 무량 불가설 무수한 유정의 탐진치 열뇌병을 모두 치료해 낫게 한다. 이 비유로 보살이 여래의 법약으로 무량무변 불가설불가설 유정의 삼독 열뇌를 치료해 모두 소멸시켜, 곧장 여래법신을 성취함을 알아야 한다. 법신에 거주하는 보살도 법신의 가피력으로 무량무변 불가설불가설 유정의 삼독 열뇌를 완전히 소멸시킨다.

또한, 보살은 불퇴전의 정진바라밀을 행할 때 마땅히 유념해야 한다. 세간에 온갖 불선법不善法이 충만하고 그 대치법도 충만한데, 중생들이 잘 알지 못한다. 세상에 유정은 탐욕, 진에, 우치의 3대 질병을 갖추고서도 모두 알지 못한다. 또 탐욕 大病에는 不淨觀이 大良藥이고, 진에 大病에는 慈悲觀이 大良藥이며, 치암 大病에는 緣起觀이 大良藥인데, 3대 악병에 3대 良藥이 있음도 모른다. 설사 의왕이 다른 질병을 치료해 잠시 나은 듯해도 구경에 나은 것은 아니며, 모든 병은 낫게 할 수도 없다. 지혜로운 자는 다른 세간에 의왕을 조금이라도 배워서는 안 되며, 세존께서 대의왕으로 일체 무상無上 선법善法을 통달하여 온갖 질병을 말끔히 궁극까지 낫게 해버리는 대치법을 수학해야 한다. 최상 법약을 모아 찧고 체로 걸러 조제하면, 소리만 들어도 탐욕, 진에, 치암 大病들이 모두 나아버린다. 이게 보살이 불퇴전 정진바라밀을 행할 때 모으고 조제하는 대법량약大法良藥이다. 성문연각은 불가능하고, 오직 여래만이 대의왕으로서 온갖 선근을 모아 화합해 大法藥을 만들고, 대법라大法螺를 불어 몹시 미묘 음성을 내서, 삼천대천세계에 두루 들려 모든 유정의 탐진치 3대 질병을 죄다 낫게 한다. 설산에 '리제독離諸毒'이라는 대약수왕大藥樹王이 있는데, 1백유순 내에 거주 유정들이 그 향기를 맡으면 모두 해독해버린다. 離諸毒의 大藥樹王을 소라나 북(螺鼓)에 발라 불어 소리 내면, 유정이 설사 충독虫毒·약독藥毒·기독氣毒 및 어떤 독에 중독되었더라도, 그 소리를 듣는 즉시 모두 해독한다. 離諸毒의 大藥樹王은 어떠한 의사도 전혀 알 수 없고, 오직 활명活命 의왕만이 홀로 안다. 보살의 대정법약大正法藥을 화합하는 일도 성문연각은 불가능하고, 오직 여래만이 일체 선법을 통달한 대의왕으로서, 이 법약을 화합하여 일체 유정의 온갖 질병을 낫게 한다.[109]

그러면 어떤 것이 보살의 불퇴전의 마음인가?

"질병이 도는 세상에는 大醫王이 되어, 病과 藥에 필요한 재보財寶를 자유자재로 베풀어, 환자 질병이 모두 나을 수 있게 하소서."

이러한 마음으로 보살이 여래의 32상을 이루기 위해 정업인연을 수습하면 불퇴전이라 부르고, 보살이라 부르며, 부동전不動轉이라 부르고, 일체 중생을 연민한다고 일컫고, 일체 성문연각을 능가한다고 부르며, 아비발치阿毘跋致라 이른다. 만약 보살이 부모나 스승·어른이 병고에 시달릴 때, 손수 씻겨드리고 부드럽게 안마해드리며 간병하면, 이 정업인연으로 부드러운 손발(手足軟)을 얻는다. 만약 보살이 여러 중생한테 해칠 마음을 내지 않고, 음식에 만족할 줄 알며, 항상 즐겨 은혜를 베풀고 간병과 급약給藥을 일삼으면, 이 정업인연으로 그 몸이 니구타수尼拘陁樹처럼 원만하고, 서서 손을 드리우면 무릎을 지나며,

109 佛說大乘菩薩藏正法經, 法護等譯, 卷第29-30, 精進波羅蜜多品第9之5-6 참조.

정수리에 육계肉髻가 생겨 정수리 모습이 보이지 않는다. 만약 보살이 항상 의복·음식·와구·의약·향·꽃·등불을 남한테 보시하면, 이 정업 인연으로 항상 금색광명이 빛나는 몸을 얻는다.[110]

(4) 보살이 출가 수행해 법약을 구하는 궁극 발원 - 효도!

유교 영향이 강한 동아시아 전통문화에서는, 흔히 불교에 출가수행을 폄하하여, 부모 은혜와 조상 은덕을 저버리는 불효막심한 패륜으로 비판하는 경향이 강하다. 그러나 이는 효도의 본질과 궁극 의미를 깊이 이해하지 못한 중생 소견으로, 비좁은 어리석음이 빚어낸 편견일 따름이다.

우선 유교에서도 자식은 부모님 뜻을 살펴서 받들어 행하되, 그 뜻과 명령이 부당하고 불합리한 경우에는 道義로써 간쟁하여, 부모님을 도덕 윤리에 맞게 인도하는 것이 군자의 진정하고 위대한 효다. 또 큰 뜻을 세우고 학문을 닦아서, '道를 행함'으로써 후세에 훌륭한 명성을 날리는 일이, 부모님을 영광스럽게 하는 가장 위대한 효의 궁극완성이 되는 것이다. 그래서 '孝道'라고 일컫는다.[111]

무위자연을 즐기는 도가에서는 초월적인 절대적 효의 단계설을 펼치는 장자(莊子, 天運편)의 견해가 독특하다.

"공경으로 효를 행하기는 쉬우나, 사랑으로 효를 행하기는 어렵고; 사랑으로 효를 행하기는 쉬우나, 부모를 잊기는 어렵다. 부모를 잊기는 쉬워도, 부모로 하여금 나를 잊게 하기는 어렵고; 부모로 하여금 나를 잊도록 하기는 쉬워도, 천하를 두루 잊기는 어렵다. 천하를 두루 잊기는 쉬워도, 천하로 하여금 두루 나를 잊도록 하기는 어

110 大般涅槃經, 曇無讖譯, 卷第28, 師子吼菩薩品第11之2 참조.
111 졸저, 전통 중국법의 정신, 전남대출판부, 2011 재판, 184쪽; 禮記, 祭統편; 大戴禮記, 曾子大孝편; 孝經, 開宗明義편 참조.

렵다."

장자의 효는 천하 만물이 평등한 지공무사至公無私의 大孝로 확대한다. 천지를 만물에 부모로 여기는 무위자연 철학의 관점에서 보면, 인간의 부모뿐만 아니라 자연의 부모인 천지도 똑같이 공경스럽게 섬기는 것이 궁극의 大孝다. 이는 천지 운행질서와 자연법칙으로서 天道를 믿고 숭상하며 행한다는 의미다.

이러한 관점에 비해, 불교의 궁극 효도는 어떨까? 불교에서는 세간에 모든 집(舍宅)은 마치 감미로운 음식에 독을 섞어놓은 것과 같다고 비유한다. 어느 장자에게 외아들이 있는데, 총명하고 지혜롭고 박학통달하여, 독약을 변별하는 선교善巧 방편도 알므로, 부모나 이웃들이 몹시 사랑한다. 장자 아들이 일보러 저자에 나간 사이, 부모와 친족들이 기쁘게 잔치를 벌여 진수성찬을 차렸는데, 때마침 원수가 아무도 몰래 독약을 음식에 섞었다. 부모는 음식에 독약이 든 줄 모르고 친족들에게 먹게 했다. 아들이 나중에 오니, 부모는 기뻐서 남긴 음식을 먹으라고 주었다. 아들은 받아먹기 전에 직관으로 음식에 독약이 섞인 걸 알고, 부모에게 독약을 잘못 먹었다고 말하지 않았다. 왜냐하면, 독을 먹은 줄 알면, 더욱 괴로워 혼란에 빠져 독기가 급속히 퍼져 죽을 것이기 때문이다. '아는 게 병'이라고, 요즘 암에 걸린 줄 알면 두렵고 수심에 차서 더 일찍 악화되어 빨리 죽는 이치와 같다. 그래서 아들은 짐짓 방편으로 부모에게, 음식은 잠시 놔두고 먼저 시중에 가서 미리 사둔 무가보주無價寶珠를 갈무리하고 오겠다고 안심시켰다. 이에 부모가 기뻐 안심하자, 아들은 부리나케 의왕 집에 달려가 해독용 아가타 묘약妙藥을 재빨리 구해 왔다. 귀가해 우유 설탕을 끓여 아가타와 화합해 약을 조제한 뒤, 부모께 진실을 말씀드렸다.

"이 감로는 설산에 아가타약으로 불사묘약不死妙藥이니 얼른 드십시오. 아까 잘못 먹은 독약을 재빨리 풀어야 합니다!"

부모와 친족들은 크게 기뻐하며, 이 妙藥을 먹고 독기를 토해내, 마침내 죽지 않고 장수하게 되었다.

출가 수행하는 보살도 이와 마찬가지로, 과거 부모가 생사고해에 빠져 있고, 현재 부모도 벗어날 줄 모르며, 미래 생사도 완전히 끊기 어렵고, 현재 번뇌는 조복해 제거하기 힘든 줄 잘 안다. 그래서 이러한 인연으로 부모와 중생을 제도하기 위하여, 동체同體대자비심을 격발激發하여 대보리大菩提를 구하러 출가 입도入道한다. 그래서 세속 집은 독약을 감미甘美로운 음식에 섞은 것과 같다고 한다. 즉, 일체 신심 깊은 선남자가 출가해 수도함도, 온갖 번뇌의 독약을 먹고, 마음이 미쳐 뒤바뀐 채 죄악을 저지르며, 영원히 생사고해에 빠져 허우적거리는 부모와 중생을 구제하기 위함이다. 그래서 사랑을 끊고 어버이를 떠나, 佛道에 들어 조어장부이신 大醫王을 가까이 모시고, 무루無漏의 아가타약을 닦아 모아, 부모 계신 삼계화택에 환생해 제도하기 위함이다. 법약을 복용해 세 업장 끊어버리고 무상보리無上菩提를 증득하도록, 미래세가 다해도 항상 사라짐 없이 중생을 제도하는 귀의처가 되어, 필경에 다함께 대열반에 들어 불보리佛菩提의 대원경지大圓鏡智에 머물 때까지, 삼세 모든 부모님을 위해 가장 큰 효도의 발원으로 수행한다.[112] 이보다 더 큰 효도는 없는 것이다!

(5) 법약을 베푸는 마음가짐

보살이 법약을 베풀 때 마음가짐도 자못 중요하다. 가장 중요한 핵심은, 법을 의약처럼 관념하고, 스승은 세존으로 생각하며, 자신을 관찰하여 법약 지을 걸 사유하며 의왕처럼 상념하고, 중생들은 질병에

112 大乘本生心地觀經, 般若譯, 卷第4, 厭捨品第3: "出家菩薩 …割愛辭親入佛道, 得近調御大醫王, 所修無漏阿伽陀, 還生父母三界宅, 令服法藥斷三障, 當證無上菩提果. …"

걸린 걸로 여긴다.[113] 보살은 열 가지 위대한 법시法施의 전차수레바퀴(甲冑輪)를 굴려 성취하면, 오욕을 끊고 태양광명처럼 찬란히 빛나는 일등광정日燈光定 삼매를 재빨리 얻을 수 있다. 따라서 설법하는 스승은 세존으로 여기고, 법을 듣는 대중은 병자로 생각하며, 설하는 법은 양약으로 삼아, 오로지 오욕을 끊기 위할 뿐, 그밖에 명예나 이익은 바라지 않고 정법을 설해 펼쳐야 한다.[114]

이러한 마음가짐은 6진塵에 대치對治하기 위하여 닦는 6념念 수행을 일찍이 떠나지 않는다. 6념가타六念伽他에 말한 것처럼 수행한다. 념불念佛은 부처님 慈悲를 사념하고, 념법念法은 법이 良藥임을 사념하며, 념승念僧은 법약을 베푸는 보살 수행자가 복전福田임을 사념한다. 또, 념시念施는 빈궁한 병든 자에게 법약을 보시함을 사념하며, 념계念戒는 법약 베풂에 명리를 꾀하여 계율을 범하지 않도록 죄악비행의 예방을 사념하고, 념천念天은 법약을 베푼 과보로 천상 장수복락과 성불의 궁극발원을 사념한다. 법약을 베풀 때 항상 여섯 가지를 사념하여 자신의 마음가짐을 살피고 경책한다.[115]

특히 겸허한 마음가짐이 가장 중요하다. 모든 중생은 불성을 지닌 평등한 존재이고, 누구나 아상我相(ego)이 있어서, 자존심을 건들게 되면 아무리 미묘한 법약이라도 거부하여 약효가 없어지기 때문이다. 그래서 자기를 빼겨 내세우는 마음이 없어야 자기수행을 할 수 있고, 남을 훼방하지 않아야 중생을 보호할 수 있으며, 증상만增上慢을 떠나

113 等集衆德三昧經, 竺法護譯, 卷中: "觀念於法, 猶如醫藥, 於師和上, 設世尊想, 自察其身, 思撰法藥, 發醫王想, 於諸衆生, 爲疾病想."

114 大乘大集地藏十輪經, 玄奘譯, 福田相品第7之1: "於說法師, 起世尊想; 於聽法衆, 起病者想; 於所說法, 起良藥想; 斷除五欲, 無所希求, 宣說正法."

115 御製秘藏詮卷第七: "六念不曾離<六念伽他說: 念佛慈悲, 念法良藥, 念僧福田, 念施貧窮, 念戒防非, 念天長壽, 常念六事, 警策自心.>"

야 正法을 가까이해 인연 따라 法藥을 베풀어줄 수 있다. 아상과 교만심을 벗어나야 깊고 견고하며 미묘한 법약을 받아들여 온갖 병을 치료한다.

그러한 마음으로 보살이 복덕 섭수攝受를 받으면 네 장엄을 얻고, 지혜 섭수를 받으면 네 조명법照明法을 얻는다.

첫째, 일체 중생의 근성根性을 照明해, 그에 맞춰 설법한다.

둘째, 일체 번뇌의 병을 照明해, 그에 알맞은 法藥을 모아 치료한다.

셋째, 신통력神力 照明으로 다른 불찰佛刹에도 모두 두루 갈 수 있다.

넷째, 법계法界 照明으로 일체 법을 여실히 훤히 안다.[116]

또, 법사法師는 眞言을 지송한 다음, 법좌法座에 앉아 법회 대중을 두루 관찰하고, 널리 慈心을 운용하여 사념한다. 자신은 의왕으로 상념하고, 설법은 법약처럼 상념하며, 청법자聽法者는 병자로 생각하고, 모든 여래는 정사正士로 상념하며, 정법안正法眼이 세상에 오래 머물기를 생각한다. 이 眞言으로 눈앞에서 베풀며 正法진리에 맞게 설하면, 사방 백유순 내에는 어떠한 천마天魔도 감히 다가와 장난할 수 없다. 설사 여러 마왕魔王이 법회장소에 온다 할지라도, 감히 장난障難을 부릴 수 없다. 이때도 "세간법으로 중생을 이롭게 하려 생각지 않고, 法藥과 불상佛像으로 이롭게 베풀리라."고 사념한다.[117] 물론 법약을 받아 복용하는 중생은, 마땅히 자신이 병고에 시달리고 있으며, 선지식이 醫王으로서 설법 가르침의 良藥을 베풀어, 자기 질병을 치료해주신다고 사념해야 한다.[118]

---

116 佛說海意菩薩所問淨印法門經, 惟淨等譯, 卷第二: "能親近正法, 隨授法藥. …親近深固妙法藥, 離增上慢治諸病."; 卷第八: "二者, 照明一切煩惱之病, 積集法藥, 隨爲治療."

117 日稱等譯, 大乘集菩薩學論, 卷第25, 念三寶品第18之4 참조.

118 大方廣佛華嚴經, 馱跋陀羅譯, 卷第58, 入法界品第34之15: "善男子, 應於自身, 生

6. 법약의 비유와 기능효과

(1) 보리菩提의 법약 비유

불보살님이 의왕이라면, 부처님이 중생을 일깨워 제도하시는 방편 가르침인 佛法이나 佛道는 예수님의 진리나 복음처럼 의약에 대비될 것이 자명하다. 佛法이나 佛道는 다른 여러 명칭으로 표현하지만, 무상정변지無上正偏智、무상정변도無上正遍道、무상정등정각無上正等正覺 등으로 번역하는 '아누다라삼막삼보리阿耨多羅三藐三菩提', 또는 축약해서 '아누보리'나 '보리菩提'로 흔히 일컫는다. 그 菩提를 의약에 비유함은 당연한데, 그 실례는 다양한 표현으로 무수히 등장한다.

우선, 모든 경전에 왕이라고 일컬어지는 법화경妙法蓮華經에는 그 유명한 '약초유품藥草(譬)喩品'이 나온다. 여기에 약초는 위없는 보리도菩提道를 직접 가리키는 비유가 아니다. 하늘에 짙은 구름이 일어 단비를 내리면, 숲 속에 크고 작은 약초와 나무들은 그 비를 맞아, 각자 종류별 성품과 근기에 따라 천차만별로 성장하고 꽃 피고 열매 맺는다는 법문을 비유하고 있다. 즉, 부처님께서 위없는 진리 법문을 설하시면, 중생들은 각자 성품과 근기에 따라 수행하는데, 전륜성왕이나 천왕의 지위에 오르는 소약초小藥草, 성문이나 연각(辟支佛) 경지에 오르는 중약초中藥草, 궁극에 부처님 경지에 오르는 상약초上藥草로 나뉘는데, 보살은 수행 경지에 따라 작은 나무小樹와 큰 나무大樹로 나뉜다. 또는 성문·연각을 약초로 비유하고, 보살을 작은 약나무小樹와 큰 약나무大樹로 나눠 비유하기도 한다.

'보리심'에 대한 비유는 화엄경에 본격 등장한다. 선재동자가 법계에 들어 선지식을 참방하는 도중에, 51번째로 만난 미륵보살을 보고 크게 찬탄한다. 자신은 일체 세간을 유익케 하고 일체 중생을 구제하

病苦想; 於善知識, 生醫王想; 於所說教, 生良藥想."

기 위해 보리심을 방금 막 내었는데, 미륵보살은 이미 모든 부처님한테 수기를 받아 이번 생에 아누다라삼막삼보리를 성취하면 그 공덕이 어마어마할 것이라고 칭송한다. 이미 중생의 모든 미혹과 중한 질병을 치유하는 大醫王이라고! 이에 화답하여, 미륵보살이 선재동자의 보리심을 찬탄하면서 보리심을 여러 가지 비유로 해설한다.

보리심이란 모든 번뇌 질병을 치유하는 良藥과 같고, 모든 번뇌 질병을 타파하는 선견약왕善見藥王과 같으며, 모든 미혹의 화살을 뽑아내는 비급마약毗笈摩藥과 같고, 모든 佛法을 성장 양육시키는 무생근약無生根藥과 같으며, 눈에 낀 모든 無明의 까끄라기를 제거하는 안약眼藥과 같고, 중생을 질병 없이 영원토록 평안케 하는 아가타약(만병통치약)과 같으며, 모든 탐욕과 애욕의 독을 다 해소하는 제독약除毒藥과 같고, 모든 번뇌의 때를 벗기는 련금약鍊金藥과 같다고 비유한다.[119]

미륵보살은 또 다른 방식의 비유로 보리심의 공덕을 계속 찬탄한다.

사람이 무외약無畏藥을 얻으면, 다섯 가지 공포를 여읜다. 즉, 불길에 타지 않고, 독에 중독되지 않으며, 칼날에 베이지 않고, 물살에 휩쓸리지 않으며, 연기에 질식되지 않는다. 마찬가지로, 보살이 일체 지혜의 보리심이란 약을 얻어도, 탐욕의 불길에 타지 않고, 진애(성냄, 분노)의 독에 중독되지 않으며, 미혹의 칼날에 베이지 않고, 있음(물질, 감각)의 흐름에 휩쓸리지 않으며, 모든 깨어있는 관찰의 연기에 질식

119 大方廣佛華嚴經, 實叉難陀역, 권제78, 入法界品제39의19 참조. 미륵보살의 제1차분 118가지 보리심 비유 중 의약에 관한 8가지만 차례대로 발췌한 것이다. 참고로, 佛駄跋陀羅譯 이역본 卷第59, 入法界品第34之16에서는, "菩提心은 청량한 智慧의 藥을 길러주기에 雪山이고, 일체 모든 佛法을 길러주기 때문에 썩지 않는 藥王樹의 뿌리며, 일체 無明의 눈병을 소멸시키기에 眼藥이고, 모든 惡患을 소멸시키기에 阿伽陀藥이며, 五欲의 毒을 모두 치료하기에 波羅提毘叉藥이고, 煩惱의 때가 사라져 淸淨하게 만들기 때문에 金藥이다."고 비유한다.

되지 않는다. 사람이 해탈약을 얻으면 비명횡사나 재난을 당하지 않듯이, 보살이 보리심이란 해탈지혜의 약을 얻어도 모든 생사고뇌의 재난으로부터 영원히 벗어난다. 사람이 마하응가약摩訶應伽藥을 지니면 독사가 그 냄새를 맡고 즉시 멀리 달아나듯이, 보살이 보리심이란 대응가약大應伽藥을 지니면 일체 번뇌의 악한 독사가 그 냄새를 맡고 즉시 멀리 달아나 사라진다. 사람이 무승약無勝藥을 지니면 어떠한 원수나 적도 그를 이길 수 없듯이, 보살이 보리심이란 무승약無勝藥을 지니면 일체 마군魔軍을 죄다 항복시킬 수 있다. 사람이 비급마약毗笈摩藥을 지니면 독화살이 저절로 떨어져 나가듯이, 보살이 보리심이란 비급마약毗笈摩藥을 지니면 일체 탐진치 삼독심과 뭇 사견이 저절로 떨어져 나간다. 사람이 선견약善見藥을 지니면 일체 모든 질병을 죄다 제거할 수 있듯이, 보살이 보리심이란 선견약왕善見藥王을 지니면 일체 모든 번뇌 질병을 죄다 제거할 수 있다. 산타나珊陀那란 약나무(藥樹)는 껍질을 벗겨 상처에 대면 상처가 즉시 나아버리지만, 그 나무껍질은 벗겨 쓰는 대로 바로 다시 생겨 무궁무진하다. 마찬가지로, 보리심이란 일체 지혜의 나무도, 이를 보고 믿음을 내는 자는 번뇌업장 상처가 죄다 소멸하되, 일체 지혜의 나무는 처음과 같이 조금도 줄어듦이 없다. 무생근無生根이란 약나무(藥樹)는 그 위력으로 염부제에 모든 나무들을 성장시키듯이, 보리심 나무도 그 위력으로 일체 학인學人과 무학인無學人 및 보살들의 모든 선법善法을 증장시킨다. 아람파阿藍婆란 약을 몸에 바르면, 몸과 마음이 다함께 감내할 능력이 생긴다. 마찬가지로, 보살이 보리심이란 아람파阿藍婆 약을 얻으면, 그 몸과 마음에서 다함께 선법善法이 증장한다. 사람이 념력약念力藥을 얻으면, 보고 듣는 대로 기억하여 잊지 않는다. 마찬가지로, 보살이 보리심이란 미묘한 念力藥을 얻어도, 모든 불법을 보고 듣는 대로 죄다 기억하여 하나도 잊어버리지 않는다. 사람이 대련화大蓮華라는 약을 복용하면 수명이 1겁 동안 머물듯이, 보살이 보리심의 大蓮華 약을 복용하면 수명이 무수겁 동안 자유자재가 된다. 사람이 모습을 가리어 감추는 예형약翳形藥을 붙잡으면, 다른 사람이나 사람 아닌 존재(非人)가 전혀 그를 볼 수 없다. 마찬가지로, 보살이 보리심이란 미묘한 예형약翳形藥을 붙잡으면, 어떠한 악마도 전혀 그를 볼 수 없다. 천상세계에 흑전단향을 조금만 살라도 그 향기가 소천세계에 두루 퍼져, 삼천대천세계를 가득 채운 진귀한 보배의 전체 가치로도 그 향기에 비길 수 없다. 마찬가지로, 보살의 보리심 향기도 그 일념 공덕만으로 법계를 두루 채워, 성문연각의 일체 공덕이 모두 미칠 수 없을 만큼 수승하다. 백전단향을 만약 몸에 바르면, 일체 뜨거운 번뇌가 깨끗이 소멸하여 몸과 마음이 두루 청량해진다. 마찬가지로, 보살의 보리심 향도 일체 허망한 분별과 탐진치의 뜨거운 미혹번뇌를 깨끗이 씻어내, 지혜의 청량을 원만히 갖추게 한다. 가택가訶宅迦라는 약즙을 사람이 더러 얻으면, 1량의 약즙으로도 천량 구리를 모두 순금으로 변하게 하며, 천량 구리로 인해 약즙이 변하지 않는다. 마찬가지로, 보살도 보리심의 회향지혜약으로, 일체 업장과 미혹 등 악법을 죄다 일체 지혜 덕상德相으로 두루 승화시키되, 업장과 미혹으로 인해 그 보리심이 변질하지 않는다. 사람이 안선나약安繕那藥을 얻어 그 눈에 바르면, 비록 인간세계를 돌아다녀도 사람들이 그를 보지 못한다. 마찬가지로, 보살이 보리심의 안선나약安繕那藥을 얻으면, 방편력으로 악마 경계에 들어가더라도, 뭇 마군이 그를 볼 수 없게 된다. 사람이 나이를 늘려주는 연령약延齡藥을 복용하면, 아주 충실하고 건장하게 자라 늙지 않고 여위지 않는다. 마찬가지로, 보살이 보리심의 연령약延齡藥을 복용하면, 무수겁 동안 보살행을 닦아도 마음에 피곤함이나 싫증이 나지 않고, 또한 오염이나 집착도 생기지 않는다. 藥에다 주문呪文을 지송持誦하면, 이 약을 보고 듣거나 이 약과 함께 있는 중생은 일체 질병이 모두 소멸한다. 마찬가지로, 보살의 보리심 약도 일체 선근 지혜 방편과 보살의 원력지혜에 함께 포섭 수지受持되면, 이를 보고 듣고 기억하고 생각하거나 이와 함께 머무는 중생은, 모두 일체 번뇌질병이 깨끗이 사라진다. 전륜성왕한테 상장象藏이라는 침향보沈香寶가 있는데, 이 향을 사르면 전륜성왕의 네 병력이 모두 허공에 붕 떠오른다. 마찬가지로, 보살의 보리심 향도 마음에서 생각만 내면, 보살의 일체 선근이 영원히 삼계를 벗어나, 여래의 무위자연 지혜 허공중을 떠다니게 된다.[120]

그런데 병 고치는 의약도 종류에 따라 약효의 범위와 강도(힘)가 각기 차이 나듯이, 중생을 제도하는 道와 法이라도 경지에 따라 능력의 범위와 크기가 다를 수 있음은 당연하다. 즉, 병을 고치는데 보통 쓴 약과 침이나 뜸돌은, 환자한테 심한 고통을 준 뒤에 낫게 한다. 하지만 소타선타蘇陀扇陀란 묘약은 병자가 눈으로 보기만 해도, 온갖 질병이 씻은 듯이 다 나아버린다. 비록 병 고치는 건 같지만, 그 효능의 우열은 현저한 것이다. 마찬가지로, 소승성문과 대승보살도 중생을 교화해 제도함은 같지만, 그 실질은 천양지차로 현격히 판이하다. 성문은 두타고행과 초저녁·한밤중·새벽녘의 정심靜心 좌선을 부지런히 닦아, 고통을 관찰함으로써 도를 얻도록 가르친다. 반면, 보살은 제법실상諸法實相이 본디 속박도 없고 해탈도 없음을 관조해, 마음이 청정해지도록 가르친다. 또, 성문은 강을 건너는데 부낭·뗏목으로 한 사람씩 힘들여 실어 나르지만, 보살은 큰 방주方舟로 한꺼번에 많은 사람을 안전히 渡河시키는 것으로도 비유한다. 여기서 小乘과 大乘의 명칭 차이

120 實叉難陀역본, 권제78, 入法界品 제39의19 참조. 미륵보살의 제2차분 103가지 보리심 공덕의 비유 중 의약 관련 16가지와 香 관련 비유 3가지만 차례로 발췌함. 이밖에 寶·珠·樹(華)·燈(火)·金剛 비유가 많이 등장함. 佛馱跋陀羅譯본 卷第59, 入法界品第34之16과 般若譯본, 卷第35-36, 入不思議解脫境界普賢行願品도 참조.

가 유래한다.[121]

(2) 법약의 수승함과 궁극성

보살이 무상정각을 이루기 위해 성취할 6바라밀 중 궁극 지혜는, 세간에 제아무리 어려운 기술이나 의약을 두루 다 배워도 얻을 수 없으며, 오직 법약을 두루 구해야 구경 적멸에 이를 수 있다.[122] 불경에서 법약의 수승함을 이렇게 비유한다.

염부제 내 모든 의사 중에 기역耆域 醫王이 최고 제일이다. 가령 삼천대천세계에 모든 중생이 다 기역耆域 같더라도, 만약 외도나 불신자가 자기를 얽매 생사고해를 헤매게 하는, 심중에 맺힌 번뇌나 사견邪見·의심·회한 같은 질병과 그에 대한 치료의약을 묻는다면, 오히려 대답조차 못할 텐데, 하물며 치료할 수 있겠는가? 보살은 이걸 보고 마땅히 이런 생각을 한다. 나는 결코 세간 의약으로 만족하지 않으며, 마땅히 출세간 지약智藥을 구해 익히며, 일체 선근복덕을 닦으리라. 이렇게 보살은 智藥을 얻은 다음, 두루 시방세계에 다니면서 일체 중생을 치료한다. 무엇이 보살의 출세간 智藥인가? 바로 모든 법은 인연이 합해 생겨남을 알고, 일체 법은 나도 없고 남도 없으며 또한 중생과 수명도 없는 줄 믿으며, 지음도 없고 받음도 없음을 알아보고, 나와 내 것이 없음을 믿고 이해하여 통달함이다. 이러한 공법空法에서 얻을 것 없는 가운데, 놀라거나 두려워하지 않고 부지런히 정진을 계속해 마음의 모습(心相)을 구한다.(大寶積經卷第112, 普明菩薩會第43)

또 보살은 배움과 공덕을 시방세계 중생을 위해 쓰므로, 공덕을 짓더라도 스스로 높다고 거만하게 우쭐대서는 안 된다. 보살은 늘 마땅

121 龍樹菩薩造, 鳩摩羅什역, 大智度論 권6, '初品 중 十喩의 해석' 참조.

122 大寶積經, 實叉難陁譯, 卷第59, 文殊師利授記會第15之2: "我今應更遍求法藥工巧, 以如是智, 令我得彼究竟寂滅."

히 시방세계 중생의 질병을 치유하고 교화해야 한다.

어떻게 치유하는가? 음욕에 병든 자는 부정관을 약으로 삼고, 진에에 병든 자는 등심等心을 약으로 삼으며, 치자癡者는 12인연을 약으로 삼고, 의심 많은 불신자는 공空을 약으로 삼는다. 또, 욕계·색계·무색계에서 만약 이걸 깨달으려는 자는 무상無相을 약으로 삼고, 내 것과 내 것 아님을 분별하며 애욕을 상념하는 자는 무원無願을 약으로 삼는다.

4전도顚倒는 각자 약이 있으니, 첫째 항상을 믿는 자는 무상無常을 약으로 삼고, 둘째 쾌락을 믿는 자는 고苦를 약으로 삼으며, 셋째 내 것이 있다고 믿는 자는 내 것 아님(非我所)을 약으로 삼고, 넷째 자신이 존재한다고 믿는 자는 관觀을 약으로 삼는다.

4의지意止는 신심身心을 사념함이 약이고, 4의단意斷은 일체 죄악을 모두 끊음이 약이다. 4신족神足은 4대가 모여 몸이 이루어진 걸 사유하고 空으로 내버림이 약이고, 5근根 5력力은 불신과 해태懈怠를 사념하는 공덕이 약이다. 7각의覺意는 법지혜法黠에 들어감이 약이고, 외도 및 불신자는 팔정도를 약으로 삼는다. 이것이 각각에 알맞은 약이다. (支婁迦讖譯, 佛說遺日摩尼寶經)

(3) 부처님 법약의 유일 무상無上

특히, 부처님 법약의 유일 無上이 두드러진다. 성문 제자들은 비록 지혜와 신통이 제아무리 뛰어나더라도, 보살의 청정안淸淨眼이 없기 때문에 여래 경지를 볼 수도 알 수도 없다.

비유하자면, 설산에 온갖 약초가 도처에 나서 자라는데, 위대한 良醫은 명지明智를 성취하여 온갖 약의 성질과 약효 차별을 알고, 병에 따라 필요한 것을 가려 채취한다. 하지만; 사냥하고 방목하는 사람은 그 속에 노닐더라도, 알지도 보지도 못하니, 어떻게 채취할 수 있겠는가?

마찬가지로, 보살은 여래의 지혜경계를 자유로이 드나들며 유희하고 여래의 삼매경계를 통달하지만; 성문 제자는 본디 일체종지를 닦지 않기 때문에 일체 중생을 이롭고 즐겁게 할 수 없으며, 비록 부처님 바로 곁에 거주할지라도, 여래의 광대무변한 삼매와 신통변화를 알지도 보지도 못한다.

또, 무구광無垢光이란 약을 눈에 바르면 청정한 눈을 얻어, 칠흑 같은 어둠속에서도 무수한 중생의 모습과 동작을 뚜렷이 볼 수 있는 것처럼; 보살이 여래 청정 지안智眼을 성취하면, 일체 세간에 걸림 없이 밝게 보고, 광대무변한 삼매로 신통변화를 부릴 수 있다. 성문 제자는 여래의 지혜와 상응하지 않기에 볼 수 없다.[123]

실제로 유명한 예화가 전해진다.

어느 사람이 사리불을 찾아가 출가하길 원했는데, 사리불이 그에게 조그만 선근도 없다고 받아주지 않자, 다른 비구들도 모두 차례로 거절하였다. 그런데 나중에 부처님이 알고, 그 사람이 오랜 과거 전생에 호랑이한테 쫓겨 나무 위로 올라가 다급한 마음에 '나무불' 한 마디를 외친 선근이 있다고 출가를 받아주어, 마침내 아라한이 되었다.

이때 부처님은 질병에 걸린 자를 큰 의사가 치료하지 못하면, 나머지 작은 의사들은 치료할 자가 없다는 비유로 설명하였다.[124] 그래서 부처님이 파라내국 녹야원서 사성제를 설하실 때, 최고 제일 시인인 존자 방기사(Vaṇgīsa: 婆耆舍, 鵬耆舍)가 세존 앞에서 독화살 뽑는 비유로

---

123 大方廣佛華嚴經, 般若譯, 卷第2, 入不思議解脫境界普賢行願品: "譬如雪山, 多諸藥草, 猶如種植處處出生, 有大良醫, 成就明智, 知諸藥性差別功能, 隨病所須, 於中採取."

124 馬鳴菩薩造, 鳩摩羅什譯, 大莊嚴論經卷第10: "猶如病者, 大醫不治, 其餘小醫, 無能治者."

부처님 찬탄하는 게송을 자청해 읊었다.

"내 이제 부처님께 경례 올리나니, 뭇 중생을 불쌍히 여기사,
날카로운 독화살 제일 잘 뽑고, 뭇 질병 잘 알아 치료하시네.
가로迦露 의사가 약을 처방하고 파후라波睺羅가 약을 조제하며,
저 첨파기瞻婆耆와 기파耆婆 의사도 온갖 질병 잘 의료하여,
더러 병이 조금만 차도 있어도 병을 잘 고친다고 유명하지만,
나중에 병이 재발해 마침내 병을 껴안고 죽기 일쑤지.
허나 정각 이루신 대의왕께서 중생한테 약을 잘 처방하사,
구경에 뭇 고통 제거해 다시는 어떠한 괴로움도 받지 않네.
나아가 백천 가지 나유타 수의 모든 질병도,
부처님께서 모두 잘 치료해 고통 언덕을 영원히 벗어나네.
오늘 법회에 온 모든 의사들이여, 내 이제 그대들에게 고하노니,
감로 法藥을 얻어 각자 좋아하는 만큼 즐겨 복용하시라.
날카로운 독화살 제일 잘 뽑고, 뭇 질병을 잘 깨달아 아시니,
질병 치료 의사 중 최상이신 구담瞿曇께 내 머리 숙여 절하네."[125]

부처님은 열반 직전 제자들에게 법을 당부하며 찬탄하셨다.

"설령 모기가 바닷물을 다 들이마시고, 입으로 바람 불어 수미산을 날려 보내며, 새끼줄로 바람을 붙들어 매고, 겁화劫火 속에 연꽃이 피어나며, 아가타약이 독약으로 변한다고 말할지언정, 여래의 법은 소멸한다고 말할 수는 없다."[126]

부처님이 있든 없든 법은 상주하며, 과거 현재 미래 부처님이 합일한 법신이 대법약이 되어 중생들의 온갖 질병을 치료한다.[127] 실로 법

125 雜阿含經, 求那跋陀羅譯, 卷第45: "正覺大醫王, 善投衆生藥, 究竟除衆苦, 不復受諸有, …得甘露法藥, 隨所樂而服.…"

126 大般涅槃經, 曇無讖譯, 卷第18, 梵行品第8之4: "寧說阿伽陀藥而爲毒藥, 不可說言如來法滅."

은 모든 부처님에 어머니다. 법이 없으면 부처님도 나오거나 존재할 수 없기 때문이다.

(4) 다양한 법약과 대치 효능

중생의 질병은 하나가 아니니, 감로약을 투여해 병을 제거함에도, 중생 염원에 따라 마음을 즐겁게 하여 소원을 이루어주어야 한다.[128] 질병과 약의 진단 처방은 서로 대응해 이루어진다. 질병은 일체 중생의 8만4천 번뇌가 질병이고, 약은 부처님께서 병에 따라 설하신 8만4천 법문이 묘약이다. 선교善巧 방편을 베풀어 근기 따라 처방함은 서로 각각 같지 않으나, 佛心은 다름이 없다. 그래서 정명경淨名經(유마경)에도 말한다.

> "온갖 티끌처럼 수많은 팔만사천 번뇌수고의 문이 활짝 펼쳐 있어, 온 중생이 그 때문에 피로하니, 모든 부처님께서 바로 이 법에 응하여 불사를 펼치신다."[129]

또 지수화풍 사대의 성질이 같지 않아 서로 어긋나는데, 良醫는 그 속성을 잘 알아 치우친 바에 따라 잘 풀어주듯이; 여래도 중생들한테 良醫처럼 온갖 번뇌의 성질과 모습 차별을 잘 알아 끊어버리며, 여래의 비밀장秘密藏인 청정 불성이 상주불변함을 열어 보여준다.[130]

---

127 佛說法常住經, 失譯經人名: "法者常在, 有佛無佛, 法住如故.…去來今佛, 合一法身, 行與道合, 因爲衆生, …爲大法藥, 療衆生病,"

128 菩薩從兜術天降神母胎說廣普經(菩薩處胎經), 竺佛念譯, 卷第6, 無明品第20: "生病非一, 投以甘露藥."

129 御製秘藏詮卷第21: "病藥施投互更作.<病者, 一切衆生, 八萬四千煩惱之病; 藥者, 我佛如來八萬四千應病法門之藥.>" 大方便佛報恩經卷第6, 優波離品第8; 薩婆多毘尼毘婆沙卷第1: "佛說塵勞有八萬, 法藥亦八萬, 名八萬法藏."

130 大般涅槃經, 曇無讖譯, 卷第8, 如來性品第4之5: "如來亦爾, 於諸衆生, 猶如良醫, 知諸煩惱體相差別, 而爲除斷, 開示如來秘密之藏淸淨佛性常住不變."

마치 훌륭한 의사가 8가지 약방藥方을 가지고 있듯이, 여래도 온갖 약의 종류를 각각 분별해 처방한다. 탐욕음심이 많은 자는 부정(惡露)관의 약을 주고, 진에는 자비로 제거하며, 우치는 지혜로 소멸시킨다.[131]

사람 몸에 풍風과 담痰과 랭冷의 3대 병환이 있고, 다행히 3대 병환에는 3대 良藥이 있다. 풍환風患에는 소酥와 酥로 만든 음식이 良藥이고, 담환痰患에는 꿀과 꿀로 만든 음식이 良藥이며, 랭환冷患에는 기름과 기름으로 만든 음식이 良藥이다. 마찬가지로 사람 마음에도 탐욕·진에·우치의 3대 우환이 있고, 이 3대 우환에도 3대 良藥이 있다. 탐욕이 일 때는 不淨과 不淨을 사유하는 道로 다스리고, 진에의 大患은 慈心과 慈心을 사유하는 道로 다스리며, 우치의 大患은 지혜와 인연이 일어나는 12연기의 道로 다스린다. 수행자는 마땅히 이 3대 병환을 잘 관찰하고, 선방편을 활용해 이 삼약을 잘 찾도록 배워야 한다.(增壹阿含經, 卷第12, 三寶品第21)

3독과 3약의 상응관계를 잘 정리한 게송이 전해진다.

"만약 음욕이 많아 사랑으로 마음이 어지러우면,
이때는 자비관을 행해선 안 되네.
음욕 많은 사람이 자비관으로 번민 더욱 치성함은
냉병에 한랭한 약 먹는 어리석음이지!
음욕 많은 사람은 심란하니 不淨을 관하라!
不淨을 잘 관조하면 마음이 안정을 얻지.
수행법이 이같이 상응하기에 마치 冷病에 熱藥 복용하듯 잘 듣네.
만약 瞋恚 많아 마음이 분란忿亂하면 이때는 不淨관 하면 안 되네.

131 佛本行經, 寶雲譯, 魔勸捨壽品第26: "猶如良醫士, 有八種藥方, 吾以各分別, 衆藥之種類, 其貪婬多者, 惡露觀爲藥, 瞋恚用慈除, 愚癡以慧滅."

화나는 사람이 추악함을 관하면 화가 더 나니,
마치 열병에 뜨거운 약 먹는 바보처럼!
만약 사람이 진노瞋怒하면 자심慈心을 행하라,
자비를 놓지 않고 행하면 진심瞋心이 스러진다.
수행법이 이같이 상응하기에 마치 열병에 냉약 복용하듯 잘 듣네.
만약 크게 우둔해 마음 어둡고 얕은데 부정관이나 자비관 행하면,
두 수행은 어리석음만 보탤 뿐 무익하니,
마치 풍병風病에 보릿가루 초약麨藥을 먹듯 효험 없지.
마음이 어리석고 어두우면 인연을 관하라.
분별해 관찰하면 아둔한 마음 사라지리.
수행법 이같이 상응하기에 風병에 니약膩藥 복용하듯 잘 들으리.
연금술사가 부채와 숯불 빼거나 때 놓친 풀무질 법으로
성급히 때도 없이 풀무질하고 수시로 물 끼얹거나 내팽개쳐봐.
금이 녹는데 급히 풀무질하면 질펀히 흐르고,
녹지도 않았는데 그치면 딱딱하게 굳고 말지.
때 아닌 물 뿌리면 금이 가고, 때 아닌데 그만두면 익지도 않지.
정진해 마음 추슬러 놓아버림은 마땅히 수행도법 잘 관찰해야지.
때나 방편 놓치면 法利 잃으니, 法利 아니면 참된 이익 아닐세.
마치 藥師가 냉병、열병、풍병 치료하기 위해 병에 따라 약 주듯,
부처님도 음욕、분노、우치를 치유하려고
병에 따라 약을 주어 소멸한다네."[132]

132 坐禪三昧經, 鳩摩羅什譯, 卷下: "若多婬欲愛亂心, 是時不應行慈等, 婬人行慈益癡悶, 如人冷病服冷藥, 婬人心亂觀不淨, 諦觀不淨心得定, 行法如是相應故, 如人冷病服熱藥, 若多瞋恚忿亂心, 是時不應觀不淨, 瞋人觀惡增恚心, 如人熱病服熱藥, 若人瞋怒行慈心, 行慈不捨瞋心滅, 行法如是相應故, 如人熱病服冷藥, 若多愚癡心闇淺, 不淨行慈悲行法, 二行增癡無益故, 如人風病服麨藥, 人心癡闇觀因緣, 分別

그런가 하면, 보살이 필경 지약智藥으로 온갖 번뇌질병에 다양하게 대치하는 법문도 있다.

부정관으로 탐욕을 치료하고, 자심관慈心觀으로 진에를 치료하며, 인연관因緣觀으로 우치를 치료한다. 행공관行空觀으로 온갖 망견妄見을 치료하고, 무상관無相觀으로 온갖 기억분별상념을 치료하며, 무원관無願觀으로 일체 삼계를 벗어나려는 원願을 치료한다. 4전도顚倒로 일체 顚倒를 치료한다. 모두 무상無常한데 항상 존재한다고 착각하는 전도는, 유위有爲의 無常으로 치료한다. 온갖 고통을 즐거움으로 여기는 전도는, 有爲의 苦로 치료한다. 무아無我인 걸 아我로 착각하는 전도는, 無我法으로 치료한다. 부정한 걸 청정으로 여기는 전도는, 열반적정으로 치료한다.

모든 것이 의지하는 몸身·느낌受·마음心·법法은 사념처四念處로 다스려야 한다. 수행자가 자신을 관찰함에는, 신상관身相觀에 따라 我見에 빠지지 않고, 수상관受相觀에 따라 我見에 빠지지 않고, 심상관心相觀에 따라 我見에 빠지지 않고, 법상관法相觀에 따라 我見에 빠지지 않는다. 이 사념처는 일체 신수심법身受心法을 싫어해 열반의 문을 열 수 있다.

사정근四正勤 수행으로, 이미 생겨난 모든 불선법不善法을 끊고, 아직 생기지 않은 모든 不善法을 일지 않게 하며, 아직 생기지 않은 선법善法은 모두 생기게 하고, 이미 생겨난 善法은 잘 증장하게 할 수 있다. 요컨대, 일체 모든 不善法을 끊고, 일체 모든 善法을 성취할 수 있다.

사여의족四如意足으로 身心의 중대한 파괴를 치료하여, 오롯한 심신

諦觀癡心滅, 法行如是相應故, 如人病風服膩藥, 譬如藥師三種病, 冷熱風病除滅故, 應病與藥佛如是, 婬怒癡病隨藥滅."

으로 여의如意 자재한 신통을 얻게 한다. 오근五根으로는 믿음 없고 게으르며 산란한 마음에 정신없이 무지한 중생을 치료한다. 오력五力으로 온갖 번뇌의 힘을 가로막고, 칠각분七覺分으로 제법諸法에 의심 후회 착각 오류를 치료하며, 팔정도八正道로 사도邪道에 떨어진 일체 중생을 치료한다. 이것이 보살의 필경 지약智藥이니, 보살은 마땅히 항상 부지런히 수행해 익혀야 한다.[133]

또, 다라니의 법약 효과에 관한 법문이 자주 나와 눈에 띈다. 여래가 설한 8다라니를 갖추면, 중생의 무명을 깨부수고 법약을 베풀어 번뇌를 쳐부숨이, 마치 세상에 훌륭한 의사가 질병을 구제하는 듯하다.[134] 뛰어난 8총지를 얻으면, 다니는 곳마다 온갖 두려움이 사라지고, 그가 다님은 마치 의사와도 같아 온갖 질병과 액난을 치료하고, 때맞춰 법약을 주니 물불 속에서도 구제해준다. 지극히 뛰어난 미묘한 총지를 얻어 지니면, 그 지혜로 성냄과 원한이 사라지고, 근기 따라 해탈 이루리라고 공덕을 칭송하기도 한다.[135]

또, 과거 7불이 설한 다라니 신주神呪는, 과거 10만억 부처님이 설한 공덕과 위신력으로 인해, 해와 달이 비치는 곳까지 광명이 미친다. 가난한 자한테는 보배창고를 베풀고, 눈 먼 중생한테는 지혜의 눈을 베풀며, 병고에 시달리는 자한테는 법약을 주어 치료한다.[136]

---

133 大寶積經卷第112, 普明菩薩會第43 참조.

134 大方等大集經, 曇無讖譯, 卷第4, 陁羅尼自在王菩薩品第2之4: "具足如是陁羅尼, 能壞衆生無明闇. … 施於法藥壞煩惱, 如世良醫救病者."

135 大哀經, 竺法護譯, 卷第7, 八摠持品第23: "假使有逮得, 此上之摠持, …其行亦如醫, 療治諸疾厄, 隨時給法藥, 湯火而救濟, 其有逮得者, 極上妙摠持, 彼慧無瞋恨, 隨根而解說."

136 七佛八菩薩所說大陁羅尼神呪經, 失譯人, 卷第2: "貧窮者, 能施寶藏; 盲冥衆生, 施其慧眼; 病苦之者, 與法藥療治." 未詳撰者 陁羅尼雜集卷第2에도 비슷한 내용 나옴.

"가장 수승한 이 다라니를 얻으면, 생사윤회에 업장인과를 멀리 벗어난다네. 마치 대지가 여러 善法을 생장시키듯, 물이 온갖 때를 남김없이 깨끗이 씻어주듯이, 불이 땔감을 가리지 않고 다 태우듯이, 바람이 거침없이 휘몰아 불듯이, 의왕이 法藥을 잘 알아, 중생의 병을 제거해 안녕을 얻게 하듯이."[137]

그밖에도 인상 깊은 법문이 있다.

"인연因緣은 무명無明에 약이며, 수면睡眠에는 지혜가 약이고, 불안한 들뜸(掉擧)과 후회에는 선정이 약이다."[138] "커다란 자애의 갑옷(鎧)을 입고 번뇌의 화살을 막으며, 자애의 法藥으로 원한 맺힌 독을 풀며, 번뇌가 마음을 불태울 때 자애(감로법우)가 소멸시킨다."[139]

석제 환인이 가섭존자한테 음식을 보시하며 한 말도 눈에 띈다.

"보시는 최상의 미묘한 약이니, 중병도 제거할 수 있다.
평평하지 못한 곳을 다님에는 보시를 지팡이로 삼는다."[140]

불평불만과 원망질시가 득실거리는 중생들 사이에 평온하게 다니고 평화롭게 살자면, 즐겨 베풀어 그들 마음에 미움과 시기를 풀어줌이 가장 안전하고 확실한 의지처라는 뜻이다.

세상에 어리석은 사람들은 보시하지 않고 인색하여, 천만억 재산을 쌓아두고 내 것이라고 말한다. 그러나 임종에 눈으로 악귀들을 보고, 칼날 같은 바람이 제 몸을 에고 더 이상 숨이 드나들지 않을 즈음, 탐

137 守護國界主陁羅尼經, 般若共牟尼室利譯, 卷第3, 陁羅尼品第2之3: "得此最勝陁羅尼, 遠離受生諸業果,… 如醫善知於法藥, 除衆生病得安寧."

138 訶梨跋摩造, 鳩摩羅什譯, 成實論卷第9, 無明品第127: "因緣名無明藥"; 雜煩惱品第136: "睡眠以慧爲藥, 掉悔以定爲藥."

139 鳩摩羅什譯, 坐禪三昧經卷下: "被大慈鎧,遮煩惱箭,慈爲法藥,消怨結毒, 煩惱燒心, 慈能除滅."

140 馬鳴菩薩造, 鳩摩羅什譯, 大莊嚴論經卷第10: "施爲最妙藥, 能除於重病, 行於不平處, 用施以爲杖."

욕스런 식신識神이 악업을 따라 몹시 고통스런 과보를 받게 될 때, 장차 죄를 받을 곳에 이르러 후회한들 이미 늦다. 부처님이 방편지혜로 그한테 설법하면, 영리한 상근기는 스스로 죄를 반성하고 숨김없이 뉘우치는 마음으로 설법을 듣고 제도 해탈을 얻는다. 마치 사람이 태어나면서 소경이라 검정 노랑을 알지 못하다가, 거룩하고 훌륭한 의사를 만나 법약으로 치료 받는 것과 같다. 예전에는 파랑、노랑、빨강、하양、검정의 다섯 빛깔을 몰랐지만, 이미 밝은 눈의 인식을 얻고 난 뒤에는, 파랑、노랑、빨강을 더 이상 분별하지 않는다. 보살도 훌륭한 방편도로써 분별에서 시작해, 구경에 이르러 팔난 법을 말끔히 소제하니, 더 이상 나지도 않고 사라지지도 않는다.[141]

(5) 등신불의 약효와 불상의 유래

대장경에는 소신공양燒身供養 기록이 몇 군데 나온다. 역대 조사나 고승 가운데는 좌탈 입적하여 등신불로 모셔지고, 중생들에 신앙숭배의 대상이 된 사례도 몇 분 전해진다. 중국 구화산九華山에 지장보살의 화신으로 알려진 신라 김교각 스님과, 육조 혜능慧能대사, 함(감)산憨山대사의 법구法軀가 등신불로 모셔져 있다고 한다. 필자도 대만대학臺灣大學 유학시절에 삐탄碧潭에 한 절에서, 어느 고승의 등신불을 직접 친견한 적이 있다.

그런데 대장경에는 의왕의 자비로운 치료처방과 관련해, 등신불의 약효와 불상의 유래를 짐작케 하는 비유가 나와 눈길을 끈다.

화엄경에는 염부제에 모든 藥을 통달하여 잘 쓰고, 숙세 선근력善根力으로 대명주력大明呪力도 통달하여, 중생이 보기만 해도 질병이 낫도

141 菩薩從兜術天降神母胎說廣普經(菩薩處胎經), 竺佛念譯, 卷第5, 善權品第19: "佛以權智度, 就彼而說法, 利根自省罪, 悔心不藏匿, 聞法得度脫, 菩薩善權道, 如人生便盲, 不識玄黃色, 遭遇聖巧匠, 療治以法藥."

록 방편 자비를 베푼 醫王 이야기가 나온다. 그 大醫王은 임종에 자기가 죽으면 일체 중생이 의지할 데가 없다고 염려하여, 방편으로 자기 몸에 스스로 약을 조제해 바르고 明呪力을 가피해 방부 처리했다. 죽은 뒤에도 자기 몸이 흩어지거나 위축하지 않게 미라를 조성해, 살아 있을 때와 똑같은 위의威儀와 모습을 갖추어, 보는 사람마다 모두 낫게 했다는 비유다.

무상無上 의왕인 여래도 이와 마찬가지로, 무량 백천억나유타 겁 동안 法藥을 수련하여 이미 성취하고, 일체 방편과 정교한 대명주력大明呪力을 수학해 피안에 이르러서, 일체 중생의 온갖 번뇌질병을 소멸시켜 준다. 수명이 무량겁에 이르도록 심신이 청정하고 사려나 움직임이 전혀 없이, 일체 불사를 잠시도 휴식하지 않으니, 중생들이 보기만 해도 온갖 번뇌 질병이 모두 소멸한다고 비유한다. 이것이 바로 보살들이 본받아 배워 수행할 여래신如來身의 제8상相이라고 한다.[142]

후대에 조성하여 예배 대상으로 모신 불상은 이러한 가르침에 근거하여, 부처님 몸을 구체화해 의왕의 복덕을 실현한 한 방편이라고 여겨진다.

(6) 출가 수행자의 4병폐와 대치법약

부처님은 출가 수행자가 수다원-사다함-아나함-아라한의 네 사문과果를 얻지 못하는 원인으로, 다음 네 병을 지적해 대치법약을 설한다.

네 병이란, 첫째 의복욕망衣欲, 둘째 음식욕망食欲, 셋째 침구욕망臥

142 大方廣佛華嚴經, 實叉難陀譯, 卷第50, 如來出現品第37之1 참조. 佛說如來興顯經, 竺法護譯, 卷第2에도 같은 내용이 비슷한 이야기로 나온다.

具欲, 넷째 소유욕망有欲으로, 수행에 장해가 되는 네 가지 나쁜 욕망惡欲이다. 이 출가 병病을 능히 치료하는 네 良藥이 있으니, 똥 걸레 주워 기워 입는 분소의糞掃衣는 의복욕망을 치료하고, 탁발 걸식은 음식욕망을 쳐부수며, 나무 아래 기대 잠자는 수하樹下 두타행은 침구욕망을 깨뜨리고, 신심적정身心寂靜은 소유욕망을 다스린다. 이 네 약으로 네 병을 제거함이 거룩한 수행(聖行)이고, 이러한 성행聖行은 적은 욕심에 만족할 줄 안다고 소욕지족少欲知足이라 부른다.

고요한 적정寂靜에는 네 즐거움이 있으니, 첫째 출가락出家樂, 둘째 적정락寂靜樂, 셋째 영멸락永滅樂, 넷째 필경락畢竟樂이다. 이 네 안락을 얻으면 寂靜이라 부르니, 네 정진을 갖추어 精進이라 부르고, 사념처四念處를 갖추어 정념正念이라 부르며, 네 선정을 갖추어 정정正定이라 부르고, 사성제를 보므로 정혜正慧라 부르며, 일체 번뇌속박을 영원히 끊으므로 해탈解脫이라 부르고, 일체 번뇌 허물을 꾸짖으므로 찬탄해탈讚歎解脫이라 부른다. 보살이 이같이 열 가지 法을 원만히 갖추어 안주하면 佛性을 보는데, 여래만큼 확연히 뚜렷하지는 못하다.[143]

부처님은 몸소 제자들을 거느리고 걸식하였다. 인욕과 하심을 실천 궁행해 솔선수범하면서, 시주에게 복전이 되기 위함이었다. 따라서 제자들한테 시주 공양을 받아먹으면서 감사한 마음으로 선한 생각으로 보답하라고 가르쳤다. 만약 시주나 공양물에 추악한 생각을 일으키면, 마치 감로를 버리고 독약을 먹으며, 친구 같은 선량한 의사를 버리고 원수 같은 사악한 의사한테 약을 받아먹는 것과 같다고 비유했다.

또, 육신에 집착하지 말라는 비유도 든다. 아무리 무서운 독사가 사람을 해칠 때도, 더러 사문이나 바라문이 주술이나 약으로 치료할 수 있지만, 지수화풍 4大가 살인할 때는 비록 사문이나 바라문이 신

143 大般涅槃經, 曇無讖譯, 卷第27, 師子吼菩薩品第11之1 참조.

주神呪나 良藥으로도 치료할 수 없다. 자신을 아끼는 사람이 독사 낌새를 맡으면 혐오스러워 멀리하듯이, 제불보살도 마찬가지로 사대 냄새를 맡고 곧 멀리한다.[144]

(7) 대기설법 및 특이 체질에 대한 특별 처방

약사가 환자한테 증상에 따라 여러 가지 약을 화합하여 처방함에, 냉병에는 뜨거운 성질의 약을 조제해주는데, 이 뜨거운 약(熱藥)이 열병에도 약이 되는 것은 아니다. 마찬가지로, 부처님이 자비심으로 중생의 번뇌 질병에 법문의 약을 설함에도, 각자 인연에 따라 전도몽상을 벗어나도록 최적의 대기설법對機說法을 하신다. 어느 한 법문이 확실히 정해져 있다고 애착하지 않는다.[145] 무릇 근기에 맞춰 하는 대기설법은 병에 맞춰 약을 주는 것과 같다. 여러 방편을 열어 듣는 자가 구도심이 일도록 즐거워하는 마음에 따라준다. 취지의 깊고 얕음을 알아, 근기를 관찰해 도법을 설해주고, 병증을 보아 약을 처방한다.[146]

이제 거룩한 진리(聖諦) 중에서 참 식견眞見을 구하려고 생각하는 자는, 맨 처음 어느 행을 닦아 사성제를 보려고 구할 것인가? 초학자가 익힐 행위규범(行儀)은 몹시 많고 번잡해, 두루 이해하려면 여러 경론에서 구해야한다. 초학 수행자는 해탈에 깊은 뜻과 즐거움을 갖추어, 열반의 덕을 관찰하고 생사의 허물을 등지며, 먼저 방편에 맞게 수행의 근본인 착한 벗(善友)을 가까이해야 한다. 선우善友는 두루 들어 아는 능력을 갖춰서, 마치 良醫가 질병을 치료함에 먼저 병자를 잘 관찰

---

144 大般涅槃經, 曇無讖譯, 卷第23, 光明遍照高貴德王菩薩品第10之3: "如棄甘露, 服食毒藥, 如捨親舊良善之醫, 從怨惡醫求藥而服."

145 龍樹菩薩造, 鳩摩羅什역, 大智度論권44, '幻學品의 해석' 참조.

146 御製秘藏詮卷第7: "演法道心隨<凡對機說法, 如應病與藥, 開諸方便, 隨彼樂欲.>"; 御製秘藏詮卷第九: "旨趣知深淺<觀根授道, 設藥逗機.>"

하는 것과 같다.

본성이 어떻고, 어떻게 변이했으며, 어느 곳에 규율하고, 세력이 어떠하며, 언제 어디서 어떤 습성이 이루어지고, 뜻과 실의가 어떤지, 어느 법을 따르고, 어떤 음식과 직업에 어떤 자리에 머물며, 전에 어떤 약을 복용했는지 관찰한다. 다음으로 여러 약의 맛과 세력 및 덕성을 잘 관찰해, 병자에 따라 처방해주어야 한다. 뜨겁게 하거나 진하게 느끼하게 하거나, 더러 탕약을 들여 넣어 여러 병을 끄집어내 쫓아야, 약 처방의 효험이 헛되지 않는다.

자비와 지혜를 갖춘 세존도 이와 같다. 먼저 번뇌 중병重病이 펍진함을 잘 관찰한다. 처음 도업을 익히려는 제자들이 어떤 본성인지, 탐욕행인지 잡다한 행인지? 어떻게 변이하고, 누가 변하게 했는지? 오래된 만성인지 잠시 그러한 급성인지? 본성을 어기게 한 것은 어떤 덕德인지? 어떠한 규모와 도량인지? 세간 영예를 구하기 위함인지, 출세를 구하기 위함인지? 견고한 공덕은 세력이 어떠한지? 그가 의지하는 몸이 지극히 견고해 노고를 감내하고 홀로 한적한 곳에 거처하며 오로지 전념하여 두타(dhūta, 杜多, 頭陀) 공덕을 수행할 만한지? 아니면 지극히 여린지? 어느 곳에 거처하는지? 이곳에 거처해 이 德이 생긴 것인지? 거처에 따라서도 여러 득실이 생기므로 모름지기 잘 관찰해야 한다. 언제인지? 이때여서 이것을 즐겨했는지? 때에 따라서도 즐거운 마음이 생기므로 모름지기 잘 관찰해야 한다. 더러 근기가 무르익은 자리를 알맞은 때(時)라고 말하기도 한다. 무엇을 익혀 습성이 되었는지? 그가 이전에 어떠한 덕을 익혀 지금 이 성품이 이루어졌는지? 어떠한 의지와 성품을 지녔는지? 겁약한 성품인지, 한적한 거처를 감내할 강인한 성품인지? 피로한 기질인지? 커다란 노고도 감당할 만큼 지극히 용맹스러운지? 어떠한 허물이 있는지? 증상만增上慢인지? 다른 사람 말에 쉽게 끌려 다니는지? 엿보기를 잘하는지? 어리석고 몽매한

지? 아첨을 잘하는지? 조급한 성질인지? 공경스럽게 떠받드는 걸 탐하는지? 이익·공양을 탐하는지? 삿된 견해가 다분한지? 의혹이 많은지? 어떤 법을 따르고, 어떤 번뇌에 잠기는지? 견고하게 좇아가는 것을 어떻게 움직일 수 있는지? 그는 무얼 먹어야 그 몸에 순하고 이익이 될지? 몸은 음식에 의지해 지탱하므로 잘 관찰해야 한다. 그는 전에 하던 직업이 무엇인지? 이전에 순응하여 닦는 게 좋으므로 잘 관찰해야 한다. 어느 정도 지위에 머물며 공덕과 과실은 어떠한지? 나이에 따라 지위가 다르므로 잘 관찰해야 한다. 그는 어떠한 法藥을 처방해주어야 좋은지? 내버려 두어야 하는지? 꾸짖어 내쳐야 하는지? 칭찬하고 격려해야 하는지? 일깨우고 가르쳐야 하는지? 다음으로 여러 대치방법을 잘 관찰해, 상응하는 바에 따라 가르쳐주어 배우도록 해야만, 각자 이익을 얻고 헛수고를 하지 않게 된다. 이러한 연유로 세존은 경전에서 善友를 가까이함이 온전한 청정범행梵行이라고 설하였다.147

제자를 가르치고 중생을 교화함에도, 이처럼 주도면밀하고 자상하게 상대방의 자질과 환경·조건을 세심히 관찰해야 하니, 보살행과 스승노릇을 제대로 하기가 얼마나 어려운가? 그러한 선지식을 만나는 것도 결코 쉽지 않으며, 크나큰 복덕인연이 있어야 가능하리라.

한편, 여래는 중생의 8만4천행에 맞춰 마땅한 法藥을 설한다. 깊은 선정의 평등상平等相 안에 상주하면서, 마음에 동요 없이 일체 중생의 심心과 심소행心所行에 통달하여, 어떠한 성문 벽지불도 미치지 못하는 경지에 노닌다. 어떤 중생은 음욕이 많은데도, 부정관不淨觀이 아니라 청정관淸淨觀으로 해탈할 수 있는데, 이는 오직 부처님만 알 수 있다. 어떤 중생은 진에瞋恚가 많은데도, 자비심이 아니라 허물관찰(觀過)로 해탈할 수 있다. 또 어떤 중생은 우치愚癡가 많은데도, 설법이 아니

147 尊者衆賢造, 玄奘譯, 阿毘達磨順正理論卷第59, 辯賢聖品第6之3 참조.

라 말상대 안함(不共語)으로 해탈할 수 있다. 어떤 중생은 특정 기질이 두드러지지 않고 대충 어정쩡한 등분等分 수행자로, 정정관이나 부성관이나 허물관찰(觀過)이나 慈心이나 말상대 안함(不共語)이나 설법으로도 결코 해탈할 수 없어서, 그 근성根性에 따라 제법평등諸法平等으로 설법해야 해탈할 수 있다. 이러한 제반 근기와 특성은 오직 부처님만 안다. 그래서 여래는 모든 설법인 중에서 최고 제일이고, 모든 선정인 중에서 최고 제일이다.[148]

(8) 기타 세간법에 의약 비유

그밖에도 세간법을 직접 의약에 비유하는 암시도 보인다.

화엄경에 보면, 선재동자가 53선지식을 차례로 참방하는 도중에, 40번째로 만난 석씨구파釋氏瞿波 여인이 전생 인연담을 설하는 대목이 나온다. 여기서 미묘한 덕을 두루 갖춘 구족묘덕具足妙德 동녀의 덕성을, 그 어머니 선현善現이 칭송하며 재주財主왕의 위덕주威德主태자한테 헌납한다. 구족묘덕 동녀는 모든 병법을 잘 터득해 뭇 쟁송을 정교히 판단하고, 조복시키기 어려운 자도 잘 조복시키며, 중생들의 모든 질환이 어떤 인연으로 생기는지 훤히 통달하여, 질병에 맞춰 약을 투여한다고 칭송이 자자하다.[149]

약간의 거리감이 있지만, 세간법을 다뤄 쟁송을 심판하고 죄악 중생을 다스리는 법관의 기능과, 의약에 통달해 질병을 치유하는 의사의 기능이, 간접적 비유로 연결될 수 있음을 분명히 시사하는 실례라

148 思益梵天所問經, 鳩摩羅什譯, 卷第3, 論寂品第8: "如來於衆生八萬四千行, 隨其所應, 爲說法藥.…如來於諸說法人中爲最第一, 禪定人中亦最第一." 竺法護譯, 持心梵天所問經과 菩提流支譯, 勝思惟梵天所問經도 참조.

149 大方廣佛華嚴經, 實叉難陀역, 권제75, 入法界品제39의16. "善了諸兵法, 巧斷諸諍訟, 能調難可調."; "衆生所有患, 善達彼緣起, 應病而與藥."

하겠다. 일체 만사가 불법 아님이 없다는 보편성에 비추어 보면, 세속법도 불법에 일부임이 자명하다.

또 여인의 무애변재를 법약의 효능으로 보기도 한다.

장자의 딸 엄제차菴提遮가 부처님 일행이 집에 몸소 왕림했는데도, 자신은 유부녀로서 세운 서원을 지키겠다고 방안에 틀어박혀 인사하지 않았다. 부처님이 알고 불러내자, 그녀는 비로소 나와 사리불과 문답에서 사자후 변재를 토하여 사람들을 깜짝 놀라게 했다. 이에 부처님은 이 여인이 이미 무량겁에 걸쳐 무수한 부처님이 설하신 法藥을 만났다고 말하였다.[150]

한편, 미묘한 法藥을 설함은 선교업善巧業이라고 부른다.[151] 또, 재가 불자의 도리로서, 노인은 부모처럼 모시고, 젊은이는 자제처럼 대하며, 항상 밝은 도리와 법약으로 온갖 질병을 씻어 제거해야한다는 가르침도 눈에 띈다.[152]

7. 법약의 약효!

(1) 정신(마음) 질병이 낫기 위한 필요조건 삼박자!

질병 감염에 3요소는, 병균의 침입과 숙주의 허약체질과 환자의 주관적 심리적 수용성으로서 감수성이다. 이에 상응하여, 罪惡(범죄)에 3요소는, 범죄의 목적으로서 욕심 및 분노의 대상, 빈궁한 상황, 자신의 심성수양 부족을 들 수 있다.

따라서 그러한 환자를 늘 대해야 하는 의사는 병리病理와 생리生理

---

150 佛說長者女菴提遮師子吼了義經, 失譯人: “是女人已經值無量諸佛所說, 是法藥, 勿疑之也.”

151 親光菩薩等造, 玄奘譯, 佛地經論卷第7: “說妙法藥, 名善巧業”

152 佛說四輩經, 竺法護譯: “老者若父若母, 少者若弟若子, 恒以明度法藥, 洗除衆病.”

에 관한 전문 의술을 노련히 터득해야 함은 물론, 어떠한 환자들의 질병에도 감염당하지 않을 만큼 강건한 체력과 저항력을 갖추어야 한다. 마찬가지로, 소송이나 범죄를 늘 다루어야 할 법조인(律師, 法師)은 범죄와 법에 관한 전문지식을 해박하게 습득함은 물론, 어떠한 죄악과 흉포한 기운에도 감염 또는 압도되지 않을 만큼, 강인한 정신력과 기백을 지녀야 한다. 의사와 법조인 모두 지인용智仁勇 삼달덕三達德을 갖추고, 호연정기浩然正氣에 충만해야 본연의 직책과 사명을 원만히 수행할 수 있다는 점도 공통이다.

불교에서 말하는 정신(마음) 질병은, 미혹의 대상인 6경境(6진塵)의 외물外物과, 거기에 미혹하여 끌리는 마음의 탐진치 삼독, 그리고 그걸 받아들이는 중생의 6근根、6식識이 어우러져, 온갖 번뇌 망상을 일으키는 것이고, 필경에는 사회적 질병인 다툼과 범죄까지 이어진다. 이러한 마음의 질병을 치료하기 위해서는, 법약과 법약을 잘 알아 처방하는 의왕인 불보살 선지식, 그리고 의왕을 믿고 따르며 그 처방에 따라 법약을 복용하고 마음을 가다듬어 수양하려는 환자(중생)의 의지(수용성)가 한데 어우러져야 한다. 즉, 부처님은 대의왕이고, 여러 도반들은 거들어주는 급사給使며, 正法은 藥이다. 스스로 설한 대로 행위가 그치게 되면 탐욕의 병이 끊어진다. 마치 병이 있는 줄 아는 사람(知病人)이 의사와 간병인과 의약의 세 가지를 갖추면, 병이 곧 낫는 것과 같다.[153]

전통시대 역대 황제들도 사회질병을 다스려 태평성대를 이루기 위해서는, 분쟁과 범죄의 근원인 탐진치 삼독 번뇌의 소멸이 선결 급선무라고 잘 통찰했다. 특히 宋 太宗은 부처님의 법약이 중생의 번뇌질

153 訶梨跋摩造, 鳩摩羅什譯, 成實論卷第9, 斷貪品第125: “佛爲大醫, 諸同學爲給使, 正法爲藥, 自如說行爲將息則貪欲病斷, 如有知病人, 三事具足, 病則時愈.”

병을 다스림에 각별히 주목하였다.

“묘약妙藥이 만성 고질병(沈痾)을 낫게 함도 인연이 모여 합치해야 한다. 妙藥은 위없는 법미法味이고, 침아沈痾는 칠루십전七漏十纏의 온갖 번뇌질병이다. 有情이 육도에 골몰하여 허우적거리는데, 의왕이 세상에 나셔서 바야흐로 헤어 나올 수 있다. 유교경遺教經에 ‘나는 良醫처럼 질병을 알아 의약을 설한다.’고 하셨다.”[154]

참으로 얼마나 현명한 계몽啓蒙(開明) 군주인가? 전륜성왕을 꿈꾼 왕도정치 사상이라고 칭송할 만하다!

참고로, 여기서 언급한 ‘칠루십전七漏十纏’은 온갖 번뇌질병을 망라한 대명사로서, 대강 해설하면 다음과 같다. 루漏는 주체인 내 관점에서 상념·정신이 새어나가면서 생명에너지도 새어나가 소모된다는 뜻이고, 전纏은 대상의 관점에서 객관 사물이 내 마음과 정신을 칭칭 감아 얽매고 옥죈다는 뜻인데, 모두 번뇌 망상을 가리킨다.

우선, 일곱 가지 새어나가는 번뇌 칠루七漏는 다음과 같다.

첫째, 견루見漏로서, 도를 발견하는 견도見道 단계에서 끊어지는 여러 사견邪見을 가리킨다. 둘째, 수루修漏로서, 도를 닦는 修道 단계에서 비로소 끊어지는 탐·진·치 등 여러 번뇌를 가리킨다. 셋째, 근루根漏로서, 눈眼·귀耳·코鼻·혀舌 등 감각기관 육근에서 생기는 번뇌를 가리킨다. 넷째, 악루惡漏로서, 험악한 코끼리나 맹수, 포악한 왕이나 나라, 악지식 등 나쁜 일이나 法으로 인해 생기는 번뇌를 가리킨다. 다섯째, 친근루親近漏로서, 의복·음식·의약·방사房舍 등 네 공양물을 친근히 함으로써 생기는 번뇌를 가리킨다. 악루와 친근루는 모두 바깥 대상으로 말미암는 심리적 갈등으로서 내연內緣인데, 전자는 내심에 거스

154 宋太宗, 御製秘藏詮卷第11: “妙藥愈沈痾<妙藥則無上法味, 沈痾則七漏十纏擾惱, 有情汨沒諸趣, 醫王出世, 方能差之. 遺教經云: 我如良醫, 知病說藥.>”

르는 인연이고, 후자는 내심에 순응 영합하는 인연이다. 여섯째, 수루受漏로서, 괴로움苦·즐거움樂·괴롭지도 즐겁지도 않은 무덤덤함捨의 세 느낌三受으로 생기는 탐·진·치 등 번뇌를 가리킨다. 일곱째, 념루念漏로서, 사념邪念을 가리키며, 느낌과 함께 번뇌를 일으키는 직접 원인이다.[155]

십전十纏은 중생을 얽매어 생사윤회를 벗어나지 못하도록 결박하는 열 가지 번뇌인데, 탐진치 등 근본번뇌에 부수해 일어나, 오염된 마음과 상응해 온갖 악행을 저지르는 원흉이 된다.

첫째, 무참無慚으로, 여러 훌륭한 공덕과 유덕한 분께 존경심을 품지 않고, 도리어 꺼리고 비난하면서도 스스로 부끄러운 줄 모르는 짓이다. 둘째, 무괴無愧로, 죄를 짓고 남이 알까 숨기고 부끄러운 줄 모르는 짓이다. 셋째, 질투嫉로, 남이 잘 되고 좋은 일에 내심 기뻐하지 않는 짓이다. 넷째, 간탐慳으로, 세간 재물이나 출세간 법재法財를 남한테 보시하는 은혜가 인색함이다. 다섯째, 후회悔로, 자신이 저지른 허물이나 죄악 가운데 마음이 불안한 후회다. 여섯째, 수면眠으로, 마음이 혼미하고 흐리멍덩해 성찰할 능력을 잃은 상태다. 일곱째, 도거掉擧로, 마음이 들떠 고요한 적정寂靜을 이루지 못하여, 차분한 선정관조를 성취할 수 없는 상태다. 여덟째, 혼침惛沈으로, 신식神識이 어둡고 우둔하여, 선법善法을 감당할 능력이 없는 신심身心 상태다. 아홉째, 분함忿으로, 자기 뜻에 어긋나는 역경계에 대해, 화나고 성내 正念을 잃는 짓이다. 열째, 복覆으로, 자기 죄악과 허물을 덮어 감추는 짓이다.[156]

각설하고 본론으로 되돌아와서, 부처님 정법의 약효는 주요원천이 진실성、진정성、성실성、마음의 정성과 정신에 있다. 중생을 연민하

155 中阿含經卷2·增一阿含經卷34·北本涅槃經卷22·成實論卷10·大乘義章卷5末 참조.
156 大毘婆沙論卷47-卷50, 俱舍論卷21, 大智度論卷7 참조.

는 자비심이 매개 전도체가 되어, 부처님 지혜광명의 진실한 도력道力과 대자대비 공덕력功德力이, 중생의 간절한 신信·원願·행行에 부어져 삼위일체로 하나로 어우러질 때, 불가사의한 법약의 효능이 나타난다. 의왕이 수행 발원한 공덕과 중생의 청정한 믿음 귀의가 법약의 효력을 결정한다.

(2) 의왕이 수행 발원한 공덕

모든 게 대가가 있는 법이다. 불보살님이 중생의 온갖 번뇌질병을 치유하기 위해 자기희생과 수행으로 공덕을 쌓아, 그 복덕의 위신력으로 법약의 효과를 얻도록 발원함이 첫째 요건이다. 즉, 불보살님의 중생 제도 원력이 가장 중요하다. 대장경에는 곳곳마다 부처님이 전생에 보살행을 할 때 세운 커다란 원력을 밝히며, 수행자들한테 보살행원을 적극 권유하고 있다. (대표가 화엄경에서 선재동자가 53선지식 순방하는 대미에 장엄한 보현행원普賢行願이다.)

부처님은 중생의 마음질병을 치료하기 위해 온갖 법약을 닦아 모으느라 신명을 아끼지 않았다. 전생에 보살일 때 이름이 '樂法'이었다. (법을 좋아하다는 의미로는 '요법'으로 읽고, 법을 즐겨한다는 의미로는 '락법'이라 읽을 수 있다.) 세상에 부처님이 안 계시고 좋은 말씀을 듣지 못해 사방으로 법을 구하다가, 바라문으로 변신한 악마를 만났다. 악마가 보살한테, 살갗을 벗겨 종이를 만들고, 뼈를 쪼개 붓을 삼아, 피를 먹물로 부처님 설법을 받아쓰라고 요구했다. 보살이 그대로 따라서 하자, 그 지극정성에 감동한 부처님이 나타나 깊은 법을 설하셔서, 보살은 그 자리서 무생법인을 얻었다.[157]

157 龍樹菩薩造, 鳩摩羅什譯, 大智度論, 釋發趣品第20: "治衆生心病故, 集諸法藥, 不惜身命. 如釋迦文佛, 本爲菩薩時, 名曰樂法."

또 석가모니가 과거에 고행할 때, 무섭고 흉포하게 생긴 라찰한테 '모든 존재는 덧없으니, 이게 생겨나 사라지는 법이네.(諸行無常, 是生滅法)'이란 반 게송을 듣고는, 마치 긴 병에 良醫、간병인瞻病、호약好藥을 얻지 못하다가, 갑자기 얻은 듯이 마음에 무한한 환희가 넘치며 뛸 듯이 기뻐했다. 이에 나머지 반 게송을 들려달라고 청했고, 라찰은 몹시 굶주려 허기지니 피와 살을 먹어야겠다고 딴청을 부렸다. 석가 전신은 기꺼이 자기 몸을 바치겠다고 약속하고, 후반 두 구절을 얻어 들었다. "나고 사라짐이 사라지면, 바로 고요한 적멸이 진짜 즐거움일세.(生滅滅已, 寂滅爲樂!)" 이 게송을 듣고 깊이 사유한 다음, 돌·길바닥·담벽·나무 등 도처에 기록하고서, 나무 위에 올라가 '일체 중생을 이롭게 하고자 진리를 위해 이 몸을 초개처럼 버린다.'고 서원을 말하며, 라찰을 향해 몸을 던졌다. 그 순간 온 허공에 찬탄이 울려 퍼지며, 몸이 땅에 떨어지기 전에 라찰은 제석천으로 변신해 보살을 사뿐히 받아 땅에 내려놓았다.158

일체 중생이 無明의 암흑에 떨어져서 그를 위해 지혜광명을 밝히려 하고, 일체 중생이 온갖 번뇌에 시달려 일체 佛法藥을 베풀려고 하며, 일체 중생이 모두 사도邪道에 빠져 이 중생을 위해 무상도無上道를 구한다. 보살 수행자가 이 세 가지 발원으로 반야바라밀을 얻으면, 서원을 온전히 만족할 수 있으므로, 수교受敎라고 말한다.159

또, 밝은 등불을 보시하면 나중에 질병 없는 밝고 깨끗한 눈을 얻고, 탕약을 보시하면 질병 없는 건강한 육신 형상을 얻으며, 法을 보시하면 나중에 죽지 않는 불사不死의 감로 法藥을 얻는다.160

---

158 大般涅槃經, 曇無讖譯, 卷第14, 聖行品第7之4 참조.

159 龍樹菩薩造, 鳩摩羅什譯, 大智度論, 釋涅槃如化品第87: "一切衆生墮在無明黑闇中, 我欲爲然智慧光明, 一切衆生有一切煩惱, 我欲設一切佛法藥, 一切衆生皆墮邪道, 我…求無上道."

부처님은 전생에 이러한 온갖 착한 보살행으로 법약을 하나하나 모으며 불도를 완성한 것이다. 따라서 부처님은 이미 모든 질병을 벗어나 근심고통이나 두려움이 없다. 허나 열반 직전에 부처님이 등이 아프니 문수사리한테 대중을 위해 설법하라고 명하자, 가섭보살이 여쭈었다.

"보살들은 무량겁 동안 진리菩提를 닦을 때, 질병 환자에게 의약을 베풀어주며 항상 이렇게 발원합니다. '모든 중생이 탐진치 번뇌장、오무간죄의 업장、정법비방과 일천제一闡提의 보장報障 등, 세 장애三障의 중병을 영원히 끊도록 하소서. 중생이 영원히 온갖 병을 여의고 여래의 금강신을 얻게 하소서. 일체 무량 중생이 묘약왕이 되어 일체 죄악 중병을 끊게 하소서. 모든 중생이 아가타약을 얻어 이 약효로 일체 무량 악독을 제거하게 하소서. 중생들이 아누다라삼막삼보리에서 물러남 없이 빨리 無上 佛藥을 성취하여 일체 번뇌 독화살을 뽑아내게 하소서. 중생들이 부지런히 수행 정진하여 여래의 금강심金剛心을 성취하고 미묘약微妙藥이 되어 모든 병을 치료하며, 사람들이 쟁송할 생각이 일지 않게 하소서. 중생들이 위대한 약나무가 되어 일체 죄악중병을 치료하게 하소서. 중생들이 독화살을 뽑아내고, 여래의 무상 광명을 성취하게 하소서. 중생들이 여래의 지혜 묘약의 비밀법장에 들게 하소서!'

여래가 오늘 오른 옆구리를 땅에 대고 누워 말씀이 없으니, 염부제에 여러 어리석은 사람들은, 여래의 정각도 반드시 열반에 들어 사라진다고 생각할 것입니다. 허나 여래의 성품은 진실로 필경 열반에 들지는 않으니, 왜냐면 여래는 상주하며 변함이 없기 때문입

---

160 大薩遮尼乾子所說經, 菩提留支譯, 卷第5, 請食品第6: "施燈明者, 得明淨眼, 無諸病壞; …施湯藥者, 得無疾病, 形色肥鮮; …布施法者, 後得不死, 甘露法藥."

니다. 여래가 등이 아프다고 말하면, 95종 외도가 거만하게 깔보면서, '우리 같지 못하구먼, 내 성품은 항상 자재하여 시간공간에 상관없이 변함없이 상주하는데, 사문 구담은 덧없음無常에 휩쓸리는 변역법變易法에 속하구나!' 라고 생각할 것입니다. 그래서 세존은 오늘 묵묵히 오른 옆구리를 땅에 뉘어서는 안 됩니다. 여래는 사대 부조화도 없고, 신체기력이 충족하여 쇠약함도 없습니다. 세존은 실로 병이 없는데, 어찌 묵묵히 누워 성문제자들에게 지계바라밀이나 선정해탈삼매를 잘 닦으라고 가르치지 않습니까?"

열반경에서 부처님은 이렇게 설하였다.

"나는 과거 무량무변억나유타백천만겁 이전에 이미 모든 병에 뿌리(病根)를 제거하고, 눕거나 기대는 걸 영원히 벗어났다. 가섭! 나는 지금 참으로 어떠한 질병도 전혀 없다. 중생들이 대승방등 밀교를 모르기에, 여래에게 참말 질병이 있다고 말한다. 만약 선남자·선녀인이 신구의 삼업을 잘 닦는다면, 목숨을 놓을 때 비록 친족이 시신을 화장하거나 물에 던지거나, 무덤 사이에 내버려 이리·늑대 같은 짐승이 다투어 뜯어먹는다고 할지라도, 심의식心意識은 곧장 선도善道에 생겨난다. 이 心法은 실로 오고감(과거미래)도 없고 이르는 곳도 없으며, 전후가 비슷하게 서로 이어질 뿐 모습은 다르지 않으니, 이러한 말이 곧 여래의 비밀스런 가르침이다. 가섭! 내가 지금 병들었다고 말함도 여래의 비밀스런 가르침이다. 그래서 문수사리에게 '내가 오늘 등이 아프니 너희가 사부대중을 위해 설법하라'고 말한 것이다. 여래정각은 참으로 병이 없으며, 오른 옆구리를 대고 누웠지만, 필경 열반에 들지도 않는다. 대열반은 모든 부처님의 심오한 선정이며, 성문연각의 수행처가 아니다. 가섭! 허공의 성품은 일어나거나 앉거나 음식을 찾거나 가족들한테 가업을 잘 다스리라고 분부하지 않으며, 또한 오고감이나 나고 사라짐이나 늙고 건장함이나 출몰이나 손상이나 해탈속박도 없으며, 스스로 설하지도 남한테 설하지도 않고, 스스로 풀지도 남한테 풀지도 않으며, 평안도 아니고 질병도 아니다. 제불세존도 허공과 마찬가지이니, 어찌 온갖 병고가 있다고 말하겠는가?"(卷第11, 現病品第6)

특히 경전과 주문을 독송하는 법약의 효과도 결국 부처님의 가피력임을 유념해야 한다. 예컨대, 수호대천국토대명왕경과 대명왕다라니를 독송하는 법력은 이렇다.

"대천국토를 수호하는 경전(守護大千國土經)을 수호하는 크나큰 위덕과 능력을 지닌 여러 천왕의 대서원력으로 국토를 보호하고, 우리 국토와 왕 및 인민들이 모두 일체 재난에서 벗어나 안락하며, 그들의 음식이 모두 묘약으로 변해 먹기만 해도 일체 병자의 온갖 고뇌가 모두 낫게 하소서."

이렇게 발원한 뒤, 불상과 범왕제석 형상 앞에 청정한 그릇에 아주 좋은 음식을 손수 공양올리고 경전과 주문을 염송하면, 경전의 위신력으로 그 음식이 모두 묘약 같아지고, 모든 약이 진실로 말미암아 감로약이 된다. 이어 이렇게 발원한다.

"위대하신 아리제모訶利帝母 천신天身이시여, 제 공양을 받으시고, 저희를 수호하사 안락케 하소서. 여래께서 대자비로 저희에게 법약과 감로묘미를 베풀어, 중생들 병이 말끔히 낫고 기갈의 생각조차 없게 하소서. 미발시微鉢尸여래 위신력으로 독을 제거하고, 시기尸棄여래 신통력으로 독을 제거하며, 비사부毘舍浮여래 진실한 말씀 위력으로 독을 제거하고, 게구촌나揭句村那여래 선정능력으로 독을 제거하며, 게낙가모니揭諾迦牟尼여래 지혜능력으로 독을 제거하고, 가섭파여래 변화신통력으로 독을 제거하며, 우리 석가모니여래 정진력으로 독을 제거하소서."

이렇듯 제불여래의 수행공덕과 진실한 말씀 위신력으로 일체 온갖 독이 감로처럼 변화해 중생의 온갖 질병을 제거하고, 여러 중생이 최상의 맛을 얻으며 영원히 기갈을 벗어난다.[161] 실제로 석가모니불도 수행으로 법약을 성취할 때 이렇게 발원했다고 한다.

"온갖 훌륭한 법의 묘약을 널리 채집해, 37가지 신령스런 고약(37助道品)을 만들어 온 세상에 평화로운 신약神藥을 삼으니, 경마卿魔들은 침범해 가로막지 말라!"[162]

악마·마귀들을 '경卿'이라고 존칭을 써서 정중히 당부·경고한 화법이 눈에 띈다.

(3) 법약복용 및 수행에 근본 도리

만약 질병이 반드시 죽음을 초래하고, 회복·소생할 가망이 전혀 없다면, 의약이나 의사는 전혀 필요 없는 무용지물이 될 것이다. 우리 중생의 업(까르마)도 확정된 과보로 바뀔 여지가 전혀 없다면, 우리 중생은 숙명론에 빠져 자포자기 체념만 존재할 것이다. 희망의 빛이 전혀 없는 암울한 절망 속에는 무시무시한 죽음의 공포와 막가파식 흉포한 만행혼란만 횡행할 것이다.

열반경에 따르면, 모든 업業은 확정과 불확정이 있다. 확정은 현생과보現報、바로 다음 생 과보生報、먼 미래 과보後報로 나뉘고, 불확정은 인연이 합해지면 받고 합해지지 않으면 받지 않는다. 이런 이치에서 마땅히 청정범행으로 해탈열반을 얻어야 한다고 믿으면, 이 사람은 악마권속이 아니고 참된 불자다. 일체 중생은 불확정 업이 많고 결

161 佛說守護大千國土經, 施護譯, 卷下: "以是經典威神力故, 令其飮食悉如妙藥, 令其諸藥以眞實故, 成甘露味. …如來大悲, 施我法藥, 甘露妙味, 令諸衆生, 病得除愈, 無飢渴想."

162 佛本行經, 寶雲譯, 降魔品第16: "博集諸法之良藥, 三十七種之神膏, 欲爲普世和神藥, 卿魔不宜犯繞遮."

정된 업이 적어서, 이런 이치에서 수도를 하는 것이다. 수도를 하기 때문에, 결정된 중대한 업도 가볍게 받을 수 있고, 불확정 업은 바로 다음 생 과보生報로 받지 않게 된다.

사람에는 두 부류가 있다. 하나는 불확정 업을 확정 과보로 만들고, 현생과보를 바로 다음 생 과보로 만들며, 가벼운 과보를 무거운 과보로 만들고, 인간에서 받을 걸 지옥에서 받는다. 또 하나는 확정을 불확정으로 돌리고, 다음 생 과보로 받을 것을 현생과보로 앞당겨 받으며, 무거운 과보를 가볍게 돌리고, 장차 지옥에서 무겁게 받을 걸 인간에서 가볍게 받는다.

전자는 어리석고 후자는 지혜로우니, 지혜로우면 가볍고 어리석으면 무거워진다. 지혜로우면 선업善業이 많기에 무거워도 가볍게 받고, 어리석으면 선업이 적기에 가벼워도 무겁게 받는다. 비유컨대, 두 사람이 하나는 건장하고 하나는 쇠약한데 함께 깊은 수렁에 빠졌다면, 건장한 자는 빠져나오지만 쇠약한 자는 침몰한다. 또 두 사람이 모두 독을 먹었는데, 주력呪力과 아가타약이 있는 사람은 주문과 약에 의지해 독이 해칠 수 없고, 주문과 약이 없는 자는 먹는 즉시 죽는다.(大般涅槃經卷第31, 師子吼菩薩品第11之5)

바로 부처님 가르침이 미묘한 법약으로, 중생의 질병을 효과적으로 치유하는 효력과 악업을 감경시켜주는 영험한 효과가 뛰어난 것이다.

부처님은 열반경에서 사람을 세 부류로 나누어 비유했다.

첫째, 병자가 선량한 의사와 간병인과 좋은 약好藥을 만나든 만나지 못하든, 모두 병이 나을 수 있는 사람이다. 이 사람이 이미 무량세월에 걸쳐 상중하 세 가지 선행을 닦아서 정해진 수명을 얻은 까닭에, 병자가 良醫와 好藥과 간병인을 얻든지 못 얻든지 모두 나을 수 있다.

둘째, 만약 병자가 良醫, 好藥, 간병인을 만나면 병이 낫고, 만나지 못하면 낫지 못하는 경우다. 이런 사람은 수명이 정해지지 않아서, 명이 비록 다하지 않았더라도, 아홉 인연이 있으면 요절할 수 있다. 아홉 인연이란 이렇다. ① 먹으면 불안한 줄 알면서 도리어 먹는 것, ② 많이 먹는 것(多食), ③ 앞서 먹은 게 소화하지 못했는데 다시 먹는 것, ④ 대소변이 시절에 맞지 않는 것, ⑤ 병들었을 때 의사 가르침을 따르지 않는 것, ⑥ 간병인의 분부를 따르지 않는 것, ⑦ 억지로 참고 토하지 않는 것, ⑧ 밤길에 나다니는 것, 야행夜行으로 악귀한테 얻어맞는 것, ⑨ 성교가 지나친 것(房室過度)이다. 이러한 인연으로 병자가 의약을 잘 만나면 병이 나을 수 있고, 만나지 못하면 낫지 못한다.

셋째, 병자가 良醫와 간병인과 好藥을 만나든 못 만나든 모두 낫지 못하는 경우. 그 사람은 수명이 이미 다했기 때문에, 어떠한 명의와 의약과 간병인을 만나더라도 모두 나을 수 없다.

일찍이 로자도 비슷한 취지로 섭생법을 말했다.

"모든 존재는 생겨나면 죽음으로 들어간다. 삶에 무리는 10분에 3이고, 죽음에 무리도 10분에 3이다. 사람이 살려고 함에도 움직이면(걸핏하면) 죽음으로 들어가는 자도 10분에3이다. 무릇 어인 까닭인가? 그들이 삶에 집착해 지나치게 섭생에 골몰하기 때문이다. 대저 듣건대, 섭생을 정말 잘하는 자는, 뭍을 다녀도 외뿔소나 호랑이를 만나지 않고, 군대 전장에 들어가도 갑옷이나 병기를 지니지 않는다. 외뿔소가 뿔로 들이받을 곳이 없고, 호랑이가 날카로운 발톱으로 할퀼 곳이 없으며, 아무리 무서운 병기라도 날카로운 날을 겨눌 바가 없기 때문이다. 왜 그러한가? 그한테는 도대체 죽음의 여지가 전혀 없기 때문이다."(제50장)

물론 이는 로자에 3보寶 중 으뜸인 '자애慈' 덕분이다.

중생도 그러하다. 첫째, 보리심을 발한 수행자는, 선지식 도반이나 제불보살을 만나 심오한 법을 듣고 받거나, 아예 만나지도 못하거나 상관없이 모두 성불한다. 이는 능히 보리심을 발한 까닭이다.

둘째, 수다원、사다함、아나함、아라한、벽지불은 만약 선지식 도반이나 제불보살이 설하는 심오한 법을 들으면 아누(다라삼막삼)보리심을 발하고, 만약 제불보살을 만나 심오한 법을 듣지 못하면 아누보리심을 발할 수 없다. 이는 마치 정해지지 않은 수명이 아홉 인연으로 중도에 요절하는 것과 같다. 병자가 의약을 만나면 병이 낫고, 만나지 못하면 병이 낫지 못하는 것처럼, 불보살을 만나 심오한 법을 들으면 능히 발심하고, 만약 만나지 못하면 발심하지 못한다.

셋째, 선지식이나 불보살을 만나 심오한 법을 듣든지 만나지 못하든지, 모두 발심할 수 없는 경우도 있다. 일천제 무리는 선지식이나 불보살을 만나 심오한 법을 듣든지 만나지 못하든지 간에, 모두 일천제의 마음을 벗어날 수 없다. 왜냐면 선법善法을 끊어버리기 때문이다.

그렇지만 일천제 무리도 아누보리를 얻을 수 있다. 왜냐면 만약 능히 보리심을 발한다면, 더 이상 일천제가 아니기 때문이다. 그러면 어떤 인연으로 일천제가 아누보리를 얻는다고 하는가? 신심과 보리심을 내어 일천제를 벗어나지 않는 한, 일천제 무리는 실로 아누보리를 얻을 수 없다. 마치 수명이 다한 자가 비록 良醫、好藥、간병인을 얻더라도 나을 수 없는 것처럼!(大般涅槃經卷第26, 光明遍照高貴德王菩薩品第10之6)

병자가 의약、간병인、병에 맞는 음식을 얻거나 못 얻거나 모두 낫는 것처럼, 일체 중생도 모두 불성이 있으므로 성문、벽지불、제불보살 등 선지식을 만나 설법을 듣고 도를 닦든지, 아니면 만나지도 듣지도 도를 닦지도 못 하든지 간에, 모두 아누보리를 얻어야 마땅하지 않느냐는 힐난도 있긴 하다. 이는 세상에 병자가 간병인과 良醫, 好藥과 병에 맞는 음식을 만나든지 만나지 못하든지 모두 낫는다는 것은, 부처님이 6주住 보살들을 위해 설한 이치기 때문이다.(大般涅槃經卷第32, 師子吼菩薩品第11之6)

(4) 법약의 본질속성과 약효 원리 1 - 반야공

중생은 허망하니 삶을 받는다. 감각기관根과 티끌경계塵가 본래 성품이 없고, 본말이 항상 텅 비어있는데, 중생은 이를 깨닫지 못하여, 필경 없는 가운데 구경究竟에 있음을 성취하려고 집착한다., 그로 인해 탐욕스럽게 취하여 업을 짓기 때문에 삶을 받아(受生), 무량겁 이래로 無明에 뒤덮여 살피지도 알지도 못한 채 윤회하는 고통을 받고 있다.

이에 보살이 이러한 전도顚倒 몽상을 불쌍히 여기고 대자비심을 드리워, 성품이 텅 빈 法藥을 설해 중생들 병폐근원을 깨뜨려 치료한다. 곧 苦와 無生을 통달하여 악업을 짓지 않고, 온갖 느낌受이 서로 일어남을 알아차려 능히 미혹의 원인을 쳐부순다. 허망하게 받은 고통이 텅 비면, 그에 대치對治할 즐거움(법약)도 저절로 끊어진다.[163]

바로 반야심경에서 말하는 불생불멸、불구부정、부증불감의 반야지혜 공空 도리를 가리킨다. 반야바라밀은 모든 부처님을 낳는 어머니(佛母)로서 위대한 법력을 지니는데, 이는 곧잘 독을 물리치는 약에 비유하기도 한다.

> "선남자 선녀인이 만약 이 반야바라밀을 듣고 받아 지니고 가까이하며 독송하거나 남한테 설명해주거나 올바르게 기억·사념하면, 그가 거처하는 곳에 악마나 마군이나 외도범지나 증상만인 등이 찾아와 이 사람을 업신여기고 난처하게 하거나 궁지에 몰아넣어 반야바라밀을 파괴하려고 온갖 술수를 부려도 끝내 성공할 수 없다. 오히려 그 사람의 악심이 점차 소멸하고 도리어 공덕이 증대하여, 이 반야바라밀을 들은 인연으로 점차 3승의 道로써 온갖 고뇌를 다 소멸시키게 된다.

---

163 延壽集, 宗鏡錄卷第91: "衆生妄受,…菩薩垂大悲心,愍茲顚倒,說性空之法藥, 破情有之病根."

비유컨대, 교시가(憍尸迦, Kauśika, 33천 도리천왕 제석천)여! 마기摩祇라 불리는 약이 있다. 뱀이 굶주려 먹이를 찾아 기어 다니다가 벌레를 발견하고 집어삼키려고 할 때, 벌레가 이 약 있는 곳으로 달아나면, 약 기운 효력으로 뱀이 더 이상 앞으로 나아가지 못하고 바로 고개를 돌려 달아나게 된다. 왜냐하면, 이 약의 효력이 뱀의 독을 이길 수 있기 때문이다. 교시가여, 마기 약은 이 같은 힘이 있다. 선남자 선녀인이 만약 이 반야바라밀을 듣고 받아 지니고 가까이하며 독송하거나 남한테 설명해주거나 올바르게 기억·사념하면, 설사 갖가지 투쟁이 일어나 이 사람한테 달려들어 파괴하려고 해도, 반야바라밀의 위력 덕분에 일어나는 그 자리에서 곧바로 소멸하게 되며, 오히려 그 사람이 즉시 착한 마음을 내어 공덕이 증대하게 된다. 왜냐면, 이 반야바라밀이 온갖 방법의 투쟁·혼란을 소멸시킬 능력이 있기 때문이다."[164]

일체 중생은 무시이래로 생사윤회하면서 집착·결박의 병으로 번뇌를 겪는데, 이 병을 치료할 사람이 없어서, 항상 外道와 악사惡師가 오도誤導하며 판을 쳤다. 그래서 부처님이 세상에 나와서 대의왕이 되어 온갖 법약을 모아, 중생들이 복용하도록 하려고 마하반야바라밀경을 설했다. 또 어떤 사람들은 부처님이 사람들과 똑같이 生死가 있고, 실로 기갈과 추위·더위·노쇠·질병의 고통을 겪는다고 의심한다. 그래서 부처님이 그러한 의혹을 끊어주기 위해서 마하반야바라밀경을 설했다.[165] 왜냐하면 미묘한 지혜가 곧 양약이기 때문이다. 병과 처방을 통달함이 지혜이니, 지혜의 묘약으로 중생의 번뇌를 다스려 몸과 마음

164 鳩摩羅什역, 摩訶般若波羅密經, 滅諍品제31 참조.

165 龍樹菩薩造, 鳩摩羅什譯, 大智度論第1, 初序品中緣起義: "一切衆生, 爲結使病所煩惱, 無始生死已來, 無人能治此病者, 常爲外道惡師所誤. 我今出世, 爲大醫王, 集諸法藥, 汝等當服. 是故佛說摩訶般若波羅蜜經."

에 온갖 질병을 소멸시킨다.[166]

세간 지혜와 법약의 반야지혜는 실로 하늘과 땅 차이다. 보살은 뜻대로 청정한 안락 불국토를 얻는 큰 서원을 후퇴하지 않는 여섯 가지 수행방법이 있다. 그 가운데 마지막 여섯째는 이러하다.

보살은 지혜에서 흘러나오는 것을 잘 알아서, 이렇게 사유한다.

'지혜는 어디서 나오는가? 청정한 계율에서 생기지! 이 지혜는 일체 청정한 법(白法)을 증장시킨다.'

그래서 보살은 마땅히 일체 세간 지혜와 정교한 기술·주술·의약처방처럼 성취하기 어려운 학문도 모두 두루 배워야 한다. 이렇게 다 배우고 나서 또 사념한다.

'지금 이 지혜로는 욕정을 떠난 적멸에 들 수 없고, 신통 및 정각으로 나갈 수도 없구나. 사문이나 바라문이나 열반을 향하지도 않아! 그러니 내 이제 마땅히 정교하고 영험한 法藥을 두루 구해서, 그 지혜로 구경적멸을 얻어야지!'

그 보살은 제법의 근본을 구해, 어떠한 조그만 법도 법을 일으킬 수 없음을 확인하고, 적멸에 안주해 치열한 번뇌가 사라지고 생사를 훤히 알아, 有情에게 유익한 일로 온갖 고통을 제거·소멸시켜 준다.[167]

한편, 고리(려) 때 경연에서 왕에게 자주 설한 인왕仁王호국반야바라밀다경의 별칭은 '국토를 수호하는 공덕(護國土功德)경'과 '일체 국왕이 法藥을 복용 시행해 크게 국가 사택舍宅을 보호하는 功德'이고, 일명

166 御製秘藏詮卷第11: 妙慧卽良藥<肇論云: 達病所應, 智慧意也, 以智慧妙藥, 治衆生煩惱故. 又華嚴經云, 以智慧藥, 滅身心病.>

167 大聖文殊師利菩薩佛刹功德莊嚴經, 不空譯, 卷中: "此慧不能證入離欲寂滅, 亦復不能趣向神通及以正覺, 非向沙門, 非婆羅門, 非向涅槃, 是故我今應更遍求法藥工巧, 以如是慧, 令我得彼究竟寂滅. 而彼菩薩求諸法本, 不見少法能起於法, 以不見故, 住於寂滅, 住寂滅故, 則無熱惱, 無熱惱故, 了知生死, 爲於有情而作利益, 令諸有情滅除衆苦."

'감로법약'이라 부른다. 만약 이 약을 복용하고 행하면, 온갖 질병이 나을 수 있기 때문이다. 반야바라밀다의 모든 공덕은 허공처럼 측량할 수 없는데, 수지 독송하면 어진 왕과 여러 중생을 담장이나 성곽처럼 든든하게 보호해주는 공덕을 얻는다.[168]

(5) 법약의 본질속성 2 - 열반경의 궁극성과 상락아정의 여래장

사람이 아가타약을 얻으면, 어떠한 독사도 전혀 두려워하지 않는데, 이 약이 일체 독을 능히 제거하는 힘이 있기 때문이다. 반야경뿐만 아니라 열반경도 대승경전으로 그러한 약효능력이 있어서, 어떠한 악마 독기도 전혀 두려워하지 않고, 아예 일어나지도 못하게 항복시킨다.[169] 특히 임종에 설한 열반경의 법약 효과는 반야경 못지않게 수승하다고, 여러 비유를 들어 강조한다.

수미산이 온갖 약에 근본이듯이, 열반경도 보살계에 근본이다. 마치 香山에 미묘한 藥王이 능히 모든 병을 치료하듯, 이 경은 능히 병고 중생을 위한 大良藥이다. 세간에 안자나(añjana, 安闍那) 약이[170] 눈병을 잘 치료하듯, 이 경은 능히 계율의 눈이 파괴된 자를 위한 大良藥이

168 佛說仁王般若波羅蜜經(鳩摩羅什譯)卷上, 二諦品第4; 仁王護國般若波羅蜜多經(不空譯), 卷下, 囑累品第8 참조.

169 大般涅槃經, 曇無讖譯, 卷第6, 如來性品第4之3: "譬如有人得阿竭陁藥, 不畏一切毒蛇等畏, 是藥力故, 亦能消除一切毒等. 是大乘經, 如彼藥力, 不畏一切諸魔毒等, 亦能降伏, 令更不起."

170 안자나(añjana): 安闍那, 安膳那, 安繕那, 安禪那로 표기. 일설은 흑청색 눈약眼藥. 일설은 식물로 그 잎을 眼藥으로 만들어 눈 주위 사방에 바르면 흑청색으로 변해 남들이 알아보지 못한다고 함. 지금도 인도인은 어린애 눈 주위에 발라주면 눈을 강하게 하는 약효가 있다고 믿어 곧잘 사용하고, 특히 눈 주위가 흑청색으로 변해 좋아한다고 함. 또 중인도 사지다娑枳多성 부근에 부처님 설법 유적으로 安禪林이 있는데, 안자나 나무가 무성해 붙은 이름이라고 함.

다.[171] 또 마라摩羅 독사가 닿거나 물면, 비록 좋은 주술이나 최상의 미묘한 약이 있더라도 어찌할 수 없으나, 오직 아갈다성주阿竭多星呪만이 해독할 수 있다. 마찬가지로 죽음의 독(死毒)이 물면 일체 의약처방도 어찌할 수 없으며, 오직 보살이 안주하는 대승대반열반주呪밖에 없다. (卷第12, 聖行品第7之2)

심지어 이런 비유까지 든다. 세간에 좋은 주술은 한번 들으면 7년간 어떠한 독약에도 중독당하지 않고 뱀도 물지 않으며, 만약 외우면 목숨이 다할 때까지 어떠한 악도 없게 된다. 대열반도 마찬가지로 만약 중생이 한번 귀로 들으면 7겁 동안 악도에 떨어지지 않고, 만약 사경、독송하거나 그 뜻을 해설、사유하면 반드시 아누다라삼막삼보리를 얻으며, 성왕聖王이 감로미를 얻듯이 불성을 청정하게 볼 것이다. 대열반은 이처럼 무량공덕이 있다. 이 경은 우담바라 꽃보다 더 만나기 어렵기 때문에, 경을 위해서는 귀중한 물품도 마땅히 봉헌해야 하고, 만약 없으면 자신을 팔아서라도 공양해야 한다며, 다음과 같은 전생담을 설하기도 한다.

"내가 무량무변나유타 겁 이전 과거를 기억하건대, 그때 사바세계에 석가모니라는 여래 10대 명호를 갖춘 세존이 대중한테 이 대열반경을 설했다. 나는 그때 좋은 벗(善友)한테 부처님이 대중에게 대열반경을 설한다는 소식을 전해 듣고, 몹시 기쁜 마음에 공양을 준비하려 했으나 집안이 가난해 재물이 없었다. 자신을 팔려고 했으나 박복해서 팔리지도 않아 귀가하던 길에, 한 사람을 만나 물었다. '내가 몸을 팔려고 하는데 당신이 사겠소?' 그 사람이 '내 집에 일하는 사람이 감당하지 못하는 일을 그대가 할 수 있다면, 내 그대

171 大般涅槃經, 曇無讖譯, 卷第38, 迦葉菩薩品第12之6: "如須彌山, 衆藥根本, 是經亦爾, 卽是菩薩戒之根本.… 是經能爲病苦衆生, 作大良藥, 如香山中, 微妙藥王, 能治衆病.… 是經能爲壞戒目者, 作大良藥, 猶如世間安闍那藥, 善療眼痛.…"

를 사리라.'고 답하기에, 내가 곧 무슨 일이기에 감당하지 못하냐고 물었다. 그 사람이 '나한테 악질이 있어 良醫가 약으로 매일 人肉 3량씩 먹으라고 처방했는데, 당신이 만약 매일 신육身肉을 3량씩 공급할 수 있다면, 당신에게 금화 5매를 주겠소.' 라고 답했다. 나는 그 말을 듣는 즉시 마음에 환희가 넘쳐 외쳤다. '당신이 나에게 돈을 주고 7일만 말미를 준다면, 내가 일을 마치고 돌아와 하겠소.' 그러자 그 사람은 7일은 안되고, 꼭 그러하다면 하루는 허락하겠다고 답했다. 그래서 나는 곧 그 돈을 받아 부처님 처소에 가서 머리 조아려 경례를 올리고, 가진 것을 모두 봉헌한 다음 진심을 다해 정성껏 이 경을 경청했다. 나는 그때 아둔해 비록 경을 들었지만 오직 한 구 게송밖에 수지受持하지 못했다.

'여래께서 열반을 증득하여 영원히 생사윤회를 끊으니,
만약 至心으로 경청하면 항상 무량한 즐거움을 얻으리.'

이 게송을 받아 지니고, 곧 그 병자 집에 돌아갔다. 선남자여, 나는 그때 비록 매일 3량씩 살을 떼어주었으나, 이 게송을 사념한 인연으로 전혀 고통스럽지 않았고, 매일 하루도 거르지 않고 한 달을 채웠다. 선남자여, 이 인연으로 그 병자는 다 나았고, 내 몸은 상처 없이 깨끗이 나아 원상회복했다. 나는 몸이 완전해진 걸 보고 곧 아누다라삼막삼보리심을 발했다. '한 게송의 힘이 이러할진대, 하물며 온전히 갖추어 수지독송하면 오죽하겠는가?' 나는 이 경이 이처럼 크나큰 이익이 있음을 보고, 다시 신심이 배가하여 미래에 佛道를 이루어 석가모니불이 되기로 발원했다. 선남자여, 이 한 게송의 인연공덕력으로 내가 오늘 대중 가운데서 天人 모두를 위해 이 경을 온전히 설하는 것이다. 이 인연으로 대열반은 불가사의하며 무량무변공덕을 성취하는 제불여래의 심오한 비밀법장이다."(卷第22, 光明遍照高貴德王菩薩品第10之2)

특히 열반경의 상락아정 여래장은 궁극에는 부처님만이 온전히 볼 수 있다고 차별성을 비유한다. 물질에는 비록 청·황·적·백색과 장단과 재질형상의 다름이 있지만, 소경은 보지 못한다. 허나 소경이 보지 못한다고 해서 청황적백색과 장단과 재질형상이 없다고 말할 수는 없다. 왜냐면 소경은 못 보지만, 눈 있는 사람은 보기 때문이다. 불성도 그러하여, 일체 중생이 비록 보지 못하더라도, 십주十住 보살은 조금 보고, 여래는 온전히 본다. 십주보살이 보는 불성은 밤에 빛깔을 보는 것과 같고, 여래가 보는 것은 낮에 빛깔을 보는 것과 같다. 비유하자면, 봉사가 빛깔을 잘 보지 못하는데, 훌륭한 良醫가 눈을 치료하여 약효 덕분에 뚜렷이 볼 수 있듯이, 마찬가지로 십주보살도 비록 불성을 보더라도 뚜렷하지 않은데, 수릉엄삼매首楞嚴三昧의 위력으로 뚜렷이 볼 수 있다.

만약 어떤 사람이 일체법이 무상無常·무아無我·무락無樂·무정無淨한 걸로 보고, 非일체법도 無常·無我·無樂·無淨으로 본다면, 이 사람은 불성을 보지 못한 것이다. 일체란 생사를 일컫고, 非일체란 三寶를 일컫는데, 성문·연각은 일체법도 無常·無我·無樂·無淨으로 보고, 非일체법도 또한 無常·無我·無樂·無淨으로 보기 때문에, 불성을 보지 못한다. 십주 보살은 일체법을 無常·無我·無樂·無淨으로 보고, 非일체법은 일부분 常·樂·我·淨으로 보기 때문에, 10분의 1정도 불성을 본다.

제불세존은 일체법을 無常·無我·無樂·無淨으로 보고, 非일체법은 常·樂·我·淨으로 보기 때문에, 불성을 손바닥 안에 아마륵과阿摩勒果처럼 뚜렷이 본다. 그런 뜻에서 수릉엄선정이 필경 궁극이다. 비유하자면, 그믐이나 초하루에 달이 비록 보이지 않더라도, 달이 없다고 말할 수는 없듯이, 불성도 그러하여 일체 범부가 비록 볼 수 없더라도, 불성이 없다고 말할 수는 없다.(卷第27, 師子吼菩

薩品第11之1)

부처님이 열반 직전에 최후에 설한 까닭에, 열반경은 부처님의 모든 법문경전 가운데 최후 완성작이고 최종 귀착지로 여겨진다. 마치 의사가 한 비방秘方으로 일체 모든 의약처방을 포섭하듯이, 여래도 마찬가지로 한평생 설한 온갖 미묘한 법문의 심오한 비밀법장이 죄다 대반열반에 들어간다. 그래서 대반열반이라고 부른다. 마치 여러 약 중에 제호醍醐가 제일이듯이, 중생의 뜨거운 번뇌와 혼란한 마음을 잘 다스림은 대열반이 최고 제일이다. 그래서 이 경전을 수학하는 자는 正法의 문을 얻어 良醫가 될 수 있지만, 배우지 않는 자는 곧 無明에 뒤덮여 혜안이 없는 맹인이라고까지 찬탄한다."[172]

세상에 그 병을 치료하기 어려운 사람이 셋인데, 첫째는 대승을 비방한 자고, 둘째는 오역죄五逆罪며, 셋째는 일천제一闡提다. 이 병들은 세상에서 지극히 엄중하여, 성문·연각·보살이 결코 치료할 수 없다. 비유컨대, 반드시 죽을 병자는 간병인과 원하는 것과 의약치료가 있든 없든 상관없이 결코 치료할 수 없고, 틀림없이 죽는다. 이 세 가지 사람도 마찬가지로, 성문·연각·보살이 설법을 하든 안하든 관계없이, 아누다라삼막삼보리심을 내게 할 수 없다. 병자한테 만약 간병인과 원하는 것과 의약치료가 갖춰지면 차도가 있고, 이 세 가지가 없으면 차도가 없듯이, 성문·연각도 마찬가지로 불보살한테 법을 들으면 곧 능히 아누다라삼막삼보리심을 내지만, 법을 듣지 않고도 능히 발심하는 것은 아니다. 또 병자에게 간병인과 원하는 것과 의약치료가 있든 없든 간에 모두 나을 수 있는 병이 있듯이, 한 가지 사람은 마찬가지

172 大般涅槃經, 曇無讖譯, 卷第3, 名字功德品第3: "如醫師有一秘方, 悉攝一切所有醫方. 如來亦爾, 所說種種妙法, 秘密深奧藏門, 悉皆入於大般涅槃. 是故名爲大般涅槃. … 如諸藥中, 醍醐第一, 善治衆生熱惱亂心, 是大涅槃爲最第一.… 若有修學是經典者, 得正法門, 能爲良醫."

로 성문·연각·보살을 만나든 만나지 않든, 여래를 만나든 만나지 않든, 법을 듣는 듣지 않든, 자연히 저절로 아누다라삼막삼보리를 성취한다. 설령 자신을 위하거나 남을 위하거나, 두려움 때문이거나 이익공양 때문이거나, 아첨하기 위해서나 남을 속여 쓰게 하기 위해서나, 오직 대열반경을 수지·독송하고 공양공경하며 남한테 설하는 자다. 설령 동기나 목적이 불순하더라도, 열반경을 수지·독송하는 선근공덕이 그만큼 크고, 또 열반경이 최고 궁극의 법약이라는 뜻일 게다.

(6) 무아에서 상락아정으로 전환하는 열반경의 도리

그러면 여태 고苦、무상無常、무아無我의 공空을 설하다가, 왜 갑자기 부처님은 상락아정을 설하였을까? 부처님께서 앞서 '모든 법은 나가 없다.(諸法無我) 너희는 갈고 닦고 배워라. 수학修學하면 아상我想을 떠나고, 我想을 떠나면 교만을 벗어나며, 교만을 벗어나면 열반에 든다.'고 설하신 뜻은 무엇일까? 부처님은 제자들의 의심을 풀어주기 위해 몇 가지 비유로 설명한다.

첫째, 어의御醫의 비유다. 국왕이 우둔하고 지혜가 적어서, 한 의사가 성질이 완고하고 시끄러운데도, 왕이 분간을 못하고 봉록을 후사했다. 의사는 모든 병을 순전히 유약乳藥으로만 치료하며, 병이 생기는 원인도 알지 못했다. 비록 乳藥은 아나 잘 이해하지 못하여, 풍병風病이나 냉병이나 열병이나 모두 乳藥을 먹으라고 처방했다. 그래도 왕은 이 의사가 유약의 좋고 나쁨과 처방효과를 아는지 모르는지조차 분간하지 못했다.

그러다가 또 다른 현명한 의사明醫가 먼 데서 왔는데, 여덟 의술(8正道)을 통달하여 뭇 질병을 잘 치료하고 온갖 의약처방을 통달했다. 허나 구의舊醫는 가르침을 받을 생각은 안하고, 도리어 자기가 공이 높다며 경박하고 오만한 마음을 내니, 明醫는 할 수 없이 짐짓 방편으로 그에게 고개를 숙이고 빌붙어, 그를 스승으로 모시고 심오한 가르침을 받겠다고 자청했다. 명의가 구의한테 사범師範이 되어 의방비법을 해설해 달라고 청하자, 구의는 '경이 지금 나를 위해 48년간 시봉한다면, 그 다음에 의법醫法을 가르쳐주겠다.'고 답했다. 이에 明醫는 능력껏 심부름하고 시중들겠다고 답했다. 그러자 구의舊醫는 객으로 찾아온 명의를 데리고 궁전에 들어가 왕을 알현했다. 이때 객의客醫는 곧 왕을 위해 각종 의약처방과 기예를 설했다.

'대왕! 이 법은 이렇게 나라를 다스릴 수 있고, 이 법은 이렇게 병을 치료할 수 있으니, 그런 줄 잘 알고 마땅히 분별해야 합니다.'

그때 국왕은 이 말을 듣고 비로소 舊醫가 몹시 어리석고 무지몽매한 줄 깨닫고, 곧장 나라밖으로 쫓아내버렸다. 그리고 새로 온 客醫를 배로 공경하였다. 이때 客醫는 '지금이 바로 왕을 일깨울 때다.'고 생각한 뒤 왕에게 말했다.

'대왕! 제가 진실로 애념愛念하는 소원이 하나 있습니다.'

왕이 바로 답했다.

'이 오른팔 너머로 나머지 신분은 그대가 원하는 대로 일체 주겠소.'

客醫가 말했다.

'왕이 비록 저한테 일체 신분을 허락하셨지만, 저는 지금 단 한 가지만 원합니다. 왕께서 나라 모든 인민한테 앞으로 다시는 舊醫의 유약乳藥을 복용하지 말라고 명령하십시오. 이 약은 독과 해악이 커서 손상이 많으니, 앞으로 복용하는 자는 목을 치십시오. 乳藥을 끊으면 다시는 비명횡사하는 사람이 없이 항상 안락할 테니, 이 소원을 청합니다.'

이에 왕은 곧장 나라에 모든 병자는 누구도 乳藥을 쓸 수 없으며, 만약 유약을 먹는 자는 목을 치겠다고 칙령을 내렸다. 그러자 客醫는 매운 맛, 쓴 맛, 짠 맛, 단 맛, 신 맛 등 갖가지 맛을 화합해 온갖 약을 조제하여 모든 질병을 치료하니, 낫지 않는 게 없었다.

그 뒤 오래지 않아 왕이 다시 병이 들어 이 의사한테 명했다.

'내 지금 병이 중해 몹시 피곤하고 고통스러워 곧 죽을 것 같으니, 마땅히 어떻게 치료해야 하겠소?'

의사가 왕의 병을 진찰하니 마땅히 乳藥을 써야 하는지라, 곧 왕께 아뢰었다.

'왕의 병환은 마땅히 유약을 복용해야 합니다. 제가 전에 유약을 끊으라고 한 말은 거짓입니다. 지금은 유약 복용이 최선의 치료처방입니다. 지금 왕의 질환은 열병이라, 바로 유약을 복용할 때입니다.'

왕이 의사한테 말했다.

'그대는 지금 미쳤는가? 열병이라 유약을 복용해야 낫는다고? 전에는 독이라고 말하고선, 지금은 어찌 먹으라고 하는가? 나를 속이는가? 구의가 찬탄한 걸 그대가 독이라고 말해, 나더러 내쫓게 해놓고선, 이제 다시 가장 효능 있는 질병 치료약이라고 말하다니! 그대 말대로라면, 내가 본디 쓰던 구의가 그대보다 낫겠구먼!'

이때 客醫는 다시 왕께 말했다.

'왕께서 그렇게 말씀하시면 안 됩니다. 예컨대, 벌레가 나무를 갉아먹어 글자가 되었다고 할지라도, 이 벌레는 글자인지 아닌지도 모르므로, 지혜로운 사람은 이를 보고 결코 벌레가 글자를 안다고 떠벌리거나 괴이하다고 경탄하진 않습니다. 대왕은 구의도 이와 같은 줄 아셔야 합니다. 질병도 분간 못하고 모두 유약乳藥을 준 것은, 저 벌레가 갉아먹은 길이 우연히 글자를 이룬 것과 같습니다. 구의는 유약의 좋고 나쁨도 모릅니다.'

왕이 도대체 이해하지 못해 그 연유를 묻자, 객의는 답대했다.

'이 유약은 독해毒害도 되고 감로도 됩니다. 어떻게 유약을 감로라고 부르는지 말씀드리죠. 암소가 술지게미나 매끄러운 풀이나 보리짚을 먹지 않고, 송아지가 고원도 아니고 습지도 아닌 방목지에서 잘 조복하여, 맑은 물을 마시되 뛰어다니지 않고 수컷과 함께 무리를 이루지 않으며, 적절히 뜯어먹고 다니며 안주하면, 그런 소의 젖은 온갖 병을 낫게 할 수 있으니, 이를 감로묘약이라 부릅니다. 이 우유를 제외한 나머지는 죄다 독해毒害가 됩니다.'

대왕은 이 말을 듣고 '大醫는 과연 훌륭하도다. 내 이제 비로소 유약의 좋고 나쁨을 제대로 알았도다.'고 칭찬하며, 곧장 복용했다. 이에 왕은 병이 말끔히 나아버렸다. 그리고 나라 인민한테 앞으로 유약을 복용하라고 칙령을 내리자, 인민들이 듣고 모두 불평했다.

'대왕이 지금 귀신한테 홀려 미친 거야? 우리한테 헷갈리게 유약을 먹으래!'

인민이 모두 화나서 왕궁에 몰려들자, 왕이 말했다.

'너희는 나한테 화내지 말라! 이 유약을 복용하고 안하고는 모두 이 의사의 가르침이고, 내 허물이 아니다.'

이에 대왕과 인민들은 환희 용약하여, 의사를 배로 공경하고 더욱 성심껏 받들었다. 모든 병자는 유약을 먹고 병이 죄다 나아버렸다.

이와 마찬가지로, 여래도 세상에 大醫王으로 출현하여, 일체 외도와 삿된 의사(邪醫)를 항복시키면서, 스스로 의왕이라고 외친다. 외도를 조복시키기 위해, '나도 없고 사람도 중생도 壽命도 없으며, 양육養育도 지견知見도 행위자(作者)도 과보를 받는 자(受者)도 없다.'고 외친다. 외도들이 말하는 '나'는 마치 벌레가 나무를 갉아먹어 우연히 글자를 이룬 것과 같다. 그래서 여래는 佛法 중에 무아無我를 외친다. 중생을 조복하기 위해, 때를 알기 때문에, 無我를 설하며, 인연이 있기 때문에 또 내가 있다고 유아有我를 설하기도 한다. 마치 良醫가 우유가 약인지 약이 아닌지 잘 알듯이. 범부가 헤아려 집착하는 나와는 다르다. 어리석은 범부의 나我는, 더러 크기가 엄지손가락만 하고, 더러 겨자 같고 더러 티끌만한데, 여래가 설하는 나我는 그렇지 않다. 그래서 제법무아諸法無我를 설해도 실은 無我가 아니다. 무엇이 나인가? 법이 진실하고 참이며 항상이고 주主이며 의依이고 성품이 변하지 않는 것이 아我다. 마치 저 大醫가 乳藥을 잘 이해하듯, 여래도 마찬가지로 중생을 위해 제법諸法 가운데 진실로 나我가 있음을 설한다. 사부대중은 이와 같이 이 법을 수행 학습해야 한다.[173]

둘째는, 엄마의 젖꼭지 비유다. 어떤 여인이 아들을 낳아 기르는데, 아이가 병에 걸리자 근심걱정하며 의사를 찾았다. 의사가 세 가지 약을 소유酥乳 및 꿀과 화합해 먹이라고 주면서 여인한테 당부했다.

'아이가 약을 먹은 뒤 젖을 주지 말고, 약이 다 소화된 뒤에 주라.'

이에 여인은 곧 쓴 물건을 젖꼭지에 바르고 아이한테 말했다.

'내 젖꼭지에 독을 발랐으니 만지면 안 돼.'

아이는 목말라 엄마 젖을 물고 싶었지만, 독한 냄새를 맡고 곧 멀리 달아났다. 약이 소화된 뒤, 엄마는 물로 젖꼭지를 깨끗이 씻은 뒤, 아이를 불러 젖을 물으라고 말했다. 허나 아이는 비록 배가 고팠지만, 앞서 독기를 맡은 까닭에 오지 않았다. 이에 엄마는 다시 타일렀다.

'네가 약을 먹어 독을 발랐는데, 네 약이 다 소화되어 젖을 깨끗이 다 씻었으니, 와서 젖을 먹어도 쓰지 않단다.'

아이가 이 말을 듣고 점점 다시 젖을 마시게 되었다.

이와 마찬가지로, 여래도 일체 중생을 무아법으로 제도하여, 無我를 닦아 아심我心을 영원히 끊고 열반에 들도록 가르친다. 세간에 온갖

173 大般涅槃經, 曇無讖譯, 卷第2, 壽命品第1之2: "如來爲大醫王, 出現於世, 降伏一切外道邪醫, 諸王衆中, 唱如是言, 我爲醫王. 欲伏外道, 故唱是言, 無我無人衆生壽命.…"

망상과 사견을 제거하기 위해, 세간을 뛰어넘는 법을 보여주기 위해, 세간에서 나를 계산해 집착함이 진실하지 않고 허망함을 보여주기 위해, 無我法의 청정신淸淨身을 수행하기 위해, 마치 여인이 아들을 위해 쓴 맛을 젖에 발랐듯이, 여래도 그러하였다. 공空을 수행하도록 하기 위해 諸法이 모두 無我임을 설했다. 또 마치 여인이 젖을 깨끗이 씻은 다음 아이를 불러 다시 젖을 먹게 한 것처럼, 여래도 또한 그렇게 여래장을 설한다. 그러니 수행자들도 두려워하지 말고, 마치 저 아이가 어머니 부름을 듣고 다시 점점 젖을 빨아먹듯이, 스스로 신비한 여래장을 가지고 있음을 잘 분별해 깨달아야 한다.(卷第7, 如來性品第4之4)

셋째는, 힘센 장사力士의 금강보주金剛寶珠 비유다. 왕실에 大力士 미간에 금강보주가 있는데, 다른 장사와 씨름하다가 머리가 땅에 부딪치면서, 이마 구슬이 살 속으로 박혀 들어갔다. 그런 줄도 모르고 구슬 있던 곳에 난 상처가 곪아 치료하려고 良醫를 불렀다. 명의明醫는 약 처방을 잘 알아, 곧바로 이 상처가 구슬이 살 속에 박히면서 생긴 줄 알고, 이내 장사한테 이마 구슬이 어디 있는지 물었다. 장사가 깜짝 놀라며 근심걱정으로 통곡했다.

'大醫王, 내 이마에 구슬이 사라졌습니까? 요술 부린 것도 아닌데, 지금 구슬이 어디 있지요?'

이때 良醫는 장사를 위안했다.

'걱정 말라. 네가 싸울 때 금강보주가 몸에 박혔는데, 지금 살갗 속에서 밖으로 비친다. 너희가 싸울 때 진에瞋恚의 독기가 치성하여 구슬이 살 속에 들어간 줄도 몰랐다.'

장사는 의사를 믿지 못했다.

'만약 살갗 속에 있다면 더러운 피고름이 어찌 나오지 않으며, 만약 근육 속에 박혔다면 보일 리 없는데, 당신은 어찌 나를 속이는가?'

이에 의사가 거울을 들고 얼굴을 비추니, 구슬이 거울에 뚜렷이 보이는지라, 장사가 깜짝 놀라며 기특한 생각이 들었다.

일체 중생도 마찬가지로, 선지식을 친근할 수 없는 까닭에, 비록 불성이 있으면서도 알아보지 못하고, 탐진치에 뒤덮여 지옥·축생·아귀·아수라에 떨어지고 온갖 집안에 생겨난다. 마음이 일으킨 온갖 업연業緣으로 말미암아, 비록 사람 몸을 받더라도 귀머거리·소경·벙어리·절름발이 등 25유有에서 온갖 과보를 받는다. 탐진치가 마음을 뒤덮어 불성을 모름은, 마치 장사가 몸에 박힌 금강보주를 모르고 잃어버렸다고 통곡하는 것과 같다. 중생도 선지식을 친근할 수 없어서, 여래의 비밀스런 보배 여래장을 알아차리지 못하고 無我를 수학한다. 성인이 아니면 비록 유아有我를 설해도 我의 진성眞性을 모르듯이, 여러 수행자들도 선지식을 친근할 줄 몰라 無我를 수학하고, 無我의 곳도 알지 못한다. 오히려 無我의 眞性도 모르거늘, 하물며 有我의 眞性을 알겠는가? 여래는 이와 같이 여러 중생들이 모두 불성을 가지고 있음을 설한다. 마치 良醫가 장사의 금강보주를 알려주듯이. 중생들은 무량무수 번뇌들로 뒤덮여 불성을 알지 못하는데, 만약 번뇌만 다한다면 그때 곧바로, 장사가 명경明鏡 속에서 보주寶珠를 보듯이, 불성을 또렷또렷 증명해 알 것이다. 비밀스런 여래장은 이처럼 무량하고 불가사의하다.(卷第7, 如來性品第4之4)

넷째는, 설산雪山에 락미樂味 비유다. 설산에 樂味라는 몹시 단 맛의 약이 있는데, 깊은 숲속에 숨어 보는 사람이 없으나, 향을 맡고 그곳에 이 약이 있으리라고 아는 사람이 있을 뿐이다. 과거세에 전륜왕이 이 설산에서 이 약을 위해 도처에 나무통을 만들어 이 약을 받았다. 이 약은 익을 때 땅에서 흘러나와 나무통속에 모이는데, 그 맛이 참으로 진하고 순수했다. 왕이 죽은 뒤 이 약은 더러 시어지고, 더러 짜거나 달거나 쓰거나 맵거나 담백해졌다. 이처럼 한 맛이 흐르는 곳에 따라 달라지나, 참맛은 보름달처럼 산에 머물러 있다. 범부는 박복하여 비록 땅을 파고 피곤하게 애써도 얻지 못했다. 나중에 성왕이 세상에 출현한 복덕인연으로 다시 이 약의 진정한 맛을 얻었다.

신비한 여래장의 맛도 그러하여, 온갖 번뇌의 수풀에 덮인 무명 중생은 보지 못한다. 한맛一味이란 佛性을 비유하는데, 번뇌 때문에 이른바 지옥·축생·아귀·천인·남·녀·비남비녀非男非女·찰리·바라문 등의 온갖 맛을 낸다. 허나 불성은 웅맹雄猛하고 무너뜨리기 어려워, 살해할 자가 아무도 없다. 만약 살해하는 자가 있다면 불성을 끊는 것인데, 불성은 끝내 끊을 수 없다. 불성을 끊음은 있을 수 없다. 나의 성품이 곧 여래의 비밀장秘密藏이며, 秘藏은 누구도 무너뜨리거나 소멸시킬 수 없다. 비록 파괴할 수는 없지만, 누구도 쉽게 볼 수는 없다, 만약 아누다라삼막삼보리를 성취하면 이내 증지證知할 수 있다. 이 인연으로 살해할 자가 없다.(卷第7, 如來性品第4之4)

다섯째는, 우유의 정수인 제호醍醐의 비유다. 소에서 우유가 나오고, 우유에서 락酪이 나오며, 酪에서 생소生蘇가 나오고, 生蘇에서 익은 숙소熟蘇가 나오며, 熟蘇에서 제호醍醐가 나온다. 제호는 최상의 맛으로, 온갖 병을 다 낫게 하며, 모든 약이 다 그 안에 들어간다.

부처님도 마찬가지로, 부처님에서 12부 경전이 죄다 나오고, 12部經에서 수다라修多羅가 나오며, 修多羅에서 방등경方等經이 나오고, 方等經에서 반야바라밀이 나오며, 반야바라밀에서 대열반이 나온다. 마치 제호처럼! 제호는 불성을 비유하며, 불성은 곧 여래다. 이러한 뜻에서 반야바라밀에서 열반으로 승화하고, 여래장의 공덕은 무량무변하여 헤아릴 수 없다고 말한다.(卷第14, 聖行品第7之4)

마지막 여섯째는, 외도와 문답의 비유다. 파사타婆私吒가 물었다.

"구담瞿曇! 만약 이무異無가 열반이라면, 무릇 異無란 상락아정이 없는데, 구담은 어찌 열반의 상락아정을 말하는가?"

육도윤회 다 버리고 떠나 피안에 이르게 하소서."177

일반 의약과 마찬가지로, 법약도 믿음이 가장 확실한 약효의 원천인 것이다. 신심과 존경심을 바탕으로 한 귀의가, 병자인 중생이 갖추어야 할 약효에 필수조건이다. 불법승 삼보에 귀의함을 뜻한다. 만족할 줄 아는 게 참된 부유라서, 물질의 재화보물보다 삼보를 믿는 마음의 보배가 최고 제일 부유라고 찬탄한다.

"부자가 재화를 잃어 커다란 고뇌에 빠지면, 良醫와 妙藥이라도 그 고뇌를 치유할 수 없지만, 나는 믿음信을 보배로 여겨 침탈할 자가 없어, 허심탄회하게 즐거워 아무런 우환이나 고뇌가 없다."178

약을 복용함에 좋아하거나 싫어하거나 간에, 일단 믿고 복용하면 약의 효력은 반드시 나타나듯이, 만약 부처님의 진실한 말씀을 믿고 공덕을 쌓으면 좋아하거나 싫어하거나 간에, 반드시 천상의 즐거움을 얻는다.179

부처님의 여러 경전은 모두 도제道諦로 귀결한다. 부처님 설법은 신도信道가 있는 것과 같다. 信道는 信에 근본으로, 능히 보리도菩提道를 보좌한다. 여래는 무량 방편을 잘 알아 중생을 교화하기 위하여 갖가지 설법을 한다. 비유하자면, 良醫가 중생의 온갖 질병 근원을 잘 알아, 병환에 따라 약을 조제해주고 약의 금기를 말하는데, 오직 물 한 가지는 예외로 금하지 않는다. 더러 생강 물이나 감초 물이나 세신

177 佛說護國尊者所問大乘經卷第4, 施護譯: "稽首無上大醫王, 我身大患久未除, 願佛慈愍垂救度, 少賜如來妙法藥.…稽首無比大醫王, 滿我意願除諸病, 一切妄想悉消除, 抛離惡趣到彼岸."

178 馬鳴菩薩造, 鳩摩羅什譯, 大莊嚴論經卷第2: "如佛所說, 知足則富.…彼若喪失時, 則生大苦惱, 良醫及妙藥, 不能治彼苦, 我以信爲寶, 無能侵奪者, 心意坦然樂, 無諸憂患苦."

179 馬鳴菩薩造, 鳩摩羅什譯, 大莊嚴論經卷第2: "譬如服藥, 或貪或怖, 旣服之已, 藥力必行, 若住實語, 諸功德者, 或貪或怖, 必得天樂."

수細辛水、흑석밀수黑石蜜水、아마륵수阿摩勒水、니파라수尼婆羅水、발주라수鉢晝羅水로 먹거나, 더러 찬물、더운 물、포도수蒲萄水나 안석류수安石榴水로 먹게 한다. 이 良醫는 중생의 온갖 병환을 잘 알고 약에 금기가 많지만 물만은 예외이듯이, 마찬가지로 여래도 방편을 잘 알아 한 법상法相에서 여러 중생에 따라 온갖 명상名相을 분별해 널리 설한다. 여러 중생은 부처님을 믿고 설법에 따라 받아들여 수습修習하면 번뇌를 끊는다. 마치 병자가 良醫의 가르침에 따라 병환을 낫듯이![180]

물론 처음부터 완전한 믿음을 기대하기는 어렵다. 반드시 그러하다(必定)고 여기는 것이 믿음의 모습(信相)이다. 반드시 그러함은 의심을 끊는 것이니 지혜의 모습(慧相)이라고도 볼 수 있으나, 스스로 법을 보지 못하고, 성현 말씀을 듣고 마음에 청정을 얻기에 믿음(信)이라고 한다. 그래서 스스로 법을 보는 아라한은 불신자라 하고, 은혜를 모르는 자(不知恩)와 함께 상인上人이라고 부른다.

그러나 부처님 말씀에 따라 믿고 스스로 법을 보아 마음에 청정을 얻는 것도 믿음(信)이라고 한다. 먼저 법을 들은 뒤 몸으로 증득함은, 법이 진실하고 헛되지 않음을 생각하여 마음에 청정을 얻기에 믿음이라고 한다. 비유하자면, 병자가 먼저 의사 말을 믿고, 처방 약을 복용하여 병이 나은 연후에, 의사한테 더욱 큰 청정심이 생기는 걸 믿음(信)이라고 부르는 것과 같은 이치다.[181]

그런데 만약 良醫가 모든 병자를 위해 사방으로 약을 구해 얻어 주었는데, 병자가 이를 하찮게 얕보고 두엄자리에 내버리면 어떻게 될까? 첫째는 자기 질병을 낫게 할 수 없고, 둘째는 良醫의 공로를 헛수고로 내버린다. 마찬가지로, 세존도 3아승기겁 동안 백천 가지 난

180 大般涅槃經, 曇無讖譯, 卷第13, 聖行品第7之3 참조.

181 訶梨跋摩造, 鳩摩羅什譯, 成實論卷第6, 信品第89: "譬如病人, 先信師語, 服藥差病, 然後於師, 生淸淨心, 是名爲信."

행難行 고행苦行을 수습修習하여, 모든 중생을 위해 거룩한 法藥을 구해 얻어 설법했다. 그런데, 중생이 듣고 하찮게 얕보고 스스로 수행하지 않으며 명리나 좇는데 쓴다면, 첫째는 자기 번뇌질병을 제거하지 못하고, 둘째는 부처님의 공덕을 헛수고로 내팽개친다.[182]

소 오줌이나 말똥(牛溲馬勃)도 병만 잘 고치면 훌륭한 약이다. 바로 약효가 약의 품격을 결정한다! 쥐만 잘 잡으면 고양이 털은 흰색이든 검은색이든 상관없다. 부처님이 16대국에서 쟁쟁한 6대 도시(城)를 놓아두고, 변방에 더럽고 누추하며 하찮은 작은 구시나성拘尸那城에서 반열반에 드시려 할 때, 사자후보살이 민망하게 여기자, 부처님은 이렇게 설하였다.

"선남자여, 너는 구시나성이 변방에 가장 더럽고 누추하며 하찮은 작은 곳이라고 말해서는 안 되며, 마땅히 이 성이 미묘한 공덕으로 장엄한 곳이라고 말해야 한다. 왜냐면 제불보살이 지난 곳이기 때문이다. 예컨대, 비천한 사람 집에 만약 왕이 들러 가면, 이 집이 장엄하고 미려한 공덕을 성취해서, 대왕의 어가가 왕림해 둘러본 곳이라고 찬탄해야 마땅하다.

또, 만약 사람이 중병에 걸렸는데, 더럽고 나쁜 약을 복용해 병이 낫는다면, 바로 크게 기뻐하며 이 약이 내 병을 낫게 한 최상의 미묘한 양약이라고 찬탄해야 마땅하다. 만약 사람이 배를 타고 대해를 항해하다가, 그 배가 갑자기 난파하여 의지할 데 없이 표류하는데, 마침 죽은 시체를 만나 그에 의지해 해안에 도착한다면, 이 시체를 내가 만나 의지해 살아났다고 크게 기뻐하며 찬탄해야 마땅하다. 마찬가지로, 구시나성도 제불보살이 지나는 곳이거늘, 어찌 변

182 五百大阿羅漢等造, 玄奘譯, 阿毘達磨大毘婆沙論卷第16, 雜蘊第一中智納息第2之8 참조.

방에 더럽고 누추하며 하찮은 작은 성이라고 말한단 말이냐?"

부처님이 열반의 법약을 베푼 곳이기에, 그 공덕장엄이 그 어느 곳보다 훨씬 수승하다는 것이다.(大般涅槃經卷第29, 師子吼菩薩品第11之3)

(8) 법약의 고행 비용

양약은 입에 쓰나 병 치료에 이롭듯, 법약도 고행이나 번뇌질병의 치료에는 이롭다. 법약도 복용해야 효과가 나타나는 법이니, 수행의 의미를 일깨우는 고통비용을 빠뜨릴 수 없다. 부처님은 열반 직전에 성문제자들한테 설한 유교경에서 이런 비유를 든다.

"배운 법을 사념하여 잊거나 잃지 않도록 늘 스스로 부지런히 힘써 정진하라. 하는 일 없이 헛되이 죽으면 나중에 근심하고 후회하리라. 나는 양의와 같이 병을 잘 알아 약을 처방해주었으니, 먹고 안 먹고는 의사 허물이 아니다. 또 좋은 길잡이로 사람들을 잘 인도하였으니, 듣고도 안 가는 건 길잡이 잘못이 아니다."[183]

良醫가 의술처방을 다하여 약간의 약을 화합 조제했으니, 병자가 복용하면 나을 것이되, 의사가 스스로 다시 복용하지는 않으리. 길잡이가 길을 올바로 인도했으니, 따라가는 자는 우환이 없을 것이로되, 어기고 놓치는 자는 손해가 많으리니, 후환을 고려하지 않은 까닭이라.[184]

열반경에도 같은 비유가 나온다. 강가(恒河) 변에 수많은 사람이 모두 손발을 갖고 있지만, 죄다 강을 건너지는 못한다. 마찬가지로, 일체

183 佛垂般涅槃略說敎誡經<遺教經>, 鳩摩羅什譯: "我如良醫, 知病說藥, 服與不服, 非醫咎也. 又如善導, 導人善導, 聞之不行, 非導過也." 졸역, 부처님 마지막 가르침-유교경, 하늘북, 2009년 초판, 2016년 재판, 27-8쪽 및 208-213쪽 참조.

184 佛本行經, 寶雲譯, 卷第7(一名佛本行讚傳), 大滅品第29: "良醫盡方術, 合和若干藥, 病者服得瘳, 醫不自還服. 導師引導正, 從者無憂患, 違失者有損, 不顧慮患故."

중생한테도 진실로 불법승 삼보가 있고, 여래가 항상 팔성도와 대반열반 같은 주요 진리를 설하지만, 여러 중생이 모두 이를 얻지는 못한다. 이는 부처님 허물도 아니고, 성도聖道나 중생 허물도 아니며, 죄다 번뇌의 허물죄악過惡이다. 이러한 이치로 일체 중생이 열반을 얻지 못한다. 비유하자면, 良醫가 병을 알아 약을 처방해주는데, 병자가 먹지 않으면 의사 허물이 아니다.(卷第32, 師子吼菩薩品第11之6)

또, 보살이 미묘한 대열반경전을 닦아 원만히 성취하는 제7공덕을 환자의 복약 비유로 설명한다. 보살은 미묘한 대열반경을 수행하며, 무슨 법이 능히 대반열반에 친근한 주요인이 될까 사유한다. 성문처럼 일체 고행을 부지런히 수행함이 대열반에 친근한 인연이라 말하는 건 당치도 않다. 보살은 곧 네 법이 대열반에 친근한 주요인이 됨을 안다. 왜냐면, 네 법을 떠나서는 결코 열반을 얻을 수 없기 때문이다. 네 법이란, 첫째 좋은 벗(善友)을 친근함이오, 둘째 전심專心으로 법을 경청함이오, 셋째 전념專念으로 사유함이오, 넷째 법대로 수행함이다.

어떤 사람이 중병에 걸려 열나거나 차갑거나, 허로虛勞하여 학질이나 온갖 사악한 귀신잡기鬼毒에 시달린다면, 良醫를 찾아가 낫게 해달라고 하소연할 것이다. 良醫가 병세를 진찰하고 약을 처방하면, 이 사람은 지심至心으로 의사 가르침을 잘 받들어야 한다. 처방대로 조제한 약을 지시대로 정성껏 복용해야 병이 낫고 몸이 안락해질 것이다.

여기서 병든 사람은 보살수행자를 비유하고, 大良醫는 선지식을 비유하며, 良醫가 설한 처방은 방등경方等經을 비유하고, 의사 가르침을 잘 받들음은 방등경의 이치를 잘 사유함을 비유한다. 그리고 가르침대로 조제한 약은 법대로 수행하는 37조도품의 法을 비유하고, 병이 나음은 번뇌가 소멸함을 비유하며, 안락을 얻음은 열반의 상락아정을 얻는다는 비유이다.

또, 왕이 법대로 나라를 다스려 인민을 안락케 하려면, 여러 지혜로운 신하한테 나라 다스리는 법이 어떠한지 자문을 구해야 마땅하다. 신하들이 선왕의 구법舊法을 설하면, 왕이 경청하고 지심至心으로 믿고 시행(信行)해 법대로 나라를 다스려야, 온갖 원적怨敵이 없어지고, 인민이 환난 없이 안락해질 것이다.

여기서 왕은 보살 수행자를 비유하고, 지혜로운 신하는 선지식을 비유하며, 지혜로운 신하가 왕을 위해 설한 통치법은 12부경을 비유한다. 왕이 경청해 지심으로 믿고 실행함은 보살 수행자가 12부경의 모든 심오한 이치를 전심으로 사유함을 비유하며, 법대로 나라를 다스림은 보살이 법대로 수행함, 즉 6바라밀을 능히 수습함을 비유하고, 6바라밀 덕분에 온갖 원적怨敵이 없어짐은 보살수행자가 온갖 매듭(結)과 번뇌악적을 벗어남을 비유하며, 안락을 얻음은 보살 수행자가 대열반의 상락아정을 얻는다는 비유이다.

또 비유하자면, 어떤 사람이 몹시 나쁜 나병에 걸렸는데, 선지식이 보고 이렇게 말해주었다.

> '네가 만약 수미산 기슭에 가면 병이 나을 것이다. 왜냐면 그곳엔 감로 맛의 良藥이 있어서, 먹으면 낫지 않는 병이 없기 때문이다.'

만약 그 사람이 그 말을 至心으로 믿고 그 산에 가서 감로약을 캐 먹으면, 그 병이 낫고 몸이 안락해질 것이다. 여기서도, 나쁜 나병은 범부중생을 비유하고, 선지식은 여러 보살을 비유하며, 至心으로 믿고 받음은 자비희사 4무량심을 비유하고, 수미산은 8성도를 비유한다. 감로 맛은 불성을 비유하고, 나병이 나음은 번뇌를 여읨을 비유하며, 안락을 얻음은 열반의 상락아정을 얻는다는 비유이다.

이상의 여러 비유에서, 질병에 처방한 의약은 듣고 말하기만 해서는 낫지 않으며, 먹고 행해야 낫는다는 평범한 진리를 새삼 확인할 수 있다. 초심初心으로 말미암아 대열반을 얻지만, 들어서 대열반을 얻는 게 아니라, 닦아 익혀야(修習) 대열반을 얻는다.

비유하자면, 병자가 비록 의사 가르침과 약 이름만 듣는다고 질병이 나을 수는 없으며, 약을 복용하여야 병이 낫는다. 비록 심오한 12인연법을 들어도 일체 번뇌를 끊어버릴 수는 없으며, 전념繫念으로 잘 사유해야만 끊어버릴 수 있다. 이것이 바로 세 번째 전념사유繫念思惟라고 한다.[185]

사람이 덧없음無常에 대한 수행은 적으면서 번뇌는 많으면, 결코 번뇌를 파괴할 수 없다. 마치 의약은 적으면서 질병이 많은 것과 마찬가지다. 그래서 한마음一心으로 똑바로 덧없음無常을 관조해야 번뇌를 파괴할 수 있다고 말한다.[186]

우리 범부 중생 몸에는 풍風、한寒、열병熱病의 세 질환이 있듯이, 마음에는 탐진치 삼독 질병이 있어서, 오랜 겁 동안 온갖 고뇌를 당하고 있다. 오직 良醫이신 부처님만이 法藥을 주시니, 능히 이를 받아서 행하는 자는 생사의 질병을 제거하고, 마음을 확실히 결정하여 오롯이 일심불란할 수 있다. 마치 사람이 도적을 만나도 안심과 결의로 스스로 확고히 장엄하면, 도적이 스스로 물러나듯이, 마음을 어지럽히는 번뇌 악적惡賊도 이와 마찬가지다.[187]

그렇다! 양약고구(良藥苦口)이듯, 법약(法藥)고행(苦行)을 몸소 받아들여야 한다. 번뇌에는 욕루欲漏、유루有漏、무명루無明漏의 세 가지가 있다.[188] 지혜로운 이는 마땅히 이 세 번뇌漏의 모든 죄과罪過를 잘 관

185 大般涅槃經, 曇無讖譯, 卷第25, 光明遍照高貴德王菩薩品第10之5: “譬如病人, 雖聞醫教及藥名字, 不能愈病, 以服食故, 能得差病, 雖聽十二深因緣法, 不能得斷一切煩惱, 要以繫念善思惟故, 能得除斷.”

186 訶梨跋摩造, 鳩摩羅什譯, 成實論卷第13, 無常想品第173: “人少修無常, 而多煩惱則不能壞; 如藥少病多, 此事亦爾. 故說一心正觀無常, 能破煩惱.”

187 佛陁蜜多撰, 曇摩蜜多譯, 五門禪經要用法: “唯佛良醫, 授以法藥, 能受行者, 除生死病, 令心決定, 專心不亂, 如人見賊, 安心定意, 牢自莊嚴, 賊自退散, 亂心惡賊, 亦復如是.”

찰해야 한다. 왜냐면 죄과를 알아야만 능히 멀리 벗어날(遠離) 수 있기 때문이다. 비유하자면, 의사가 먼저 병을 진맥하여 병이 어디 있는지 안 다음에야 약을 처방하는 것과 같다. 마치 의사가 먼저 질병원인을 끊으면 병이 생기지 않듯이, 지혜로운 자가 먼저 번뇌 원인을 끊음도 이와 같다.

지혜로운 사람은 먼저 원인을 관찰하고 다음에 과보를 관찰하여, 선인善因으로부터 선과善果가 생기고 악인惡因으로부터 악과惡果가 생김을 알아서, 과보를 관찰한 다음 악인을 멀리한다. 과보를 관찰한 다음 다시 번뇌의 경중을 관찰하고, 경중을 관찰해 먼저 무거운 것을 멀리하면, 가벼운 것은 저절로 멀어진다. 지혜로운 이가 만약 번뇌、번뇌원인、번뇌과보、번뇌의 경중을 알면, 이 사람은 그때부터 쉬지 않고 수도에 정진하며, 착한 벗善友을 친근함에 후회가 없고 至心으로 법문을 듣는데, 모두 온갖 번뇌를 소멸시키기 위해서다.

비유하자면, 병자가 병이 가벼워 반드시 나을 줄 알면, 비록 쓴 약(苦藥)을 얻더라도 후회하지 않고 복용하듯이, 지혜로운 사람도 마찬가지로 부지런히 성도聖道를 닦으면서 환희에 넘쳐 근심걱정 하지 않고 쉬지 않고 후회하지 않는다.[189]

---

188 삼루三漏란 梵語로 traya āsravāḥ, 巴利語로 tayo āsavā인데, 三有漏라고도 부르며, 유정중생을 三界에 붙잡아 얽매는 세 번뇌라는 뜻이다. 첫째, 욕루欲漏는 梵語로 kāmāsrava, 巴利語로 kāmāsava인데, 대체로 욕계에서 견혹見惑과 사혹思惑으로 경계에 대해 일어나는 오욕번뇌를 가리킨다. 다만 욕계 중에 五部 無明을 제외하고, 나머지 31번뇌와 무참無慚 등 10전纏을 합해 모두 41번뇌다. 중생이 오욕번뇌로 온갖 악업을 지어 물이 새듯 욕계에 떨어져 벗어나지 못함을 뜻한다. 둘째, 유루有漏는 梵語로 sāsrava인데, 색계와 무색계에 62번뇌 가운데, 10종 어리석음(癡) 번뇌인 근본無明을 제외한 나머지 52번뇌를 가리킨다. 셋째, 無明漏는 범어로 avidyāsrava인데, 삼계에 五部 無明으로 생사윤회에 근본인 우치번뇌를 가리킨다.

189 大般涅槃經, 曇無讖譯, 卷第37, 迦葉菩薩品第12之5: “煩惱三種, 所謂欲漏有漏無

부처님 10대 제자 가운데 다문 제일로 유명한 아난한테, 부처님은 엄준한 가르침을 일깨운 적이 있다. 마치 약을 설명하는 사람이 진짜 약이 눈앞에 나타나면 분별할 수 없는 것과 마찬가지로, 수행자가 제 아무리 많이 들어 알고 있어도 몸소 행하지 않으면, 여래는 이게 참으로 가련하다고 말한다.[190]

또 부처님 제자인 파다리婆多梨는, 부처님이 하루 1식 계율을 정하려고 하자 당초에는 불평하며 반대했는데, 나중에 부끄러워 부처님을 뵈올 면목이 없다고 후회했다. 그는 사람이 죽으려고 하면서도 질병에 따라 처방한 약을 먹지 않은 고집처럼, 자신이 자비로운 가르침을 어긴 죄로 지금 회한의 고뇌를 받는다고 비유하기도 하였다.[191]

(9) 법약의 약효 원리 - 지계와 선행이 필수요건

병자가 비록 의사를 믿고 공경하며 처방한 약을 잘 복용한다고 하더라도, 음식과 행동에 금기를 지키지 않으면, 약효를 제대로 보기 어려울 뿐만 아니라, 심하면 오히려 악화할 수도 있다. 마찬가지로, 수행자나 중생이 비록 부처님을 믿고 귀의하여 법약을 잘 복용한다고 해서, 반드시 번뇌질병이 금세 사라지는 것은 아니다. 역시 법약에 수반하는 몸과 말과 뜻의 금기사항을 잘 지켜야 한다. 바로 불선업의 죄악

明漏, 智者應當觀是三漏, 所有罪過, 所以者何, 知罪過已, 則能遠離. 譬如醫師先診病脈, 知病所在, 然後授藥. …如彼醫師, 先斷病因, 病則不生. 智者先斷煩惱因者… 譬如病者, 自知病輕, 必可除差, 雖得苦藥, 服之不悔. 有智之人, 亦復如是, 勤修聖道, 歡喜不愁, 不息不悔."

190 大佛頂如來密因修證了義諸菩薩萬行首楞嚴經, 般剌蜜帝譯, 卷第3: "汝雖多聞, 如說藥人, 眞藥現前, 不能分別, 如來說爲眞可憐愍." 이 구절은 御製秘藏詮卷第20에도 인용함.

191 馬鳴造, 鳩摩羅什譯, 大莊嚴論經卷第9: "譬如人欲死,不服隨病藥, 違失慈愍教, 今受悔恨惱."

을 멀리하는 지계와, 되도록 선행을 적극 실천하는 보조수행이 뒤따라야만, 비로소 법약의 속효를 제대로 볼 수 있다. 지계란 살생·도둑·사음의 身業, 망어·양설·악구·기어의 口業, 탐진치 意業 등 10불선업을 멀리함을 가리킨다. 또 예경·공양 등 善法을 닦는 것도 戒라고 부른다.

사실 의약에 금기사항이 처방에 일부이듯이, 지계와 선행도 법약 처방에 일부이고, 부처님 가르침에 가장 중요한 기본 핵심전제이자 출발점이기도 하다. 착한 병자의 치유를 강조한다고 볼 수 있다. 흔히 믿음만으로도 천국이나 극락에 들어갈 수 있다고 하지만, 들어갈 만한 행실까지 갖출 때 비로소 참된 믿음이다.

> "戒는 보리수에 뿌리 같다. 뿌리가 없으면 나무도 없으므로 청정계戒가 필요하다. 또 법이 마땅히 그러하니, 지계가 없으면 선정도 없다. 마치 질병을 치료함에 의약이 필요하듯이, 마찬가지로 번뇌 질병을 치료함에 만약 持戒가 없으면 法藥이 갖춰지지 못한다."[192]

계율은 참으로 일체 선법善法에 사다리다. 마치 대지가 일체 수목이 생기는 근본이듯이, 계율은 일체 선법에 근본이다. 마치 대상인商主이 상인대중을 인도하듯이, 계율은 온갖 선근에 으뜸 인도자이다. 계율은 제석천왕이 세운 승리깃발勝幢처럼 일체 선법에 승리깃발勝幢이고, 계율은 능히 일체 악업과 삼악도를 영원히 끊고, 약나무처럼 고약한 질병을 능히 치료한다. 계율은 생사윤회 험로에 밑천(資糧)이고, 계율은 매듭을 풀고 도적을 쳐부수는 무기이다. 계율은 번뇌 독사를 소멸시키는 훌륭한 주문(良呪)이고, 계율은 악업을 건너는 교량이다. 만약 이와 같이 관찰할 수 없다면, 지계도 수심修心도 하지 않는 자다.[193]

---

192 訶梨跋摩造, 鳩摩羅什譯, 成實論卷第14, 定具中初五定具品第181: "戒爲菩提樹根, 無根則無樹, 故須淨戒.…猶如治病, 藥法所須, 如是治煩惱病, 若無持戒, 則法藥不具."

열반경에는 파계승을 가짜 약장수에 비유하는 탄복할 설법이 나온다. 만약 비구가 금계禁戒를 범하고도, 교만심으로 죄를 덮어 감추고 참회하지 않는다면, 이 사람이 진짜 파계자임을 알아야 한다. 마치 공자가 '잘못을 저지르고도 고치지 않으면 그게 진짜 잘못'이라고 강조했듯이! 그러나 보살이 정법을 보호(護法)하기 위해 계율을 범한다면, 이는 파계라고 부르지 않는다. 왜냐하면, 교만심이 없고 죄를 드러내 참회하기 때문이다.(卷第6, 如來性品第4之3)

비유컨대, 도성 시장에 약장수가 있는데, 설산에서 나는 미묘한 감로약을 파는 사람도 있고, 감미가 비슷한 다른 가짜 잡약雜藥을 파는 사람도 있다. 이때 사람들은 모두 감로약을 사고 싶으나 식별할 줄 몰라서, 그저 약방에 찾아가 '당신한테 설산 약이 있소?' 라고 묻는다. 약장수는 곧 있다고 답한 뒤, 구매자한테 다른 가짜 잡약을 내주면서, '이것이 설산에 미묘한 감로약이다'고 거짓말한다. 이때 약을 산 사람은 육안으로 잘 식별하지 못해, 약을 받아가지고 가면서 '내가 지금 설산 감로약을 얻었다.'고 생각한다.

이와 마찬가지로, 성문승 중에는 이름만 스님인 가명승假名僧도 있고 진실한 승려도 있으며, 지계하거나 파계하는 화합승和合僧도 있다. 이러한 대중 가운데 공양하고 공경례배하는데, 마치 설산에 감로약을 식별할 수 없는 사람처럼, 누가 지계자이고 누가 파계자이며, 누가 진짜 승려고 누가 가짜 중인지, 일반 불자는 육안으로 분별할 수 없다. 천안天眼이 있는 자만이 분별할 수 있다. 불자는 만약 이 비구가 파계자인 줄 안다면, 예배하거나 공양을 베풀어서는 안 된다. 또, 만약 이 사람이 8종 부정한 물건을[194] 받아 축적하는 줄 안다면, 역시 예배 공

193 大般涅槃經, 曇無讖譯, 卷第31, 師子吼菩薩品第11之5 참조.

194 팔부정물八不淨物: 계율상 비구·비구니가 축적 또는 종사해서는 안 되는 사물. 금·은·노비·소·양·창고·판매·농경. 일설에는, 田園·파종식재·곡식비단·

양해서는 안 된다. 만약 승려 중에 파계자가 있으면, 마땅히 수도를 그만두고 환속해서 일하도록 해야 한다. 마치 피나 가라지는 모두 남김없이 뽑아 없애버려야 하듯이!(卷第7, 如來性品第4之4)

부처님은 당신이 열반한 뒤 성문제자 중에 어리석고 파계해 투쟁하기 좋아하여, 12부 경전을 놓아버리고 온갖 외도 경전서적과 문예수필을 읽으며, 온갖 부정한 물건을 받아 축적하는 자들이 나타날 거라고 예견하셨다. 특히 그러한 자들은 자기 합리화를 위해서, 부처님이 허락하신 거라고 거짓으로 변명할 거라는 우려까지 남겼다.

이런 사람은 좋은 전단향목을 평범한 나무와 바꾸고, 황금을 금 비슷한 유석鍮石과 바꾸며, 은을 백랍白臘과 바꾸고, 비단을 삼베나 칡베와 바꾸며, 감로를 독약과 바꾸는 자다. 감로를 독약과 바꿈은 무슨 뜻인가? 독약은 온갖 이익 공양을 비유하고, 감로는 온갖 번뇌 없는 청정한 무루법無漏法을 비유한다. 부처님 제자들이 이익 공양을 위해 속인白衣들한테 자화자찬하여 무루법을 얻었다고 자랑하는 것이, 바로 감로를 독약과 바꿈이다.[195] 이런 파계승한테는 단지 가사를 걸쳤다는 인연만으로 공경례배해서는 안 된다.(大般涅槃經卷第6, 如來性品第4之3)

(10) 만병통치 법약 대열반경에 유일한 불치병 - 일천제

제아무리 신출귀몰한 의사도 고치지 못하는 병이 있다. 비록 훌륭한 良醫가 8가지 약을 모두 알아 일체 병을 소멸시키더라도, 오직 반드시 죽을(必死) 병은 고칠 수 없다. 마찬가지로 일체 경전과 선정삼매의 법약도, 일체 탐진치 번뇌 질병을 치료하고 번뇌의 독가시와 독화

머슴·금수·금전보물·옷과 솥·상아나 황금 장식 침상, 기타 귀중품. 팔예八穢.

195 大般涅槃經, 曇無讖譯, 卷第26, 光明遍照高貴德王菩薩品第10之6: "云何甘露貿易毒藥? 毒藥喩於種種利養, 甘露喩於諸無漏法. 我諸弟子, 爲利養故, 向諸白衣, 若自讚譽, 言得無漏, 是名甘露貿易毒藥."

살을 뽑아내지만, 4중금重禁과 5무간죄無間罪를 범한 자는 치료할 수 없다. 또 良醫가 8가지 의술을 뛰어넘어 중생의 모든 병고를 제거하더라도, 오직 반드시 죽을(必死) 병만은 치료할 수 없다. 최고 최후의 수승한 만병통치 법약인 대열반경도, 비록 중생의 일체 번뇌를 제거하여, 여래의 청정미묘한 원인에 안주하게 하고 발심 안한 자를 발심하게 하지만, 오직 반드시 죽을(必死) 일천제一闡提 무리만 뺀다.

또, 良醫가 능히 묘약으로 여러 맹인을 치료해 일월성수의 광명 및 일체 색상을 보게 하지만, 오직 타고난 장님(生盲)만은 치료할 수 없듯이, 최고 으뜸 법약인 대열반경도 마찬가지다. 능히 성문연각의 사람들이 혜안을 뜨게 해주고 무량무변 대승경전에 안주하게 하며, 발심하지 않고 4중금重禁과 오무간죄를 범한 자조차 모두 보리심을 발하게 하지만, 오직 타고난 소경(生盲)인 일천제 무리만은 제외한다.

또, 良醫가 8가지 의술을 잘 알아 중생의 일체 병고를 치료하기 위하여, 토하거나 쏟거나 바르거나 훈기를 쐬거나, 코에 들이키는 약이나 가루약이나 환약丸藥을 처방해준다. 만약 가난하고 어리석은 사람이 복용하지 않으려고 하면, 良醫가 불쌍히 여겨 이 사람을 집에 돌려보내 억지로 복용하게 해, 藥力으로 병환이 제거되도록 인도한다. 만약 여인이 출산 시 아기보(兒衣)가 나오지 않으면, 약을 주어 복용해 나오게 해서, 영아가 아무 탈 없이 안락하게 처치한다. 마찬가지로, 대열반경도 이르는 곳마다 모든 집에서 능히 중생의 무량 번뇌를 제거하고, 4중금 및 5무간죄를 범해 발심하지 않은 자조차 모두 발심하게 만든다. 다만, 오직 일천제만 빼고서!

4중금과 5무간죄를 범하면 극중 악질極重惡이라 부른다. 이들이 보리심을 발하지 않음은, 마치 다라수多羅樹 밑둥을 자르면 더 이상 싹이 나오지 않는 것과 같은데, 어떻게 보리에 원인이 된단 말일까?

여러 중생이 만약 꿈속에서 지옥에 떨어져 온갖 고뇌를 받는 걸 꾸고 나서 곧 참회심이 일었다고 하자.

"가엾다, 내가 스스로 이 죄를 지었구나. 만약 지금 이 죄를 벗어나려면, 반드시 보리심을 내야 하리! 지금 보는 건 가장 극악하도다."

이렇게 깨닫고서, 이내 正法에 큰 과보가 있음을 알았다. 마치 저 어린애가 점점 자라면서 철들어 이렇게 생각하듯이!

"이 의사는 가장 선량하고 약 처방을 잘 안다. 내가 본디 모태 속에 있을 때, 그분이 내 어머니한테 약을 주어 어머니 몸이 약 덕분에 안락하고, 그 인연으로 내 목숨이 온전하였다. 기이하도다. 내 어머니가 막대한 고뇌를 겪으면서 열 달 동안 꼬박 나를 잉태하시고, 낳은 뒤에는 진자리 마른자리 갈아 뉘고 대소변 더러움을 치우며, 젖을 먹여 키우고 내 몸을 보호하셨구나. 내 이런 뜻을 알았으니, 마땅히 보은으로 잘 시봉하고 순종하며 공양하리라!"

4중금과 5무간죄를 범해도, 임종에 이 대열반경을 사념하면, 비록 지옥·축생·아귀에 떨어지거나 천상·인간에 날지라도, 이 경전이 이 사람을 위해 보리에 원인이 된다. 오직 일천제만 빼고서!

또, 良醫는 모든 의사를 능가하는 심오한 의술로 위없는 해독주술을 잘 알아, 악독한 뱀이나 龍이나 이무기를 이 주술·주약呪藥으로 선량하게 만들고, 이 약을 가죽신에 발라 독충을 밟으면 독이 사라지게 하는데, 오직 대룡大龍이라는 독만 해독할 수 없다. 대열반경도 마찬가지로, 만약 중생이 4중금과 5무간죄를 범해도 모두 소멸시켜 보리에 안주케 하고, 약 바른 가죽신이 온갖 독을 해소하듯, 발심하지 않은 자를 발심하여 보리도에 안주시킨다. 대열반경의 위신력 있는 약효 덕분에, 모든 중생들이 안락하게 사는데, 오직 大龍인 일천제만 제외한다.

또, 사람이 독 섞은 약을 큰북에 발라 대중 속에서 쳐서 소리가 크게 울리면, 비록 무심하게 들을지라도 듣는 자는 모두 죽는데, 오직

한 사람만 횡사하지 않는다. 대열반경도 마찬가지로, 곳곳마다 여러 수행대중 가운데 소리를 듣는 자는 모든 탐진치가 죄다 소멸한다. 그 중에 비록 무심히 이 대열반을 사념한 인연공덕만 있어도, 능히 번뇌를 소멸하고 매듭(結)도 저절로 풀어진다. 4중금과 5무간죄를 범한 자도 이 경을 들으면, 또한 무상보리에 인연이 되어 점차 번뇌를 끊는다. 오직 횡사하지 않는 일천제만 빼고서!

또, 어두운 밤이 되면, 모든 하던 일이 다 쉬고 마치지 못한 일은 날이 밝길 기다리듯이; 대승을 배우는 자도 비록 경전과 일체 선정을 닦더라도, 대열반의 해를 기다려 여래의 은밀한 가르침을 들은 연후에, 비로소 보리도에 나아가 정법에 안주한다. 마치 하늘에서 단비가 내려, 일체 식물을 윤택하게 성장시켜 열매를 맺게 하고, 기근을 풀어 풍요한 안락을 누리게 하듯이; 신비한 여래장의 무량 법우法雨도 마찬가지로 8가지 열병을 죄다 소멸시키고, 이 경이 세상에 나와 일체 중생이 불성을 보게 한다. 저 열매들이 안락한 이익을 주듯이! 마치 법화경에서 8천 성문이 受記를 받듯이, 큰 과실을 맺어 추수동장秋收冬藏하는 것처럼 더 이상 일이 없게 된다. 일천제 무리도 마찬가지로 여러 선법善法에 하는 일이 없다.

또, 良醫가 남의 아들이 귀신(非人)에 들렸다는 소식을 듣고, 곧 묘약을 한 칙사한테 주면서 이렇게 분부한다.

"그대는 이 약을 빨리 그 사람한테 갖다 주소. 만약 여러 사악한 귀신을 만났거든, 이 약의 효력으로 모두 멀리 떠나가리라. 그대가 만약 지체할 것 같으면, 내가 몸소 가서 그 사람이 끝내 비명횡사하지 않도록 하겠네. 만약 저 병자가 칙사나 내 위덕威德을 본다면, 온갖 고통이 사라져 안락을 찾을 것이네."

마찬가지로 대열반경도, 만약 비구·비구니·우바새·우바이 및 여러 외도들이 능히 수지·독송하고 유통시키며, 남을 위해 인연 따라 해설하거나, 스스로 사경하거나 남한테 사경하도록 이끈다면, 이러한 행위가 모두 보리 인연이 된다. 만약 4중금이나 5역죄를 범하거나 사악한 귀신에 들릴지라도, 이 경전을 들으면 모든 죄악이 죄다 소멸한다. 마치 良醫를 보고 악귀가 멀리 달아나듯이!

이 사람이 바로 참 보살이다. 왜냐하면, 잠시 이 대열반을 듣고 여래상주의 불성을 사념한 때문이다. 잠시 들은 자도 오히려 이러하거늘, 하물며 사경하고 수지·독송하는 이는 오죽하겠는가? 오직 일천제만 빼고서!

또, 귀머거리가 소리를 못 듣듯이, 마찬가지로 일천제들도 비록 이 미묘한 경전을 듣고 싶어도, 인연이 없기 때문에 들을 수 없다. 또, 일체 의약처방을 죄다 통달하고 무량 주술을 널리 아는 良醫가 왕을 보고, 지금 반드시 죽을병이 있다고 말했다. 왕은 의사한테 자기 뱃속을 보지 못하면서 어찌 반드시 죽을병이 있다고 말하느냐고 볼멘소리로 반문했다. 의사는 만약 믿지 못하겠으면, 설사약을 먹어 설사한 뒤 스스로 살펴보라고 답했다. 왕이 먹으려고 하지 않자, 良醫는 주술 위력으로 왕의 항문에 종기가 생기고 아래로 충혈虫血이 섞여 쏟아져 나오게 했다. 왕이 보고 크게 두려워하며 그 良醫를 훌륭하다고 찬탄했다.

> "그대가 한 말을 듣지 않았더니, 이제 그대가 내 몸에 큰 이익을 주었소!"

그리고 이 의사를 부모처럼 공경했다.

대열반경도 마찬가지로, 여러 중생들한테 원하든 원하지 않든, 알게 모르게 그 번뇌를 모두 떨어져나가게 하여, 이 중생들은 꿈속에서 이 경전을 몽견하더라도 공경스럽게 공양한다. 마치 대왕이 良醫를 공경하듯이! 허나 위대한 良醫도 반드시 죽을 줄 알면 끝내 치료하지 않듯이, 마찬가지로 대열반경도 일천제들은 끝내 치료할 수 없다.

또, 良醫가 8종 의술을 잘 알아 일체 질병을 잘 치료하더라도, 오직 반드시 죽을 사람은 치료할 수 없듯이; 마찬가지로 모든 불보살도 일체 죄인을 모두 구제 치료할 수 있지만, 오직 반드시 죽을 사람인 일천제들만은 치료할 수 없다.

또, 良醫는 8종 미묘한 경술經術을 잘 알고 그밖에도 널리 통달하여, 자기가 아는 걸 먼저 아들한테 가르쳐준다. 물이나 뭍이나 산이나 계곡에 약초를 모두 식별하게 하고, 점점 8사事를 가르친 다음 나머지 최상 묘술을 가르친다. 마찬가지로 여래도 먼저 제자들에게 방편으로 일체 번뇌를 소멸시키도록, 청정한 몸이 견고하지 못함을 사념해 수학하라고, 물뭍이나 산골짜기로 비유해 가르친다. 물이란 몸이 물거품처럼 괴로움을 받는 걸 비유하고, 뭍이란 몸이 파초나무처럼 견고하지 못함을 비유하며, 산골짜기는 번뇌 가운데 無我의 사념을 수행한다는 비유이다. 이러한 뜻에서 몸을 無我라고 부른다.

여래는 이처럼 여러 제자들에게 점점 9부 경법經法을 가르쳐 잘 통달하게 한 다음, 비밀스런 여래장을 가르치는데, 그 제자를 위하여 여래상주의 불성을 설한다. 여래는 이처럼 대열반경을 모든 중생을 위해, 발심한 자나 발심하지 않은 자 모두 보리에 원인이 되도록 설한다. 오직 일천제만 빼고서!

이처럼 대열반경은 일찍이 없던 무량무수 불가사의 공덕이 있으며, 더할 나위 없는 良醫이자, 최고 존귀하고 수승한 경전 중에 왕이다. (大般涅槃經卷第9, 如來性品第4之6)

8. 법약의 불충분한 수단방편성 약독藥毒의 위험성

(1) 법약의 수단방편성

한 가지 잊지 말아야 할 중요한 사실은, 의약이나 법이나 道·진리·복음조차도, 모두 인간의 질병과 고통을 해결하고 중생의 건강·행복과 평화·안락을 얻기 위한 하나의 선방편에 불과하다는 점이다. 말하자면 필요조건일 수는 있으나, 결코 충분조건은 아니다!

비유하자면, 비록 아무리 좋은 진귀한 약이라 할지라도, 질병을 고칠 수 없으면, 그건 더 이상 약이라고 일컬을 수 없다. 반면, 설사 흙이나 소 오줌 말똥(牛溲馬勃)처럼 천하고 더러운 것일지라도, 한 줌 갖다 발라 질병이 나으면, 그게 바로 명약이 된다. 마찬가지로 중생을 이롭게 하는 것이면 모두 佛法이며, 만약 중생의 번뇌고통에 이롭지 못하면, 비록 제아무리 아름답고 좋은 말일지라도 佛法이 아니다.[196]

"좋은 약은 입에 쓰나 질병에 이롭고, 충고 말은 귀에 거슬리나 행실에 이롭다.(良藥苦口利於病, 忠言逆耳利於行.)" 전래 격언처럼 쓴 약은 먹을 당시는 비록 괴롭지만, 먹고 난 뒤 병이 낫게 된다. 불보살님 가르침도 범부중생이 처음 듣기에는 즐겁지 않지만, 오랜 시간이 흐르면서 점차 온갖 번뇌 질병을 소멸시키기 때문에, 중생을 평온하고 안락케 하는 法藥이 된다. 그러한 法藥으로는, 예컨대, 항상 그러하리라 집착하는 중생한테는 세상이 덧없음(無常)을 일깨우고, 물질적 육체적 쾌락에 탐닉하는 중생한테는 괴로움(苦)을 가르치며, 만물이 실제 존재한다고 착각하는 중생한테는 텅 빈 空의 이치를 일러주고, 自我에 애착하는 중생한테는 無我를 깨우쳐 준다.[197]

관점을 조금 달리 말하면, 사람이 약을 복용하고 의술을 실시하는 것은, 단지 질병을 고치기 위해서지, 결코 의약 자체가 좋아서 그러는 것은 아니다. 마찬가지로 보살이 참선수행을 하는 것은 계율청정과 지혜 성취를 위해서, 나아가 선정 중에 대자비로 반야공을 관조하여 중생계와 법계를 청정하게 밝히기 위해서지, 선정삼매 법희선열의 맛

196 龍樹菩薩造, 鳩摩羅什역, 大智度論권39, '往生品의 해석' 참조.

197 龍樹菩薩造, 鳩摩羅什역, 大智度論권66, '聞持品의 해석' 참조.

에 애착·탐닉해서 하는 것은 결코 아니다.[198]

약이 좋고 아름다워서 장식용으로 보존하기 위해 사 모으는 사람이 있다면, 아마도 정신이 온전치 못하다고 의심받을 것이다. 마찬가지로, 자기 정신적 안락만을 위해 선정삼매 법희선열의 맛에 빠져, 자비심의 서원도 잊고 중생 질병을 외면하는 수행자가 있다면, 그는 결코 대승 보살이 아니다. 더구나 자칫 명리를 위해 잘못 쓰게 된다면, 틀림없이 건전치 못한 사이비나 외도·이단으로 전락할 것이다.

부처님도 일찍이 당신 설법은 뗏목과 같다는 비유를 수없이 되풀이하였다. 뗏목은 강을 건너는 목적과 임무를 다하고 나면, 다른 필요한 사람이 사용하도록 강가에 매어두고, 여행자는 자기 갈 길을 계속 가는 게 당연한 도리다. 금강경 법문처럼, 법·道·진리·복음조차도 그 본래 목적을 달성하면 마땅히 놓아버려야 한다. 하물며 법·道·진리·복음도 아닌 엉터리야 말할 게 있겠는가?(法尙應捨, 何況非法?)

법은 약과 같아서 병을 낫는 수단방편에 지나지 않으므로, 결코 집착해서는 안 된다. 莊子(雜篇, 外物第26)도 말했듯이, 물고기를 잡으면 통발을 잊고, 뜻을 얻으면 말을 잊는 법!(得魚而忘荃, 得意而忘言.)

> "고기를 잡으면 통발을 잊어야, 바야흐로 부처님 뜻을 훤히 알고; 병이 나으면 약도 버려야, 비로소 통달한 사람이라 부른다. 망령됨이 생기니 지혜가 일어나고, 노란 버들잎을 황금이라고 어린애한테 주어 보채는 걸 달래듯이, 병이 생기니 약이 일어나고, 허공 꽃으로 비유하는 것이다. 미혹이 있지 않다면, 깨달음 또한 어찌 존재하리요?"[199]

중생한테 허망한 마음이 있기 때문에, 또한 허망한 약을 베푸는 것

198 龍樹菩薩造, 鳩摩羅什역, 大智度論권20, '初品 중 四禪의 해석' 참조.

199 御製秘藏詮卷第13: "魚旣獲而筌亦忘, 方明佛旨, 病旣差而藥亦棄, 始曰通人.…妄生智立, 黃葉止啼, 病起藥興, 空花爲喩, 迷旣不有, 悟亦何存?"

이다. 부처님도 스스로 설한 3승 12교는 마치 허공에 주먹을 휘두르는 것과 같다고 말했다. 어리석은 어린애가 이 사실을 알지 못하니, 이를 無明이라고 부른다. 영명 延壽 선사도 종경록宗鏡錄에서 게송을 읊는다.

"여래의 일체 법은 나의 일체 마음心을 제거함이니,
내가 일체 마음心이 없다면, 어찌 일체 법이 필요하겠는가?"

자기 눈(眼目)이 열릴 것 같으면 참 밝음(眞明)이 저절로 펼쳐져, 다스림의 대상이 되는 헷갈림과 알아차림의 견해 질병(見病)이 사라질 테고, 다스림의 주체인 권실權實의 法藥도 저절로 없어진다.(卷第6)

(2) 法藥의 불충분성

약과 법도 현상세계에 모든 사물이나 제도처럼, 우주에 뭇 생명의 평화 행복을 위해 필요한 수단도구이자 선방편이지, 결코 그 자체가 온전하고 충분한 목적은 아니다. 특히, 법에 대한 집착은 '나(我)'와 '내 것'이라는 아상我相 아견我見, 즉 에고의 발동으로, 법약의 효과를 없앨 뿐만 아니라, 수행자의 지혜를 마비시키는 엄청난 장난障難이 된다.

"목구멍이 막히는 병에 걸리면 곧 목숨을 잃듯이, 마찬가지로 일체 지견知見 중에 오직 내가 있다는 생각(有我見)은, 즉시 지혜 생명을 끊을 수 있다."200

보살은 비록 하기 어려운 일을 능히 하거나 베풀기 어려운 걸 베풀어도, 끝내 '내가 한 것'이라고 생각하지 않는다. 비유하자면, 부모는 외아들을 몹시 애지중지하여, 좋은 옷과 최상의 미묘한 맛의 음식을

200 大寶積經卷第112, 普明菩薩會第43: "譬如咽塞病卽能斷命. 唯有我見, 卽時能斷於智慧命."

수시로 공양하여 모자람이 전혀 없다. 설령 그 아들이 비록 부모를 경시하고 아만심으로 악언 욕설을 퍼부을지라도, 부모는 사랑하기 때문에 성내지 않을 뿐만 아니라, 또한 내가 이 아이한테 옷과 음식을 베풀었다는 생각조차 않는다. 보살도 마찬가지로 여러 중생을 외아들처럼 본다.

만약 아들이 병에 걸리면, 부모도 병이 나서 부지런히 의약을 구해 치료하지만, 병이 다 나아도 끝내 내가 이 아이 병고를 치료해주었다고 생각하지 않는다. 보살도 그러하여, 여러 중생이 번뇌질병에 걸린 걸 보고 애잔한 마음이 일어 설법해주는데, 법을 들은 인연으로 온갖 번뇌가 끊어지지만, 번뇌가 다 끊어져도 끝내 내가 중생들 온갖 번뇌를 끊어주었다고 생각하지 않는다. 만약 이런 생각이 인다면, 끝내 아누다라삼막삼보리를 이룰 수 없다. 오직 한 중생도 내가 설법해 번뇌를 끊어준 사람이 없다는 생각뿐이다.

보살은 중생한테 성내지도 않고 기뻐하지도 않는다. 능히 반야공 삼매를 잘 수습修習하기 때문이다. 보살이 반야공 삼매를 잘 수행한다면, 과연 누구한테 성내고 기뻐할 것인가? 선남자여, 비유하자면, 산림이 맹렬한 불길에 타오르는데, 만약 사람이 나무를 베어 물에 띄운다면, 이 나무는 누구한테 화내거나 기뻐하겠는가? 보살도 마찬가지로 여러 중생한테 성냄도 없고 기뻐함도 없다. 왜냐면 반야공 삼매를 잘 닦기 때문이다.(大般涅槃經卷第26, 光明遍照高貴德王菩薩品第10之6)

특히, 수행자는 수행하려는 적극적 선의지와 주관적 능동성을 정성껏 발휘해야 한다. 그렇지 않고서, 만약에 단지 법을 스승으로 삼고 의지하라는 부처님 유교遺敎를 과신하고, 법약의 소극적 약효와 객관적 자율성에만 집착한 나머지, 수행자라는 명색名色의 신분만 믿고 아만과 게으름과 방일을 일삼는다면, 이는 이미 수행자의 자격과 실질이 전혀 없으며, 자신과 남을 속이는 가짜 약장수가 되고 만다.

탐욕이 넘치면 계율을 지키기 어렵고, 법약은 아무런 효과도 없게 된다. 불법 전반이 자연법이라면, 계율은 그 가운데 승가 대중생활을 위해 꼭 필요한 규범만을 간추린 성문의 실정법이다. 그런데 최소한의 실정법인 계율도 못 지키는 수행자가, 과연 우주 자연법을 배우고 수행해 법약의 효과를 본다는 게 말이 되겠는가?

비유하자면, 사람이 물에 빠져 허우적거리면서 도리어 목말라 죽듯이, 마찬가지로 사문이 경전을 제아무리 많이 독송하는 총명한 천재라도, 정욕을 제거하지 않으면 정욕 가운데서 목말라 죽어서, 앉은 채로 지옥·아귀·축생의 삼악도에 떨어진다. 마치 의사가 명약을 한 자루 가득 가지고서도 자기 병을 스스로 치유하지 못하듯이, 비록 경전을 제아무리 많이 독송하더라도 계율을 지키지 않으면 그렇게 된다. 마치 병든 사람이 왕실에 명약을 얻고서도 스스로 자신을 보호하지 못하여 앉아서 죽듯이, 비록 경전을 제아무리 많이 독송하더라도 계율을 지키지 않으면 그와 같다.(佛說遺日摩尼寶經)

또, 어떤 사문이 경전을 아무리 많이 독송하더라도, 탐진치 기갈을 그칠 수 없어서 法의 홍수에 빠져 표류한다면, 번뇌에 목 타 죽어 여러 악도에 떨어지기 십상이다. 비유하자면, 약사가 약 자루(藥囊)를 가지고 가면서도 자신의 질병을 치료할 수 없는 것과 같다. 견문이 많은 사람일지라도, 번뇌질병에 걸리면 또한 이와 같다. 비록 견문이 많더라도, 번뇌를 그치지 않으면 스스로 이롭게 할 수 없다.

마치 어떤 사람이 왕의 귀한 약을 복용하더라도, 잘 맞지 않아서 도리어 약에 해로움을 당하는 것과 같다. 견문이 많은 사람도 번뇌질병에 걸리면 또한 이와 같다. 아무리 좋은 法藥을 얻더라도, 선행을 닦지 못하면 스스로 혜근慧根을 해칠 뿐이다.[201]

---

201 大寶積經卷第112, 普明菩薩會第43: “迦葉! 有諸沙門, 多讀誦經, 而不能止貪恚癡

더구나 이런 수행자를 혈기 잃은 병자에 비유하는 법문은 정말 촌철살인의 경종을 울린다.

"사문의 혈기를 잃음이란 무엇을 말하는가? 비유하자면, 남자나 여자나 동남·동녀는, 귀신(非人)이 그 혈기를 빨아먹으면, 그들은 혈기를 잃은 까닭에 파리하고 수척해져 기운이 없어진다. 이런 사람들은 혈기를 잃은 까닭에, 온갖 약이나 주술 및 칼날조차 치료할 수 없어 반드시 죽음에 이른다. 이와 같이 사문도 계·정·혜·해탈·해탈지견의 5분향이라는 혈기와 자비희사의 4무량심이라는 혈기가 없고, 또 자신을 조복시켜 신구의 삼업을 보호하는 혈기가 없으며, 또한 네 성인종자(聖種)에 안주하는 혈기가 없고, 의식의 혈기도 없고, 신구의를 정화하는 혈기도 없으면, 사문의 혈기를 잃었다고 말한다. 혈기를 잃은 사문은 비록 여래의 법약을 받을지라도, 스스로 제도하지 못한다. 법약이란 예컨대, 만약 욕망이 일면 마땅히 부정不淨을 관조하고, 진에가 일면 마땅히 자심慈心을 행하며, 우치가 일면 마땅히 12인연을 관조함이다. 온갖 번뇌가 일면, 마땅히 모든 쾌락을 떠나, 나와 내 것(所有)을 버리고 출가했음을 올바로 사유하며, 세 가지 일(三事)을 마땅히 애호해야 한다. 세 일(三事)이란 지계가 청정하고, 그 마음을 조복하고, 선정에 들어 어지럽지 않음을 가리킨다. 이러한 법약은 내가 설한 것이고, 내가 듣고 복종하는 것이지만, (사문 혈기를 잃은 자들은) 비록 이 법약을 받을지라도 스스로 제도하지 못한다. 또 출세간법이 있으니, 공관空觀·무상無相·무작관無作觀과 5음陰·18계界·12입入·16지知·4성제聖諦·12인연이다. 이러한 법약이라도 그 사람들은 또한 스스로 제도하지 못한다. 이러한 사문들은

渴, 法水漂沒, 煩惱渴死, 墮諸惡道. 譬如藥師持藥囊行, 而自身病, 不能療治. 多聞之人, 有煩惱病,…不止煩惱, 不能自利.…得好法藥, 不能修善, 自害慧根."

더럽고 추접하며 불결하여, 파계하고 박복한 탓에 지극히 낮은 곳에 태어나고, 교만한 까닭에 목숨이 다한 뒤 다른 곳이 아니라 반드시 대지옥에 떨어질 것이다. 사람이 혈기를 잃으면 반드시 죽듯이, 이러한 사문은 목숨이 다하면 반드시 지옥에 떨어진다. 이게 혈기를 잃은 사문이다. 이 말을 마치자, 오백 비구가 계를 버리고(捨戒) 환속하였다."[202]

(3) 약독藥毒의 위험성!

예전에 한때 '약 모르고 오용 말고, 약 좋다고 남용 말자!' 라는 표어의 광고가 한참 유행했다. '약 안다고 악용 말자!'까지 보태면, 약의 불충분한 수단방편성과 약화藥禍의 위험성은 온전히 드러난다.

법약도 마찬가지다. 법약이 좋다고 남용하거나 잘 모르고 오용하면, 약독과 약화가 지혜 생명을 크게 위협한다. '항상恒常'과 '유有'는 물론, '단멸斷滅'과 '無'도 양극단에 치우친 사견邪見이므로 집착하면 안 된다.

특히, 불교에 궁극 진리인 반야공의 법도, 그 안에 빠져 헤어나지 못하면 오히려 해롭다. 이는 마치 의사가 약을 주어 질병이 요동치게 한 뒤, 약이 몸 안에서 빠져나오지 않으면, 낫기는커녕 오히려 약독藥毒으로 병이 더욱 악화하는 이치와 비슷하다.

차라리 '아我'와 '유有'의 어리석음에 집착함이 수미산만큼 엄청나게 크나 할지라도, 그 허물은 오히려 그리 심각하지 않다. 그러나 사람이 공空에 집착하여 공이 있다고 말한다면, 그 허물은 몹시도 크다. 왜냐면, 어리석음에 집착한 자라도 공을 밝히 알면 해탈을 얻을 수 있지만, 공에 집착한 자는 해탈할 수 없기 때문이다. 예컨대, 어떤 사람이 병들어 훌륭한 의사한테 약을 얻었는데, 약이 뱃속에 들어가 소화흡수하

202 道龔譯 大寶積經卷第113, 寶梁聚會第44, 旃陁羅品第3 참조.

지 못한다면 어떠하겠는가? 이 사람이 과연 낫겠는가?[203]

무상無常과 반야공도 집착하면, 오히려 항상恒常과 유有에 대한 집착보다 훨씬 무섭다! 이 경고는 자주 나온다.

> "일체가 空하여 있지 않음(無所有)은 진실하여 전도顚倒가 아니다. 만약 내가 유상有常을 쳐부수고 無常에 집착한다면, 내 법은 끝내 온전하지도 진실하지도 못하다. 나는 有常의 전도를 쳐부수므로 無常을 본다. 왜냐? 無常의 위력이 有常을 쳐부술 수 있음은, 마치 毒이 다른 약한 毒들을 쳐부술 수 있는 이치와 같다. 만약 약이 병을 제거한다면, 약도 함께 제거해야 한다. 약의 미묘함은 병을 제거하는 효험에 있음을 알아야한다. 만약 (병을 제거한 뒤) 약을 제거하지 않으면, 뒤에 남은 약이 병이 된다. 마찬가지로, 만약 無常의 법에 집착하면 끝내 온전하지도 진실하지도 못하므로, 나는 無常의 법을 받아들이지 않는다."[204]

아무리 좋은 약도 남용하거나 오용하여, 환자 몸이 소화하지 못하면 독이 된다. 비유하자면, 장자의 몸이 병고로 쇠약해졌는데, 良醫가 진찰하고 고약膏藥을 조제해주었다. 이때 병자가 탐욕심으로 많이 먹자, 의사가 주의를 주었다.

> "만약 소화할 수 있으면 많이 먹어도 되지만, 너는 지금 몸이 쇠약해서 많이 먹으면 안 된다. 이 고약은 감로라 부르지만, 또한 독약이 되기도 한다. 만약 많이 먹어 소화하지 못하면, 곧 독이 된다."

---

203 大寶積經卷第112, 普明菩薩會第43: "迦葉, 寧起我見, 積若須彌, 非以空見, 起增上慢. 所以者何? 一切諸見, 以空得脫, 若起空見, 則不可除. 迦葉, 譬如醫師授藥, 令病擾動, 是藥在內而不出者,…是藥不出, 其病轉增." 이역본 支婁迦識譯, 佛說遺日摩尼寶經도 같은 내용.

204 坐禪三昧經卷下, 鳩摩羅什譯: "無常力能破有常, 如毒能破餘毒, 如藥除病, 藥亦俱去, 當知藥妙, 能除病故, 若藥不去, 後藥爲病. 若無常法著, 應當破不實故, 我不受無常法."

지금 이 의사가 말한 게 의리義理에 어긋나 약효가 사라졌다고 말할 수 있을까? 이와 마찬가지로, 여래도 여러 국왕、후비、태자、왕자、대신을 위해서, 파사닉왕과 왕자、후비의 교만심 때문에 이를 조복시키기 위해, 저 良醫처럼 공포를 드러내 게송을 말한 것이다.

'일체 강하江河는 반드시 굽이쳐 흐르고,
일체 총림叢林은 반드시 수목이라 부르며,
일체 女人은 반드시 아첨과 아양을 떨고,
일체 자재自在는 반드시 안락을 얻는다.'[205]

법약을 소화하려면 겸허한 수용성이 필수전제인지라, 교만한 마음으로 먹으면, 제아무리 신령스런 감로법약이라도 전혀 약효가 없을 뿐만 아니라, 소화하지 못하고 도리어 체해 독이 되어 약화藥禍만 초래할 따름이다. 방등경方等經은 마치 감로 같기도 하고, 또한 독약과도 같다는 비유적인 게송도 경청할 가르침이다.

"더러 甘露를 마시고 수명이 다쳐 요절하기도 하고
더러 감로를 마시고 수명이 아주 길게 늘기도 하듯,
더러 毒을 먹고 살기도 하고 독을 먹고 죽는 인연도 있지.
무애지無礙智의 감로는 이른바 대승경전일세.
이러한 대승경전은 또한 독을 섞은 약이라고도 부르지.
마치 소유酥乳나 제호醍醐 및 온갖 꿀과도 같지.
먹어 소화하면 약이 되고 소화하지 못하면 독이 되지.
방등경전도 또한 이처럼 지자한테는 감로가 되고
어리석어 불성을 모르면 복용해봤자 독이 될 뿐이라네."[206]

205 大般涅槃經(曇無讖譯)卷第10, 如來性品第4之7: "亦名甘露, 亦名毒藥, 若多服不消, 則名爲毒."

206 大般涅槃經, 曇無讖譯, 卷第8, 如來性品第4之5: "方等經者, 猶如甘露, 亦如毒藥.… 如是大乘典, 亦名雜毒藥, 如酥醍醐等,…服消則爲藥, 不消則爲毒. 方等亦如是, 智

(4) 약과 독의 동시 공존

상대적 이원성으로 나타나는 사바고해 현상세계에서 병과 약, 독과 해독제는 마치 음양처럼 빛과 그늘처럼 동시에 공존한다.

"미혹한 감정은 색과 서로 관련 있으니, 법으로 색을 관조하여 얽매임을 풀어라. 병과 약이 동시에 공존한다."[207]

약이 독이 될 수도 있지만, 거꾸로 보면 독초 부근에 해독제도 함께 자라고, 또 병의 원인을 살피면 병과 함께 약도 동거·공존한다는 뜻이다. 바로 번뇌에 즉하여 보리를 깨닫는다는 '번뇌즉보리煩惱卽菩提'나, 사바고해에 허우적거리다가 고개를 돌리니 바로 피안이라는 '회두시안回頭是岸', 또는 양극단은 서로 만난다(상통한다)는 서양 속담 'Extremes meet'의 의미와도 상통하는 진리 법문이다. 열반경에도 독초 가까이에 해독제가 자란다는 법문이 나온다.

가섭보살이 부처님께 여쭈었다.

"세존! 일체 중생이 모두 번뇌로부터 과보를 얻는데, 번뇌라 함은 이른바 惡입니다. 나쁜 번뇌惡煩惱로부터 생기는 번뇌도 또한 惡이라 부르니, 번뇌에는 원인과 결과의 두 가지가 있습니다. 因이 惡하므로 果도 惡하고, 果가 惡하므로 子도 惡합니다. 마치 임파과紝婆果는 그 子가 쓴 맛이므로, 꽃·열매·줄기·잎 등 전부가 모두 씁니다. 마치 독수毒樹는 그 씨앗이 毒하므로 열매도 毒한 것과 같습니다. 因도 중생이고 果도 중생이며, 因도 번뇌고 果도 번뇌니, 번뇌 인과는 곧 중생이고, 중생은 곧 번뇌 인과입니다. 만약 이러한 이치에 따른다면, 여래가 앞서 설산에는 독초도 있고 미묘한 藥王도 있다는 비유는 무슨 말입니까? 만약 번뇌가 곧 중생이고 중생이 곧 번뇌라면,

---

者爲甘露, 愚不知佛性, 服之則成毒."

207 御製秘藏詮卷第2: "迷情色相關<以法觀色, 用解繫纏, 病藥俱存.>"

어찌 중생 몸 안에 미묘한 藥王이 있다고 말하십니까?"

이에 부처님이 답변했다.

"훌륭하다, 훌륭하다, 선남자여! 무량 중생이 모두 똑같이 이 의심을 품거늘, 네가 지금 능히 해답을 찾아 질문하니, 내 이제 그대를 위해 나누어 해설해 의심을 끊어주리라. 주의 깊게 잘 듣고 잘 생각하라.

선남자여, 설산 비유는 곧 중생이고, 독초라 함은 곧 번뇌며, 미묘한 藥王은 청정범행이다. 만약 중생이 능히 이러한 청정범행을 닦으면, 몸 안에 미묘한 약왕이 있다고 말한다……

만약 중생이 능히 이와 같이 관찰하면, 마치 설산에 비록 독초가 있지만 또한 묘약이 있는 것처럼, 비록 독한 몸이 있더라도 그 안에 또한 미묘한 藥王이 있게 된다. 이처럼 중생이 비록 번뇌로부터 과보를 얻더라도, 이 과보가 더 이상 번뇌에 원인이 되지 않는 걸 가리켜 청정범행이라 부른다……

지혜로운 이는 이처럼 상인想因을[208] 관찰하고 나서, 다음에 과보가 악상惡想의 결과로서 지옥·아귀·축생·인간·천상 가운데서 내가 지은 원인대로 받을 것임을 관찰하고, 나쁜 각관惡覺觀을 끊기 때문

208 상想: 梵語 saṃjñā, 巴利語 saññā, 音譯은 僧若. 心所(心之作用)의 명칭으로, 오온五蘊 중 하나. 係動詞 jñā(知)와 접두어 saṃ(一切)이 합쳐진 단어로, 현대어에 '概念'에 상당. 바깥 경계 대상에 대해 心中에 떠오르는 정신작용으로, 表象의 知覺에 해당함. 12연기에서 수(受: 느낌, 印象感覺) 다음으로 일어나는 心所의 작용. 의지하는 6根-눈眼·귀耳·코鼻·혀舌·몸身·뜻意이 각각 접촉해 생기는 想을 합쳐 6想(또는 6想身)이라 부름. 또, 반연하는 경계의 크기에 따라 大想·小想·無量想의 3想이 있음. 또, 欲想(貪欲想)·瞋想(瞋恚想)·害想(殺害想)의 3想은 3종 번뇌에 생기는 3不善想 또는 3惡想이고, 반대로 出離想·不恚想·不害想은 3善想이라 부름. 이밖에, 想은 觀想(상념관조)의 뜻도 있음. 특히 念佛 수행시, 부처님께 일심으로 귀의하는 歸命想, 부처님이 와서 맞이해 인도하신다는 인접상引攝想, 부처님을 따라 극락왕생한다는 往生想의 3想이 중요함.

에 무명접촉無明觸이 끊어진다. 그래서 상想이 끊어지고, 상想이 끊어지므로 과보도 끊어진다. 지혜로운 이는 이같이 상인想因을 끊기 위해서 팔정도를 닦는다. 만약 능히 이렇게 관찰하면 청정범행이라고 부른다. 이것이 마치 설산에 비록 독초가 있지만 또한 묘약도 있듯이, 중생의 독한 몸 안에 미묘한 약왕이 있다는 말이다.……

지혜로운 이는 상인想因을 소멸하기 위해서 팔정도를 닦는데, 이를 청정범행이라 한다. 이것이 마치 설산에 비록 독초가 있지만 또한 妙藥도 있듯이, 중생의 독한 몸 안에 미묘한 藥王이 있다는 말이다.… 지혜로운 이는 무명접촉無明觸 인연을 소멸하기 위해서 팔정도를 닦는데, 이를 청정범행이라고 한다. 이것이 마치 설산에 비록 독초가 있지만 또한 묘약妙藥도 있듯이, 중생의 독한 몸 안에 미묘한 藥王이 있다는 말이다.… 지혜로운 이는 애고愛苦를 끊기 위해서 팔정도를 닦는다. 선남자여, 만약 이와 같이 관찰한다면, 이를 청정범행이라고 한다. 이것이 마치 설산에 비록 독초가 있지만 또한 妙藥도 있듯이, 중생의 독한 몸 안에 미묘한 藥王이 있다는 말이다."209

9. 법약의 평등무차별! 무아無我의 보시普施!

세속 법도 '법 앞에(아래) 만인 평등'을 가장 고귀한 이상에 하나로 내세우며, 의약도 빈부귀천을 가리지 않고 누구나 아픈 자에게 베풀어짐을 원칙으로 한다. 하물며 우주 자연법을 자임하는 佛法 의약이 차별을 내세울 리가 있겠는가? 인도는 지금까지도 사실상 네 계급 차별이 엄연히 작용한다고 하는데, 실제로 석가모니는 이미 2500(또는 3

209 曇無讖譯, 大般涅槃經卷第37, 迦葉菩薩品第12之5: "雪山喩者, 卽是衆生; 言毒草者, 卽是煩惱; 妙藥王者, 卽淨梵行. 若有衆生能修如是淸淨梵行, 是名身中有妙藥王.…"

천)년 전에 완전 평등을 실천궁행했다!

금강경에 나오듯, "이 법은 평등하여 위아래가 없다.(是法平等, 無有高下.)"고 선언하며, 최하층 불가촉천민까지 출가를 허락하고 제자로 받아들여 아라한도 성취를 이끌었다.

세속 법이 만인한테 평등해야하듯, 의약이 모든 병자한테 베풀어져야 하듯, 마찬가지로 부처님 법약도 모든 인연 있는 중생에게 두루 베풀어져, 온갖 번뇌질병을 골고루 치료하기 위해 평등하게 열려 있다.

> "비유컨대, 세 가지 약이 풍風병과 냉冷병과 열熱병에 대해 치료함에, 약은 신분계급을 가리지 않고 귀천을 모두 똑같이 치료하듯이, 법약도 또한 마찬가지로 능히 탐진치 삼독을 치료함에, 네 신분계급의 백성을 모두 제거하여 신분 고하에 차별이 없다."[210]

보살은 초발심 때 장차 부처님이 될 佛子의 자리에 올라, 여러 천상과 세인이 모두 마땅히 예경한다. 마치 대왕의 부인이 낳은 아들을 小王이라 불러 모든 신하들이 다 와서 배알拜謁하듯이!

비유하자면, 雪山(王) 속에 자라는 모든 약초는 소속(소유자)도 없거니와 분별심도 없어서, 병에 따라 복용하면 모두 치료할 수 있듯이, 보살도 그러하여 닦아 모은 지혜의 약(智藥)은 분별심이 없어서, 모든 중생을 두루 평등하게 구제 보호한다. 보살은 마땅히 늘 중생을 이롭게 하길 구하며, 일체 모든 복덕福德 선근善根을 올바로 수습해 평등심으로 일체 중생에게 베풀어주고, 자기가 얻은 지약智藥으로 시방세계에 두루 다니며 중생들을 치료해 필경에 이르러야 한다.[211]

---

210 馬鳴菩薩造, 鳩摩羅什譯, 大莊嚴論經卷第8: "譬如三種藥, 對治風冷熱, 藥不擇種姓, 貴賤皆能治, 法藥亦如是, 能治貪恚癡, 四姓悉皆除, 高下無差別."

211 大寶積經卷第112, 普明菩薩會第43 참조. 이역본인 支婁迦讖譯, 佛說遺日摩尼寶經에도 같은 내용이 "비유하자면, 큰 산에 여러 약초는 모두 높은 봉우리에 나며 주인도 없지만, 병에 따라 환자한테 주면 온갖 질병이 다 낫는다. 보살

또한 모든 존재를 품에 껴안아 길러주는 대지의 평등심에 비유하는 게송도 눈에 띈다.

"모든 초목은 大地에 의지해 생기되,
대지는 분별심 없이 자라게 하네.
중생 마음 선근善根은 불성 바탕(佛地)에 의지해 생기되,
佛地(佛性)는 분별심 없이 (중생을) 생장 성취시키네.
부처님 음성은 메아리 같아 명자名字 없이 설하며,
부처님 몸은 허공 같아 항상 두루 퍼져 있지만 볼 수 없네.
대지에 의지하는 온갖 초목의 法, 일체 모든 미묘한 藥은
두루 모든 중생을 위하며 어느 특정인에 국한하지 않듯이,
佛地(佛性)에 의지하는 온갖 法, 희고 깨끗한 미묘한 法藥도
두루 모든 중생을 위하며, 어느 특정인에 국한하지 않네."[212]

특히 열반경에서 의인화하여 빗대는 약나무藥樹 비유는, 대열반경이라는 적멸보궁의 법약이 얼마나 평등무차별한지 무한한 대자대비심을 느끼게 한다.

"선남자여, 비유하자면, 약왕이라 불리는 약나무藥樹가 여러 약 중에서 최고 수승한데, 락장酪漿이나 꿀이나 소酥나 물이나 우유에 타거나, 가루나 환丸으로 상처에 바르거나, 몸에 훈기를 쬐거나 눈에 바르거나, 이 약을 보거나 냄새 맡거나, 능히 중생의 일체 질병을 소멸시킨다. 하지만 이 약나무藥樹는, '일체 중생이 만약 내 뿌리를 취하면 잎을 따서는 안 되고, 만약 잎을 따면 뿌리를 취해선 안 되며, 만약 줄기를 취하면 껍질을 벗겨선 안 되고, 껍질을 벗기면

도 이와 같이 지혜의 약을 가지고 시방 세계 천하 인민의 생로병사를 한결같은 평등심으로 치유한다."고 나온다.

212 勒那摩提譯, 究竟一乘寶性論, 自然不休息佛業品第10: "如依地諸法, 一切諸妙藥, 遍爲諸衆生, 不限於一人; 依佛地諸法, 白淨妙法藥, 遍爲諸衆生, 不限於一人."

줄기를 취해선 안 되다.'고 생각하지는 않는다. 이 약나무는 비록 이런 생각을 하지 않지만, 능히 일체 병고를 소멸시킨다.

선남자여, 미묘한 대열반경전도 이와 마찬가지로, 능히 일체 중생의 악업과 4중금(波羅夷)·5무간죄 등 안팎의 모든 죄악을 소멸시키며, 보리심을 내지 않은 자에게 보리심을 내게 한다. 왜냐하면, 저 약나무가 여러 藥 중에 王이듯, 이 미묘한 경전은 여러 經 중에 王이기 때문이다. 만약 이 대열반을 수습하거나, 수습하지 않더라도 이 경전이름을 듣고 경신敬信한다면, 그는 모든 번뇌 중병重病이 죄다 소멸할 것이다. 오직 일천제一闡提 무리만 아누다라삼막삼보리에 안주할 수 없을 따름이다. 마치 저 미묘한 약나무가 비록 온갖 중병을 능히 치료하지만, 반드시 죽을 사람은 치료할 수 없듯이!

또 선남자여, 사람이 손에 상처가 난 채 독약을 만지면 독이 스며들고, 상처가 없는 자는 독이 스며들지 못하듯이, 일천제들도 상처가 없어 독이 스며들지 못하는 것과 마찬가지로, 보리菩提에 원인이 없(어 성불할 수 없)다. 이른바 상처는 곧 무상보리無上菩提 인연이고 毒은 곧 제일 미묘한 약이며, 상처가 없이 온전한 자는 일천제다."(大般涅槃經卷第9, 如來性品第4之6)

10. 의왕과 법약의 궁극 이상

(1) 법약이 필요 없는 세상 - 예방

법과 의약의 비유도, 단지 과거 행위결과에 대한 현재의 치유교정의 기능에서 머무는 것이 결코 아니라, 궁극에는 미래의 계속이나 재발을 방지하는 것으로 귀결한다. 사실, 과거나 현재에 이미 존재하는 질병 또는 분쟁 고뇌 자체를 어떻게 없던 것으로 되돌릴 수는 없다. 다만, 그로 인한 미래의 고통과 번뇌와 손해가 더 이상 계속 이어지지 않기를 바라는 마음에서, 의약과 법과 진리(道)는 미래지향적 예방조치를 강구하는 데서 그치는 것이다. 마치 화재가 발생한 경우, 이미 타버린 것은 어쩔 수 없고, 현재 치성한 불길이 번져나가는 것을 차단하고 끄는 '소방消防'이 '소화消火'와 '방화防火'를 동시에 겸하는 것과 같은 이치다.

법의 기능을 행위규범으로서 일반예방 기능과 특별예방 기능으로 설명하는 것도 그 때문이리라. 어쩌면 그게 의약과 법과 진리(道)의 본래 기능이고, 또한 본질적 한계인지도 모른다. 결국은 예방의학이고 예방법학이며 예방철학으로 돌아간다.

불교에서는 다음과 같은 명석한 통찰과 분석의 비유를 설한다.

보살도 수행은 인간이 고뇌로부터 해탈하기 위하여, 먼저 고뇌의 인연을 찾는 데서 출발하여야 한다. 우리 중생은 과거 현재의 늙고 죽음(老死) 같은 고뇌는 제거할 수 없다. 다만 미래세 내생의 생로병사 같은 고뇌를 제거하기 위하여, 현재 고뇌 인연이 계속 이어지지 않고, 아울러 다시는 일어나지 않도록 제거할 수 있을 뿐이다.

마치 아무리 훌륭한 명의라도, 과거 질병은 고칠 수 없으며, 현재 질병도 고칠 수 없는 이치와 같다. 환자가 약을 복용하는 것은, 단지 장래 마땅히 계속 이어져 생겨날 질병을 다스려, 그 냉열冷熱의 사악한 기운을 쳐부수고 다시는 생겨나지 못하게 방지할 수 있을 뿐이다. 또 실화失火로 집이 불타는 경우, 이미 타버린 과거 불을 없애기 위하여 부지런히 진화하는 게 아니고, 또한 현재 타고 있는 불 때문에 부지런히 진화하는 것도 아니며, 단지 미래에 불이 계속 이어서 타지 못하도록 부지런히 진화하는 것이다. 물론 그렇다고, 선량한 의사나 진화하는 사람이 방편법을 애써 쓰는 게 헛된 것은 아니다.

보살이 중생의 고뇌를 소멸시키는 이치도 이와 같다. 과거 고뇌는 이미 지나가 사라졌기에, 다시 제거할 수 있는 성질이 아니다. 현재 고뇌는 이미 앞선 생에 인연이 성취되어 있기에 물리쳐버릴 수가 없다. 단지 미래세 내생의 생로병사 같은 고뇌 인연을 쳐부수기 위하여, 그것들이 생겨나게 할 원인을 제거할 수 있을 뿐이다. 그러면 미래세 생로병사 같은 고뇌가 저절로 영원히 사라지게 되는 것이다.[213]

(2) 법치法治(약치藥治)와 인치人治(의치醫治)의 통일 조화

아무리 훌륭한 묘약이 있어도, 이를 잘 알아서 환자의 증상과 체질에 맞춰 조제·처방해 줄 양의가 있어야 하듯이, 아무리 좋은 정법과 진리와 도가 있더라도, 이 법과 진리를 잘 알아서 중생 근기에 따라 잘 일러주고 일깨워주며 인도해줄 선지식(스승)이 필요하다. 잘 가르쳐주는 이가 없으면, 도중에 부작용이나 시행착오가 생기기 쉽다.[214]

법보法寶가 비록 부처님에 어머니이자 스승이지만, 이 또한 부처님께서 완전히 깨달아 쉽게 설하지 않는다면, 우리 중생에게 아무 소용이 없고 도움이 되지 않는다. 불교에서 비록 법보法寶가 위이지만, 또한 불보佛寶를 앞세우는 이유는 바로 이 때문이다.[215] 마찬가지로, 아무리 좋은 법률제도가 완벽히 갖춰져도, 이를 잘 집행하고 심판할 훌륭한 사람이 필요하다. 사실 훌륭한 법제도도 훌륭한 성왕이 설립하고 제정한다. 法治 못지않게 人治도 더욱 중요한 까닭이다.

불교에서는 불보살과 선지식의 수준을 세 차원으로 나누어 의사의 자질에 비유한 우문현답이 전해온다.

"실관(實觀: 實相觀)에 들어가면 하나(一)도 오히려 존재하지 않거늘, 어떻게 십법十法을 널리 밝힌단 말이오?"

"무릇 실관實觀에 들어간다 함은, 제법諸法 실상(진실한 모습)을 관

213 龍樹菩薩造, 鳩摩羅什역, 大智度論권90, '實際品의 해석' 참조.
214 龍樹菩薩造, 鳩摩羅什역, 大智度論권96, '薩陀波崙品의 해석' 참조.
215 龍樹菩薩造, 鳩摩羅什역, 大智度論권30, '初品 중 善根供養의 해석' 참조.

조함이니, 일법一法이 진실하다면 만법萬法이 모두 그러하여, 一이 진실하면 일체가 진실하다. 마치 꿀의 성질이 달면, 모든 꿀이 다 단 줄 아는 것과 같다. 그러니 여러 잡다한 관조법문(觀門)을 빌리지 않고서도, 단지 불가사의한 一法만 훤히 알면, 자연히 가로질러 두루 법계法界가 모두 한 가지가 된다. 이 취지는 대근기인 사람은 한 번 보면 시원히 꿰뚫어 남김없이 안다.

마치 최상 의사가 질환을 치료함에, 초동草童이 춤추는 걸 보고 온갖 질병이 모두 사라지며, 또 곧장 그 말만 들어도 병이 저절로 나아버리는 것과 같다. 어찌 꼭 진맥을 하고, 게다가 약 처방을 시행하길 기다릴 필요가 있겠는가? 또 마치 상의上醫는 약 아닌 것(非藥)도 약으로 쓰고, 중의中醫는 약을 약으로 쓰며, 하의下醫는 약도 약 아닌 것(非藥)으로 만드는 것과 같다.

첫째, 비약非藥도 약이라 함은, 어떠한 일물一物도 약이 아닌 게 없다는 말과 같다. 풀을 살펴보면 모두 약이 되니, 어찌 약이니 非藥이니 하겠는가? 마치 길이 아닌 곳(非道)을 가도 모두 불도佛道로 통하며, 번뇌에 닥쳐 그대로 보리菩提를 이루는 격이다. 일체 세간법이 순전히 불법佛法이다.

둘째, 약을 약으로 쓴다 함은, 곧 질병에 상응하여 그에 알맞은 약을 주어, 손쓰는 대로 병이 낫는 것이다. 부자附子로 풍風을 다스리고, 귤피橘皮로 기氣를 해소하는 등이다. 마찬가지로 근기를 관찰하여 그에 맞는 法을 주되, 그 적당한 때를 잃지 않는다. 사량분별(思覺)이 많아 산만한 자는 수식관數息觀을 닦고, 음욕이 많은 자는 부정관不淨觀을 닦는 등과 같다.

셋째, 藥도 非藥이 된다 함은, 곧 병의 근원을 알아차리지 못하고 잘못 처방하여, 도리어 그 질병만 키우는 것이다. 마치 설법자가 근기에 투합하지 않으면, 천박한 근기는 비방하는 마음이 일어, 하사下士가 들으면 크게 비웃는 격이다. 제호醍醐 같은 최상 음식은 세상에 진기한 맛이지만, 이러한 사람을 만나면 도리어 독약으로 뒤바뀐다. 上上 근기 사람은 그 종지를 단박에 깨달으며 언설을 기다리지 않는다."[216]

대승불교에서는 소승 성문과 대승 보살을 두 종류 의사에 비유한다. 하나는, 단지 병과 병의 원인과 병의 치유와 병의 치유약(방법)을 알 뿐, 모든 병과 모든 병의 원인과 모든 병의 치유와 모든 병의 치유약(방법)은 알지 못한다. 단지 사람 병을 치료할 줄 알 뿐, 축생(동물)의 병은 치료할 수 없다. 또는 어느 한 국토에 병만 치료할 수 있을 뿐, 다른 국토에 병은 치료할 수 없다. 아니면 고작 수십 가지 병이나 치료할 수 있을 뿐, 404종 모든 질병을 다 알아 치료하지는 못하는 의사이다.

다른 하나는, 위 네 가지 범주에 모든 병에서, 병의 원인과 병의 치료약(법)을 두루 다 아는 의사다.

성문 수행자는 앞에 작은 의사小醫에 해당하고, 대승 보살이야말로 모르는 병이 없고 모르는 약이 없이 죄다 치료할 수 있는 큰 의사大醫라고 자부한다.[217] 그렇다면 부처님은 大醫王이심이 자명해진다.

대승 입장에서 소승을 폄하한 느낌이 다분한 발상이긴 하다. 중요한 것은, 소小와 대大를 통합하는 정신과 실천수행이다. 일찍이 선현은 "마음은 세심하면서 쓸개는 대담하고자(心欲小而膽欲大)" 좌우명을 삼았다고 한다. 소승성문처럼 세심하게 청정한 수행을 하면서, 대승보살

---

216 延壽集, 宗鏡錄卷第23: "上醫以非藥爲藥, 中醫以藥爲藥, 下醫藥成非藥. 非藥爲藥者, 如云無有一物, 不是藥者.… 以藥爲藥者, 卽應病與藥,… 藥爲非藥者, 卽不識病原, 反增其疾, 如說法者, 不逗其機, 淺根起於謗心,… 翻成毒藥." 陳實謹編, 大藏一覽集卷第9 같은 내용.

217 龍樹菩薩造, 鳩摩羅什譯, 大智度論卷24, '初品 중 10力의 해석' 참조.

처럼 모든 중생을 제도하고자 하는 발원을 함께 아우를 필요가 있다. 소승도 껴안지 못하는 대승이라면, 그게 참말 큰 대승일까? 부질없이 소승 대승으로 나누어 서로 자기가 더 낫다고 상대방을 헐뜯을 이유가 전혀 없다. 각자 근기와 인연 따라 자신을 정화하고 세상을 정화하는 수행에 정진하여, 지혜광명을 밝히고 자비복덕을 베풀면 더할 나위 없으리라!

11. 결론

상대적 이원성으로 나타나는 사바고해 현상세계에서 병과 약, 독과 해독제는 마치 음양처럼 빛과 그늘처럼 동시에 공존한다. 사실 질병이 있기에 의약과 의사가 필요하고 또 존재한다. 마찬가지로, 사회(인간집단)가 있고 또 인간관계에 다툼과 갈등이 생기기에, 법과 법률가가 필요하고 존재하는 것이다. 나아가 중생과 번뇌고통이 있기에, 佛法·道·진리·복음과 부처·예수 같은 성현이 필요하고 존재하는 것이다. 부처님은 중생의 번뇌고통을 구제하기 위해 도를 닦아 이루었지만, 다른 한편으로는 자신도 본디 중생으로서 번뇌고통을 느꼈고, 그 번뇌고통을 통해서 도를 닦고 성불한 것이다.

석가모니 부처님한테도 부나라富那羅·장조범지長爪梵志 같은 쟁쟁한 적대적 외도 논사들이 있었고, 또 시리굴다尸利崛多·제바달다提婆達多·아사세阿闍世 같이 질투와 원한을 품고 심지어 부처님을 해치려고까지 한 원수들이 바로 곁에 있었다. 마치 독풀이 나는 곳 부근에는 반드시 良藥도 함께 자라듯이![218]

마찬가지 이치로, 법과 법률가도 사회 속에서 갈등분쟁을 통해 이루어지며, 의약과 의사도 질병 속에서 끊임없는 질병의 임상실험과

---

218 龍樹菩薩造, 鳩摩羅什譯, 大智度論卷3, '初品 중 王舍城에 거주함 해석' 참조.

시행착오를 통해서 점차 발전하는 것이다. 그래서 속된 말에, 훌륭한 명의와 명판관名判官일수록 그 집 위에 오진이나 오판으로 죽은 원통한 사람들 혼이 많이 운집한다는, 농반진반 우스개가 회자한다.

남는 것은 수행자의 실천궁행과 증명뿐이다. 佛道를 구하는 수행자는 부처님과 불법을 믿고 사념하며 받들 뿐만 아니라, 부처님 제자인 보살 아라한 이하 여러 선지식을 공경하고 사념하며 따라야 한다. 세속에 처자、노비、인민 따위 중생들은 생사윤회 고통의 씨를 뿌리는 삼악도(지옥·아귀·축생)에 도반이지만, 선지식이야말로 우리를 고해에서 벗어나 열반 언덕에 오르도록 이끌어주는 진정한 도반이기 때문이다.

부처님을 의왕에 비유하자면, 부처님 가르침인 佛法과 佛道는 양약이며, 선지식은 간병인에 견줄 수 있다. 우리가 부처님 가르침에 따라 청정한 계율을 지키고, 부처님이 처방하신 진리 약(法藥)을 순순히 복용하여 수행함에, 선지식은 우리가 모든 번뇌 질병을 끊어 치유하는 과정을 보살펴주는 중요한 인연인 것이다.[219] 불교에서 불법승佛法僧을 나란히 삼보三寶라고 일컫는 이유기도 하다.

지금까지 부처님을 의왕으로 비유하고, 불법(dharma)을 의약으로 비유해 중생의 번뇌질병을 치료한다는, 불교경전에 가르침을 정리해보았다. 사람들은 위에서 펼친 장광설을 그럴 듯하다고 공감하거나, 아니면 믿지 못하거나 반신반의할지도 모른다. 또는 잘 모르겠다고 판단을 유보할 수도 있다. 만약 '나는 정말 모른다.'고 답하고 싶다면, 열반경 마지막에 부처님이 든 이런 비유를 다시 한 번 들어보자.

> "어떤 사람이 독화살에 맞아, 가족들이 의사를 청해 화살을 뽑고 치료하여 몸이 평안하게 회복하였다면, 그 뒤 10년이 지나도 이 사

219 龍樹菩薩造, 鳩摩羅什譯, 大智度論卷22, '初品 중 8念의 나머지 해석' 참조.

람은 오히려 분명히 기억할 것이다. 이 의사가 자기를 위해 독화살을 뽑고 약을 발라 낫게 하여, 자기가 평안하고 건강하게 장수를 누린다고! 어진이여, 그대는 과거 본업本業도 모르면서, 어찌 현재 고행이 틀림없이 과거 업業을 파괴한다고 알 수 있단 말인가?"[220]

의왕이 처방한 법약을 듣고 믿고 따라 행하는 자는 그 약효를 몸소 체험할 것이며, 적어도 죽을 때까지, 성불해서도 결코 잊히지 않는 무한한 자비은덕을 절절히 느낄 것이다. 부처님을 20여년 시봉한 다문多聞 제일 아난은, 부처님 생전에 아라한도를 증득하지 못했는데, 나중에 스스로 참괴慙愧를 느껴 실토한 적이 있다.

"비록 아무리 많이 부처님 곁서 주워들어도, 만약 몸소 닦아가지 않으면, 듣지 않은 거나 같다. 마치 사람이 먹는다고 말만 해서는 끝내 배부를 수 없는 것과 마찬가지로!"[221]

선종에 전가보검(傳家寶劍)처럼, 사람이 몸소 물을 마셔봐야 찬지 뜨거운지 스스로 알듯이, 心地法門은 직접 몸소 증명해야 알 수 있다.[222] 무엇을 얼마만큼 믿고 따를지도, 결국은 각자 지혜와 복덕에 달린 因緣事다. 인연 없는 중생은 화타、편작 같은 신의神醫나 대법왕 부처님도 구제할 수 없다. 그러나 법약을 보고 읽은 인연만으로도, 언젠가는 싹 터 열매 맺을 좋은 씨앗을 심었다고 믿는다.

끝으로, 우리 세속법도 법약의 비유를 통해 스스로 깊이 반성하고, 정의로운 자연법에 일치하도록 항상 발전하는 귀감 및 전기를 마련하

---

220 曇無讖譯, 大般涅槃經卷第40, 憍陳如品第13之2: "譬如有人, 身被毒箭, 其家眷屬爲請醫師, 令拔是箭, 旣拔箭已, 身得安隱, 其後十年, 是人猶憶了了分明, 是醫爲我拔出毒箭, 以藥塗拊, 令我得差, 安隱受樂. 仁旣不知過去本業, 云何能知現在苦行, 定能破壞過去業耶?"

221 大佛頂如來密因修證了義諸菩薩萬行首楞嚴經, 般剌蜜帝譯, 卷第2: "雖有多聞, 若不修行, 與不聞等, 如人說食, 終不能飽."

222 黃檗山斷際禪師傳心法要, 裴休集: "如人飮水, 冷煖自知." 육조 혜능 제자 말.

길 간절히 염원한다.

법과 정의에 최후 보루마저 붕괴하여 국민 기대와 신뢰가 와르르 무너지고, 급기야 대학교수가 판사를 석궁으로 위협하고, 그에 대한 법원의 편파적 판결에 영화까지 만들어져 온 국민이 공분하는 사법현실을 보라! 특정인을 위해 특사권한을 남용하는 대통령, 재벌의 불법비리를 이현령비현령의 해괴한 형식논리로 정당화하고 면죄부까지 부여하는 대법원, '법 앞에 만인 평등'의 법이념이 무색하게도 아직까지 '유전무죄, 무전유죄'의 냉소적 풍자가 풍미하는 세태들! OECD 회원국이란 명함이 스스로 무척 참담慘憺하고 참괴慙愧한 법현실의 자화상이다.

법의 심판과 형벌 집행이 과연 범죄치료에 교정효과가 있는지, 재사회화 과정에 나타나는 부적응과 재범률은 깊은 회의와 우려를 자아낸다. 학교폭력까지 법과 형벌을 들이대는 교육행정 현실은 참으로 비탄할 만하다. 요즘 일선 학교에서 명상을 통해 학생들 정서안정을 되찾고, 폭력 예방 및 치유에 눈부신 효험을 보고 있다는 반가운 소식도 들린다. 법약의 효과 및 귀감에 더욱 강한 호기심과 매력, 그리고 가슴 부푼 기대감이 한층 드높아진다.

법약의 필요성과 다양한 기능효과, 불충분한 수단방편성, 남용 및 오용 시 초래하는 맹독성 약화藥禍, 그리고 모든 중생이 불성을 지닌다는 정신 아래 보편 시행하는 법약의 절대평등성, 그러면서도 궁극에는 모든 중생이 번뇌 질병에서 완전히 해탈해 자유자재하며, 법약이 필요 없는 건강하고 평화로운 극락정토를 실현하고자 하는 이상에 이르기까지, 법약의 비유가 함축하는 모든 상징의미들은 우리 법의 이상과 현실에 매우 귀중한 귀감과 본보기가 되고 남는다.

우리 법을 심판하는 사법부뿐만 아니라, 법을 집행하는 행정 각부와 법을 제정하는 국회까지, 모두 법의 본질속성과 현실기능에 대해 더욱 진지하게 고민하고, 환골탈태換骨脫胎 혁신을 이루도록 뼈를 깎는 정진에 스스로 박차를 가하고 채찍질하는 모습을 보고 싶다.

아울러 교육현장에서도 법약의 여러 효능을 적절히 활용하도록 유연한 창의성을 적극 발휘할 필요가 있다. 특히, 과학과 이성의 미명 아래 고리타분한 미신이나 권선징악적 방편으로 폄하하여 내팽개친, 전통 종교철학의 핵심 가르침인 인과법을 잘 가르치고 교화의 선방편으로 적극 선양해야 한다. 결과책임에 무서워 떠는 중생을 사후에 처벌할 생각만 하지 말고, 원인관조에 두려워 떳떳한 보살(현인군자)을 사전에 교양敎養할 궁리를 해야 한다.

3년 남짓 각고의 연구 끝에 법약의 비유를 주제로 이 글을 쓰는 필자의 당초 연구 동기이자 초발심 발원이기도 하다.

제6편 동양 古典에서 법과 제방의 비유

개요

전통법문화에서는 흥미롭게도 법을 그물, 의약, 제방으로 비유한다. 그물과 의약의 비유는 앞서 이미 연구결과를 발표했다. 이제 죄악을 예방하는 제방으로서 법의 비유와 예방법학을 연구한다. 주지하듯이, 형법에는 일반예방기능과 특별예방기능이 있다. 본편에서는 유가 경전을 중심으로 동아시아 고전에 나타나는 예법의 예방기능을 제방의 비유에 초점을 맞춰 원전을 분석하는 귀납적 방법으로 탐구한다.

고대 인류가 수렵에서 농경으로 전환해 정착사회를 이루면서, 특히 홍수방지 및 수경에 필요한 제방이 출현하였다. 인구가 많아지고 사회가 복잡하게 발달하면서, 사람의 탐욕과 분노가 넘쳐 갖가지 다툼과 싸움이 일어났다. 이에 성현은 理智적 사유의 산물로, 강물을 가두어 막는 제방처럼, 사람 감정의 물을 다루는 둑으로서 예법을 고안해, 사회질서를 유지하기 시작했다.

고대 동아시아에 일반보편의 사회규범인 예가 죄악을 예방하는 제방으로서 작동한 사실은, 유가의 禮論에 널리 나오는데, 특히 禮記 방기坊記 편에 집중해 나타난다. 본편은 사회규범 전반을 제방에 비유한 일반 禮論을 비롯하여, 개별적 오륜五倫에 따라 다양한 인간관계를 규율하는 예의 제방을 군신유의, 부모에 대한 효와 상례 및 제례, 음란을 예방하는 남녀분별, 사양지심 부쟁지덕不爭之德의 차례로 살펴본다. 이어 예법의 역사에 펼쳐진 다채로운 제방 비유와 예방법학의 철학사상을 종합 정리한다.

그밖에 저수지 물을 갈무리하는 제방의 비유, 병법상의 제방 비유, 담장 및 성곽의 비유 등, 특별한 내용을 추가로 살펴본다. 마지막으로 한비자가 펼친 예방법학의 원천으로서 老子와 주역周易의 예방철학을 간단히 언급한다. 덧붙여, 법가의 예방법학 사상에 얽힌 오해 및 한계를 지적하고, 과유불급의 진리에 따라 지나친 예방주의의 폐해를 일깨운다. 그리고 본 연구의 기대 효과와 향후 전망 및 과제를 적어 맺음말을 대신한다.

주제어 : 예법, 제방, 비유, 동아시아 고전, 坊記, 예방법학, 병법, 담장, 성곽.

1. 머리글

필자는 박사학위논문을 쓰느라 동아시아 고전을 두루 섭렵하면서, 흥미롭게도 전통법문화에서 법을 '그물' '의약' '제방' '음악' 등에 비유하는 사상을 찾고, 법의 본질과 기능목적에 대한 동양 전통의 독특한 사유방식을 주제로 서양법문화와 대비해 연구하고 싶었다. 마침 우리보다 4-5년 먼저 로스쿨을 도입한 일본에서는, 새로운 법률가 양성의 주요목표로 "국민의 사회생활상의 (질병을 치료하는) 의사"를 명백히 거론했다. 일본을 모방하는 우리는 왜 이처럼 중요한 '목적'을 빠뜨렸을까 의아했다. 결국 전통법문화를 잘 모르는 탓이었으리라! 물론 알았어도 무시했겠지만~ 이에 새로운 법전원 교육과정에서 '사회 질병을 치료하는 의약으로서 '법'에 대한 관념과 '의사'로서 '법률가'의 사명을 새롭게 일깨우며, 온고지신溫故知新의 새 법문화 창달에 공헌해야겠다는 발원에서, 필자는 2008년도에 한국학술진흥재단에 이 연구주제를 신청해 지원받고, 독창적 연구결과를 발표했다. 공교롭게도 '끌림의 법칙(Attraction)'이나 '동시성의 원리'가 작용했는지, 최근 우리 사회전반에 걸쳐 '고통과 상처의 치유'라는 주제의 담론이 크게 활기를 띠었다. 필자의 연구주제가 아주 시의적절한 사회적 효용과 영향으로 나타나 내심 보람을 느꼈다.

그리하여 '의약으로서 法의 비유'에 이은 후속연구로, 이번에는 '제방으로서 법의 비유와 예방법학'을 주제로, 25년가량 품어온 또 하나에 중요한 전통법의 비유를 탐구한다.

우리 속담에 "호미로 막을 걸 가래로도 못 막는다."는 말과 '유비무환有備無患'이라는 격언이 있다. 영어 속담에도 "Prevention is better than cure."라는 명언이 있다. 사전예방은 사후치료보다 비용도 적게 들고 훨씬 효율적이다. 예방은 아무리 강조해도 지나치지 않을 만큼 매우 중요하다. 의학에서도 오래 전부터 치료보다 예방의학을 우선하고, 기업경영에서도 사전 방어적 경영을 중시하며, 자동차 운전이나 주차에서도 방어운전、방어주차를 강조하는 세상이다.

이러한 맥락에서 '예방철학' '예방법학'은 아주 최신의 첨단학문경향을 이루지만, 또한 역설처럼 아주 오래 전부터 옛 선현들이 가장 먼저 중시한 철학사상이며 법문화다. 동아시아 고전에서 삼현三玄인 周易이나 老子에도 예방철학은 아주 중요한 핵심 가르침이다. 특히 예방법학의 꽃이라고 할만한 '제방'의 비유는 禮記 '방기坊記' 편을 비롯해 유가 경전에도 자주 등장하며, 불경에서는 계율의 성격과 기능을 설명하는 내용에 흔히 나온다.

다만 오랜 역사 대하大河의 긴 흐름 속에서, 이미 풍부한 수량과 혼탁해진 물살이 되어버린 하류에 이르러, 까마득한 상류에 맑고 깨끗한 발원發源 샘물을 잊어버렸으리라. 역사는 주기로 되풀이하며 발전을 거듭한다. 우리가 현재와 미래를 잘살기 위해서는, 과거 역사의 거울을 맑고 깨끗이 갈고닦아 자신을 비춰보는 온고지신의 슬기가 필요하다. 이러한 배경과 필요성에서, 본 주제는 매우 시의적절한 법고창신法古創新에 발판이 될 것이다.

사실 법을 '제방'에 비유하는 개념은, 자세히 설명해주면 듣고 이해는 하겠지만, '그물'이나 '의약'의 비유보다 훨씬 낯선 편이다. 옛날 농경사회에서 치산치수가 국가운영에 대계大計였던 시대와 달리, 요즘은 산업화와 정보화로 농경의 경제적 비중이 크게 줄어들었다. 첨단과학 문명 덕분에 큰 댐 및 제방 건설과 하천 준설이 용이해져서, 홍수예방이 과거보다 훨씬 수월해졌기 때문일까?

허나 한편으론, 화석연료 사용과 지나친 개발로 인한 온실가스 배출 등으로 지구 생태환경이 파괴되고, 기후변화로 집중호우나 초대형 태풍 등 천재지변이 속출해, 전통 제방이나 현대 댐도 홍수범람을 완벽히 예방하지는 못하는 현실이다. 특히, 2020년에 섬진강 둑마저 무너뜨린 홍수를 비롯해 전국 각지를 강타한 집중호우 피해는 엄청났다. 물론 이상기후로 인한 천재지변도 최선을 다해 예방함이 국가운영에 중요한 책무이자 사명이다.

마찬가지로 법도, 갈수록 창궐하는 돌발적 충동적 극악범죄를 다 예방하기는 어려울지라도, 여전히 사전예방을 강화해 민생치안을 유지하고 건강한 사회발전을 이루도록 뒷받침할 사명과 책임이 막중하다. 형법에 일반예방기능과 특별예방기능은, 사실 모든 사회규범에 공통기능이자 존재근거이기도 하다. 물론 이러한 법의 기능과 책임은 법학 전 분야에 걸쳐 널리 연구해온 일반주제일 것이나, 전통법문화의 역사철학에서 이러한 문제의식의 연구는 거의 없다.

법을 제방에 비유하는 주제는, 오래된 고전 전통이면서도 참신한 독창성이 큰지라, 동서양을 막론하고 전문연구가 드물다. 필자 나름대로 구상한 밑그림에 따라 초보 연구를 개척하는 마음으로, "전통문화의 계승·발전과 민족문화의 창달에 노력"하고자 작성한 글이다.

본 연구는 동아시아 고전의 원전해독 및 분석종합의 방법으로 진행하며, 세속법의 관점에서 原典(Text)을 충실히 탐구하고자 한다. 전통법문화상 법을 제방에 비유한 전거典據들을 찾아내 간추려 번역하고,

귀납적 방법으로 큰 틀을 구상해 예방법학에 관한 전통 철학사상을 체계화한다. 禮記를 비롯한 유가、법가 및 주요 제자백가의 고전은 원문을 통독하거나 핵심주제어(key words)로 검색해 관련 원문을 찾아 '제방'의 비유 자료를 발췌 번역했다.

본 주제에 핵심은 '제방의 비유'지만, 제방과 비슷한 기능을 지닌 담장이나 성벽의 비유도 대표 사례를 들어 참고로 대비한다. 아울러 周易、老子、論語、韓非子 같은 주요 경전에 예방철학 관련 핵심 내용을 곁들여, 주제와 내용을 훨씬 풍성히 윤택하게 장엄하고자 했다.

거시로 통관하면, 전통법문화에서는 법을 그물, 의약, 제방, 음악으로 비유한다. 그물의 비유는 죄인의 색출、격리를 통해 법의 사후 징벌 기능을 주로 상징한다. 의약의 비유는 죄인의 사회적 질병을 치유하는 사후 교정矯正 기능을 주로 상징하여, 특별예방기능까지 포함한다. 반면 제방의 비유는 죄악의 사전예방 기능을 상징하여, 명실상부하게 법의 일반예방기능이 두드러진다. 특히 유가의 禮論이나 불교의 계율에서 많이 등장해, 형벌의 사후징벌기능과 대조를 이룸이 특징이다. 음악의 비유는 화성和聲과 조화調和를 중시하는 음악의 속성에 비유하여, 법의 궁극목적이 平和로운 질서유지에 있음을 상징한다. 이는 우주의 조화(Universal Harmony)와 상통하여, 궁극에는 자연법의 이념으로 나아간다고 여겨진다. 이러한 전통법문화의 전체 흐름 속에서 제방으로서 법의 비유와 예방법학의 철학사상에 초점을 맞춰 집중 연구한 것이다.

2. 정착사회 농경문화와 제방의 출현

고대 인류사회가 수렵유목에서 농경어로로 정착하는 과정에서 가장 중요한 특징의 하나는, 강물의 범람과 바닷물의 넘침을 막는 제방과, 호수나 저수지 물이 새나가 말라붙지 않게 보호하는 둑을 쌓는 일이었다. 우禹가 9년간 집에 들어가지도 못하고 황하를 다스려 순임금한테 천자를 선양받았다는 유명한 전설이 대변하듯, 황하를 다스리는 자가 천하를 다스린다는 격언이 생길 정도로, 치수는 민생안정에 핵심이었다.

특히 농경사회에서 벼의 수경재배가 널리 퍼지면서 제방의 필요성과 중요성은 더욱 커졌다. 周禮 지관地官 사도司徒에 보면, 벼농사를 관장하는 도인稻人은, 저수지로 물을 가두고 제방으로 강물을 막으며, 도랑으로 물을 배수하고 관개수로로 수리를 관리한다. 이에 상응하여 국토건설을 담당하는 장인匠人에는 관개수리 시설 전문기술자가 있다. 도랑은 물 흐름에 따라 만들고 제방은 지세地勢에 따라 쌓아, 안전한 기능을 발휘하게끔 건설기법도 자세히 밝혀져 있다.(周禮, 冬官考工記)

禮記 월령에 보면, 음력 3월에 사공司空의 사명은 이렇다.

"봄비가 곧 내리고 아래 물이 위로 넘치리니, 나라 도읍을 두루 돌아보고 논밭을 살펴, 제방隄防을 수리하고 도랑을 뚫고 도로를 개통하여 막힌 곳이 없게 하라."

7월에는 유사有司에게 이렇게 하명한다.

"법제를 정비하고 감옥과 형구를 수선하며, 간사한 죄악을 신중히 금지하고 체포하기에 힘쓰라. 죄수의 부상 질병을 살펴 치료하도록 하고, 옥송獄訟은 반드시 단정공평하게 재판하라. 유죄를 처벌하고 형벌을 엄단하여, 천지를 엄숙히 다스리라." 동시에 "제방隄坊을 완전히 수리하고 막힌 곳을 잘 뚫어 물의 범람에 대비하며, 궁실과 담장 및 성곽을 잘 보수하도록 하라."

제환공을 보필한 관중管仲은, 둑을 큰 '제隄'와 작은 '방防'으로 나눠 설치방법을 자상히 설한다.

"땅에 풀이 나지 않는 곳은, 반드시 흙주머니를 만들어 크게는

'隄'를 쌓고 작게는 '防'을 쌓아, 물길을 사방으로 끼어 돌리면 농작물이 다치지 않는다."(管子, 度地)

한편, 우리나라 최대 곡창인 호남평야를 낀 전라북도만 살펴봐도, '금(김)제金堤'를 비롯해 예로부터 수많은 제방을 만들어 벼농사 수리에 적극 활용한 역사적 실례가 지명에 고스란히 전해온다.[1]

둑이란 '제방(堤防, 隄防, 堤坊)'은 예방、방지、방어、방호防護의 뜻을 지닌다. 물은 불(에너지)과 함께 생명 유지에 필수요소로 수많은 이익을 주지만, 과유불급이라! 지나치게 넘치면 인명과 재산을 살상하는 흉기로 둔갑한다. 제방(둑)은 바로 필요한 물이 넘치지 않고 평안히 물길을 따라 흐르도록 막아주는, 인류 경험지혜이자 문명의 시발기초다.

인구가 늘고 사회가 복잡해져 생존경쟁이 치열해짐에 따라, 자연의 물처럼 사람 감정의 물도 자칫 거칠게 넘쳐 탐욕과 분노의 물길로 휩쓸며, 인간관계와 사회를 크게 해치게 되었다. 이에 성인이 사람을 짐승과 달리 일깨우고자 오륜五倫으로 가르치기 시작했다. 이것이 인류 사회규범의 효시였고, 점차 복잡한 예법으로 발전했다. 자연스레 '사회 예법은 사람 마음속에 흐르는 감정욕망의 강물이 넘치지 않게 막아주는 둑이요 제방이라'는 인식과 사유가 나타나게 되었다.

하夏·은殷·주周 3대에 기본 통치규범인 禮는, 지금에 법처럼 질서를 유지하는 사회규범이었다. 따라서 주례가 통치규범으로 작동하던 춘추시대까지 예제는, 지금에 법과 거의 같은 사회규범으로 보아도 좋

1 柳在泳, 전북전래지명총람, 민음사, 1933년 초판에 실린 각 시군별 '제언堤堰'조 자료를 종합해보면, 전북 각 시군지역에 전해오는 '堤堰'의 지명은 '-제堤'가 가장 흔한데, 논농사를 주로 짓는 평야지대가 압도로 많다. 남원과 순창 같은 산지에는 '-방축防築'이 많고, 임실과 무주에는 '-보洑'가 많은 게 눈에 띈다. 구체로는 전주 및 완산에 59곳, 군산옥구 13, 익산 51, 정읍 54, 김제 104, 고창 106, 부안 41, 임실 15洑, 순창 9(8防築), 남원 9(7防築), 무주 12(3洑), 진안 6, 장수 0곳이다.

다. 예를 벗어나면 형벌로 들어간다는 '실례입형失禮入刑'의 명제가 반증하듯, 당시 禮는 명실상부한 법이었다. 전국시대 각국이 변법개혁운동으로 형과 법을 제정하고, 진나라 때 율령체제를 확립해 물려준 이래, 2천여 년 지속한 봉건왕조 시대에도, 비록 禮가 율령의 전면에 나서지는 않았지만, 인민의 언행을 규율하는 막강한 구속력을 발휘한 것이 사실이다. 이점을 상기한다면, 전통 예제는 단순히 지금에 윤리도덕에 비교할 것이 아니다. 따라서 본서에서 禮를 제방에 비유한 전통 禮論도 넓은 의미에서 법의 범주로 포함해 연구한다.

3. 禮論과 방기坊記에 나오는 제방의 비유

(1) 사회규범을 제방에 비유한 일반 禮論

먼저 유가 경전을 살펴보면, 예를 제방에 비유하는 예론으로 예법의 일반 예방기능을 각별히 강조한다. 예는 인간사회의 큰 인륜을 밝힌다. 예컨대, 조근朝覲의 禮는 군주와 신하 사이에 義를 밝히고, 빙문聘問의 禮는 제후 간에 상호존경을 밝히며, 상례와 제례는 자녀와 신하의 보은을 밝히고, 향음주례鄕飮酒禮는 장유 질서를 밝히며, 혼례는 남녀 분별을 밝힌다.

"무릇 禮는 혼란이 생기는 연유를 금지하니, 마치 제방이 물의 넘침을 막는 것과 같다. 그래서 옛 제방이 쓸모없다고 무너지게 방치하면 반드시 물난리가 나듯이, 옛 禮가 쓸모없다고 없애면 반드시 환란이 있게 된다. 예컨대, 혼례를 폐지하면 부부의 도리가 사라지고 음란의 죄악이 많아진다. 향촌에서 음주 예법이 없어지면, 위아래 질서가 사라지고 서로 다투는 송사가 번잡해진다. 예법의 교화는 미세할지라도, 사악이 싹트기 전에 미리 방지하여, 사람들이 자신도 모르는 사이에 날로 선량해지며 죄악에서 멀어지게 된다. 그래서 선왕께서 예법을 높이 숭상하셨다. 주역에 '군자는 시작에 신중하나니, 터럭 끝 차이가 천리 격차로 멀어지기 때문이다.'고 했으니, 바로 이를 일컫는다."[2]

이처럼 禮(법)의 일반예방기능을 제방의 홍수범람 예방에 견준 간명하고 적확한 비유는, 禮記 전편을 관통하는 핵심사상이다. 특히 '방기坊記' 편에서 공자의 말로 거듭 되풀이해 강조한다. 따라서 '坊記' 편을 차례로 정리하면, 거의 모든 예법이 죄악과 일탈을 방지하는 둑임이 뚜렷해진다. 우선 성인군자의 도와 예를 제방에 비유하는 일반론부터 살펴보자.

> "군자의 道는 비유하자면 둑과 같도다! 인민이 모자란 바를 둑으로 예방한다. 크게 둑을 쌓아 막아도, 인민은 오히려 넘나든다, 그래서 군자는 禮로써 德을 방호하고, 형벌로써 음란함을 방지하며, 명령으로 욕망을 방어한다."(禮記, 坊記; 大戴禮記, 禮察편)

> "소인은 가난하면 쉬 궁색해지고, 부유하면 곧잘 교만해진다. 궁색하면 도둑질하고, 교만하면 문란해진다. 禮란 인정人情을 바탕으로 절제를 가한 문화로서, 인민에 제방이다. 그래서 聖人이 부귀를 다스림에는, 인민이 부유하되 교만하지 않고, 가난해도 궁색에 이르지 않으며, 존귀해져도 윗사람을 넘보지 않게 한다. 그래서 갈수록 혼란이 사라진다."(禮記, 坊記)

> "무릇 禮란 의심을 밝히고 미세함을 분별하여, 인민을 예방하는 제방이다. 그래서 귀천에 등급이 있고, 의복에 구별이 있으며, 조정에 직위가 있으니, 인민이 서로 양보하게 된다."(禮記, 坊記)

주례에 대사도大司徒의 직책을 보면, 五禮로 만민의 거짓을 예방함이 교화에 중용이고, 여섯 음악(六樂)으로 만민의 감정을 예방함이 교

---

2 禮記, 經解편 참조. "夫禮禁亂之所由生, 猶坊止水之所自來也. 故以舊坊爲無所用而壞之者, 必有水敗. 以舊禮爲無所用而去之者, 必有亂患." 大戴禮記, 禮察편에도 같은 내용.

화에 조화이다. 그런 교화에 따르지 않고 옥송獄訟을 일으키는 놈은, 지방 통치자에게 심리 판단하도록 하고, 형벌에 처할 놈은 법관에 회부한다. 또 사구司救는 만민의 사악邪惡을 처벌하고 과실過失을 책망하여, 禮로써 예방·금지하여 구제하는 직책이다.

예법을 제방에 비유한 예론을 보면, 현대 형법에서 실효성이 거의 없는 낙태죄를 함부로 삭제할 수 없는 이유가 담겨있음을 알아차릴 수 있다. 헌데, 최근 여성의 자기 결정권 존중을 핑계로 태아 생명을 자의로 죽여도 좋다고 합법화한 헌재 결정이 나왔다. 과연 도덕적 양심적 책임과 과보를 어떻게 감당할지?

(2) 군신유의의 예

전통 예제는 현대법과 달리, 차등을 공인한 계급성이 짙은 게 사실이다. 허나 이는 당시 정의 관념에서 보자면, 나름대로 각자에게 각자의 몫을 구분해준 배분적 정의일 수도 있다. '차별'이라기보다는 어쩌면 '구별'인 셈이다. 중앙집권적 왕권사회에서 신분구별에 첫째는 군신유의다.

하늘에 두 해가 없듯이, 땅(나라)에 두 임금이 없고, 집안에 두 어른이 없다. 존귀한 자리에 두 우두머리가 없음은, 인민에게 군신의 구별을 밝힘이다. 로魯나라 역사인 춘추春秋에 초楚와 조越 왕의 장례(喪)는 적지 않았고, 禮에 제후(君)한테는 '天'을 일컫지 않고, 대부한테는 '君'이라 일컫지 않았다. 인민이 미혹할까 저어해서란다.

"가난하면서도 음악(즐거움)을 좋아하고, 부유하면서도 禮를 좋아하며, 대중이 모여도 안녕을 이룬다면, 천하는 태평에 가까워진다. 詩에, '인민의 탐욕과 혼란은 차라리 도독荼毒일세.'라 하니, 제후국은 전차 천승千乘을 넘지 못하고, 도성都城은 사방 백치百雉를 넘지 못하며, 대부 집안은 부유해도 백승百乘을 넘지 못하게 통제한다. 이렇게 인민을 예방해도, 제후 가운데 모반자가 나온다."

또 임금은 동성同姓 종친과 수레를 같이 타지 않고, 이성異姓과는 수레는 같이 타되 옷은 같이 입지 않는다. 인민들에 혐의나 오인을 피하기 위함이다. 이렇게 인민을 예방해도, 오히려 동성同姓 가운데 임금을 시해하는 놈이 나온단다.

물론 국가를 다스리는 자가, 사람을 존중하고 재능과 기술을 숭상하며, 복록과 재화를 아끼지 않아야 한다. 그래야 인민이 서로 사양하고, 인민의 기예가 발전한다. 임금은 말을 절약하고 솔선수범해야한다. 또 임금이 인민의 말(여론)을 경청하면, 인민은 임금의 시정을 하늘처럼 받들지만; 임금이 여론을 무시하면, 인민이 임금의 시정을 하늘처럼 받들지 않아 혼란해진다. 그래서 '꼴 베고 나무하는 목동에게 물어보라.'고 여론경청을 중시한 선현의 잠언이 민가民歌에 나온다.

군신유의는 내란이나 모반대역 같은 최악의 혼란이나 국가전복이 생기지 않도록 예방하는 둑인 셈이다.(禮記, 坊記)

(3) 부모에 대한 효

사실 모든 예법질서의 출발은 부모에 대한 효다. 국가사회에 평화질서를 지키는 예의 제방도, 집안에서 부모를 잊지 않고 공경하는 효성의 바탕에서 비롯한다. 당연히 효의 기초가 중요하다. '방기坊記' 편에는 인민 감정의 물길에 '효'의 둑을 거듭 단단히 쌓는 예론이 많다.

일찍이 무왕은 이렇게 맹서盟誓했다.

"만약 주紂를 이긴다면, 내 공이 아니라, 아버지 문왕이 죄가 없는 덕분이다. 만약 주紂가 나를 이긴다면, 문왕이 죄가 있어서가 아니라, 오직 내가 어질지 못한 탓이다."

이처럼, 선善은 어버이 덕택으로 칭송하고, 허물은 자기 탓으로 돌리면, 인민이 서로 효도한단다. 또 3년간 오직 침묵으로 인민을 감동시킨 은나라 고종高宗처럼, '3년간 아버지 道를 고치지 않는 효'를 일깨운 론어論語 말씀대로, '어버이 허물은 느슨하게 내려놓고 미덕을 높이 공경'하며, '명령에 역정逆情 내지 않고 복종하며, 은미隱微하게 간언하면서 싫증내지 않고, 수고로우면서도 원망하지 않는' 군자의 효를 중시한다. 군자의 효도는 '공경'을 각별히 강조함이 소인의 어버이 봉양과 다르다. 두터운 공경을 위해 아들은 아버지와 자리(지위)를 같이 하지 않는다.

"부모님이 살아계시면, 스스로 늙었다고 말하지 않으며, 위로 효는 말하되 아래로 자애는 말하지 않고, 규방 안에서는 어린애처럼 놀이하며 웃되 근심이나 탄식은 안한다. 군자가 이렇게 인민을 예방해도, 인민은 오히려 위로 효에는 소홀하며 아래로 자애만 쏟아붓는다."

부모님 혈연으로 맺어진 '친족에게 화목한 효'는 물론이고, 아버지 친구의 수레는 탈 수 있지만, 그 옷은 입을 수 없는 '효의 확장'도 주목할 만하다. 인민을 보살피는 천자나 제후가 조정에서 노인을 공경함도, 인민의 효도실행에 솔선수범함이다. 제사에 시동을 앉히고 종묘에 위패를 모심은, 인민에게 섬김을 일깨움이다. 종묘를 세워 제사를 공경히 섬김은, 인민에게 조상추모의 효를 가르침이다.

"이렇듯 인민을 예방해도 인민은 오히려 부모를 잊어버린다."

어버이를 섬기는 효도로써 임금을 섬기고, 형을 섬기는 공경으로써 웃어른을 섬김은, 인민에 둘이 아님을 보임이다. 부친상처럼 군주상도 3년임은, 인민에 의심할 나위 없음을 보임이다. 부모님이 계시면, 자식은 감히 자기 몸을 함부로 못하고, 감히 자기 재산을 사유하지 못하며, 남한테 선물이나 예물을 증정해도 수레나 말은 내줄 수 없다. 이는 인민에게 위아래가 있어서, 자식이 가산을 감히 전유하지 못함을 가르침이다. 이렇게 인민을 예방해도, 인민은 오히려 부모를 잊고 임금을 배반하는 자가 있단다.

장례 후 반곡反哭할 때, 상주가 객客의 계단으로 당상에 올라 빈賓의 자리에서 조문을 받음도, 인민에게 추모의 효도를 가르침이다. 이렇게 인민을 예방해도, 아버지를 시해하는 아들 녀석이 있단다.(禮記, 坊記)

요즘처럼 옛날에도 아버지를 시해하는 패륜아가 적지 않았나 보다. 특히 나라의 최고 권력인 왕위를 얼른 빼앗기 위해서는, 아버지도 눈엣가시로 보인 실례가 동서고금 역사에 숱하게도 전해온다. 그런 경우 아들은 아버지를 해치면서, 신하로서 임금 자리를 빼앗는 것이다.

아버지와 아들의 갈등은, 고대 그리스 신화문학에서 유래한 유명한 오이디푸스 콤플렉스에 잘 나타난다. 하지만, 불경(불설관무량수불경)에 보면, 당시 인도에서 가장 큰 마갈타국에서도 부왕을 시해한 패역무도가 있었다. 빔비사라(Bimbisāra)왕의 아들 아사세 태자가 부왕을 가두어 죽이고 어머니까지 죽이려고 하자, 현명한 대신이 비타론경을 인용해 간곡히 만류했다고 한다.

> "이 세상에 인류가 생긴 이래, 악한 왕자가 왕위를 탐내 부왕을 살해한 사례가 무려 1만 8천 건이나 됩니다. 하지만 어머니를 해친 사례는 결코 없었습니다."[3]

일찍이 공자가 지었다는 주역 문언전文言傳에 보면, 곤坤괘 첫째 음효(初六)에 "서리를 밟으니, 머지않아 단단한 얼음이 다가오리라"는 효사爻辭를 두고 이렇게 풀이한다.

> "착한 행실을 쌓는 집에는 반드시 경사가 넘치고, 착하지 못한 행실을 쌓는 집에는 틀림없이 재앙이 남아돌 것이다. 신하가 임금을 시해하고, 자식이 부모를 시해하는 것은, 하루아침이나 하룻저녁 사

3 졸저, 공자가 들려주는 관계의 미학 - 새롭게 배우는 오륜삼강의 지혜, 너울북, 2014년 초판, 118-9쪽 참조.

이에 일어나는 변고가 아니다. 그 변란이 생기는 유래는 점차 진행한다. 알아차려야 할 조짐을 미리 알아보지 못했기 때문이다."[4]

말하자면, 가랑비에 속옷 젖는 줄 모르는 일반 인민대중의 아둔함을 일깨우고 계도하기 위해서, '부자유친'과 '군신유의' 같은 오륜이나 예법의 둑을 성현이 예비해놓은 것이란다.

(4) 상례와 제례

효의 연장으로서 상례와 제례도, 인민이 무례하지 않게 보호하는 둑이다. 빈례賓禮는 한번 나아갈 때마다 사양하는데, 상례喪禮는 한번 더해갈 때마다 더욱 멀어진다. 중류中霤에서 목욕시키고, 창문 아래서 음식을 올리며, 소렴小斂은 호내戶內에서 하고, 대렴大斂은 당상 주인 자리서 하며, 빈殯은 빈객 자리서 하고, 뜨락에서 조상 가묘에 고한 뒤, 묘지에서 장례를 치르니, 갈수록 멀어짐을 나타낸다. 은나라 때는 묘지(壙)에서 조문하고, 주나라 때는 집에서 조문하니, 인민에게 망자를 저버리지 않음을 보여준다.

"죽음은 인민이 삶을 마치는 중대사인데, 이렇게 인민을 예방해도, 제후 가운데도 서거한 뒤 장례를 이루지 못한 자가 있다."

산 자의 권력다툼 때문에!(禮記, 坊記)

유교에서 제사 전에 목욕재계함은, 평소 가지런하지 못한 마음을 가지런히 가다듬는 뜻이다. 군자는 큰일이나 공경할 일이 있지 않으면, 평소에는 목욕재계하지 않는다. 재계하지 않는 평소에는, 사물에 대한 특별한 방지나 기호욕망의 절제가 없다. 장차 재계하면서는, 사邪된 사물을 방지하고 기호욕망을 멈추며, 귀에 음악도 듣지 않는다.

4 周易, 坤卦, 文言: "積善之家, 必有餘慶; 積不善之家, 必有餘殃. 臣弑其君, 子弑其父, 非一朝一夕之故. 其所由來者, 漸矣. 由辯之不早辯也. 易曰: '履霜, 堅氷至.' 蓋言順也."

"재계하면 즐거워하지 않는다."는 말은, 뜻과 정신을 감히 분산하지 않는다는 의미다.(禮記, 祭統)

7일간 금계(가벼운 재, 散齊)를 지키고 3일간 정식 목욕제계하여, 한 사람을 받들어 시동으로 모시면, 그 앞을 지나는 자는 종종걸음으로 조심히 간다. 바로 공경을 가르침이다. 례주醴酒는 방안에 두고, 제주醍酒는 당 위에 두며, 징주澄酒는 당 아래 두는데, 이는 음란하지 않음을 내보임이다. 시동이 세 번 마시고 뭇 빈객이 한 번 마심은, 인민에게 위아래가 있음을 보임이다. 제사 지낸 술과 고기로 그 종족이 모여 즐겁게 먹고 마심은, 인민에게 화목을 가르침이다. 당상堂上에서는 방안 제례를 관찰하고, 당하堂下에서는 당상 제례를 관찰한다. 詩에 노래하듯, '禮儀가 죄다 법도에 맞고, 담소談笑가 죄다 절도에 얻는다.'

또 주객 간에도 공경하는 일에는 제기祭器를 쓴다. 군자는 물건이 하찮다고 禮를 폐지하는 법도 없으며, 거꾸로 물건이 아름답다고 禮를 무시하는 법도 없다. 음식의 禮에는, 주인이 몸소 베풀면 객이 제사(경례)를 표하지만, 주인이 몸소 베풀지 않으면 객은 제사를 지내지 않는다. 군자는 진실로 무례한 음식은 비록 아름답고 훌륭할지라도 먹지 않는다. 주역은 '동쪽 이웃이 소를 잡아 제사 지내지만, 서쪽 이웃이 소찬으로 제사지내 복을 받는 것만 못하도다.'고 경책한다. 詩도 '이미 술에 흠뻑 취하고, 벌써 德에 듬뿍 배부르네.'라 찬탄한다. 모두 제례의 공경을 강조한 모범이다. 이렇게 본보여도, 인민은 오히려 이끗을 다투어 도의를 잊기 쉽다.(禮記, 坊記)

이렇듯 겉보기에는 매우 복잡하고 번거롭게만 보이는 온갖 상례와 제례의 형식과 절차도, 당시 문화풍속에 맞춰 나름대로 인민의 마음에 참람이나 방종이 넘치지 않도록 세심하게 쌓은 둑임을 알 수 있다.

(5) 음란을 예방하는 남녀분별의 제방

부자나 군신보다 더 시원적 인간관계는 남녀다. 남녀 음양의 만남과 결합은 자연스런 본능이 지배하는 존재법칙인지라, 사회 당위규범으로 온전히 통제할 수도 없다. 그렇다고 종족보존과 DNA 퍼뜨리기에 이기적 유전자 조종을 받는다는 인간 성욕을 그대로 방치하면, 인간사회는 그야말로 약육강식과 만인투쟁의 혼란이 넘칠 것이다. 그래서 예의 가장 중요한 시원적 규범대상은 남녀분별을 꾀하는 부부유별에 있다. 넓은 예는 오륜을 죄다 포괄하지만, 오륜과 유교의 인仁·의義·례禮·지智·신信 오상五常을 1:1로 상응시키면, 좁은 예는 곧 부부유별의 혼례에 초점을 맞춘다.[5]

"무릇 禮는 인민의 음란함을 예방하고, 인민의 구별을 밝히며, 인민이 혐의를 품지 않게 하여, 인민의 벼리(기강)가 되는 장치다. 남녀는 매파가 없으면 서로 교섭하지 않고, 폐백이 없으면 서로 만나지 않는다. 남녀가 분별이 없을까 저어함이다. 이렇게 인민을 예방해도, 인민은 오히려 스스로 제 몸을 바치는 자가 있다. '도끼 자루는 어떻게 벨까? 도끼날이 아니면 벨 수 없지. 아내는 어떻게 얻을까? 매파가 아니면 얻을 수 없네. 삼은 어떻게 경작할까? 밭이랑을 잘 골라야지. 아내는 어떻게 얻을까? 반드시 부모님께 알려야지.' 라는 詩처럼!"

禮에 제사 때가 아니면 남녀 간에 술잔을 서로 주고받지 않는다. 이렇게 인민을 예방해도, 양후陽侯가 무후繆侯를 죽이고 그 부인을 훔쳤다. 그래서 대향大饗에서 부인의 禮를 폐지했단다. 또 과부 아들은 특별한 재능이 없으면 벗으로 사귀지 않는다. 군자가 과부와 구설수에 오를까 저어해 멀리 피함이다. 친밀한 벗의 사귐이라도 특별한 큰일

5 졸저, 공자가 들려주는 관계의 미학, 너울북, 2014년 초판, 356-362쪽.

이 아니면, 주인이 없는 집 대문 안에 들어가지 않는다.

"이렇게 인민을 예방해도, 인민은 오히려 미색을 덕보다 더 앞세우고 중시한다."(禮記, 坊記)

허나 공자도 '미색을 좋아하듯 덕을 좋아하는 사람'을 본 적이 없다고 했다.(論語, 子罕) 부처님도 색욕이 하나라 천만 다행이지, 만약 둘만 되면 출가수행자가 하나도 없을 거라고 탄식했다.[6] 남녀 사이엔 참으로 미묘하고 강렬한 '이끌림의 법칙'이 작용하는가 보다. 그래서 군자는 여색을 멀리하여 인민의 벼리(기강)로 삼고, 제후는 국내에서 여색을 취하지 않는 법이란다. 또 남녀가 부득이 물건을 주고받을 때도 손수 건네지 않는다. 부인을 수레에 함께 태울 때는, 왼손을 앞으로 뻗어 거리감을 둔다. 집안에 고모나 자매나 여자가 이미 출가한 뒤 친정에 돌아온(들른) 경우, 남자는 같은 자리에 함께 앉지 않는다. 과부는 밤에 곡하지 않으며, 부인이 질병에 걸린 경우 위문만 하지, 그 질병은 묻지 않는다. "이렇게 인민을 예방해도, 인민은 오히려 음탕해져 집안 친족까지 어지럽힌다."

혼례에 신랑이 신부를 몸소 맞이함(親迎)에는, 신부의 부모를 직접 찾아뵙고서, 신부의 부모가 딸을 이끌어 손수 신랑에게 건네준다. 혹시라도 일(혼사)이 어그러질까 저어해서다. "이렇게 인민을 예방해도, 신부가 오히려 신랑집에 이르지 않는 경우가 있다."[7]

또 옛날부터 근친혼은 종족번성에 해로움을 경험지혜로 알아차리고서, 아내를 얻음에 동성同姓은 취하지 않는 분별을 중시했다. 심지어 첩을 살 때 성씨를 모르면 점을 쳤다. "이렇게 인민을 예방해도, 로魯

---

6 四十二章經, 迦葉摩騰共法蘭譯: "愛欲莫甚於色, 色之爲欲, 其大無外, 賴有一矣, 假其二, 普天之民, 無能爲道者."

7 禮記, 坊記: "昏禮壻親迎, 見於舅姑, 舅姑承子以授壻, 恐事之違也. 以此坊民, 婦猶有不至者."

나라 춘추春秋조차 오히려 부인의 성姓을 빼고 오吳나라로 적고, 그 죽음을 '맹자孟子가 졸卒하다.'고 적었다."(禮記, 坊記)

헌재 재판관들은 아마도 '옛 제방이 쓸모없다'는 핑계로, 마침내 간통죄 위헌 결정을 내렸을 것이다. 그들이 과연 이러한 예론까지도 잘 알았거나 깊이 사유해본 적이 있을까? 도대체 간통죄란 제방을 허물었을 때 나타날 건잡을 수 없는 가정파탄과 사회풍속기강의 혼란을 상상이나 해봤을지 몹시 궁금해진다.

(6) 사양지심 부쟁지덕不爭之德

모든 죄악은 다툼에서 비롯하고, 예의 기본정신은 老子가 말한 '다투지 않는 덕(不爭之德)'으로, 맹자의 '사양지심'이다. 그래서 사양을 함양하기 위한 예제와 예론이 특별히 많다.

"군자가 귀함을 사양하고 천함을 사양하지 않으며, 부유를 사양하고 가난을 사양하지 않으면, 쟁탈과 혼란이 갈수록 사라진다. 그래서 군자는 식록(봉급)이 사람(재능)을 초과하기보다는, 차라리 사람이 식록을 초과하게 한다." 능력보다 조금 덜 받는 편이 좋다!

"군자가 남을 존중하고 자기를 낮추며, 남을 앞세우고 자기는 물러나니, 인민이 양보를 본받게 함이다. 그래서 다른 나라 임금은 '군君'이라 일컫고, 자기 임금은 '과군寡君'이라 일컫는다."

선善은 남의 덕분이라 칭찬하고, 허물은 자기 탓으로 돌리면, 인민이 다투지 않고 서로 善을 양보하여, 원망이 갈수록 사라진다. 그래서 무왕武王은 호경鎬京을 설계해 완성하고도, 그 공덕을 거북점으로 돌렸다. 詩에 '거북점과 시초 점은 본디 나쁜 말이 없어서' 허물은 자기가 만든 거라고 노래한다. 또, 善은 임금 덕택으로 칭송하고, 허물은 자기 탓으로 돌리면, 인민이 서로 충성한다. 그래서 대신이 좋은 꾀와 훌륭한 방책이 있어, 안에 들어가 임금께 고하더라도, 밖에 나와서는 유순하게 '이 꾀와 방책은 모두 우리 임금 德에 아주 잘 드러나네!' 라고 말한다.(禮記, 坊記) 모두 겸양을 중요한 덕목으로 가르친다.

참고로, 필자가 근래 몸소 경험한 구체 실례를 소개한다. 2015년 지도교수께 새해 문안드리러 가서, 당뇨로 순무를 드시고 싶은데 도시에서 구하기 어렵다는 말씀을 듣고, 광주에 내려와 10kg을 구해 보내드렸다. 교수님이 기특히 여겨 "산지에서 업자가 집산해 호텔이나 식당으로 곧장 들어가고, 밖으로 나오지 않아 개인이 사기 어렵다는데, 어떻게 구했어?" 라고 묻기에, "교수님이 복이 있어서요!" 라고 답변하니, 아주 흐뭇해하셨다.

이러한 사양의 예교도 인민의 경쟁심을 완전히 막는 둑이 되기는 어려운가 보다. 술잔과 고기접시를 거듭 양보해 나쁜 걸 받더라도, 인민은 오히려 나이(웃어른)를 침범한다. 모임자리에 상석을 양보해 아래 앉더라도, 인민은 오히려 존귀한 분을 침범한다. 조정에서 지위를 양보해 천한 지위에 서더라도, 인민은 오히려 임금을 침범한다.

'인민이 어질지 못해 서로 상대방을 원망하네. 작위를 받음에 양보하지 않더니, 끝내 이렇게 망하고 마는구나.' 라는 詩처럼!

인간 생명에 핵심본질은, 재물과 이익보다는 마음과 정신에 있다. 바로 이 가르침이 성현의 예법이다. 허나 인민대중은 곧잘 잊고 둑을 넘쳐, 남과 나라는 물론 결국 자신까지 해치고 마는 어리석음을 되풀이한다. 禮가 폐백보다 앞섬은, 인민이 일을 우선한 뒤에 봉록를 얻게 함이다. 재물을 앞세우고 禮를 뒤로 하면, 인민은 이끗만 밝힌다. 인사말(사양) 없이 인정(선물)만 보내면, 인민은 뇌물을 앞다투게 된다. 그래서 군자는 선물을 보낸 자를 볼 수 없으면, 그 선물을 보지도 않는다. 주역은 '논밭을 갈지 않고 수확하고, 막 개간해서 비옥해지면 흉하다.'고 일깨운다. "이렇게 인민을 예방해도, 인민은 오히려 봉록(재물이익)만 귀하게 여기고, 행동(생산로동)은 천하게 여긴다."

헌데 지금은 '사과 상자'와 '음료수 상자' 같은 뇌물이 판치는 세상이다. 자기가 받으면 선물이고, 남이 받으면 뇌물이란다.

또 군자는 이익을 다 취하지 않고, 인민에게 돌아갈 여분을 남긴다. '저기 남은 벼 포기와 여기 흘린 이삭은 과부들에게 남겨둔 이익!'이라 노래한 詩처럼. 그래서 군자는 벼슬하면 경작하지 않으며, 농사를 지으면 물고기를 잡지 않고, 음식은 진수성찬을 먹지 않는다. 대부는 양가죽을 깔고 앉지 않고, 선비는 개가죽을 깔고 앉지 않는다. 詩에서 '나물을 캐고 채소를 캐도, 뿌리까지 뽑진 마소. 덕 있는 말씀 어기지 말고, 그대와 함께 살다 죽으리.'라 노래한 뜻이리라.

"이렇게 인민을 예방해도, 인민은 오히려 도의를 망각하고, 이끗만 앞 다투어 자신을 망친다."

그런데 지금은 고관대작과 국회의원, 재벌들이 앞서서 투기와 싹쓸이를 하는 판이다.

특히, 이익과 복록을 나눔에, 죽은 이(死者)를 우선하고 생존자를 뒤로 하면, 인민이 배반하지 않으며; 망명자를 우선하고 거주자를 뒤로 하면, 인민이 의탁할 수 있단다. 詩에 '선군先君의 은혜로 과인寡人에게 효도하네.' 라고 노래한 정신이다. "이렇게 인민을 예방해도, 인민은 오히려 죽은 자를 등져 유족이 호소할 곳이 없어진다."(禮記, 坊記)

실제 사례가 있다. 초楚가 오吳를 공격하자, 진후陳侯가 오나라에 위로사절을 보냈다. 사신이 도중에 죽어 영구를 성안에 들이고자 했으나, 오나라가 입성을 사절했다. 이에 "죽은 이를 산 자처럼 모심이 예"라는 격언을 인용해, 외교사절의 예에 어긋난다고 항변한 것이다.

"예로써 인민을 예방해도 오히려 더러 넘나드는데, 사절이 죽었다고 거절함은 예를 내버리는 꼴이니, 어떻게 맹주가 되겠느냐?"

"죽은 선비를 쓰레기로 내버리지 말라"는 설득에, 마침내 오나라가

성문을 열었다.(春秋左傳, 哀公15年)

이처럼 전통 禮에는, 현대 민법의 도급都給에 담긴 선난후획先難後獲과 선사후득先事後得의 어진 정신, 노동의 신성함을 중시한 노동법의 정신, 환과고독 등 사회적 약자와 사망자를 배려하는 복지정신, 외교예절 및 고위층의 청렴한 신분윤리까지 두루 녹아있음을 알 수 있다. 사회의 평화질서 유지라는 목적에서 볼 때, 예의 제방은 요즘말로 사회안전망의 기능을 담은 비유인 것이다.

요즘은 걸핏하면 '자기 PR시대'를 외치며, '선의에 경쟁이 사회발전에 원동력'이라는 미명 아래, '권리를 위한 투쟁'이 난무하는 시대다. 거의 모든 인간관계가 극도로 대립갈등하며 양극화로 치닫는 까닭이 자명하지 않은가? 다투지 않는 겸양이 더 이상 미덕의 둑이 되기는커녕, 오히려 치열한 생존경쟁에 뒤처지는 화근이 된다는 시대조류 말이다! 부처님이 일찍이 '투쟁견고'의 말법시대를 예언하신 까닭일까?

4. 역사상 예법의 제방 비유와 예방법학의 철학사상[8]

유교의 이상인 왕도에서는 예악형정禮樂刑政을 나란히 일컬어 중시한다. 禮는 인민의 뜻을 인도하고, 樂은 그 음성을 조화시키며, 政은 그 행위를 통일하고, 刑은 그 간사함을 방지하는 도구기 때문이다. 禮樂刑政의 궁극목적은 한결같이 민심의 대동화합을 도모하여 다스림의 道를 이루는 것이다. 왕도정치에 필수불가결한 방편이다. 禮는 민심을 절제하고, 樂은 민성民聲을 조화하며, 政은 인민에게 작위의무를 시행하고, 刑은 부작위의무로 방지한다. 禮樂刑政이 사통팔달하여 어그러짐이 없으면 王道가 완비된다.[9]

8 전남대학교 법과대학 개교50주년 기념 발행 공저, 법학의 현대적 동향, 경세원, 2004년 초판. 졸고, "법과 법학이 나아갈 방향", 243-253쪽 참조.

이러한 예론은 순자에 이르러 예방 법사상으로 발전한다.

"사람에게 형벌을 가하는 근본(목적)은, 난포함을 금지하고 죄악을 싫어함이며, 그것들을 미연에 징계(방지)함이다"(荀子, 正論)

한漢나라 때 가의賈誼의 상소문과 그의 예론을 그대로 반영한 대대례기大戴禮記에선 禮와 法을 구분지어 정의했다. 이것이 역대 법제사에서 예법의 사전예방기능과 사후 징벌교정기능이 상호대비로 쌍벽을 이루며 면면히 이어지는 원천이 되었다.

"보통사람의 지견은 이미 드러난 것은 볼 수 있지만, 장차 그러할 것은 볼 수 없다. 예란 장차 그러하기 전에 금지하며, 법이란 이미 그러한 뒤에 금지한다. 이러한 까닭에 법의 적용(작용)은 쉽게 보이며, 예가 행하는 기능은 알기 어렵다. 포상으로 선행을 권장하고 형벌로 죄악을 징계한다.… 그러한 즉, 예、예 운운함은, 죄악이 싹트기 전에 끊어버리며, 믿음이 미약하고 어렴풋할 때 일으켜 세움을 귀중히 여긴다. 공자께서 '소송에 재판은 나도 남만큼 할 수 있지만, (그보다는 먼저) 반드시 소송이 없도록 하겠다!'고 하신 말씀은, 바로 이를 일컫는다.… 형벌이 누적되면 인민의 원망이 배가하고, 예의가 누적되면 인민이 친화한다. 덕으로 교화하면 인민이 안락하고, 법령으로 몰아붙이면 인민이 애처롭다.… 더러 禮義가 법령만 못하고, 교화가 형벌만 못하다고 말한다. 임금께선 어찌 은殷·주周와 진秦이 멸망한 역사를 보지 못하십니까?"[10]

한편 역사상 정치현실에서도 제방의 비유가 자주 나와 눈길을 끈다. 사마천도 일찍이 가의賈誼의 예론과 대대례기大戴禮記의 명제를 그대

---

9 禮記, 樂記: "故禮以道其志, 樂以和其聲, 政以一其行, 刑以防其姦. 禮樂刑政, 其極一也, 所以同民心而出治道也.… 禮節民心, 樂和民聲, 政以行之, 刑以防之. 禮樂刑政, 四達而不悖, 則王道備矣."

10 漢書卷48 賈誼傳 第18 및 大戴禮記, 禮察편 해당 내용은 大同小異!

로 인용했다.[11]

그 뒤 서한西漢 소제昭帝(기원전87-74년) 때 민간 질고疾苦 해소책을 둘러싸고 조야 간에 치열한 공방을 벌인 염철론鹽鐵論에서도, 앞서 소개한 예법에 대한 의약의 비유와 함께, 제방의 비유가 다수 등장한다. 재야 선비들은, 정치의 道가 음란안일의 근원을 예방하고 道德의 실마리를 넓힘에 있다고 인식했다. 그래서 지엽말단의 이끗을 억제하고 仁義를 열어야, 교화가 일어나고 풍속이 바뀌므로, '禮義로써 인민의 욕망을 방지'하고 과실을 예방함이 중요하다고 주장했다.(本議; 錯幣편) 人情상 어쩔 수 없는 의식주 본능을 聖人이 적절히 방지하고자 만든 게 예법제도인데, 조정에서 사대부들이 權利만 쫓고 禮義를 게을리 해, 백성도 그를 본받아 제도의 둑을 넘는다는 것이다.(散不足편)

"禮는 음란을 방지하고 음악은 풍속을 교화하는 정치에 긴요한 도구다. 禮가 흥성하고 음악이 단정해야, 형벌이 적정을 유지한다. 제방이 튼튼해야 인민이 수재를 겪지 않듯이, 禮義가 올바로 서야 인민이 환란이 없게 된다. 禮義가 무너지고 제방이 터지면 결코 제대로 다스릴 수 없다.(論誹편) 기강이 느슨해져 펼 수 없고 禮義가 무너져 예방할 수 없어서, 인민이 법망에 빠진 다음 형벌로 사냥한다면, 이는 우리(감옥)를 열고서 독화살을 퍼붓는 꼴이다."(後刑편)

이에 대해 어사御史는, 주공周公이나 공자를 기다려 다스리고 배우겠다면, 세상에 제후나 선비가 없을 거라는 법가 논리로 반박한다.

"옷이 조금 헤지면, 헌 비단 조각을 잘라 기울 수 있는데, 꼭 1필의 온전한 베를 가지고 바꿔야 하는가? 정치가 조금 어그러졌다면,

11 史記卷130, 太史公自序第70; 漢書卷62, 司馬遷傳 第32: "夫禮禁未然之前, 法施已然之後; 法之所爲用者易見, 而禮之所爲禁者難知."

법령으로 기워 막을 수 있거늘, 반드시 아雅·송頌의 문학으로 다스려야 하는가? 이는 마치 이웃 의사는 거들떠보지도 않고, 꼭 편작 같은 명의를 구해 질병을 치료하겠다고 떼쓰는 격이다. 또 가까운 웅덩이 물을 내버리고 반드시 강물을 끌어다 불 끄겠다고 고집피우는 것이다."

이렇듯 헤진 옷을 깁지 않으면 날로 심해지고, 제방이 새는데 막지 않으면 날로 커진다는 비유를 원용했다. 게다가, 한무제(前132年) 때 황하가 과자瓠子에서 처음 터져 졸졸 흐르다가 마침내 범람해 중국을 휩쓴 실제 역사를 거론하며, 초기대응의 법치정책을 역설했다.(申韓편)

이렇듯 문학유생들이 禮義를 제방에 비유해 건의한 근본책에 대해, 현실정치 집권자들은 교묘히 禮義 대신 법령으로 바꿔치기해 제방 비유를 내세워 맞받아친 것이다. 이후 역대 법제사에서는 사전예방과 사후징계의 도구체계가, 禮-法 대신 法-刑의 대비 구도로 어느새 살그머니 바뀌어 나타나게 된다. 이제 역대 형법지에 나오는 대표적 명제를 차례로 살펴보자.

"무릇 예란 백성의 제방이고 刑은 예의 외표外表로서, 양자는 입과 혀처럼 상호 의존하는 밀접한 관계를 가진다. 예는 죄악이 싹트기 전에 금지하고, 형벌은 이미 발생한 뒤에 통제한다."[12]

"먼저 법령을 시행함은 인민으로 하여금 죄악을 범하지 말라는 마음이며, 나라에 항상적인 형벌이 있음은 (범죄인) 처벌이 사사로운 노여움이 아니라는 뜻이다."[13]

"옛 聖人이 인민의 부모로서 禮를 제정해 공경을 숭상하고, 형벌을 세워 위엄을 밝혔으니, 미연에 막고 방지하여 다투는 마음이 장

---

12 唐律釋文序, 劉俊文點校本 唐律疏議, 中華書局, 1983년 제1판, 616쪽 참조. "禮禁未萌之前, 刑制已然之後."

13 隋書卷25, 志第20: "先施法令, 欲人無犯之心; 國有常刑, 誅而不怒之義.

차 일어남을 두렵게 함이라."[14]

"미연에 금지하는 게 령令이고, 이미 그러한 뒤 시행하는 게 칙敕이며, 여기에 설치해 저것이 이르길 기다라는 게 격格이고, 여기에 설치해 저기가 본받게 하는 게 식式이다."[15]

"예전에 선왕先王은 사람들이 두려워할 줄 앎을 바탕으로 형벌을 만들고, 사람들이 부끄러워할 줄 앎을 바탕으로 법을 만들었다. 두려움과 부끄러움은 다섯 본성에 량지良知이자, 칠정七情에 큰 문턱이다. 그래서 刑으로써 사후를 다스리고, 法으로써 미연을 방지한다. 두려움으로 소인에 대처하고, 부끄러움으로 군자를 예우한다. 군자가 부끄러움을 알고 소인이 두려움을 알면, 천하가 평안해진다. 선왕이 위엄을 갖춰 쓰니 두려움으로 사랑을 가르칠 수 있고, 법을 신중히 시행하니 부끄러움으로 렴치廉恥를 세울 수 있다. 사랑으로 仁을 일으키고 렴치로 정의를 일으키니, 인의仁義가 일어나면 刑法은 놓아버릴 수 있지 않겠는가?"[16]

"가의賈誼가 말하기를, '禮는 미연에 미리 금하고, 법은 이미 그런 뒤에 시행한다.'고 하였다. 진실로 禮로써 인도하여, 사람마다 사군자士君子의 행실을 지키고 개돼지 마음이 없게 함이, 이른바 미연에 금지함입니다."[17]

14 唐書卷50, 志第30, 刑法: "古之聖人, 爲人父母, 莫不制禮以崇敬, 立刑以明威, 防閑于未然, 懼爭心之將作也."

15 宋史卷163 志第116 職官三 刑部: "禁於未然之謂令, 施於已然之謂敕, 設於此而使彼至之之謂格, 設於此而使彼效之之謂式." 宋史卷199, 志第152, 刑法一에도 같은 내용 나옴.

16 金史卷45, 志第26, 刑: "昔者先王因人之知畏而作刑, 因人之知耻而作法. 畏也、耻也, 五性之良知, 七情之大閑也. 是故, 刑以治已然, 法以禁未然, 畏以處小人, 耻以遇君子. 君子知耻, 小人知畏, 天下平矣!"

17 明史卷255, 列傳 第143, 劉宗周: "賈誼曰: '禮禁未然之先, 法施已然之後.' 誠導之

"무릇 나라에 형벌이 있음은 교화를 보필하기 위함이다. 한 나라 인민이 禮敎를 준수하지 않으면, 형벌로 가지런히 다스린다. 禮는 미연에 방지하고, 刑은 사후에 금지하면서, 양자가 상호보완으로 행해지기 때문에, 어느 하나도 없어서는 안 된다."[18]

"刑으로써 이미 그러한 뒤를 징벌하고, 법으로써 아직 그러하기 전을 예방한다. 이미 그러한 뒤에 징벌하여 사람들한테 두려움을 알게 함은, 아직 그러하기 전에 예방하여 사람들한테 미리 피할 줄 알게 함만 훨씬 못하다. 그러나 형벌이 아니면 법이 시행될 수 없기에, 선왕先王들께서 두 가지를 함께 사용하셨고, 어느 한쪽도 폐지할 수가 없었다."[19]

이상의 내용을 일목요연하게 도표로 나타내면 아래와 같다.

출전	미연 예방	사후 징계	양자 비교 언론사상
漢書, 賈誼傳; 大戴禮記, 禮察	禮者禁於將然之前, 禮란 장차 그러하기 전에 금한다.	法者禁於已然之後 法은 이미 그러한 후에 금한다.	凡人之知, 能見已然, 不能見將然./ 故法之用易見, 而禮之所爲生難知也. 법이 쓰임은 보기 쉽고, 례가 생김은 알기 어렵다.
史記, 太史公自序; 漢書, 司馬遷傳	夫禮禁未然之前 무릇 례란 아직 그러하기 전에 금한다.	法施已然之後 법은 이미 그러한 후에 베푼다.	法之所爲用者易見, 而禮之所爲禁者難知. 법이 쓰임은 쉽게 보이지만, 례가 금함은 알기 어렵다.

以禮, 將人人有士君子之行, 而無狗彘之心, 所謂禁之于未然也."

18 淸史稿, 卷142, 志107, 刑法1 참조. "且夫國之有刑, 所以弼教. 一國之民有不遵礼教者, 以刑齊之. 所謂礼防未然, 刑禁已然, 相輔而行, 不可缺一者也."

19 高麗史권84, 志권제38, 刑法1: "刑以懲其已然, 法以防其未然, 而使人知畏不若防其未然而使人知避也."

출전	미연 예방	사후 징계	양자 비교 언론사상
隋書, 刑法志	법령 시행은 인민이 죄악을 범하지 말라는 마음	항상적 형벌 있음은, 죄인 처벌이 사적 분노 아닌 뜻	
唐律釋文序	예란 백성의 예방(제방)	刑은 예의 外表	양자는 입과 혀처럼 상호 의존하는 밀접한 관계
	예는 죄악 싹트기 전에 금지	형벌은 이미 발생한 뒤에 통제	
舊唐書, 刑法志	制禮以崇敬, 례를 제정해 공경을 숭상함	立刑以明威, 형벌을 세워 위세를 밝힘.	防閑于未然, 懼爭心之將作也.
宋史, 職官志, 刑部 및 刑法志一	禁於未然之謂令 미연에 금함을 령이라 부름.	施於已然之謂敕 이미 그러한 뒤 베풂(시행)을 칙이라 부름.	設於此而使彼至之之謂格, 設於此而使彼效之之謂式.
金史, 刑法	因人之知恥而作法 法으로 미연을 방지한다.	因人之知畏而作刑, 刑으로 사후를 다스리고	畏以處小人, 恥以遇君子. 君子知恥, 小人知畏, 天下平矣
明史, 劉宗周傳 (賈誼인용)	례는 미연에 미리 금하고,	법은 이미 그런 뒤에 시행.	예로써 인도해 사람마다 士君子 행실을 지키고 개돼지 마음 없게 함이 미연금지다.
淸史稿, 刑法志	国民이 禮教 준수 안하면	형벌로 가지런히 다스린다	양자 상호보완 시행, 어느 하나도 없어선 안 됨.
	예는 미연에 방지	刑은 사후에 금지	
高麗史, 刑法	법으로 미연 예방	刑으로 그러한 뒤 징벌	형벌 아니면 법 시행 불가, 先王도 둘을 병용, 어느 한 쪽도 폐지 불가.
	미리 피하게 함이 훌륭함	사후징벌 경외공포 졸렬함	(앞뒤 순서 뒤바뀜)

시대에 따라 비록 禮와 法과 刑의 개념을 다소 다르게 사용하지만, 예법의 사전예방(일반예방) 기능과 사후징벌(특수예방) 기능을 상호대비로 나란히 강조함이 분명하다. 예법이론의 전통을 확인할 수 있다. 대학大學의 가르침 방법에는, 아직 발생하기 전에 금지함을 예豫(방防)라고 하고, 가능(적절)할 때에 맞추어 행함을 시時(의宜)라고 한다. 왜냐

하면, 이미 벌어진 뒤 금지하면 완고히 거부하여(또는 몽둥이로 후려쳐도) 가르치기 어렵고, 때가 지난 뒤에 배우면 부지런히 고생해도 학업을 이루기 어렵기 때문이다.(禮記, 學記편)

이러한 예방이론은 모든 사물에 두루 통하지만, 특히 예법이 사회분쟁을 미연에 방지하며 평화를 확보하는 예방기능에도 타당함은 말할 나위가 없겠다.

5. 저수지 물을 갈무리하는 제방의 비유

지금까지 주로 강이나 저수지가 터져 물이 범람하는 것을 막는 둑의 관점에서 제방의 비유를 살펴보았다. 제방, 특히 저수지 둑에는 물이 새나가지 않게 보호하는 기능도 매우 중요하다. 아쉽게도 동아시아 고전에서 물을 갈무리하는 기능으로서 둑의 비유는 적은 편이다. 회남자淮南子에는 이런 비유가 나온다.

무릇 인민의 해악을 막고, 인민의 이익을 열면, 그 위세는 둑을 튼 듯 행해진다. 야심가한테는 위세를 빌려주면 안 되고, 아둔한 자에겐 이기利器를 빌려주면 안 된다. 물고기가 물을 얻어 노닐면 즐겁지만, 연못 둑을 터서 물이 말라버리면 개미들한테 먹힌다. 제방 관리자가 둑 터진 곳을 막아 고치면, 물고기들이 물을 얻어 살아나고, 나라도 존립하며 사람도 살 수 있다. 나라를 존립시키는 건 인의仁義이고, 사람이 생존하는 건 선행이다. 나라에 인의가 없으면, 설사 아무리 크더라도 반드시 망하고; 사람이 착한 의지가 없으면, 비록 아무리 용감하더라도 반드시 다친다.(淮南子, 主術訓)

또 물의 성질은 부드러우면서 맑지만, 골짜기 웅덩이에 막히면 푸른 이끼가 생기는데, 그 성품을 잘 다스리지 못한 때문이다. 막힌 흐름을 뚫고 깊이 파며, 터진 곳을 흙으로 높이 돋우어, 지세에 따라 아래로 흘러내리게 한다면, 비록 썩은 나뭇가지가 물에 흘러들어도 오염시킬 수 없다. 이는 물의 성품이 달라진 게 아니라, 흐르고 흐르지 못하는 소통의 차이 때문이다. 풍속風俗도 또한 이와 같다. 진실로 그 착한 뜻(善志)을 터주고 그 간사한 마음(邪心)을 막으며, 그 착한 길(善道)을 열어주고 그 간사한 길을 막아, 한 길로 함께 더불어 나아가도록 한다면, 인민의 성품은 선량하게 교화할 수 있으며, 風俗 또한 아름답게 순화할 수 있다.… 연못을 파는 힘으로 논밭을 갈면, 들판이 반드시 잘 개간될 것이고; 흙산을 쌓는 높이로 제방을 다지면, 쓸 물이 반드시 넉넉할 것이다.(淮南子, 泰族訓)

확실히 강둑은 범람방지가 주목적이고, 저수지 둑은 물이 새나가지 않게 갈무리함이 주기능이다. 전통 고전에서는, 인간의 욕망 등 나쁜 감정이 폭발、범람하지 않도록 예방하는, 마음에 강둑으로서 예법의 기능에 초점을 맞춘 게 사실이다. 이는 유가의 예론이 순자의 성악설을 기본 바탕으로 펼쳐져 법가사상으로 자연스레 이어진 역사발전과도 무관하지 않을 것이다.

귀중한 물을 갈무리하는 저수지 둑으로서 예법의 기능은, 성선性善에 근거하여 인의례지 사단의 보존함양을 역설한 맹자의 대장부 호연지기론에 간접으로 이어진다고 볼 수 있다. 예법이 사악한 감정을 억제하는 동시에, 그 반면효과로서 인간 내면에 고유한 착한 심성의 보존함양을 이룩하기 때문이다. 성선의 씨앗은 만약 사악한 잡초에 부대껴 시달리다가 묻혀버리거나, 호연지기의 수분이 고갈하여 바싹 타지만 않는다면, 보통 자연환경에서 싹 터 자라서 꽃피고 열매 맺기 마련이다. 예법의 존재 및 유효적절한 시행 자체는, 바로 그러한 낙관적인 무위자연의 성선론에 비옥한 토양과 좋은 환경을 제공하는 울타리로서 둑이 되는 것이다.

6. 병법의 제방비유와 담장 및 성곽의 비유

물을 갈무리하는 둑으로서 예법의 기능이 나온 김에, 이에 관련한 부수적 비유도 좀 살펴보기로 하자. 우선 병법에서도 제방은 중요한 전술적 의미를 지닌다. 물을 보호하는 둑의 기능을 역이용하여, 필요한 제때 일부러 둑을 터서 범람을 일으키는 것이다.

벌써부터 전국시대에 강둑을 허물어 적군이 혼란한 틈을 타서 격파한 사례가 나온다.[20] 고리(려) 명장 강감찬은 현종 9(1018)년 섣달 침공한 거란 소손녕蕭遜寧 군대를 맞아, 흥화진興化鎭에서 굵은 밧줄로 소가죽을 꿰뚫어 이어 성동대천城東大川을 막았다가, 적군이 이르렀을 때 막은 물꼬를 트고 복병으로 엄습해 대패시켰다. 이 전술도 똑같은 병법의 재활용이었다.(高麗史卷94, 姜邯贊傳)

회남자淮南子에도 비슷한 전략이 나온다.

> "용병을 잘하는 자는, 기세가 마치 천 길 제방에 담긴 물꼬를 튼 듯하고, 만 길 계곡 아래로 바위를 굴러 떨어뜨리는 듯하다. 천하가 이러한 내 용병술을 안다면, 누가 감히 나와 싸우려 하겠는가?" (兵略訓)

당시 농경위주의 전통사회 일상생활에서, 강둑이나 저수지 둑을 터서 인명·가축의 살상 및 가옥·재산의 손괴를 초래하는 짓은, 물론 중대한 범죄였다. 예로부터 율령에서 엄금하고 중벌에 처했다. 당근, 현대 형법에서도 둑이나 물꼬를 터서 인명살상 및 재산손실을 초래하는 온갖 행위는, 고의뿐만 아니라 과실 및 미수까지 처벌한다.(현행 형법 '제14장 일수溢水와 수리水利에 관한 죄') 이는 옛날 농경사회에서 비롯하여 유구한 전통을 지닌 법제다. 물의 범람방지 및 갈무리(보존)를 위한 둑

---

20 韓非子, 十過·說林上·難三; 史記, 韓趙魏世家; 戰國策, 趙策·魏策; 淮南子, 人間訓 참조.

을 파손하는 범죄에 대해, 현전하는 최고最古 완정한 법전인 당률唐律(소의疏議)에 이미 완벽한 규정이 갖춰져 있다.[21]

한편, 한비자는 제방은 아니지만 그와 비슷한 기능을 하는 담장의 비유로 법치의 중요성을 강조한다. 먼저 나라가 망할 수 있는 47조짐을 죽 나열한다. 그리고 이런 비유를 든다.

> "나무는 좀 벌레 먹은 틈 탓에 부러지고, 담은 틈 구멍 탓에 무너지기 십상이다. 그러나 좀 벌레 먹은 나무라도 세찬 바람이 없으면 부러지지 않고, 구멍 난 담도 큰비가 없으면 무너지지 않는다. 마찬가지로, 대국의 임금이 법술法術을 잘 시행하면, 망국을 재촉하는 비바람의 조건을 제거하는 것과 같다."(亡徵편)

또 나무를 부러뜨리는 좀벌레처럼, 망국에 다섯 화근을 집중 토론하면서, 엄형중벌의 법치를 주장하는 강력한 논거로, 담과 비슷한 성곽의 비유를 든다. 열 길밖에 안 되는 성城을 날랜 용사도 못 넘는 것은, 수직으로 가파르기 때문이다. 천 길 되는 높은 산도 다리 저는 목동이 양치며 노니는 것은, 경사진 비탈이기 때문이다. 그래서 현명한 왕은 준엄한 법과 엄중한 형벌을 시행해야 한다.(오두五蠹편)

실제로 조趙나라 수령을 지낸 동알우董閼于는 석읍산石邑山을 지나다가, 담처럼 가파르고 백 길이나 되게 깊은 계곡을 보고 문득 어떤 느낌이 들어, 주위 사람들한테 물었다. 여기에 일반인이나 미친 바보나 심지어 가축짐승이 들어온 적이 있냐고. 주위에서 전혀 없다고 대답하자, 이 말을 듣고 그는 활연히 깨달아 탄식했다고 전한다.

> "내 이제 다스릴 수 있겠다. 내 법을 시행함에, 마치 이 계곡에 들어오면 반드시 죽는 것처럼, 결코 사면하지 않는다면, 인민이 감히

---

21 졸고, "唐律令上 재산(物)적 손해에 대한 民事的 賠償제도", 서울대 법학, 제37권 3·4호(통권102호), 1996, 68-70쪽; 졸저, 전통법과 광주반정, 전남대출판부, 2006 초판, 275-279쪽 참조.

침범하지 못할 것이니, 어찌 다스려지지 않겠는가?"(內儲說上, 說二)

한편, 전국시대 주례周禮가 쇠미해짐을, 왕실의 담이 짧(낮)아진 걸로 표현한 기록이 있다. 이는 예의 담이 비록 짧(낮)아도 넘어선 안 되듯이, 주 왕실이 비록 비천해졌을지라도 참람해서는 안 된다는 경고로 풀이된다.(國語, 吳語: "君有短垣, 而自踰之." 韋昭注)

예의 제방 비유를 대신해 담의 비유로 바꿔 썼음을 알 수 있다.

여기서 담이나 성은 바람이나 외적으로부터 사람(주인)을 보호하여, 강물의 범람을 방지하는 제방과 같은 기능을 뜻한다. 다만 좀 다른 점은, 강둑이 안에 강물이 밖으로 넘침을 방지하는 반면, 담이나 성은 밖에 바람이나 도적이 안으로 침투함을 예방한다는 안팎의 방향 차이다. 안으로나 밖으로나 순전히 상대적 관점 차이일 뿐이다. 어쨌든 외물이 갑자기 침습侵襲하는 흉포한 재난으로부터 인간의 생명과 재산을 안전히 방호하는 기능은 온전히 같다. 따라서 예법을 둑、제방에 비유하거나 담、성에 비유하는 문학수사는 상통한다고 볼 수 있다.

7. 예방법학의 철학사상과 그 오해 및 한계

성현의 심오한 도道인 주역은, 본디 현상이 나타나기 전에 미세한 낌새(機微)를 알아차려 미리 손쓰는 예방철학이다.(周易, 繫辭上傳) 일찍이 老子도 예방의 중요성을 일깨웠다.

> "천하에 어려운 일도 반드시 쉬운 데서 생기고, 큰일도 미세한 데서 생긴다. 어려운 일은 쉬울 때 도모하고, 큰일은 미세할 때 행한다."[22]

한비자는 老子 말을 원용해서, '천 길 되는 제방도 개미집으로 무너

22 老子, 제63장: "圖難於其易, 爲大於其細. 天下難事, 必作於易; 天下大事, 必作於細. 是以聖人終不爲大, 故能成其大."

지고, 백 척 높은 집도 틈새로 새는 연기에 불탄다.(千里之隄, 以螻蟻之穴漏; 百尋之屋, 以突隙之煙焚.)'는 비유로 예방의 중요성을 강조한다. 회남자(人間訓)에도 나오니, 당시 유명한 보편 격언인가 보다.

한비자는 또 백규白圭가 제방을 살펴 구멍을 잘 막기에 물난리가 없고, 장인丈人이 불을 조심해 틈새를 메워 불난리가 없었다는 사례도 인용한다. 쉬운 걸 조심해 어려운 걸 피하고, 미세한 걸 공경해 원대함을 이루는 예방철학을 역설한 것이다. 아울러 편작扁鵲의 고사를 인용해, 훌륭한 의사는 병이 살갗에 있을 때 손쓰는 예방의학을 강조한다. 물론 한비자의 추론은, 모든 일의 화복도 살갗에 있을 적에 일찌감치 손쓰는 성인을 본받아, 엄형중벌로 미리 철저히 막아야 한다는 법치주의 예방법학으로 귀결한다.(喩老편)

나라의 법이 궁극에는 자연의 진리인 道에서 연원하므로, 국법의 정당한 근거를 老子의 도에서 찾은 한비자의 철학 사유는 기본상 옳다. 허나 그의 추론방법에는 치명적 오류와 함정이 도사린다. 아니 본말이 뒤바뀐 성급한 목적의식이 빚어낸 필연의 재앙이라고 할까? 老子는 무위자연의 도덕에서 인간의 사회규범이 저절로 유출하는 이상을 꿈꾸고 그렸다. 헌데 한비자는 현실의 국법을 정당화、합리화하고 더 나아가서 강화하기 위해서, 짐짓 老子의 도론道論을 이끌어다가 자신의 철학론거로 일부러 이용하고 교묘히 악용한 것이다. 자신의 목적 달성을 위해 수단방법을 가리지 않는 권모술수를 철학사유 방법 자체에 적라라하게 써먹은 셈이다.

같은 물이라도 소가 마시면 우유를 짜내지만, 뱀이 마시면 독을 뿜는다. 불경에 나오는 이런 평범한 멋진 비유처럼, 같은 道와 法도 선인이 정의롭게 쓰면 정법진리로 인민을 잘살게 하지만, 악인이 제멋대로 악용하면 창칼보다 훨씬 무서운 흉기로 둔갑하기 마련이다. 인민의 평화행복보다는 군주의 통치권 자체를 목적으로 삼은 엄형중벌의 수단 제일주의, 그를 법치주의의 미명으로 정당화하고 강화하기 위해서 老子의 자연법적 진리인 도를 수단으로 끌어다 쓴 한비자의 도구주의는, 바로 견강부회와 단장취의斷章取義를 훌쩍 넘어서 곡학아세와 본말전도까지 서슴지 않은, 출세지상주의에 홀린 어용철학의 전형을 보여주고 만다.

한비자가 높은 산은 비탈이 완만해 양이나 사람이 쉽게 오를 수 있지만, 한 길 담장은 수직으로 가팔라 날랜 무사도 넘기 어렵다는 비유로, 엄형준벌의 법치를 강변한 것을 보라! 또, 후한 때 염철론에서 조정의 집권 대부들이, 제방에 난 구멍을 막는 게 시급하다는 빌미로, 근원적 교화방법인 禮義를 저버리고, 교묘하게 법령으로 바꿔치기한 제방 비유를 보라! 바로 공자가 말한 '교언령색巧言令色이 어질기 드문' 실증사례가 되고도 남지 않은가?!

바로 그러한 나쁜 역사전철을 되풀이한 데자뷔 악순환이 우리 현대사에도 적지 않은 듯하다. 쿠데타로 집권한 전두환이 정통성 없는 정권유지를 위해, 북한 금강산댐의 수공에 대비한다는 미명 아래, 대대적 여론몰이로 범국민 성금을 긁어모아 쌓은 '평화의 댐'도 그랬다. 몇 년 전 '명박산성'과 24조원의 천문학적 예산을 퍼부은 '사대강(四大江≒死大江?)' 사업 강행도 또한 그렇지 않은가?

우리는 성현들이 본디 착하고 훌륭한 목적의도에서 현신설법現身說法한 '법의 제방 비유'도, 오해 및 악용에 소지가 있음을 엄밀히 유념해야 한다. '과유불급過猶不及'의 평범한 진리가 제방의 비유에도 일반보편으로 타당함을 잊지 말아야겠다.

또 한 가지 덧붙여 주목할 만한 멋진 비유가 있다. 무려 2,560여년 전에 언론탄압의 폐해를 적확히 일깨운 제방의 비유다! 실로 제방기능의 오용 및 악용의 부작용과 폐해를 엄중히 경고한 비유다. 현대 민주주의 못지않은 선진적 언론의 자유를 주창해 역설한 것이다! 그것도 대다수 집권층의 거센 반대를 물리치고, 국정의 최고 집권자가 단호하게 실천궁행한 것이다! 무릇 민심이란 성나면 큰 강물을 가로막음과 같아서, 한번 무너지면 걷잡을 수 없이 휩쓸어버리기 마련이다.[23] 따라서 무조건 함부로 막을 수만 없다.

춘추시대 정鄭나라 인민들이 향교鄕校에 모여 정치를 평론했다. 그러자 연명然明이 향교를 헐어 없애자고 주장했는데, 최고 집권자인 자산子產은 오히려 반대했다. 이유인즉, 인민들이 아침저녁으로 일없을 때 모여 정치 득실을 의론하면, 여론이 좋은 건 시행하고, 물의가 비등하면 고칠 수 있으니, 향교가 바로 정치의 스승이라는 거였다.

선善에 충실해 원망을 덜어감이 정치에 도리이지, 권위를 부려 원망을 가로막아 억누르면 정치가 아니란다. 물론 권위로 정치토론을 억눌러 잠시 그치게 할 수는 있다. 하지만 여론을 다룸은 강물을 가로막는 것과 같다. 물을 가로막았다가 한번 크게 터지면, 사람과 재산 손실이 엄청나게 클 것이라, 그때는 어떻게 구할 수조차 없다. 그러니 평소 물꼬를 조금 터서 넘치지 않고 흘러내리게 함이 훨씬 낫다. 마찬가지로, 여론을 귀담아 들어 인민 말을 약으로 삼는 게 훨씬 좋다!(春秋左傳, 襄公31年)

그보다 3백년 이전에 벌써 그런 사례가 실제로 있었단다. 서주西周 말엽 려왕厲王이 포학하여, 인민들이 왕을 비방하자, 소공邵公이 민심을 이실직고로 간언했다. 왕이 진노해 이들을 감시하고 비방자를 고발하게 해 사형에 처하자, 사람들이 감히 입을 열지 못하고 길에서 눈만 흘기고 다녔다. 이에 왕이 기뻐하자, 邵公이 다시 간언했다.

> "이는 인민의 입을 둑으로 가로막는 건데, 강물을 둑으로 막는 것보다 훨씬 위험합니다. 강물이 막혔다 터지면 인명살상이 반드시

23 國語, 楚語下: "夫民心之慍也, 若防大川焉, 潰而所犯必大矣."

클 텐데, 인민의 입도 그러합니다. 그래서 강둑에 물꼬를 조금 터서 흘려보내야 하듯이, 인민도 말하게 입을 열어줘야 합니다. 무릇 천자의 정치는 공경公卿대부와 선비들에게 민심을 시와 노래로 알리도록 분부합니다. 인민의 입은 대지의 산천이 온갖 재화를 생산하고, 비옥한 들판이 의식衣食을 생산함과 같습니다. 입이 말하여 정치의 선악과 득실이 드러나니, 선량함을 행하고 실패를 대비하면, 재화와 의식이 풍부해지기 때문입니다. 무릇 인민이 마음으로 사려해 입으로 말하는 평론은, 왕이 이루도록 실행해야 하거늘, 어찌 막을 수 있단 말입니까? 만약 인민의 입을 꽉 틀어막는다면, 과연 누가 얼마나 버티겠습니까?"

그래도 왕이 듣지 않더니, 나라에서 누구도 말하지 못한 지 3년만에, 마침내 왕이 쫓겨나고, 드디어 유명한 공화정이 시작되었다.(國語, 周語上; 呂氏春秋, 恃君覽, 五曰達鬱)

정나라 자산이 집정하기(기원전543년) 3백년 전쯤인 기원전 841년에 역사실록이다. 자산은 3백년 전 역사를 반면교사로 거울삼아, 인민을 이롭게 하고 선정善政을 베풀었다. 그래서 공자도 칭송한 어질고 훌륭한 정치인으로 천추千秋에 남았다.

8. 맺음말

지금까지 禮記 방기坊記편을 비롯하여, 예를 제방에 비유한 유가의 예론과, 예를 법에 삼투시킨 율령체제 아래서 법과 형벌을 범죄예방의 제방으로 비유한 역대 법제사의 명언들을 두루 살펴보았다. 이어 물을 간직하는 저수지 둑의 특별한 기능, 제방을 역이용하는 병법상 전술, 그리고 제방과 비슷한 기능을 지닌 담이나 성의 비유도 찾아보았다. 무엇보다도 특히 간과해선 안 될 중요한 과유불급의 가르침으로서, 예방법학의 철학사상과 그 오해 및 한계에 대해 깊은 사색과 차분한 성찰을 곁들였다.

비록 초보적 연구지만, 본 연구는 학문적·사회적 공헌이 적지 않을 것으로 기대한다. 물론 '동아시아학'이나 '중국학', 특히 유가경전에 관한 연구는, 동서양을 막론하고 엄청 많지만, 법을 제방에 비유한 주제에 관해서는 필자의 과문으로 아직 접하지 못했다. 우리 법학계도 전문연구가 거의 없는 불모상태다. 실로 처녀 탐구라서 우선 자료정리에 심혈을 쏟다보니, 일반 서양법학논문 같은 치밀한 논증에 정신을 기울일 여유가 없었던 게 사실이다. 이러한 한계에도 불구하고, 이 주제를 다룬 연구자체만도 학문적 의미와 가치는 자못 클 것이다. 또 본 주제는 단순히 사변적 이론에 그치지 않고, 법학자、입법자、행정정책 입안자、법조실무자를 포함한 법률가 전반에 걸쳐 실천방향을 제시하는 행동지침의 성격도 강하다. 지행합일知行合一 차원에서 성숙한 법문화의식의 강화에도 적지 않은 동인動因을 제공할 수 있다.

특히, 이 주제의식은 동아시아 전통문화와 인도 불교문화에 뿌리 깊은 정신적 전통이므로, 우리 전통법문화에 대한 자긍심을 일깨우고 북돋운다. 근대 서양의 법률문명과 잘 조화를 이루는 방향으로 유도한다면, 溫故知新 및 法古創新의 정신으로 변증법적 발전을 통해 21세기 새로운 법문화의 형성과 창달에도 크게 기여할 수 있겠다.

이는 우리가 최근 막대한 사회적 비용을 지출하며 어렵게 합의를 이루고, 바야흐로 새로 도입하여 처음 닻을 올리고 출범한 법전원의 교육이념과 목적 및 방향에 비추어보아도, 안성맞춤으로 잘 어울리는 주제의식이다. 따라서 본 성과가 앞으로 법학교육 자료로 적절히 활용되고, 기초법학 교과목과 연계해 법조인의 사회적 사명감과 책임의식을 고취、강화하는 데도 조그만 보탬이 되길 바란다.

근래 서양에서 크게 각광받는 ADR(Alternative Dispute Resolution: 대

안적 분쟁해결 기제)의 활성화와 함께, 우리 법원도 화해、조정調停、중재 같은 소송외적 방식으로 분쟁의 평화해결을 도모하려고 노력하는 경향이 큰 편이다. 거기서 한 걸음 더 나아가 분쟁과 죄악을 미연에 예방하는 법문화와 법의식을 크게 활성화하고 고취한다면, 사회의 평화와 안정, 질서유지에 크게 유익한 긍정 요인이 될 것이다. 따라서 법전원의 'ADR'이나 '조정'、'중재' 등 관련 교과목의 강의에도 의미 있는 타산지석 귀감이 될 수 있다.

몇 년 전 초여름 MERS(중동호흡기증후군) 파동과 최근 세계적 대유행으로 온 인류를 공포의 도가니에 몰아넣는 CORVID-19를 보라! 인류가 겪는 불안공포와 사회경제적 대가만 봐도 알 수 있듯이, 의사와 백성들이 사후치료보다 사전예방을 더욱 중요하게 인식하고 힘써 실천한다면, 엄청난 의료비용을 절감하고 더욱 건강한 사회를 이룩할 것이다. 마찬가지로, 법률가와 민초들이 사회적 질병을 사후에 치료하기보다는, 사전에 예방하려고 의식하고 실천한다면, 수많은 다툼과 죄악으로 인한 엄청난 사회갈등비용을 크게 절감하며, 건강하고 평화로운 사회를 이룰 것이다. 그러한 예방법학 정신으로 치유 및 예방에 주력하는 사회적 의사로서 법률전문가가 절실히 필요한 시대가 도래한다! 그런 사명과 직책에 걸맞은 법조문화와 윤리를 제시한다면, 철학지혜와 정신윤리를 겸비하는 아주 유효적절한 교육방침이 되리라고 믿는다.

법을 의약이나 제방에 비유하는 전통문화는, 단순히 전문기술자로서 법률가의 사명과 책임을 강조함에 그치지 않고, 의약 철학과 지혜까지 폭넓게 거론하기 때문에, 동양철학 전반에서 거론하는 형이상학적 법철학 일반론까지 포괄한다. 특히, 철학의 관점에서 의약 비유와 제방 비유를 유기적으로 잘 연계한다면, 철학의 뿌리 깊은 전통으로서 종교에 철학을 접목하여 법철학의 폭과 깊이를 훨씬 풍부하게 증대시킬 수 있을 것이다. 따라서 본 연구는 동양 법철학의 확대심화 연구에도 자못 중요한 단초를 제공하리라 기대한다.

또한 본 연구결과를 바탕으로, 이 주제에 관하여 앞으로 서양문헌까지 폭넓고 깊이 있게 섭렵하여 비교연구를 계속 확대 발전시켜 나간다면, 동서양의 법철학과 법문화의 비교연구에도 의미심장한 발판이 될 수 있겠다. 서양에서도 법을 '죄악 예방의 제방'으로서 비유하는 문화전통이 있었을 것이다. 앞으로 관심 있게 살펴보고 수소문해볼 만한 과제다.

예컨대, 고대 그리스 신화에 나오는 정의의 여신 *Dike*에도 과연 현대 영어 dike에 담긴 '제방、둑'이라는 뜻이 담겨있었는지? 다시 말해서 현대 영어 'dike'의 어원이 고대 그리스 정의 여신 '*Dike*'에서 유래한 건지, 아니면 적어도 의미상 파생이나 영향을 받았는지? 이 주제는 진리와 인간사유의 일반보편성의 차원에서 충분히 가능성이 있는, 매우 흥미로운 연구과제로 여겨진다. 앞으로 이 주제에 관심 있는 학자가 나타나 궁리하게 된다면, 더욱 뜻깊은 동서 법문화의 비교연구가 되리라고 기대한다. 다음 편에 조금 탐구한 내용을 소개한다!

제7편 佛經에서 법과 제방의 비유

개요

전통법문화에서는 법을 그물、의약、제방 등으로 비유한다. 본고는 죄악을 예방하는 제방으로서 법의 비유와 예방법학에 초점을 맞추어, 전술한 동아시아 유가 경전에 나타나는 예법의 제방 비유에 이어, 불경에 나타나는 제방 비유를 중심으로 원전을 분석하는 귀납적 방법으로 탐구한다.

부처님은 인간의 고통과 사회에 넘치는 다툼과 죄악에 근본원인이 사람 마음에서 일어나는 탐욕·분노·어리석음 때문임을 통찰하고, 강물을 가두어 막는 제방처럼 사람 감정을 다루는 둑으로서 법(dharma)과 계율(śīla)을 비유로 가르쳤다. 본고에서는 연구에 필요한 기초 전제로서 먼저 제방과 불교 '법률' 개념을 언급하고, 계율의 필요성과 시원을 살펴본다.

본론으로 들어가, 첫째 일반 제방에 관한 불교 계율과 비유를 탐구하고, 둘째 감정욕망의 범람을 예방하는 제방의 관점에서, 셋째 착한 본성과 정법을 방호하는 제방의 관점에서, 넷째 선정과 바른 수행을 뜻하는 제방의 관점에서, 각기 다채롭게 펼쳐진 비유를 차례로 분석해 종합 정리한다. 아울러 그밖에 재밌는 제방 비유와 번뇌도적의 침입을 막는 心城의 비유를 소개한다. 마지막으로 계율이 갖는 예방기능의 본질적 한계를 지적한다. 법치주의 미명 아래 자칫 지나친 극단으로 치닫는 법만능주의나 법실증주의가 지닌 허점을 일깨우고자 한다. 그리고 본 연구의 향후 과제로 맺음말에 가름한다.

주제어 : 佛經, 법(dharma), 계율(śīla), 제방, 비유, 예방, 심성心城.

1. 머리글

앞서 살핀 것처럼, 동아시아 고전에 펼쳐지는 전통법문화에는, 법을 '그물'、'의약'、'제방'、'음악' 등에 비유하는 내용이 많이 나타난다. 법의 본질 및 기능에 대한 선현들의 독특한 사유를 알려주는 자못 재미있고 뜻깊은 자료들이다. 헌데 불경佛經에도 불법佛法(dharma, 達磨)을 비유하는 '그물' '의약' '제방'의 개념이 제법 많이 나온다. 세속 국법과 탈속 佛法(道, 진리)을 아우른 '그물' 및 '의약'의 비유는 이미 살핀 바 있으므로, 이제 불법에서 제방 비유를 중심으로 다툼과 분쟁、죄악을 예방하는 '제방'으로서 法(dharma)과 계율의 비유를 탐구한다.

"호미로 막을 걸 가래로도 못 막는다."는 속담처럼, 영어에도 "Prevention is better than cure."라는 속담이 있다. "유비무환有備無患" 가르침은 동서양이 다르지 않은가 보다. 사전예방이 비용은 적으면서 훨씬 효율적이니, 예부터 의학에서 치료보다 예방의학을 중시한 건 당연하리라. '예방철학' '예방법학'은 선현들이 매우 중시한 전통문화며, 周易이나 老子의 예방철학은 동아시아 고전에 핵심 가르침이다. 예방법학의 꽃인 '제방'의 비유는 유가 경전에 자주 등장하며, 특히 禮記 '坊記' 편에 몰려나온다. 그러니 불경에서 法(dharma)과 계율의 성격과 기능을 '제방'에 비유하는 내용도 새삼 놀랄 일은 아니다.

인류사회가 발전함에 따라, 제정일치의 고대 원시규범에서 종교와 도덕이 차례로 떨어져나가면서, 근대법은 한때 법과 도덕의 준별을 강조했다. 하지만 이제는 다시 긴밀한 협력관계와 일부 재결합 현상마저 보이고 있다. 따라서 사회질서와 안정평화를 유지、강화하기 위해서는, 법도 서양식 이분법적 사고방식을 벗어나, 도덕은 물론 종교의 고전적 지혜와 자비 정신을 배울 필요가 있다. 바로 동양 전통법문화에서 풍부한 자양분을 섭취할 때가 아닐까?

본고는 불경의 원전자료를 해독、분석、종합하는 과정으로 진행하며, 세속법의 관점에서 佛經을 原典(Text) 해석 방식으로 충실히 탐구한다. 불경은 내용과 분량이 워낙 방대한지라, 고리(려)대장경高麗大藏經 CD-ROM을 활용해 핵심주제어(key words)로 검색해 관련 원문을 찾았다. 수집한 '제방' 비유 자료를 간추려 번역하고, 귀납적 방법으로 큰 틀을 구상해 예방철학사상을 체계화했다. 핵심 주제는 '제방의 비유'지만, 제방과 비슷한 기능을 지닌 담장이나 성벽의 비유도 대표 사례를 들어 참조하도록 곁들여, 주제와 내용을 좀 더 풍성히 윤택하게 장엄하고자 했다.

흔히 의학-법학-신학(종교)은 서양서 중세대학을 처음 세운 세 솥발(鼎足)로서, 아직껏 직복職服(가운)을 입는 최고 인기학문이며, 의약-법-진리(dharma, 복음)는 각각 사람의 육신-정신(사회성)-영혼의 질병을 치료함과 동시에 예방하는 기능도 가지므로, 예방의학、예방법학、예방철학으로서 서로 긴밀한 공통성을 지닌다. 따라서 "제방으로서 법의 비유"에 곁들여 "제방으로서 佛法(dharma)의 비유"까지 함께 연구하면, 예방법학을 매개로 세속 국법과 탈속 佛法이 하나로 어우러져, 법과 종교도덕이 새롭게 협력하는 조화로운 법철학 내지 법문화를 찾을 수 있겠다. 바로 본 연구의 착수동기이자 궁극목표이기도 하다.

2. 농경문화의 제방과 불교의 '법률' 개념

고대 인류가 수렵에서 농경으로 정착하면서, 강물의 범람과 바닷물의 넘침을 막는 제방이 필요했고, 특히 벼를 재배하는 곳에선 호수나 저수지에 물을 가두는 둑이 요긴했다. 우禹가 9년간 황하를 다스린 전설 같은 역사기록이 상징하듯, 치산치수는 고대 정치에 핵심이었다.

전술했듯이, 주례周禮에도 벼농사를 관장하는 도인稻人이 저수지로 물 가두고 둑으로 강물 막으며 도랑으로 물 대는 일을 관장했고, 국토건설 장인匠人 중에는 물흐름에 따라 도랑 파고 지세地勢에 따라 제방 쌓는 관개수리 전문기술자도 있었다. 禮記 월령月令에 보면, 음력 3월에 사공司空이 "제방隄防을 수리하고 도랑을 뚫고 도로를 개통"해 한해 농사를 준비하고, 7월에는 隄坊 수리와 도랑 소통으로 큰물 범람에 대비하며 농사 마무리를 준비한다. 또 관중管仲은 둑을 큰 '제隄'와 작은 '방防'으로 나눠 설치방법을 자세히 밝히고 있다. 우리나라에는 최대 곡창 호남평야 중심에 '금(김)제金堤'가 대변하듯, 예로부터 많은 제방을 쌓아 벼농사에 적극 활용했다.

'제방(堤防, 隄防, 堤坊)'은 둑으로 예방、방지、방어、방호의 뜻을 갖는다. 사람이 많아져 생존경쟁이 치열해지자 갈등대립이 늘고, 감정도 물처럼 이따금씩 탐욕과 분노에 휩싸여 넘실거리곤 하였다. 이에 오륜五倫으로 일컬어진 예법이 나타나, 사람 마음속에 감정욕망의 강물이 범람하지 못하게 막아주는 둑으로 자리 잡게 되었다. 오륜에서 비롯한 예법은 본디 인간 내면에 꿈틀거리는 감정이 욕망과 분노의 격랑으로 넘치지 못하게 막는 둑으로서 고안한 사회규범이다. 유가 경전에는 禮를 제방에 비유하는 수많은 예론이 예법의 일반 예방기능을 강조한다. 특히 '방기坊記' 편엔 명실상부하게 모든 예법이 죄악과 일탈을 막는 둑이라고 구체로 역설한다.

그런데 그보다 훨씬 오래 전에, 고대 인도에서 펼쳐진 다채로운 法의 제방 비유가 한역漢譯 불교대장경에 자주 나타난다. 물론, 동아시아 고전에 나오는 세속법과 불경의 법이 완전히 같지는 않지만, 당대 최고 천재지성들이 불경을 漢譯하면서 인도의 'dharma'를 '法'으로 옮긴 것은, 양자가 본질 의미상 동질적이거나 일맥상통하는 유사성이 있기 때문일 것이다.

高麗大藏經 CD-ROM을 검색하면 '法律' 단어만도 '1,565'번이나 나온다. 대체로 '佛法'이나 '正法'의 개념인 'dharma'로서 '법'을 가리키거나, 이 '법'에다가 '戒律'을 합친 '法律'을 가리키며, 구체적 상황맥락에서는 특별히 출가수행자가 수행하고 지킬 '법'과 '戒律'을 뜻한다. 불교에 '법'은 용례와 의미가 여러 갈래로 나뉘나, 크게 양분할 수 있다. 첫째 자체自體의 자성自性(각자 本性)을 능히 변함없이 유지하는 뜻에서 自性을 지닌 일체 존재와, 둘째 인륜을 규율하여 사물에 대한 일정한 이해 근거를 제공하는 뜻에서 인식의 표준、규범、법칙、도리道理、교리敎理、교설敎說、진리、선행 등이다.

본고에서 '법'은 물론 후자인데, 이 또한 크게 셋으로 나뉜다.

첫째, 모든 법 가운데 위없는 최고 진리로서 열반이다.

둘째, 열반을 얻는 기본 방편으로서 사성제四聖諦와 八聖道(八正道)다.

셋째, 팔성도를 돕는 모든 善法과 진실한 말씀이니, 팔만사천법문과 12부경과 아함·아비담마·비니(律藏)·잡장(4藏)과 여러 대승경전을 모두 법이라고 부른다. 부처님은 보살이 수행할 때 불법에 집착하지 말라고 가르친다. 본고에서 주로 다룰 법은 둘째와 셋째로서, 특히 세속법에 가까운 계율은 셋째에 속한다.

이로 보건대, 근대 서양의 'Recht'나 'law'를 '법'이나 '법률'로 번역한 것은, 아마도 불경의 '법'이나 '법률' 개념을 차용한 것처럼 여겨진다. 물론 dharma'나 '계율'을 번역하면서 '법'이나 '법률'이란 용어를 선택할 적에도, 전국시대 변법개혁운동과 함께 등장한 '법경法經'과 진한秦漢 이후 동아시아 법문화에 근간을 이룬 '율령律令' 체계에서 핵심개념을 아울러 차용했을 것이다.

이러한 불교 법(dharma)은 세속법의 근원에 깔려있는 '자연법' 개념과 대체로 비슷하다. 앞으로 좀 더 깊이 천착해볼 연구과제이긴 하지만, 우선 당장 본 연구에 필요한 바탕전제로서, 지금까지 필자의 연구 및 통찰지혜에 근거해 대강 관계를 살피고자 한다.

고대 동아시아의 법과 율령이 오랜 자연법적 윤리도덕에 바탕을 두고 형성된 '禮'에서 비롯한 문화적 결정체로서 사회규범이듯이, 불교에 '법'은 우주 만유를 포괄하는 광범위한 자연법으로 볼 수 있다. 비록 수행 공동체의 자율에 맡기는 제한성이 따르지만, 죄악을 억제하고 평화질서의 선행을 적극 명령하는 사회규범으로서 계율까지 핵심 내용으로 담고 있다. 따라서 양자는 자연법으로부터 국법에 이르는 광폭廣幅(스펙트럼)에서 각자 놓인 위치와 범위는 다를지라도, 크게 봐서 일맥상통하는 함의를 지닌다고 할 수 있다. 그런 의미에서 죄악을 방지하는 '제방'으로서 '법'의 비유개념은, 서로 다른 문화토양 및 사회배경을 대비 관찰할 수 있는, 매우 흥미롭고 유익한 연구주제로 여겨진다. 이러한 기본인식을 전제로 이제 불경에 나타나는 법의 제방 비유를 다각도로 살펴보기로 한다.

3. 계율의 필요성과 시원

불교경전에서 살생 등 나쁜 짓 하지 말라는 계를 제방(隄塘)이라 부른다. 그 이유는 뭘까? 계는 능히 오래 이어지면서 계를 범하는 허물을 막아주는 둑과 같아서, 실체가 없는 것이 아니니 제방이라 부를 만하다. 계율은 비록 눈에 보이지 않는 빛깔(無表色)의 추상적 존재지만, 계체戒體를 확인하는 증거로서 죄악을 막는 둑의 비유를 든다.[1]

또 사성제 중 도제道諦로 8정도正道가 있는데, 그중 몸이 악업을 벗어나는 정업正業을 제방(堤塘)이라 부른다. 정업으로 파계를 막을 수

1 尊者世親造, 玄奘譯, 阿毘達磨俱舍論卷第13, 分別業品第4之1: "又契經說: 離殺等戒, 名爲隄塘, 戒能長時相續, 堰遏犯戒過故, 非無有體, 可名隄塘. 由此等證知, 實有無表色."

있기 때문이다. 만약 이게 없다면 악을 저지할 수 없다. 정업은 바로 몸과 입이 악을 짓지 못하도록 지켜줄 수 있는 계(波羅提木叉)를 가리킨다. 자주 익히다 보면, 계를 범할 상황(犯戒緣)이 닥칠 때마다, 앞서 다짐한 서약이 기억에 나타나 악을 저지르지 않도록 막아주기 때문에, 이렇게 지은 뜻(作意)이 제방이 된다. 그래서 설령 나중에 파계하게 되더라도, 수계한 공덕이 엄청 크므로 모름지기 수계受戒해야 한단다.[2] 불교에서 알고 짓는 죄악보다 모르고 짓는 죄악이 더욱 크다는 가르침도 이런 뜻이다.

이처럼 불교에 법과 戒도 수행에서 악을 막고 선을 지키는 둑으로 여겨진다. 동아시아 고전에서 감정욕망의 범람을 막는 제방으로 비유하는 禮法 사상과 일맥상통한다. 특히 어떤 나쁜 짓을 하지 말라고 구체로 금지하는 계는, 부처님 교단이 점차 커지면서 뜻밖에 불거진 불미스런 사고로 말미암아 나타나게 된다.

부처님이 깨달음을 얻은 뒤 12년간은 성문제자들이 잘못이나 허물이 없어서, 세존은 제자들한테 유명한 칠불통계七佛通戒만을 설하셨다.

"어떤 악도 짓지 말고,	諸惡莫作,
온갖 선을 두루 닦으며,	諸善奉行,
자기 마음 스스로 정화하라!	自淨其意,
이것이 모든 부처님 가르침!"	是諸佛敎.

그런데 13년째 들어 비사리국 가란타카 장자의 아들 소진나蘇陣那(Sudinna, 須達多, 일명 耶舍Yaśa)가 부처님 설법을 듣고 출가한 뒤, 나중에 집안 대를 잇게 씨를 받아달라는 어머니 간청에 넘어가, 아내와 동침하게 되었다. 이 음행 사건을 인연으로, 부처님은 비로소 음욕을 금

2 婆藪跋摩造, 眞諦譯, 四諦論卷第4, 分別道諦品第6: "離身惡業, 名爲正業.… 經說此業名爲堤塘, 能遮破戒故, 若無, 不能止惡.… 由數習故, 犯戒緣來, 作意卽至, 說此作意, 名爲堤塘, 何以故? 由憶先誓, 差不作惡, 爲有此用, 故須受戒."

지하는 계를 처음 제정했다. 음행 사실을 보고받은 부처님은, 번뇌 의혹의 '둑'을 터서 의혹을 제거하기 위해서, 먼저 본인한테 사실을 확인하느라 질문했다. 청정한 사문은 차라리 남근男根을 맹수나 독사 입안에 둘지언정, 녀근女根안에 넣지 않는다고 꾸짖은 다음, 승가대중에 열 가지 이익을 위해 첫 번째 계를 세워 배움터(學處)를 설치했다.[3]

한편 묘현妙賢 비구니는 처음 벌거벗은 외도(無衣外道)에 출가했는데, 미묘 단정한 용모로 그들에게 집단 추행을 당했다. 그 뒤 대가섭을 만나 부처님께 출가하여 아라한과를 성취했다. 헌데 성안에 걸식하러 갔다가, 아사세왕 신하에게 붙잡혀 왕궁에 갇혔다. 전생 악업의 시절 인연이 무르익어 폭포수처럼 걷잡을 수 없이 세차게 흐르니, 다시 포악한 왕에게 강제로 릉욕陵辱을 당했다. 독화살에 맞은 듯 크나큰 허탈과 근심고통에 잠겼으나, 부처님 도움을 받아 신통력으로 왕궁을 탈출해 돌아왔다. 부처님은 계를 제정할 때가 된 줄 알고, 본인 번뇌와 대중 의혹의 '둑'을 터서 해소하고 승가를 보호하려고, 대중을 모으고 추행사실을 공개로 물었다. 이어 추행당할 때 쾌락을 느꼈는지 물었다. 묘현 비구니는 이미 욕정을 떠났는데 어찌 쾌락을 느끼겠냐고 부정하였다. 부처님은 고의로 사음을 범하진 않았지만, 비구니가 부정행不淨行을 하면 4근본중죄가 된다고 정하셨다.[4]

불경에는 계를 제방에 비유하는 법문이 자주 나온다. 크게 봐서, 강물이 범람해 들판과 인가에 피해를 주지 않도록 막는 죄악예방용 제방과, 저수지 연못에 물이 새어나가지 못하게 막는 갈무리용 제방으

3 根本說一切有部毘柰耶, 義淨譯, 卷第1, 不淨行學處第1之1 : "佛是知者見者, 知而問, 非知不問, 時而問, 非時不問, 有利而問, 無利不問. 破決隄防, 爲除疑惑, 有利而問."; 卷第2, 不與取學處第2之1: "破決隄防, 斷除疑惑, 爲利益故, 知時而問."

4 根本說一切有部苾芻尼毘奈耶, 義淨譯, 卷第2, 不淨行學處之餘; 卷第17, 噉蒜學處第73: "破決隄防, 爲除疑惑."

로 나뉜다. 전자는 탐진치로 물든 감정욕망이 강물처럼 흘러넘치는 걸 막아준다. 후자는 사람 마음이 감각기관을 통해 바깥 사물에 유혹당해 생명 에너지(精氣)가 산만하게 흩어져 착한 본성이 망가지는 걸 방호防護해준다. 유가 경전과 달리 각별히 주목할 불경에 특징은, 소극적 예방의 제방뿐만 아니라, 적극적 제방도 거의 대등한 비중을 차지하며, 그밖에 다채로운 비유가 나오는 점이다. 차례대로 살펴본다.

4. 일반 제방에 관한 불교 계율과 비유

우선 수행 공간 확보와 관련한 제방의 문제와 제방 자체에 관한 금계禁戒가 있어 무척 흥미롭다. 비구 제자들이 땅바닥을 평평히 다져 수행할 방사를 짓고자 하자, 부처님은 자상한 준비조건으로 허락했다.

돌·나무뿌리·가시가 있으면 마땅히 제거하고, 구덩이나 푹 꺼진 곳은 흙을 메워 평평히 한다. 침수 우려가 있으면 미리 '둑'을 쌓고, 만약 주인이 있거나 다른 말이 날 염려가 있으면, 반드시 미리 분명히 해결해야 한다.[5] 또 출가 비구들은 스스로 하거나 남한테 시켜서나, 부질없이 땅을 파거나 '제방'을 쌓느라 개미집을 파손하는 세속잡사를 벌이지 말라. 부처님은 제자들 행위가 세인들의 물의와 비방을 사는 걸 원치 않았고, 그런 비구를 불러 꾸짖고 타이르셨다.[6]

흥미롭게도 오계 중 주지 않는 물건을 가지는 도둑에 보면, '제방'에 관한 죄가 나와 눈길을 끈다. 만약 가뭄들 때 남의 물꼬(둑)를 터서 자기 논에 물을 끌어와 남의 곡식이 제대로 익지 못하게 하면, 수

5 佛陁耶舍共竺佛念等譯, 四分律卷第3 初分之3, 十三僧殘法之2: "若有塪溝坑陂池處, 當使人塡滿, 若畏水淹漬, 當預設隄防.…若有坑坎泥水, 應塡滿平治, 若畏水, 應設隄防."

6 義淨譯, 根本說一切有部毘柰耶卷第41, 壞生地學處第73: "六衆苾芻, 自手掘地, 或教人掘, 或造堤防, 或損蟻封等."

확감손의 가액을 계산해 죄를 얻는다. 거꾸로, 물이 넘칠 때 일부러 물꼬를 터서 물을 흘려내려 남의 농작물을 손상시켜도, 감손 가액에 따라 죄를 얻는다. 또 물을 얻기 어려운 곳에서 수량이 유한한데 물을 훔치면 물 값에 따라 죄를 얻고, 주인이 없는 물을 훔치면 솔토라窣吐羅(stūlātyaya, 약칭 투란偸蘭: 중대)죄가 되며, 남이 끊은 물줄기에서 물을 끌어다 써도 가액에 따라 죄를 얻는다.[7]

고대 동아시아 율령부터 현행 법률까지, 일상생활과 농경에 필수인 물에 관한 죄가 빠지지 않고 전해온다. 고대 인도에도 둑을 허물어 물꼬를 트는 일수溢水 및 수리에 관한 죄가 그토록 상세했음을 알려주는 역사실록이다. 출세간법인 진제眞諦는 세간법인 속제俗諦를 당연히 포함한다. 바로 '진속불이眞俗不二'인 것이다. 그래서 부처님은 출가수행자라도 세속 왕법을 지켜야 하고, 어긴 경우 국법에 따라 처벌받도록 동의하셨다. 단니가但尼迦 비구가 아사세왕의 나무를 훔치다 붙잡혀, 법관이 사형판결을 내렸다는 소식을 듣고, 부처님은 아난을 보내 왕법이 규정한 도적죄와 형벌을 물으셨다. 법관이 5마쇄磨灑(梵語 maṣa) 이상을 훔치면 사형에 해당한다고 답변하자, 부처님은 비구가 5마쇄磨灑 이상 훔치면 왕법에 따라 사형을 당해야 마땅하고, 승가교단에서 즉각 축출(擯棄)하도록 계를 정하셨다.[8] 대장경에 현전하는 계율은 당시 사회의 국법을 상당수 간직하여, 특히 문자기록이 거의 전해지지 않는 고대인도 법제사 연구에 매우 귀중한 문헌자료가 된다.

---

7 尊者勝友集, 義淨譯, 根本薩婆多部律攝卷第2, 初部四波羅市迦法之1, 不與取學處第2참조.

8 尊者勝友集, 義淨譯, 根本薩婆多部律攝卷第2, 初部四波羅市迦法之1, 不與取學處第2 참조. 1磨灑(梵語 maṣa)는 화폐단위로 대략 1錢에 해당, 80銅錢이란 이설 있고; 중량단위로 대략 0.6-0.9g 1錢에 해당한다고 함. 梵語 maṣa는 인도에 8麩의 하나인 콩 종류(學名 Phaseolus radiatus)로 1磨灑는 콩 한 알을 가리킴.

그밖에도 둑에 관한 독특한 재밌는 비유가 나온다. 심신心神을 뒤덮어가려 선정지혜의 계발을 가로막아, 어리석음에 원흉이 되는 5개蓋 가운데 마지막이 의심이다. 의심은 자신이 보고 듣고 아는 바가 두 가지로 갈라져 긴가민가 헷갈려서 생긴다. 이중 두 가지로 '아는' 것의 실례로, 하늘에서 큰비가 쏟아져 내려도 도랑이 넘치지만, 만약 '둑'을 쌓아 물길을 막아도 도랑이 흘러넘치는 경우가 있다. 이는 마치 비가 오려고 할 때 개미들이 알을 안전한 곳으로 옮기지만, 사람이 개미집을 파헤칠 때도 마찬가지로 옮기는 것과 같단다.[9]

5. 감정욕망의 범람을 예방하는 제방

유가 예론처럼, 불교에도 감정욕망의 범람방종을 막는 제방의 비유가 자주 나온다. 특히 생로병사를 벗어나는 수행에 관건으로 중요하다. 우선 인생 일대사에서 가장 중대한 죽음에는 두 가지가 있다. 마음을 조복하지 못한 중생의 죽음과, 마음을 조복한 성현의 죽음이다.

어리석은 범부는 정견을 지닌 착한 선비와 정법을 보고 듣지 못해서, 색·수·상·행·식의 오온을 곧 자아로 여겨, 보고 닥치는 대로 모습에 집착해 호오好惡 분별로 탐욕이나 근심을 일으킨다. 즉 눈·귀·코·혀·몸·뜻의 육근에 정념을 잘 지키지 못한다. 마음 따라 새어나와 흘러넘치는, 한없이 착하지 못한 나쁜 법(죄악)을 단단히 막을 '둑'을 쌓지 못한 까닭이다. 육감의 쾌락에 집착하고 탐닉해 방탕한 결과, 긴 밤 맹렬한 고통을 받다가, 죽어서도 지옥·아귀·축생의 삼악도를 윤회하며, 한없이 극렬한 고통을 받는다.

---

9 訶梨跋摩造, 鳩摩羅什譯, 成實論卷第10, 疑品第129: "若見聞知二種法故疑生.… 二種知者, 如天大雨, 而溝渠漫溢, 若堰水時, 渠亦漫溢; 如天欲雨, 蟻子運卵, 若人發掘, 亦移卵去"

반면, 성현군자는 착한 선비와 정법을 만나, 오온이 자아가 아닌 줄 잘 안다. 그래서 바깥 경계인연에 끄달려 탐착하지 않고, 마음에서 착하지 못한 악한 법이 새어 흘러나오지 못하도록, '제방'을 단단히 쌓아 막고 감각기관(六根)을 모두 잘 지킨다. 마음과 감각기관을 잘 조복한 까닭에 방탕하지 않고, 살아서나 죽어서나 고통을 받지 않는다.[10]

"여섯 욕망의 강물 흐름은 악으로 내닫기가 몹시도 재빠르니,
마땅히 지혜관조의 힘으로 두터운 제방 단단히 쌓아야하네."[11]

사람 몸의 6근과 9공孔(竅: 구멍)이, 바로 마음을 감싸는 '제방'에 뚫린 구멍이라고 본 것이다. 실제로 남북조 시대 말에 정애靜藹 스님은 극한 고행으로, 자신에 살과 오장륙부를 샅샅이 도려내어 바위에 펼치고 소나무에 건 뒤, 오직 뼈만 앙상한 모습으로 우유 빛 피를 흘리고 입적하며, 육신의 불결함을 묘사한 인상 깊은 게송을 남겼다.

"이 몸 더럽기로는, 아래로 똥오줌 주머니요,
아홉 구멍엔 늘 추접함 흐르니, 마치 줄줄 새는 제방 같네!"[12]

생사윤회에 모든 고통은, 제방으로 물을 막는 것과 같이, 벽이 바람을 막는 것과 같이, 수승한 지혜로 사성제를 수시로 잘 간택해, 괴로움이 소멸하여 다시는 생기지 않게 해야, 비로소 영원히 끊기게 된다.[13]

중생은 애욕번뇌로 몸을 받아, 온갖 고통을 겪으며 윤회한다. 애욕번뇌를 끊고 열반을 얻는 방편으로 8정도와 계정혜 3학이 있다. 정어正語·정업正業·정명正命의 셋은 戒에 속하는데, 번뇌 싹이 자라지 못하

---

10 本事經卷第5, 玄奘譯, 二法品第2之3 참조.

11 佛本行經, 寶雲譯, 卷第1, 因緣品第1: "六欲江河流 趣惡甚速疾 當以智慧力 設牢厚堤塘"

12 道宣撰, 續高僧傳卷第23, 護法上, 釋靜藹傳3: "此身不淨, 底下屎囊, 九孔常流, 如漏隄塘."

13 塞建陁羅阿羅漢造, 玄奘譯, 入阿毘達磨論卷下: "若不生, 名苦永斷, 如堤堰水, 如壁障風, 令苦不生, 名爲擇滅."

고 시들게 한다. 정정正定·정념正念·정정진正精進의 셋은 定에 속하는데, 마치 큰 산이 물을 가로막으면 물이 둑을 파괴할 수 없듯이, 또는 주술사가 독사에 주술을 걸면 사람을 해칠 수 없듯이, 번뇌가 들이닥칠 때 침범하지 못하도록 가로막는다. 정견正見·정사유正思惟 둘은 慧에 속하는데, 여름에 홍수가 나면 강변의 나무들을 뿌리째 휩쓸어버리듯이, 모든 번뇌의 뿌리를 뽑아버릴 수 있다.[14]

부처님 제자들이 8정도를 자상히 설한 법문도 소승률에 몇 편 전한다. 4성제를 사유·간택한 힘으로 삿된 악을 제거하고 멀리하여, 고요한 율의를 지니는 바탕 위에 청정히 수행하라는 간곡한 가르침이다. 특히, 구업에 대한 바른말(正語)과, 신업에 대한 바른 행위(正業)와, 신구身口업에 대한 바른 생활(正命)에 대해서, 배(舟)나 다리(교량)와 함께 둑(제방)의 비유를 들어 해설함이 눈에 띈다.

> "악행을 짓지도 말고 만들지도 말며, 말끔히 놓아버려 입과 몸을 잘 막아 지키며, 나쁜 짓을 하지도 말고 저지르지도 말라. 배·뗏목·다리·제방·담·참호 등이 규제하는 약속에 대해, 넘지 않을 것은 넘지 말고, 건너지 않을 것은 건너지 말며, 밖으로 드러나지 않는 나쁜 짓도 없음이, 무학(無學: 아라한) 수행에 바른 길(正道)이다."[15]

한편, 재가불자가 지켜야할 기본오계에도 둑의 비유가 자주 나온다. 재가불자가 배울 다섯 가지는 살생·불여취不與取·사음·거짓말·음주의 나쁜 짓을 멀리함이다. 이 오계를 신칙하면서, 다음 구절을 후렴처럼 되풀이 강조함이 각별하다.

> "잘 사유 선택해, 싫어하고 멀리하며, 멈추고 막아 지키며, 짓지도 하지도 말고, 행하지도 범하지도 말며, 내버리고 둑으로 막으며,

14 鳩摩羅什等譯, 禪法要解卷下: "諸煩惱力來, 定分能遮, 如大山堰水, 水不能破壞."
15 舍利子說, 玄奘譯, 阿毘達磨集異門足論卷第20, 十法品第11之2 참조.

거역拒逆하지 않고 어기거나 벗어나지 말라!"

이 설명에 제방의 비유가 다섯 번이나 거듭 되풀이한다.[16]

기본 오계는 살상·절도강도·매음·사기죄 등 국법에서 직접 규제하는 근본악들을 방지하는 도덕률이라서 특히 주목할 만하다.

부처님이 열반에 남긴 훈계에도 제방은 빠지지 않는다. 제방에 구멍 나서 물이 새는 것은, 구멍을 막아 고치는 사람이 없기 때문이다. 따라서 보살은 비록 파계한 수행자라도 내치지 말고, 바로 그들 곁에서 구멍 난 계율의 제방을 막아 고치도록, 포살布薩과 수계자자受戒自恣의 수리 불사를 도맡으라고 권청하신다. 청정한 지계수행자가 있으면, 승가가 계율을 잃지 않고 넉넉한 기풍을 유지할 거란다.[17]

이 대목에서 초등학교 교과서에 나온 적이 있는 네덜란드 소년의 무용담武勇談이 떠오른다. 국토가 바다보다 낮아 바닷물을 막기 위해 쌓아놓은 제방에 구멍이 난 걸 본 소년이 처음엔 손가락으로 막다가, 수압으로 구멍이 점차 커지자 나중엔 팔뚝을 집어넣고 어깨까지 갖다 대며, 혼신에 열정으로 막아 오랜 시간 버틴 끝에 국토와 인민을 지켰다는 미담으로 기억난다.

부처님 수제자 사리불이 설한 광대한 진리 법문에도 제방의 비유가 보인다. 범부중생이 수시로 자기 마음을 되돌아보며 혐오하고 두려워할 스무 가지 모습 가운데, 열넷째로 미래에 자신이 끊임없이 휩쓸릴 업장의 거센 강물을 막을 '제방'을 아직 쌓지 못한 점이 손꼽힌다.[18]

당唐나라 때에는, "세속을 벗어난 출가 승려가 황제 권력에 무릎을

16 大目乾連造, 玄奘譯, 阿毘達磨法蘊足論卷第1, 學處品第1 참조.

17 曇無讖譯, 大般涅槃經卷第6, 如來性品第4之3: "如故堤塘, 穿決有孔, 水則淋漏. 無人治故. 若有人治, 水則不出, 菩薩亦爾, 雖與破戒, 共作布薩, 受戒自恣, 同其僧事."

18 眞諦譯, 廣義法門經一卷(出中阿含經一品): "十四, 我今未作堤塘, 爲遮未來無間業流."

끓지 않도록 허용해서, 청량한 수행기풍을 진작시켜줘야 한다"는, '수행의 자율성'이 적극 등장한다. 다만, 그 부작용과 폐단을 우려하는 반론을 존중하여, "비록 도는 숭상할지라도, 만약 못된 사람들의 처신에 대해서는 마땅히 '제방'을 준엄하게 쌓아 엄격한 계율수행을 도야시켜야 한다."고 주장한다.[19] 마치 중세 유럽에서 교회와 대학의 자율을 방불케 하는 종교수행에 자율성이다. 자유에 따르는 책임을 강조한 균형 있는 견제로서 계율의 제방 비유가 눈에 띈다.

6. 착한 본성과 정법을 방호하는 제방

저수지 물이 새나가지 않게 갈무리하는 둑의 비유는, 부처님이 처음엔 강하게 반대하다가 나중에 아난의 간청을 못 이겨 허용한, 여인의 출가수행에 특별히 부가한 계율에 잘 나타난다.

싯달타 태자가 태어난 지 이레 만에 어머니 마야부인이 돌아가시자, 그 누이(이모) 大愛道가 언니 뒤를 이어 태자를 키웠다. 태자가 출가수행해 성불한 뒤 고향에 돌아와 교화하자, 수많은 석가족이 출가 수행해 아라한이 되었다. 부처님은 여인도 수행정진하면 탐진치 번뇌를 완전히 여의고 아라한이 될 수 있다고 설법하셨다.

이에 이모 대애도가 부처님께 세 번이나 찾아가, 매번 세 차례씩 출가 수행하겠다고 9차 간청했다. 허나 부처님은 여인이 생리상 장애로 수행 자체가 곤란할 뿐만 아니라, 여인의 출가수행이 가져올 막대한 부정적 폐단을 우려했다. 특히 장래 승가에 청정계율(梵行)이 혼탁해지고, 그로 인해 승가의 복덕이 크게 줄어 부처님 정법이 쇄락할 것을 염려해, 아홉 차례나 단호하게 엄숙히 거절했다. 대애도는 절망한 나

---

19 釋彦悰纂錄, 集沙門不應拜俗等事卷第4, 聖朝議不拜篇第2下: "宜峻彼堤防, 甄其律行."

머지, 몸시도 초췌하고 피폐한 몰골로 구슬피 한탄했다. 이 모습을 아난이 보고 까닭을 묻고, 그 사연을 부처님께 아뢰며 출가허락을 간청하였다.

마침내 부처님도 어쩔 수 없이 허락하면서, 앞으로 나타날 폐해를 최소화하기 위해, 여인의 생리와 특성에 맞춰 남자 비구보다 훨씬 엄격한 계를 내리셨다. 아울러 비구니는 특별히 비구를 존경하여 절대 복종하고 순명順命하도록, 8대 존경법(8敬법, 8尊敬法)을 덧붙이고, 이를 종신토록 철저히 지켜야한다는 제한조건을 달았다.

왜냐하면, 여인의 생리특성에다가, 지금도 그러하지만 당시 인도에서 여인들이 극도로 천시 받던 사회문화풍속마저 함께 고려하지 않을 수 없었기 때문이다. 여인들이 출가 수행해 도과道果를 이루려면 각별한 자기절제와 엄격한 교단관리가 필요했기에, 부처님도 부득이 강구한 고육지책이었을 것이다. 흡사 천주교에서 수녀가 신부한테 절대 복종 순명하는 관계 교리를 방불케 하는 계다. 바로 그러한 여인들의 출가수행여건 전반을 부처님은 바로 저수지 둑 관리에 비유하셨다.

> "벼농사를 짓는 농부가 늦여름 초가을에 시내나 도랑에서 둑을 단단히 쌓아, 물을 가두어 논에 물대기를 넉넉히 해야, 알찬 결실을 거둘 수 있다. 마찬가지로, 여인들이 출가수행하려면 8대 존경법을 잘 지켜야 도과를 이룰 수 있다."

대강 이런 취지였다. (참고로 벼는 자랄 때도 물이 많이 필요하지만, 특히 이삭 패는 출수出穗기에 흡수량이 최고조에 이른다.) 이에 대애도와 5백 여인들이 감격하여 조건을 수락하고, 출가 수행해 아라한이 되었다고 한다.[20]

---

20 義淨譯, 根本說一切有部毘奈耶雜事卷第29, 第六門第五子攝 참조. 大愛道比丘尼經卷上: "譬如(持意當如)防水, 善治堤塘, 勿令漏泆."; 中本起經卷下, 瞿曇彌來作比丘尼品第9: "譬如(持心當如)防水, 善治堤塘, 勿漏而已."

대승불교에서 보살수행자가 무생법인을 얻기 위해서는, 아미따불 등을 억념憶念하며 명호를 부르는 념불念佛 禮敬 외에도, 자신이 지금까지 탐진치 삼독 번뇌로 저지른 죄악을 부처님께 참회하고, 부처님께 법륜을 오래 굴리시도록 권청하며, 모든 착한 공덕을 수희찬탄하고 회향하는 수행을 병행해야 한다. 그런데 참회법에서 가장 중요한 것은, 시방 세계에 한량없는 부처님이 모든 일을 모두 아시므로(全知), 자신의 어두운 죄악을 하나도 남기거나 덮어 감추지 않고 숨김없이 죄다 드러내어 고백하면서, 앞으로 다시는 저지르지 않겠다는 다짐이다. 바로 이런 참회도 둑이 물을 막아 넘치거나 새지 않도록 하는 이치와 같다고 제방 비유를 든다.[21]

또 부처님 상수제자 사리불이 몸소 들은 법문을 모아 편찬한 아비담론이 있는데, 이를 한역漢譯하면서 덧붙인 서문에도 제방 비유가 나온다. 원전의 편찬의도가 상법像法시대 시비혼란으로 일어날 삿된 탁류를 가로막아, 정법교화의 선양을 돕기 위한 '제방'을 미리 축조한 것이라고 비유한 찬탄이 눈에 띈다.[22]

7. 선정과 바른 수행을 뜻하는 제방 비유

특히, 몸을 추슬러 계를 잘 지켜 선정을 이루어야, 지혜가 밝아져 번뇌가 없어진다는 수행(無漏學) 원리가 3학에 중요한 핵심이다. 이에 따라, 계의 그릇에 담기는 선정의 물을 제방으로 비유하곤 한다.[23] 부

21 龍樹造, 鳩摩羅什譯, 十住毘婆沙論卷第5, 除業品第10: "發露者, 於諸佛所, 發露一切罪, 無所覆藏, 後不復作, 如堤防水."

22 曇摩耶舍共曇摩崛多等譯, 舍利弗阿毘曇論, 釋道摽撰 舍利弗阿毘曇論序: "是以敢於佛前所聞經法, 親承卽集, 先巡堤防, 遮抑邪流, 助宣法化." 僧祐撰, 出三藏記集序卷第10에 인용.

23 楞嚴經, 般剌蜜帝譯, 卷6: "攝心爲戒, 因戒生定, 因定發慧, 是則名爲三無漏學."

처님이 열반 직전 마지막 설한 유교경에서, 마음에 고요한 선정을 유지하라고 제방에 비유하신 법문은 아주 유명하다.

"너희 비구들이여! 만약 마음을 추슬러 다잡은 자는 마음이 고요한 선정에 들것이오, 마음이 선정에 들어있으면 세간에 생기고 스러지는 법의 모습을 알 수 있게 된다. 그러므로 너희들은 마땅히 항상 부지런히 온갖 선정을 닦고 익히도록 노력해야 한다. 만약 선정을 얻은 자는 마음이 산만해지지 않는다. 비유하자면, 물이 아쉬운 집에서는 저수지 제방을 잘 관리하는 것과 같다. 수행자도 또한 마찬가지다. 지혜의 물을 얻기 위해서 선정을 잘 닦아 새어나가지 못하도록 잘 갈무리한다. 이것을 일컬어 선정이라고 부른다."[24]

초기불교 명상법에서, 들숨(吸)날숨(呼)을 관찰하며 세는 수식관數息觀(安般: 梵語 ānāpāna, 安那般那의 약칭)이, 번뇌 망상을 제거하는 효과적 수행법으로 각광을 받아왔다. 마음이 경쾌하고 안온한 부동의 선정에 드는 수식관 수행방편도, 마치 둑으로 연못물을 막아 흐르지 않고 고요해지는 명경지수 이치에 비유한다.[25] 마치 맹자가 사람 심성에 내재하는 갓난아기 마음(赤子之心)을 잘 간직하고, 착한 네 가지 실마리(四端)를 잘 보존하여 대장부의 호연지기를 함양하라고 일깨운 수행법과 비슷한 원리다.

유식론에서는 무상정無想定이나 멸진정 같은 무심정無心定처럼, 물질色이나 마음心에 속하지 않는 유위법을 심불상응행心不相應行이라

---

24 佛垂般涅槃略說教誡經<亦名遺教經>, 鳩摩羅什譯: "汝等比丘! 若攝心者, 心則在定, 心在定故, 能知世間生滅法相. 是故, 汝等常當精勤修集諸定. 若得定者, 心則不散, 譬如惜水之家, 善治堤塘; 行者爲智慧水故, 善修禪定, 令不漏失. 是名爲定." 졸역, 부처님의 마지막 가르침(유교경), 하늘북, 2009년 초판, 26쪽 및 177쪽 참조.

25 優波底沙造, 僧伽婆羅譯, 解脫道論卷第7, 行門品之4: "如行堤塘, 以心專念, 倚不動故, 是故說念安般爲除覺."

부른다. 이들도 진실한 법이 아니라고 설명하면서 제방에 비유하기도 한다. 제방을 임시방편으로 짐짓 설치해서, 물이 흘러넘치지 않고 잠잠하게 막을 수 있듯이; 선정을 닦을 때도 거친 마음(번뇌망상)이 요동치는 걸 싫어하여, 단단한 각오와 발원으로 가행 정진해 마음을 차단하면, 상념이 점점 미세해지고 마침내 잠잠히 가라앉는 고요함에 이르게 된다. 이렇게 좋은 선정도 비록 영구불변의 실체가 있는 것이 아니라, 잠시 나타나는 거짓 방편에 불과하다. 하지만 훌륭한 정신현상을 드러내어 수행하도록 권장하기 위한 목적에서, 산란하고 복잡한 다른 마음상태와 구분하여, 짐짓 '무심정無心定'이란 명칭을 붙인다.26

만약 무상심정無相心定을 얻으면, 주관과 객관이 끊어져 생사를 놓아버리고 열반에 이른다. 마치 샘물이 솟아 연못에 흘러드는데, 둘레에 제방을 든든히 쌓으면, 밖으로 흘러넘치지 않고 고요히 잠잠해지듯이! 마음이 하나의 바깥경계에 끄달리다 보면, 이내 온갖 경계에 끌려 다니며 분산하기 쉬운데; 마음에 둑을 쌓아 다잡고 흩어지지 않게 오롯이 집중하다 보면, 이러한 무상정에 든다고 비유로 설명한다.27

파사닉왕(勝軍王)이 말리末利 부인한테서 난 딸은 지독한 추녀로 유명했는데, 부처님을 뵙고 찬탄한 게송은 더더욱 유명했다. 찬송에 나오는 멋진 제방 비유도 이러한 선정수행을 가리킨다.

> "인욕의 견고한 갑옷투구를 입고 자비의 위력으로 활을 삼아,
> 지혜의 화살을 잘 쏘아 번뇌의 적을 맞혀 영원히 쓰러뜨리시네.
> 여덟 해탈의 연못에 올바른 수행의 둑을 단단히 쌓아,

---

26 護法等造, 玄奘譯, 成唯識論卷第1: "如堤塘等, 假亦能遮, 謂修定時, 於定加行.

27 五百大阿羅漢等造, 玄奘譯, 說一切有部發智大毘婆沙論卷第104, 智蘊第三中他心智納息第3之6: "若有獲得無相心定, 不沈不擧, 攝持諸行, 如水堤塘, 解脫故住, 住故解脫.…如水堤塘者, 如水從泉出, 流漫池中, 堤塘堰之, 不令流散, 如是此定, 隨一境轉, 遍滿此境, 便住不散."

티 없는 정진의 물 위로 깨달음의 연꽃을 활짝 피우시네!"[28]

8. 그밖에 재밌는 제방 비유

그밖에도 재밌는 제방 비유가 여럿 나온다. 우선 특이하게도 해탈을 설명하는 여러 개념정의 가운데, 둑을 터야하는 비유가 눈길을 끈다.

"만약 번뇌의 연못 둑을 터서 (말끔히 쏟아내듯이) 모든 장애를 제거하고, 네 가지 부정한 음식을 끊고, 색色·수受·상想·행行의 4온에 집착해 머무는 네 가지 인식(四識住)을 떠나며, 득도성불을 가로막는 오음마五陰魔(身魔)·번뇌마煩惱魔(欲魔)·사마死魔·천자마天子魔의 네 악마를 쳐부수고, 아홉 중생의 거처를 벗어나면, 이를 해탈이라고 부른다."[29]

거꾸로 발본색원해야 하는 제방도 있다. 사성제 가운데 오직 괴로움에 원인인 '집集'을 영원히 끊어야 한다고 역설하는데, 괴로움 자체를 끊으라고 말하지는 않는다. 바로 그 이유 설명에 제방 비유가 나온다. 괴로움 자체는 놓아버릴 것이지 끊을 것이 아니다. 원인(集)을 영원히 끊어버리면, 당연히 결과(苦)는 생기지 않으므로, 정말 결과를 놓아버리는 것이기 때문이다. 마치 괴로움의 시내를 그치게 하려면, 물이 샘솟는 발원지를 '둑'으로 막아야 하듯이, 괴로움의 강물을 멎게 하려면 '집集'을 영원히 끊어야 한다.[30]

---

28 龍樹集, 日稱等譯, 福蓋正行所集經卷第8: "忍爲堅甲冑, 慈力以爲弓, 善發彼智箭, 永害煩惱賊; 八解脫爲池, 正行爲隄岸, 無垢精進水, 開覺意蓮花."

29 迦旃延子造, 五百羅漢釋, 浮陁跋摩共道泰等譯, 阿毘曇毘婆沙論卷第15, 雜揵度人品下: "復次若斷諸著, 決煩惱堤塘, 除一切障㝵, 斷於四食, 離四識住, 破壞四魔, 過九衆生居者, 是名解脫."; 五百大阿羅漢等造, 玄奘譯, 阿毘達磨大毘婆沙論卷第27, 雜蘊第一中補特伽羅納息第3之5: "若斷諸著, 破諸堤塘, 除諸障者, 此中說之."

삼계에 최고인 무색계도 복이 다하면 다시 타락해 윤회를 벗어날 수 없단다. 예컨대, 무상천無想天에 생겨나는 중생은, 마치 둑으로 강물을 막은 것처럼, 미래에 수명이 다할 때까지 잠시 심心과 심법心法이 사라져 일어나지 않는 효능(과보)을 가리킨다.[31] 따라서 삼계를 완전히 벗어나는 해탈만이 윤회고해를 발본색원하는 참된 제방인 셈이다.

그런가 하면, 외도도 제방 비유를 더러 쓴다. 과거 비바시불毘鉢尸佛 시대에 성문들은 고행이 즐거움의 과보를 낳는 올바른 수행인 줄 잘못 알았다. 이는 삿된 스승들이, 과거 악업은 몸의 고행으로 소멸하고, 이제 새 죄를 짓지 않으면 숙업宿業이 사라져, 고통의 열매가 생기지 않는다고 잘못 가르쳤기 때문이었다. 마치 생사윤회의 둑을 터버리면, 존재와 번뇌의 물살이 영원히 흘러가버리듯이, 혹독한 고행자라야 바야흐로 항상 즐거움을 얻는 사문이라고 부추겼단다.[32]

고행을 위한 고행을 일삼는 외도도 제방 비유로 자기 수행이론을 설명한 것이다. 사람들이 보고 겪는 고락의 일들은, 모두 전생에 지은 業因으로 생긴 것이다. 고행의 힘으로 숙업宿業을 제거하고 새 업을 짓지 않으면, 생사生死의 제방을 터서 번뇌 없는 무루법無漏法을 증득하고, 모든 업이 다 없어져 모든 고통도 사라진다.[33] 표면상으로는, 부처님 제자가 설한 논장에서 번뇌의 연못 둑을 터서 말끔히 비워야한다는 비유와 똑같은 모습을 보인다.

---

30 五百大阿羅漢等造, 玄奘譯, 阿毘達磨大毘婆沙論卷第79, 結蘊第二中十門納息第4之9: "復次, 爲止苦流, 故作是說, 如止流者, 當堰水源, 欲止苦流, 應永斷集."

31 婆藪盤豆造, 眞諦譯, 阿毘達磨俱舍釋論卷第3, 釋論中分別根品之2 등 참조.

32 勝友集, 義淨譯, 根本薩婆多部律攝卷第14, 第四部四波羅底提舍尼法, 七佛略教法 참조.

33 根本說一切有部毘柰耶, 義淨譯, 卷第13, 無根謗學處第8: "若諸人等, 見有所受苦樂之事, 皆由先世所造業因, 以苦行力, 能除宿業, 不造新業, 決生死隄, 證無漏法, 諸業便盡, 諸業盡故, 諸苦亦盡."

허나 실질내용상 수행본질에 대한 인식과 궁극 열반에 이르는 원리 방법에서는 큰 차이가 난다. 부처님도 처음엔 6년간 혹독한 고행을 몸소 겪었지만, 고행은 기껏해야 중도를 통해 성불하는 발판 내지 과정에 지나지 않음을 증명했기 때문이다. 따라서 '고苦'행 자체를 원인(씨앗)으로 상常'락樂'의 결과(열매)가 나올 수는 없으며, 고행을 위한 고행은 목적과 동기가 모두 그릇된 사견인 셈이다.

아주 특이한 비유도 있다. 보살이 수행시 걸려들기 쉬운 12악마의 갈고리 중 열한째로, 자기 수행경지가 높다고 우쭐하여 스승이나 부모조차 얕보고 선지식의 가르침을 가까이하지 않는 아만심이 있다. 이는 마치 맛좋은 과수果樹(閻浮樹)를 불볕가뭄에 높은 고원지대에 심고서 물도 주지 않는 사람과 비슷하단다. 설령 옆에 시내가 흘러도 둑으로 막아 관개하지 않는 자처럼, 제아무리 좋은 종자를 심었어도 제대로 살아날 수가 없는 이치와 같다고 비유한다.[34]

9. 외적의 침입을 막는 성의 비유

불경에서 또 하나 독특한 비유는, 바로 제방의 기능과 비슷하게 외적의 침입을 막는 성의 비유다. 동아시아 고전에도 두서너 곳에 특히 법치의 준엄한 실효實效성을 강조하는 가파른 수직의 담과 성의 비유가 나온다.[35] 특히 불경에는 그와 비교할 수 없이 멋지고 의미심장한 성城의 비유가 다채로운 모습으로 자주 나타난다. 여기서는 낱낱이 인용할 수 없으므로, 대표로 두어 비유만 소개하기로 한다.

34 釋智嚴譯, 大乘修行菩薩行門諸經要集卷中, 第十二出海慧菩薩所說經: "譬如有人, 於炕旱時, 高原陸地, 種瞻部樹, 復不漑灌, 縱有流渠, 堰塞令斷, 是人雖種, 不漑不生."

35 韓非子, 亡徵·五蠹·內儲說上(說二)편 및 國語, 吳語편 참조.

예컨대, 우리 혼식魂識이 몸에 머물러 살며 애착하다가 떠나는 걸 성에 비유한다. 죽음이란 무얼까? 마치 임금이 도성에 살면서, 적군의 침입을 두려워하여 참호를 파고 양식을 비축하여, 전사를 훈련하며 날카로운 병기로 무장해 전투에 대비토록 하다가, 복과 명이 다하면 강한 적군에 패해 멸망함과 비슷하다. 혼식(임금)이 몸(都城)에 깃들어 살며 6근에 명령한다. 無常(죽음)이 침입하는지 살피면서, 믿음의 참호를 파고 정념正念의 갑옷을 입고, 술 취한 진리의 코끼리와 제멋대로 날뛰는 뜻의 야생말을 길들이며, 이렇게 외친다.

'지금 무상無常이란 막강한 적군이 다가오니, 얼른 보시의 갑옷을 입고 지혜의 칼을 들며, 참괴慚愧의 활을 겨누고 계戒의 제방隄防을 단단히 쌓아라!'

하지만 우리 6근은 점차 막강한 무상군無常軍에 잠식당하고, 마치 복이 다한 임금이 성을 버리고 다른 성으로 달아나듯이, 마침내 우리 혼식도 정든 몸을 버리고 다른 몸을 찾아 떠나간단다.[36]

무엇보다도 화엄경에 무더기로 등장하는 '심성心城' 비유가 백미다. 선재동자가 참방한 53선지식 가운데 '보안寶眼'이란 주성신主城神이 있다. 늘 일체 중생의 보리심이란 성을 부지런히 수호(常勤守護一切衆生菩提心城)하는 신이다. 그는 직책사명에 걸맞게, 선재동자를 통해 우리한테 보살이 心城(마음의 성)을 청정하게 닦아 일체 선행공덕을 쌓는 30가지 구체 수행법을 자상히 일러준다.

마음의 성을 수호하고, 장엄하며, 깨끗이 다스리고, 청량하게 하며, 밝게 비추고, 견고하게 하는 등의 수행내용을 설명한다. 그중 특히 나쁜 벗이나 마군이 침입하지 못하도록 심성을 방호防護하고, 온갖 나쁜

---

36 大寶積經, 菩提流志譯, 卷第120, 廣博仙人會第49: "'今有無常威力軍來, 宜應速疾被於施甲, 持於智刃, 辦慚愧弩, 安戒隄防!' 時彼六處, 爲無常軍漸相逼迫. 爾時, 彼識, 如福盡王棄城, 而走別住城國."

욕망이 침입하지 못하도록 엄밀히 수호(密護)하며, 어떤 나쁜 법도 남김없이 내쫓아 머물지 못하도록 엄숙히 하라는 조목이 눈에 띈다. 물론 경우에 따라서는 심성을 넓게 확장하여 일체 중생을 대자비로 연민하고, 심성의 대문을 활짝 열어 모든 보물을 죄다 풀어 필요한 중생한테 베풀어주는 적극적 보살행도 들어있다.[37]

또 선재동자가 만난 선지식 가운데, 모든 성곽을 수호하는 주야신(守護一切城主夜神)도 있다. 모든 중생이 무명에 빠져 생사륜회의 어두운 밤에 잠들어 있는데 홀로 깨어 있으면서, 중생들이 각자 심성心城을 잘 수호하고 륜회의 굴레인 삼계의 철옹성을 벗어나, 더할 나위 없는 일체 지혜의 법성法城에 안주하도록 지켜준다.[38]

출요경出曜經에는 스스로 사념하여 자신을 잘 수호하는 수행을, 국경 성곽을 굳게 잘 지킴에 비유하기도 한다. 국경 성곽을 지킴은, 외적이 안으로 침입해오거나, 부하가 반역을 꾀하거나, 인민이 외적과 내통하는 세 가지 변고를 잘 단속해야 한다. 마찬가지로 마음의 성도, 바깥 번뇌 도적이 침입해오거나, 마음에 사념하는 법이 바깥 티끌(六塵)과 한통속이 되거나, 안으로 사유하지 않고 세속의 수고로움만 헤

37 實叉難陀譯, 大方廣佛華嚴經卷第七十六, 入法界品第三十九之十七: "善男子, 應守護心城, 謂不貪一切生死境界;…應防護心城, 謂常專禦扞惡友魔軍;…應寬廣心城, 謂大悲哀愍一切衆生; 應開心城門, 謂悉捨所有, 隨應給施;…應密護心城, 謂防諸惡欲, 不令得入; 應嚴肅心城, 謂逐諸惡法, 不令其住;…佛子, 菩薩摩訶薩, 若能如是淨修心城, 則能積集一切善法." 고리(려)대장경을 검색하면 152번의 '心城'이 나오는데 144번이 화엄경이다. 60권본에 26번, 80권본 및 40권본에 각각 33번씩 무더기로 나오고, 종경록에 화엄경을 인용해 33번, 大乘集菩薩學論卷第八, 護身品第六에 화엄경 일부 인용해 11번, 신화엄경론에 8번이다. 이밖에 출요경3번, 유가사지론, 성실론, 법원주림에 각1번 나온다.

38 大方廣佛華嚴經, 實叉難陀譯, 卷第71, 入法界品第39之12: "善男子, 我從是來, 於生死夜無明昏寐諸衆生中, 而獨覺悟, 令諸衆生守護心城, 捨三界城, 住一切智無上法城."

아려서, 마침내 심성心城을 위험에 빠뜨리는 걸 주의해야 한다. 심성 수호도 성곽수비처럼 감각기관을 잘 다잡고 내실을 다져 번뇌 도적에 철저히 대비해야 한다.

여기서 국경요새의 안팎대비책이 일곱 작전과 네 군량비축의 비유로 등장한다. 7대작전이란, 첫째 국경을 사슴뿔鹿角처럼 견고하게 쌓고, 둘째 성곽 바깥에 깊고 넓은 해자를 파서 험난하게 꾸미며, 셋째 적을 물리칠 만반에 태세로 전투를 기다리고, 넷째 창칼·활·화살·방패 등 온갖 병기를 잘 갖추어 대비하며, 다섯째 보병·기병·포병·전차 등 모든 군대를 사방에 정돈배치하고, 여섯째 성문을 굳게 지켜 새벽과 밤에 통금과 암호를 엄격히 실시하며, 일곱째 성곽을 높고 가파르게 쌓아 안팎으로 말끔히 정돈함이다. 여기에 물과 땔감, 군량미, 밀·보리·콩 등 잡곡, 기름·양념·반찬·부식의 네 가지 음식을 풍부히 비축하여, 외적의 침입에 빈틈없이 대비한다. 수행자도 마음성을 이처럼 늘 철저한 자각으로 빈틈없이 살펴야한다고 비유한 것이다.[39]

한편 성실론成實論에는 선정에 이르는 도구방편으로서 청정지계를 논하면서, 지계持戒는 나쁜 짓과 말을 막아주고 선정禪定은 나쁜 생각(뜻)을 막아주어, 마침내 모든 번뇌를 막아 진실한 지혜를 얻고 열반에 이르는 쌍두마차로 설명한다. 또 계는 道의 루각樓閣을 세우는 기둥이고, 禪定의 心城을 둘러싸 지키는 외곽(바깥 성곽)이며, 生死輪廻의 강물을 건너는 다리고, 善人대중 모임에 들어가는 확인도장(印, 입장권)이라고 비유한다.

특히, 계가 거룩하고 올곧은 팔정도의 논(田)을 에워싼 두둑(疆畔)이라는 비유가 눈에 띈다. 만약 논 둘레에 두둑이 없다면 물을 가둘 수

39 出曜經, 竺佛念譯, 卷第8, 念品第6. "夫欲自念者, 善宜自守護, 猶如防邊城, 深塹固乃牢, 失三離三者, 智者宜自悟. …夫欲自念者, 藏而使牢固, 猶如防邊城, 內外悉牢固."

없어 벼농사가 안 되듯이, 청정한 지계가 없으면 선정의 물이 담길 수 없다는 비유다.[40] 그러면 벼를 거둘 수 없듯이, 지혜의 달이 나타날 수 없다는 비유까지 함축한다. 실로 선정禪定의 심성心城과 戒의 성곽 비유를 거쳐 논둑(제방)의 비유까지 망라한 압권이다.

과연, 부처님이 설한 삼장의 가르침에 으뜸으로 율장을 찬탄한 게송에도 보면, 나무뿌리와 제방·성·참호해자의 멋진 비유가 나온다.

> "마치 나무에 뿌리가 으뜸이고 줄기와 가지 거기서 생겨나듯,
> 부처님 설법 중 계율이 뿌리로서 온갖 착한 법 생겨나네.
> 비유컨대 큰 제방을 막으면 거센 물살도 넘칠 수 없듯이,
> 계율의 법도 마찬가지로 모든 훼손과 파계를 막을 수 있지.
> …중략 …
> 만약 코끼리나 말이 멋대로 날뛰면 갈고리와 채찍으로 제어하듯,
> 계율의 가르침도 이와 같아 함부로 구는 삶 착하고 온순해지지.
> 마치 성 안팎에 깊은 참호 해자로 모든 원적 침입을 방어하듯,
> 계율의 가르침도 이와 같아 능히 파계를 방지한다네."[41]

그런가 하면, 동진東晋에 와서는, 법가가 주장한 법치의 장벽으로서 제방을 들먹이는 비유도 나온다. 동진 말에 사문이 하는 일 없이 밥만 축낸다는 비난이 일었었다. 이에 도항道恒 스님은 이를 반박하는 의론을 펼쳤다. 진시황이 상앙의 각박한 엄형중벌을 답습하여, 연좌제로 인민을 도적처럼 방비하고, 분서갱유와 가렴주구를 일삼다가, 3대도 못가서 망한 역사귀감을 거론하였다.

"애당초 나라 안녕과 인민 행복을 위한 법치가 뜻밖에도 제방이

---

40 訶梨跋摩造, 鳩摩羅什譯, 成實論卷第14, 定具中初五定具品第181 참조.

41 根本說一切有部毘柰耶卷第1, 義淨譯: "佛說律爲本, 能生諸善法. 譬如大隄防, 瀑流不能越, 戒法亦如是, 能遮於毁禁.…象馬若不調, 制之以鉤策, 律教亦如是, 不調令善順. 如城有隍塹, 能禦諸怨敵, 律教亦如是 能防於破戒."

너무 가팔라(준엄하여), 도리어 자기도 용납하지(인민들한테 용납 받지) 못한 데 입법에 근본오류가 있었다."

이러한 지적과 함께, 지나간 일을 탄식하여 전철을 밟지 않을 것을 완곡히 주장하였다.[42] 여기서 '가파른 제방'은 한비자 원전에서 바로 '수직으로 선 담장'이다. 담과 제방의 동일한 기능으로 인해 환치換置한 비유인 셈이다.

10. 계율 예방의 본질적 한계

사후 치료보다는 사전 예방이 훨씬 나은 게 보통이다. 허나 예방이 언제나 좋고 바람직한 것만은 아니다. 과유불급過猶不及이란 말도 있듯이, 예방도 지나치면 안 하는 거나 마찬가지인 경우도 있고, 때론 비용이 너무 커서 치료나 교정보다 비효율적일 수도 있다. 일찍이 孔子가 시중時中을 강조했듯이, 중용조차도 때맞춰야 적절한 법이다. 따라서 예방도 '時中' 정신과 '과유불급'의 원리에 따라 시의 적절히 정도에 맞춰 균형 있게 이루어져야 좋고 바람직하다.

더러 편작扁鵲의 고사처럼, 훌륭한 의사는 병이 살갗에 있을 때 손쓰는 예방의학을 강조한다.(韓非子, 喩老편) 하지만 '선무당이 사람 잡'듯이, 어설픈 용렬한 의사는 자칫 '긁어서 부스럼 만들'고 오히려 병을 키우거나 악화시킬 수도 있다. 사실 예방법학을 역설한 한비자의 추론은, 만사에 화복도 살갗 단계에서 미리 손쓰는 성인을 본받는다는 명분이었지만, 실은 엄형중벌을 내세운 예방적 법치주의에 핑계에 불과했다. 그 결과, 천하통일에 원동력이 되는가 싶었으나, 마침내는 민심 리반離反과 조속한 멸망으로 끝났다.

---

42 僧祐撰, 弘明集卷第6, 道恒法師 釋駁論: "始者, 立法之謬, 本欲寧國靜民, 不億堤防大峻, 反不容己. 事旣往矣, 何嗟之及云?"

불경에는 현상세계에 말글이 갖는 본질적 한계를 일깨우는 일화로, 강의 흐름을 가로막는 터무니없는 둑(댐)의 비유가 나온다. 여래가 성문 제자들을 위해, 말 없는 법을 말로 설하고, 이름과 모습(名相)이 없는 도를 名相으로 설하는 일을, 사람이 볏짚 한 다발을 가지고 강가(恒河: 갠지스) 강물을 가로막으려는 것과 같다고 비유한다.[43] 볏짚 한 다발의 둑으로 큰 강물 흐름을 막는다? 사마귀가 수레바퀴를 막는다는 당랑거철螳螂拒轍보다 더 황당한 비유리라! 또 반야경에 심오하고 광대무변한 진리 바다는, 범부중생의 얕고 어리석은 지혜의 둑으로 가로막을 수 없다는 비유도 나온다.[44] 반딧불로 햇빛을 덮어 가리려는 격이랄까?

이는 "글이 말을 다 (표현)할 수 없고, 말은 뜻(맘)을 다 (표현)할 수 없다."는 주역의 명언이나,[45] "물고기를 잡으면 통발을 잊고, 뜻을 얻으면 말을 잊어라"는 장자(雜篇, 外物편)의 통찰력과 상통하는 지혜다. 강물에 짚으로 둑(댐)을 쌓는다는 재밌는 비유가 참 독특하다.

무엇보다도 잊거나 빠뜨릴 수 없는, 매우 흥미롭고 의미심장한 내용을 특히 주목할 만하다. 가장 중요하고 유용한 사회안전망(제방)으로서 禮法의 본질 기능과도 직접 관련한 내용이다. 바로 계율의 본질적 한계와 폐해 부작용을 우려한 부처님 가르침이 유난히도 돋보인다.

부처님 상수제자 지혜제일 사리불이 잘못이나 근심이 일기 전에 미리 계를 정해 예방하자고 건의했다. 이에 부처님은 허물 생긴 뒤에 부득이 마지못해 임기응변으로, 의사이제(議事以制: case by case)로 제정하는 게 바람직하다고 답변했다. 때를 기다리겠다는 유명한 법문인데,

---

43 大方等大集經, 達磨笈多譯, 菩薩念佛三昧分卷第4, 歎佛妙音勝辯品第5之1: "復次, 阿難, 譬如有人, 持一束草, 言欲堰塞恒河大流, 於意云何, 彼人如是, 其事可乎?"

44 智昇撰, 開元釋教錄卷第10, 摠括群經錄上之10: "豈可以凡愚淺智, 而堰截法海乎?"

45 周易, 繫辭上傳, 第12章: "書不盡言, 言不盡意."

필요가 발명에 어머니란 뜻이리라!

부처님이 사위성에 머물 적에, 지혜제일 제자 사리불이 고요한 곳에 앉아 선정에 들었다가 깨어나며, 문득 사유하여 자문自問하였다.

'도대체 어떤 인연으로, 부처님이 입적하신 뒤에, 정법이 세상에 오래 머물기도 하고, 오래 머물지 못하기도 할까?'

이에 부처님을 찾아뵙고 내용을 여쭙자, 부처님은 이렇게 답변했다.

여래가 성문 제자들을 위해 아홉 가지 경전을 설하지 않고 계도 세우지 않으면, 여래가 입적한 뒤 법이 오래 머물지 못한다. 마치 화환(花環)을 만들 사람이 온갖 꽃을 줄에 꿰지 않은 채 그냥 탁자 위에 올려놓은 경우, 사방에서 갑자기 바람이 불면 꽃이 사방으로 흩어지는 것처럼! 반면 여래가 경전을 설하고 계를 세우면 정법이 오래 이어진다. 마치 온갖 꽃을 줄에 꿰어 화환을 만들어 놓으면, 사방에서 바람이 불어도 꽃들이 흩어지지 않고 가지런히 존재하듯이!

이에 사리불이 부처님한테 아홉 가지 경전을 널리 설하고, 성문 제자들을 위해 계를 세워 정법이 오래 머물러, 천상과 인간에 감로 법문이 열리게 해달라고 권청했다. 부처님은 당장 계를 세우기는 어렵다고 난색을 표시했다.

"여래는 아직 허물이나 환난의 인연이 없는 경우, 제자들을 위해 계를 제정하지 않는다. 비유하자면, 전륜성왕이 나라에 허물이 없을 적에는, 바라문이나 거사를 위해 형벌을 제정하지 않음과 같다. 그러나 앞으로 정신正信을 지닌 선남자가 佛法 가운데서, 집이 집 아닌 줄 믿고 집을 버리고 출가하여, 더러 심란한 전도몽상을 청정하게 여기거나, 탐진치 삼독이 치성하여 온갖 죄악을 범하게 된다면, 그때 여래는 마땅히 제자들을 위해 계를 세울 것이다. 그러니 아서라! 여래가 스스로 그때를 알아서 하리라."

이때 비구들이 부처님께 여쭈었다. 제자들이 아직 허물이 없는데도,

왜 사리불이 세존께 계를 세우라고 권청했는지? 부처님은 사리불이 지금만 그런 게 아니라, 과거 전생에도 나라 안 인민들이 아직 허물이 없는데도, 당신한테 형벌을 제정하라라고 권청한 적이 있다고 답변했다. 비구들이 호기심에 즐겨 듣기를 원하자, 부처님은 다음과 같은 전생 설화를 들려주었다.

"과거 생에 가시국迦尸國 바라내성波羅奈城에 대명칭大名稱이란 국왕이, 정법으로 나라를 잘 다스려 원수나 적이 없었다. 보시와 지계로 인민과 만물을 널리 사랑하고 잘 포용해, 인민이 번성하고 풍요롭게 잘살았다. 마을과 촌락은 닭이 날아 닿을 만큼 서로 이어졌으며, 온 나라 인민들이 서로 공경하며 사랑하고 온갖 기예로 함께 즐기며 놀았다. 이때 도리陶利라는 대신이 온갖 꾀와 슬기(策謀)가 넘쳐, 문득 떠오른 사유를 임금한테 가서 아뢰었다.

'지금 나라 안이 온통 부유하고 즐거워서, 인민들이 공경하고 사랑하며 서로 오락을 즐기는데, 왕께서는 이들 즐거움이 지나치게 넘쳐 허물과 환난이 생기지 않도록 미리 형벌을 제정하소서!'

그러자 왕은 허물과 환난이 생기지 않았는데, 형벌을 제정하는 건 불가하다고 답했다. 대신이 다시 왕한테 '미래에 즐거움이 극도에 달해 허물과 환난이 생기지 않도록 마땅히 예방해야 한다.'고 여쭈었다. 이에 왕은 '지금 이 대신은 총명하고 슬기와 꾀가 넘쳐, 따르는 무리가 많아 쉽게 다룰 수 없는데, 지금 만약 꾸짖어 책망한다면, 더러 허물이 생길 수도 있겠구나.' 라고 사유했다. 그리고 대신을 은미하게 일깨우려고 부드러운 게송으로 노래했다.

'세력 있는 이는 화내기 좋아하니, 문득 꾸짖어 다루기 어렵네.
뜻밖에 사람들한테 허물과 환난이 생기면 더더욱 아니 될 일일세.
대인은 자비와 연민이 많아, 남한테 정말 허물이 있는 줄 알아도
오히려 또다시 자세히 살펴보고 딱히 여겨 애처로이 벌준다네.

악인은 사람 괴롭히기 좋아해, 허물과 죄 자세히 살피지 않고,
멋대로 형벌을 내려 스스로 덜어내며 악명만 높아지지.
왕이 위세 부려 노하기 좋아하면, 자칫 선량한 이 잘못 해쳐,
악명이 사방에 널리 퍼지고, 죽어서 악도에 떨어진다네.
正法으로 인민 대중을 교화해 몸과 입과 뜻이 청정해지고,
인욕으로 자비희사 四等心 행하면 바로 사람 가운데 으뜸 왕!
왕은 사람 가운데 최고으뜸이니, 마땅히 분노심을 잘 다스려,
죄인조차 어진 사랑으로 용서해, 딱히 여겨 애처로이 형벌 내리네.'
대신은 왕의 노래를 듣고 마음에 크게 기뻐 게송으로 화답했다.
'사람 가운데 최고 훌륭한 왕, 인민대중에 길이 음덕 드리우소!
인욕으로 자신 조복해 도덕 교화하니 원수도 스스로 항복하네.
왕의 큰 은덕 끝이 없으니 복록 드높아 길이 오래 이어지리.
도와 덕으로 천하 다스려 항상 천상과 인간에 으뜸 왕 되소서!'"

부처님은 비구들한테, 당시 국왕이 지금 당신이고, 그때 대신大臣 도리陶利는 사리불이라고 일러주었다. 당시 나라에 인민 거사들한테 허물이나 환난이 없는데, 형벌을 제정하라고 청한 인연이 되풀이되어; 지금도 비구들한테 아직 허물이나 환난이 일지 않았는데, 다시 계율을 제정해 세우라고 권청한다고 설명하였다.

사리불이 너무 앞서 계율 제정을 제청하자, 부처님은 정중하게 사양하신 다음, 이어 계율 제정의 열 가지 이익을 일러주었다. 그리고 수행자 입장에서 보면 수계 및 지계에는 크게 다섯 가지 이익이 있단다. 불법을 건립하고, 종법이 오래 머물게 하며, 의심이나 후회로 남한테 묻거나 청할 필요가 없고, 비구·비구니가 죄를 범해 두려워함에 의지처가 되며, 사방으로 돌아다니며 교화함에 장애가 없다.[46]

---

46 佛陁跋陁羅共法顯譯, 摩訶僧祇律卷第1 初比丘僧戒法學, 明四波羅夷法之一<婬戒

그렇지만 계율은 본질상 인간의 언행 자유를 제약하는 역기능이 중대하기 때문에, 죄악 방지라는 막대한 순기능에도 불구하고, 지나치게 앞서가면 곤란하다는 것이 부처님의 기본인식이다. 모든 중생에 밝은 불성이 내재한다는 절대 긍정의 존재론 및 인식론을 바탕으로, 인간에 대한 부처님의 무한한 신뢰 및 불교의 철저한 인본주의 계율관을 여실히 보여준다. 참으로 감명 깊고 숙연한 가르침이다.

걸핏하면 '법치주의'를 내세우며 '법률만능주의'를 칭송하는 법실증주의자와 집권자들이, 마음에 깊이 새겨야할 '법과 계율의 황금 정신'이 아닐까?!

11. 정의의 여신 '*dikē*(*δικη*)'도 '제방'을 뜻할까?

본 연구를 정리하면서 가장 아쉽고 궁금한 점이 있다.

"과연 서양에도 '죄악 예방하는 제방'으로서 법의 비유가 있을까?"

고대 그리스 신화에 정의의 여신 '*dikē*(*δικη*)'와 거의 같은 철자의 현대 영어 'dike'에 '제방·둑'이라는 뜻이 담겨있다. 단지 우연의 일치일까? 아니면 현대 영어 'dike'가 어원상 고대 그리스 '*dikē*(*δικη*)'에서 직접 유래했거나 간접 영향을 받았을까?

디케의 어머니 테미스(*themis*)는 충고와 보호의 여신이고, "디케의 딸은 안정이며, 그 자매는 질서와 평화" 라고 한다. 복수의 여신인 "디케는 '경계석·한계'를 의미하기도" 하며, "'정의롭게 하다(*dikein*)'란 '양분쟁당사자 사이의 바로 중간에 던지다'는 의미" 라고 한다.[47]

전통적 해석은 '*dikē*(*δικη*)'의 뜻을 '길(a path, 道)'이나 '선언·판결

之一>.

47 최자영, 고대 그리스 법제사, (대우학술총서588), 아카넷, 2007 제1판, 15쪽. 'dikē'에 관한 정보를 알려준 전남대 사학과 최혜영 교수께 감사한다.

(pronouncement)'로 보았다.[48] 이에 반하여, Palmer는 다양한 그리스 고전문헌과 인도유럽어 계통의 여러 말글 사례를 정밀히 실증 분석한 결론으로, 아주 유력한 특이한 식견을 제시했다. Palmer는 Cornford 교수의 "종교부터 철학까지(From Religion to Philosophy)"를 인용해, 고대 그리스인은 주변 자연 질서에 일치하는 인간사에 질서가 존재함을 믿고, 그 세계질서로부터 제재를 이끌어냈음을 인정했다. 그리고 법과 정의란, 바로 각자에게 나눠진 몫과 영역 안에서 배타적 권력행사를 보장해주고, 권한(몫) 없는 자의 침범을 절대 엄금함으로써, 개체로 나눠져 전체로 조화를 이루는 공동체 다스림을 위한 공간적 '경계선들(boundaries)'이라는 새로운 정의를 전폭 지지하고 역설했다.[49]

이는 주지하듯이 '각자에게 각자의 몫을' 나눠주는 유명한 배분적 정의 관념이다. 고대 동아시아 법가들이 산토끼와 시장(집)토끼의 차이를 대비한 유명한 비유로써, 다툼방지를 위해 몫을 정해주는 법의 '정분定分'론과도 상통하는 일반보편의 정의관일 것이다. 상앙이나 한비자 같은 법가는 법의 필요성과 기능을 이렇게 비유한다. 산에 산토끼가 달아나면 누구라도 모두 선점하려고 앞 다투어 쫓는다. 허나 시장에 팔려고 내놓은 수많은 토끼는 누구도 함부로 범접하지 못한다. 왜냐? 바로 몫(分)이 정해지지 않고 정해진 차이 때문이다.

---

48 그리스어 사전 'δικη'조에 실린 뜻을 보면, 대체로 "Ⅰ.custom, usage, way; Ⅱ.order, right, justice, legal proceedings; Ⅲ.judgement; Ⅳ.(after Hom.) of proceedings instituted to determine legal rights, hence, 1.lawsuit; 2.trial (of the case); 3.the object or consequence of the action, atonement, satisfaction, penalty."가 나온다. Greek-English Lexicon Complied by HENRY GEORGE LIDDLE and ROBERT SCOTT, OXFORD at the CLARENDON PRESS, 1940년 9판, 1983년 13쇄, 1968년보충판, 430쪽 참조.

49 L. R. Palmer, "The Indo-European Origins of Greek Justice", Transactions of the Philological Society, 1950, 149-168쪽, 특히 164·168쪽 참조. 원문을 구해준 전남대 도서관 나옥봉·김효숙 사서에 감사한다.

비록 서양 고전에는 문외한이지만, 필자가 보기엔 '*dikē*'의 뜻을 '길(道)' '선언·판결'로 보던 전통적 해석이나 '경계석·한계'로 읽는 새로운 해석이나, 관점의 차이일 뿐 실질 의미는 상통한다고 느껴진다. 왜 그러한가? 법과 정의가 가리켜준 '길'이나, 권력자가 '선언'한 명령과 법원이 확인한 '판결'은, 모두 사람들이 가고 행하고 따라야 할 실체적 내용의 관점에서 본 것이다. 반면, 각자의 몫을 구분해주는 '경계석·한계'는 서로 넘지 못할 바깥둘레로서 절차적 형식의 시각에서 살핀 것이다.

말하자면, 강의 물길과 강둑의 차이인 것이다. 전통 해석에 따르면, 법과 정의는 물이 물길로 흐르고, 차와 사람은 각각 차도와 인도로 다녀야함을 강조한다. 허나 새로운 식견은, 물은 둑(제방)을 넘지 않고, 차는 차선을 벗어나지 않으며, 사람은 인도의 '경계석·한계'를 넘어 차도로 들어가지 않아야 함을 역설한다.

그러니 '*dikē*'의 문헌 용례에 양쪽 견해를 지지해줄 증빙자료가 함께 나타남도 당연한 이치가 아닐까?

여기서 바로 동양 고전에서 법을 제방에 비유하는 전통법문화의 중요한 특성이 혜성처럼 문득 영감으로 스친다. 법의 제방이란, 동양 고전에서 소박하게 상징하는, 일반적인 넓은 의미에서 감정욕망의 범람을 방지하는 둑이자, 서양 고전에서 세밀하게 풀이하는, 구체적인 좁은 의미에서 영역(department)·몫(portion)·권한(power) 침범을 엄금하는 '경계석·한계'로서, 두 뜻을 동시에 함축하는 것이다.

따라서 고대 그리스 '*dikē*'에는 "안정된 평화질서를 보호하기 위한 경계석·한계"로서 '둑'이나 '제방'의 기능이 담겨있을 수도 있겠다. 물론 필요한 경우 진리와 정의에 맞는 적절한 '충고'도 할 것이며, 안 듣고 어기면 '복수'도 단행할 것이다.

이러한 의미맥락을 종합해보면, '제방·둑'을 뜻하는 영어 'dike'도

'정의'를 뜻하는 고대 그리스 '*dikē*'에서 유래했을 가능성이 느껴진다. 물론 이는 어디까지나 진리의 보편성 차원에서 명상한 즉흥적 사유지만, 충분히 가능한 추론이라고 여겨진다. 앞으로 박학다식하고 유능한 후학들이 나타나 연구를 구체로 확대·심화한다면, 동서양의 법철학과 법문화의 비교연구에도 매우 흥미롭고 의미심장한 발전이 이루어지리라 기대한다.

12. 맺음말

위에서 불경에 자주 등장하는 다채로운 '제방'의 비유에 곁들여 '심성心城'의 비유를 종합 정리해보았다. 이러한 갖가지 '제방'의 비유를 통해서, 불법(dharma)과 계율의 존재이유와 기능속성을 간단명료하게 이해할 수 있다. 나아가 세속 국법의 근본정신과 기능 및 본질적 한계도 깊이 사유할 수 있겠다. 특히 전통법문화에 담긴 예와 법의 근본정신과 예방법학의 원리를 충분히 이해하는 데도 적지 않은 보탬이 되리라 기대한다.

물론 본고에서, 불교법과 세속법의 이동異同을 명확히 대비해 구분하지 않은 채 '불법'의 제방 비유를 탐구해, 독자에 따라서는 다소 애매하고 막연히 느껴질 수도 있겠다. 불법이 역사의 지층에 파묻힌 지 5-6백년이 지난 요즘, 한글전용 세대한테 '불법'이란 개념이 'law'나 'Recht'보다 훨씬 낯설 현실을 감안하면, 동양고전에 담긴 전통법문화를 근대 서양법체계에 익숙한 용어로 쉽게 풀어내는 필자의 능력 및 배려 부족에 아쉬움이 크다. 시대나 학계현실의 한계와 지면의 제약 탓도 있으니, 앞으로 시간에 맡겨 학문연구발전을 기다리는 인내의 미덕도 필요할 듯하다. 법과 윤리도덕을 준별하는 서양법의 이분법적 사고의 시대도 이미 저물고 있다. 현재 지배적 서양 중심의 일반보편성을 고집하기보다는, 역사의 개별특수성도 존중하면서, 존재한 사실을 그대로 보려는 객관태도가 진실과 진리를 발견하는 지혜의 눈이라고 믿는다.

다만, 불법 가운데 적극적 선행을 닦는 '도적'적인 넓은 법은 차치하고라도, 죄악을 금지하는 소극적 계율은 기본 성격이 세속 국법과 더욱 가깝고 비슷한 게 분명하다. 재가 불자가 지켜야할 기본오계는, 이를 어긴 경우 부처님이나 승단에서 직접 제재를 가하는 명문의 규율체계가 있는 건 아니지만, 어긴 정도가 중대한 경우 대부분 국법을 위반한 범죄가 되어 처벌받게 될 것이다. 그런 의미에서 재가불자에 대한 기본오계는, 국법보다 좀 더 큰 울타리 안에서 세속 법망에 걸리지 않도록, 미리 각성시키는 주의적 안전보호망 기능을 수행한다. 반면, 출가 승려에 대한 사미·사미니 10계, 비구 250계, 비구니 5백계는, 이를 어길 경우 정도에 따라 참회부터 멸빈滅擯(축출)까지, 크고 작은 제재를 받는 승단 조직의 형법에 해당한다. 따라서 단순한 도덕규범이라고 보기는 어렵다. 단순히 내적 양심의 도덕성과 외적 행위의 규칙성이나, 형사법과 민사법이라는 이분법적 사고로만 접근할 문제는 아닌 듯하다.

끝으로, 이러한 '제방' 비유의 특성과 궁극이상을 적확히 상징하는 단서를 한 가닥 찾아 소개할까 한다. 불경에 보면, 사천하 가운데 극락정토에 가깝게 살기 좋은 환경으로 알려진 북울단월의 국토를 묘사하는 대목에 이런 내용이 나온다.(우리가 사는 곳은 '남섬부주'다.)

북울단월의 대지는 평평하고 맹수나 해충이 없으며, 더러운 오물은 땅이 갈라지면서 저절로 감춰버려 청정하고, 가시나 나쁜 냄새가 없단다. 게다가 '차비車毘'라는 감청색의 부드러운 풀이 온 대지를 덮고 있는데, 네 치(약12cm)만 자라면서 사시사철 시들지 않고, 여름에는 시원하고 겨울에는 포근하면서도, 더러워지거나 불에 타지 않는다. 강에는 극락정토처럼 8공덕을 갖춘 물이 줄거나 늘지 않고 늘 적당히 흐른다. 강바닥과 언덕에는 금모래가 깔려 있고, 금으로 된 강둑(金堤: 전라북도 '김제'의 어원)은 견고하여 영원히 무너지지 않는다. 강물이 불어 넘칠 우려가 전혀 없단다.50

얼마나 이상적인 국토환경인가? 신토불이身土不二라 하니, 우리 마음도 저 국토처럼 견고한 금둑(金堤)을 쌓아, 번뇌의 봇물이 넘치거나 사마邪魔 외적이 침입하지 못하도록, 빈틈없이 막자고 일깨우는 걸까? 다채롭게 펼쳐진 佛法(dharma) 계율의 '제방' 비유가 함축하는 '황금 가르침'일 것이다.

본 연구는, 동아시아 전통문화를 넘어 인도 불교문화에까지 연구를 확대·심화한다면, 오랫동안 묻혀 잊히다시피 한 뿌리 깊은 우리 정신문화를 찾아내어, 전통법문화에 대한 자긍심을 크게 불러 일깨울 수 있다. 동양인에게 덮어씌워진 열등감의 넝마를 벗기고, 나아가 근대 서양의 법률문명과 잘 조화를 이루는 변증법적 발전에 발판이 될 수 있을 것이다. 전통 법문화의 연구는 바로 온고지신 및 법고창신法古創新의 정신으로 새 시대 법문화 형성에 공헌함에 목적과 의미가 있겠다.

본 연구는 이러한 목적과 효과를 기대한다. 아울러 법학전문대학원의 교육이념과 목적에 비추어, 앞으로 법조인의 사회적 사명감과 책임의식 고취에도 조그만 보탬이 되면 좋겠다. 근래 세계에서 크게 각광받는 ADR의 활성화와 함께 분쟁의 평화해결, 더 나아가 다툼과 죄악을 미리 방지하는 법문화와 법의식도 적절히 고취하길 바란다.

---

50 佛說立世阿毘曇論, 眞諦譯, 卷第2, 四天下品第6: "是鬱單越地, 有四種德, 一者平等, 二者寂靜, 三者淨潔, 四者無刺.… 其國諸江八功德水, 岸渚及底, 竝布金沙, 其水恒流, 無有增減, 金堤堅固, 永無崩落." 전라북도 '金堤'의 어원은 이 불경 구절에서 유래한 듯하다.

제8편 전통 법문화에서 禮·法과 음악音樂의 비유

개요

본고는 동아시아 고전 및 사료를 바탕으로 전통법문화에서 禮·法과 음악音樂의 관계를 다방면에서 두루 살펴본다.

우선, 법제사적으로 禮의 후속산물로서 등장한 법法·률律의 역사변천을 살펴보고, 넓은 법 개념을 전제로 禮樂 병칭의 오랜 전통을 소개한다. 둘째, 律과 금슬琴瑟을 중심으로 문자어원상 법과 음악의 밀접한 태생적 관련성을 탐구한다. 셋째, 변법 대명사로서 교주고슬膠柱鼓瑟과 개현경장改弦更張 비유를 고전 및 정사正史에서 여러 일화사례를 찾아 살펴본다.

넷째, 음악의 원리정신과 禮樂의 기본 관계를 여러 측면에서 고찰한다. 음악의 자연발생적 특성, 소리 진동의 공명동조와 음악의 감화력, 지음知音과 치음治音을 둘러싼 禮樂의 교화 기능, 음악과 禮法의 상호관계, 그리고 춘추시대 음악론과 예악 관계 등이 망라된다.

다섯째, 법과 음악에 궁극이념인 화和를 사유해본다. 여기 和에는 화성和聲·화음和音·조화調和·평화 등이 포함된다. 여섯째, 和의 과학 원리(물리법칙)와 그에 상응하는 정신적·심령적 인과응보 법칙의 실체도 사색해본다. 일곱째, 불경에 자주 나오는 유명한 수도修道'법法' 상징으로서 탄금彈琴의 중용조화 비유를 상세히 소개하며, 아울러 장자莊子에 나오는 관련 일화도 곁들인다. 마지막으로 여덟째, 정치법령의 중용조화를 빗댄 공자의 긴장이완 순환조화 및 老子의 활시위 비유를 살펴본다.

전통법문화에서 禮·法을 직접 음악에 비유한 사례는 잘 보이지 않으나,

부분적으로 예법과 음악의 비유관계는 나타난다. 거문고가 잘 조율되고 조화롭게 연주되어 가장 아름다운 소리를 낼 때 듣는 사람 심금心琴을 울린다. 인간사회에 평화질서를 유지하기 위해 부득이한 통치 수단방편으로 시행하는 禮法을 비롯한 사회규범들도 심금을 울리는 음악처럼 조화롭게 적정한 중용평정을 이루어야 할 것이다.

따라서 법은 음악과 같다고 비유할 수 있다. 법과 음악의 비유관계에 담긴 상징적 비유와 지혜는, 법의 궁극 이념목적으로서 '조화調和(harmony)'와 '평화平和(peace)'로 귀결한다. 조화로운 음악을 들으면 사람 마음이 편안해지고 영혼 평화를 얻듯이, 법도 정의와 공평으로 사람 마음을 평안히 해주고 불평불만과 고통의 짐을 덜어주면 좋겠다. 법은 사회질서와 약자를 보호하고 국민의 안식처가 되어야 한다. 음악이 영혼의 안식처가 되듯이!

주제어: 법, 음악, 禮, 관계, 비유, 전통법문화.

1. 서언

'법과 음악'의 관계나 비유라는 말을 들으면, 아마도 대부분 고개를 갸우뚱할 것이다. 어쩌면 요즘 '법인문학'이 유행한다더니, 무료하고 적조한 학자들이 심심풀이 소일거리로 언어유희나 문자희롱 일삼는 것이려니 여길 법하다. 그렇다! 요즘 서양법학 시류풍조 영향으로 '법과 문학'이니 '법과 영화'를 운위하더니, 이제 '법과 음악'까지 들먹이려는 걸까?

그러나 우리 동아시아 전통법문화에서는 일찍이 아주 오랜 옛날부터, 법은 문사철文史哲 인문학과 밀접불가분의 관계를 넘어서 혼연일체를 이루어 왔다. '신언서판身言書判'으로 일컬어지듯, 전형적 문인 사대부 계층은 거문고를 책과 함께 필수 반려로 삼아 인격을 수양해, 최고 법조인으로 최고 재판을 도맡아 왔다. 뿐만 아니라, 사대부 지식인

문장에도 국가 통치 및 천하 안정에 핵심 수단도구로서 법과 율령은 아주 중요한 주제로 등장하며, 각종 문학작품에도 약방에 감초처럼 오르내리곤 했다. 그래서 국가통치 수단으로서 법과 율령을 물고기 잡는 그물이나 질병 치료하는 의약이나 홍수 예방하는 제방 등으로 비유하는, 유구한 법문화가 동아시아에 확고부동한 전통이다.

한걸음 더 나아가, 우리 전통법문화에선 음악이 그물·의약·제방처럼 법을 직접 지칭하거나 상징하는 비유로까지는 잘 등장하지 않지만, 적어도 법과 음악의 간접 관계는 여러 언론문장에 숱하게 빈번히 오르내린다. 비록 '법은 음악과 같다'거나 '법은 음악처럼' 같은 직유법이나, '법은 음악이다'는 은유법은 아직 발견하지 못했다. 하지만 후술할 바와 같이, '정치는 음악과 닮았다(政象樂)'는 비유처럼, -정치는 구체로 법률·명령으로 시행하므로-, '법과 음악의 상관성'에 관련한 언급과 부분적 비유는 도처에서 수시로 나타난다. 법과 음악 사이에 동질성 및 공통점은 물론, 이질성과 차이점 및 상호 의존적 보완관계 등이 다채롭게 펼쳐지는 것이다.

법과 그물의 비유는 법의 사후 징벌·제재 기능에 주안점을 둔 느낌이다. 법과 의약의 비유는 범죄인의 사후 치유·교정 기능에 초점을 맞춰, 원칙상 법의 특별예방 기능에 상응하면서, 일부 사전적 일반예방 기능도 겸한다. 법과 제방의 비유는 전적으로 예법의 일반예방 기능에 착안한다. 이처럼 각 비유는 각자 다채로운 특징으로 나타난다. 이러한 법의 비유들이 각자 법의 개별적 효용기능을 두드러지게 부각시키는 반면, 법과 음악의 관계에 담긴 상징적 비유와 지혜는, 법의 궁극 이념목적으로서 '調和(harmony)'와 '平和(peace)'로 통합 귀결한다.

이러한 전체적 배경맥락에서, '禮'의 후속적 발전 산물로서 '법'이 '음악'과 직간접으로 상호 관련되는 관계성을, 고전 및 사료 등 원시자료를 중심으로 다각도로 살펴보고 종합 정리해 소개한다.

2. '례악禮樂' 병칭

'禮→法'의 역사적 범주 변천을 염두에 두고, 이제 법과 음악의 상관성에 실마리를 찾기 위해, 선진先秦 시대부터 널리 통용된 禮樂 병칭 사례를 살펴보기로 한다.

춘추 이전 고문헌은 자료가 희귀해서인지 禮樂 병칭 사례가 별로 보이지 않는다. 다만 시경 소아小雅에는 종묘 제사를 묘사하면서, 퉁소를 불고 북을 치며 악기를 조화롭게 연주하여, 훌륭한 조상들 공덕을 찬양해 온갖 예법(百禮)에 흡족하니, 자손들도 기뻐하고 즐거워 각자 유능한 악기를 연주한다는 내용이 나온다.(甫田之什, 賓之初筵) 요즘까지 전해오는 종묘제례악을 연상해보면, 전통 왕조에서 가장 중요한 제례에서 장중하고 우아한 궁중아악으로 팔일무八佾舞와 함께 예악이 어우러짐은 자연스러운 문화다.

실제로도, 비록 한漢대 편찬된 걸로 전해지긴 하지만, 현전하는 주례周禮에도 '禮樂'을 병칭한 사례가 셋 쯤 나온다. 천관天官 총재冢宰 편에 보면, 후궁 교화를 담당한 내재內宰는 부녀에 관한 예법(陰禮)으로 6궁宮과 9빈嬪을 교화하며, 대제사大祭祀시 황후의 헌작을 보필하며 황후의 복장 및 지위를 바르게 인도해 禮樂의 의례儀禮 등을 밝힌다. 지관地官 사도司徒 편에는 향사鄕師의 직책으로, 향리에 각종 길흉애경사에 필요한 '禮樂' 기물의 공여 및 관리가 나온다. 춘관春官 종백宗伯 편에는 대종백大宗伯의 직책으로, 하늘 산물(天產)로 음덕陰德을 삼아 禮에 맞추고 땅 산물(地產)로 양덕陽德을 삼아 樂에 조화를 이루어, 禮樂으로 천지 교화에 부합하도록 안배하며, 온갖 산물로 귀신을 섬기고 만민을 화합시켜 만물을 이르게 함이 나온다.

춘추좌전에도 周禮의 실행에 음악을 수반하거나 '禮樂'을 병칭한 사례가 다수 나타난다.

로魯 환공桓公 9년(전703) 겨울, 조曹 왕자가 조공하러 오자 상경上卿의 예로 향연을 베풀었는데, 그 빈례賓禮에서 첫 술잔을 바치고 음악을 연주해 찬탄한 기록이 나온다. 천자와 제후국 사이에 동맹서약이나 외교사절에 대한 빈례에서, 외교언사로 시경 구절을 읊조리며 풍악을 연주함은 자연스런 풍광이다. 소국은 대국 명을 받들어 근신하고, 대국은 禮樂으로 향연을 베풀어 소국을 즐겁게 해 은혜를 베풂으로써, 상호 보완적 의존관계를 유지하는 것이다.(春秋左傳, 文公3(전624)年; 成公12(전595)년)

어린 군주가 성년이 되어, 종묘에서 종고鐘鼓와 편경編磬으로 장엄한 풍악을 울려 관례冠禮를 올리는 장면도 보인다.(春秋左傳, 襄公9(전564)年) 한편, 군주라도 사형을 집행할 적에는 음악을 철수하고 숙연한 흠경을 표시한다. 예로부터 인민 통치는 권선하는 포상과 징악하는 형벌과 꾸준한 인민구휼이 요긴하다. 포상은 봄여름에 시행하되 음식을 푸짐히 장만해 권선을 알린다. 형벌은 가을겨울에 집행하되 연회나 음악을 철수해 경외를 표시한다. 새벽같이 일어나 밤늦게 잠들며 조석으로 정사에 근면함이 인민구휼을 의미한다. 이 셋이 禮의 큰 요체이며, 禮를 갖추면 일에 낭패가 없게 된다.(春秋左傳, 襄公26(전547)年) 또 설사 제례악을 연주하는 중에도 조정 대부의 초상 부음을 들으면 음악을 멈춤이 예의고, 이웃나라 제후가 죽어도 음악을 연주하지 않음이 예의다. 상례에 음악을 연주함은 비례非禮다.[1]

'禮樂'을 병칭해 인격수양 및 학문에 기본과목으로 확립하고 후대 유교에 6예六藝의 전통을 드리운 것은 단연 공자의 공헌이다. 당시 세태가 선진先進은 예악에서(예악에 先進이면) 야인으로 비하하고, 후진은 예악에서(예악에 後進이면) 군자라고 칭찬한 모양이다. 허나 공자는 분

1 春秋左傳·穀梁傳·公羊傳, 昭公15(前527)年, 2月 癸酉조; 春秋左傳, 襄公23(前550)年.

명히 先進을 선택하겠다고 선언했다. 여기서 개념해석이 매우 다채로우나, 대강 뜻은 이렇다. 선배는 시대가 앞선지라 예악의 시류변화에 둔감해 소탈·질박해 야인처럼 보이고, 후배는 시류에 민감히 잘 적응해 군자로 행세한다. 공자는 문질빈빈文質彬彬한 군자를 이상으로 삼으나, 문식文飾이 뛰어난 사史보다는 차라리 질박한 야野를 선택하겠다는 취지다.[2] 당초 필자는 "당시 세태가 禮樂에 앞서가면 野人으로 비하하고, 禮樂에 뒤쳐져 등한히 해야 군자라고 칭찬한 모양이다."로 기술했다. 허나 "필자해석이 무척 생소하게 보임"이란 심사평을 수용해 객관적 해석으로 수정했다. 필자 본의는 진정한 의미에서 예악의 본질정신에 앞서가는 질박함을 야인으로 폄하하고, 오히려 진정한 예악을 거들떠보지 않고 무시하는 겉만 번지르르한 속물근성을 군자로 찬양하는 세태를 꼬집은 것이다.

한편, 공자는 완성된 인격에 필수요건으로, 장무중臧武仲의 지혜와 공작公綽의 청렴(不欲)과 변장자卞莊子의 용기와 염구冉求의 예능에다 禮樂의 교양문화까지 곁들인다면, 가히 성인成人이라 할 만하다고 평한다.(論語, 憲問) 특히 흥미롭게도, 공자는 유익한 세 즐거움과 손해 보는 세 오락을 대비한다. 절제된 禮樂을 즐기고 남의 착함을 말(칭찬)하길 즐겨하며 어진 벗 많이 사귀길 즐겨함이 유익하다. 반면, 교만한 음악(오락)과 안일한 유랑과 유흥 잔치를 즐기면 손해다.(論語, 季氏)

물론 공자한테 예악도 부수적 교화방편이므로 형식에 치우치면 안

2 論語, 先進: "先進於禮樂, 野人也; 後進於禮樂, 君子也. 如用之則, 吾從先進." 여기서 先進·後進은 그냥 前後輩(朱熹)부터, 벼슬(선비)에 선후배(孔安國·何晏·邢昺·包咸), 五帝 이상과 三王 이후(皇侃), 공자 제자의 입문 선후(劉寶楠·盧辨·康有爲) 등으로 갈린다. 十三經注疏8(藝文印書館, 1982, 9판), 96면; 經書(대동문화연구원, 1980, 10판), 265면; 論語集說(漢文大系1) 권4, 1-2면; 劉寶楠, 論語正義(中華書局, 1990), 437-9면; 康有爲, 論語注(中華書局, 1984), 159면 등 참조.

되고, 어디까지나 인민 사랑의 인본주의 정신으로서 仁이 최고 가치이자 궁극 목적이었다.

"사람이 어질지 못하면 禮는 무엇하며, 사람이 어질지 못하면 樂은 무엇하리?"(論語, 八佾)

"禮、禮 하니까 옥백玉帛을 말하고, 樂、樂 하니까 종고鐘鼓를 말하는 줄 아는가?"(論語, 陽貨)

그러다보니 사방 6-7십리 지방을 다스려 3년이면 백성을 풍족하게 만들 수 있다는 염구 같은 수제자도, 禮樂은 군자를 기다려 교화하겠다고 겸양한다.(論語, 先進) 사실 예악은 천하 통치에 가장 중요한 핵심 방편으로서, 천자의 고유 관할이었다. 그래서 공자는 그 유명한 정명론(正名論)에서 예악과 형벌 및 정치득실 관계를 밝혔다.

"명분이 바르지 않으면 언어가 불순하고, 언어가 불순하면 일에 성공하지 못하며, 일이 성취되지 못하면 禮樂이 흥성하지 못하고, 禮樂이 흥성하지 못하면 형벌이 적중하지 못하며, 형벌이 적정을 유지하지 못하면 인민이 손발 둘 곳이 없어진다."(論語, 子路)

예악은 천하를 교화하는 방법이고, 정벌은 교화에 따르지 않는 제후를 응징하는 수단이다. 따라서 천하에 도가 있으면, 禮樂征伐은 천자가 대의명분으로 시행하는데; 천하가 무도해 혼란스러워지면, 禮樂征伐은 패권 차지한 제후가 호령하게 된다. 제후가 호령하면 10대를 넘기기 어렵고, 대부가 호령하면 5대를, 가신이 국권을 잡아 휘두르면 3대를 유지하기 힘들다고 공자는 탄식한다.(論語, 季氏)

주례周禮는 공자가 오매불망 그리워해 꿈에라도 자주 뵙고 싶어 한 주공이 정비했다고 전해진다. 예악은 도덕을 갖춘 성인이 천자의 지위에 올라서야 비로소 제정할 수 있다. 천자라도 도덕이 없거나, 덕망이 높은 성인이라도 천자 지위에 오르지 못하면, 감히 예악을 제작할 수 없다.(禮記, 中庸) 말하자면, 플라톤이 말한 철인왕, 즉 유가에서 내성외왕만 예악을 제정할 수 있다.

따라서 공자도 새로 예악을 제작하진 못했다. 다만, 천하를 주유한 뒤 고국에 돌아와 후세에 뜻을 품고, 3천여편에 이르는 방대한 시를 간추려 305편으로 편집한 다음, 현악에 실어 노래 불러 禮樂을 기술했다. 장래 왕도정치에 자량으로 6예藝를 완성한 것이다. 그리고 그 전통 명맥을 이어가도록 공자는 시詩·서書·례禮·악樂으로 3천 제자를 가르쳐, 몸소 6藝를 통달한 자만 72인이나 되었다. 사마천도 그 뒤로 천자나 왕후王侯로부터 중국에서 6藝를 말하는 자는 모두 공부자를 중심으로 삼았으니, 가히 지극한 성인이라고 찬탄한다.(史記 卷47, 孔子世家)

일찍이 공자는 6藝를 천하 통일통치에 중요한 방편으로 여겼다.

> "禮로 인간욕망을 절제하고, 樂으로 조화를 펼치며, 書로 사건을 기록하고, 詩로 뜻을 전달하며, 易으로 신비한 변화를 밝히고, 春秋로 대의를 천명한다."(史記 卷126, 滑稽列傳)

허나 후대 유생들이 현인보다 용렬한 범부중생이 많다보니, 천만수량에 이르는 육예 경전을 당대에 통달하거나 궁구할 수 없는 지경이었다. 그래서 '방대하고 핵심요점이 적어, 수고롭기만 하고 공부효험이 적다.'는 정평이 났다. 그래도 인륜에 핵심인 군신·부자·부부·장유·붕우 사이에 오륜은, 어느 제자백가라도 바꾸거나 없앨 수 없다고 사마천은 평한다.(史記 卷130, 太史公自序)

참고로, 유교 六經이 된 六藝와 별도로, 周禮 지관地官 사도司徒 편에서 왕자와 사대부를 교육하던 六藝는, 보통 禮·樂·사射(활쏘기)·어御(馭: 말 타기, 수레몰이)·서書·수數로 일컫는다. 구체 내용은 조금 다르지만, 禮樂이 나란히 등장함은 완전히 같다. 그리고 공자 뒤를 이은 유가 대표자로서 순자에는 '禮樂'이 17번 나오나, 맹자에는 1번도 나오지 않고 '禮義'만 여러 번 나온다.

지금까지 '禮-樂' 병칭 관계에 대해 살펴보았다. 물론 '禮-樂' 병칭이 후대, 특히 현대에 '法-樂' 병칭으로 이어지는 건 아니다. 허나 앞서 법과 제방 비유에서 상세히 살폈듯이, 역대 법제사(형법지)에 보면, 사전예방과 사후징계의 상관관계는 사기史記·한서漢書에서 '禮-法' 대비구도가 당서唐書·당률·청사고淸史稿에는 '禮-刑'으로, 그리고 수서隋書·금사金史·高麗史에는 '法-刑'의 대비구도로 확연히 바뀌어 나타난다. 즉, 고대에 禮가 담당한 미연 예방기능이 후대 '법'으로 바뀐 사실도, 법이 禮를 계승한 후속산물임을 증명하는 것이다. 시대에 따라 禮와 法과 刑의 개념이 다르게 쓰이지만, 예법의 사전예방(일반예방) 기능과 사후징벌(특수예방) 기능 대비는 분명한 전통이다.

따라서 '禮樂' 병칭의 전통은 법과 음악의 비유관계를 살펴보는 간접 참고자료로 상당히 중요한 의미가 있을 것이다.

3. 문자어원으로 본 법과 음악의 밀접 관계

이제 법과 음악의 직접적 밀착관계를 보여주는 대단히 중요한 단서를 상관 용어의 문자어원을 통해 살펴보고자 한다. 대표 용어로 '률律'과 '금슬琴瑟'을 고찰한다.

(1) 律

'律'이 고대부터 현대까지 동아시아 '법'에 가장 중요한 핵심 용어임은 누구도 부인하기 어렵다. 물론 현재도 국회에서 제정하는 '법률'이 헌법 아래 최고 법형식이다. 그러나 이 '律'의 본래 문자어원이 음'악'에서 비롯한 사실을 아는 사람은 정말 드물 것이다.

서경 순전舜典에 보면, 황제는 매년 2월 동쪽 태산에 순수巡守 가서 산천에 제사 지내고, 제후와 정삭과 표준시를 통일하고 律과 도량형度量衡을 통일하며 오례五禮를 닦고 돌아온다. 또 기(夔)를 음악담당관(典

樂)에 임명해, 맏아들을 '정직하되 온유하고, 관대하되 늠름하며, 강인하되 포학하지 않고, 간소하되 오만하지 않게 교육'하도록 당부한다. 아울러, "詩는 뜻을 말하고 노래는 말을 길게 읊조리되, 소리는 읊조림에 의하고 음률이 소리에 조화를 이루어(律和聲), 8音이 모두 불협화 없이 조화를 이루면, 신명과 인간이 화합한다."고 강조한다.(書經, 舜典) 또, 서경 익직益稷 편에는, 황제가 6률六律·5성五聲·8음八音을 듣고 싶다고 주문한다.

여기서 律은 12음률音律로서, 6양률陽律과 6음려陰呂로 구성되며, 으뜸인 황종黃鐘을 기준으로 음계가 정해진다. 헌데, 길이(度)와 부피(量)와 무게(衡)도 바로 황종을 정하는 취관(吹管) 안에 담기는 보통(중등) 찰기장(秬黍, 노란 좁쌀) 1200톨의 길이·부피·무게를 기준으로 정해진다. 따라서 律과 도량형이 함께 거론되어 통일적 표준법제로서 통용된다.[3] 즉, 12음계를 정하는 관악기 취관과 찰기장의 관계 규율에서 비롯하여, 그 음계 집합을 가리키는 명사로서 12음률과 6양률이 등장하고, 그 의미가 연신延伸 확장하여, 도량형과 일반 표준규범으로서 '법'의 대명사 '律'까지 파생한 것이다.

그리하여 주역에는 군대 기율까지 등장한다. 하감下坎(☵)상곤上坤(☷)으로 이루어진 사師괘 첫 효爻에 효사爻辭는 이렇다.

"군사는 紀律로 출정한다. 그렇지 않으면 (설령 조그만 공을 세우더라도) 흉하다.(初六, 師出以律, 否臧凶. 象曰: 師出以律, 失律, 凶也.)"

여기서 왕필王弼은 기율을 잃으면 군사가 산란해져 전체가 위험해지므로, '否臧凶'은 군사출정에 기율이 없으면 좋거나 나쁘거나 모두

3 자세한 원리와 계산법은, 尙書 '同律度量衡' 구절에 孔穎達 注疏, 蔡沈 集傳; 國語, 周語下 '律度量衡於是乎生' 구절에 韋昭 注; 史記 卷25 律書; 漢書 卷21, 律曆志 참조. 音律 원리는, 李申, 中國古代哲學和自然科學(中國社會科學出版社, 1989), 276-302면.

흉하다고 해석한다. 이설異說은 否臧을 不善으로 보아 기율을 잘 따르지 않으면 흉하다고 풀이한다. 어쨌든, 이미 엄격하고 준엄한 군률이 통용된 것이다. 제갈량의 읍참마속을 떠올리듯, 병법에 기본원칙이 주역에 확립된 셈이다.

서경書經에도 성왕이 미자微子를 은殷 후예로 명하면서, 신중히 복종해 주 왕실 울타리가 되어 조상 덕을 기리고, 인민을 잘 규율規律해 다스려 지위를 영구히 보전하라는 당부가 나온다.(周書, 微子之命)

요순 때 하례夏禮부터 공식 등장한 律과 도량형의 병칭 관계는 후대에도 계속 이어졌다. 도량형 자체도 律처럼 법을 상징하는 비유로 널리 쓰이고, 사실상 '법'의 대명사가 되었다. 사실 '규범規範'이나 형'刑(←型)' 같은 법적 개념도, 사물의 수량을 재는 표준도구로서 도량형 관련용어에서 파생한 것이다.[4]

특히, 맹자는 도량형 및 음률을 (국'법' 대신 그 상위 근본규범인) 요순 성왕의 통치방'도'와 직접 연결해 나란히 거론하고, 그 현실적 필요성과 중대한 효용성을 강조했다. 그렇게 함으로써, 律 도량형을 '법'-'道'와 대등한 비유 범주로까지 격상시켰다.

> "리루離婁의 눈 밝음과 공수자公輸子의 정교함도, 컴퍼스나 삼각자(規矩)가 아니면, 정확한 사각형이나 원을 그릴 수 없다. 사광師曠의 귀 밝음도, 여섯 악률(六律)이 아니면, 오음五音을 바르게 조율할 수 없다. 마찬가지로, 요순의 도라도 仁政이 아니면, 천하를 태평하게 다스릴 수 없다. 지금 어진 마음과 어진 명망이 자자하면서도, 인민이 그 은택을 입지 못하고 후세의 법도가 될 수 없는 것은, 先王의 도를 행하지 않기 때문이다. 그래서 '단순한 선만으로는 정치

---

4 졸저, "전통 중국법에서의 情·理·法에 관한 연구"(1994), 13면; 졸저, 전통 중국법의 정신(2011 재판), 46-48면 참조.

를 행하기 충분하지 못하며, 단순한 법만으로는 저절로 시행되지 않는다.'고 말한다. 詩에 '허물도 없고 잊지도 않으니, 옛 전장법도를 따름이네.'라고 했으니, 先王의 법을 따라 잘못되는 경우는 있지 않다. 성인이 눈의 시력을 다하고, 컴퍼스·삼각자·수준기·먹줄(規矩準繩)을 써서 사각형과 원과 수평과 직선을 이루면, 그 활용이 무궁하다. 귀의 청력을 다하고, 여섯 악률(六律)로써 五音을 바르게 조율하면, 그 활용이 무한하다. 마음의 사유를 다하고, 사람들한테 차마하지 못하는 정치(不忍人之政)로 다스리면, 어짊이 천하를 뒤덮을 것이다. 그래서 '높은 산에 오름은 반드시 구릉부터 비롯하고, 낮은 바다에 이름은 반드시 시냇물로 말미암는다.'고 했다. 그러니 정치를 행함에 先王의 도로 말미암지 않으면 지혜롭다고 할 수 있겠는가?"(孟子, 離婁上)

요컨대, 진한秦漢 이래 2천여 년 법의 대명사로 손꼽히는 '律' 개념은 바로 악률樂律 및 도량형의 규범적 표준척도와 직접 관련한다. 樂律 및 도량형 자체가 규범적 비유를 통해 '法' 개념으로 승화하면서, '律' 개념이 '법'을 상징하는 비유적 의미를 함축하고, '법'의 대명사로 일반 보편화하기에 이른 것이다. 즉, 律로 인간의 법을 제정해 분쟁을 해결하고 범죄를 형벌로 다스림이, 마치 六律로써 도량형 표준단위를 정하는 원리와 같기 때문에, 법전(刑書)을 '律'로 명명한 것이다.[5]

허신許愼 설문해자說文解字에 따르면, "律은 고르게 펴는 것이다.(律, 均布也.)" 단옥재 주(段注) 풀이는, "律이란 천하의 한결같지 않은 사물에 모범(표준)을 제공해 통일하는 방편이기에, '고르게 펴는 것'이다." (說文解字, 二篇下) 또 이아爾雅 석고釋詁에서는, 律을 刑과 함께 '法'으로

5 丘濬, 大學衍義補, 卷102 참조. 張晋藩·林中·王志剛, 中國刑法史新論(人民法院出版社, 1992), 3면에서 재인용.

정의한다. 관자管子는 "律이 명분을 정하여 분쟁을 종식시키는 객관적 규범표준(律者, 所以定分止爭也.)"이라고 명확히 규정한다.(七臣七主)

물론 律에도 法이나 刑의 개념과 같이, 제1차로 형벌·형법의 협의가 존재한다. 석명釋名 '석전예釋典藝'에 의하면, "律이란 부담을 가하는 것이다. 사람의 마음에 부담을 가하여 방종하지 못하도록 하는(律, 累人心使不得放肆也.)" 강제적 구속 장치다. 정자통正字通은 '律은 형률刑律'이라고 정의한다. 이처럼 실제로 역대 법제사의 '律'은 기본상 형률 중심의 체계를 형성해 왔다.

(2) 금슬琴瑟

앞서 상서 익직益稷 편에 나오는 6률六律·5성五聲·8음八音에서 六律은 이미 언급했다. 五聲과 八音은 구체로 무얼 가리킬까? 후한 장제章帝(75-88 재위) 때 백호관白虎觀에서 유생들을 모아 오경五經의 정의正義를 토론했는데, 그 회의 내용을 반고班固가 종합 정리한 백호통白虎通에 관련 기록이 보인다.

오성五聲은 오행에 상응해, 중앙 土에 궁宮, 서방 金에 상商, 동방 木에 각角, 남방 火에 치徵, 북방 水에 우羽를 가리킨다. 聲은 공명鳴을 뜻하는데, 그 聲을 들으면 곧 생겨난 바를 알기 때문이다. 角은 양기陽氣가 꿈틀거려 도'약躍'함을 뜻하고, 치徵는 양기가 멈춰 그쳐 '지止'를 뜻하며, 商은 음기陰氣가 열려 확'장張'해 양기가 비로소 하강함을 뜻한다. 우羽는 음기가 위로 올라가고 양기가 아래 내려와 구부러져 감도는 '우紆'를 뜻하고, 궁宮은 사시사철을 모두 머금어 포용해 '용容'과 '함含'을 뜻한다.

음音은 강剛·유柔와 청淸·탁濁이 조화를 이루어 서로 들이마신다는 뜻에서 '음飮'을 상징하는데, 八音은 주역 8괘에 상응해 8재질로 만든 8악기를 가리킨다. 옛 악기樂記에 따르면, 흙(土)으로 만든 질나발(塤=

壎훈), 대(竹)로 만든 관악기(管), 가죽(皮)으로 만든 북(鼓), 박(匏)으로 만든 생황(笙), 비단실(絲)로 만든 현악기(弦), 돌(石)로 만든 편경(磬), 쇠(金) 만든 종(鐘), 나무(木)로 만든 축어(柷敔)다.

8음은 주역 팔괘를 본받아 만물의 수를 상징해 만물의 소리다. 날고 기는 짐승뿐만 아니라, 꿈틀거리는 모든 생명체가 그 소리를 들으면 즐거워해, 지덕至德의 도道이다. 그래서 천자도 즐겨 궁중아악에 쓴다. 8음 가운데 특히 禮法과 관련해 상당히 중요한 의미를 함축하는 악기만 소개하고자 한다. 물론 가장 중요한 악기는, 전통 유교 선비사회에서 사대부들의 글공부 벗으로, 심성수양에 필수 수반인 거문고 금슬琴瑟이다. 현악기에 대표인 금슬에 대해 전통적 의미해석은 禮樂의 개념정의 및 기능효용과 관련해 아주 특별한 상징적 함의가 있다.

> "슬瑟이란 아끼는 인색嗇이고, 문지방(막을) 한閑이다. 분노를 응징하고 욕망을 틀어막아, 사람의 덕을 바로잡는 방편이다. 슬瑟에는 군부君父의 '節'도와 신자臣子의 '法'도가 있다. 君父가 節도 있고 臣子가 도義를 지닌 연후에 사시四時가 조'和'를 이루고, 사시가 조화를 이룬 연후에 만물이 생겨나므로, 슬瑟이라 일컫는다. 금琴은 '금禁'지함이니, '음淫'란'사邪'악을 禁止해 人心을 바로잡는 방편이다."[6]

고대 첩운疊韻으로 문자 뜻풀이하는 훈고학적 전통이 여실히 드러나는 개념정의다. 여기서 '瑟'은 본디 입성入聲 글자다. 訓民正音 표기에 따르면 한문본으로는 '슨(씉)'인데, 혓소리(齒音) 'ㄷ'이 가볍게 변하여 반혓소리(半齒音) 'ㄹ'로 바뀌는 세속화(流音化)가 이미 조선 초에 보편적이었다. 이러한 음운 변화를 반영하는 언해본 이영보래以影補來 방식으로 표기하면 '瑟'은 '슳(ㅅㅭ)'인데, 'ㆆ'이 탈락해 현대는 유성음처럼 읽혀 본래 음운이 잊힌 경우다.[7] '슳(ㅅㅭ)'은 인'색(嗇)'과 발음이

6 白虎通 卷3, 禮樂편: 陳立 撰, 白虎通疏證(中華書局, 2007), 119-128면 참조.

상통한다. '색嗇'의 본뜻이 자기 것을 아껴, 많이 받아들이고 적게 내보내 감추고 저장함이니, 담'장(墻)'처럼 자기 것을 안에 가두어 밖으로 나가지 못하게 가로막는다는 의미에서 '색塞'과 상통한다.[8] 또 '한閑'은 문지방으로 방 안팎을 구분하는 경계로서 가로막다는 뜻을 지니며, 역시 '색嗇'이나 '색塞'과 상통하는 의미로 풀이했다. 더러 '닫을 폐閉'자로 된 판본도 있으나, 의미는 완전 상통한다. '琴'을 '禁'지로 정의해 덧붙인 뜻풀이는 말할 나위 없이 더욱 명약관화하다.

이러한 개념정의는 모두 자기 내면 감정욕망의 무분별한 표출과 폭발을 가로막아, 음란하고 사악한 저의와 부정적 정욕을 절제하는 의미로 해석한 것이다. 이는 바로 禮法이 존재하는 근본이유로서 사회적 통제 기능효용과 완전히 일치한다.

한편 '슬瑟'에는 일찍이 초사楚辭에 실린 '가을 기운이 소슬蕭瑟'하다는 뜻이 있는데, 여기서 '숙연肅然'하다는 의미도 파생했다. 이는 형벌을 가을 추분 이후에 시행해, 예로부터 형부刑部를 추관秋官·추조秋曹로 부르던 역사연원과 상관있다. 가을바람 소슬해진 연후에 숙연히 살기가 감도는 형벌 집행을 실시하며, 군주는 연회와 음악을 철수했

7 한문본에는, "半舌음 ㄹ은 마땅히 諺문에 써야 하고, 漢文에는 쓸 수 없다. 예컨대 入聲 彆字에 終聲은 마땅히 ㄷ을 써야 하는데, 세속에서는 ㄹ로 읽는 습관이다. 대저 ㄷ이 변해 가벼워진 것이다. 만약 ㄹ을 彆字에 終聲으로 쓴다면 그 소리는 느리게 펼쳐져 더 이상 입성이 아니게 된다." 박종국 주해, 훈민정음(정음사, 1977), 정음문고111, 208면 수록, 간송박물관 소장 영인본(42-3면 번역문); 이정호, 訓民正音의 構造原理-그 易學的 硏究(아세아문화사, 1990 4판), 153면 및 수록 영인본 참조. 정음문고 본(119-178면)에 수록한 두 언해본에는 이 내용이 빠져 있는 대신, '볋(벼ㅭ)'로 표기한다. 참고로 현대중국에 표준어인 북경어는 언제부터인지 입성에서 종성이 완전히 탈락해버렸다.

8 廣韻에 따르면, '瑟'은 入聲 제7운 '櫛'운에 속하고, '嗇'은 入聲 제24운 '職'운에 속하며, '塞'은 入聲 제25운 '德'운에 속한다. 校正宋本廣韻(藝文印書館, 1981, 교정5판 영인본), 474·526·530면.

던 것이다.

백호통에 실린 '금슬'에 대한 뜻풀이는 비슷한 시기나 조금 뒤에 편찬된 허신許愼(대략58-147)의 설문해자에도 똑같이 반영되어 있다. "珡(琴)은 禁이다." '瑟'자에는 백호통처럼 '색嗇'으로 뜻풀이한 내용이 보이지 않지만, 단옥재 주에는 초사楚辭에 '추기소슬秋氣蕭瑟'을 인용해, '숙肅'연 엄'숙肅'으로 뜻풀이를 싣고 있다.

'琴瑟'과 관련해, 8음 중 죽관악기인 피리·퉁소(簫) 종류와 가죽악기인 북에 대한 뜻풀이도 자못 재미있고 의미심장하다. 하지에 속하는 악기로서 퉁소는 중려中呂의 氣를 대표하는데, 그 소리가 숙숙肅肅하니 맑아 숙肅연하므로 '소簫'라고 일컬었다.

가죽으로 만든 북(鼓)은 8괘 중 진震괘에 상응해 진음震音이라 한다. 번잡한 기운(煩氣)으로 춘분에 이르러 만물을 분연히 진동시켜 밖으로 뛰쳐나오게 하는 뢰전진동雷電震動을 상징한다. 날씨가 제법 온난해진 봄날 비바람을 수반해, 만물이 싹 터 나오도록 불러 일깨우고 촉촉이 적셔주는, 지덕至德의 진동소리로서, 화평和平에 감응하는 생기이다. 같은 소리가 상호 감응하고, 같은 기운이 서로 맞아떨어지니, 신명도 함께 호응하고 천지도 보우하사, 만물의 시작을 장엄히 협주하여 '고鼓'라고 일컫는다. 말하자면 생기를 고취鼓吹하고 진동으로 격려하는 것이다.(白虎通 卷3, 禮樂)

지금도 운동경기나 시합에서 자기 편 응원에 큰북을 둥둥 울리곤 한다. 론어論語에도 공자가 '북을 울려 공격(鳴鼓而攻)'해도 괜찮다고 말했듯이, 옛날 목숨을 건 전쟁터에서도 군대 사기를 북돋워 돌진공격을 고취할 때도 바로 북을 울렸다. 반면 퇴각은 금속성 날카로운 징소리로 명했다. 봄날 온화한 기운으로 만물 생장을 촉진하는 북소리는, 인민의 착한 성품을 일깨워 선행을 북돋우던, 춘관春官 례부禮部·례조禮曹의 교화와 상통하는 느낌이다. 물론 '징악'적 형벌집행과는 거리가 멀지만, 법의 '권선'적 일반예방 교화기능과는 연결될 수 있다.

4. 변법 대명사로서 교주고슬膠柱鼓瑟과 개현경장改弦更張 비유

아주 옛날에는 나무나 돌이나 흙으로 된 단순한 타악기를 두드려 기쁨을 나타내고 즐거워했을 것이다. 나중에 조금 정교한 악기가 등장하면서, 조정에서 군주나 경대부는 다채로운 관악기와 편경으로 교향악 합주를 즐기는 반면, 선비들은 주로 금슬을 타며 놀았다.(鹽鐵論 散不足第29) 앞서 '琴瑟'에 대한 유가 사대부의 해석을 소개했거니와, 이러한 독특한 의미부여는 금슬을 선비유생들 글공부와 심성수양에 필수도반으로 격상시키는데 결정적 공헌을 했을 법하다. 특히나 금슬은 현악기로서, 8음 중 다른 타악기와는 달리 여러 줄이 있어, 폭넓은 음정을 갖춰 단조롭지 않고, 다채로운 화음을 연출해내는 묘미가 깊었다. 물론 요즘 두 줄로 된 이호二胡(南胡)도 상당히 넓고 다채로운 음역을 망라하지만, 단지 한 줄로 된 금슬이라면 너무도 단조로워 듣기 힘들 것이다. 마치 물에다 물로 간을 맞춘 국처럼.(淮南子 卷17, 說林訓)

더구나 금슬은 연주하는 사람 마음이 소리에 실려 그대로 드러나지 않은가? 직지인심 전통을 자랑하는 불교 선가의 以心傳心만큼은 아니지만, 적어도 이음전심以音傳心할 수 있는 금슬 같은 현악기는, 가히 선비들의 덕성수양과 품격 높은 교유에 고상한 반려가 될 만했다.

백아伯牙가 태산에 뜻을 두고 거문고를 타자, 종자기鐘子期가 듣고 "훌륭하다, 거문고 소리! 우뚝 솟은 太山 같구나!" 라고 감탄했다. 조금 뒤 백아가 흐르는 강물을 생각하며 타자, 종자기는 "훌륭하다, 거문고 소리! 도도히 흐르는 강물 같구나!" 라고 찬탄했다. 종자기가 죽자, 백아는 거문고를 부수고 줄을 끊어 종신토록 다시는 연주하지 않았다. 세상에 더 이상 지음知音이 없었기 때문이다.[9]

물론 공자와 제자들 사이에 일화를 비롯해, 지음에 관한 이야기는 숱하게 전해온다. 뿐만 아니라, 옹문자주雍門子周는 거문고를 하도 자유자재로 연주했는데, 맹상군孟嘗君의 요청에 따라, 구슬프게 울리고 빈부귀천까지 바뀌게 할 정도였다고 전한다.(說苑 卷11 善說) 그래서 악기 중 선비한테 가장 친밀한 것은 군자의 도덕을 수양할 수 있는 금슬을 으뜸으로 손꼽았다.(說苑 卷19, 修文)

(1) 교주고슬膠柱鼓瑟

게다가 금슬에는 현악기에 독특한 속성이 또 있다. 이른바 기러기발(柱)로 줄의 길이를 조절해, 음정을 조율할 수 있을 뿐만 아니라, 현의 탄성이 다해 늘어지면 현을 아예 갈아 끼워 바꿀 수가 있다. 바로 이 특성 때문에 그 유명한 '膠柱鼓瑟'이 '改弦更張'과 함께 '변법'을 상징하는 비유로 널리 인구에 회자해오고 있다.

기러기발을 아교로 붙여 줄을 조절할 수 없는 '교주고슬'은 '각주구검刻舟求劍'이나 '수주대토守株待兎'와 함께 고집불통 보수성을 대변한다. 춘추 말 이래 전국시대에 불어 닥친 변법개혁의 회오리 속에서 자연스럽게 역사무대에 등장한 걸로 보인다. 전국시대 조趙 효성왕孝成王 7년(전259) 진秦이 조趙를 공격했다. 조趙는 진의 이간질 헛소문을 믿고, 질병이 위독해진 린상여藺相如를 해임하고, 마복군馬服君 조사趙奢의 아들 조괄趙括을 대장군으로 새로 임명하려 했다. 이에 린상여가 간언했다.

"왕이 이름과 소문만으로 조괄한테 맡기면, 바로 기러기발을 아교로 붙인 채 거문고를 타는 교주고슬과 다름없다. 괄은 단지 지 아비가 적어둔 병서를 읽었을 뿐, 실전 경험이 전혀 없어 구체적 임기

9 說苑 卷8, 尊賢편; 呂氏春秋 卷第14, 孝行覽第2, 本味편; 韓詩外傳 卷9 등 참조.

응변을 할 줄 모른다."(史記 卷81, 廉頗藺相如列傳)

허나 앞서 소개했듯이, 조왕은 임명을 강행해 참패하고 말았다.

참신한 비유로 명망을 얻은 '교주고슬'은, 한漢대 이후에 시대변화를 외면하는 수구 고집불통에 대한 비판이나 설득에 자주 애용하는 성어가 되었다. 한漢 회남왕 류안劉安(前180-前123)은 문하 빈객들을 시켜 회남홍렬淮南鴻烈을 편찬해 무제 초기에 헌상했다. 그 유명한 회남자에 보면 이런 말이 나온다.

"지금 한 군주의 법률서적을 쥐고서 대대로 전해오는 풍속을 부정·비난하는 짓은, 비유하자면 기러기발을 아교로 붙이고 거문고를 조율하려는 것과 같다."(淮南子 卷11, 齊俗訓)

그 뒤 소제昭帝 시원始元6년(前81) 염철회의를 개최해 그 토론내용을 '염철론'으로 기록했다. 그 염철론에 보면, 패권을 대변하는 법가 성향의 조정 대부 측이 세상물정 모르고 글이나 읽는 서생들을 비난하는 비유로 이 성어를 인용해 눈길을 끈다.

"노래란 높은 소리를 날카롭게 질러야 잘하는 게 아니라, 박자와 화음에 맞는 게 귀중하다. 변론도 미사려구가 훌륭한 게 아니라, 사실에 근거해 실사구시에 힘써야 한다. 소리가 좋아도 적절히 굴릴 줄 모르면 노래를 잘할 수 없고, 말이 좋고 착해도 변화를 모르면 변설을 잘한다 할 수 없다. 컴퍼스만 들고 삼각자를 비난하고, 수준기만 잡고 먹줄을 비난한다면, 한 구멍만 통하고 한 이치만 알 뿐, 저울질(權衡, 재량권)을 모르는 것이다. 자기가 직접 보지 못했다고 다른 사람을 믿지 못하니, 마치 여름 매미가 겨울 눈을 알지 못함과 같다. 한사코 옛 글에만 의지해 현재 세상에 대응하려 한다면, 마치 신辰성과 참參성이 늘 서로 동떨어져 있는 것과 같다. 또, 거문고 기러기발을 아교로 붙여 놓고 줄을 조율하려 한다면, 진실로 음정과 박자에 맞추기 어렵다. 그래서 공자도 세상에 등용되지 못하고, 맹가孟軻도 제후한테 천시당한 것이다."

이에 질세라, 유교를 대표하는 문학 유생들도 당차게 반박했다.

"햇빛 달빛도 소경은 볼 수 없고, 우레천둥소리도 귀머거리는 듣지 못한다. 음악을 모르는 자한테 말해봤자, 벙어리·귀머거리한테 말하는 격이니, 어찌 단지 매미가 눈을 모르는 정도에 그치랴? 무릇 이윤伊尹의 지혜와 강태공의 현명함으로도, 걸·주한테는 말이 통하지 않으니, 이는 말하는 자 잘못이 아니라 듣는 자 허물이다. 그래서 형荊에 화和씨는 옥돌(璞)을 껴안고 피눈물을 흘리며, '언제나 훌륭한 옥공이 조탁할까?' 라고 통곡했고; 굴원屈原은 호숫가를 배회하며 '언제나 고요皐陶가 현명히 통찰해줄까?' 라고 읊조렸다. 무릇 군주라면 누구나 현인을 얻어 자기를 보필할 직책을 맡겨 나라를 다스리고 싶어 한다. 하지만, 떠도는 말에 이끌리고 간사한 아첨에 미혹되어, 현성賢聖을 알아보지 못하고 멀리해 간신과 아첨꾼한테 정사를 맡기기 다반사다. 그래서 국가는 패망하고 현인은 암혈岩穴에서 굶주린다. 옛날 조고趙高가 남보다 뛰어난 재주와 뜻도 없으면서 만인의 위에 앉더니, 진秦나라를 뒤엎고 그 종실을 모조리 탕진했다. 거문고 자체를 모조리 잃어버렸거늘, 어찌 기러기발 아교칠해 조율하는 어리석음 비유에 그치랴?!"(桓寬, 鹽鐵論 卷5, 相刺편)

한편, 한시외전韓詩外傳에는 '교주膠柱'할 수 없는 이유를 설명하는 흥미로운 비유가 나오는데, 아마도 전국시대 일화인 듯하다. 조왕趙王이 초楚에 사신을 보내면서, 거문고를 연주해 들려주고 "반드시 내 말대로 하라! 내 말을 잃어버리지 않도록 신중하라!"고 신신당부했다. 너무도 장중해서, 사신은 명을 받고 엎드린 채 여쭈었다.

"대왕의 거문고 연주는 오늘처럼 구슬픈 적이 없었습니다."

왕이 "거문고를 방금 조율해서 그렇다."고 답했다. 사신이 "조율했으면 그 기러기발을 기억(기록)할 수 있습니까?" 라고 되묻자, 왕이 대답했다.

"불가하다. 하늘 날씨는 건조함과 습기가 수시로 다르고, 현은 완급이 다르다. 그에 따라 기러기발을 적절히 밀고 당기는 법이니, 그걸 어떻게 기억(기록)할 수 있단 말이냐?"

이에 사신도 화답해 아뢰었다.

"신하도 바로 이걸 비유로 말씀드립니다. 초나라는 우리 조나라에서 천여리나 떨어져 있고, 길흉 변화도 많을 것입니다. 흉한 일이면 조문하고, 길한 일이면 경하해야 하리니, 마치 거문고 기러기발을 밀고 당겨 조율하듯, 기억(기록)할 수 없습니다. 그래서 현명한 왕은 사신을 보낼 적에, 반드시 사람을 신중히 선택하되, 일단 사절로 뽑았으면 마음으로 믿고 전폭 위임하지, 자질구레한 구체적 언사를 당부하지 않는 법입니다."(韓詩外傳 卷第7)

비록 변법이나 법의 시행적용상의 변화융통성은 아니지만, 정치외교에서도 상황에 따라 임기응변 융통성을 자유자재로 부여하는 재량권 부여라는 관점에서, 그 취지와 의미맥락은 완전 상통하는 사례다.

(2) 개현경장改弦更張

지금까지 시대조류 변화를 도외시하고 전통만 고집하는 수구불통을 비판하는 부정적 '교주고슬' 사례를 살펴보았다. 이제 긍정 차원에서 변화를 적극 반영하고 시류에 순응해 발전을 도모하는, 명실상부한 변법의 대명사로서 '改弦更張'을 알아보자.

한초漢初 편찬된 회남자에 이미 이런 비유가 등장한다.

"본질적 도는 금석과 같아서 한번 조율하면 고칠 필요가 없지만, 구체적 일(예법)은 거문고와 같아서 모든 줄을 따로 조율해야 한다."

전국 시대 법가 중심의 변법론을 집대성한 내용을 간추려 소개하면 다음과 같다.

"인민은 곤란에 부닥치면 방편을 찾고, 우환에 궁박해지면 방비를 강구한다. 사람들은 자기가 아는 바를 활용해 피해를 제거하고 이익을 추구한다. … 하-은-주 삼대 禮制의 변화사례를 열거하면서, 오제五帝는 각기 다른 도덕으로 천하를 뒤덮었고, 삼왕三王은 각기 다른 사업으로 명망을 후세에 드리웠다. 이는 모두 시대변화에 맞춰 禮樂을 제정한 것이다. 비유하자면, 사광師曠이 거문고 기러기발(瑟柱)을 위아래로 옮겨 조율하면서, 촌척寸尺도 헤아리지 않고서 음정에 적중하지 않음이 없는 격이다. 고로 예악의 정황을 통달한 자는 음악을 제작(연주)할 수 있다. 근본을 중심에 두고 자의 눈가늠을 잘 알기 때문이다.

… 선왕 법제는 시의적절하지 못하면 폐지하고, 말세 사무도 훌륭하면 드러낸다. 그래서 禮樂은 항상 불변이 없다. 성인은 禮樂을 제정하지, 禮樂에 통제되지 않는다. 국가 통치는 항상 인민이익(利民)을 근본으로 삼고, 정치교화에 기본원칙은 법령이 잘 시행됨이 으뜸이다. 진실로 인민에게 이로우면 반드시 옛 법을 따를 필요가 없고, 일 처리에 원만하면 반드시 구태를 따를 필요가 없다.…道를 결여함은 道를 보전함만 못하다. 선왕의 시서詩書를 독송해도 그 말을 직접 들음만 못하고, 그 말을 들어도 말하는 뜻을 얻음만 못하다. 말하는 뜻을 얻어도 이를 말로 할 수는 없다. 그래서 道라고 말할 만한 道는 항상적인 도가 아니다. …

한번 시행된 禮와 한번 정해진 법으로 시대변화에 부응하려면, 권변에 적중할 수 없음이 분명하다. 성인은 道에 근거해 일(事)을 행하는데, 道는 금석악기처럼 한번 조율하면 다시 바꾸지 않지만, 일(事)은 현악기 금슬처럼 매 현을 손질해 조율하는 법이다. 法制와 禮義는 인민을 통치하는 도구이지, 통치의 목적은 아니다. 고로 仁은 경經이고 義는 기紀로서 만세불변의 원칙이며, 사람 재주를 살펴

수시로 적용하는 일은 매일 변화해도 된다. 천하에 어찌 항상 불변의 법이 있으랴? 세상사에 당하여 인간윤리에 맞고 천지에 순응하며 귀신한테도 상서롭다면 올바른 정치다. …

법도法度란 인민풍속을 살펴 완급을 조절하고, 기계器械란 시대변화에 따라 적절히 맞춰야 한다.… 성인이 법을 제정해 만민이 따르고, 현인이 禮를 제정해 보통사람이 지킨다. 法에 따르는 인민은 높이 천거할 수 없고, 禮를 지키는 사람은 임기응변을 할 수 없다. 귀로 청탁을 분별할 수 없는 자는 음을 조율해서는 안 되고, 마음으로 치란治亂의 근원을 모르는 자는 법을 제정해서는 안 된다. 반드시 독보적으로 듣는 총기와 독보적으로 보는 현명함을 갖춘 연후에야, 비로소 道를 자유자재로 행할 수 있다. 은殷도 하례夏禮를 바꾸고, 주周도 은례殷禮를 바꾸고, 춘추春秋도 주례周禮를 바꾸었다. 이렇듯 삼대三代에 禮가 서로 같지 않으니, 어찌 옛 것을 따르단 말인가?

법치가 생겨나는 근원을 알면 시대에 부응해 변화하고, 법치의 근원을 모르면 비록 옛 법을 따라도 끝내 혼란해진다. 지금 세상에 법률 전적은 시대에 맞춰 변화하고, 禮義는 풍속에 따라 바뀐다. 학자가 앞선 사업을 답습하고, 고전서적에 근거해 옛 가르침을 지키며, 지금 세상이 제대로 다스려지지 못한다고 비난하는 것은, 모난 자루를 들고 둥근 구멍을 뚫어 맞추려는 격이다. 제대로 적절히 꽉 맞추기는 어렵다."(淮南子 卷13, 氾論訓편)

회남자 직후, 독존유술의 대명사로 명망을 크게 떨친 동중서董仲舒(전179-전104)가, 무제의 잦은 대외 무력원정을 만류하고, 유가 덕교德敎와 禮樂을 크게 진작하도록 건의했다. 그 대책에서 동중서가 법령행정의 '해현경장解弦更張'을 적극 역설하면서, '更張'의 성어가 본격 등장한 듯하다.

"지금 한漢이 진秦의 뒤끝을 이어받아, 비록 그 폐해를 다스리고

자 하나 어찌할 수 없는 지경입니다. 法이 나오면 간악도 생겨나고, 명령이 내려지면 사기詐欺도 일어납니다. 한 해 옥안獄案이 수만·수천에 이르니, 마치 끓는 물에 탕湯을 퍼붓고, 땔감을 껴안고 불길에 뛰어드는 것처럼, 멈추기는커녕 오히려 더욱 심하게 치성할 뿐입니다. 비유하자면, 琴瑟이 심하게 음정에 맞지 않으면, 반드시 줄을 풀어 새로 묶어 조여 탄성을 맞춰야, 제대로 연주할 수 있는 것과 같습니다. 정치법령도 시행되지 않음이 심하면, 반드시 변화시켜 새로 교화를 베풀어야 다스릴 수 있습니다. 更張해야 하는데 更張하지 않는다면, 비록 제아무리 훌륭한 악사라도 잘 조율할 수 없고; 새로 변화해야 하는데 변화하지 않으면, 비록 위대한 현인도 잘 다스릴 수 없습니다. 기실 漢이 천하를 얻은 이래 항상 잘 다스리고자 노력했으나, 지금껏 잔악한 자의 살인을 제거하지 못한 것도, 그 잘못은 마땅히 새로 변화해야 하는데 새로 변화하지 못한 데 있습니다. 古人이 말하길, '연못에서 물고기를 얻고자 사념하면, 집에 돌아가 그물을 엮음만 못하다.'고 했습니다. 지금 정치를 시행해 다스리길 원한 지 70여년이 지났으니, 뒤로 한 발짝 물러나 교화방법을 새로 도모해야 합니다. 교화방법을 새로 변화하면 잘 다스릴 수 있으니, 재해는 날로 사라지고 복록은 날로 늘어갈 것입니다."(漢書 卷22, 禮樂志; 漢書 卷56 董仲舒傳)

허나 무제는 위력 과시에 골몰해 '경장' 건의를 무시했고, 만년에야 깨닫고 크게 후회했다.

정사正史에 보면, 그 뒤 역대 왕조 현인들이 정치득실 의론 과정에서 '경장' 비유를 곧잘 원용했다. 삼국지 편자 진수는 오吳의 쇠락을 평하면서 일침을 가했다.(三國志 卷48, 吳書3, 三嗣主傳)

"현량한 인재를 선발해 '개현역장改弦易張' 하지 못했으니, 비록 뜻이 착하고 배우길 좋아한들 혼란구제에 무슨 보탬이 되겠는가?"

진晉 무제 때, 류송劉頌(?-약301)은 상소문에서 동중서 말을 인용해 경장을 건의했고, 왕도王導는 해이해진 황실 기강의 경장을 요청했다. (晉書 卷46, 劉頌전; 卷65, 王導전)

북위 때 고숭高崇은 간명한 비유로 원대한 뜻을 전해 눈길을 끈다.

> "금슬琴瑟이 음률에 맞지 않으면 지음知音이 개현경장改弦更張하고, 사두마차에 말들이 잘 조화를 이루지 못하면 훌륭한 마부가 고삐를 잘 가다듬는다."

국가를 다스림에 인민이 나한테 귀순하지 않음보다는, 정치가 제대로 서지 못함을 걱정하는 게, 천추에 모든 제왕이 다 함께 따르는 보편원칙임을 강조한 것이다.(魏書 卷77 高崇전)

북위 때 태종이 토호들 발호에 근심하자, 최현백崔玄伯은 천하통치에 안민安民이 근본이니, 자질구레하니 곡직曲直을 따지면 안 된다면 경장 비유를 들었다.

> "비유하자면, 琴瑟이 조율이 안 되면 반드시 바꿔 更張하듯이, 法度가 형평을 잃으면 또한 한바탕 제도변경을 꾀해야 합니다."

그는 또, 사면은 비록 正道가 아니지만 임기응변 재량권으로 시행할 수 있으니, 일단 사면한 뒤 그래도 개과천선하지 않으면 주륙해도 늦지 않다고 건의했다.(魏書 卷24 崔玄伯傳)

소보인蕭寶夤도 "琴瑟은 반드시 화음을 이루도록 更張해서라도 적절히 조율해야 한다."고 강조한다.(魏書 卷59, 本傳)

수隋 초 아주 특출한 예술가인 만보상萬寶常은 음률에 귀신같은 천재로, 악보樂譜 64권을 지어 팔음八音을 둘러싼 궁법宮法을 논했다. 특히 그는 현을 바꾸고 기러기발을 옮기는 변화로, 무려 84조調、140률律에 1,800성聲을 분별했다고 한다. 얼마나 섬세하게 미묘한 지음이었는지 음악 전문가조차 아연실색할 기특한 독창성을 발휘했다고 한다.(北史 卷90, 藝術下; 隋書 卷78, 藝術)

듣자니, 현대에는 아주 거대한 파이프오르간이 무려 만萬 단위로 세분된 소리(音)를 낸다고 한다. 설령 제작자가 기계적 원리에 따라 그토록 지극히 섬세한 악기를 만들 수 있다고 할지라도, 반드시 그 모든 음을 완전히 정확히 구별하는 음악가가 존재한다고 기대하기는 지극히 어려울 것이다. 따라서 1,400여년전 1,800음을 분별한 만보상은 여전히 기특한 독보적 존재로 여겨진다.

또 양상희楊尙希는, 당시 인민은 적은데 관원이 많은 현실을, 양羊 열 마리에 목동은 아홉이란 말로 꼬집으며 비유했다.(隋書 卷46, 本傳)

"금琴에는 경장更張 원리가 있고 슬瑟에는 교주膠柱 이치가 없다."

당대 이후 송·원·명·청대에는 '경장' 비유가 더욱 빈번히 등장한다. 특히 주목할 만한 사례로는, 명 양수수楊守隨가 당시 정치현실을 준엄히 비판한 내용이다. 무종(正德) 좌우 측근들이 덕의德意를 받들지 못하고, 선조先朝의 량법良法을 죄다 更張해버리고, 선조先朝대 훌륭한 보좌대신을 모조리 모함해 도태시켜버렸다고 지적했다.(明史 卷186, 本傳)

보통 개현경장은 긍정적·발전적 개선으로서 변법을 가리키는데, 여기서는 개악후퇴를 힐난하는 비유로 쓰인 점이 특이해 눈에 띈다.

明 왕문휘汪文輝도 비슷한 지적을 한다.

"조종祖宗 立法이 지극히 정밀한데 시행되지 못함은, 법이 나빠서가 아니라, 인재를 얻지 못했기 때문이다. 지금 언관들이 걸핏하면 조목마다 날카롭게 更張을 주청하고, 부신部臣들은 또 언관言官과 뜻을 달리 조제祖制를 경솔히 변경해 어수선하다. 법을 제정해 폐단이 일면 다시 예전으로 복구하여, 정치는 적절한 통변通變이 없고 인민은 어느 장단에 손발을 맞춰야할지 몰라, 법령에 통일적 안정성이 없어 더욱 분란만 가중한다."(明史 卷215, 本傳)

이러한 논조는, 조선시대 변법 논의에서 조종성헌祖宗成憲과 량법미의良法美意를 내세워 경솔한 개정을 반대한 신중론과 일맥상통한다.[10]

특히, 구한말 갑오 '경장'(1894)과 청말 무술 '변법'(1898)은 같은 성격의 근대화 혁신추진 운동인데도, 표방해 붙인 명칭은 서로 다른 점이 흥미롭다. 역사에 가정은 불필요하고 무의미한 공상이지만, 만약 갑오 '경장'이 성공했더라면 '홍범洪範'이 지금 '헌법'을 대신해 국가 최고규범(法源)의 명칭이 되었을지도 모르겠다.

요컨대, 현악기 대표인 '금슬'의 '개현경장' 비유는, 역대 변법 의론에서 약방에 감초처럼 빠지지 않고 즐겨 애용된 성어로서, 법과 음악의 긴밀한 비유관계를 잘 대변해준다.

5. 음악의 원리정신과 禮樂의 상호관계

공자는 시를 간추려 편찬하고 예악을 정비했다. 공자가 위衛에서 로魯로 귀국한 뒤, 비로소 음악과 아송雅頌이 올바르게 제 자리를 얻었다고 스스로 술회할 정도다.(論語, 子罕) 또, 순임금 음악 소韶는 지극한 아름다움과 선함을 겸비했는데, 무왕의 음악 무武는 지극히 아름답지만 선함은 지극하지 못하다고 공자는 평했다. 게다가 공자가 로魯 조정 악사한테 음악에 대해 평론한 걸 보면, 그 전문식견은 충분히 짐작할 만하다.(論語, 八佾; 史記 卷47, 孔子世家)

특히, 맹자는 공자의 도덕 집대성을 평론하면서 교향악 조화로 비유해 눈길을 끈다.

"백이는 성인 가운데 청정한 분이고, 이윤은 성인 가운데 책임감 강한 분이며, 류하혜는 성인 가운데 화목한 분이고, 공자는 성인 가운데 시의적절한(時中) 분이라네. 공자는 이 세 성인을 집대성한 셈이니, 집대성이란 금속 악기 소리로 떨쳐 옥돌 악기로 울려 끝맺는 격이지. 금속악기 소리는 음악연주를 시작할 때 조리 정연함이고,

---

10 박병호, 한국법제사(민속원, 2012), 99-110면 참조.

옥돌 악기 울림은 마칠 때 조리 정연함이네. 시작할 때 조리는 지혜로움이고, 마칠 때 조리는 거룩함이니; 지혜는 비유하면 정교함이고, 거룩함은 비유하면 힘(능력)이지. 백보 밖에서 활을 쏘아서, 화살이 과녁에 이름은 자네 힘이지만, 적중함은 자네 힘이 아닐세."(孟子, 萬章下)

순자는 禮論과 함께 악론樂論을 종합 정리했는데, 이는 한대漢代 편집된 걸로 전해지는 禮記와 역대 정사正史 례악지禮樂志를 비롯해 많은 고전에서 자주 원용되었다. 이제 순자 악론과 禮記 악기樂記 편 내용을 간추려 음악의 자연발생적 특성과 기본정신 및 禮樂의 상호관계 등을 소개한다.

(1) 음악의 자연발생적 특성

음악이란 즐거움(樂)이니, 인정人情상 결코 피할 수 없다. 사람이 즐거우면 소리(聲音)를 지르고 몸짓표정을 지어, 성품과 행실이 죄다 드러난다. 사람이 즐거워 밖으로 나타나는 표현이 적정 방도를 벗어나면 혼란스러워진다. 선왕이 혼란을 우려해 우아하고(雅) 송축하는(頌) 소리로 인도했다. 즉, 사람마음이 사물에 감동해 낸 소리가 상호 감응해 변화가 생겨 정형(方, 패턴)을 이루면 음音이고, 音에 따라 흥겹게 악기와 춤을 곁들이면 악樂이다.

사람이 사물에서 느낀 감정은 다채롭고, 희喜·노怒·애哀·락樂·애愛·경敬에 따라 발하는 소리빛깔은 각각 독특하니 다르다. 슬픈 소리는 애처롭고, 즐거운 소리는 흥겹고 평안하며, 기쁜 소리는 들떠 발산하고, 분노의 소리는 사납고 거칠며, 공경하는 소리는 곧고 모나며, 사랑스런 소리는 온화하고 부드럽다. 여섯 소리는 천성이 아니라 사물에 감동해 나타나므로, 선왕이 사람 마음을 감동시키는 사물에 신중했다. 따라서 사람 심정에서 저절로 발하는 소리와 음악을 들으면 나라 정치를 알 수 있다. 치세治世에는 안락하고 온화하며, 난세에는 원망분노에 차서 괴팍하고, 망국에 음악은 애처롭고 수심에 차며 곤궁하다.

한편, 사람이 타고난 천성은 본디 고요한데, 사물에 감동해 천성에 욕망의 물결이 인다. 사물에 접촉해 지각하면 좋고 싫음(好惡)이 생기는데, 애호와 혐오를 마음이 절제하지 못해 바깥 유혹에 이끌려 방탕하면, 천리天理가 소멸한다. 보고 듣고 맛보고 냄새 맡고 만지고 생각하는 사물은 무궁하다. 사람이 탐착과 혐오를 절제하지 못하면, 사람이 사물에 동화하는 '인화물人化物'로, 天理가 끊기고 인욕人欲의 질풍노도에 휘둘린다. 이에 패역무도와 협박·사기위조·음란 등 온갖 죄악이 발생한다. 고로 군자는 귀로 음란한 소리를 듣지 않고, 눈으로 여색女色을 보지 않으며, 입으로 나쁜 말을 뱉지 않는다. 이 셋은 군자가 근신한다.(荀子, 樂論) 공자가 비례非禮는 보지도 듣지도 말하지도 행하지도 말라고 가르친 '사물四勿'론이다.

(2) 소리 진동의 공명동조와 음악의 감화력

한 걸음 나아가, 견물생심의 욕정으로 혼란이 빚어짐을 방지하기 위해, 적절한 희노喜怒의 대응책으로 등장한다. 이것이 바로 음악과 예법과 형벌이다.

사람 마음의 수동적 감명 기능은, 소극적·부정적 견물생심뿐만 아니라, 적극적·긍정적 감수성 활용의 근거 기제로도 역이용될 수 있다. 주역周易 건괘乾卦 문언文言에 그 원리가 나온다.

"같은 소리(주파수)끼리 서로 감응하고 같은 기운끼리 서로 추구한다. 물은 젖은(낮은) 곳으로 흐르고, 불은 마른(높은) 곳으로 나간다. 구름은 龍을 따르고, 바람은 호랑이를 따른다. 사물은 각자 끼리끼리 따른다.(同聲相應, 同氣相求. 水流濕 火就燥 雲從龍 風從虎. 各從其類也.)"

소리 파동뿐만 아니라 에너지 기운도 같은 것끼리 서로 감응해 공명동조를 이루기 때문이다. 즉, 맑고 밝고 좋은 소리 파동과 에너지 기운을 일부러 발생시켜, 그에 상응하는 자기장을 적극 유도하는 것이 바로 예악 교화다. 순자는 이러한 원리를 터득해 밝혔다.

간사한 소리가 사람을 감염하면 역기逆氣가 호응하고, 逆氣가 구체 모습을 드러내 현상화하면 혼란이 발생한다. 올바른 소리가 사람을 감동시키면 순기順氣가 호응하고, 順氣가 구체 모습을 드러내 현상화하면 태평세가 이루어진다. 선창과 화답이 서로 호응해 선악의 현상이 나타나므로, 군자는 그 거취에 아주 근신한다. 군자는 종고鐘鼓로 뜻을 밝히고 금슬로 마음을 즐겁게 하며, 창과 도끼로 움직이고 깃발과 깃털로 장식해 편경과 관악기(磬管)로 뒤따른다.

그 소리는 즐겁되 방탕하지 않고, 가사는 분명하되 망상을 일으키지 않는다. 가락·박자·율동·절주節奏 등은 사람들 선심善心을 불러일으키고, 사악하거나 오염된 기운이 접근할 수 없도록 음악을 제정한 것이다. 우아한 음악을 종묘에서 군신상하가 함께 들으면 화경和敬하고, 집안에서 부자형제가 함께 들으면 화친和親하며, 향리나 종족에서 장유가 함께 들으면 화순和順하니, 조'和'롭게 합주合奏해 화려하고 장엄한 문화(교향악)를 이룬다.

아송雅頌의 소리를 들으면 뜻이 넓어지고, 창과 도끼를 들고 위아래로 굽혔다 펴는 동작은 용모를 장엄하게 하며, 단정하고 절도 있는 움직임이 절주節奏에 맞아 질서정연한 항렬과 가지런한 진퇴를 이룬다. 음악은 밖으로는 정벌주륙을 단행하고, 안으로는 읍양揖讓을 일깨우니, 유순한 복종을 감화하는 정신은 한결같다. 음악은 천하를 크게 가지런히 다스림(大齊)이고 중화中和의 기강이며, 인정상 피할 수 없는 자연스런 문화다.

음악은 희열을 수식한 문화고, 군대병기와 형벌은 선왕이 분노를 수식한 도구다. 임금이 기뻐하면 천하가 조화롭고 분노하면 포악한 자들이 두려워하도록, 희노 감정을 적절히 수식한 禮樂이 흥성하게 되었다. 특히 성악聲樂은 사람 마음에 깊이 스며들어 재빨리 감화시키는 까닭에, 선왕이 신중히 정비했다. 음악이 중평中平을 이루면 인민이 화합해 방탕하지 않고, 음악이 엄숙·장중하면 인민이 가지런해져 혼란이 없다. 인민이 화합하고 가지런하면, 병력이 강해지고 성곽이 견고해져, 적국이 감히 넘볼 수 없고, 백성이 평안히 거주하며 생업을 즐기게 된다.

거꾸로, 禮樂이 퇴폐해 간사한 음악이 일면, 국가가 위태로워지고 모욕을 당하는 근본 원인이 된다. 그래서 선왕은 禮樂을 귀중히 여겨 간사한 음악을 천시했고, 막중한 직책을 악관인 태사太師한테 맡겼다.

요컨대, 聖人이 민심을 선하게 깊이 감동시켜 풍속을 좋게 바꾸기 쉬운 감화방편으로 음악을 매우 중시했고, 禮樂으로 인민을 화목하게 인도했다.(荀子, 樂論)

(3) 지음知音과 치음治音 - 禮樂의 교화 기능

음音은 인심人心에서 생기고, 악樂은 윤리倫理와 통한다. 고로 성聲을 알고 음音을 모르면 금수고, 音을 알고 樂을 모르면 범부중생이다. 오직 군자만 음악을 알 수 있다. 聲을 살펴 音을 알고, 音을 살펴 樂을 알며, 樂을 살펴 정치를 알면, 통치방도가 갖추어진다. 聲도 모르면 音을 말할 수 없고, 音을 모르면 樂을 말할 수 없다. 樂을 알면 禮에 가까우니, 禮樂을 모두 얻어야 德이 있다. 그래서 德이란 (도와 음악을) 얻음(得)이다.

따라서 선왕이 禮樂을 제정해 사람을 절제시킨 것이다. 禮는 민심民心을 절제하고, 樂은 민성民聲을 조화하며, 정政으로 시행하고 형刑으로 방지한다. 禮樂刑政이 사방으로 통달해 어긋나지 않으면 왕도王道가 완비된다. 禮로 뜻을 인도하고, 樂으로 소리 조화를 꾀하며, 政으로 행위규범을 통일하고, 刑으로 간사함을 방지한다. 禮樂刑政의 궁극 목적은 하나다. 民心을 화합시켜 잘 다스리는 방도다.

음악을 행해 의지가 청명하고, 禮를 닦아 행실이 성취되면, 이목이 총명하고 혈기가 화평和平하며, 풍속이 선하게 바뀌어, 천하가 모두 안녕하고 미담선행으로 서로 즐겁게 된다. 음악은 즐거움이다. 군자는 道 얻기를 즐겨하고, 소인은 욕망을 얻기를 즐겨한다. 道로 욕망을 절제하면 즐거우면서 혼란에 이르지 않고, 욕망으로 道를 잊으면 미혹에 빠져 즐겁지 못하다. 고로 음악은 즐거움을 인도(道樂)하는 방편이고, 금석사죽金石絲竹 악기는 덕행을 인도(道德)하는 도구니, 음악이 잘 시행되면 인민과 향촌이 방정해진다. 고로 음악은 사람 다스리는 최고 훌륭한 방도다.

음악의 감정이입과 공명진동 영향력은 이처럼 막강하다. 허나 예나 지금이나 동서양을 막론하고, 고상하고 우아한 좋은 음악은 파동과 기운이 아주 맑고 밝고 섬세하기에, 일반 통속적 세인들이 좋아하기는 쉽지 않다. 특히, 춘추전국 이후 왕도王道보단 패권을 앞세운 혼란무도한 말세에, 권력욕과 지배욕에 탐착한 속물 군주들이 우아한 고전음악에 공명·동조해 즐기기란 결코 쉬운 일이 아니었다. 다음 고사는 고전음악 좋아하기가 얼마나 어려운지 여실히 알려준다.

위문후魏文侯가 자하子夏한테 물었다.

"내가 면류관을 정제하고 고전음악古樂을 들으며 누워 잠을 자고 싶어지고, 정鄭·위衛의 음音을 들으면 물릴 줄 모르니, 고전음악古樂은 왜 그렇소?"

요즘 말로 우아하고 장중한 고전음악을 들으면 졸리고, 통속음악을 들으면 신나는 이유를 물은 것이다. 자하가 대답했다.

"고악古樂은 진퇴가 힘차며, 여러 악기가 바르고 광대한 화음을 이루며, 연주에 문무를 겸비하고 우아함과 장중함을 갖춰서, 군자가 수신·제가·치국·평천하하는 방도로서 출발하기 때문이다. 요즘 통속음악은 진퇴가 구부정정하고 간사한 소리가 넘쳐, 그칠 줄 모르고 탐닉하며, 광대배우나 잡다한 부녀자들 오락용일 뿐, 부자父子도 모른다. 樂이라 말할 수도 없거니와, 옛 道라 말할 수 없다. 지금 군주가 질문한 건 樂인데, 좋아하는 건 音이다. 樂은 音과 서로 비슷해 보이지만 같지 않다. 옛날 천지사시가 순조롭고 인민이 덕스러워, 오곡이 번창하고 질병재앙이 생기지 않아, 크게 합당(大當)했다. 이에 성인이 父子·君臣의 도의로 올바른 기강을 세워, 천하가 크게 안정된 연후에, 六律을 바로잡고 화성和聲을 이루어, 시로 송축하며 악기로 노래를 불렀다. 이것이 시경에 말하는 덕음德音이고 올바른 樂이다. 지금 군주가 좋아하는 것은 닉음溺音이다. 음란한 정음鄭音, 부녀자에 빠져 의지를 잃은 송음宋音, 번잡한 위음衛音, 오만한 제음齊音, 이 넷은 모두 음탕한 여색에 빠져 덕을 해치니, 제사祭祀에 쓰지 않는다. 공경으로 조화를 이루면 무슨 일인들 시행되지 않으리? 군주는 애호와 혐오에 근신해야 한다. 군주가 좋아하면 신하가 본받고 인민이 따라 한다."(禮記, 樂記)

나중에 전국시대 맹자가 제선왕한테 역설한 '여민락與民樂'론도 일맥상통하는 음악교화 정치론이다.

(4) 음악과 禮法의 상호관계

禮記에는 공자 말로 禮樂 관계를 이렇게 설명한다.

사람은 잠시도 禮樂을 떠날 수 없다. 음악으로 마음을 다스려 평이하고 정직하며, 온화한 마음이 충만해지면 즐겁고, 즐거우면 평안하고, 평안하면 오래 지속되며, 하늘에 부합하여 신명과 통한다. 하늘은 말이 없이도 미덥고, 신명은 노하지 않아도 위엄 있으니, 음악으로 마음을 다스리는 것이다.

禮를 갖추어 자신을 다스리면, 장중 공경해지고 위엄이 따른다. 마음속이 잠시라도 화락하지 못하면, 야비하고 간사한 마음이 끼어든다. 외모가 잠시라도 장중 공경하지 못하면, 오만한 마음이 거드름을 피운다. 고로 樂은 안에서 움직이고, 禮는 밖에서 움직인다. 樂이 지극하면 평和롭고, 禮가 지극하면 順해진다. 안으로 평和롭고 밖으로 順하면, 사람들이 그 안색을 우러러보고 다투지 않게 되고, 그 용모를 바라보고 감히 오만을 부리지 않게 된다. 德이 안에서 눈부시게 움직여 사람들이 받들어 듣지 않을 수 없고, 道理가 밖으로 발산해 사람들이 받들어 순종하게 된다. 그래서 禮樂의 도를 갖추면, 온 천하를 다스림도 어렵지 않다고 말한다.

樂은 서로 친하게 동화시키고, 禮는 서로 공경하게 분별한다. 樂이 지나치면 안일방탕으로 흐르고, 禮가 과도하면 서먹하니 소원해진다. 감정을 화합하고 용모를 단정히 꾸밈이 禮樂이다. 禮義가 서면 귀천에 질서가 서고, 음악에 공명동조하면 상하가 화합한다. 애호(상)와 혐오(벌)가 분명하면 현불초가 구별되고, 형벌로 포악을 금하고 관작으로 현인을 천거하면 정치가 안정된다. 仁으로 사랑하고 義로 바로잡으면, 인민은 잘 다스려진다.

樂은 속에서 나와 고요하고, 禮는 바깥에서 만들어져 문채가 있다. 위대한 음악은 반드시 평이하고, 위대한 예절은 반드시 간명하다.(大樂必易, 大禮必簡.) 음악이 지극하면 원망이 없고, 예절이 지극하면 다툼이 없다. 겸양으로 천하를 다스림이 바로 禮樂이다.

樂은 천지에 조和로 만물을 변화시키며, 禮는 천지에 질서로 중생을 분별한다. 樂은 하늘에서 만들어지고, 禮는 땅으로 절제한다. 봄에 싹터 여름에 성장함은 仁으로 악에 가깝고, 가을에 거둬 겨울에 갈무리함은 義로 禮에 가깝다. 樂은 돈독한 조화로 神명을 거느려 하늘에 따르고, 禮는 적절한 분별로 음鬼에 속해 땅에 따른다.

樂은 안에서 움직여 채워가고, 禮는 밖에서 움직여 덜어간다. 禮는 덜어서 전진하는 문화이고, 樂은 채워서 돌이키는 문화이다. 禮가 덜기만 하고 전진하지 않으면 소진하고, 樂이 채우기만 하고 돌이키지 못하면 방탕해진다. 그래서 禮는 보답이 있고, 樂은 돌이킴(반응, 화답)이 있다. 禮가 보답을 얻으면 즐겁고, 樂이 돌이킴(반응, 화답)을 얻으면 평안하다. 禮의 보답과 樂의 돌이킴(반응, 화답)은 기실 그 정신이 한가지다.(禮記, 樂記)

한편, 백호통(白虎通 卷第3, 禮樂)에는, 태평성세에 비로소 禮樂을 제정하는 것은 禮樂이 사음奢淫을 방지하는 수단이기 때문인데, 천하인민이 기한飢寒에 시달리면 즐거울 수 없으므로 禮樂을 제정해 시행할 여유가 없다고 밝힌다. 공功을 이룬 뒤 악樂을 작곡하고, 통치가 안정되어 禮를 제정하는데, 樂은 陽이라 선창하므로 '作'이라 부르고, 禮는 陰이라 陽한테 제어되기에 '制'라 부른다고 설명한다.

순자 악론樂論에 따르면, 음악은 불변의 조'和'이고, 禮는 불변의 도'理'다. 음악은 같은 걸 화합하고, 禮는 다른 걸 분별하니, 이지적 禮와 감성적 樂을 통합해 人心을 잘 관리한다. 근본을 궁구해 변화를 다함이 음악 속성이고, 정성을 드러내 사위詐僞를 제거함이 禮의 정신이다.

(5) 춘추시대 음악론과 예악 관계

춘추시대 예악은 제후국간 쟁패에 매우 중요한 가늠자로서, 인민을 징발해 전쟁에 동원하는 핵심조건이기도 했다. 진晉 헌공이 괵虢을 정벌하려 하자, 사위士蔿가 교만한 괵공虢公이 민심 잃기를 기다려 치자고 만류하면서 펼친 전쟁론이다.

"禮、樂、慈、愛는 전쟁에 필수요건이다. 인민은 겸양한 禮、화락한 樂、혈친 사랑의 慈、초상에 조문 애도의 愛를 두루 베풀어야,

비로소 목숨 걸고 싸운다. 이런 요건을 갖추지 않으면, 인민 사기가 떨어진다."(春秋左傳, 莊公27(前667)年)

또, 초楚 성왕이 제후들과 송宋을 포위해, 진晉 문공이 구원하러 피려被廬에 삼군三軍을 출정하며 원수元帥를 물색했다. 이에 조쇠趙衰는 극곡郤穀이 禮樂을 즐겨 말하고 詩書에 돈독해 적임자라고 추천하며, 그 이유를 설명했다.

"詩와 書는 義에 창고요, 禮와 樂은 德에 원칙이며, 德과 義는 利에 근본이다."

그 결과 진晉은 송宋에 포위를 풀어주고 단판에 패권을 차지했다.(春秋左傳 僖公27(前633)年)

물론, 제후국간에 일상 외교관계에서도 사절의 詩書禮樂 교양은 국가 품격을 가늠하는 중요한 척도로서, 상대국에 현인 유무와 국력 허실을 알리는 핵심 풍향계이기도 했다. 춘추전국 시대 역사에는 관련 기록이 숱하게 등장한다.

로魯 목숙穆叔(숙손표叔孫豹)이 진晉에 답례사절로 갔다. 진후晉侯가 연회를 베풀어 위로하며, 종과 북을 치며 '사하肆夏'를 연주하자, 목숙은 절하지 않았다. 이어 악공이 '文王' 시를 노래해도 절하지 않았다. '록명鹿鳴'을 세 번 노래하자, 비로소 세 번 절했다. 한헌자韓獻子가 사람을 시켜 그 까닭을 물었다.

"그대가 군명君命을 받들어 폐읍敝邑에 왕림해, 선군先君의 禮에 따라 음악으로 그대를 위로하는데, 그대가 큰 음악은 놓아두고 미세한 음악에 거듭 절함은 도대체 무슨 禮법이오?"

이에 목숙이 대답했다.

"'삼하三夏'는 천자가 제후한테 베푸는 연회음악이라, 외교사신으로서 감히 들을 수 없고; '文王'은 두 군주의 상견례 음악이라, 외교사신이 끼어들 수 없소. '록명鹿鳴'은 귀국 군주가 저희 과군寡君을 찬상하는 음악이니, 절하지 않을 수 없고; '사모四牡'는 군주가 외교사신을 위로하는 음악이니, 절하지 않을 없소. '황황자화皇皇者華'는 군주가 외교사신을 가르치는 음악이라, 다섯 선익善益을 얻으니, 감히 거듭 절하지 않을 수 있겠소?"(春秋左傳, 襄公4(前569)年)

말하자면, 음악에도 예법이 질서정연하다며, 사신으로서 위계와 분수를 지켜, 국가 품격과 군주 체통을 높인 것이다. 진晉은 로魯 사절이 얼마나 예악에 밝은지 한번 넌지시 시험해본 셈이다. 전래 설화에도, 중국 사절이 우리나라에 와서 인재가 있는지, 경학과 예악에 얼마나 밝은지 떠보는 곤혹스런 질문을 던지고, 이에 슬기롭게 답변한 일화가 숱하게 전해온다.

정鄭이 진후晉侯한테 굴복해, 동맹에 가담하며 수많은 악사樂師·악기·마차 등을 바쳤다. 晉侯는 위강魏絳의 공로를 포상해, 특별히 그 절반을 하사했다. 그 가르침 덕분에 융적戎狄과 평화롭게 지내며, 8년 동안 제후를 규합해 음악의 화성처럼 조화로워 사례로 주니, 악기를 받아 함께 즐기자고 청한 것이다. 위강은 겸손한 언사로 극구 사양하며, 안락할 때 유종의 미를 사념해야 한다고, 또 다른 음악론으로 화답했다.

"무릇 음악은 德에 평안하니, 義로 거처하고 禮로 행하며, 信으로 지키고 仁으로 장려합니다. 그런 연후에 나라(邦國)에 펼치고 복록福祿을 고루 나누며, 먼 곳 사람을 오게 합니다. 그래서 즐거운 음악이라 합니다. 서경에 나오듯, '평안에 거해 위험을 사유합니다.' 사유하면 대비하고, 대비하면 환난이 없으니, 감히 법도로 삼으십시오."

이에 위강魏絳이 비로소 금석金石 음악을 누리게 되었으니, 禮에 맞는 취득이라고 평한다.(春秋左傳 襄公11(前562)年)

한편, 조간자趙簡子 질문에 자대숙子大叔은 선대부先大夫 자산子產 말을 인용해 예악형정 전반을 평론한다.

"무릇 禮란 하늘에 경經이며 땅에 義이고 인민에 행(위규범)이다. 천지에 經이기에 인민이 실로 법칙으로 삼는다. 하늘에 밝음(明)을 법 삼고, 땅에 성질에 말미암기에, 육기六氣가 발생하고 오행五行이 활용하여, 맛은 오미五味, 빛은 오색五色, 소리는 오성五聲이 된다. 그런데 물질감각이 지나쳐 어지러워지면, 사람이 본성을 상실하기에, 禮를 제정해 절제하고 봉양한다. 가축희생으로 五味를 봉양하고, 문채로 五色을 봉양하며, 구가九歌·팔풍八風·칠음七音·육률六律로 五聲을 봉양한다. …인민이 경외하는 형벌과 감옥은 천동번개의 위엄을 취하고, 온화와 자혜는 하늘의 만물생육을 본받는다. 인민의 호好·오惡·희喜·노怒·애哀·락樂의 감정은 六氣에서 생기므로, 각각 그 바탕을 살펴 육지六志를 절제한다. 예컨대, 슬프면 울고, 즐거우면 노래하고 춤추며, 기쁘면 기꺼이 보시하고, 노하면 싸우는데, 기쁨은 좋아해서 생기고, 노함은 싫어해서 생긴다. 그래서 정령政令을 신중히 내리고 상벌을 미덥게 시행해 생사生死를 통제한다. 生은 좋아하고 死는 싫어하는데, 좋으면 즐거워하고 싫으면 슬퍼한다. 그래서 슬픔과 기쁨이 禮에서 벗어나지 않게 절제해, 천지자연의 본성에 협화하고 오래도록 평화질서를 유지한다. …요컨대, 禮란 상하에 기강이고 천지에 경위經緯이며, 인민이 생활하는 법도이다. 그래서 선왕이 禮를 숭상했다. 사람이 자유자재로 禮에 부합하게 행동하면, 곧 도덕 완성자(成人)라 일컫는다."(春秋左傳, 昭公25(前517)年)

예의 본질정신과 효용기능을 종합한 禮論이지만, 그 안에 예와 음악의 관계도 포함하고, 예악의 공통 궁극목적인 평화조화를 간명히 요약하고 있다.

6. 법과 음악의 궁극이념으로서 화和

이제 예·법과 음악에 공통된 궁극목적으로서 조화·평화 이념을 살펴보기로 하자. 음악에 핵심이 화음·화성이고, 예와 법에 공통 목적이 평화·화해(조화) 질서임은 누구나 인정할 것이다. 음악에 화음·화성은 영어로 'harmony'이고, 예법에 평화는 영어로 'peace'다. 양자는 사뭇 달라 보이지만, 한자漢字로는 '和'로 통용한다.

영어 'harmony'는 어원상 'joint'를 뜻하는 라틴어 '*harmonia*'와 고대 그리스어 '*harmos*'에서 유래했는데, 'harmony'와 어원상 동근同根인 'arm'은 어원상 'shoulder'를 뜻하는 라틴어 '*armus*'와 'joint'를 뜻하는 고대 그리스어 '*harmos*'에서 유래했다고 한다. 한편 영어 'peace'는 라틴어 '*pac-*' '*pax*'에서 유래했는데, 이와 친족관계인 라틴어 '*pacisci*'는 'agree'를 뜻한다고 한다. 또 밀접한 관련성이 있는 영어 'pact'는 라틴어 '*pacisci*'의 과거분사형인 '*pactus*'의 중성형 '*pactum*'에서 유래했다고 한다. 방금 소개했듯이, '*pacisci*'는 'peace'의 어원인 라틴어 '*pac-*' '*pax*'와 밀접한 친족관계로 'agree', 'contract'를 뜻한다고 한다.[11]

이를 종합하면, '화성·화음·조화'를 뜻하는 'harmony'는, 어원상 주로 물질적인 두 개 이상의 이음·연결 상태나, 그 구체적 실례로서 어깨·팔에서 비롯한 것임을 알 수 있다. 자동차나 기계에서 쓰이는 'universal joint'는 만능자재이음으로, 마치 우리 어깨처럼 상하좌우 모든 방향으로 마음대로 뜻대로 자유롭게 움직이고 회전할 수 있다. 이야말로 '조화'의 전형적 이상이 아닐까? 우리(동물) 몸의 관절이나 수의근隨意筋 중 어느 하나만 잠시라도 뜻대로 마음대로 따라주지 않는다면, 얼마나 불편한 부조화로 불평불만을 초래할지, 누구나 다 알 것이다.

---

11 Webster's New Collegiate Dictionary(1979), 519면·60면, 835면·816면.

'평화·화해'를 뜻하는 'peace'는 주로 인간의 주관적 정신적 일치나 수용을 가리켜, 관점·바람·의견·느낌·목적 등의 조화로운 합치 상태를 뜻한다. 동서양을 막론하고, 국가·군주·법의 발생기원론과 밀접히 관련하여, 이른바 십인십색의 다름, 백인백색의 불일치, 만인에 대한 만인의 투쟁이 주요 원인으로 지목된다. 그로 인한 다툼과 혼란 상태를 해소하고, 다 함께 평화로운 질서를 유지하며 잘살기 위함이, 바로 예법의 궁극 목적임을 가리킨다.

그러면 우리 동아시아 한문漢文에서 禮法과 음악에 공통 목적인 '和'는 어원상 본래의미가 어떠할까? '和'는 현재 문자 형태로 보면, '벼 화(禾)'와 '입 구(口)'가 합쳐진 글자라, 입맛과 관련한 어원이 아닐까 짐작할 수 있다. 후한 때 허신의 설문해자에도, '口'部에 속한 '咊(和)는 상응함이니, 입 口를 좇아 禾는 소리를 나타낸다.'고 전한다.(二篇上) 실제로, 춘추 말 제나라 명재상 안영晏嬰도 '和'를 맛의 조화로 풀이해 유력한 방증근거를 제공한다.

제 경공이 사냥에서 돌아오는데 안자가 맞이했다. 측근 자유子猶가 재빨리 말을 몰아 나가 영접하자, 경공이 흐뭇해하며 자기와 조화를 잘 이룬다고 칭찬했다. 안자가 이는 한통속이지 조화가 아니라고 힐난하자, 경공이 "조화와 한통속(同)이 다르냐?"고 물었다. 안자 대답이 참 걸작이다.

> "다릅니다. 조화는 국을 끓임과 같습니다. 물、불、식초、젓갈、소금、매실로 고깃국(魚肉)을 끓일 때, 주방장이 장작으로 불 때며 간과 맛이 모자라면 덧보태고 넘치면 희석해 조화調和하니, 군자가 먹어 마음이 평화롭습니다. 임금과 신하도 그러합니다. 임금이 가하다고 말해도 아닌 게 있으면, 신하가 아닌 걸 아뢰어 가한 걸 완성시키고; 거꾸로 임금이 아니라고 말해도 가한 게 있으면, 신하가 가함을 아뢰어 아닌 걸 제거해야 합니다. 그래야 정치가 평화롭고 어그

러짐이 없으며, 인민도 시비를 다투는 마음이 없어집니다. 그래서 시경에도 '또한 국 맛 조화 이루어, 주방장 조심하고 맛 평온하니, 제사상에 바쳐 신 강림하사 허물없고, 한때 누구도 다툼 없어라.'고 읊습니다. 선왕께서는 다섯 맛을 간맞추고, 다섯 소리 화성 이루어, 마음 평화로워져 정치가 안정을 이루었습니다. 소리도 맛과 같아서, 1기운, 2바탕, 3종류, 4물건, 5성聲, 6률律, 7음音, 8풍風, 9가歌가 서로 어우러집니다. 소리의 청탁、대소、장단、완급、애락、강유剛柔、지속遲速、고하、출입、주소周疏가 서로 균형조화를 이루어야, 군자가 듣고 마음이 평화롭습니다. 마음이 평화롭고, 덕이 조화를 이루기에. 시경에도 '덕 있는 소리는 흠이 없다(德音不瑕)'고 노래합니다. 지금 자유는 그렇지 못합니다. 임금이 가하다고 말하면 자유도 가하다 말하고, 임금이 아니라 말하면 자유도 아니라 말합니다. 만약 맹물로 국물을 간맞춘다면, 누가 먹을 수 있겠습니까? 또 만약 거문고 줄 하나만 오로지 탄다면, 누구 들을 수 있겠습니까? 한통속(同)은 이처럼 불가합니다."(春秋左傳 昭公20(前522)年)

여기서 안자는 맛의 조화와 음악의 조화 비유를 통해, 군신간에 군자다운 조화로운 도의정치를 설파한 것이다. 각기 다른 오미의 조화로 맛있는 국(음식)이 만들어지고, 다채로운 오성의 조화로 듣기 좋은 감미로운 음악이 연주되듯이, 각기 다른 개성과 서로 다른 관점·의견의 조화로, 살기 좋은 왕도정치가 펼쳐질 수 있음을 뜻한다. 간명한 비유로 밝힌 '和'론이다.

"군자는 조화를 이루되 한통속이 되진 않으며, 소인은 한통속은 이루되 조화를 이루지는 못한다."는 論語(子路)에 공자 말씀과 일맥상통한다. 또, "군자는 긍지를 지니되 다투지 않으며, 무리를 이루되 파당짓지는 않는다."는 (論語, 衛靈公) 말이나, "군자는 조화를 이루되 휩쓸리지 않는다.(君子和而不流)"는 (禮記, 中庸) 말과도 의미맥락이 비슷하다.

특히, 중용中庸 모두에 나오는 중화中和론은 그 의미가 더욱 분명하다.

"하늘이 부여함(하늘에서 품수함: 天命)을 (천)性(품)이라 하고, 천성을 따름을 道(길)라 부르며, 그 길을 닦음을 가르침(教)이라 일컫는다. 道란 잠시도 떠날(벗어날) 수 없으니, 떠날(벗어날) 수 있으면 道가 아니다. 그래서 군자는 눈에 보이지 않아도 신중히 경계하고, 귀에 들리지 않아도 삼가 두려워한다. 은밀해도 더욱 드러나고, 미세해도 더욱 뚜렷하기 때문이다. 그래서 군자는 홀로 있어도 신중히 삼간다. 희노애락이 피어나(발생하)지 않은 상태를 中이라 하고, 피어나(발생해) 모두 절도에 맞으면 和라고 부른다. 中은 천하에 위대한 근본(大本)이고, 和는 천하에 통달한 길이다. 중화中和에 이르면, 천지가 제 자리에 안정되고, 만물이 잘 발육 성장한다."[12]

말하자면, 고요한 천성이 바로 마음바탕인 '중'용이고, 마음에 일렁이는 오욕칠정 온갖 감정이 중용절도에 알맞게 어우러지면 곧 조'화'요, 그 마음 상태가 바로 평'화'인 것이다.

한편, '和'가 어원상 맛의 조화보다는, 음악의 화성에서 비롯했다는 유력한 반론도 만만찮다. 우선 허신의 설문해자에는 '口' 部에 속한 '咊(和)'와 별도로, '약龠' 部에 속한 '화龢' 자가 나온다.

"'龢'는 '조調'로 '龠'을 좇아 만들어지고, '禾'는 소리를 나타내는데, 독음讀音은 '咊(和)'와 같다."

주석에는 '그 독음이 같을 따름이다.'고 해서, 뜻과 글자는 각기 다른 것으로 보았다.(二篇上)

"약龠은 악기에 죽관竹管인데, 세 구멍으로 뭇 소리의 조화(화성, 화음)를 이룬다. 품品과 륜侖을 좇아 이루어졌으니, 侖은 理다."

---

12 禮記, 中庸: "天命之謂性, 率性之謂道, 脩道之謂教. 道也者, 不可須臾離也. 可離, 非道也. …故君子愼其獨也. 喜怒哀樂之未發, 謂之中; 發而皆中節, 謂之和. 中也者, 天下之大本也; 和也者, 天下之達道也. 致中和, 天地位焉, 萬物育焉."

여기서 세 구멍을 뜻하는 '品'은, 셋으로 '뭇·여럿(衆庶)'을 대표하느라 '세 입(三口)'을 취한 것이다. 실제로는 훨씬 많은 구멍을 뜻할 수 있다. 후대 전적典籍에서 문자 그대로 3공孔으로 보기도 하지만, 모전毛傳은 6孔이라 하고, 광아廣雅는 7공이라 한다.(二篇上)

중衆의 본자本字인 众도 3인으로 다중을 대표했고, 손을 뜻하는 手와 오른손을 뜻하는 (又)도 세 손가락으로 다섯 손가락을 대표했다. 후자 해석이 더 설득력 있다.(第三篇下) 참고로, 왼손을 뜻하는 글자(屮:左)는 따로 있으며, 손가락 방향이 오른손과 거꾸로 오른쪽으로 휜 모습이다.

한편, 근래 눈부시게 발전한 갑골문 및 금석문 연구보고에 따르면, '咊(和)'의 本字는 '龢'이고, '龠'은 으로 나타난다. 금문金文에서는  또는 으로 변모하고, 소전小篆에 와서 두口가 세口(구멍)로 변하며, 밑 부분이 '책冊' 자와 같게 바뀌었다고 한다. 갑골문의 모습은 두 죽관을 하나의 끈으로 묶은 쌍관악기를 상징하고, 네모는 죽관의 구멍을 나타낸다고 한다. 따라서 '龢' 자는 본디 고대 악기로, 이아爾雅에서 '대생大笙은 소巢라 부르고, 소생小笙은 和라 부른다.'고 했다. 작은 생황인 '和'가 바로 '龢'를 가리키며, '龢'가 점차 간소화하여 나중에 '和' 자로 생략되었다고 본다. → 은 많은 죽관으로 이루어진 생황을 나타내는 상형자라고 한다. 본디 고대 악기를 가리킨 명사에서, 그러한 죽관악기를 잘 불어 소리 조화(화성)를 이룬다는 동사가 파생하였고, 설문해자는 발전적 파생어인 '조화'로 정의定義했다고 한다. 또, 고대 7음계는 궁宮·상商·각角·변치變徵·치徵·우羽·변궁變宮인데, 변궁變宮을 和로 부르게 되어, 조화·화해和諧 등의 의미도 파생했다고 본다.[13]

13 王延林編著, 常用古文字字典(上海書畫出版社, 1987), 114면 '龢'자 및 65면 '和'자.

이처럼 '和'의 원시 어원에 대한 해석 차이는 조금 있다. 하지만 '和'가 최초에 음식 맛의 조화에서 나왔든지, 아니면 음악 연주소리의 화음에서 나왔든지 상관없이, 공통의 의미귀결은 확연히 드러난다. 서로 다른 맛이 적절히 뒤섞여 먹기 좋은 맛있는 음식이 되고, 다채로운 소리가 함께 어우러져 듣기 좋은 음악연주를 이룬다는 점에서!

여기에 오륜삼강五倫三綱 같은 人'倫'도, 바로 '사람 亻' 사이에 '侖'으로 道'理'를 뜻하니, 평화롭고 조화로운 질서를 추구하는 禮法도 어원상 음식의 화미和味(調味)나 음악의 화음·화성과 일맥상통함을 확인할 수 있다. 龠자는 본디 두 구멍이 세 구멍으로 변한 것이고, 다시 세 구멍이 빠져 侖자가 나왔으며, 侖의 아랫부분은 冊자와 같은 모습이란다. '亼'과 '品'과 '侖'이 합쳐진 '龠'자가, 세(여러) 구멍 죽관악기가 뭇 소리를 조화시켜 和聲(하모니)을 연출하듯; 두 사람이 서로 나란히 마주 대하는 모습에서 나온 '仁'도, 두 당사자 사이에 조화로운 인간관계를 상징한다고 보아도 좋을 것이다. 즉, 선량한 우호적 쌍방 관계가 바로 어진 인'륜'이자 '倫'理인 셈이다. 순임금 때 사도司徒 설契이 인민들을 교화했다는 다섯 '인륜'을 가리킨다.

일찍이 공자는 인격수양이 "詩에서 감흥하고, 禮에서 자립하며, 樂에서 완성(興於詩, 立於禮, 成於樂.)"한다고 말했다.(論語, 泰伯) 禮樂은 인격의 자립완성에 핵심토대인 것이다. 또 공자는 사람들과 노래할 적에 노래가 좋으면 반드시 다시 부르게 한 다음 화답했다.(論語, 述而) 그리고 공자는 당시 격언을 원용한다.

"나라와 집안을 거느려 다스림에는, 작은 걸 걱정하지 않고 불평등(불균분)을 염려하며, 가난을 걱정하지 않고 불안(정)을 염려한다."

나라에 균형분배(均分)가 이루어지면 가난이 없고, 그래서 민심이 화합해 평화로우면 적다는 불평불만이 없으며, 민생이 안정되어 민심이 평안하면 나라나 집안이 기울어질 리가 없다는 일깨움이다.(論語,

季氏) "천시가 지리만 못하고, 지리도 인화만 못하다.(天時不如地利, 地利不如人和.)"는 맹자(公孫丑下) 명언도 비슷한 맥락이다.

음악 못지않게 禮-法에서도, '和'는 매우 중요한 목적이자 궁극이념이다. 논어에 보면 공자 제자 유자有子의 명언이 실려 있다.

> "禮의 효용(작용, 기능)은 和가 귀중하다. 선왕의 道도 和를 찬미하여, 크나 작으나 모두 和로 말미암았다. 허나 행하지 않는 바도 있다. 오직 和만 알고, 和를 추구한다고 禮로써 절제하지 않으면 되겠는가?"(論語, 學而)

전통적 해석은 禮가 천리天理의 절제된 무늬(節文, 문화)이자 인사人事의 의례준칙이라, 자연스런 이치에 따라 부드럽고 온화하게 행하고 강박하지 않는 취지라고 풀이한다. 말하자면, 예의 이행 과정·절차·방법에 주안점을 두고 해석했다. 아마도 禮의 작'用'이란 글자에 착안했으리라.

그러나 여기서 '用'은 절차적 방법적 작용뿐만 아니라, 그 지향 목적인 효'용'과 기능까지 동시에 겸비하는 함의로 보면 더 적절할 것이다. 즉, 예의 존재 목적·효용은 공동체 질서의 평화·조화를 지향하는 것이다. 허나 평화·조화의 목적이 아무리 좋고 숭고할지라도, 원칙도 없이 무조건 좋은 게 좋은 것이라는 핑계로, 아무런 절제 없이 흐리멍덩하니 명백한 무례·비례·실례·결례까지 모두 용납해서는 안 된다는 취지로 단서를 단 것이다.

이는 근대법에서도 통용되는 일반원리다. 그러면 현대법에서 '和'는 어떠한가? 최고법인 헌법에 나타난 한두 실례만 들어도 충분하다.

우선 헌법 제1조에서 선언한 "대한민국은 민주공'화'국이다."

'共和國'은 1인 전제왕정인 '군주국'에 대우범주로, 국가 대표기관 및 원수를 선거로 뽑는 정체를 가리킨다. 이는 노예제·봉건제·자본주의·사회주의 경제체제 어디서나 시행될 수 있다. 주지하듯이, 서유럽

자본주의 중심의 근대민주주의에서는 주권재민과 삼권분립이 핵심 특징이다. 흥미로운 事實은, 고대 로마에서도 공화정이 있었지만, 고대 중국 주周나라에도 '공화행정共和行政'이 있었다는 史實이다. 포학무도한 려왕厲王이 '國人'의 의거義擧로 체彘(지금 山西 霍縣)로 달아나자, 제후들 추대를 받은 '공共'국(지금 河南 輝縣) 백작伯爵인 '和'(共伯和)가 왕정을 대행해, '共和' 원년(기원전 841)이라 불렀다. 공화행정은 14년 지속한 뒤, 선왕宣王한테 왕정을 돌려주며 막을 내렸다. 이것이 중국 역사상 정확한 기년紀年의 효시로 유명하다. 일설에는 '共'은 '위衛'의 별칭으로, 위무공衛武公 이름이 '和'라 共伯和라 부른다고 하고, 또 소공召公과 주공周公이 공동 행정을 펼쳐 '공화행정'이라 부른다고 한다.[14]

역사 진실이 어느 쪽이든, 분명한 건 최고 권력을 1인이 독점한 전제專制가 아니라, 여럿이 공동합의로 행사한 '共和'라는 사실이다. 설령 共伯和가 혼자 단독으로 왕정을 대행했더라도, 어디까지나 제후들이 공동 추대하며 위임한 수권 범위 안에서 행정을 펼쳤을 것이다. 일정한 약속·견제 하에서 실시했다면, 명실상부한 '공화정'으로 전혀 손색이 없을 것이다. 로마 공화정보다 무려 수백년 앞선 역사경험이다.

현행 헌법상 또 하나 대표적 '和'는 바로 민주주의 다원성 규정이다. 헌법 제11조 제1항에, "누구든지 성별·종교 또는 사회적 신분에 의하여 정치적·경제적·사회적·문화적 생활의 모든 영역에 있어서 차별을 받지 아니"하는 "법 앞에 평등" 규정이다. 특히, 최근 두드러지게 부각하는 다문화 가정 및 외국인 노동자 대우 문제 같은 현안에서, 헌법의 근본정신인 조화롭고 평화로운 평등 원칙은, '和'의 실질 내용 실현에 법치주의 시금석이 될 수 있다.

---

14 辭海(上海辭書出版社, 1979 縮印本), 1239면 '共伯和'、'共和行政'、'共和國' 참조.

음악의 조화가 국가정치에 얼마나 중요한지 알려주는 일화가 있다. 춘추시대 주周 경왕景王 23년(前521) 왕이 무모하게 무사無射라는 대종大鐘을 주조하려 하자, 단목공單穆公이 민폐 등을 우려해 만류했다. 그 간언 가운데 정치를 음악에 비유한 명언이 나온다.(國語, 周語下)

"무릇 정치란 음악과 닮았다.(비슷하다.) 음악은 화음(조화)을 좇고, 화음은 평정을 좇는다. 소리로 음악을 조화롭게 하고, 악률로 소리의 평정을 가늠한다.(夫政象樂, 樂從和, 和從平. 聲以和樂, 律以平聲.)"

음악이 화음·조화를 가장 귀중히 여기듯, 정치 명령과 법률도 민심 화합을 가장 귀중히 여겨야 한다는 취지이리라. 그래도 景王이 끝내 아주 우렁찬 종(無射)을 주조하자, 령주구泠州鳩가 말했다.

"왕이 심질心疾로 죽겠다. 樂은 천자의 직책인데, 音은 樂의 수레고, 鐘은 音의 그릇이다. 천자는 풍속을 살펴 음악을 만들어, 그릇(종)으로 모으고 수레(음)로 행한다. 작아도 너무 그윽하지 않고, 커도 너무 우렁차지 않아야, 사물에 조화를 이룬다. 사물이 조화로워야 아름다운 음악이 완성된다. 고로 화성이 귀에 들어가 마음에 간직되면, 마음이 평안하고 즐겁다. 너무 작아 그윽하면 두루 퍼지지 못하고, 너무 우렁차면 포용(감당)할 수 없으니, 마음이 평안하지 못해 진실로 질병이 생긴다. 지금 주조한 종은 너무 커서 우렁차니, 왕의 마음이 감당하지 못할 테니, 어찌 능히 오래 유지하리요?"(春秋左傳, 昭公21(前521)年)

화성·화음·조화·평화는 바로 과유불급의 중용에 기초하는 평범한 일반원리로서, '평상심이 도'라는 선가에 명언을 떠올린다.

7. 和의 과학 원리와 인과응보 법칙

끝으로, 음악에서 화음·화성의 원리와 예법에서 평화·화해和諧의 원리를 과학적으로 잠시 살펴보자.

앞서 소개한 대로, 주역 건괘 문언文言에 이른바 류류상종類類相從 원리가 나왔다.

"건괘 九五에 '하늘에 나는 룡(飛龍)이 있어, 大人을 만나 이롭다'는 효사는 무슨 말인가? 공자는 말한다. '같은 소리가 서로 호응하고, 같은 기운끼리 서로 모인다. 물은 습기로 흐르고, 불은 건조함으로 치달으며, 구름은 龍을 좇고, 바람은 호랑이를 좇는다. 성인이 일어남에 만물이 드러난다. 하늘에 근본을 둔 자는 위로 친하고, 땅에 근본을 둔 자는 아래로 친하니, 각자 끼리끼리 따른다."

소리 파동의 공명·공진共振 현상은 물리학에 기본상식이다. 현대 물리학에 따르면, 모든 물질은 입자성과 파동성을 동시에 지닌다. 소리 파동뿐만 아니라, 그보다 더욱 섬세하고 미묘한 파동, 예컨대 사람 마음과 정신이 품고 발하는 생각 염두念頭(心念)도, 모두 미세한 생명에 너지로서 기파氣波·념파念波를 형성한다. 일정한 주파수로 발해지면, 그에 상응하는 우주 내 같은 파동이 서로 공명·동조하는 것이, 이른바 고차원에 정신과학·심령과학·심리학 원리인 것이다.

따라서 텔레파시라는 심전감응心電感應도 자연스런 과학현상이다. 나아가 선인선과善因善果·악인악과惡因惡果의 인과응보도, 결코 터무니없는 미신이 아니라, 아주 미묘하고 섬세한 정확한 과학적 원리다. 이러한 심령과학, 고차원 심리학 원리는 전통 시대 유가에서 천인감응天人感應이나 천인합일天人合一 철학사상으로 정리되었다.

이를 집대성한 독존유술의 장본인 동중서董仲舒의 필치를 빌려보자.

"지금 평지에 물을 부으면, 마른 데를 피해 젖은 데로 가고; 땔감을 가지런히 놓고 불을 피우면, 습기를 피해 마른 데로 번진다. 만물은 자기와 다른 것을 떠나, 자기와 같은 것을 좇는다. 그래서 氣가 같으면 모이고, 소리가 비슷하면 호응하니, 그 효험은 분명하다.

금슬을 한번 조율해보라. 궁宮을 뜯으면 다른 宮이 호응하고, 상商을 뜯으면 다른 商이 호응한다. 오음五音이 마찬가지로 가지런히 공명하니, 특별히 神이 있어서가 아니라, 그 진동이 그러한 것이다.

아름다운 일은 아름다운 부류를 부르고, 나쁜 일은 나쁜 부류를 부르니, 비슷한 부류가 상응해서 일어난다. 마치 말이 울면 말이 호응하고, 소가 울면 소가 호응하듯! 제왕帝王이 장차 일어나려면, 먼저 아름다운 상서로움이 나타나고; 장차 멸망하려면 요얼이 먼저 나타나니, 사물이 류류상종으로 불러들이기 때문이다. 그래서 龍은 비를 오게 하고, 부채로 더위를 쫓으며, 군대가 머문 곳엔 가시덤불 무성해진다. 아름답고 나쁜 것을 종래 운명이라 여겼으니, 그 까닭을 몰라서다.

하늘이 음산해 비가 오려고 할 적에, 사람의 묵은 질병(관절염, 신경통)이 먼저 움직이는 것은, 음기가 상호 감응해 일어나기 때문이다. 날씨가 흐리고 비 오려 할 적에, 또 사람이 졸리고 누워 자고 싶어지는 것도 음기陰氣 탓이다. 근심(憂)이 있어도 눕고 싶어지는데, 또한 음기가 서로 추구함이다. 기쁨이 있으면 눕고 싶지 않는데, 양기가 서로 찾아 이끌리기 때문이다.

물은 밤이 되면 상당히 불어나고, 봄바람(東風)이 불면 술잔이 넘친다. 병자는 밤이 되면 질환이 더욱 심해지고, 닭은 날이 샐 무렵 모두 울면서 서로 홰를 치며 기세가 더욱 정예로워진다. 고로 양기는 양기를 북돋우고, 음기는 음기를 덧보탠다. 음양 기운이 같은 종류끼리 서로 보태고 더는 것이다. 하늘(자연)에 음양이 있고, 사람에도 음양이 있다. 그래서 천지에 음기가 일면 사람의 음기도 이에 감응해 일어나고, 사람의 음기가 일면 천지에 음기도 마땅히 이에 감응해 일어난다. 그 도리는 매한가지다.

이러한 이치에 밝은 현명한 자는, 비가 오게 하려면 음기로 음기를 움직이고, 비를 그치게 하려면 양기로 양기를 움직이게 한다. 고로 비를 내리게 함은 신명이나 신비(神)가 아니며, 그 미묘한 이치가 신명이나 신비(神)로 의아히 여겨지는 것이다. 단지 음양의 氣만 같은 부류로 불러들이거나 물리치는 것이 아니다. 선악으로 화복禍福이 생겨남도 같은 이치다. 먼저 발단을 적극 일으켜, 사물에 같은 부류가 서로 감응해 움직이게 하는 선제적 방책이다. 고로 총명하고 신통한 성인은 안으로 자아를 보고 들으며 살핀다. 홀로 총명한 聖者만 자기 본심을 아는 것은 바로 여기에 있을 따름이다.

금슬 연주에 宮을 타면 다른 宮이 저절로 공명(自鳴)해 호응함은, 사물이 비슷한 종류끼리 움직이는 것이다. 그 움직임이 소리로 모습 없이 퍼져, 사람들은 그 움직임의 모습을 보지 못하므로, '스스로 운다(自鳴, 저절로 공명)'고 말한다. 또 상호 감동(감명)도 모습이 없으므로, 저절로 그러하다(自然)고 말한다. 기실은 저절로 그러한 게(自然) 아니고, 그렇게 하는 것(원인)이 있다. 사물(현상)에는 진실로 그렇게 하는 것이 있으나, 그렇게 하는 원인과 과정에 모습이 없을 뿐이다."(春秋繁露, 同類相動第57)

음양오행을 바탕으로 천인감응 이론을 집대성한 동중서 철학사상에 중요한 핵심 내용이다. 유형 물질세계의 자연과학 원리를, 무형 정신세계의 심령과학 원리로 확장 추론한 점이 독특하다. 선악에 따른 화복의 인과응보 법칙까지 증명하고, 인간세계에 권선징악 교화 효험을 기대한 점은, 화음·화성·조화를 통해 평화로운 사회의 형성·유지를 기대한 禮樂의 궁극 이념목적과 상통한다고 할 것이다.

8. 불경에 수도修道'법法'과 음악의 비유

먼저 본장本章은 "전체 내용상 불필요하다고 여겨지므로 제외하는 것을 검토바람"이란 심사평이 있었듯이, 본 주제와 별로 상관성이 없는 것으로 오해할 수도 있다. 허나, 서양에서 그리스로마 문명 못지않게 외래 기독교가 끼치고 차지하는 비중이 막대한 것처럼, 불교도 유교나 도가 못지않게 동아시아 전통문화에 끼친 영향과 차지하는 비중이 막중하다. 전술했듯이, 佛法(Dharma)은 國法과 긴밀히 연결되는 자연법적 성격이 짙다.

특히, 후술할 바와 같이, 우리가 흔히 쓰는 '심금心琴'의 전통도 바로 불교경전 고사에서 비롯했다. 따라서 그대로 소개할 필요와 가치가 여전히 크다. 다만, 불교 경전에 음악은 대개 '건달바'가 상징하듯, 佛法을 찬탄·송축하는 천상음악 연주로 나타나고, 음악 자체를 佛法에 직접 비유하는 관련 내용이 아주 많지는 않은지라, 독립된 1편의 학술논문으로 구성하기에는 충분하지 못한 편이다. 그래서 독립된 1章 체계로 존속시킨다. 참고로, 중국에선 '심금心琴' 대신 '심현心弦'을 쓰는데, 마지막 교정편집 단계에서 중요한 불경 자료를 새로 찾아 추가로 보충한 점이 보람 있게 느껴진다.

그러면 이제 '심금心琴'의 역사유래를 불교 경전부터 조사 어록 선시禪詩까지 시대 순으로 차례차례 살펴보기로 하자!

우선, 가장 널리 알려지고 인구에 자주 회자하는 대표적인 고사부터 소개한다. 중국에 제일 처음 전래한 42장경四十二章經과 4아함경 중 증일增壹·중中·잡雜아함경을 비롯해 여러 경전에 자주 나오는, 아주 유명한 거문고 조율 비유가 바로 그것이다. 즉, 음악가 출신 제자가 너무 조급하게 용맹 정진하다가 제풀에 꺾여 환속하려고 하자, 부처님이 그를 일깨워 득도하게 한 유명한 일화다.

이십억이二十億耳(수롱나守籠那)[15] 존자가 고요한 곳에서 스스로 법의

15 梵名 Śroṇakoṭīviṃśa 或 Śrotraviṃśatikoṭī. 음역 室縷多頻設底拘胝. 의역 億耳羅

근본을 수행하며, 두타행과 밤낮 경행으로 37도품 가르침에 정진했다. 앉거나 서거나 초저녁·한밤중·새벽까지, 항상 자신을 책려해도 욕망 번뇌로부터 마음 해탈을 얻지 못하였다. 심지어 경행처에 발바닥이 부르터 흐른 피는, 마치 도살장을 방불케 낭자해, 까막까치가 그 피를 마실 정도였다. 이에 이십억이 존자는 혼자 탄식하며 사유했다.

"석가모니 제자 중에 고행정진은 바로 내가 제일인데, 나는 해탈도 얻지 못하고 있다. 나는 본디 가업이 부유하니, 차라리 법복을 벗고 환속해 재물로 보시해, 널리 복덕이나 짓는 편이 낫겠다. 지금 사문 수행은 정말 쉽지 않고 어렵구나!"

이에 세존이 이십억이 존자의 심념心念을 알아차리고, 허공을 날아 그 경행 장소에 이르러 단정히 앉았다. (일설에는 부처님이 제자를 보내 그를 불러들였다.) 그가 사유한 심념을 부처님이 그대로 질문하자, 이십억이는 몹시 부끄럽고 참괴했다. 그는 재가 시 거문고를 잘 다뤄서, 거문고가 노랫소리에 소화되고, 노래는 거문고 소리에 조화를 이룬 훌륭한 음악가였다. 세존은 그런 사실을 잘 알아서, 거문고 타기를 비유로 들어 수도방법을 가르쳐 주었다.

"거문고 줄을 너무 팽팽히 조이고 급하게 튕기면, 듣기 좋은 우아한 미묘 화음이 나오던가?"

"아닙니다, 세존."

"줄을 너무 느슨히 풀면, 듣기 좋은 우아한 미묘 화음이 나오던가?"

"아닙니다, 세존."

"만약 거문고 줄이 팽팽하지도 느슨하지도 않고 적절히 조율된 경우, 듣기 좋은 우아한 미묘 화음이 나오던가?"

"네! 거문고 줄이 팽팽하지도 느슨하지도 않으면, 우아한 미묘 화

漢·聞二百億.

음이 듣기 좋습니다."

"수도도 바로 이와 같다. 너무 조급히 정진하면 경망스런 희롱처럼 마음이 산란해지고, 너무 풀어지면 마음이 나태해져 사견邪見과 잡념망상에 떨어지네. 중용을 유지함이 최상의 수행이라네. 이와 같이 중도를 관찰하며 수행정진하고, 방일하지 말게나!"

세존이 미묘 법문을 일러주고 돌아가자, 이십억이 존자는 잠시도 한눈팔지 않고 한적한 곳에서 가르침대로 수행에 정진했다. 결국 생사를 여의고 아라한이 되었다.

이에 이십억이는 세존을 찾아뵙고, 세속을 멀리한 한적한 마음에 탐진치 삼독이 다해 해탈을 얻었다고 아뢰었다. 무욕無欲의 즐거움과 무쟁無諍의 기쁨과 감각이 다한 희열, 그리고 더 이상 추구함 없이 희락까지 다해 어떠한 색·성·향·미·촉·법에도 애착을 느끼지 않는 부동심 경지를 표현했다. 바람에 움직이지 않는 자기 마음을 석산石山에 비유하며, 게송을 읊어 불도佛道를 찬미하였다.

이에 세존은 그 해탈을 인정하고, 여러 비구들한테 고행에 가장 부지런히 정진한 제자는 이십억이라고 칭찬하였다.

탄금비유교화彈琴喩教로 불리는 이 고사와 비유는 3아함경에 상세히 나오고,[16] 하도 유명하여 중국에 제일 처음 전래한 42장경四十二章經에도 핵심요점이 간추려 실렸다.[17] 그 뒤 여러 경률經律에도 빈번히 등장하며, 그밖에 후대 론장論藏 및 고승어록에도 즐겨 인용되었다.

다음으로 제법 중요한 비유는 대수긴나라왕소문경大樹緊那羅王所問經(卷第1, 鳩摩羅什譯)에 나오는 고사로, 아주 황홀한 사연이다.

大樹緊那羅王이 청정 선업 과보로 만들어진 장엄한 황금빛 류리거

16 增壹阿含經, 瞿曇僧伽提婆譯, 卷第13, 地主品第23; 中阿含經, 瞿曇僧伽提婆譯, 卷第29, 大品第1, 沙門二十億經第7; 雜阿含經, 求那跋陀羅譯, 卷第9 내용 종합정리.

17 四十二章經, 迦葉摩騰共法蘭譯: "學道猶然, 執心調適, 道可得矣."

문고琉璃琴를 타면서 부처님 법회에 참석하러 와서, 거문고와 8만4천 기악伎樂을 잘 조율하여 장엄한 교향악을 연주했다. 그 거문고 소리와 미묘한 노랫소리가 삼천대천세계에 두루 퍼지자, 욕계 모든 천상 음악이 금세 제 소리를 잃고 무색해졌다. 이에 욕계 모든 천인이 자기네 음악을 내려놓고 부처님께 모여들었다. 삼천대천세계 전체가 여섯 진동으로 뒤흔들려, 모든 존재가 마치 사람이 몹시 만취한 상태 같았다.

그리고 오직 불퇴전에 이른 8지 보살 이상만 제외하고, 그밖에 모든 대중들은 대아라한을 포함해 죄다 거문고 소리와 음악을 듣자마자, 마치 어린애들처럼 각자 들뜨고 흥겨워져 저절로 자리에서 일어나 춤추기 시작했다.

이에 천관天冠보살이 대가섭을 비롯한 여러 성문제자들한테 물었다.

"당신네 大德들은 이미 모든 번뇌를 여의어 8해탈을 얻고 사성제를 보았거늘, 어찌하여 지금 이렇게 체통과 위의도 없이 어린애들처럼 몸을 들썩이며 춤추시는가?"

그러자 여러 대덕 성문들이 답했다.

"선남자여! 우리도 마음대로 안 되오. 거문고 소리 때문에 우리가 평안히 앉아 있을 수 없어서, 몸은 저절로 춤을 추고 마음과 상념心念도 가만히 머물 수가 없구려!"

이에 천관보살이 다시 대덕 가섭한테 물었다.

"아니, 어르신처럼 적은 욕심으로 만족할 줄 알며 두타고행으로 항상 텅 빈 고요한 적정 수행을 즐겨 천인 아수라 등의 공경을 받는 분조차도, 자신을 가누지 못하고 어린애처럼 춤추며, 대중들 마음을 보호하지 못한단 말이오?"

그러자 대가섭이 말했다.

"선남자여! 비유하자면, 아주 강력한 회오리바람 태풍이 불면 모든 수목、약초、수풀이 가만히 있지 못하고 세차게 흔들리는데, 그게 각자 그들 본심本心이 좋아해서 그런 것이 아니듯이, 마찬가지로 지금 이 대수긴나라왕이 거문고를 타서 미묘한 음악과 조화롭고 유순한 노래를 연주해, 피리 등 온갖 악기소리와 함께 어우러져 우리 마음을 고동치니(鼓動我心), 우리도 스스로 가눌 수가 없다오. 이는 순전히 바로 저 훌륭한 대장부가 지닌 서원誓願과 위세威勢와 복덕福德과 신통력 때문이오!"

이에 천관보살이 대가섭에게 말했다.

"당신들은 지금 저 거문고 음악소리에도 요지부동으로 조금도 놀라지 않고 미동조차 없는 이 불퇴전 보살의 위덕세력威德勢力을 분명히 보고 있소. 대덕 가섭이여! 누가 이런 광경을 보고도 무상정등각을 얻으려는 보리심(無上正眞菩提道心)을 내지 않을 수 있겠소? 지금 무량지혜와 모든 威力을 지닌 당신들 대아라한조차 거문고 소리(琴聲)만도 못하여, 그 소리를 듣고 어쩔 줄 몰라 안절부절 어린애처럼 춤추지 않소? 대승 불퇴전 보살을 향하면 더 이상 흔들리거나 움직이지 않으니 말이오!"

이에 대수긴나라왕이 거문고와 8만4천 악기를 다시 조율해 연주하자, 부처님 위신력威神力과 자신의 숙세 선근력善根力 덕분에, 거문고와 악기 소리가 부처님 공덕을 찬탄하는 아름답고 미묘한 게송으로 낭랑히 울려 펴졌다.

이어 천관보살이 부처님께 이 대수긴나라왕이 어떻게 미묘한 거문고 노래 소리와 여러 악기 소리로 중생을 교화하는지 묻자, 부처님이 말씀하셨다.

"선남자여! 긴나라·건달바·마후라가들은 본디 음악을 아주 좋아하고 즐긴다. 대수긴나라왕이 거문고와 여러 악기를 너무도 잘 조율해 멋진 연주를 하므로, 그 무리들이 음악소리를 듣고 크게 사랑하고 즐거워하며 깊이 믿고 이해하며 환희에 차서 공경심이 크게 증장하게 된다. 그래서 그 음악소리 가운데서 불성佛聲、법성法聲、승성僧聲, 보리심을 잊지 않는 소리(不忘菩提心聲)를 비롯해, 온갖 삼매소리 등 모든 법문소리(총 84聲 열거)가 저절로 흘러나와 울려 퍼진다. 선남자여! 이 거문고 노래 소리와 여러 악기 소리에서 이처럼 수많은 미묘한 삼매법성三昧法聲이 울려나와, 여러 중생들이 저절로 교화된다. 이 보살은 이처럼 희유한 法을 성취하였다."

여기서 음악의 신, 긴나라왕이 연주하는 거문고 소리가 미묘한 공명共鳴 주파수를 울리면, 이에 감응하여 중생들 마음이 저절로 동조同調해 자기도 모르게 저절로 고동鼓動치는, 참으로 황홀하고 아름다운 천인합일 심전감응(心電感應) 현상이 일어남을 알 수 있다. 그 자체가 바로 최상의 감화로서, 중생 교화가 저절로 이루어지는 것이다. 그리고 '거문고(琴)'와 '마음(心)'이 아주 긴밀히 이어지고 있다. 즉, 긴나라왕이 연주하는 유형의 악기로서 거문고 음악소리에, 중생들 각자 마음에 내재한 무형의 거문고줄(心琴, 心弦)이 공명동조를 일으켜 감화 교화가 성취된다. 유교에서 예악의 교화 기능에 완전히 상응 부합하는, 똑같은 파동원리이자 자연법칙이다.

참고로, 당 道世스님은 이 경전 내용을 요약 소개하면서 덧붙인 게송에, "비구의 범패 노래 소리에 사람과 축생 모두 마음 쇠북이 진동했다.(比丘歌聲唄, 人畜振<u>心鍾</u>.)"고 비유를 바꿔 표현했다.[18]

한편, 거문고 비유는 선정을 닦아 신통을 얻기도 하는 참선법(禪法要解卷下, 鳩摩羅什等譯)에도 그대로 나타나 눈길을 끈다.

의욕을 추구하는 일에 일심불란 선정을 얻기 위해, 신념信念·교혜巧慧

---

18 道世集, 諸經要集卷第4, 唄讚部第5, 歎德緣第3. 道世撰, 法苑珠林卷第36, 唄讚篇第34, 音樂部第4에는 완전 같은 내용인데, '心松'으로 표기됨.

·희락喜樂 등 보조수행을 뜻대로 성취하는 방법을 보면, 이런 설명이 나온다. 욕欲·정진精進·심心·사유思惟를 차례로 관조하되, 늘거나 줄지 않게 일정히 유지하며, 내적 수렴이나 외적 발산이 지나치지 않게, 유연하고 평등한 조화를 이룸이 가장 긴요한 핵심비결이다. 이는 마치 거문고를 탐에 그 완급을 잘 조율하여, 어느 곡조에든 자연스런 조화를 이루는 것과 같다는 비유다.

예컨대, 허공비행을 배우고자 함이 의'욕'이고, 모든 산란심을 추슬러 보조수행법에 오롯이 집중함이 精進心이다. 몸과 마음에 거칠고 육중한 수면 등의 장애(고정관념)를 벗어나, 마음이 가뿐하게 상쾌해지면, 능히 그 몸을 들어 올릴 수 있는데, 그 주체가 바로 마음(心)이다. 欲·정진·心의 능력을 스스로 잘 헤아려, 능히 몸을 들어 올리면서도 안팎으로 여러 물질관념(色味)을 파괴하지 않음이 思惟라고 한다.

이를 사여의四如意라 하는데, 4여의를 성취하면 오신통뿐만 아니라, 일체 功德을 두루 갖출 수 있다고 한다.(禪法要解卷下, 鳩摩羅什等譯)

또 사문의 법희선열을 비유한다. 보통 사람들이 금슬을 연주하며 노래 부르는 음악을 즐거워하듯이, 비인非人이 선정禪定에 들어 수식數息관으로 의념意念을 한곳에 집중하는 삼매를 즐거워한다고 대비한다.[19]

한편, 원 천여天如 유측惟則은 수릉엄경首楞嚴經 주석을 종합 정리한 '회해會解'본 서문에서 수릉엄경 지송을 권하면서, "시종 궁극 진리(了義)를 수증修證하고 넘어지나 서나 상주常住하는 진심眞心을 여의지 않으며, 琴瑟箜篌가 미묘한 손가락을 만나 수풀과 연못 모두 法音을 연주하니, 모든 변방에 떨어진 비천한 일천제들을 사마지三摩地에

---

19 出曜經, 竺佛念譯, 卷第29, 沙門品第33: "人所樂者, 彈琴皷瑟作倡伎樂, 此是人所樂; 非人所樂者, 禪定數息繫意在一, 非人所念."

서 무생법인을 얻게 한다."고 극찬했다.[20] 여기서 항상 불변하는 진심 본체가 다채롭게 전개되는 현상(현재실상)을, 거문고나 공후 같은 악기가 훌륭한 악사 손가락을 만나 천지만물 모두 미묘한 음악-법음을 연출해 일천제 같은 구제불능의 최악 중생까지 삼매에 들어 무생법인을 얻게 하는 감화, 교화 위신력까지 비유한 점이 주목할 만하다. 즉 眞心-금슬로 이어지는 간접 비유관계를 확인할 수 있다.

남전 빨리어 경전의 현대 중국어 번역본에도 '心琴'이 한두 번 나와 눈길을 끈다. 먼저 부처님 전생담에 아주 선량하고 유순한 미녀와 결혼해 부부가 어찌나 화목하게 생활했던지 금슬이 서로 잘 조화를 이루었다고 비유한다.[21]

또, 경전해석론에 보면, '신중한 말'과 '두루 청정한 말'의 해설에 공히, "악구(추악한 말)를 끊어 버리고 떠나버려 과실이 없고 귀에 즐겁고 사랑스러워, 마음 거문고(心琴)에 공명을 일으키고 우아하며, 모든 언어 대중이 다 말하고 싶어 할 정도로, 그 마음과 뜻에 적합한 말"이라고 풀이한다.[22]

20 大佛頂首楞嚴經會解敘, 惟則, 勸持敘: "在始在終, 無非修證了義; 或破或立, 不離常住眞心. 琴瑟箜篌, 旣逢妙指; 林木池沼, 皆演法音; 令諸闡提隳彌戾車, 從三摩地得無生忍."

21 本生經 第4卷, 悟醒譯, 第2篇, 第1章 剛强品, 194.寶珠竊盜本生譚: "如此二人生活一心, 琴瑟相和."

22 大義釋, 悟醒譯, 第10 死前經之義釋: "'彼實愼語是牟尼'〔之句中〕, '愼語'者,…(3)〔彼〕捨斷惡口(麤語), 惡口離, 無過失、樂於耳、可愛, 心琴所觸、優雅、所有之語衆多人人之欲、適於衆多人人之意處, 語如斯類之語."; 第16 舍利弗經之義釋(961): "語徧淨者云何?…〔彼〕捨斷惡口, 離惡口, 無過失, 樂於耳, 可愛, 能觸於心琴, 優雅、適於諸多人人之語、適諸多人人意之所有語, 語如斯類之語."

9. 몰현금沒絃琴과 심금心琴의 유래

지금까지 살펴본 것처럼, 석가모니 부처님은 수심修心의 道를 거문고 조율에 비유했다. 우리가 흔히 '심금心琴을 울리다'고 말하는 '마음 거문고'도 어쩌면 여기서 비롯했을 것이다. '心琴'이란 단어는 선진先秦 유가 경전 및 주요 제자백가서는 물론, 정사正史(25史 및 三國史記, 高麗史)에서도 검색되지 않는다. 방대하고 상세하기로 정평이 난 대한화사전大漢和辭典(縮寫版)(諸橋轍次편, 大修館書店, 1968)이나 현대 중국 사해辭海(上海辭書出版社, 1979 縮印本)에도 없다. 高麗大藏經에도 보이지 않고, 中華電子佛典(CBETA) CD-ROM 2014년판을 검색하면 모두 12회 나오는데, 정확한 '心琴' 용례는 맨 뒤에 소개할 청초淸初 적광활선사어록寂光豁禪師語錄에 단 한 번 등장한다.

그 전에 중간 과도기로, 중국 특유에 선종 가풍에서 '줄 없는 거문고'는 '몰현금沒弦(絃)琴'이 등장해 무려 1,200여년을 풍미해와 눈길을 끈다. 선가禪家에 공안으로도 유명한 '줄 없는 거문고'는 '몰현금沒弦(絃)琴' 또는 '무현금無絃(弦)琴'으로 표기되는데, 열 가지 '무無' 문답[23] 가운데 단연 으뜸으로 손꼽힌다.

열 가지를 '중화전자불전中華電子佛典'에 출현 빈도수와 함께 차례로 소개하자면, '하릴없는 나라' 무위국無爲國(21), '추 없는 저울' 무성칭無星秤(120), '뿌리 없는 나무' 무근수無根樹(355), '밑 없는(빠진) 발우' 무저발無底鉢(66+3몰저발), 無絃琴(136+몰현금355), '밑 없는(빠진) 배' 무저선無底船(68+몰저선45회), '남 없는 노래' 무생곡無生曲(238), '구멍 없는 피리' 무공적無孔笛(461), '열쇠 없는 자물쇠' 무수쇄無鬚鎖(73+無鑐鎖9), '밑 없는 광주리' 무저람無底籃(212)이다.

여기서 보면, '무(몰)현금'이 491회로 가장 많고, '무공적'과 '무생곡'

23 人天眼目卷之6, 智昭편, 宗門雜錄, 十無問答 참조.

등 음악연주 비유가 단연 많이 애용됨을 알 수 있다. (이밖에 많은 '무근수'도 바람에 흔들려 소리 냄) 한편, 고리(려)高麗 보조국사 지눌스님은 '진심직설眞心直說'(眞心異名)에서 경전에 비유명칭 외에 조사들의 비유명칭을 곁들여 소개하면서, 위 열 가지 중 다섯을 들고, 그밖에 자기自己, 정안正眼, 묘심妙心, 주인옹主人翁(341), 무진등無盡燈(365), 취모검吹毛劍(241), 모니주牟尼珠(36), 니우泥牛·목마木馬·심원心源·심인心印·심경心鏡·심월心月·심주心珠 등을 열거한다.

그런데 '줄 없는 거문고' '몰현금沒弦(絃)琴'은, 현전하는 기록상, 육조혜능 수제자 남악 회양에 제자 마조馬祖 도일道一선사한테 법을 물어 유명한 방龐거사(?-808)가 처음 사용한 것으로 보인다.

마조선사가 법당에 올라, 방거사가 "만법萬法과 더불어 짝하지 않는 자는 어떤 사람입니까?" 라고 묻자, 선사는 "니가 한 입에 서강西江 물을 다 들이마신다면 너한테 말해주겠다."고 답했다. 또 "어둡지 않은 본래자신本來身을 스승께서 높이 드러내 보여주시죠!" 라고 청하자, 선사는 곧장 아래로 노려보았다. 방거사가 "줄 없는 제1등 거문고沒弦琴를 오직 선사께서 아주 미묘하게 타십니다!" 라고 말하자, 선사는 곧장 위로 노려보았다. 방거사가 禮拜하자, 선사는 방장실로 돌아갔다.[24]

참고로, 선가에서 소리 없이 울리는 심령에 음향으로, 언외言外에 묘지妙旨를 가리키는 불립문자不立文字·교외별전敎外別傳의 선종가풍을 상징하는 '몰현금'은 멀리 陶淵明의 시에서 유래했다고 보기도 한다.

"但識琴中趣, 다만 거문고 안에 정취를 알 뿐,
何勞絃上聲." 어찌 줄 위에 소리를 수고롭게 하리오?

24 古尊宿語錄卷第1, 송 頤藏 主集, 大鑑下二世, 馬祖大寂禪師: "上堂. 龐居士問: '不與萬法爲侶者, 是什麽人?' 師云: '待汝一口嗡盡西江水, 卽向汝道.' 又問: '不昧本來身, 請師高著眼.' 師直下覷. 士云: '一等沒弦琴, 唯師彈得妙.' 師直上覷. 士禮拜, 師歸方丈."

도연명이 불교에 조예가 제법 깊었고, 문학시정이 풍부해 그런 비유를 함축했다는 견해도 일리는 있으나, 어쨌든 명확히 '몰현금'이란 비유를 처음 쓴 것은 방거사가 분명하다.

이 선문답은 후대 수많은 선사들이 즐겨 애용한 단골 화두(公案)가 되었다. 송 오조산 법연 선사 법을 이은 원오圓悟 불과佛果선사(1063-1135)는 제자가 "일종에 몰현금을 오직 선사께서 미묘하게 타신다."고 여쭙자, "산승도 받들어 감당하지 않는다."고 말한 뒤, 한 게송을 읊었다. 다른 선문답에선, 똑같은 질문에 "은근히(모르게) 뼈를 뽑아낸다(추린다)."고 모골이 송연한 답변을 하기도 했다.[25]

동일인인 원오 극근克勤선사는 또 이런 게송을 남겼다.

> "조주趙州에 상골암象骨巖은 온 세상에 비길 자 없지. 함께 줄 없는 거문고 어루만져, 천추에 사람들 귀 맑히네! 옛 시내 찬 샘물, 눈 크게 뜨고 응시하니, 입으로 마시지 않아도, 마신 자는 통발을 잊네. 거듭 말 꺼내야 괴롭고 죽은 말뿐, 대답하지 않아도 피차 매일반이지. 아는 전문가 둘이 서로 만나, 북 치고 비파 켜며 희롱하네. 그 가운데 누가 옳은가? 백조가 갈대 꽃 속에 날아드네.[26]

지전志傳 선사는 똑같이 "1등 무현금을 한 곡 타주세요!"라는 청에, "산승은 귀가 멀었다"고 답했다. 학인이 가르침을 보태 달라고 청하자, 선사는 "가라!(꺼져라!)"고 답했다. "그럼 자비는 어디 있냐?"고 묻

---

25 紹隆等編, 圓悟佛果禪師語錄卷第1: "進云: '一種沒絃琴, 惟師彈得妙.' 師云: '山僧亦不承當.'"; 卷第4: "進云: '龐居士道: 不昧本來人, 請師高著眼. 馬大師因什麽直下覰?' 師云: '頂門上有' 進云: '居士道: 一種沒絃琴, 唯師彈得妙. 馬大師直上覰, 未審意旨如何?' 師云: '暗裏能抽骨.'"

26 法應集, 禪宗頌古聯珠通集卷第28: 趙州象骨巖, 擧世無倫擬. <u>共撫沒絃琴, 千載淸人耳.</u> 古澗寒泉, 瞪目凝然, 不從口入, 飮者忘筌. 重出語苦又死, 不答話同彼此. 相逢兩會家, 打鼓弄琵琶, 箇中誰是的, 白鳥入蘆花.(圓悟勤)

자, "스스로 제방에 안목이 있다."고 일깨웠다.[27]

진주眞州에 령암靈巖 지원志愿선사한테 여쭌 선문답도 소개한다.

"육륙에 삼십륙이오, 봄바람春風에 긴 대나무 흔들리네. 새로 줄 없는 거문고 하나 깎아 다듬었으니, 선사께서 한 곡조 타시지요!"

선사왈: "궁상각치우에 떨어지지 않는다."

"한 소리 또렷또렷 울리도록, 열 손가락 맑은 바람 일으키시네."

"中郎께서 살펴 듣지 않는다면, (이 거문고도) 들 집에 땔감과 같지!"

"그렇게도 듣지 못한답니까? 듣는 일은 대중이 모두 듣는데요?!"

"소리를 제대로 알아듣는(知音) 자가 적어! 저것 보시게! 구름과 산 첩첩이 만상 화초와 함께 푸르고, 물가 연하는 依依히 외로운 배와 함께 고요히 잠겨 있네. 루대樓臺는 우뚝 솟았고, 전탑殿塔은 빛이 교차하네. 법마다 사사로움 없이 고금을 그윽이 관통하지. 바로 그런 때를 당하여, 서로 모든 걸 놓아버릴 수 있는가? (한참 지나서) 고개 숙이는 게 문제가 아니지, 사량으론 얻기 어려워!"[28]

담주潭州 운개雲蓋 수지守智선사 선문답이다.

"줄 없는 거문고 하나, 세간 나무로 만든 게 아니오. 오늘 아침 짊어지고 왔으니, 선사께서 한 곡 타시죠!"

선사가 무릎을 한 번 어루만졌다.

---

27 惟白集, 建中靖國續燈錄卷第19, 對機門, 南嶽懷讓禪師第14世, 廬山東林興龍寺常總照覺禪師法嗣, 廬陵禾山甘露志傳禪師: "問: '一等無絃琴, 請師彈一曲!' 師云: '山僧耳聾'"

28 續傳燈錄卷第12, 眞州靈巖志愿禪師: "問: 六六三十六, 春風動修竹, 新斲沒絃琴, 請師彈一曲. 師曰: 不落宮商角徵羽. 云: 一聲鳴歷歷, 十指起淸風. 師曰: 不是中郎鑒, 還同野舍薪. 云: 恁麽則不聞聞底事大衆皆聞. 師曰: 知音者少. 乃曰: 看看! 雲山疊疊, 同萬卉以靑蒼; 煙渚依依, 共孤舟而閴寂. 樓臺聳峻, 殿塔交光. 法法無私, 古今冥貫. 正當恁麽時, 還相委悉麽? 良久曰: 不在低頭, 思量難得."

"서풍이 사각사각 선사님 청아한 시운에 화답하니, 선사께서 방편으로 한 말씀 더 내리시죠!"

"섬서 정부에서 쇠 소가 나온다."29

천목天目 중봉中峯 명본明本선사(1263-1323)는 다른 산에 사는 도반한테 보낸 시문에서 이렇게 읊조렸다.

"天目산에서 오래 함께 참구하고 려산廬山에서 또 함께 묵었지. 중원 한 곳으로 간 뒤 서로 떨어져, 올해로 어언 36년. 내게 줄 없는 거문고 하나 있어, 작별에 닥쳐 君한테 한 곡조 타 보내네. 따뜻한 봄도 아니고, 흰 눈도 아니나, 완연히 비 갠 뒤 萬丈 절벽 폭포수 쏟고, 또 큰 눈이 천 그루 山竹을 세차게 짓누르는 듯. 붉은 꼬리 비단잉어 깜짝 놀라 일어나니, 파양호鄱陽湖에 잔잔한 물결 일으키고, 금빛 터럭 사자 뒤좇아 나가니, 산호 가지에 걸린 달을 삼키도다. 아가가! 기이하고 절묘하다! 초목 삼라만상 모두 흔연히 기뻐하도다! 이 소리 세인들 귀에는 들리지 않으리니, 세간 속인과 함께 피차 따지지 말지어다. 옷깃 여미고 거문고 껴안아 돌아가 쉬리니, 자기 집 산속에 마음대로 오가며 머물지라. 30년 후 홀연히 서로 만나리니, 이 곡조 가벼이 화답 응수하지 말지어다."30

명 즉념卽念선사는 남천南泉스님에 "마음이 부처 아니고 지혜가 도 아니다.(心不是佛, 智不是道.)"는 말에 대한 게송에서,

---

29 正受編, 嘉泰普燈錄卷第4, 南嶽第十二世(臨濟八世), 黃龍普覺慧南禪師法嗣一, 潭州雲蓋守智禪師: '有一無絃琴, 不是世間木, 今朝負上來, 請師彈一曲.' 師拊膝一下. 僧云: '金風颯颯和清韻, 請師方便再垂音.' 曰: '陝府出鐵牛.'

30 天目中峯廣慧禪師語, 贈在別山: "天目久同參, 廬山又同宿. 就中一處却不同, 彼此今年三十六. <u>我有一把無絃琴, 臨別與君彈一曲.</u> 非陽春, 非白雪, 宛若雨餘萬丈崖瀑傾, 又如雪壓千株山竹烈. 驚起赤梢錦鯉, 吹動鄱陽湖底波, 趂出金毛師子, 呑却珊瑚枝上月. 阿呵呵, 也奇絶, 草木萬象皆欣悅, 此音不入時人耳. 莫共時人分彼此, 捲衣抱琴歸去休. 自己家山任去留. 三十年後忽相見, 此曲不應輕和酬."

逢人且說三分話 사람 만나거든 십분에 삼만 말할지니
未可全抛一片心 한 조각 맘 온전히 내던지지 말지라!
琴子無絃如弄引 줄 없는 거문고 끌어안고 탄다면,
世間幾個是知音 세간에 그 소리 알아들을 이 몇이나 되리?[31]

특이하게, 청대 청신녀가 경릉景陵 자지암紫芝菴에서 선문답 주체로 나서 눈길을 끈다. 녑聶씨 가문 丁氏(法名廣德)가 윤분允汾선사한테 上堂을 청해, "줄 없는 거문고가 타는 無生曲에 분명히 법어가 있는데, 누구한테 설하십니까?" 라고 묻자, 선사가 방망이 한번 치고서, "온화한 연기 탑이 옥玉 란간欄干에 있다."고 답했다.[32]

'몰현금'을 비롯한 '무공적' 등 마음을 비유한 온갖 선가 공안화두에 선문답은 낱낱이 소개할 수 없을 정도로 많아 이만 줄인다. '마음' '불성'이 드러나지 않은 채, 본체와 비유사가 없이 '몰현금'이란 유체만 직접 쓰던 차유借喩의 관행이, 청말에 이르러 비로소 본체-유체를 직접 결합한 '심금心琴'이란 은유법이 등장한다. 요즘 우리가 가장 널리 흔히 쓰는 비유개념이다.

청초淸初 적광할寂光豁 선사가 거문고 악사한테 보여준 시에, 거문고와 마음이 잘 묘사되고 있다.(卷第五, 示琴師)

"일곱 줄 음률 감미롭고 청아한데, 七絃音律美淸如
미묘한 손가락 끝 놀림 사뿐히 들어 올리는 듯, 妙指揮端擧似諸,
표묘히 나부끼듯 거침없이 흘러 그치지 않으니, 縹緲行流無定止,
마음 거문고 누가 이렇게도 울릴 수 있으라?" 心琴那得幾能符?

---

31 象田即念禪師語錄卷2, 明 淨現 說, 書記淨珠錄, 門人本致輯.

32 上睿等編, 兪昭允汾禪師語錄卷之3: "信女聶門丁氏, 法名廣德, 請上堂. 進云: '沒弦琴上無生曲, 有語分明說向誰?' 師打一棒云: '和煙搭在玉欄干.'"

한편, 장자莊子에도 道를 조슬調瑟에 비유하는 일화가 나와 매우 흥미롭다. 장자가 혜시惠施한테 이렇게 묻는다.

"만약 궁수가 미리 과녁을 겨누지 않고서 그냥 활을 쏜 뒤, 스스로 적중했다고 훌륭한 활솜씨를 자화자찬한다면, 천하가 모두 명사수 예羿가 될 것이오. 마찬가지로, 천하에 공公적인 표준 없이, 각자 자기주장을 옳다고 주장한다면, 천하가 모두 요임금이 될 것이오. 그렇다면, 바야흐로 명망을 떨치던 유가(鄭緩)、묵가(墨翟)、양주楊朱、공손룡公孫龍(秉)、혜시 5인 중, 과연 누가 옳은지 어떻게 판별하겠소?"

장자는 5가家 주장이 별로 다를 바 없다고 꼬집어 힐난한 것이다. 아울러 주초周初 로거魯遽 일화를 거론한다.

제자가 스승님 도를 얻어, 겨울에 솥에 불을 피우고, 여름에 얼음을 만들 수 있다고 자랑했다. 그러자 魯遽가 대뜸 핀잔을 주었다.

"그야 단지 양陽으로 陽을 부르고, 음陰으로 陰을 부르는 것일 뿐이지. 그건 내가 말하는 道가 아니다!"

그리고 자기 道를 보여준답시고, 거문고를 조율(調瑟)하기 시작했다. 로거魯遽는 당堂에 거문고 1대를 두고, 실내에서 다른 거문고를 뜯었다. 궁宮을 타면 바깥 거문고 줄도 宮이 울리고, 각角을 타면 角이 울렸다. 두 거문고 음률이 완전히 같게 공명했다. 魯遽는 자기 道가 대단히 특별하게 은미한 것처럼 제자한테 과시했다.

허나, 만약 어느 한 줄을 개조改調한다면, 본조本調에 오음五音도 바뀌어 상응하지 못하고, 연주할 때 25현이 모두 이동하고 만다. 하지만 당초 오음 소리와 다름없이 宮이 여전히 音의 군주 노릇을 한다.

기실, 오음이 서로 울려 공명함이나, 음양 二氣가 서로 불러 호응함이나, 기본 내재원리는 상통한다. 사물에 공통하는 진리의 일반보편성을 장자는 단박에 통찰한 것이다. 남의 견해는 틀리고 자기 식견은 옳

다고 주장하는 백가쟁명은, 구경엔 서로 같은 '도토리 키 재기'일 뿐이라는 뜻이다.(雜篇, 徐無鬼第24)

10. 정치의 중용조화와 거문고·활시위 비유

한편, 동아시아 고전에 보면, 위정爲政 치국治國을 장금조슬張琴調瑟에 비유해 눈길을 끈다. 앞서 소개했듯이, 춘추시대 주 경왕景王 때 이미 '정치는 음악과 닮았다.(政象樂)'는 비유명제가 등장했다. 하지만 가장 자주 거론하는 유명한 비유는, 위정·치국이 거문고 줄 긴장도를 조율함과 같아서, '큰(굵은) 줄을 급하게 꽉 조이면, 작은(가는) 줄은 끊어진다'는 명제다.

굵은 줄은 둔탁한 저음을 내고, 가는 줄은 청아한 고음을 낸다. 큰 줄을 팽팽히 꽉 죄어 소리가 높아지면, 그 기준에 따라 음정을 맞추기 위해 가는 줄도 차례로 꽉 조여야 한다. 그 결과 고음이 너무 높아져서, 사람이 따라 부를 수 없을뿐더러 듣기조차 힘들어지고, 심하면 줄 자체가 끊어지고 만다는 것이다.

마찬가지로, 정치법령도 너무 각박하게 옥죄면, 지나치게 가혹해진다. 조그만 잘못도 엄벌에 처하면, 그에 상응하여 형평비례 원칙에 따라, 어지간한 범죄는 엄형중벌을 면할 수 없다. 마침내 죽음에 내몰린 인민은 죽기 살기로 저항하고, 나라는 혼란에 빠져 쉽게 멸망에 이른다는 것이다. 사실, 법가의 농전農戰 중심 법치사상은 천하 통일에 일등공신이라 할 것이다. 허나 진秦은 2대 30년만에 망하고, 법가에 대표자인 상앙과 오기는 거렬車裂형과 지해支解형으로 죽임을 당하고, 한비자도 결국 억울한 죽음을 맞았다. 이 역사교훈이 명백한 증거다!

"그래서 천리를 달릴 말은, 고삐를 너무 급히 당기면 안 된다."

소리가 들리는 소리는 백리도 못 가고, 발 있는 말(馬)은 천리를 가기 힘들다. 하지만, 소리 없는 소리와 발 없는 말(言)은 천리만리를 쉽게 넘어, 천하에 두루 퍼진다.[33] 치국에 중용조화를 거문고 줄 조율에 비유한 명언은, 역사상으로도 아주 자주 인용 거론되었다.[34]

위정치국의 중용조화는 일찍부터 매우 중시되었다. 공자는 정鄭 자산子産 서거 소식을 듣고, 밖에 나와 눈물을 흘려 애도해 찬탄했다.

"옛 성인이 남긴 사랑(을 몸소 실천한 분)이시다!"

그리고 정치에 중용조화를 이렇게 평론하여 극찬했다.

"훌륭하도다! 정치가 관대하면 인민이 태만해지고, 태만해지면 맹렬함으로 바로잡는다. 또 지나치게 맹렬하면 인민이 쇠잔해지고, 너무 쇠잔해지면 관대하게 시행한다. 관대함으로 맹렬함의 병폐를 구제하고, 맹렬함으로 관대함의 폐해를 구제하여, 정치가 중용조화를 이룬다. 시경에 '백성이 수고해 피로하면, 조금 평안히 나라 안에 은혜를 베풀고, 사방을 안정시키네.' 라는 노래는 관대한 시정을 가리킨다. '간사한 궤변을 방종하지 못하게, 불량하고 무엄한 자를 단속하라. 포학한 노략질을 막고, 현명한 법도를 두려워하지 않는 자를 처단하라.'는 노래는 맹렬히 바로잡음을 일컫는다. 또 '먼 곳을 회유하고 가까운 곳을 어루만져, 우리 왕을 안정시키네.' 라는 노래는 평화로운 다스림이다. '다투어 경쟁하지 않고, 헐겁게 늦추지도 않으며, 너무 굳세지도 않고, 너무 부드럽지도 않게, 우아하게 정치를 펼치니, 온갖 관직봉록이 모이네.' 라는 노래는 지극한 중용조화를 이룬다."(春秋左傳, 昭公20(前522)年)

---

33 韓嬰, 韓詩外傳 卷第1: "治國者, 譬若張琴然, 大弦急則小弦絶矣, 故急轡御者, 非千里之御也. 有聲之聲, 不過百里, 無聲之聲, 延及四海." 같은 내용이 劉安(前179-前122), 淮南子 卷10, 繆稱訓; 卷20, 泰族訓과 劉向(前77-前6), 說苑 卷7, 政理편에도 나온다.

34 後漢書 陳寵傳 및 晋書, 刑法志 참조. "爲政猶張琴瑟, 大弦急者, 小弦絶."

또, 禮記에는 공자가 추수 감사제를 참관하며, 자공子貢에게 즐겁냐고 묻는 대목이 나온다. 자공이 "온 나라 사람이 다 미친 것 같아서, 즐거움이라곤 전혀 느낄 수 없다."고 답하자, 공자는 "백일 동안 힘든 농사일을 마치고, 하루 동안 축제로 피로를 풀고 즐기는 이치를, 보통 사람이 알기 어렵다."고 탄식하며 명언을 남겼다.

張而不弛,	"긴장만 하고 이완하지 않음은
文武不能也;	문왕·무왕도 할 수 없고,
弛而不張,	반대로 이완만 하고 긴장하지 않음은
文武不爲也;	문왕·무왕이 결코 하지 않는다.
一張一弛,	한번 긴장했다가 한번 이완함이
文武之道也.	바로 문왕·무왕의 道다."(禮記, 雜記편)

극락정토나 천당에는 밤낮이 따로 없고, 항상 봄날(常春) 같다고 한다. 하지만 우리가 사는 지구는 축이 23.5도 기울어 사계변화가 있다. 만약 낮만 있고 밤이 없다거나, 추위와 더위의 순환이 없다면, 과연 어떻게 될까? 자연현상이나 사회생활이나 모두 음양의 중용조화가 필요하다. 그것이 일정한 범위(한계) 안에서 주기적 순환진동으로 나타나게 된다. 상대적 현상세계의 본질상 어쩔 수 없는 속성이다. 따라서 거기에 맞춰 긴장과 이완, 관대함과 맹렬함, 부드러움과 굳셈을 시의 적절히 변화시켜 순응할 필요가 있다.

그것이 바로 공자가 말한 '시중時中'의 道다.

일찍이 老子도 자연법칙을 거문고 줄 조율과 비슷한 활쏘기 원리에 대비해, 공평한 분배를 시행하는 중용조화 정치를 희구했다.

"하늘의 도는 활 잡아당기기와 같은가! 높으면 누르고, 쳐지면 들어올리며, 남으면 들어내고, 부족하면 보충해준다. 하늘의 도는 남아도는 것을 덜어내 부족한 곳에 보태어주는데, 인간의 도는 그렇지 않다. 부족한 것을 덜어내어 남아도는 곳에 바친다. 누가 능히 남아도는 것을 가지고 천하에 바칠 것인가? 오직 도를 체득한 자인저!"[35]

려씨춘추呂氏春秋는 순자 악론樂論과 禮記 악기樂記 사상을 계승 종합해, 음악의 예술(樂術)과 방도(樂道)를 펼친다.

音樂의 유래는 오래 되어, 태일太一에 근본을 두고, '律' 도량度量에서 생겼다. 太一에서 량의兩儀, 즉 음양이 나와 다채로운 변화를 펼치며, 형체 있는 곳에 소리가 나오고, 소리에 조화가 적정을 이루면서, 선왕이 음악을 제정했다. 천하태평과 만물안녕 분위기에서 이루어진 음악은, 통치에 유효한 도구방편으로서, 반드시 감정욕망을 절제할 임무가 있다. 음악을 잘함에는 예술(기술)이 있으니, 반드시 평정심에서 나와야 한다. 평정심은 공평무사에서 나오고, 공평무사는 道에서 나온다. 그래서 오직 득도한 성인만이 음악을 제대로 말할 수 있다. 망한 나라나 주륙당한 인민한테도 음악이 없는 건 아니나, 그 음악이 결코 즐겁지 않을 뿐이다. 음악은 천지음양의 조화인지라, 위대한 음악(大樂)은 군신君臣·부자父子·장유長幼가 모두 흔쾌히 기뻐하며 즐긴다. 기쁨은 공평에서 생기고, 공평은 道에서 생긴다. 道란 보이지도 들리지도 않고 지극히 정미한지라, 형용할 수도 이름 붙일 수도 없어서, 부득이 억지로 태일太一이라 부른다. 이 태일로 수신하면 평안 장수하고, 치국하면 간사한 죄악을 제거하고 현명한 교화를 이루며, 천하를 다스리면 한서寒暑 풍우風雨가 순조로워 성인聖人이라 한다. 이 태일에서 음악도 나오니, 통치하는 법령형벌과 음악도 아주 밀접불가분의 관계임을 짐작할 수 있다.[36]

35 老子, 제77장: "天之道, 其猶張弓與! 高者抑之, 下者擧之, 有餘者損之, 不足者補之. 天之道, 損有餘而補不足; 人之道則不然, 損不足以奉有餘. 孰能有餘以奉天下? 唯有道者!" 졸저, 선진법사상사(전남대출판부, 2014), 261-2면 참조.

한편, 법가는 거문고 줄과 소리의 관계를 비틀어, 군주권력 절대화에 견강부회하여 눈길을 끈다. 한비자는 제선왕齊宣王과 광천匡倩의 문답 일화를 인용해, 유가의 대의명분론을 꼬집으며 금슬비유를 든다.

유가는 병졸이 왕을 죽여야 이기는 장기(博)를 두지 않고, 아래서 나무 위 새를 몰래 쏘아 잡는 주살(弋)도 쏘지 않는데, 이는 모두 존귀한 군주를 해치는 상징이라 싫어하기 때문이란다. 심지어 작은(가는) 줄이 큰(높은) 소리를 내고, 큰(굵은) 줄이 작은(낮은) 소리를 내는 비파(瑟)도 타지 않는데, 대소 질서와 귀천 지위가 뒤바뀌어 대의명분을 해치기 때문이란다.[37]

물론 이는 광천이 제선왕한테 군주 절대 권력에 정당화 명분을 주기 위한 아부아첨일 뿐이다. 공자는 주살이 몰래 숨어서 쏘므로 떳떳하지 못하다고 싫어했다. 혹여 장기도 싫어했다면, 무익한 오락잡기이기 때문일 것이다.

10. 결언

지금까지 전통법문화에서 禮·法과 音樂의 비유관계를 다방면에서 두루 살펴보았다. 禮를 포함하는 광의에 법 개념을 전제로, 禮樂 병칭의 오랜 전통을 소개하고, 律과 琴瑟을 중심으로 문자어원상 법과 음악의 밀접 관계도 탐구했다. 또 변법 대명사로서 교주고슬과 개현경장 비유를 살펴보고, 음악의 원리정신과 禮樂의 기본 관계를 여러 측면에서 고찰했다. 이어 법과 음악에 궁극이념인 和의 과학 원리와 인

36 呂氏春秋, 仲夏紀第5, 大樂: "務樂有術, 必有平出, 平出於公, 公出於道. 故惟得道之人, 其可與言樂乎!"

37 韓非子 說3: "夫瑟以小絃爲大聲, 以大絃爲小聲, 是大小易序, 貴賤易位, 儒者以爲害義, 故不鼓也."

과응보 법칙도 사유했다. 끝으로, 불경에 修道'法'을 상징하는 음악의 비유와, 정치 중용조화를 빗댄 공자·老子의 거문고·활시위 비유도 소개했다.

전통법문화에서 법을 그물이나 의약이나 제방으로 비유한 것과는 조금 다르게, 禮·法을 직접 음악에 비유한 사례는 아직 찾지 못했지만, '정치가 음악과 닮았다.(政象樂)'는 비유명제는 나왔다. 또 교주고슬과 개현경장 비유나, 부처님 修道'法'의 탄금彈琴 비유나, 위정치국의 긴장이완 중용조화 비유 등은, 부분적이나마 예법과 음악의 비유관계를 잘 보여준다.

거문고가 잘 조율되고 조화롭게 연주되어 가장 아름다운 소리를 낼 때, 듣는 사람 심금을 울린다. 유형의 거문고 소리가 사람 마음-영혼의 거문고에 공명동조를 일으키는 것이다. 피아노에서도 한정 없는 부드러운 음은 강하게 악센트가 필요하다고 한다.

인류는 인간사회에 평화질서를 유지하기 위해, 禮法을 비롯한 사회규범들을 부득이 통치방편-사회통제 수단으로 시행해 오고 있다. 구속과 절제를 강조하는 禮法도, 심금을 울리는 음악처럼 조화롭게 적정한 중용평정을 이루어야 할 것이다. 공평하고 정의로운 법은 적어도 적용받는 사람(受範者)이 억울하다는 느낌은 갖지 않을 것이다. 재판에서 패소한 자가 판사와 법을 원망하지 않고, 죄를 지었다고 기소된 자가 자신이 언도 받은 형벌에 대해 억울하다는 느낌이 안 들 때, 그 법과 법체계는 공정할(fair) 것이다.

그러한 관점에서, 법은 음악과도 같다고 비유해도 괜찮을 듯하다. 조화로운 음악을 들으면 사람 마음이 평안해지고 영혼에 평화를 얻듯이, 법도 정의와 공평으로 사람 마음을 평안히 해주고 불평불만과 고통의 짐을 덜어주면 좋겠다. 법이 공정하지 못해, 사람들이 그 법으로 인해 고통을 받고 불평을 한다면, 그건 올바른 좋은 법이 아니다. 온통 불협화음으로 가득해 시끄러운 소음이, 사람들 이맛살을 찌푸리게 하고 귀를 아프게 하며, 정신적 스트레스만 잔뜩 준다면, 그것은 결코 음악이라고도 말할 수 없다. 마찬가지로, 사람들이 감내하기 힘들 정도로 나쁜 법(惡法)은 '법'이라고도 말할 수 없으리라.

법은 사회질서를 지키면서 약자를 보호하고, 억울한 자가 의지할 수 있는, 일종의 안식처가 되어야 한다. 음악이 영혼의 안식처가 되듯이!

책을 펴내며(跋文)

지금까지 전통법문화에서 법을 그물·의약·제방·음악 등 여러 가지 자미滋味 있고 흥미로운 비유로 표현한 선현들의 정신지혜를 통해 생명 존중의 법철학을 대강 살펴보았다.

내용은 상당히 참신하면서도 몹시 흥미진진한 고갱이가 그득한데, 일반 독자들을 상대로 간명하고 경쾌한 계몽교양서로 재구성하는 문필력文筆力의 미흡과 시간 및 체력의 부족으로, 많은 한계와 아쉬움을 감출 수 없다. 그 결과, 당초 발표한 학술론문의 체계형식을 크게 탈피하지 못하고 대체로 유지하면서, 전통과 단절된 지 1세기가 넘은 현 세대의 동양 법문화에 대한 낯선 현실을 참작해 되도록 자세히 정리 소개하고 싶은 바람까지 겹쳐, 상당히 장황하고 지루한 느낌마저 없지 않은 듯하다.

우리 전통 역사철학에 관한 주제의 특성상, 기본 내용 및 자료의 올바른 이해에 한문漢文 병기가 필수인 점도, 일반 독자들한테는 상당한 부담과 거부감을 줄 성싶다. 그래도 어쩌랴?! 이 분야 이 주제에 관한 연구와 소개가 전무하다시피 한 현실에서, 최소한 객관 사실을 정확히 밝혀 착오나 왜곡이 없도록 최선을 다할 책임과 사명이 전통 역사철학 탐구자에 기본 자질이 아니겠는가? 그 기초 위에서 흥미와 관심까지 유발하면 금상첨화겠지만, 아무래도 저자의 능력과 함께 독자의 관심과 열정도 다소간 필요하지 않을까?

따라서 현재 필자로선 주관적 최선은 다하려고 노력했음을 고백하면서, 독자들의 해량과 보완적 관심을 당부하고 싶다.

첫 번째 그물의 비유는, 세속 국법에선 대개 응보의 형법을 상징하여, 이른바 인간의 동물성 발현인 죄악을 응징하는 '짐승적 망치網治'로서 특징을 지닌다고 보아도 좋을 듯하다. 다만, 불교에 '법망法網'='범망梵網'에서는 죄악의 구렁텅이에 빠져 생사윤회에 허우적대는 중생을 건져 올려 구제하는 구원적 보살(천사) 행원行願 특징이 부각되어 눈길을 끈다.

두 번째 의약의 비유는, 세속 국법이나 불교 법약、의왕 모두 사회적 질병 내지 마음·정신상 질병을 치유하는 교정의 법으로서 공통 특성을 지닌다고 볼 수 있다. 인간의 한계와 범부중생의 업장인연으로 말미암아, 우리 개개인은 육신의 질병뿐만 아니라 사회공동생활에서 관계의 모순대립 및 갈등분쟁을 빈번히 겪거나 심각하게 야기하며 살고 있다. 그런데 그 밑바탕에 깔린 근본원인은 중생의 탐진치 삼독이라는 마음·정신상의 질병이 원흉이다! 일반 의사와 국법을 다루는 법조 의사와 불교 법약을 처방하는 불보살 의왕이 3단계로 점층 격상하며, 우리 범인중생의 온갖 질병을 고쳐주고 치료해주는 기막힌 체계다. 세속 국법이나 불교 법약이나 약치藥治, 의치醫治, 인술지치仁術之治로서 눈부신 자비광명을 발휘하며, 이른바 특별예방의 기능을 수행하는 것이다. 여기서 고통의 미학이 찬연한 빛을 내뿜게 된다.

세 번째 제방의 비유는, 범인 중생의 감정욕망이 범람해 죄악의 홍수로 휩쓸리기 전에 미리 둑을 쌓아 막음으로써, 사전예방으로서 이른바 일반예방 기능을 현저히 발휘한다. 유교에서 덕례德禮의 교화를 중시해 강조하는 가르침으로, 현인의 예치禮治라고나 할까? 불교에서도 재가불자나 출가수행자의 기본규범인 계율의 특성을 빈번히 제방의 비유로 설명함이 주목할 만하다.

네 번째 음악의 비유관계는, 바로 화음과 화성으로 대표되는 평화의 법, 조화의 법을 상징한다. 작게는 우리 인간의 몸과 마음·정신상의 조화, 이른바 소우주로서 개개 인격체의 원만하고 평화로운 조화부터, 향촌 및 지역 사회, 나아가 국가와 인류 전체 공동체의 평화로운 질서와 조화, 더 나아가서는 우주적 조화(universal harmony)에 이르기까지, 국법 및 자연법, 불법의 궁극 사명과 이상이다. 여기에 이르면 천인합일의 경지에서, 당위(Sollen)를 넘어선 존재(Sein)의 차원에 소요유하는 성인의 도교(道敎: 도덕교화)와 덕치德治라 할 것이다.

결론으로 말하면, 이 네 비유의 법만 원만히 실현한다면, 정말 인류 궁극의 이상인 지혜의 법과 생명의 법이 되고, 우주 자연법으로서 도치(道治) 덕치라 할 것이다. 이것이 본서가 궁극으로 밝히고자 한 우리 전통법문화에 지혜의 법과 생명법학이다.

당 태종 때 명재상 현신인 위징魏徵、저수량褚遂良、우세남虞世南이 편집한 군서치요群書治要 권46에는 다음과 같은 내용이 나온다.

충에는 세 가지 기술이 있다. 첫째는 예방이요, 둘째는 구제요, 셋째는 징계다. 아직 그러하기 전에 선수를 침이 예방이요, 터진 다음에 나아가 간언함이 구제요, 행동결과가 나타나서 책망함이 징계다. 예방이 으뜸이요, 구제가 다음이며, 징계는 최하다.

바로 법의 제방、의약、그물 비유에 차례로 상응하는 내용이다. 일반예방 법학 - 특별예방으로서 치유(교정) 법학 - 징벌치죄의 응보법학의 순서와 정확히 호응하는 정치철학이다. 신하 입장에서 '충忠'을 주제로 전개한 사상이지만, 백성을 다스리는 법의 관점에서도 똑같이 적용되는 일반론이다. 당 태종이 '정관정요貞觀政要' '정관지치貞觀之治'로 태평성세를 구가해 후대 성군으로 추앙받는 핵심 요인이 바로 여기에 있다!

환갑換甲을 막 넘기고 책 원고를 대강 마무리할 무렵(1.25.월) 무등산에 올라, 며칠 전 대설을 이기지 못하고 무참히 부러진 적송赤松 우듬지 산개傘蓋를 목도하고 제행무상을 실감하였다. 이튿날 새벽 정좌명상 중에 문득 시상詩想이 떠올라 소감을 적었다.

換甲感遇 환갑감우	환갑에 느낌
去夏太風飛舍蓋 거하태풍비사개	지난 여름 태풍에 정자 지붕 날라 가더니,
今冬大雪折松傘 금동대설절송산	올 겨울 큰 눈에 붉은 소나무 일산 부러졌네.
每秋老眼深粗皺 매추로안심조추	가을마다 눈 늙아지고 거친 주름 깊어지니,
常春極樂淨我願 상춘극락정아원	늘봄 극락세계 왕생함이 청정한 내 서원!

불초를 낳아 길러 가르쳐주신 자모慈母님과 선친先親께 무한한 감사와 존경을 바치고, 지금 여기에 이르기까지 자상히 가르치고 일깨워주신 유형·무형에 모든 스승님과 선지식, 불보살님과 성현들, 친지·도반·동학·후배들, 그리고 본 연구를 지원해준 정부 출연 기관 한국학술진흥재단과 연구재단, 졸저 발행을 도와주신 국립 전남대와 출판문화원 관계자 여러분께도 두루 감사와 경의를 드린다.

2021.2.6.토 庚子年 섣달 스무닷새 해질녘
빛고을 매곡동 淵靜 金池洙 삼가 적음_()_

재교 중, 우수雨水 직전 엄청난 혹한에 철 늦은 폭설이 찾아와 천하가 순백 은세계로 변해 설중매雪中梅가 피었다. 책을 1권 낼 때마다 색신色身 늙아가는 소리와 낌새가 시력과 정신집중력 약화, 쭈글쭈글 깊어가는 주름으로 생생해져 무상無常을 실감한다! 呵呵~~

부록: 학술론문 심사의견(종합)

제2편: 법과 그물 비유, 경북대 법학논고.

1. 그물의 비유와 법망이란 표현을 소재로 중국과 한국의 고문헌 상의 용례를 두루 조사하여 전통법문화에 관한 저자의 견해를 설파한 논문이다. "법의 그물이란 관점에서 해석하자면, 국법은 천리라는 理法(法理)의 실(絲)로 인정이라는 빈틈의 눈(目)을 듬성듬성 가지도록 정교한 체계로 짠 무형(추상)의 그물이다."라는 대목은 '정/리/법'론과 법망의 비유가 절묘하게 합쳐진 법의 이미지를 제공하고 있다. 보통 법학논문 글쓰기와 차이가 있지만, 오랫동안 동아시아 법문화의 원류를 탐구하고 사유해온 저자의 식견과 개성이 담긴 글쓰기 스타일이라 할 것이고 학계에서 충분히 존중받아야 한다고 본다.

2. 심사대상논문은 형식과 내용 모두에서 한 편의 학술논문으로서 완성되어 있습니다. 수많은 고전에서 길러낸 방대한 지식은 특별히 돋보입니다. 따라서 심사대상논문은, 필자에 의한 수정만으로, 『법학논고』에 게재할 수 있다고 판단합니다.

3. 망의 어원에 대해 방대한 자료를 치밀하게 조사하여 쉽게 풀이한 논문입니다. 또한 그 의미를 다양하게 해석하여 역사적 의미뿐만 아니라 현재적 의의도 고찰하였습니다. 법학계의 내용을 풍부히 하는 점에 이 논문의 의의가 있습니다. [97점]

제3편: 불교 경전에 법과 그물 비유.

제1차 투고: 가천대 가천법학 심사평.

1. 이 논문은 동양법철학의 영역 중에서 불교와 법에 대한 논의를 다루고 있다. 법철학에서 동양법철학에 대한 논의 자체가 많지도 않지만, 그 중에서도 유가의 법사상에 대한 연구는 종종 있었다. 이에 반하여 불교의 법사상에 대한 연구는 거의 없었던 것 같다. 법학적인 글쓰기와는 다소간 차이가 있는 논지의 전개를 보이지만, 저자께서 설명하고 있으시듯이 불교경전에 대한 일차적인 해독을 위한 의미에서 이러한 논지의 전개도 의미가 있다고 본다. 다만 불교에 대한 심층적인 이해를 하지 못하는 독자들을 위해서 조금만 더 어려운 설명들은 풀어서 말씀해주시면 이해에 도움이 되겠다. 학문의 다양성 측면에서 불교와 법에 대한 논문이 발표되는 것은 의미가 있다고 생각된다.

2. 본 논문은 불교 교리에서 법망에 관한 역사적 연원과 발전사를 매우 상세하게 다루고 있다. 방대한 인용과 참고서적에 대한 주석을 보건대, 필자의 성실한 학구적 탐구태도를 엿볼 수 있다. 그러나 본 논문은 법망이라는 용어가 언제부터 어떻게 사용되어 왔는지를 불교사를 통해 추적해 보고 있는데, 전체 내용을 보건대 굳이 이를 중국 법제에서의 사용례와 문헌적인 고증을 하고 있지는 않다. 필자가 모두에 밝힌 것처럼 법제도에서의 법망이라는 용어가 불교에서 비롯된 것이라면, 그에 관한 설득력 있는 문헌적 고증이나 역사적 검증이 있어야 할텐데, 필자는 처음부터 끝까지 불교의 법망에 관한 사용례를 장황하게 나열하고 있다. 평자가 보기에 본 논문은 불교관련 학술지에 게재하는 것이 좋을 듯하며 법학관련 학술지에 게재하기에는 본 글이 추구하고 있는 내용과 집필 의도로 보건대 적합하지 않다고 평가된다.

3. 소개되는 불교경전이나 인물 등에 대하여 각주를 통하여 간략한

소개가 필요하다. 경전의 내용을 그대로 해석하기 보다는 의역을 하거나 해설을 통하여 독자들이 이해 가능한 문장으로 만들 필요가 있다. 한글로 표기 가능한 단어는 한글로 표기하여 가독성을 높일 필요가 있다.

제2차 투고 게재: 명지대 명지법학 심사평.

2-1. 심사논문은 법관련 언어생활에서 종종 사용하는 "법망(法網)"에 관한 역사언어학적 분석을 시도하고 있는 것으로, 일견 법학계나 실무계의 직접적인 관심사에서는 다소 거리가 있는 것으로도 생각될 수 있으나, 법학의 기초를 다진다는 측면에서 충분히 그 의의를 인정할 수 있다고 판단함.

2-2. 이 논문은 '법망'이라는 비유의 연원을 불교 경전의 번역사를 통해 추적함으로써, 오늘날 '법'의 상징적 이미지가 형성되어 온 과정을 탐색하고 있다. 방대한 불교 경전에 등장하는 '법망' 및 그와 유사한 개념들을 찾아 확인하고, 그로부터 얻을 수 있는 법의 상징체계 및 그 인식적 배경에 대해 탐구하는 작업은 쉽사리 흉내 낼 수 없는 높은 수준의 전문 지식과 성실한 노동을 필요로 하는 것이라 할 수 있다. 물론 이 글의 대부분을 이루고 있는 많은 원전 개소의 번역 및 인용 부분에 비해 그것의 의미를 심도 있게 분석해 내는 과정이 부족하다는 점을 이 글이 가지고 있는 한계로 지적해 볼 수 있을 것이다. 그러나 한 편의 논문에서 이 글이 다루고 있는 정도의 자료 발굴에 더해 충분히 깊이 있는 분석까지를 모두 소화해 낸다는 것은 애초에 불가능해 보인다. 따라서 부족하게 느껴지는 부분에 대해서는 오히려 후속의 연구를 기다려 보는 것이 바람직할 듯하다. 요컨대 현재의 체제와 내용으로서도 이 글은 기초법학 분야의 전문적인 연구 논문으로 발표되기에 넉넉한 정도의 수준과 함량을 지녔다고 평가할 수 있다.

2-3. 法網의 연원에 대하여 밝힌 글입니다. 法網이라는 용어가 중국 내부에서 법을 적용하면서 발생한 것이 아니라 불교 경전의 漢譯에서 비롯되었다는 점을 밝힌 점은 특기할 만합니다. 불교 경전의 法網에 대한 역사적인 해석 속에서 그 철학적인 내용을 더욱 풍부하게 해 나간 점도 흥미롭습니다. 매우 독창적이고 꾸준한 연구 끝에 나온 글이라 게재하기에 충분하다고 판단합니다.

제4편: 사회질병 치료 의약 비유, 전남대 법률논총 심사평.

1. 論者는 중국의 고전을 통하여 사회적 病理와 그 치료를 의약적 치료와 비교하여 법제와 형벌의 문제로 보고 양자를 다방으로 상세하게 비유적으로 비교검토하는 내용을 전개하고 있다. 법과 의약의 대조를 위하여, ①그 사상적 상관성 ② 역사적 전통적 비유의 연유 ③ 필요성과 그 한계 ④ 그 도구성 ⑤ 이해득실의 비교 ⑥ 주변과의 조화성 ⑦ 담당자의 전문성과 독립성 ⑧ 사회적 신뢰와 존경성 ⑨ 예방적 전망성 ⑩ 독점성과 지속성의 논란 등, 비교 분석하여 결론적으로 지도자와 국민의 인간성과 문화적 역량의 관행성을 정리 제시하고 있다.

주제에 관하여 광범한 동양고전의 자료 개발과 인용을 통하여 법사상과 법문화의 기본적 이해역량을 교육하는 법문화의 고전강좌로서, 탁월한 가치를 공감하고 법사상적 고전연구의 秀作으로 높이 평가함.

2. 심사논문은 법이 사회공동체에서 어떠한 역할과 기능을 해야 하는가라는 물음에 대해 전통 중국법문화에서 사회질병을 치료하는 의약에 비유하여 그 공통점과 차이점을 상세하게 분석하며 논지를 전개하고 있다.

심사논문은 무엇보다 법학계에서 시도된 바 없는 법과 의약의 비유를 통해 법, 특히 형법의 최후수단성을 강조하고 있다. 즉 투고자는 결론 부분에서 "萬病通治藥을 만들어 모든 疾病을 고치는 것보다는,

환자 없는 세상을 만드는 게 훨씬 낫고; 萬事通治法을 만들어 모든 범죄자를 잡아들이는 것보다는, 사람들이 죄를 짓지 않고 살아가도록 教化하는 것이 더욱 바람직하다"는 점을 지적하고 있는 바, 이는 최근 한국사회에서 문제되고 있는 성폭력범죄, 마약범죄, 강도살인등의 강력범죄 등 여러 사회문제의 해결을 위해 형법을 최후수단이 아닌 최우선수단으로 삼고 있는 문제점을 정확히 지적한 것이라 판단된다.

다만 투고자는 "10. 法과 醫藥의 시의성과 예방의 중요성" 부분에서 예방법학의 긍정적 측면만을 강조하고 있다. 그러나 현재 형법학계에서는 과거의 불법이 아닌 미래의 위험에 대한 사전예방, 그리고 테러범죄 등에 대한 사전예방 등을 강조하면서 추상적 위험범이라든지 예비죄를 광범위하게 도입함으로써 可罰性을 침해범과 미수범 이전의 단계로 前置化하여 확대하는 문제점이 지적되고 있다. 마찬가지로 의학계에서도 예방의학을 지나치게 강조하여 불필요한 진료를 하는 과잉진료의 문제가 제기되고 있다. 따라서 예방법학의 긍정적 측만만이 아니라 부정적 측면에 대한 분석도 있었으면 한다.

결론적으로 심사논문은 그 구성이나 논지의 전개가 체계적이고 논리적이며, 논문의 독창성 및 학술적 가치가 높다고 평가되므로 게재할 가치가 높다고 사료된다.

3. 본 논문은 동양과 서양의 법사상을 비교하려는 큰 의도를 가졌다는 점에서 고무적이다. 그러나 본 논문은 기본적으로 논문으로서 성격을 갖추기 위한 기본 전제들을 점검할 필요성이 있다. 특히 논문으로서 서론과 결론에서 그에 부응하는 역할이 결여되어 있다.

우선 에세이식의 서두는 논리적인 글의 전개에 적합하지 않은 사적 말들로 가득 차 있다. …중략…그리고 이 글은 너무 장황하여 흡사 한편의 논문이 아니라 책을 읽는 듯한 착각에 빠지게 한다. 한편의 논문으로서 한 가지 주제에 대한 치밀한 논증력이 부족하여 논문이라기보다는 법과 의약의 비유를 여러 책들을 읽고 옮겨 놓는 형식을 취하고 있다. 따라서 한편의 논문형식이 되기 위해서는 서론에서 법과 의약에 대한 관계를 어떤 관점 내지는 내용을 가지고 본문에서 논증하겠다는 것이 밝혀져야 하는데, 오히려 개인적으로 논문을 쓰게 된 동기에 치중하고 있어 에세이형식을 취하고 있다. 또 법과 도덕관계, 법과 윤리관계, 공리주의적 접근 등 논자가 접근하려는 사유가 다분히 서양적 관점을 취하고 본인 스스로 논거들을 찾아서 글을 쓰고자 함에도 기본적인 법철학적 개념과의 연계성을 필히 결하고 있다.

이러한 현상은 결론에서도 마찬가지이다. 결론에서는 적어도 장황한 본문의 내용을 최대한 요약하여 논증한 부분들을 점검하고, 차후에 논증이 미약한 부분이나 미진한 부분에 대한 연구반성의 자리가 되어야 하는데, 흡사 본문의 연속처럼 글을 전개하고 있다. 이 글이 논문이 되기 위해서는 우선 기본적으로 좀더 요약적이고, 논증적인 글쓰기 태도가 전제되어야 하고, 그렇지 않을 경우에는 책으로 출판하는 것이 합당하다고 고려된다. …하략!

제5편: 불교 법약 비유, 전북대 전북법학 심사평 未보존, 不備!

제6편: 법과 제방 비유, 아주대 아주법학 심사평.

1. 이 투고논문의 가장 큰 문제는 '국내외의 타인의 선행 연구업적'을 전혀 고려하지 않는다는 점이다. 참고문헌 목록에는 원전만 있고 선행연구업적은 자신의 것만 있다. 타인의 업적으로 참고할 만한 것이 과연 없을까? 한국에는 없을지 몰라도 중국이나 미국, 독일, 프랑스, 일본의 중국학, 유학에 대한 연구성과는 상상을 초월할 정도로 깊다. 투고논문은 그런 연구성과를 무시하는 심각한 결함이 있다.

투고자는 '동양 古典'이라는 제목하에 중국측 문헌, 그 중에서도 '유교경전'에 한정하고 있다. 그렇다면 '동양 古典'이라는 제명보다 '유교경전'으로 한정하는 것이 좋을 것이다. 각주가 필요한 장소가 대단히 많이 있다. 하나의 예를 들면 로스쿨을 도입한 일본에서는 새로운 법률가 양성의 주요목표로 "사회생활상의 질병을 치료하는 의사"를 명백히 거론 했지만 말이다.

2. 본 논문은 제목을 "동양 古典에서 죄악을 예방하는 제방으로서 법의 비유와 예방법학"이라 하였지만, "예방법학"에 관하여는 다루어지지 않은 듯한 느낌이다. 일반예방주의의 언급 정도 나오는데, 이는 모든 법이, 특히 형법이 갖는 일반적인 특성일 뿐이다. 굳이 예방법학이라 할 때에는 나름의 성격 규정을 한 뒤 전체적인 맥락에서의 관계르 따져야 할 것이다. 이를 빼고 본다면 미연에 방지하는 예(법)의 기능과 그에 대한 (비유적)표현들을 정리해 놓은 의의를 갖는다. 이처럼 방대하고 체계적인 정리는 드물며 학술적 기초자료가 될 만하다. 다만, 이를 좀 더 짜임새 있고, 눈에 들어오게 구성되면 좋을 듯하고, 무엇보다 그 의의가 조목조목 서술되어야 완결성이 높아지리라 생각한다. 의미가 크다는 점을 역설하는 것과 함께 그 의미가 구체적으로 이해될 수 있도록 세밀히 규명되었으면 한다.

3. "자상호라는 이가 죽었을 때에 공자가 제자 자공을 시켜 문조케 하였는데, 그 친구들이 시상 앞에서 거문고를 타고 노래를 하는데, '상호여! 상호여! 그대는 이미 진원에 돌아갔구려! 우리는 아직 진세에 남아 있네!'라고 하였다. 자공이 시상 앞에서 노래하는 것이 예냐고 묻자 그 친구들은 서로 웃으며 '그대가 어찌 예의 뜻을 알겠느냐'라고 하였다. 자공이 돌아와서 공자에게 고하자 공자는 '그들은 방외에서 노는 자이고 나는 방내에서 노는 자이다. 안팎이 다른데 내가 너로 조문하게 한 것이 잘못이다. 그들은 조물주와 함께 천지의 일기에 노느니라, 저들은 생을 혹과 사마귀라 하고 죽음을 큰 헐미가 곪아터졌다고 하

느니라'라고 하였다."

심사 대상 논문은 현재 우리에게 익숙한 법학의 서술과는 거리가 있고, 연구자 본인이 밝힌 바와 같이 초보적 단계에 있는 연구이지만, 생경한 연구라 하여 편협하게 저어하기보다는 공론의 장에서 함께 논의할 만한 충분한 가치가 있는 것으로 사료된다. [2015년 8월]

제7편: 불교에 법과 제방 비유, 전남대 법학논총 심사평.

1. 이 논문은 불경에서 예방적 수단으로서 말하는 법의 의미를 다양한 불경 및 관련 문헌에 기초하여 탐구해보는 연구로, 법의 중요한 기능 중 하나로서 언급되는 예방의 의미에 대해 다시 생각해보고 법의 본질에 대한 이해를 도모하게 하는 의미있는 연구라고 생각됩니다. 독창성을 지니는 새로운 연구라는 점만으로도 전남대학교의 법학논총에 게재하는 데 충분한 의의가 있다고 생각됩니다. 다만, 덧붙여 불경에서 말하는 법의 의미에 대해 충분한 이해를 지니지 못하는 대부분의 독자들을 위해, 연구자가 궁극적으로 불경에서의 이야기를 통해 말하고자 하는 법의 본질이 무엇인지를 보다 쉽고 명확한 언어로, 그리고 조금 더 상세하고 구체적으로 기술한다면, 연구의 효용을 좀 더 높일 수 있지 않을까 기대해봅니다.

2. 본 심사대상 글은 전반에 걸쳐 필자의 그간의 관련 연구와 업적을 민망할 정도로 강조하고 있어, 이 글의 최대의 장점인 좋은 소재에의 집중을 방해합니다. 서술에 있어서도 정합성은 별로 고려하지 않고 아무렇게나 말하고 있는 듯한 느낌입니다. 물론 논문이라고 해서 굳이 종래의 틀을 고집할 이유는 없으며 새로운 형식의 논문도 얼마든지 가능하지만, 그 경우라도 다듬어지기는 해야 하는데, 이 심사대상 글은 강연내용을 필사한 것에 가깝습니다. 전면적인 수정이 필요합니다.

초록에서부터, 부정확하거나 매끄럽지 못한 한글 표현이 있으니, 이 역시 꼼꼼한 교정이 필요합니다. 예컨대 "연구의 기초로서"라고 써야 할 것을 "연구에 기초로서"라고 하고 있고, "법실증주의의 허점을"이라고 해야 할 것을 "법실증주의에 허점을"이라고 쓰고 있습니다.

2. 재심: 여전히 주로 자신에게만 몰두한 채 설렁설렁 말하는 것 같은 느낌이 들고, 일관된 주장을 가진 글이라기보다는 관련 주제를 정리한 자료에 가깝지만, 이는 쉽게 수정할 수 없는 필자의 독특한 문체상의 문제로 생각하기로 하여, 위와 같이 판단합니다.

3. 이 논문은 그 자체로서는 독창성과 학문적 기여도가 인정된다. 그러나 불교의 법과 세속법의 유사점과 차이점이 명확히 제시되지 않은 채, 불교의 법의 비유를 그대로 세속법에 대한 함의로 이끌어가는 데는 무리가 있어 보인다. 이 글이 내적 도덕성에 대한 외적 행위의 규칙성이라는 점에서, 양자 사이의 어떤 유사점을 전제하고 서술한 것이 아닐까 추측할 수 있을 뿐이다.

그러나 심사자의 추측이 맞다고 해도, 불교의 법이 과연 세속법처럼 내적 자세나 태도를 도외시하고 순전히 외적 행위에만 관계된 것인지, 아니라면 세속법이 외적 행위를 명할 때는 법 준수의 내적 자세나 태도까지도 관계해야 한다는 것인지 의문이다. 또한 죄악 예방이라는 법의 비유는 형사법을 연상시키는데, 민사법에도 해당되는 이야기인지, 형사법에 국한하더라도 오늘날의 세속법은 위험범의 경우를 제외하면 이미 죄악(해악 혹은 반가치)에 빠진 데 대한 국가적 반응이기 때문에 그 비유가 타당한지 의문이다.

이와 같이 불교법과 세속법 사이의 차이에 대한 필자의 입장이 명확하지 않은 상태에서는 이 논문은 종교 관련 논문으로 게재되는 것이 보다 바람직하다고 생각된다. 그러나 이는 편집진의 판단에 속하므로, 일단 '수정 후 게재'로 판정한다.

제8편: 예법과 음악의 (비유)관계, 이화여대 이화법학 심사평.

1. 종래 주목하지 않은 주제인 “예/법과 음악의 관계”를 방대한 사료를 제시하였습니다. 이는 전통법에 대한 새로운 인식을 제공할 것으로 판단됩니다.

2. 논문투고요령을 준수했으면 함. 불경과 음악의 관계는 전체 내용상 불필요하다고 여겨지므로 제외하는 것을 검토바람. 많은 고전을 통하여 개인의 연구를 주장하고 있으나 예악에 대한 다양한 연구도 있으니 참고하여 객관적 태도를 유지하는 것이 바람직할 것임.

3. 본고는 중국전통법문화와 결합하여 예법과 음악의 관계에 대해 검토하고 있다. 사료를 기초로 충실하게 검토함이 돋보인다. 몇 가지를 심사소견으로 제시한다.

1. 우선 전통‘법문화’란 표현을 서언에서 당연한 표현으로 쓰고 있는데, ‘법문화’에 대한 개념정리가 전혀 없음을 지적함. 2. 방대한 논문내용을 한편의 학술논문으로 처리함에 어려움이 있음. 특히 각주 66 67 69 등에서는 내용을 번역하면서 원문에 대한 적시는 전혀 없음. 3. 각주12에 적은 논어 선진편과 관련하여 본문에서의 필자해석이 무척 생소하게 보임. 다른 해석론의 제시가 요구됨. 4. 문장 전체에서 필자의 어투와 서언 일부 문장표현 등이 무척이나 방만함을 주고 있음. 변경을 요함. 5. 9면에 훈민정음과 관련하여 어원을 언급하는 만큼 연구 각주를 명확히 제시하여야 할 것임. 6. 원 사료를 포함하여 대만간행의 자료를 참고함이 많은바, 중국 또는 대만에서 본 주제 및 예악과 관련하는 기존연구가 다수 있을 것임. 이에 대해 일정정도 연구성과를 각주로 제시하면서 견해의 논급을 요함.

수정을 더하여 게재할 것을 심사결론으로 제시함

Abstract Contents

Kim, Jisu*

1. General Theory of Metaphor & the Concept of Law & Dharma

2. The Metaphor of Net of Law in East Asian Traditional Legal Culture Concerning Its Historical Origin and Philosophical Wisdom

The metaphor of the net of law has a tradition of thousands of years in East Asia.

This article studies it esp. its historical origin and philosophical wisdom with East Asian classics & historical records. Firstly, it makes the advent of net & its origin clear. Secondly, it researches the importance of net in the policy of measures urgently needed to stabilize the people's livelihood. Thirdly, it investigates metaphors of net in the governing the people & improvement of people's health.

Fourthly, it looks into the metaphor of the net of law & its characteristics. The net of law emerged from the net, and was compared to fundamental principles of official constitutional government. So it appreciates the metaphor concerning the objectivity of legalism and necessary means of net & law. Fifthly, it traces the historical development of the metaphor of the net of law with East Asian classics and Chinese & Korean historical records. Sixthly, it meditates the metaphor of 'the net of Heaven(Nature, God)' of Lao-zi(老子) and its various meanings in historical development. Seventhly, it reflects on philosophical significance & spiritual wisdom in

* Prof. of Law School, Chonnam National University. Major in Asian Traditional Legal Philosophy.

the metaphor of the net of law. Eighthly, it surveys wise sayings & witty remarks on three-point covenant & the deterioration of official discipline.

Lastly, it introduces the metaphor of the net of dharma in religious Scriptures in brief. In conclusion, the secular net of law principally indicates the function of separating criminals from society, but the religious net of dharma signifies the meaning of saving mankind from the sea of life and death. It is to be wished that the spiritual wisdom in the metaphor of the net of law would be invaluable reference & help to the critical succession & development of our present legal system, and both government & individuals make constant efforts for progress of our legal culture.

Key Words : Net, Law, Net of Law, Net of Heaven(Nature, God)(天網), East Asian Tradition, Metaphor, History & Philosophy.

3. The Metaphors of Net of Dharma(Dharma-jāla) in Buddhist Tripitaka Concerning Historical Origin & Philosophical Wisdom of Net of Law in East Asian Legal Culture

The metaphors of the net of dharma(dharma-jāla) has a tradition of thousands of years in Buddhist Tripitaka. This article studies it esp. concerning historical origin & philosophical wisdoms of net of law in east asian legal culture.

This study adopts an inductive method of corpus analysis with historical research by referring Buddhist Tripitaka records. So readers may be bored by the monotonous development of work, but would be recommended for reminding that tastelessness implies all tastes.

Firstly, this work represents a summary of metaphors of the net of dharma in Buddhist Tripitaka by a chart. Secondly, it researches the net of dharma in Chinese translations of Buddhist Sutra, Chinese commentaries, and the Buddhist priesthoods & analects of great monks. Thirdly, it investigates implications of net of dharma through Chinese commentaries on 'Brahma-jāla'(梵網: pure net). Fourthly, it looks into the metaphors of the net of dharma in Amitābhavyūha-sūtra & its Chinese commentaries. Fifthly, it traces some byname of the net of dharma, namely the net of Buddha's teachings and the net of monks and so forth.

In conclusion, this study may be rewarded with good fruits that the metaphor of the secular net of law would be able to extend and deepen its implications to saving mankind from the sea of life and death. So the spiritual wisdoms of the net of law in east asian may be uplifted by the metaphor of the net of dharma. It is wishable that the wisdom in the metaphor of the net of dharma would be invaluable reference & help to the critical development of our present legal system & culture.

Key Words : Net, Law, Net of Law, Net of Dharma, Buddhist Tripitaka, Metaphor, History & Philosophy.

4. Simile of Law as Medicine for Social Diseases and Its Symbolic Meanings in East Asian Traditional Legal Culture

Unlike Korea when Japan introduced the Law School System, it brought forward an ideal image of lawyer as social physician curing social diseases. The simile of law as medicine curing social diseases has a long history of more than three thousand years in traditional legal culture. This paper contains an analysis of the simile of law as social medicine and an examination of symbolic meanings of the simile in ancient Chinese classics, including Confucian scriptures, philosophies from various schools of thought, and history books.

Medicine and law are indispensable necessities of human lives, but what they have in common involves insufficient means to cure along with adverse side effects to some degree. The most significant reason why medicine and law are necessary in human lives, even at the cost of considerable bitterness and pain, is that their benefits are much greater than their costs. This is why the Legalist school of ancient China strongly insisted on the rule of law in view of utilitarianism.

A physician's prescription for medicine varies not only according to the patient's symptoms, but also according to the causes of diseases, the patient's dispositions, and the patient's physical qualities. Similarly, law must be adapted to suit the needs of the times and changes in social circumstances. Medicine and law both require highly specialized technical knowledge, so physicians and lawyers must be highly learned professionals who are recognized and respected as well as qualified and independent. If so, bodily and social diseases can be completely cured, down to their root causes. Therefore, men must trust good physicians and lawyers as professionals and confide their bodily and social diseases with hope for a cure.

What is important in curing bodily and social diseases with medicine and law is to cure our ills timely before too much advanced to heal them. What is most important, however, is that we should maintain our bodily and social health not to become diseased. Even a supernatural, divine physician cannot revive the already dead, and even an excellent saint or sage cannot revive an already conquered and perished nation. Even though a disease can be completely cured, the cost of cure is much larger than that of prevention. Thus having to recover is worse than never becoming diseased. As English saying says, 'Prevention is better than cure.' Both physician and lawyer must bear this truth in mind.

Key Words : Social Diseases, Cure, Medicine, Law, Social Physician, Lawyer, Prevention, Simile

5. Metaphor of Dharma as Medicine for Spiritual Diseases(Unsound Mind) and Its Symbolic Meanings in Buddhist Scriptures*

Human lives are full of all kinds of anguish, all lives want to evade anguish and to be happy. Buddhism as well as other religions and philosophies shows us the ways to escape anguish and the many roads to eternal happiness. Buddha realized that the essence of life is suffering (苦, duhkha), through leaving home and asceticism penetrated fundamental causes(aggregates) of suffering(集, dukkha-samudaya), and perceived the road(道) to nirvana(滅, 涅槃), extinction of affliction(煩惱, klesa). And so Buddha prescribed the spiritual medicines based on the four noble truths and 12 branches of direct & indirect(correlative) causes for affliction & suffering from basic ignorance(無明).

This paper tries to research the metaphor of dharma-medicine from Tripitaka Koreana(the whole buddhist cannon of Korea) that compares dharma to medicine for spiritual diseases and likens Buddha & Bodhisattva to doctor-king, in order that we modern human being may find curative medicine for recovering mental & physical health from stress & tension. The present writer hopes that this paper may be a guide to life-journey solving various anxieties about birth, age, sickness and death and pursuing true joy & eternal happiness.

In the line of expanding & deepening of my previously published paper titled “Simile of Law as Medicine for Social Diseases and Its Symbolic Meanings in Chinese Traditional Legal Culture”, this paper consistently tries to investigate Buddhist thoughts on 'natural law' that has had strong influence on worldly law in Asian traditional culture, in order to ascertain

* This work was supported by the Korea Research Foundation Grant funded by the Korean Government (MOEHRD, Basic Research Promotion Fund) (KRF-2008-327-B00661).

the universal law of cause and effect(the law of causality) for all lives who want to cure mental & physical affliction & pain and enjoy healthy & happy life.

Before taking up the main subject, as its premiss we examine the need & function of metaphor through Buddhist Scriptures that directly say the value of metaphor more frequently & exquisitely than other ancient religious or philosophical classics. And we define the main key words of this paper, the concept of dharma & the four noble truths(四聖諦) and briefly mention the necessity of several medicines. Medicine in addition to food, clothes and bedclothes(臥具) are called the four offerings(4事供養) in Buddhism. Medicine is a means to cure physical diseases owing to unbalance of four great elements i.e. earth, water, fire and wind, and to maintain (preserve) life & health; the national law is a measure to cure social diseases owing to emotional conflict & competition and to preserve public order; dharma is the expedient means to cure spiritual diseases. Medicine, national law and dharma compose the universal network as if organic whole connected each other closely. Buddha's teachings are called dharma medicine, and Buddha is called great doctor king.

Proceeding to main topics, we first study various metaphors of dharma medicine & their functions including metaphor of bodhi(菩堤) as dharma medicine, excellence of dharma medicine, teaching truth according to one's disposition & spiritual ability, and special prescription to some idiosyncrasy & diathesis. Physical diseases & social diseases of crimes ultimately are caused by spiritual diseases of the three poisons(三毒) i.e. greed(desire), anger and ignorance. Buddha at first prescribed the meditation on the uncleanness of the human body, compassion and the nidanas (causes & conditions) as a specific medicine for the greedy, the angry and the ignorant respectively, later enlightened bodhisattva on buddha-nature with the dharma medicine of either The Great Wisdom-

Void(prajna-sunya般若空) of 'All dharma has no self-ego(innate nature)' or tathagata-matrix(如來藏) of four virtue of nirvana(涅槃四德), i.e. immortality (常), supreme happiness(樂), real I(我), and pure cleanness(淨).

Secondly, as the prerequisites for cure of spiritual diseases, we investigate generally the effect of dharma medicine, such as the merits that doctor king of Buddha & bodhisattva had achieved through oath & practices for all the sentient beings, the reasons why the sentient beings take dharma medicine and practise, the intrinsic attributes & efficacious principles of dharma medicine, the takers' respect for & trustful devotion to dharma medicine & doctor king, the cost of taking dharma medicine, and observing precepts & good practices according to law of causes & effects. Thirdly, we study the insufficiency of dharma medicine as a means, the danger of poison of medicine, the simultaneous coexistence of poison & medicine, and conversion of poison to medicine through bodhisattva practices. Fourthly, I emphasize the equality & indiscrimination of dharma medicine, namely universal offering of non-self(無我). Fifthly, for realization of ultimate ideal of unnecessity of dharma medicine, I stress the preventive dharma medicine and the harmonious unity between rule by law(dharma) /medicine and rule by person(Buddha & bodhisattva)/ doctor.

I sincerely hope that this paper may add some dim lights to understanding & cure of sufferings & hurt of every individual person, contribute to our self-reflection on & renovation of our own legal systems & culture, and finally be a little helpful to discovery of specific efficacious medicine for chronic diseases of modern mankind caused by rapacity, corruption, violence and war accompanied with polarization, climatic changes and destruction of ecological environment as aftereffects.

Key Words : Buddhist Scriptures, Spiritual Diseases (Unsound Mind), dharma medicine(法藥), doctor-king(醫王), Metaphor.

6. Metaphor of Law as Dike to Prevent Sin and Philosophy of Preventive Law in East Asian Classics*

It is very interesting to compare courtesy & law as the net, medicine and dike in East Asian traditional legal culture. The present writer already published the results of research on the metaphor of law as net or medicine, now study the metaphor of law as dike to prevent sin and philosophy of preventive law. As is generally known, criminal law has functions of general & special prevention against crime, this paper study the preventive functions of courtesy and law found in East Asian classics centering around confucian scriptures by inductive method based on making analysis of texts.

As ancient mankind had converted from hunting to agriculture and settled down, invention of dike appear driven by necessity to prevent flood & demand of hydroponic culture. As population had increased and human society had become complicated, various quarrels & struggles had arisen from human avarice & anger. So saints & sages with wisdom for living had devised courtesy and law as the dike to prevent human emotions flow from flooding out in order to keep social order.

The historical evidences that courtesy as general social norm had functioned as dike to prevent crime and sin are found universally in confucian scriptures, esp. concentrated examples in Fang-ji, the 30th chapter of Li-ji(禮記). So this paper surveys at first the thoughts on general courtesy as dike as well as individual courtesy about five major human relations that is courtesy between king & subject, filial piety to one's parents, distinction between the sexes to prevent lechery, and the mind of declining in favor of another & the virtue of non-struggle.

* This work was supported by the National Research Foundation of Korea Grant funded by the Korean Government. (NRF-2014S1A5A2A01013933)

Next it searches for various metaphors of dike & philosophy of preventive law developed in East Asian history, and then investigates special metaphors of dike as saving water in reservoir, dike in military strategy, and metaphor of wall & castle similar to dike in addition. Finally it mentions briefly preventive philosophy of Lao-zi(老子) & Zhou-yi(周易) as origin of Hanfei's(韓非) preventive law, and points out misunderstandings & mistakes in the reasoning of the Legalist school, and emphasizes the bad effects of preventive thoughts. I'd like to anticipate that this work will have a good effect and shall be followed by more interests and deepening studies esp. comparative researches on western legal cultures.

Key Words : courtesy & law(禮法), dike, Metaphor, East Asian Classics, Fang-ji (坊記), philosophy of preventive law, military strategy, wall, castle.

7. Metaphor of Dharma & śīla as Dike to Prevent Sin in Buddhist Scriptures*

There are many contents to compare courtesy and law as the net, medicine and dike in Asian traditional legal culture. The present writer already published the research on the metaphor of law as net or medicine, now study the metaphor of law as dike to prevent sin and philosophy of preventive law. But those in East Asian classics will be studied separately in another work, so this paper will concentrate those in Buddhist Scriptures by inductive method based on making analysis of texts.

Buddha had been fully enlightened that human anguish and social struggle & sin arise from the three poisons(三毒) i.e. greed(desire), anger and ignorance. So he had taught his followers dharma & śīla as metaphor of the dike to prevent human emotions flow from flooding. Above all,

* This work was supported by the National Research Foundation of Korea Grant funded by the Korean Government. (NRF-2014S1A5A2A01013933)

this paper mentions the fundamental notions of the dike and 'dharma' & 'śīla', and examines the necessity & the origin of śīla.

Taking up the main subject, this paper searches for Buddha's śīla on the dike itself at first, and studies the various metaphors of dike one by one, from a standpoint of that to prevent emotions & desires from flooding, of that to protect human good nature & just dharma, and of that to denote samadhi(absorption) or correct ascetic practices. In addition, this paper introduces the interesting metaphors of dike further, and the metaphors of mind-castle to defend the enemy of evil passions & desires also. Lastly, this paper points out the intrinsic functional limitations of 'śīla', in order to enlighten the public what evil practices or harmful influence the maladministration of exceeding legalism may result in. In conclusion, the present writer anticipates that this paper become a small kindling of fire, so that the competent may accomplish further more broad & deep study, esp. comparative study between oriental & occidental legal culture on the metaphors of dike.

Key Words : Buddhist Scriptures, dharma, śīla(戒律) dike, Metaphor, Prevention, mind castle(心城).

8. Relations between Law and Music in East Asian Traditional Legal Culture

This article studies various relations between law and music in East Asian traditional legal culture with East Asian classics & historical records.

Firstly, it surveys the historical development of law from Li(Lye: 禮, the proprieties or good manners) to Lü(Ryul: 律, main form of law in traditional East Asia) and the eternal tradition of ranking Li(Lye: 禮, the proprieties) with music.

Secondly, it researches the viviparous relevance of law & music from the etymological meanings of Lü(Ryul: 律, main form of law in traditional

East Asia) & Qin-Se(Gm-Sl: 琴瑟, Chinese harp and lute, 琴 has 5 strings and 瑟 has 16 or 25 strings).

Thirdly, it investigates metaphors of two idiomatic phrases concerning change of law, one is playing glued harp(膠柱鼓瑟), another is changing string & tension alternation with relaxation(改弦更張).

Fourthly, it looks into the principle of music and relations between Li(Lye: 禮) & music from the many viewpoints including natural genesis character of music, resonance of voice vibrations & power to influence of music, education & enlightenment function of Li(Lye: 禮) & music, mutual relations between law & music, and theories on music in Pre-Qin (先秦) period.

Fifthly, it meditates He(Hwa, 和) that is a final object or an ultimate aim common to law & music. He(Hwa, 和) includes harmony, concord, chord, and peace.

Sixthly, it traces the scientific principle, i.e. physical law of harmony and corresponding law of causation in spiritual dimension or mental science.

Seventhly, it introduces briefly Buddha's important discourse that cultivation of the mind is like playing harp harmoniously nether exceeding tension nor too much slackness, and a related episode in Zhuang-zi(莊子).

Eighthly and Lastly, it introduces the teachings of Confucius & Lauzi (老子) on the golden mean & harmony of politics & laws through tension alternation with relaxation.

In conclusion, law is like music in many points. Law like music must service for harmony of mankind & peace of society. It is to be wished that both government & individuals make constant efforts for cultivation of the mind for harmonious & peaceful world, and law is to be a refuge to find comfort & peace for weak people.

Key Words : Law, Music, Li(Lye: 禮), Relation, Metaphor, Asian Tradition.